JN409623

# 풍고집

이 책은 2017~2018년도 정부(교육부)의 재원으로 한국고전번역원의 지원을 받아
수행된 '권역별거점연구소협동번역사업'의 결과물임.
This work was supported by Institute for the Translation of Korean Classics - Grant funded by the Korean Government.

한국고전번역원 한국문집번역총서/성균관대학교 대동문화연구원

# 풍고집 4

楓皐集

김조순 지음 김채식 옮김

金祖淳

## 일러두기

1. 이 책의 번역 대본은 한국고전번역원에서 간행한 한국문집총간 289집 소재 《풍고집(楓皐集)》으로 하였다. 번역 대본의 원문 텍스트와 원문 이미지는 한국고전종합DB(http://db.itkc.or.kr)에서 확인할 수 있다.
2. 내용이 간단한 역주는 간주(間註)로, 긴 역주는 각주(脚註)로 처리하였다.
3. 한자는 필요한 경우 이해를 돕기 위하여 넣었으며, 운문(韻文)은 원문을 병기하였다.
4. 맞춤법과 띄어쓰기는 한글 맞춤법과 표준어 규정을 따랐다.
5. 이 책에서 사용한 부호는 다음과 같다.
   ( ) : 번역문과 음이 같은 한자를 묶는다.
   〔 〕: 번역문과 뜻은 같으나 음이 다른 한자를 묶는다.
   " " : 대화 등의 인용문을 묶는다.
   ' ' : " " 안의 재인용 또는 강조 문구를 묶는다.
   「 」: ' ' 안의 재인용을 묶는다.
   《 》: 책명 및 각주의 전거(典據)를 묶는다.
   〈 〉: 책의 편명 및 운문·산문의 제목을 묶는다.

**차례**



## 풍고집 제7권

**소차** 疏箚

## 풍고집 제8권

## 풍고집 제9권

### 주 奏



### 계 啓



### 응제문 應製文

## 제문 祭文

## 풍고집 제10권

### 서 書

## 풍고집 제11권

### 비명 碑銘



### 묘갈 墓碣

# 풍고집

## 제7권

## 소차
疏箚

# 소차疏箚

## 규장각 대교를 사직하는 소[1]

辭待敎疏

삼가 아룁니다. 신은 학문이 부족하고 나이가 어린 변변찮은 일개 후진입니다. 잠필(簪筆)의 신묘한 간택이나 초계(抄啓)의 준엄한 선발에서[2] 하나라도 이에 비슷한 점이 있었겠습니까. 그런데도 어전 앞에 시립하고, 여러 선비 사이에서 주선했던 것은 비유하자면 해를 향한

1 규장각……소 : 풍고의 나이 24세 때인 1788년(정조12) 12월 29일에 규장각 대교(待敎)의 사직을 청하며 올린 소이다. 풍고는 1785년(정조9) 10월에 문과에 합격하고 이듬해부터 출사하여 승정원 가주서(假注書), 춘추관 기사관(記事官)을 역임하다가 이해 12월 28일에 규장각 대교에 임명되자 하루 만에 사직소를 올렸다. 이에 대해 정조는 "그대는 사직하지 말고 직임을 살피라.〔爾其勿辭察職.〕"라는 비답을 내렸다. 풍고는 이때 규장각 대교에 임명되어 1792년(정조16)까지 규장각에서 근무하였다.《承政院日記 正祖 12年 12月 29日》

2 잠필(簪筆)의……선발에서 : 잠필이란 관원이 관(冠)이나 홀(笏)에 붓을 꽂아놓고 필사에 대비하는 것을 이르는 말로, 조선에서는 예문관 검열이나 승정원 주서 등의 사관을 잠필지신(簪筆之臣)이라고 칭하였다. 풍고는 1786년(정조10)경부터 승정원 주서에 임명되어 근무하였다. 초계(抄啓)는 인재를 뽑아 임금에게 보고하는 일을 가리키는데, 정조 대에 시행한 초계문신(抄啓文臣) 제도가 이런 예이다.《정조실록》정조 11년(1787) 2월 20일 기사에 풍고가 초계문신으로 있었음을 알 수 있는 글이 있다.

꽃과 나무가 날마다 자라나면서도 스스로 알지 못하는 것과 같았습니다.

신이 비록 어리고 우매하지만 또한 지각을 지녔으니, 우러러 성상의 은혜가 두루 미침에 감격하고 아래로 집안 대대로 전해온 충정을 생각하면, 온 생각이 두렵기만 하여 마치 나무 끝에 앉은 것과 같습니다.

내각(內閣)의 청직으로 말하자면 어찌 꿈에서라도 이른 적이 있겠습니까. 그런데 지금 마침내 대교(待教)의 직함을 들어서 주시니, 깊고 엄한 내각은 숙유(宿儒)가 거처하는 자리이고, 밝으신 임금의 문장은 학사(學士)가 모아서 편집하는 것인데, 동자를 데려다 관직에 채울 수 있으며, 변변찮은 기술자를 데려다 재목을 대신 깎게 할 수 있겠습니까?

직분을 사람과 견주어 보아 어울리지 않는 것을 '분수에 넘친다〔濫〕'라고 일컫습니다. 윗사람이 넘치게 제수하고 아랫사람이 덥석 받으면, 분수에 넘치는 손해가 다만 신의 한 몸에서 그치고 말 일이 아닙니다. 신이 어찌 두려워 놀라고 근심하여 움츠리며, 다급하게 해직시켜달라고 천지부모 같은 성상 앞에 하소연하지 않을 수 있겠습니까. 표직(豹直)을 벗어나지 못했는데 아패(牙牌)가 엄숙히 이르렀으니,[3] 다른 것은 돌아볼 겨를이 없이 황급히 임금의 명에 숙배해야 마땅합니다. 그런데 그대로 직임을 차지하는 것도 예의염치에 어긋나므로 이에 감히

**3** 표직(豹直)을……이르렀으니 : 승정원 주서로 근무하는 중에 규장각 대교에 임명되어 곧장 소명패(召命牌)를 받은 것을 말한다. 표직은 관원이 혼자서 숙직하는 일을 말한다. 아패(牙牌)는 상아로 만들고 임금의 화압(花押)을 새긴 명패로, 임금이 문무 관원을 부를 때 사용하였다.

문자를 올려서 지엄하신 성상을 번거롭게 하오니, 체직의 명을 내려서 신중한 선발에 누를 끼치지 마시기 바랍니다. 직임은 영화로운 관직이고, 말은 그저 꾸며서 하는 사양이 아니므로 바라건대 성상께서는 굽어 살펴주소서.

# 이조 참의를 사직하는 소[4]

辭吏曹參議疏

삼가 아룁니다. 조정의 신하를 일일이 헤아려보면 신과 같이 우매하면서 신과 같이 분수에 넘는 직명을 훔친 자가 모두 몇 사람이나 되겠습니까. 조금도 쓸모없는 미천한 몸이 천만 뜻밖에 유례없는 은혜를 입었습니다.

지난날 신이 처음 포의로 과거에 응시하던 때로부터 지금 비색(緋色) 관복에 옥관자[5]를 달 때까지 위아래로 13, 4년 사이에 비와 이슬 같은 은택에 무젖고 일월 같은 광채를 가까이 모셔, 맑고 화려한 관직을 거의 빠짐없이 거쳤습니다. 구구한 저의 생각에 매양 미천한 일개 신하로서 이미 털끝만큼도 성세(聖世)에 도움이 되지 못하니, 다만 빈 배와 같은 마음을 지니고 급류에서 머리를 돌려,[6] 뜻은 따스하고

4 이조 참의를 사직하는 소 : 풍고의 나이 33세 때인 1797년(정조21) 6월 12일에 이조 참의를 사직하며 올린 소이다. 이날 정조가 삼망(三望)의 절차를 생략하고 중비(中批)로 정3품 이조 참의에 특채하자, 풍고는 이 조치가 공의(公議)에 어긋나고 작록은 임금이 사사로이 내릴 수 있는 것이 아님을 이유로 이 상소를 올렸다. 이에 정조는 "모든 일은 상례를 따르는 것이 좋으니, 사직하지 말고 직임을 살피라.〔凡事循常爲可, 勿辭察職.〕"라고 비답을 내렸다. 《承政院日記 正祖 21年 6月 12日》

5 비색(緋色) 관복에 옥관자 : 붉은 관복에 옥으로 관자를 붙인다는 말로 당상관이 됨을 말한다.

6 급류에서 머리를 돌려 : 관로(官路)가 한창 트인 때에 용감하게 은퇴하는 것을 말한다. 송나라 때 한 도승(道僧)이 진단(陳摶)에게 전약수(錢若水, 960~1003)의 사람됨을 평하기를 "그는 급류 속에서 용감히 물러날 수 있는 사람이다.〔是急流中勇退人也.〕"

배부른 욕심을 막아서 조금이나마 스스로 짓는 재앙을 멀리하고, 행적은 명리(名利)에 발을 딛지 않아서 다하지 않은 복을 남겨두어, 처음부터 끝까지 생성해주시는 은택에 보답하고 몸과 마음을 바쳐 티끌만 한 봉사라도 해야만 마땅할 것입니다. 확고한 이 마음은 신명께도 증명할 수 있습니다. 평소 성상을 모시고 응대하는 사이에 신의 미천한 정성을 토로한 적이 있었는데, 명철하신 성상께서는 이미 신의 재주와 그릇이 쓸모가 없는 데다 따로 뜻을 둔 바가 있다는 것을 밝게 살피셨을 것입니다.

그런데 지금 뜻밖에 삼전(三銓 이조 참의)에 특별히 제수한다는 성지(聖旨)가 홀연히 꿈에서도 예상하지 못한 때에 이르렀고, 총애의 명이 막 나왔는데 경패(庚牌)[7]가 거듭 내려오니, 당황하고 두려워 실로 몸 둘 바를 모르겠습니다.

국가에서 인재를 등용하는 도리는 비록 미천한 말단의 관원이라도 반드시 재주를 헤아려 능력 있는 자에게 제수한 연후에야 하늘의 일을 사람이 대신하는[8] 책무를 다할 수 있습니다. 지금 신은 나이와 학문이 모두 일천하여 명성과 실제가 모두 부족하니, 후원(喉院 승정원)에서 밤낮으로 수행하는 일과 여러 조(曹)에서 돕고 보좌하는 직책도 오히려 감당해내지 못하는 두려움이 있는데, 하물며 이처럼 당당한 인재를

라고 했는데, 뒤에 과연 전약수가 벼슬이 추밀부사에 이르렀을 때 40세도 채 안 된 나이로 용감하게 관직에서 물러났다고 한다. 《宋史 卷266 錢若水列傳》

**7** 경패(庚牌) : 경부(庚符)와 같은 말로 임금이 부르는 소명패(召命牌)를 가리킨다.

**8** 하늘의……대신하는 : 원문의 '천공인대(天工人代)'는 《서경》 〈고요모(皐陶謨)〉에 "하루 이틀 사이에도 미세한 기미가 만 가지나 되니, 모든 관직을 비우지 마소서. 하늘의 일을 사람이 대신하는 것입니다.〔一日二日萬幾, 無曠庶官. 天工人其代之.〕"라고 한 데서 온 말이다.

선발하는 직책에 어찌 그 사이에 남우(濫竽)[9]를 용납할 수 있겠습니까.

신은 천성이 지극히 완고하고 우둔하여, 지각으로 말하면 콩과 보리도 구분하지 못하고, 감별로 말하면 훌륭한지 무능한지 알지 못합니다. 또 평소에 집에서 지낼 때에는 저보(邸報)와 정안(政眼)[10]에 대해 일찍이 마음을 기울여 열람한 적이 없고, 보아도 그 연유를 이해하지 못하여, 마치 시골의 어리석은 사내가 갑자기 관부(官府)를 보고서 망연자실 높낮이와 동서를 구분치 못하는 것과 같아서 일체의 세상 사무에 대해 안개 속에 떨어진 듯 깜깜하기만 합니다. 이제 만약 이 직책으로 신의 몸을 치장하고 가문을 빛낼 바탕으로 삼는다면 그만이지만, 만약 신으로 하여금 맑은 조정에서 인재를 고르고 탁류를 물리치고 청류를 드러내는 정사를 행하도록 하고자 한다면, 이는 소경에게 색깔을 구분하도록 요구하고, 제나라 사람에게 초나라 말을 하도록 매질하는 것과 무엇이 다르겠습니까.

돌아보건대 신이 평소에 스스로 다짐한 것이 이미 저와 같고 오늘날의 자획(自劃)[11]이 또한 이와 같으니, 저의 거취(去就)는 참으로 분명

**9** 남우(濫竽) : 재능이나 학식이 없이 관직만 채우고 녹을 먹는 사람이란 말이다. 제(齊)나라 선왕(宣王)이 생황연주를 좋아하여 연주를 시킬 때마다 꼭 3백 명을 채워 함께 불게 하였다. 남곽(南郭)에 사는 처사가 이런 틈을 노리고 악사가 되어 녹을 먹었는데, 그 뒤 선왕이 죽고 민왕(湣王)이 즉위하여 각각 생황을 불도록 시키자, 본색이 탄로날까 두려워 도망갔다는 고사가 전한다. 《韓非子 內儲說上》

**10** 저보(邸報)와 정안(政眼) : 저보는 승정원에서 처리한 사항을 매일 아침에 기록하여 반포하던 문서로 조보(朝報)라고도 한다. 정안은 관원들의 임명과 해임 등을 기록한 문서로 정목(政目)이라고도 한다.

**11** 자획(自劃) : 반도자획(半途自畫)의 준말로, 스스로 자신의 한계를 그어 더는 진보하지 않는 것을 말한다. 《논어》 〈옹야(雍也)〉에 공자의 제자 염구(冉求)가 스승의

합니다. 설령 임금의 명에 머뭇거리고 거역한 까닭으로 지엄한 위엄을 범하여 형벌을 받고 귀양을 가는 위태로움에 발을 디디게 되더라도 이것은 미천한 마음에 편안히 여기는 바입니다.

가만히 생각건대, 임금을 섬기는 의리는 숨기지 않는 것을 근본으로 삼고 소명에 달려가는 것을 말단으로 삼으며, 신하를 부리는 예는 염치를 권장하는 것보다 앞서는 것이 없고 총애와 복록을 베푸는 것보다 뒤서는 것이 없습니다. 그러므로 장원(長源)이 관직을 사직하자 당나라 임금이 그 지조를 빼앗지 않았고,[12] 약수(若水)가 용기 있게 사퇴하자 송나라 황제가 그 마음을 이루어주었으니,[13] 천년 뒤에도 군신상하의 심정과 뜻이 소통하던 즈음을 상상해볼 수 있습니다. 역사서를 읽다가 이곳에 이를 때면 감격하여 사모하지 않은 적이 없었습니다.

지금 신은 용렬하고 우매하여 두 현인에게 조금도 미치지 못하지만, 오직 우리 성상께서 사람과 사물을 이루어주는 높은 덕과 지극한 사랑

도를 따라가기에 힘이 부족하다고 하자, 공자가 "힘이 부족한 자는 중도에 그만두나니, 지금 너는 스스로 한계를 긋는 것이다.〔力不足者, 中道而廢, 今女畫.〕"라고 한 말에서 유래하였다.

**12** 장원(長源)이……않았고 : 장원은 당나라 명재상 이필(李泌, 722~789)의 자(字)이다. 현종(玄宗), 숙종(肅宗), 대종(代宗), 덕종(德宗) 4대에 걸쳐 국정을 운영하면서 벼슬이 평장사(平章事)에 이르렀고 업후(鄴侯)에 봉해졌다. 숙종 때에 최원(崔圓)과 이보국(李輔國)이 황제의 신임을 독차지하는 이필을 미워하자, 이필이 화를 당할까 두려워하여 형산(衡山)에 은거하기를 청하니, 숙종이 3품의 녹봉과 은사의 복장을 특별히 내리고 집도 지어주도록 했다고 한다. 《新唐書 卷139 李泌列傳》

**13** 약수(若水)가……이루어주었으니 : 약수는 북송(北宋) 때의 명신 전약수(錢若水, 960~1003)이다. 태종 때에 벼슬이 추밀부사에 이르렀는데, 40세에 불과했음에도 관직에서 물러났다고 한다. 《宋史 卷266 錢若水列傳》

은 당나라와 송나라의 두 임금보다 훨씬 뛰어나시니, 나는 새와 잠긴 물고기, 움직이는 동물과 서 있는 초목들이 모두 제 소원을 이루지 못한 것이 없습니다. 하물며 신은 세록(世祿)의 후예이며[14] 임금과 가까운 반열에 있어, 받은 은혜가 한이 없어 하늘만큼이나 크니, 자취를 거두어 고기와 술을 파는 저자에 숨을 수도 없고, 달아나 수풀이나 연못 사이에서 살 수도 없습니다. 오직 집안의 명성을 온전히 보전하고 큰 죄를 면하는 것만을 보답하지 않는 보답[15]으로 삼을 수 있으니, 스스로의 역량을 헤아려서 두문불출하여 조촐한 본성을 지키는 방법 외에는 없습니다. 애초부터 두 현인처럼 호연히 멀리 떠날 것이 아니라면, 이와 같은 성군을 만나 이와 같은 뜻을 가지고 있으니, 어찌 스스로 심정을 막을 이치가 있겠으며, 또한 어찌 하늘 같은 임금이 몰라준다는 탄식이 있겠습니까?

소명(召命)이 내려왔으나 몸을 일으켜 나아갈 가망이 없어서 이에 감히 죽음을 무릅쓰고 호소하여 신의 충정을 모두 진달합니다. 삼가 바라건대 천지부모 같은 성상께서는 신의 지극히 절박한 간청을 살피시고 신의 답답하고 괴로운 말을 불쌍히 여기시어, 신에게 새로 제수된 직명을 얼른 빼앗아 바꾸시고, 이어 영구히 선부(選部 이조(吏曹))의 후보에 끼지 못하도록 명하시어 공기(公器 관작)를 무겁게 하시고 사적인

**14** 세록(世祿)의 후예이며 : 세록은 대대로 녹을 받아 국가와 고락을 함께함을 가리킨다. 안동 김씨는 김상헌(金尙憲)·김상용(金尙容) 이후 대대로 문벌을 이루어 고관대작을 역임하였는데, 풍고 자신이 이들의 후손이기 때문에 이 말을 한 것이다.

**15** 보답하지 않는 보답 : 원문은 '불보지보(不報之報)'인데, 능력이 없는 자가 벼슬하지 않음으로써 임금의 정치를 모독하지 않는 것이 결국은 임금의 은혜에 보답하는 방도라는 의미이다.

소원을 이루어주시기를 천만번 간절히 바랍니다.

신에게는 또 진달할 말이 있습니다. 직책을 제수하는 어려움은 옛날부터 똑같았습니다. 이 때문에 전형(銓衡)의 직책을 설치하여 인재를 추천하는 권한을 주관하도록 하여 조정의 공의(公議)를 모으되 임금은 여기에 참여하지 않았으니, 이것은 사람들에게 공정하게 선발한 것이지 사사로이 뽑은 것이 아님을 보여주는 것이었습니다.

지금 신이 외람되이 받은 이 직책은 통상적인 격식을 따르지 않고 갑자기 중비(中批)[16]로 받은 것이니, 황공하고 감격하는 심정이 남보다 갑절 더하지만, 다만 그것이 공의(公議)에 과연 어떠한지 모르겠습니다. 그것이 공의에 해가 된다면 신이 비록 고개를 쳐들고 차지하고 싶더라도 진실로 할 수 없는 것이고, 그것이 공의에 해가 되지 않더라도 작록(爵祿)이란 전하께서 사사로이 베풀 수 있는 것이 아니니, 이것이 또 신이 나아가 벼슬하기 어려운 한 이유입니다. 그러나 신이 미련하게 지키는 바는 여기에 있지 않고 앞서 진달한 바와 같으니, 또 어찌 자질구레한 말을 일삼아서 성상을 모욕하는 죄를 거듭 범하겠습니까.

**16** 중비(中批) : 규정된 절차를 거치지 않고 임금의 뜻에 따라 관리를 특채하는 것을 말한다. 중(中)은 적중의 뜻으로 임금의 뜻을 가리키고, 비(批)는 결재를 뜻한다.

## 두 번째 소[17]

再疏

삼가 아룁니다. 신은 어리석은 사람입니다. 보기는 소경 같고, 듣기는 귀머거리 같으며, 말은 벙어리 같고, 생각은 벽창호 같아서 고운지 추한지도 구분치 못하는데 어찌 맑고 탁함을 알겠습니까. 조심하기는 수설(囚舌)에 있고 질병은 봉심(蓬心)에 들어[18] 네 가지가 마땅치 않아 모든 일이 남과 같지 못하니, 장로들이 꾸짖고 동료들이 가엾게 여깁니다. 또 하물며 애통하게도 고단한 신세에 부모께서 신을 저버리고 세상을 떠났으니, 갈 곳 없는 이 세상에 매달린 조롱박과 같은지라[19] 모든 영욕과 화복이 걸린 기미에 대해 담담하기가 서로

**17** 두 번째 소 : 풍고의 나이 33세 때인 1797년(정조21) 6월 27일에 이조 참의를 사직하며 재차 올린 소이다. 풍고가 6월 12일에 제수된 이조 참의의 소명(召命)에 나아가지 않자, 정조는 재차 출사를 종용하였으나 풍고는 끝내 나아가지 않았다. 그렇게 유야무야 되는 중에 6월 26일에 이조의 당상관들이 전망단자(前望單子)를 들여 풍고가 다시 이조 참의에 낙점되었다. 이에 이튿날 재차 사직소를 올리니, 정조는 "그 말이 엉성하지는 않은 듯하지만 어찌 감히 아무 이유 없이 스스로 선을 긋는가. 너를 추고하겠으니, 즉시 들어와 정사에 참여하라.〔其言雖似不草草, 豈敢無端自劃乎? 爾則推考, 卽爲入來參政.〕"라는 비답을 내렸다. 이에 풍고는 이듬해 10월까지 이조 참의의 직무를 살피다 체차되었다. 또한 1799년(정조23) 7월에 재차 이조 참의에 제수되었으나 실병(實病)을 이유로 체차되었다. 《承政院日記 正祖 21年 6月 26日, 6月 27日; 23年 7月 6日, 7月 8日》

**18** 조심하기는……들어 : 수설(囚舌)은 혀를 가둔다는 뜻으로 말조심한다는 의미이고, 봉심(蓬心)은 쑥대가 눈앞을 가리듯이 답답하게 막힌 마음을 가리킨다.

**19** 매달린 조롱박과 같은지라 : 원문은 '계포(繫匏)'인데, 박이 한곳에 매달린 것처럼

잊은 듯합니다. 진실로 바닷가의 새처럼 미물이라도 오히려 감사할 줄을 알고, 수풀의 까마귀도 길러주면 효성으로 보답하고자 합니다. 이미 성상께서 신을 은혜로 사랑하시어 은근히 돌봐주심에 신이 성상을 섬기면서 보답하지 않는 것으로 보답을 삼았으니, 신의 또렷한 한마음은 신명께서 증명하실 것입니다. 마음이란 하늘이고 임금입니다. 신이 신의 마음을 속이면 이는 하늘과 임금을 속이는 것입니다. 임금은 신하에게 하늘이니, 하늘을 속일 수 있겠습니까.

신이 지난번에 현직(見職)에 중비(中批)로 제수한다는 명을 받들고서 외람되이 평소에 지키는 작은 의리를 밝혔으니, 그 말은 미치광이처럼 참람하였고 자취 또한 지조가 없는 데 귀결되었습니다. 지엄한 처벌을 목전에 두었으나 옥패를 찬듯 태연하였고, 귀양살이가 기다리고 있었으나 낙토와 다름없이 여겼습니다. 신의 죄가 여기에 이르렀으니, 만 번 죽어도 용서받을 수 없을 것입니다. 그런데 성조(聖朝)의 다스림에 사물마다 모두 제자리를 얻었으니, 신이 초래한 재앙과 처벌의 자취로도 병풍처럼 가려주고 포용해주시는 데 들어가서, 처벌이 은혜로운 파직으로 그쳐 신의 본성을 거스르지 않게 해주셨으니, 신은 두 손을 모으고 큰절을 하며 죽을 때까지 결초보은하리라 맹세하였습니다. 그런데 뜻밖에 이런 때에 또 제수의 명을 받들게 되니, 신은 황공하고 놀라서 그 연유를 알 길이 없었습니다. 그리하여 이조에서 사람을 잘못 찾아 여기에 이르렀다고 여겼는데, 소패(召牌)를 받아보매 신을 형제처럼 가깝게 대해주시었습니다.[20] '천지처럼 큼으로도 사람들이 오히려

조용히 거처함을 말한다. 공자가 "내가 어찌 박과 같이 한곳에 매달린 채 먹지 않을 수 있으리오.〔吾豈匏瓜也哉, 焉能繫而不食.〕"라고 하였다. 《論語 陽貨》

유감스러워한다.〔天地之大, 人猶有憾.〕'[21]라고 한 것이 마치 신의 오늘을 말한 듯하니, 신은 청컨대 다시 만 번 죽기를 무릅쓰고 한마디를 진달하여 처벌을 기다리고자 합니다.

오늘날 꺼리는 것은 '벼슬살이를 하지 않는다〔不從宦〕'는 세 글자입니다. 아비는 자식을 타이르고 형은 아우를 권면하여 "청운(靑雲)과 녹수(綠樹)는 오로지 네가 나아가는 데 달렸다."라고 하니, 얻기를 탐하는 자는 반갑게 듣고 취하기에 게으른 자는 겁을 집어먹어, 도도하게 흐르는 폐단의 강물을 갈대 하나로 건너갈 수는 없습니다.

대체로 아버지와 형은 아들과 아우에 대해 청명한 조정에서 입신하여 아름다운 이름을 얻기를 바라서, 이제 마침내 권면해야 할 바를 경계하고 경계해야 할 바를 권면하여 모든 것이 누구나 동일한 인정과 상반되게 하니, 신이 실로 그 이유를 따져보아도 알 수가 없습니다. 만약 조정의 호오(好惡)가 저기에 있지 않고 여기에 있다고 한다면, 신이 비록 우둔하지만 또한 일찍이 한가하실 때에 시종하며 성상의 관심을 받고 가르침을 받은 적이 있으니, 황공하게도 좁은 소견이나마 바라건대 몰려드는 수많은 비난을 제 한 몸에 붙여 그렇지 않음을 밝히고자 합니다.[22]

**20** 형제처럼……대해주시었습니다 : 원문은 '비타(匪他)'로 형제 또는 동기간을 말하는데, 풍고가 세록(世祿)의 후예로 임금으로부터 융숭한 대우를 받았다는 의미로 보인다.

**21** 천지처럼……유감스러워한다 : 《중용장구》 제12장의 "성인도 능하지 못한 바가 있으며, 천지의 위대한 일에 대해서도 오히려 사람들이 서운해하는 바가 있다.〔雖聖人亦有所不能焉, 天地之大也, 人猶有所憾.〕"라는 말을 인용한 것이다.

**22** 만약……합니다 : 만약 조정에서 벼슬을 사양하는 것을 좋아하지 않고, 벼슬에 나아가 입신양명하는 것만을 숭상한다면, 자신은 오히려 현실 세태가 옳지 않다는 것을

그런데 탁록(涿鹿)의 장애를 손으로 걷어 내고[23] 성상의 무위지치(無爲之治)에 조금이라도 도움을 드리는 데 신같이 변변찮은 자가 어찌 족히 지남거(指南車)의 쐐기에 비견할 수 있겠습니까마는, 천하를 위해 선창할 수 있다면 죽은 말의 뼈조차 향기롭고 대중을 위해 선도할 수 있다면 물고기의 눈알도 소중할 것입니다.[24]

아! 이 몸을 무하유(無何有)의 땅에 옮기고, 이 정신을 수여쟁(誰與爭)의 장소에 붙여서, 보답하지 않는 것을 보답으로 삼는 일편단심을 피력하여 은혜롭고 부지런히 돌보아주신 너른 은혜에 보답하는 것이야말로 신이 지성으로 소원하는 바입니다. 명철하신 성상께서는 생을 좋아하는 어진 마음[25]을 깊이 돌아보시고 죽이지 않는 위엄[26]을 곡진히

벼슬을 사직하는 행위로써 몸소 보여주겠다는 의미이다.

**23** 탁록(涿鹿)의……내고 : 현실의 문제를 슬기롭게 해결하는 것을 말한다. 중국 상고 시대의 제왕(帝王)인 헌원(軒轅)이 탁록의 들판에서 포악한 치우(蚩尤)와 싸울 때 치우가 큰 안개를 일으켜 병사들이 길을 잃게 만든 것을 가리킨다. 이때 헌원이 지남거(指南車)를 만들어 방위를 찾아 마침내 치우를 잡아서 죽였다고 한다. 《史記 卷1 五帝本紀》《山海經 大荒北經》

**24** 천하를……것입니다 : 자신처럼 변변찮은 사람이 이조 참의라는 자리를 사양하는 것이 벼슬을 탐하는 세태를 깨우치는 하나의 본보기가 될 것이라는 의미이다. 죽은 말의 뼈란 전국 시대에 곽외(郭隗)가 연 소왕(燕昭王)에게 유세하면서, 천리마의 뼈를 높은 값으로 사면 진짜 천리마가 몰려오듯이, 자신부터 높이 등용하면 천하의 인재가 몰려올 것이라고 건의한 고사를 가리킨다. 《戰國策 燕策1》 물고기의 눈알이란 옥과 섞이면 구분하기 어려운 물건인데, 여기서는 또한 가짜라도 높은 값을 쳐주면 진짜 옥이 뒤따를 것이라는 비유로 쓰인 듯하다.

**25** 생을……마음 : 원문은 '왈생지인(曰生之仁)'인데, 《주역》 〈계사전 하(繫辭傳下)〉에 "천지의 큰 덕을 생(生)이라고 하고 성인의 큰 보배를 위(位)라고 한다. 무엇으로 지위를 지키는가? 인(仁 사람)이다.〔天地之大德曰生, 聖人之大寶曰位, 何以守位? 曰

미루시어, 신의 어리석고 망령됨을 긍휼히 여기고 용서하시어 신의 작은 신의[27]를 온전히 보전해주시고, 이어 신을 사패(司敗 형벌을 맡은 곳)에 내리시어 합당한 형벌로 신의 죄를 다스리소서.

仁.〕"라고 한 구절이 참고가 된다.

**26** 죽이지 않는 위엄 : 원문은 '불살지무(不殺之武)'인데, 《주역》〈계사전 상(繫辭傳上)〉에 "그 누가 여기에 참여하겠는가. 옛날에 총명하고 슬기로워 신령한 위엄으로 살육을 일삼지 않은 자일 것이다.〔其孰能與於此哉? 古之聰明叡知神武而不殺者夫!〕"라는 내용에서 유래하였다.

**27** 작은 신의 : 원문은 '구독(溝瀆)'인데, 필부의 신의를 말한다. 공자가 관중(管仲)의 처신을 높이 평가하면서 "어찌 필부필부들이 조그마한 신의를 위하여 스스로 도랑에서 목매어 죽어도 알아주는 이가 없는 것과 같이 하겠는가.〔豈若匹夫匹婦之爲諒也, 自經於溝瀆, 而莫之知也.〕"라고 말한 구절이 참고가 된다. 《論語 憲問》

# 왕세자 책례 뒤에 가선대부를 사직하는 소[28]

王世子冊禮後 辭嘉善大夫疏

삼가 아뢰옵니다. 하늘과 사람이 크게 호응하고 달과 해가 길상에 부합하여, 우리 왕세자 저하께서 삼가(三加)의 예를 성대하게 행하고, 이극(貳極)의 책례를 빛나게 받으시니,[29] 이에 넓고 아름다운 보록(寶籙)[30]이 종묘사직을 길이 공고히 하고, 흐뭇한 기운과 환호의 소리가 전각과 궁궐에 넘칩니다. 바다를 두른 동방 육천 리에 벌레와 미물에 이르기까지 고무동탕되어 고개를 빼고 눈을 비비지 않는 것이 없어, 모두 한저(漢儲)의 어신 소문을 우러르고, 주왕(周王)의 근심이 없음을 다투어 칭송합니다.[31]

**28** 왕세자……소 : 풍고의 나이 36세 때인 1800년(정조24) 2월 10일에 가선대부를 사직하며 올린 소이다. 창경궁 집복헌(集福軒)에서 1800년(정조24) 2월 2일 묘시에 관례를 거행하고 오시에 왕세자의 책례를 함께 거행하였다. 이때 풍고는 예조 참의로서 1월에 세자시강원 겸보덕(兼輔德)이 되었는데, 책례와 관례에서 주인 찬관(主人贊冠)으로 행사에 참여하였다. 2월 2일에 정조의 명으로 포상을 내렸는데, 풍고는 아마(兒馬) 1필을 하사받고 종2품 가선대부에 가자되었다. 정조는 이 소에 대해 "경은 사양치 말고 공무를 행하라.〔卿其勿辭行公.〕"라는 비답을 내렸다.《承政院日記 正祖 24年 2月 2日, 2月 10日》

**29** 삼가(三加)의……받으시니 : 관례(冠禮)와 책례(冊禮)를 함께 행한 것을 가리킨다. 삼가는 관례에서 초가(初加), 재가(再加), 삼가(三加) 세 차례에 걸쳐 의복과 관을 바꾸는 것을 말한다. 이극(貳極)은 두 번째로 높은 자리라는 뜻으로 왕세자를 가리킨다.

**30** 보록(寶籙) : 전설에 봉황이 황제(黃帝)와 요제(堯帝)에게 가져다주었다는 도록(圖籙)을 가리키는 말로, 왕위를 계시하는 천명을 상징한다.

**31** 한저(漢儲)의……칭송합니다 : 훌륭한 세자를 세워 국운이 태평해질 것이라는 의

신이 이런 즈음에 외람되게도 궁료(宮僚)의 직함으로 찬관(贊官)의 명을 받았으니, 영예는 동료들보다 갑절이 되고 장쾌한 구경은 조정 가득한 신하들보다 앞서서, 영예와 경축의 심정이 더 비할 바가 없습니다.

이제 성대한 의식이 이미 이루어지매 은혜로운 포상이 갑자기 이르고 심지어 초탁(超擢)의 은혜[32]를 홀로 받아 외람되게 아경(亞卿)의 반열에 오르니, 황공하고 감격스러워 참으로 몸 둘 바를 모르겠습니다.

생각건대 신은 소루하고 거칠어 문채와 바탕이 마땅함이 없는데, 청년으로 옥관자를 하니 분수에 이미 넘치는 것입니다. 그런데 검은머리에 금띠를 띨 것을 꿈에나마 어찌 이르리라 생각했겠습니까. 이명(离明)의 중광(重光)을 가까이 모시고 예초(醴醮 관례)의 성대한 예식을 도왔으니, 곧 직분의 당연한 일이고 신하로서 지극한 영예입니다. 비록 영원히 벼슬길을 사절하고 골짜기에 물러나 살아간다 해도 이미 뜻과 소원에 만족할 것인데, 또 어찌 털끝만큼이라도 기록할 만한 수고로움이 있어서 기쁨을 돋우고 노고를 치하하는 은전을 함께 입어서 이러한

미이다. 한저의 어진 소문이란 한나라 고조(高祖)가 태자를 폐하고 다른 아들을 태자로 세우려고 하였는데, 이때 진(秦)나라의 학정을 피하여 상산(商山)에 들어가 숨어 살던 상산사호(商山四皓)가 내려와 태자를 보호함으로써 훌륭한 인물임을 드러내자, 민심이 안정되어 고조가 태자를 폐하지 않았다는 고사를 가리킨다. 《史記 卷55 留侯世家》 주왕(周王)이 근심이 없다는 말은 어진 아들이 왕위를 이어 근심이 없다는 의미이다. 《중용장구》 제18장에 "공자께서 말씀하셨다. '근심이 없으신 분은 오직 문왕이실 것이다. 왕계를 아버지로 삼으시고, 무왕을 아들로 두셨으니, 아버지가 시작을 하시거늘 아들이 계승하도다.〔子曰無憂者, 其惟文王乎! 以王季爲父, 以武王爲子, 父作之, 子述之!〕'"라고 한 데서 유래하였다.

**32** 초탁(超擢)의 은혜 : 풍고가 종2품 가선대부에 가자(加資)된 것을 가리킨다.

상례를 벗어난 특별한 포상을 받겠습니까.

작상(爵賞 관작과 포상)은 성왕(聖王)께서 현자를 등용하고 덕이 있는 자를 임명하여 세상을 격려하고 둔한 자를 일깨우는 도구입니다. 윗사람이 인재가 아닌 자에게 벼슬을 주는 것을 '잘못된 은혜〔誤恩〕'라 일컫고, 아랫사람이 합당한 벼슬이 아님에도 차지하는 것을 '요행으로 얻었다〔倖占〕'고 일컫습니다. 비록 미관말직이라도 사람과 벼슬이 서로 어울리지 않는 것을 두려워하는데, 하물며 재상 반열의 높은 관직은 치도(治道)의 오륭(汚隆)과 관련되고 조정의 경중에 관계되어 있으니, 어찌 신처럼 보잘것없는 자가 함부로 그 사이에 끼어서 어린아이가 관직을 차지했다는 기롱을 초래하여 성인께서 사람을 알아보시는[33] 밝음에 누를 끼칠 수 있겠습니까.

즉일로 숙배한 것은 비록 경하하며 기뻐하는 남은 정성에 기인하였습니다만, 그대로 차지하는 것은 실로 염치의 큰 제방을 무너뜨리는 일이니, 이에 감히 거친 말을 외람되이 엮어서 성상의 귀를 모독하게 되었습니다.

삼가 바라건대, 천지부모 같은 성상께서는 신이 꾸미지 않고 사양하는 심정을 헤아려주시고 신의 지극한 간절함을 살피주시어, 급히 신에게 제수된 자질(資秩)을 환수하라는 명을 내리심으로써 공기(公器)를 무겁게 하고 미천한 분수를 편안케 해주시기를 바라마지 않습니다.

**33** 사람을 알아보시는 : 원문은 '즉철(則哲)'인데, 《서경》〈고요모(皐陶謨)〉에 "아! 요 임금도 어렵게 여기신 바이니, 사람을 알아보는 것은 바로 명철한 것이다.〔吁! 惟帝其難之, 知人則哲.〕"라고 한 데서 유래하였다.

# 장용사를 사직하는 소[34]

辭壯勇使疏

삼가 아룁니다. 구름 장막 속 선대왕의 모습이 점차 아득해지고 달이 두 번 바뀌니, 달을 날로 계산하는 제도로도 어언간 이미 다하였습니다.[35] 우러러 생각건대 우리 전하께서는 효성이 천성에서 나와 부르짖는 애통함이 지금까지도 처음과 같습니다. 왕위에 올라 예식을 행

**34** 장용사(壯勇使)를 사직하는 소 : 풍고의 나이 36세 때인 1800년(순조 즉위년) 8월 1일에 장용대장(狀勇大將)을 사직하며 올린 소이다. 순조의 명으로 7월 7일에 풍고를 총융사(摠戎使)로 임명하였고, 이어 7월 10일에 풍고의 직책을 장용대장 신대현(申大顯)과 서로 바꾸도록 명하고, 이어 특별히 입직하게 하였다. 이에 풍고는 매우 중요한 시기임을 감안하여 장용대장의 직을 받아들여 근무를 하다가 뒤늦게 8월 1일에 사직하는 소를 올렸다. 이에 대해 순조는 "진달한 것을 유의할 것이나 사직은 윤허하지 않으니, 경은 사양치 말고 공무를 행하라.〔所陳留意, 所辭不允, 卿其勿辭行公.〕"라는 비답을 내렸다. 《承政院日記 純祖 卽位年 7月 10日, 8月 1日》 장용사는 장용영(壯勇營)의 지휘관으로 장용대장이라고도 부른다. 장용영은 정조가 왕권강화를 위해 1793년(정조17)에 설치한 군영인데, 1785년(정조9)에 창설된 국왕의 호위를 전담하던 장용위(壯勇衛)가 확대된 것이다. 장용영은 크게 내영과 외영으로 나뉘었는데, 내영은 한양 도성을 중심으로, 외영은 수원 화성을 중심으로 편제되었다. 내영의 지휘관은 장용사 또는 장용영 대장으로 불렸고, 외영의 지휘관은 수원 유수가 겸임하였다. 정조가 승하하자 1802년(순조2)에 혁파되었다.

**35** 구름……다하였습니다 : 정조가 1800년(정조24) 6월 28일에 창경궁 영춘헌(迎春軒)에서 승하한 지 25일이 지났음을 가리킨다. 달을 날로 계산하는 제도는 바로 이일역월(以日易月)을 가리키는데, 한문제(漢文帝)가 36개월의 상복을 36일로 끝낸 데서 유래하여 후대에 제왕가에서 시행되어왔는데, 보통 3년상의 경우 실제로 25개월이면 상복을 벗을 수 있으므로 최소 25일이 넘으면 복상이 끝난 것으로 간주되었다.

함이 진실로 성인의 달효(達孝 지극한 효성)인데, 정무에 임하여 호령을 내심에 마주치는 일마다 감회가 일어남을 더욱 깨달으실 것입니다. 신이 지엄한 여막의 곁에서 모시며 우러러 심묵(深墨)의 낯빛[36]을 살피고서 들고 날 때에 소리를 삼키고 샘처럼 눈물을 흘렸습니다.

삼가 바라건대 전하께서는 종묘사직을 맡으신 막중함을 생각하시고, 자전(慈殿)과 자궁(慈宮)께서 자애롭게 보호하시는 뜻을 체찰하시어, 슬픔을 억눌러 자중자애하시어 온 나라 신민들의 희망에 부응하시기를 간절히 울며 축원합니다.

아! 우리 대행대왕(大行大王 정조)의 성대한 덕과 깊은 사랑은 사람들을 깊이 감동시켜서 붕어하신 뒤에 가까이는 궁궐과 도읍으로부터 멀리 심산궁곡에 이르기까지 모두가 달려와 애통하게 부르짖어 마치 살고자 하지 않는 것처럼 하였으니, 이것은 진실로 본성에서 나온 것이지만, 24년 동안 보듬어 길러주신 공효를 여기서 더욱 징험할 수 있습니다.

미천한 신으로 말하면, 은혜를 보답하고자 한다면 하늘과 같아 한량이 없습니다만, 재앙이 생긴 날에 이 목숨을 끝내서 선대왕을 위해 몸을 바치는 미천한 정성을 올리지 못하였고, 뻔뻔스레 구차한 목숨을 부지하며 평소처럼 먹고 숨쉬니, 아득한 하늘이여! 이러고도 제가 사람입니까.

천만 뜻밖에 총융사(摠戎使)에 특별히 제수한다는 자성전하의 전교

**36** 심묵(深墨)의 낯빛 : 상제로서 꾸미지 않아 얼굴빛이 몹시 시커멓다는 뜻이다. 《맹자》 〈등문공 상(滕文公上)〉에 "죽을 마시고 얼굴이 매우 검은빛으로 자리에 나아가 곡한다.〔歠粥, 面深墨, 卽位而哭.〕"라고 하였다.

가 문득 정신이 창망하고 요동치는 즈음에 내려오니,[37] 신은 무너진 간장이 더욱 찢어지고 놀란 혼은 더욱 흔들려, 저도 모르게 온몸이 땅에 주저앉고 말았습니다. 그러나 하소연할 곳이 없고 사세가 급박하여 울부짖으며 부절을 받들어 임시로 명을 받았습니다.

며칠 지나지 않아 또 장용영(壯勇營)의 직임으로 바꾸고 겸하여 직숙(直宿)하라는 하유를 받으니, 흡사 의심스럽고 위태로운 즈음에 이 몸이 아니면 할 만한 사람이 없다는 것처럼 보였습니다. 살을 에는 고통은 처음과 다름없고 부끄러움과 두려움은 더욱 깊어져서 가슴속에 번갈아 물이 끓고 불이 타오르는 것과 같습니다.

등불이 사그라지고 물시계도 끝나가는 새벽과 어둑하게 비바람이 몰아치는 저녁에 근심스레 주려(周廬 궁궐의 호위하는 군막)에 엎드려 지난날의 지극한 은혜를 뒤미처 그리워하고, 지금의 위태로운 국세를 깊이 생각하매 신에게 부탁하신 선대왕의 옥음이 귀에 쟁쟁하니, 어려운 시절에 대한 염려에 암담하게 혼조차 녹습니다. 신이 목석이 아닌데 어찌 차마 이것을 참아낼 수 있겠습니까. "자다 깨어 가슴을 치노라.〔寤辟有摽.〕",[38] "새벽이 되도록 잠들지 못하노라.〔明發不寐.〕"[39]라는 구절은 시인들이 참으로 먼저 신의 마음을 얻었다 하겠습니다.

아, 하늘이여! 신과 같은 심정과 처지가 천고를 헤아려볼 때, 오히려

**37** 천만……내려오니 : 풍고를 총융사에 제수한다는 전교는 《승정원일기》 1800년(순조 즉위년) 7월 7일에 실려 있는데, 순조가 모후에게 품의하여 결정한 일이다. 이때 풍고를 특별히 의지하게 된 것은 풍고의 딸이 이해 윤4월 9일에 재간택까지 마친 상태인 것이 영향을 미친 것으로 보인다.

**38** 자다……치노라 : 《시경》 〈백주(柏舟)〉에 나오는 말이다.

**39** 새벽이……못하노라 : 《시경》 〈소완(小宛)〉에 나오는 말이다.

같은 경우가 있었습니까. 아! 지금 신의 한 가닥 숨이 끊기지 않아 만 가지 염려가 몰려드는데도 오히려 두 손 모아 공손히 절하며 묵묵히 하늘에 사례하는 바는, 바로 우리 전하께서 세자로 있을 때부터 슬기로운 자품을 하늘에서 받았고, 또 우리 대행대왕께서 몸소 가르치신 법도와 의방(義方)의 훈계를 받들어, 일찍부터 훌륭한 소문이 있어 멀리 팔도에까지 전파되니, 관료들은 사랑하여 추대하려는 정성이 간절했고 서민들은 찬미하여 노래하려는 생각이 넘친 지가 이미 오래이기 때문입니다.

이제 왕위를 처음 물려받아 큰 명을 막 펼치는 즈음에 우리 동조(東朝 대왕대비)전하께서 여요(女堯)와 같은 성덕으로 원우(元祐)의 고사를 행하시니,[40] 우리나라 억만의 생령들이 한창 "오호불망(於戲不忘)"[41]의 생각을 품고서 "추연히 다시 뵙고자 하는"[42] 소원이 간절합니다. 지

**40** 우리……행하시니 : 대왕대비가 어린 순조를 대신하여 섭정을 잘하고 있다는 의미이다. 대왕대비는 영조의 계비인 정순왕후(貞純王后) 경주 김씨이다. 여요(女堯)는 송나라 영종(英宗)의 비 선인태후(宣仁太后)를 가리키는데, 철종(哲宗)이 어리자 대신 섭정하여 왕안석(王安石)을 물리치고 사마광(司馬光)을 등용하여 원우지치(元祐之治)를 이루었으므로 세상에서 '여중요순(女中堯舜)'이라고 일컬었다. 《宋史 卷242 英宗宣仁聖烈高皇后》

**41** 오호불망(於戲不忘) : 선정을 베푼 정조가 이미 돌아가셨지만 후인들이 사모하여 잊지 못한다는 뜻이다. 《시경》〈열문(烈文)〉에 후세 사람들이 문왕(文王)과 무왕(武王)의 은혜를 잊지 못하여 "아아! 전왕을 잊지 못하겠네.〔於乎, 前王不忘.〕"라고 읊은 데서 유래하였다.

**42** 추연히……하는 : 선왕을 간절히 사모하여 다시 눈앞에 나타난 것과 같다는 의미이다. 《시경》〈청묘(淸廟)〉의 집전(集傳)에 "주공이 당에 올라서 청묘를 노래할 적에, 사당 가운데 계시면서 일찍이 문왕을 보셨기 때문에, 추연히 다시 문왕을 보신 듯이 했다.〔周公升歌淸廟, 苟在廟中嘗見文王者, 愀然如復見文王焉.〕"라는 내용이 있다.

금으로부터 모든 정령을 베푸는 사이에 두 성인께서 서로 의지하여 한결같이 대행대왕의 평소 규모를 준수하여 조금도 어김이 없게 하시면, 만세토록 태평을 누림이 실로 여기에 기반할 것입니다. 전(傳)에 이르기를 "어기지 아니하며 잊지 아니하여 옛 법도를 따른다.〔不愆不忘, 率由舊章.〕"[43]라고 하였고, 또 "선왕을 생각하는 마음으로, 과인을 격려해주는도다.〔先君之思, 以勗寡人.〕"[44]라고 하였으니, 이 어찌 동조 전하와 우리 전하께서 마땅히 염두에 두어야 할 바가 아니겠습니까. 어리석은 신은 참람됨을 무릅쓰고 감히 눈물을 흘리며 아룁니다.

아! 신이 비록 지극히 용렬하고 고루하오나 그나마 오히려 약간의 본성을 지녀, 옛사람이 선제(先帝)를 추모하여 폐하께 보답하려는 의리를 대강이나마 들었으니, 밝은 한마음이 오직 '평탄하고 험함을 가리지 않고 온 힘을 다하여 목숨을 바친다.〔不擇夷險 盡瘁畢命.〕'는 여덟 글자에 달려 있었을 뿐입니다.[45] 그렇다면 이처럼 경황이 없고 슬픈 때를 당해서 어찌 감히 평범히 속마음을 말하는 계책을 일삼겠습니까. 그러나 일은 격식에서 어그러짐이 있고, 의리는 혹 예의염치에서 손상을 입기도 하니, 또 어찌 고개를 들고서 전하의 앞에 애처롭게 호소하

**43** 어기지……따른다 : 《시경》 〈가락(假樂)〉에 나오는 말로 성왕(成王)의 성덕(聖德)을 아름답게 여겨 읊은 시이다.

**44** 선왕을……격려해주는도다 : 《시경》 〈연연(燕燕)〉에 나오는 말로 "선왕을 생각하는 마음으로, 과인을 격려해주누나.〔先君之思, 以勗寡人.〕"라는 말이 나온다.

**45** 옛사람이……뿐입니다 : 이 내용은 촉나라 제갈량(諸葛亮)이 촉한의 유비(劉備)를 섬기고, 이어 후주(後主) 유선(劉禪)에게 보답하려고 출정한 고사를 가리킨다. 인용된 구절은 〈후출사표(後出師表)〉의 말미에 나오는 말인데, 불택이험 진췌필명(不擇夷險 盡瘁畢命)은 제갈량이 당시 지녔던 마음가짐과 행실을 요약한 말이다.

지 않을 수 있겠습니까.

모든 관직이 어느 자린들 그렇지 않겠습니까마는 오직 이 장병(將兵 군대를 통솔)의 직임은 관계된 바가 특별합니다. 평상시에는 미리 대비하는 경계가 있고, 위급할 때는 군사를 사용해야 하기 때문에 무관직의 군자나 훈신과 척신의 높은 명망을 지닌 자가 아니면 윗사람은 가벼이 제수한 적이 없고 아랫사람은 감히 차지하지 못하였습니다. 그 어렵게 여기고 삼간 것이 거의 공경의 중한 자리보다 더 심함이 있으니, 수백 년간의 법전을 고찰해보면 알 수가 있습니다.

신이 이미 나이가 젊은 서생으로 훈신이나 척신 양쪽에 아무런 근거가 없으니, 수십 일 동안 몰염치하게 임시로 받고 있는 것도 오히려 얼굴이 붉어지고 등에 땀이 흥건합니다. 그런데 지금 만약 당시 슬프고 경황이 없는 비상시국에 받은 명을 요행으로 여겨 태연히 차지하고 있으면서 얼른 벗어날 계책을 생각지 않는다면, 당세의 비웃음과 후세 사람의 기롱은 우선 제쳐두고 말하지 않더라도 제 몸과 이름을 점검해 보건대 어찌 부끄러움에 죽고 싶어지지 않겠습니까.

아! 말이 여기에 이르니, 그저 가슴이 미어지고 목이 메는 심정만 더하여, 이에 감히 남은 정신을 수습하여 다급한 소리로 호소합니다. 삼가 바라건대 천지부모 같은 성상께서는 애처롭게 여기시고 불쌍히 여기시어 신이 띠고 있는 장용사의 직임을 도로 거두소서. 이어 신이 저지른 성상을 번거롭게 한 죄를 다스려서 처음 시작되는 조정의 기강을 엄숙히 하고 필부의 미천한 진심을 이루도록 하소서.

## 병조 판서를 사직하는 소[46]

辭兵曹判書疏

삼가 아뢰옵니다. 신이 오늘 동조(東朝 대왕대비)전하께서 특별히 제수하신 병조 판서의 명을 삼가 받드니, 은혜로운 하교가 유례가 없기에 감격하여 송축하던 나머지 이어 두려움에 떨며 어찌할 줄 몰라서 죽을 곳을 구했으나 할 수 없었습니다.

아! 신의 심정과 처지로는 즉시 죽어서 욕의(蓐蟻)[47]를 하여 선대왕께서 베푸신 천고에 드문 은혜에 조금이나마 보답해야 마땅한데, 목석보다 무디고 돼지와 물고기처럼 어두워서 지금까지 구차히 살아 한 가닥 목숨을 보존하고 있으니, 밝고 밝은 일편단심은 오직 궤전(饋奠)을 올리고 장례를 치르는 예에 정성을 다하고, 성상의 기거를 보호하는 일에 힘을 다하는 데 있을 뿐입니다. 이밖에 어찌 조금이나마 세상에 벼슬할 생각이 있겠습니까.

**46** 병조……소 : 풍고의 나이 36세 때인 1800년(순조 즉위년) 8월 2일에 병조 판서를 사직하며 올린 소이다. 풍고는 하루 전인 8월 1일에 장용대장을 사직하는 소를 올렸는데, 이튿날에 대왕대비의 전교로 병조 판서에 옮겨 제수되자 즉시 사직소를 올렸다. 이에 대해 순조는 "자전께서 특별히 제수하였는데, 어찌 이리도 여러 차례 명을 어기는가? 즉시 들어와서 명을 받들라.〔慈敎特授, 何如是屢違? 卽爲入來肅命.〕"라는 비답을 내렸다. 《承政院日記 純祖 卽位年 8月 1日, 2日》

**47** 욕의(蓐蟻) : 욕누의(蓐螻蟻)의 준말로 승하한 임금을 모시려고 황천에 잠자리를 깔고 땅강아지와 개미를 쫓는다는 의미이다. 전국 시대에 안릉군(安陵君)이 초 공왕(楚共王)에게 "대왕께서 승하하신 뒤에 이 몸이 황천까지 따라가서 잠자리를 만들어 땅강아지와 개미를 쫓고자 합니다."라고 하였다는 고사에서 온 말이다. 《戰國策 楚策1》

지금 특별히 내려주신 자성 전하의 뜻이, 미천한 신의 어떤 점을 취했기에 또 이런 비상(非常)의 조치가 있게 된 것인지 신은 감히 알지 못하겠습니다. 신의 재주와 명망이 이 직임을 맡기에 족히 비슷한 점이 있다면, 어찌 살아서나 죽어서나 앞을 향해 나아가 만분의 일이라도 보답하길 도모하려 생각지 않겠습니까. 그러나 군영 하나를 관할하기에도 오히려 감당치 못할까 두려운데, 하물며 이 본병(本兵 병조)의 우두머리는 모든 군영을 통솔하고 인물을 감별하니, 그 책임의 엄중함이 더욱 어떻겠습니까. 그렇다면 이 직임이 어찌 나이 젊고 명망이 가벼운 자를 갑자기 제수하여 사태를 그르치는 대로 내버려두고 돌아보지 않을 수 있는 것이겠습니까. 또한 신은 가슴 가득 슬프고 답답한 말이 있으니, 이제 감히 눈물을 훔치며 진달하고자 합니다.

기억하건대 지난날 선대왕을 한가할 때에 모시던 중에, 선대왕의 용안이 봄날처럼 풀리고 선대왕의 음성이 도탑기 그지없었는데, 말씀이 조정 신료들의 승침(升沈)과 영욕(榮辱)의 연고에까지 이르게 되었습니다. 선대왕께서 하교하시기를 "내가 지금 사람들을 두루 살펴보았는데, 마음이 비어서 평안하고 고요한 자는 오직 너 하나만 보았다. 내가 기뻐하고 취하는 바는 여기에 있다."라고 하셨습니다. 또 하교하시기를 "너의 마음을 내가 알고 있으니, 능히 그 마음을 길이 보전한다면 완인(完人)이 될 수 있을 것이다."라고 하셨습니다. 이에 미천한 신이 대답하기를 "다른 일은 신이 본래 감당치 못하옵고, 또한 반드시 해낸다는 보장도 없지만, 이 일에 대해서만은 힘써 도모할 수 있을 듯합니다."라고 하였습니다.

그 뒤에 신이 삼전(三銓 이조 참의)에 특별히 제수되었을 때에, 누차 소명(召命)을 어기면서 계속 간절한 진심을 진달하여 그때마다 곡진히 헤아려주시는 은혜를 입었고, 그 뒤에 경연(經筵)에서도 이 때문에 누차 선대왕의 포장(褒獎)[48]을 받기도 하였습니다. 신이 명리(名利)가 찬란한 곳에 들어가지 않기로 스스로 선을 그은 것은 미천한 신만 아는 바일 뿐만이 아니라, 또한 오르내리시는 선왕의 영령께서도 굽어 살피신 바입니다. 이제 승하하신 지가 오래지 않아 옥음(玉音)이 어제처럼 들려오는데 갑자기 이 직임에 나아간다면, 동서(東西 문반과 무반)가 모두 전관(銓官 선발을 맡은 직책)이니, 전에는 무슨 마음으로 굳이 사양하였고, 뒤에는 무슨 까닭으로 즐겨 부임한단 말입니까. 한 몸으로 근거 없이 전후 행실을 달리하는 것은 우선 제쳐두더라도 장차 선왕께서 깊이 알아주신 성의를 저버려 길이 이 세상의 죄인이 되고 말 것입니다.

옛사람이 어찌 "선제의 밝으심을 상하게 할까 두렵다.〔恐傷先帝之明.〕"라고 말하지 않았습니까.[49] 신이 비록 아무리 보잘것없고 아무리 못났더라도 군자의 말씀을 대강이나마 들었으니, 차라리 귀양을 가고 죽임을 당하는 주벌을 입을지언정 결코 요행을 인연하여 마침내 스스로 맹세한 초심을 저버리지는 않겠습니다. 말이 여기에 이르자 오장이 찢어질 듯 아픕니다. 경패(庚牌)가 누차 내려왔지만[50] 꼼짝할 수 없기

**48** 선대왕의 포장(褒獎) : 원문은 '화곤지포(華袞之褒)'인데, 지극히 영광스러운 칭찬을 말한다. 화곤은 고대 왕공과 귀족의 복장으로, 진(晉)나라 범녕(范寧)의 〈춘추곡량전 서(春秋穀梁傳序)〉에 "한 글자의 포장이 화곤을 받는 것보다 영광스럽고, 한마디의 폄하가 시장에서 맞는 회초리보다도 욕되다.〔一字之褒, 寵逾華袞之贈, 一言之貶, 辱過市朝之撻.〕"라는 말이 있다.

**49** 옛사람이……않았습니까 : 제갈량(諸葛亮)이 후주(後主) 유선(劉禪)에게 올린 〈전출사표(前出師表)〉에 나오는 말로 "명을 받은 이래로 아침부터 밤중까지 근심하면서, 신에게 부탁하신 일을 이루지 못해 선제의 밝은 덕을 상하게 할까 두려워했습니다.〔受命以來, 夙夜憂慮, 恐托付不效, 以傷先帝之明.〕"라고 하였다.

에 남은 정신을 수습하여 서둘러 짧은 소를 진달합니다.

삼가 바라건대 자애로운 성상께서는 신을 불쌍히 여기시어, 동조께 품의하여 즉시 신이 새로 제수받은 작질(爵秩)을 속히 깎고, 이어 신이 성상의 명에 태만한 죄를 다스려 조정의 기강을 엄숙히 하시고 미천한 분수를 편안케 하소서.

**50** 경패(庚牌)가 누차 내려왔지만 : 경패는 임금이 부르는 명패(命牌)를 말하는데, 이날 풍고가 병조 판서에 제수되고서 즉시 나아가지 않자 순조가 같은 날에 여러 차례 패초(牌招)하라는 명을 내린 것을 가리킨다. 《承政院日記 純祖 卽位年 8月 2日》

## 두 번째 소[51]

再疏

삼가 아룁니다. 신은 구천에 닿을 수 없는 애통함을 품고 종신토록 스스로 맹세한 의리를 안고서, 피눈물을 흘리며 대궐에 가서 호소하고 엄한 처벌만을 기다리던 중에, 비지(批旨)를 받들매 도탑게 타이르는 성상의 말씀이 즉시 명에 응하라는 것이었습니다. 신이 깜짝 놀라 어찌할 줄 모르고 그저 땅을 파고 들어가고자 하였으나 할 수 없었습니다.

아! 신의 미천한 정성은 만약 조금이라도 신이 스스로 정한 맹세를 깨뜨릴 가망이 있다면, 어찌 감히 성상께서 상중에 있으며 애통해하는 때에 형식을 갖추고 겸양을 꾸며서 우러러 번거롭게 수응하도록 하겠습니까. 그런데 신이 가슴 가득한 답답함을 품고서 반드시 사직하고야 그만두려는 것은, 어찌 그저 재주가 형편없고 아는 것이 몽매하여 막중한 직무를 담당하여 여론에 부응하기에 충분하지 않기 때문만이겠습니까. 진실로 좋은 벼슬자리를 멀리 피하여 이 몸을 빈 배에 의탁하는 것이 바로 평소에 품은 굳은 결심이기 때문입니다. 그리하여 군부(君父)의 앞에 사실대로 말씀을 드려 일찍이 인가(印可)의 칭찬과 양찰의 은혜를 받았으니, 지금 어찌 감히 이미 까마득한 옛일이 되었다고 핑계

**51** 두 번째 소 : 풍고의 나이 36세 때인 1800년(순조 즉위년) 8월 3일에 병조 판서를 사직하며 재차 올린 소이다. 이 소에 대해 순조는 "이러한 때에 본병의 장관이 어찌 머뭇거려서 되겠는가? 즉시 명을 받으라.〔此時本兵之長 何可逡巡? 卽爲承膺.〕"라는 비답을 내렸다. 《承政院日記 純祖 卽位年 8月 3日》

를 대고 보란 듯이 중권(中權 중앙 군부의 장관)의 요직을 탐하여, 기꺼이 이 몸을 두 사람으로 만들어 앞서 한 말을 마치 헌신짝 버리듯 내팽개칠 수 있겠습니까.

전(傳)에 이르기를, "말이란 몸을 꾸미는 것이다.〔言者 身之文也.〕"[52] 라고 하였으니, 말을 만약 폐기할 수 있다면 이는 몸이 없는 것과 같습니다. 비록 남의 손을 빌려 우리 전하를 섬기고자 한들 되겠습니까.

삼가 생각건대 우리 자성전하께서는 여요(女堯)와 같은 성덕으로 신하를 부리는 예법에 깊이 밝으시고 만물을 성취시키는 사랑을 곡진히 베푸시니, 만약 신의 오늘날의 심정과 사리가 무릅쓰고 나아간다면 의리를 손상시키고, 반드시 체직되어야 지킴이 온전해짐을 밝게 헤아려주신다면, 필시 여러 번 소를 올려 애처롭게 하소연하기를 기다리지 않고도 관직에서 체직됨을 얻을 수 있을 것입니다.

신이 밤중에 죽음을 무릅쓰고 소명을 어기던 차에 곧바로 '호망하지 말라〔勿爲呼望.〕'[53]는 하교를 받았습니다. 신이 나아가려니 미련한 지

52 말이란……것이다 : 춘추 시대 개지추(介之推)가 한 말이다. 진 문공(晉文公)이 19년 동안이나 국외로 망명할 때, 개지추는 온갖 고난을 겪으며 줄곧 그를 수행하였다. 문공이 귀국하여 즉위하자 개지추는 자신의 공을 드러내지 않고 몸을 숨겼는데, 어머니가 개지추에게 문공께 말을 하여 벼슬하는 것이 어떻겠느냐고 물었다. 이에 개지추는 "말이란 몸을 꾸미는 것입니다. 제가 장차 은거하려 하는데 꾸미는 일을 어디에 쓰겠습니까.〔言, 身之文也, 身將隱, 焉用文之?〕"라고 대답했다고 한다. 《史記 卷39 晉世家》

53 호망하지 말라〔勿爲呼望〕 : 호망(呼望)이란 호패망(呼牌望)의 준말로, 궐 안으로 불러들인 신하나 승정원에 문서를 가지고 온 신하를 차례대로 불러서 들어오게 하는 것이다. 승정원의 하례(下隷)가 승정원 정문인 망문(望門)에서 행하였다. 이때 승정원 동부승지 박종보(朴宗輔)가 계문하여 병조 판서에 임명된 김조순이 누차 소명을 어겨 사체(事體)가 몹시 미안하니 다시 패초하는 것이 어떤지를 아뢰자, 순조는 "패초를

조를 되돌리기 어렵고, 물러나고자 하면 대궐이 더없이 지엄하니, 이는 아마 신이 명을 마칠 때인가 봅니다. 이에 감히 대궐 아래 자리를 깔고 거듭 몇 줄의 소를 엮어서 슬프고 괴로운 심정을 다 진달합니다.

삼가 바라건대 천지부모 같은 성상께서는 애처로운 충정을 곡진히 살피시어 자성전하께 품의를 올려, 신을 본병(本兵)의 장관으로 올려 제수한 명을 속히 거두어서 생성(生成)해주시는 은택을 이루시고, 아울러 신이 누차 번거롭게 한 죄를 다스려 법과 기강을 밝히시기를 눈물을 흘리며 간절히 바랍니다.

어기면 호망하지 말고, 앞에 내린 패로써 각별히 재촉하라."는 전교를 내렸다.《承政院日記 純祖 卽位年 8月 2日》이는 풍고가 대궐에 나오지 않았으면 중간에 불러보는 절차를 생략하고 계속 나올 때까지 재촉해 부르라는 임금의 정중한 뜻이 담긴 말이다.

## 세 번째 소[54]

三疏

삼가 아룁니다. 신이 일전에 몽매함을 무릅쓰고 간절한 심정을 진달하여 미천한 진심을 이뤄주시기를 바랐는데, 자성전하의 하교를 받으니 타이르고 책망함이 준엄하였습니다.[55] 신이 이에 두려움에 떨며 창황한 마음으로 억지로 힘을 짜내 나아가 명을 받들었습니다만, 물러나 스스로 돌아보건대 평소의 소신을 어기고 선왕의 은혜를 저버린 사람이 됨을 면치 못하였으니, 하늘을 우러르고 땅을 굽어보매 부끄럽고 애통함이 한량이 있겠습니까.

돌아보건대 신이 벼슬에 나아간 후로 어찌 노둔한 재주를 다 바쳐 분주히 노력하는 정성을 바치고 싶지 않았겠습니까마는, 다만 현재

**54** 세 번째 소 : 풍고의 나이 36세 때인 1800년(순조 즉위년) 8월 6일에 병조 판서를 사직하며 세 번째로 올린 소이다. 이 사직소에 대해 순조는 "경은 사양치 말고 조리하여 공무를 행하라.〔卿其勿辭, 調理行公.〕"라는 비답을 내렸다. 풍고는 병조 판서로 11월까지 근무하고, 예문관 제학에 옮겨 제수되었다.

**55** 자성전하의……준엄하였습니다 : 풍고가 병조 판서를 사직하며 첫 번째 소를 올린 뒤에 나온 대왕대비의 전교를 가리킨다. 대왕대비가 승정원 좌부승지 최헌중(崔獻重)에게 전교하기를 "처지와 의리가 때에 따라 다르지만, 병조 판서의 상소한 뜻은 실로 이 시절에 믿고 의지하는 뜻을 알지 못한 것이다. 내가 비록 일을 알지 못하지만, 해서는 안 되는 일로 조정 신하를 강박하지는 않는다. 하물며 이 사람의 지위와 처지가 어찌 강박할 수 없는데 강박할 수 있는 경우겠는가. 정해진 시각 안에 만약 명을 받들지 않거든 이것은 국가의 기강을 업신여기는 것이다. 병조 판서 김조순을 우선 죄과를 기록하여 대령시키고, 숙배단자를 재촉하여 들이도록 하라."라고 하였다. 《承政院日記 純祖 卽位年 8月 3日》

질병의 형편으로는 실로 공사 간에 방해가 되는 염려가 있기 때문에 곧장 죽음을 무릅쓰고 감히 진달하는 것입니다.

신은 체질이 본래 허약하여 평소에도 늘 잦은 병치레를 하였는데, 천지가 무너지는 변고를 만난 후로 심장이 무너지고 정신이 흩어져 막막하고 아득하여 거의 실성한 사람과 같았습니다. 비록 가고 서고 앉고 일어나기를 스스로 억지로 채찍질해보지만 기혈과 형색(形色)이 점차 손상되어, 지난달에 궐내에 입직할 때부터는 문득 학질에 걸려 지금 보름이 넘었습니다. 증세가 심해지기만 하고 덜함이 없어 오한과 열병이 번갈아 이르러 피부가 어두워지고 구토와 설사가 함께 일어나 먹고 마시기를 완전히 폐하였습니다. 격담(膈痰)이 가로 걸리고 머리가 아프고 어지러워서 잠깐 손님을 접하면 기혈이 쏠리듯 하며 조금만 문서를 펼치면 자욱한 안개처럼 어지러워, 침상에 쓰러져 문지방을 넘지 않은 지가 또 이미 여러 날이 되었습니다.

이런 까닭으로 엊그제 차대(次對)[56]는 바로 우리 전하께서 최초로 정무에 임하여 치도(治道)를 자문하는 첫 번째 빈연(賓筵)이었는데도 여러 신하의 뒤를 따라서 우리 전하께서 훌륭히 기무(機務)를 재결하여 처리하시는 모습을 보지 못했으니, 신은 송구하고도 우울해져 거의 또 병이 덧날 지경입니다. 신이 지금 날마다 약물을 시험하여 얼른 차도가 있기를 기대하였지만, 약효가 몹시 더디고 여러 증상이 따라서 생겨나 골골대고 신음하며 귀신과 이웃이 되었습니다. 이와 같은 정신

**56** 차대(次對) : 매월 여섯 차례 정기적으로 대신과 육조의 당상, 삼사의 관원 등이 참석하는 조선 시대의 고위 관료 회의로, 이 자리에서는 국정 전반에 대한 논의가 이루어졌다.

과 이와 같은 증세로 모든 병영의 검할(鈐轄 병마를 통솔함)의 권한을 관장하고, 무관을 평가하는 정무를 행하는 것은 애초에 따지고 비교할 사항조차 아니었습니다. 그런데 대정(大政)[57]의 기간이 며칠 남지 않았는데도 일체의 정주(政注)[58]에 관한 일을 아직까지 한쪽에 팽개친 채로 종일토록 신음하여 마치 윷놀이하다 양을 잃은 것[59]과 흡사하니, 신의 마음속의 송구함은 제쳐두더라도 국가 체모의 구차스러움이 어떠하겠습니까.

이리저리 생각해보매, 묵묵히 지내다 끝내 일을 그르치기보다는 차라리 간절히 부르짖어 스스로의 질병을 호소하여, 천지일월의 자애로운 보호와 밝은 보살핌을 바라는 것이 나을 것입니다. 이 때문에 감히 병을 앓는 중에 힘을 짜내어 소장을 엮어 위로 성상의 귀를 어지럽힙니다.

삼가 바라건대 자애로운 성상께서는 불쌍히 여기시고 살펴주시어 신이 띠고 있는 본병(本兵)의 중임을 속히 체차하여, 신으로 하여금 마음 편히 조리하여 남은 목숨을 보전케 하시고, 이어 신이 근일에

**57** 대정(大政) : 조선조 때 1년에 두 차례 도목 정사(都目政事)를 행하여 관리의 성적을 평가했는데, 그중 12월에 행하는 것을 대정, 6월에 행하는 것을 소정(小政)이라 한다.

**58** 정주(政注) : 벼슬아치에 대한 성적을 평가하여 임면과 출척을 결정하는 일을 말한다.

**59** 윷놀이하다……것 : 심한 병 때문에 관직에 나아가지 못했어도, 직무를 수행하지 못한 결과는 마찬가지라는 의미이다. 《장자(莊子)》 〈병무(駢拇)〉에 "장(臧)과 곡(穀) 두 사람이 똑같이 양을 치다가 모두 자기 양을 잃어버렸다. 장에게 무슨 일로 양을 잃었느냐고 묻자 책을 손에 들고 읽다가 잃었다 하고, 곡에게도 무슨 일로 양을 잃었느냐고 묻자 윷놀이를 하다가 잃었다고 하였다. 이 두 사람이 한 일은 서로 달랐지만 양을 잃은 것은 똑같았다.〔臧穀二人相與牧羊, 而俱亡其羊. 問臧奚事, 則挾策讀書, 問穀奚事, 則博塞以遊. 二人者, 事業不同, 其於亡羊均也.〕"라고 한 말이 있다.

성상을 번거롭게 한 죄를 다스려 조정의 기강을 엄숙하게 하시기를 간절히 바랍니다.

## 병조 판서를 사직하고 겸하여 인산의 장례 행렬을 따르게 해주기를 청하는 소[60]

辭兵曹判書, 兼請隨因山靷行疏

삼가 아룁니다. 세월이 빨리 흘러 예월(禮月)[61]이 갑자기 이르러서 곡삭(告朔)의 의식[62]을 이미 행하고, 계찬(啓欑)의 예[63]를 앞두고 있으니, 삼가 생각건대 효성스러운 생각이 한이 없어 부여잡고 통곡하는 슬픔이 더욱 새로울 듯합니다. 이에 삼가 생각건대 신은 다만 선왕께서 승하하신 애통함만 가슴에 품고 욕의(蓐蟻)[64]의 정성을 바치

**60** 병조……소 : 풍고의 나이 36세 때인 1800년(순조 즉위년) 11월 1일에 올린 소이다. 정조가 1800년 6월 28일에 승하한 뒤 5개월째 되는 11월 5일 계미일이 인산일로 정해졌는데, 풍고 또한 장례행렬에 참여할 명단에 포함되었다. 그런데 이때 병조 판서가 외부에서 숙박하는 것은 옳지 못하므로 장례에 참여해서는 안 된다는 대신의 의견이 있자 순조가 이를 허락하였다. 이에 풍고는 인산일이 임박하자 병조 판서를 사직하고 장례행차를 따를 수 있도록 허락을 청하며 이 소를 올렸다. 이에 대해 순조는 "어제 경연의 상주를 듣고 따른 것은 대신을 공경하려는 것이었고, 지금 소의 말을 보고 양찰한 것은 경의 정리(情理)를 위한 것이다. 사직하지 말고 처음의 하교에 의거하여 때에 맞추어 따라가라.〔昨聞筵奏而從之者, 敬大臣也, 今見疏辭而諒之者, 爲卿情理也. 勿辭依初下敎, 臨時往焉.〕"라고 하였다. 《承政院日記 純祖 卽位年 11月 1日》

**61** 예월(禮月) : 죽은 뒤에 장사 지내는 달을 말하는데, 천자는 일곱 달, 제후는 다섯 달, 대부는 석 달, 선비는 한 달 만에 지내는 것이 통례이다.

**62** 곡삭(告朔)의 의식 : 제후가 매월 초1일에 사당에 고하는 예식을 말한다.

**63** 계찬(啓欑)의 예 : 계찬은 계빈(啓殯)과 같은 말로 장례를 위해 가매장한 관을 꺼내려고 빈(殯)을 여는 것을 가리킨다.

**64** 욕의(蓐蟻) : 따라 죽는 것을 말한다. 욕누의(蓐螻蟻)의 준말로 승하한 임금을 모시려고 황천에 잠자리를 깔고 땅강아지와 개미를 쫓는다는 의미이다.

지 못한 채 목석처럼 우둔한 목숨이 지금에까지 이르렀으니, 선왕께서 자애롭게 길러주고 도야시켜주신 성대한 덕과 은혜를 생각할 때마다 흡사 지난날의 은혜를 저버린 것과 같아서, 연(燕)나라와 조(趙)나라의 기개를 숭상하는 자[65]들도 오히려 한 번 죽음으로 보답하는 것에 비하면 매우 부끄럽습니다.

아! 장례에 쓰는 도구가 마련되고 모든 일이 점점 무르익으니, 천지가 광활하고 아득하여 황급히 따르려 하나 미칠 수 없습니다. 이런 즈음에 다행히 상여의 줄을 잡고 따르는 각신(閣臣)의 명단에 낙점되었으니, 어쩌면 몸소 관곽을 모시고 산릉(山陵)에 나아가 장례의 일에 정성을 펴고 마지막 영결로 슬픔을 고할 수 있을 듯했습니다.

지난 저녁 경연에 나아갔을 때 발인한 뒤에 따라가라는 하교를 들었는데, 대신들이 곧장 "이런 때에 본병(本兵)을 맡은 신하가 바깥에서 숙박을 하는 것이 마땅치 않다."라고 하며 신의 행차를 취소하기를 청하였습니다. 신이 뒤에서 듣고는 저도 모르게 눈앞이 캄캄하고 가슴이 메었으나, 경연의 체모가 더 없이 엄중하기에 감히 말씀을 올려 간절한 심정을 진달하지 못하고 물러났습니다. 대신들의 이 상주가 신의 정리(情理)를 헤아리지 않은 것은 아니고, 다만 신의 직명(職名)을 무겁게 본 데서 말미암은 까닭입니다. 그러나 정리는 결코 억지로 할 수 없는 형세가 있고 직명은 오히려 해결할 방도가 있으니, 만약 직명에 얽매여

**65** 연(燕)나라와……자 : 고대 연나라와 조나라 지역에서는 강개(慷慨)하며 격앙(激昂)하는 인물들이 많이 배출되었으므로 '연조풍(燕趙風)'이란 말까지 있었다고 한다. 그중에서도 진시황을 죽이기 위해 떠나간 자객 형가(荊軻)와 그의 친구 고점리(高漸離)에 얽힌 고사가 유명하다. 《史記 卷86 刺客列傳》

서 정리를 이루지 못하게 된다면, 어찌 신이 죽어도 눈을 감지 못할 한이 아니겠으며, 전하께서 또한 어찌 차마 신에게 베풀 일이겠습니까.

옛사람들이 붕우의 상장(喪葬)을 당하여 오히려 관직을 버리고 인끈을 풀고서 천 리 먼 길을 맨발로 가서 삼 개월 동안 조문하기도 하였습니다. 선왕께서는 신에게 군사부(君師父)의 세 가지 의리를 겸하셨으니, 설령 신이 질병에 휘감겨 사지를 못 쓰더라도 오히려 마땅히 목숨을 내팽개치고 무덤 앞에 스스로 나아가야 할 것입니다. 작은 관직이 내 몸과 무슨 관련이 되기에 어리석게도 변통할 줄 모른 채, 태연하고 구차하게 숨쉬며 옛사람들이 붕우에게도 베풀었던 도의를 망각하고 도리어 이십 년을 한결같이 섬겼던 분을 소홀히 대한단 말입니까.

억장이 무너지고 가슴이 막혀 밤이 새도록 눈물을 훔치며 대상 몇 줄을 엮어서 지엄하게 거상하시는 아래에 다급한 소리로 슬프게 애원합니다.

삼가 바라건대 자애로우신 성상께서는 긍휼히 여기고 양찰해주시어 신의 본병(本兵)의 직명을 속히 깎아 버리시어, 신으로 하여금 방해됨이 없이 상여줄을 잡는 대열에 참여할 수 있도록 해주시고, 이어 신이 이러한 때에 성상을 번거롭게 한 죄를 다스리시기를 눈물을 흘리며 간절히 바랍니다.

## 정헌대부를 사양하는 소[66]

辭正憲大夫疏

삼가 아룁니다. 세월이 빨리 흘러 선대왕의 인봉(因封 국장)의 예가 어느덧 벌써 지나서 우사(虞事)를 네 번째 거행하게 되었습니다.[67] 선대왕의 모습이 점점 아득해져 천지가 광활하고 아득하니, 삼가 생각건대 효성스러운 생각이 간절하지만 부여잡고 따를 곳이 없을 것입니다. 정은 비록 다함이 없으나 예제에는 본래 절도가 있으니, 삼가 바라건대 위로 전궁(殿宮 대왕대비)께서 오직 자식이 병들까 염려하시는 마음을 체찰하시고 아래로 신민들의 기원하는 심정에 부응하시어, 슬픔을 억눌러 자중자애하시어 조섭하는 도리를 깊이 유념하시는 것이 바로 신이 간절히 바라는 바입니다.

이어 생각건대 신이 성상께서 굽어 살펴주시는 은혜를 특별히 받아

**66** 정헌대부를 사양하는 소 : 풍고의 나이 36세 때인 1800년(순조 즉위년) 11월 11일에 가자된 정헌대부를 사양하며 올린 소이다. 풍고는 당시 병조 판서로 재임 중이었는데, 정조가 승하한 뒤 7월 19일에 정조 대왕의 행장(行狀)과 시장(諡狀)을 찬집할 당상관 10명 중에 선임되었고, 이어 9월 13일에 시책문(諡冊文)을 지어 올렸다. 이에 시책문 제술관으로 수고한 공으로 11월 8일에 정2품 상계 정헌대부에 가자되었다. 이 소에 대해 순조는 "고례가 이미 그러하니 어찌 사양하는가. 경은 공무를 수행하라.〔古例已然, 何辭爲, 卿其行公.〕"라고 하였다. 《承政院日記 純祖 卽位年 7月 19日, 9月 13日, 11月 8日, 11日》

**67** 우사(虞事)를……되었습니다 : 우사는 우제(虞祭)를 가리키는 말이다. 순조 즉위년(1800) 11월 11일 기축일에 순조가 창덕궁 효원전(孝元殿)에 나아가 사우제(四虞祭)를 행한 것을 가리킨다.

회장(會葬)에 달려가는 소원을 이루게 되었습니다. 그리하여 무덤이 영구히 닫히는 광경을 차마 보면서 스스로 부르짖으며 발을 구를 뿐, 겸호(鍼虎)가 따라 죽었던 일[68]을 본받지 못하고 멍하니 돌아와 전처럼 지내고 있으니, 아! 이 사람은 어찌 이리 우매하고 모질단 말입니까. 이러한 때에 시책(諡冊)을 지어 올리는 이유로 문득 관직을 올려 제수하는 은총을 받으니, 명을 들으매 가슴이 미어져 그저 갑자기 죽어버리고 싶습니다.

아! 신이 천고에 드문 은혜를 받은 몸으로 외람되게 대성인의 절혜(節惠 시호)의 문장을 맡았으니, 공업을 서술하고 공렬을 칭송하여 아름다운 덕을 드러내어, 크게 천년 뒤에까지 영광을 빛내고 팔도의 사모하는 심정을 위로하고자 생각하였습니다. 그리하여 붓을 배 속에서 뽑아내고 먹물을 눈물과 섞었으나, 끝내 학식이 짧고 식견이 얕아서 재주가 정성에 미치지 못하여, 큰 하해의 물을 작은 표주박으로 뜨고 밝은 일월을 본을 대고 그리는 격이라, 선대왕의 훌륭한 덕과 큰 업적에 대해 만분의 일이라도 형용하지 못했을까 두려웠습니다. 이 때문에 우러르고 굽어보아도 송구하고 부끄러움이 몇 달이 지나도록 그치지 않았습니다. 영광이 지극하니 무엇이 수고로울 것이며, 죄가 큰데 어찌 상을 내린단 말입니까. 은혜로운 교서를 손에 받드니 오장이 더욱 찢어지고, 피눈물을 닦으며 밀씀을 진달히매 말을 늘일 겨를이 없습니다.

**68** 겸호(鍼虎)가……일 : 옛날 진(秦)나라 목공(穆公)이 죽었을 적에 자거씨(子車氏)의 세 아들 엄식(奄息)·중항(仲行)·겸호를 순장했는데, 이들은 모두 진(秦)나라의 훌륭한 신하였으므로, 나라 사람들이 그들을 아까워하여 "대신 누가 죽으라면 사람마다 제 몸을 백 번이라도 바치리로다.〔如可贖兮, 人百其身.〕"라고 노래하였다고 한다. 《詩經 秦風 黃鳥》

삼가 바라건대 자애로운 성상께서는 굽어 양찰해주시어 신에게 새로 내린 정헌대부의 품계를 속히 환수하시어, 미천한 분수를 편안케 하시고 나라의 은전을 신중히 하시기를 간절히 바랍니다.

# 이조 판서를 사직하는 소[69]

辭吏曹判書疏

삼가 아룁니다. 신이 오래전부터 품어온 심정을 갖추어 진달하고 겸하여 관직에 어울리지 않는 실상을 드러내어, 성상의 양찰을 얻어 짐을 내려놓고 한가로이 지내며 자취를 숨겨 졸렬한 분수를 삼가고 지키기를 바랐습니다. 그런데 비지(批旨)를 받아보니, 지난날 선대왕께서 돌보아주신 은혜를 추억하고 지금 성상께서 우대하시는 뜻을 보이시어, 정성스럽고 간절하며 정중하고도 성대하였습니다. 신이 받들어 절반도 읽기 전에 슬픔이 북받쳐 가슴이 미어져, 머리를 조아리고 손 모아 절하며 눈물이 줄줄 흘렀습니다. 가령 신이 아침이슬처럼 금세 사라지더라도 이 은혜로운 말씀을 받았으니, 후세에 할 말이 있을 것입니다. 신이 어떤 사람이기에 감히 이런 은혜를 받는단 말입

**69** 이조 판서를……소 : 풍고의 나이 37세 때인 1801년(순조1) 7월 6일에 이조 판서의 사직을 청하며 두 번째 올린 소이다. 이에 대해 순조는 "재차 사직소를 올려 본직을 사직하는 것은 너무 지나치지 않은가. 경은 속히 명을 받들라.〔再控辭本, 不已過乎? 卿其從速肅命.〕"라고 하였다. 《承政院日記 純祖 1年 7月 6日》 풍고는 앞서 1801년(순조1) 6월 20일에 이조 판서에 임명되어 7월 4일에 사직하는 소를 올려 비답을 받았는데, 문집에는 누락되었다. 이때 풍고가 올린 사직소에 대해 순조는 "경은 바로 선왕께서 무겁게 의지했던 바로서, '보도(輔導)의 책임을 맡고 휴척(休戚)을 함께 함에 있어늘 마음속에 잊지 않고 기대한다.'는 분부를 나 소자도 이미 옛날에 들었다. 이때에 장전(長銓)의 책임은 경을 두고 누가 있겠는가? 경은 사직하지 말고 공무를 행하도록 하라.〔卿乃先王之所倚重也, 任輔導共休戚, 眷眷期望之教, 予小子亦已承聞於昔日. 此時長銓之任, 捨卿伊誰? 卿其勿辭行公.〕"라는 비답을 내렸다. 《承政院日記 純祖 1年 6月 28日, 7月 4日》

니까. 오직 다만 이 직명(職名)이 그대로라서 답답함이 더욱 심합니다. 소명이 자주 내려와도 몸을 움직일 길이 없어 어쩔 수 없이 만번 죽음을 무릅쓰고 다시 아뢰오니, 오직 성명께서는 불쌍히 살펴주소서.

아! 신이 선왕과 우리 전하께 받은 은혜는 군신(君臣)이 있은 이래로 유례가 드문 만남이니, 신이 비록 지극히 볼품없으나, 반드시 마음에 없는 말을 전하께 진달하거나 내 몸에 지닌 재능을 위에 숨기지 않을 것입니다. 신이 타고난 성격이 용렬하고 게으른데다 재주가 또 거칠고 엉성하여, 비록 오래도록 높은 벼슬자리에 있었으나 흡사 강호의 물오리가 자유롭고 한가롭게 지내며 조금도 마음을 고집하는[70] 곳이 없는 것과 같아서, 일체의 세상일을 잊고 지냈습니다.

진실로 관직을 맡아 근무한 것으로 말하면 남전현 승(藍田縣丞)이 문서 말미에 서명이나 하는 것[71]과 같아 본디 남보다 나을 것이 없습니다

**70** 마음을 고집하는 : 원문은 '적막(適莫)'인데, 옳다거나 그르다거나 평가하지 않는 무가무불가(無可無不可)의 상태를 말한다. 적(適)은 가(可), 막(莫)은 불가(不可)인데, 공자가 "군자는 천하의 일에 대하여 전적으로 고집함도 없고, 끝까지 거부함도 없어서 상황에 적절함을 따를 뿐이다.〔君子之於天下也, 無適也, 無莫也, 義之與比.〕"라고 한 데서 유래하였다. 《論語 里仁》

**71** 남전현 승(藍田縣丞)이……것 : 관직은 높으나 사무를 파악하지 못하고 도장이나 찍었다는 말이다. 한유(韓愈)의 〈남전현승청벽기(藍田縣丞廳壁記)〉에 "문서를 발송할 때에, 현리가 성안하여 현승에게 와서 앞쪽을 말아 왼손에 쥐고, 오른손으로 문서 끝을 잡고서 오리걸음으로 와서 몸을 펴고 서서 현승을 힐끔 쳐다보며 서명하라고 한다. 이에 현승이 붓에 먹을 묻혀 서명할 자리를 찾아 조심스레 서명하고서 현리를 바라보며 되었느냐고 묻고, 현리는 되었다고 답하고 물러가니, 현승은 감히 그 내용을 살피지 못해 전혀 무슨 일인지를 모른다.〔文書行, 吏抱成案詣丞, 卷其前鉗以左手, 右手摘紙尾, 鴈鶩行以進, 平立睨丞曰當署. 丞涉筆占位署惟謹, 目吏問可不可, 吏曰得則退, 不敢

다. 그러므로 지난날 일찍이 선왕께서 한가로울 때 모시던 중에 고금 인물들의 재주와 능력에 대해 말씀하실 때, 신이 대답하기를 "신과 같은 자는 가만히 앉아 있으라 명하시면 혹 스스로 힘쓸 수 있겠으나, 만약 한 걸음 더 나아가 한 가지 일을 주관하라고 하신다면 능하지 못할 뿐만 아니라 반드시 후회가 생길 것입니다."라고 하였습니다. 그러자 선왕께서 "스스로를 잘 아는 자로구나."라고 하셨습니다. 일찍이 또 하교하시기를, "내가 너에게 좋게 생각하는 바는 질박함이다. 성패와 이둔(利鈍)은 미리 알 수 있는 바가 아니다."라고 하셨습니다.

대체로 신의 어리석음으로도 스스로를 헤아린 것이 저와 같았고, 선왕의 명철하심으로 환히 아셨던 것이 이와 같았으니, 신이 직무를 감당하고 일을 맡을 수 없다는 것은 많은 말을 하지 않아도 분명합니다. 그러므로 신이 삼전(三銓 이조 참의)을 사직하며 올린 첫 소에서 전약수(錢若水)와 이필(李泌) 두 사람의 일[72]로 비유한 것은 감히 노둔한 자질을 채찍질하여 고상한 행실을 사모하여, 가만히 고인이 고니를 새기다 완성하지 못한 뜻[73]에 스스로를 의탁한 것이 아닙니다.

略省, 漫不知何事.〕"라는 내용이 보인다.

**72** 전약수(錢若水)와……일 : 벼슬에서 용감히 물러난 송나라 전약수(錢若水)와 당나라 이필(李泌)의 고사를 가리킨다. 앞에 나온 〈이조 참의를 사직하는 소〔辭吏曹參議疏〕〉 참조.

**73** 고인이……뜻 : 목표를 높이 설정해야 실패해도 소득이 있다는 의미이다. 후한(後漢)의 복파장군(伏波將軍) 마원이 조카 마돈(馬敦)에게 글을 보내어 "용술(龍述)은 신중하고 위엄 있는 사람이다. 따라서 그를 본받으면 행실이 바른 선비는 될 수 있으니, 이른바 '고니를 새기다 완성하지 못하더라도 집오리처럼은 될 수 있다.〔刻鵠不成, 尙類鶩.〕'라는 것이다."라고 말한 고사가 전한다. 《後漢書 卷54 馬援列傳》

그리고 재차 소를 올림에 이르러서는, 곳간을 다 털어 더 이상 남아 있는 것 없이 모두 진달하여 스스로 참람하고 망령스러움을 깨닫지 못하였으니, 동료들 사이에서 이따금 미치광이란 비웃음을 받곤 하였습니다. 그러나 신은 참으로 이를 근심으로 여기지 않았고 선왕께서도 죄로 여기지 않았습니다. 선왕께서 죄로 여기지 않았을 뿐만 아니라 또 그대로 인가(印可)해주시며 신의 소원을 모두 들어주셨으니, 당시의 은혜로움이 천고에 빛이 나는 것이었습니다. 지금 말하려 하니 애간장이 끊어지려 합니다.

아! 선왕의 훌륭한 덕은 어느 곳인들 천지처럼 덮어주시지 않겠습니까마는 신이 받은 은혜가 더없이 크고, 미천한 신의 불초함은 어디를 간들 종기와 부스럼처럼 터지지 않겠습니까마는 신의 직무는 겨우 보전되었습니다. 지금 선왕의 행차가 점차 아득해지고 만사가 지난일이 된 뒤에, 옛날의 긴요한 말씀을 잊고 자그마한 지조마저 내팽개친 채 의기양양 얼굴을 들고 뛰어서 진출하여, 총재(冢宰 이조 판서)의 자리를 차지하여 전형(銓衡)의 일을 행한다면 어찌 전후가 딴판인 사람으로 그치겠습니까. 참으로 조금도 거리낌 없는 소인일 것입니다. 가령 오르내리시는 선왕께 양찰을 받았다고 핑계를 대더라도 신이 어찌 이마에 땀이 나고 등이 흥건해지지 않겠습니까.

바로 이 한 가지 천관(天官 이조)으로 가는 한 걸음이야말로 곧 신이 움직일 수 없는 확고한 문지방입니다. 그리고 더욱이 신의 감식안이 인재를 판가름하기에 부족하고 신의 재주가 악을 물리쳐 선을 드러내기에 부족한 것에 대해서는 자세히 거론할 겨를조차 없습니다.

삼가 바라건대 자애로우신 성상께서는 신의 어리석음을 용서하시고 신의 실정을 애처롭게 여기시어, 속히 청한 바를 허락하여 미천한 분수를 편안케 하시고, 이어 신이 태만하고 불경스러우며 성상을 번거롭게 한 죄를 다스려서 조정의 기강을 엄숙하게 하신다면, 전하에게는 신에 대해 다시금 넉넉히 소원을 이뤄주신 은혜가 될 뿐만 아니라, 신에게도 선왕을 추모하여 금상께 보답하는 큰 계기가 될 것입니다.

## 모든 본직과 겸직의 사직을 청하는 소[74]

辭本兼諸職疏

삼가 아룁니다. 신이 일전에 절실한 심정을 진달하였으나 양찰해주시는 은혜를 받지 못하여, 염치 불고하고 자리를 차지하고 힘을 다해 직임에 종사한 지가 이제 수십여 일이 되어갑니다. 높은 자리에 앉은 근심과 분수에 넘치는 두려움[75]에 이른 아침부터 늦은 밤까지 늘 걱정하느라 먹고 자는 것이 편안치 못한데, 신이 허약한 체질에다 병치레가 잦다는 것은 아마 온 조정이 다 아는 바이고 또한 성상께서도 늘 가엾게 여기던 바입니다.

신이 가을로 접어든 이래 기혈이 날로 조화롭지 못하여 묵은 병이 점차 도질 기미가 있는데, 지금 가장 견디기 어렵고 근심스러운 것은

**74** 모든……소 : 풍고의 나이 37세 때인 1801년(순조1) 8월 21일에 극심한 눈병을 이유로 모든 관직의 해직을 청하며 올린 소이다. 당시 풍고는 이조 판서로 있었는데, 예전부터 장용대장을 맡아왔고, 겸직으로 관상감 제조, 승정원 행좌부승지, 예문관 제학 등의 직임을 띠고 있었다. 이에 대해 순조는 "어찌 한때 눈병에 걸린 증세로 직임을 사직한단 말인가. 경은 조리하여 공무를 행하라.〔何可以一時阿睹之症辭免職任乎? 卿其調理行公.〕"라고 하였다. 《承政院日記 純祖 1年 8月 21日》

**75** 높은……두려움 : 원문의 '집목(集木)'은 나무 위에 앉아서 떨어질까 두려운 것을 말한다. 《시경》 〈소완(小宛)〉에 "온화하며 공손한 사람이 나무에 앉은 듯하다.〔溫溫恭人, 如集于木.〕"라고 한 데서 유래하였다. 원문의 '부승(負乘)'은 부승치구(負乘致寇)의 준말로 등짐이나 져야 할 하천배가 귀한 사람이 타는 수레를 타고 다니면 분수에 맞지 않아 결국 해를 부른다는 뜻이다. 《주역》 〈해괘(解卦) 육삼(六三)〉에 "짐을 지고 다녀야 할 처지인데 수레를 탄 격이라 도적을 불러오니, 바르더라도 부끄러우리라.〔負且乘 致寇至 貞吝.〕"라고 한 데서 온 말이다

바로 눈병입니다. 대체로 신의 이 질병은 혈기가 마르고 화기가 치성한 데서 기인한 듯하니, 매양 마음을 쓰고 몸을 부리면 곧장 심한 지경에 이르러서 수년 동안 시력을 거의 잃게 된 적도 여러 차례입니다.

근래 막중한 임무가 몸에 얽혀 있어 근심과 염려가 속에서 교차하자 홀연히 다시 약속이라도 한 듯 발병하여, 흰 막이 안에서 가리고 붉은 핏줄이 밖에서 침범합니다. 햇볕을 쏘이고 바람을 맞는 것이 두려워 수명(羞明)[76]이 범상치 않으니, 가까이 수레에 실린 섶나무가 흡사 뿌연 안개꽃처럼 보입니다. 재빨리 청량한 약제를 복용하고 연달아 침술을 써보았으나, 병의 근원이 이미 깊어서 효험이 별로 없어 문을 닫고 칩거한 지 이미 여러 날이 지났습니다. 크고 작은 공무를 일체 병을 핑계하고 있으니, 속마음의 송구하고 두렵기가 응당 어떠하겠습니까.

모든 신체의 병이 어느 것인들 자신에게 괴롭지 않은 것이 있겠습니까마는 오관(五官)의 쓰임은 눈으로 보는 것보다 더한 것이 없습니다. 눈으로 보는 것이 밝지 못하면 억지로 밥을 먹고 편히 잠을 자며 말과 웃음이 평상시와 같더라도 바로 쓸모없는 사람에 지나지 않으니, 어떻게 관직의 일에 종사하여 근력의 수고로움을 바치겠습니까.

신이 맡은 관직에 전형(銓衡 이조 판서)과 장병(將兵 장용대장)은 본래 병을 지닌 자가 오래 차지할 자리가 아니고, 경연(經筵)과 내각(內閣 규장각)에 번갈아 참강(參講)하거나 사국(史局 예문관)과 주사(籌司 비변사)에 함께 나아가 앉는 것은 어느 것 역시 중요한 일에 관계되지 않는 것이 없어서, 비록 여러 사람에게 각각 그 직책을 하나씩 맡기더라도 그중에 한 사람만 병을 핑계로 공무를 살피지 않으면 그 폐단을 이루

76 수명(羞明) : 안력(眼力)이 부실하여 밝은 빛을 잘 보지 못하는 증세이다.

말할 수 없을 것입니다. 그런데 지금 신의 한 몸으로 외람되이 여러 직무를 겸하고 있는 데다 질병이 이와 같으니, 하루 이틀 세월만 보내다보면 국가의 체모가 손상되고 성상의 정사가 무너지는 것이 한량이 없을 것입니다. 신이 태연히 눌러앉아 공무를 더럽힌 죄는 오히려 일신의 일에 속하더라도, 즉위하신 초기에 근면히 다스리시려는 성상의 덕에 누가 되지 않겠습니까. 너무도 두렵고 답답한 나머지 그대로 눌러앉아 있을 수 없어서 죽음을 무릅쓰고 어질게 감싸주시는 성상께 호소합니다.

삼가 바라건대 밝으신 성상께서는 불쌍히 여기고 굽어 살피시어 속히 신의 본직과 겸직의 여러 직책을 모두 체직시켜주시어 관리의 규율을 무겁게 하고 미천한 분수를 편안케 하여, 신으로 하여금 느긋하게 세월을 보내며 몸조리에 전념할 수 있도록 해주시기를 간절히 바랍니다.

# 예문관 제학을 사직하는 소[77]

辭藝文提學疏

삼가 아룁니다. 선대왕을 세실(世室)에 모시기로 미리 정한 것에 대해 크게 명을 내려서 종묘에 고하고 교지를 반포하는 일을 며칠 뒤에 거행하게 될 것이니,[78] 애모하는 성상의 마음이 더욱 새롭고 신령스럽고 장구한 나라의 국운이 더욱 빛납니다. 우리나라의 혈기를 지닌 모든 생령이 모두 성상께서 선왕을 이어 베푸는 효성을 우러러보고, 오호불망(於戲不忘)[79]의 생각을 위로받을 것이니, 아! 성대합니다. 이어 삼가 생각건대 신이 엊그제 교시를 받으니 신을 예문관 제학으

**77** 예문관……소 : 1800년(순조 즉위년) 11월 29일에 예문관 제학을 사직하며 올린 소이다. 풍고는 11월 27일에 예문관 제학에 임명되었다. 문집 편차상 앞의 〈정헌대부를 사직하는 소〔辭正憲大夫疏〕〉 뒤에 놓여야 옳다. 이에 대해 순조는 "경은 사직하지 말고 공무를 행하라.〔卿其勿辭行公.〕"라고 비답을 내렸다. 《承政院日記 純祖 卽位年 11月 29日》

**78** 선대왕을……것이니 : 세실(世室)이란 종묘의 신주 가운데 공덕이 많은 분의 신주를 옮기지 않고 영구히 모셔두는 별묘(別廟)의 신실(神室)을 말한다. 여기서는 1800년(순조 즉위년) 11월 20일에 유신(儒臣)들의 건의로 정조를 세실에 안치할 것을 미리 결정한 것을 가리킨다. 이어 12월 3일에 창덕궁 효원전(孝元殿)에서 세실로 정하는 고유제(告由祭)를 행하고, 창덕궁 인정전에 나아가 교문(教文)을 내린 뒤에 이어 창덕궁 효원전으로 나아가 주다례(晝茶禮)를 행하였다. 《承政院日記 純祖 卽位年 11月 20日, 12月 3日》

**79** 오호불망(於戲不忘) : 선정을 베푼 정조가 이미 돌아가셨지만 후인들이 사모하여 잊지 못한다는 뜻이다. 《시경》 〈열문(烈文)〉에 후세 사람들이 문왕(文王)과 무왕(武王)의 은혜를 잊지 못하여 "아! 전왕을 잊지 못하겠네.〔於乎前王不忘.〕"라고 읊은 데서 유래하였다.

로 삼는 것이었습니다. 명을 듣고 두려움에 떨며 여러 날 동안 안정할 수 없었습니다.

아! 설치된 모든 관직 중에 어느 것인들 치체(治體)에 관련되지 않겠습니까마는, 관각(館閣)의 한 길처럼 왕언(王言)을 찬술하여 문풍(文風)을 보좌하는 직임으로 말하자면, 예부터 치도(治道)의 성쇠와 부침이 그 관직에 적임자를 골랐는가 아닌가에 따라 징험되지 않은 적이 없었으니, 어찌 중대하지 않겠습니까.

신이 어려서 이미 배움을 잃고 이른 나이에 또 과거에 합격하다보니, 세상에 문자(文字)에 관한 일이 있음을 거의 알지 못하였습니다. 그런데 오히려 선대왕께서 길러주고 보듬어주시는 은혜와 이끌어주시고 가르쳐주시는 노력에 힘입어, 강제(講製)의 대열에 이름을 올리고 규영(奎瀛)의 반열에 몸을 두었으니,[80] 이는 거의 요행으로 이룬 것이었습니다. 매번 돌이켜볼 때마다 엽랍(獵臘)과 근은(根銀)처럼 비슷한 글자도 오히려 분별하기 어려운 사이에 있으니, 예전에 차지했던 직책도 이미 분수에 넘친다 할 것입니다. 하물며 한묵(翰墨)의 숲에서 활개치고 보불(黼黻)의 땅에서 주선하여[81] 우리나라 사백 년 사원(詞垣)의 엄정한 선발로 하여금 다시 욕보이고 무너뜨렸다는 탄식을 하게 만들 수 있겠습니까.

이제 신이 낭패함을 무릅쓰고 말씀드리는 것은 제량(鵜梁)의 비난과

**80** 강제(講製)의……두었으니 : 강제는 강경과 제술을 가리키는 말로 풍고가 정조 대에 춘추관 기사관을 역임한 것이 이에 해당한다. 규영(奎瀛)은 규장각의 별칭으로 풍고가 정조 대에 규장각 대교를 역임한 것을 가리킨다.

**81** 한묵(翰墨)의……주선하여 : 문학을 담당하는 부서에서 임금의 정치를 보좌하는 문장을 짓는 것을 가리키는데, 예문관 제학이 한 예이다.

후관(猴冠)의 조롱[82]에 불과할 뿐이지만, 성상께서 즉위하신 처음에 혁신된 정사를 펴는 즈음에 명기(名器 관직)를 삼가지 않고 아끼지 않음이 어찌 여기까지 이른단 말입니까. 잘못된 은혜가 한번 내려옴에 그 병폐가 적지 않으니, 신이 두려워하는 바는 분수에 넘치는 데 불과하지만, 가만히 생각하면 성상께서 사람을 임명하는 명철함에 손상을 입힐 것이라 생각합니다. 두렵고 부끄러워 탄식하던 나머지 짧은 소를 갖추어 성상의 눈을 어지럽힙니다.

삼가 바라건대 명철하신 성상께서는 신의 꾸미지 않은 간절함을 양찰하시고 신의 직분에 어울리지 않는 실상을 살피시어, 속히 신에게 새로 제수된 제학의 직임을 체직시키시어 공기(公器)를 무겁게 하고 미천한 분수를 편안케 해주신다면 몹시 다행이겠습니다.

**82** 제량(鵜梁)의……조롱 : 무능한 자가 걸맞지 않은 총애를 입어 조정의 높은 벼슬을 차지하고 있다는 비난을 이른다. 제량은 어량(魚梁)에 있는 사다새라는 의미로, 사다새는 원래 물속에 들어가 직접 물고기를 잡는 새인데, 어량에 있으면서 사람이 잡아놓은 물고기를 먹어 제 소임을 다하지 못함을 가지고 비유한 것이다. 《시경》 〈후인(候人)〉에 "사다새가 어량에 있으니 그 부리를 적시지 않도다. 저 사람이여 옷이 몸에 맞지 않도다.〔維鵜在梁, 不濡其味. 彼其之子, 不稱其服.〕"라고 하였다. 후관(猴冠)은 원숭이가 사람의 관을 쓴 것을 가리킨다. 초한(楚漢) 시대에 어떤 사람이 항우(項羽)에게 관중(關中)에 도읍을 하라고 설득했으나, 항우가 듣지 않고 서둘러 고향 강동(江東)으로 금의환향하려고 하자, 그가 "사람들 말에 '초나라 사람은 원숭이가 사람의 의관을 차린 격'이라 하더니, 과연 그렇구려.〔人言楚人沐猴而冠, 果然!〕"라고 했던 데서 온 말이다.

# 정일환이 강석에서 올린 상주로 인하여 관직을 사양하는 소[83]

因鄭日煥筵奏辭職疏

삼가 아룁니다. 신이 눈병이 더 심해져 직무를 살필 수 없어 근일의 공무를 일체 정병(呈病)[84]하고서 전후의 소명(召命)을 번번이 모두 어기니, 직무를 내팽개치고 편안히 지낸 죄는 쇠나 나무의 형벌을 받고도 남음이 있을 것입니다. 이른 아침부터 늦은 밤중까지 근심과 두

**83** 정일환(鄭日煥)이……소 : 풍고의 나이 37세 때인 1801년(순조1) 11월 1일에 올린 소이다. 앞서 10월 23일에 강연(講筵)에서 특진관 정일환이 척신(戚臣)을 갑작스레 발탁하는 것이 부당하다는 취지로 진주(進奏)하였는데, 풍고는 여기에 자신도 포함된다고 생각하여 이에 이조 판서를 사직하는 소를 올렸다. 이 소에 대해 순조는 "경은 선왕의 조정에서 이미 아경(亞卿)에 승직하였고, 내가 의지하고 믿는 때를 당하여 이 발탁에 응해 이 자리에 앉는 것이 불가하단 말인가? 노인의 말을 심하게 인혐(引嫌)할 것이 못 되니 사직하지 말고 공무를 행하라.〔卿在先朝, 已陞亞卿, 當予倚仗之時, 膺是擢居是任, 其不可乎? 老人之言, 不足深引, 勿辭行公.〕"라고 하였다.《承政院日記 純祖 1年 11月 1日》 정일환(鄭日煥, 1726~?)은 본관이 영일(迎日), 자는 겸지(謙之)로 1759년(영조35)에 생원시에 합격하여, 호조 낭청·삼척 부사·황해도 관찰사·한성부 우윤 등을 역임하였다. 정일환이 1801년(순조1) 10월 23일 강연에서 진주하기를 "작년의 대상(大喪) 이후로 관작을 제수함이 대단히 차례가 없어서, 한 척신을 서생으로부터 7, 8개월 사이에 급작스럽게 장병(將兵)의 직임에까지 올리는 데 이르러 애호(愛護)하고 석복(惜福)하는 방도에 결함이 있으니, 재제(裁制)하고 계칙(戒飭)하여 척신을 온전하게 보호하는 처지를 삼도록 하소서."라고 하였다. 이에 시독관 이경삼(李敬參)과 검토관 이인채(李寅采)가 "특진관 정일환은 문의(文義)를 펴서 진주하는 즈음에 엉뚱한 말을 꺼내어 지적한 뜻이 우물쭈물하여 듣는 이로 하여금 의혹되게 하니, 청컨대 추고(推考)하소서."라고 처벌을 청하자, 순조는 "노인이니 그냥 두는 것이 좋겠다."라고 하였다.《純祖實錄 1801年 10月 28日》《承政院日記 純祖 1年 10月 23日》

**84** 정병(呈病) : 병을 이유로 벼슬을 사직하는 글을 올리는 것을 말한다.

려움에 싸여 잠자리와 식사가 달지 않았는데, 바로 이런 즈음에 삼가 공조 참판 김노충(金魯忠)의 소본(疏本)을 보니, 전 우윤(右尹) 정일환(鄭日煥)이 강석에서 주달한 바로써 끌어댄 것[85]이었습니다.

신이 가만히 생각건대, 사람에게 관직을 주고 작위를 주는 것을 어렵고 신중히 하는 것은 바로 옛날 명철하신 임금들이 세상을 격려하여 치세를 이룬 방법이었습니다. 늙은 신하가 근심과 사랑을 담아 충성을 바치는 말이 다른 것을 돌아볼 겨를이 없이 반드시 이것을 먼저 지적한 것은 참으로 남들이 말하기 어려운 바를 말했다 하겠습니다. 그러나 근래에 등용된 사람들은 단지 일개 척재(戚宰)만이 아니니, 오히려 그의 말이 너무 소략한 것이 괴이할 지경입니다. 이어 그날 강연에서 상주한 시말을 삼가 들으니, 과연 작년 6월 이래로 특별히 발탁함에 원칙이 없고 작상(爵賞)이 남용된 사례가 많다는 것을 내용으로 삼았습니다. 신이 이에 화들짝 기쁘고 흠칫 두렵다가 이어 부끄러워 몸 둘 바를 몰랐습니다.

지금 돌아보면 안일과 향락이 풍속이 되었고, 퇴폐와 타락이 습속을 이루어, 공경대부의 현달한 이로부터 장보(章甫)와 위포(韋布)의 한미한 자에 이르기까지 옳은 말과 바른 의논을 윗사람에게 올렸다는 것을 듣지 못하였습니다. 그런데 생각지도 않게 이런 장주(章奏)가 머리 흰 재신(宰臣)의 입에서 나왔으니, 우리 성상께서 즉위하신 처음에

85 공조 참판……것 : 1801년(순조1) 10월 28일에 공조 참판 김노충(金魯忠)이 상소하여 예전에 강연(講筵)에서 특진관 정일환(鄭日煥)이 '척신들의 관작이 원칙없이 너무 급작스럽게 뛰어올랐다'는 취지로 진달한 것이 지극히 타당하므로 자신을 사직시켜 달라고 청한 것을 이른다. 《承政院日記 純祖 1年 10月 28日》

언로(言路)가 열린 것을 참으로 알 수 있겠습니다. 이것이 신이 기뻐했던 이유입니다.

그런데 두려워했던 이유는, 신 또한 원칙이 없이 지나치게 남용된 사례 중 한 사람이었기 때문입니다. 비록 노성하고 충후한 저 정일환이 하나하나 성명(姓名)을 끄집어내어 사체(事體)를 손상시키려 하지 않았으나, 포괄한 뜻이 이미 넓고 지적한 일이 이미 동일하고 보면, 그 말에 따라 몸을 돌아보매 두렵고도 불안하니, 춥지 않은데 소름이 돋고 불을 쬐지 않아도 땀이 난다고 하겠습니다.

아! 지난 역사를 고찰해보면 관작이 갑자기 오른 일에 어찌 그런 사람이 없겠습니까마는, 혹은 경술과 학문으로 당시에 존중을 받았거나, 혹은 호방한 문장과 드넓은 식견으로 사람들의 추앙을 받았으며, 혹은 공훈을 세워 군신이 화합하는 운수를 만났거나, 혹은 왕실의 친척으로서 위태롭고 의심스러운 때를 만났으며, 혹은 기이하고 비상한 재능을 지닌 선비가 혼란하고 어지러운 세상을 만나 파격적인 지위로 대우를 받는 등 사람마다 각각 만난 때가 다르고 등용된 것도 각각 길이 달랐습니다.

그러나 신처럼 거칠고 허술한 사람은 위의 몇 가지 경우에 하나도 근사함이 없는데, 한 해 사이에 이경(貳卿)에서 팔좌(八座)에 올랐고, 서생으로서 장수의 관인을 찼습니다.[86] 이조와 병조의 전관(銓官) 자리

**86** 한……찼습니다 : 풍고는 나이 33세 때인 정조 21년(1797) 6월에 이조 참의에 임명되었는데, 정조가 승하하고 나서는 1800년(순조 즉위년) 8월에 병조 판서, 이듬해 7월에 이조 판서에 임명되었고, 그사이에 1800년(순조 즉위년) 8월에 장용대장(壯勇大將)에 임명되었다. 이경(貳卿)은 참판을 가리키고, 팔좌(八座)는 여덟 자리의 고위 관료를 말하는데, 조선 시대에는 육조의 판서와 좌·우 참찬(參贊)을 가리킨다.

에서 활개치고 관각(館閣)의 화려한 직함에서 날갯짓하였으니, 진실로 올려 발탁하는 데 원칙이 없고 작상(爵賞)이 너무 남용된 점을 논한다면 이미 지금 시대에만 비교할 대상이 없겠습니까. 또한 옛날부터도 드문 경우입니다. 다만 용렬하고 나약한 성품으로 인해 고귀한 관직을 영예로 여겼고, 두렵고 위축된 종적으로 인해 몸과 이름이 도리어 가벼워져 힘을 짜내 구차스럽게 시일만 보내고 있으니, 매양 점검해볼 때마다 저도 모르게 스스로 부끄럽고 스스로 떨립니다.

지금 재신이 주달한 바가 비록 신의 몸만 해당되는 것은 아니겠으나, 신의 부끄러운 단서를 깨우쳐주고 신의 혼몽한 꿈을 환기시킨 것이 어찌 정문일침(頂門一針)[87]으로 그치겠습니까. 곧 신이 동우(東隅)에서 한 실수를 진실로 상유(桑楡)에서 수습하게 할 만합니다.[88]

이에 감히 간담을 피력하여 부끄러움을 무릅쓰고 호소하오니, 삼가 바라건대 명철하신 성상께서는 예의염치의 큰 제방을 생각하시고 필부의 미천한 뜻을 양찰하시어, 속히 신이 작년 여름 이후로 띠고 있는 작질(爵秩)을 모두 거두어들여서, 신으로 하여금 물러나 본분을 지키며 문을 닫고 병을 조리하도록 해주신다면, 천지의 생성(生成)하는 은택이 어찌 이보다 더함이 있겠습니까.

**87** 정문일침(頂門一針) : 정수리에 침 하나를 꽂는다는 뜻으로, 급소를 찌르는 따끔한 충고나 교훈을 가리킨다.

**88** 동우(東隅)……만합니다 : 초년의 실수를 만년에 수습한다는 의미이다. 동우는 해가 뜨는 곳이고 상유(桑楡)는 해가 지는 곳이다. 후한의 장수 마원(馬援)이 "처음에는 비록 회계에서 날개를 늘어뜨렸지만 마침내 민지에서 날개를 떨칠 수 있었으니, 동우에서는 잃었지만 상유에서는 거두었다 이를 만하다.〔始雖垂翅回谿, 終能奮翼黽池, 可謂失之東隅, 收之桑楡.〕"라고 한 고사가 있다. 《後漢書 卷24 馬援列傳》

## 대제학을 사직하는 소[89]

辭大提學疏

삼가 아룁니다. 신이 이달 18일에 강연(講筵)에서 물러나왔는데, 홀연 전망(前望)의 낙점[90]을 삼가 받으니, 신을 홍문관・예문관의 양관 대제학(兩館大提學)과 지성균관사(知成均館事)로 삼는다는 것이었습니다. 신은 이 소식을 듣자마자 오관(五官)이 기능을 잃어 두려움이 병이 되어 여러 날 안정할 수 없었습니다.

아! 국가에서 관각(館閣)을 설치한 지 이미 사백 년인데, 문형(文衡)을 맡은 사람은 겨우 백여 명을 헤아리니, 통틀어 계산하면 대략 3~5년에 겨우 1, 2명입니다. 그런데도 세상에서 드물거나 부족하다고 여기지 않았던 것은 적임자를 얻기가 어렵기 때문입니다. 적임자를 얻기 어렵다면 그 직책의 어려움을 또 알 수 있습니다. 옛날에 이 직책에 있던

**89** 대제학을 사직하는 소 : 풍고의 나이 38세 때인 1802년(순조2) 5월 25일에 적임자가 아님을 이유로 대제학을 사직하며 올린 소이다. 풍고는 이에 앞서 5월 18일에 홍문관・예문관의 양관 대제학과 지성균관사에 동시에 임명되었다. 이 소에 대해 순조는 "경의 문학과 지망(地望)은 실로 이 직임에 부합한다. 더구나 문원(文苑)의 고사(故事)에 전망(前望)이라는 이유로 사양한 자가 있지 않으니, 경은 어찌하여 홀로 억지로 인혐(引嫌)하는가? 경연에서 대신들도 상주한 바가 있으니, 경은 사직하지 말고 공무를 행하라.〔以卿文學地望, 實合是任, 況文苑故事, 未有以前望爲辭者, 卿何獨强引也? 朝筵大臣, 亦有所奏, 卿其勿辭行公.〕"라고 하였다. 이후로도 풍고는 모두 네 차례 사직소를 올렸고, 6월 4일에야 체직의 명이 내렸다.《承政院日記 純祖 2年 5月 18日, 25日, 6月 4日》

**90** 전망(前望)의 낙점 : 전에 올린 의망(擬望)에 낙점(落點)하여 내린 것을 말한다.

사람들은 본래 모두 덕과 재능이 출중한 그릇이었고,[91] 임금을 도와 천지를 경륜할 인재였습니다.[92] 그리고 직접 견문하고 기억나는 것으로 말하더라도 요컨대 박학다문(博學多聞)하여 당세의 거벽(巨擘)으로 호칭되던 사람들이었으니, 그런 뒤에야 바야흐로 이 직책에 의망(擬望)할 수 있었습니다. 그런데도 오히려 좌우로 살피고 머뭇거려 겸손하게 물러나 감히 차지하지 않았는데, 신은 어떠한 사람이기에 감히 명망과 실상을 벗어난 데서 빈자리에 앉아 요행 중에 이 직책을 함부로 차지하겠습니까.

신은 자질이 본래 거칠고 어리석은 데다 또 배움의 기회를 잃어 나이가 사십에 가까운 데도 유치한 습성을 변화시키지 못하여, 참으로 동료들에게 비교할 만한 작은 기예조차 없습니다. 성상의 당당한 조정에 평생 독서한 사람이 없을까 근심할 바가 아닌데, 온 조정의 문병(文柄)을 문득 신의 몸에 맡기니, 듣는 자들의 놀라고 의혹스러움과 명기(名器)가 더럽혀짐은 참으로 밝은 시대의 작은 연고가 아닙니다.

또 신이 따로 두려워하며 부끄러워하는 바가 있습니다. 문원(文苑)의 고사(故事)[93]에서는 천거하는 법을 가장 중시하니, 적임자를 가려

**91** 덕과……그릇이었고 : 원문은 '규장특달(圭璋特達)'인데, 규장은 옥으로 만든 귀중한 예기(禮器)로, 고대에 조빙(朝聘)할 때 사용하던 것이다. 옛날에 조빙할 때 규장을 가진 이는 덕을 갖춘 사람이라 하여 다른 폐백을 갖추지 않더라도 곧바로 천자를 뵐 수 있었는데, 이것을 규장특달이라고 하였다. 《禮記 聘義》

**92** 임금을……인재였습니다 : 원문은 '보불경위(黼黻經緯)인데, 보불은 임금의 의복을 수놓은 무늬로 제왕을 상징하고, 경위는 경천위지(經天緯地)의 준말로 천지를 경륜함을 가리킨다.

**93** 문원(文苑)의 고사(故事) : 문장을 다루는 홍문관이나 예문관의 관원을 임명하던

뽑는 데에 본래 주관하는 자가 있습니다. 하물며 우리 전하께서 즉위하신 이래 자주 바뀌는 승선(承宣 승지)과 혹은 임시로 어쩔 수 없이 행하는 조치를 제외하고는, 크고 작은 관직에 대해 일찍이 가벼이 전망(前望)으로 제배(除拜)한 적이 없었습니다. 비록 양전(兩銓 이조와 병조), 탁지(度支 호조), 장임(將任 장용대장)처럼 항상 신통(新通)[94]만을 쓰지 않는 경우에도 반드시 모두 정중하고 신중하게 천거를 받아서 임명하였습니다. 신은 묵묵히 깨닫고 우러러 흠모하면서 대성인의 지극히 공정한 마음을 여기에서 볼 수 있다고 생각하였는데, 생각지도 않게 지금 갑자기 전망(前望)을 써서 들이라는 명이 나오더니 마침내 낙점이 또 전혀 비슷하지도 않은 미천한 신에게 있게 되었습니다.

어리석은 신이 죽을죄를 무릅쓰고 말씀드리오니, 감히 여론이 과연 어떠한지 알지 못하지만, 신이 만약 이 직책을 맡기에 합당하다면 비록 일찍이 의망(擬望)에 참여하지 않았더라도 응당 공의(公議 공론)가 있을 것이고, 만약 합당치 않다면 비록 이미 낙점을 받았더라도 한갓 성상의 처음 정사에 누가 될 뿐이고 또한 미천한 몸에도 영광이 되지 못하니, 이것이 또 신이 명을 받들기 어려운 하나의 큰 제방입니다. 두렵고 애가 타서 말을 가릴 겨를이 없습니다.

삼가 바라건대 자애로우신 성상께서는 부끄럽고 절박한 심정을 굽어 살피시고 망령되고 우매한 신의 말을 용서하시어, 신에게 새로 제수

전통을 가리킨다. 대제학의 경우에 권점(圈點)을 통해 임명하는데, 전임 대제학 또는 대제학을 지낸 의정의 추천을 받는다. 《大典會通 吏典 京官職》

**94** 신통(新通) : 조선 시대에 관리를 임용할 때 해당 관직의 후보자 명단〔望單〕에 처음으로 이름이 올라간 것을 말한다.

한 삼관(三館)의 직함을 속히 깎아버리시어 명기(名器)를 엄히 하시고 미천한 분수를 보전해주소서.

## 두 번째 소[95]

再疏

삼가 아룁니다. 신이 비상한 명을 잘못 받아 부끄러움과 두려움에 몸 둘 바를 몰라 위태로운 심정을 진달하여 자애로운 성상의 양찰을 바랐습니다. 그런데 비지(批旨)를 받으니 그 뜻과 소원을 윤허했을 뿐 아니라 칭찬을 하며 타일러 인도하신 것은 실로 거칠고 어리석은 신이 감히 받들 수 없는 바였습니다.

대체로 옛일을 고찰하여 관각에 오르고 문단의 맹주가 되어 문풍을 개척하는 것은 고인들이 영예로 여긴 바이고 당대에서 부러워하는 바입니다. 신이 본래 고상한 뜻이 없어서 일찌감치 벼슬길에 올랐으니, 진실로 가령 재주와 명성이 이 직책에 어울리고 감당할 수 있다면 비록 바라던 소망을 만족시켰다 말하더라도 좋을 것이니, 또한 무슨 까닭으로 한갓 겸양을 꾸미는 태도를 지어 스스로 허위(虛僞)의 죄목을 범하겠습니까.

문형이란 국가에서 직책이 중요하여 사명(辭命)을 지으면 귀신과 사람의 화합과 괴리가 호응하고, 과거시험을 주관하면 인재의 성쇠가 이로 말미암으며, 성균관의 수장을 겸하면 선비들의 취향이 바르고 바르지 못한 것이 또한 이에 관계가 됩니다. 그 책임이 저와 같으므로

95 두 번째 소 : 풍고의 나이 38세 때인 1802년(순조2) 5월 28일에 대제학을 사직하며 재차 올린 소이다. 이에 대해 순조는 "전의 비답에 이미 알렸으니, 경은 사직하지 말고 공무를 행하라.〔前批旣諭矣, 卿其勿辭行公.〕"라고 하였다.

관계된 바가 커서 치도(治道)와 함께 실로 오르내리니, 이것이 어찌 사람마다 망령되게 차지할 수 있는 자리이며 조정에서 가벼이 보아야 할 자리이겠습니까.

신은 젊어서부터 놀기를 좋아하여 학문에 전문이 없는데다, 요행히 과거에 합격하여 또 불행의 계율을 범하여서,[96] 번잡한 세상일에 골몰하느라 마침내 쓸모없는 사람이 되었습니다. 육경과 역사서는 태반을 읽지 않아서 비록 벌레가 글씨를 새기는 듯한 작은 기예와 지렁이 구멍에서 나는 작은 울음을 가지고, 글을 짓는 것도 서툰 솜씨를 부리다 피가 나는 손가락을 빠는 격이니, 저 고니를 새기다 집오리를 닮는 자[97]와 비교하면 하늘과 땅이 서로 미치지 못하는 것에 비할 뿐만이 아닙니다. 이는 신이 실로 스스로를 분명히 아는 바이고, 또한 동료들이 조소하는 바입니다.

시험 삼아 이미 드러난 자취로 말해보겠습니다. 신이 규장각에 발을 디딘 지 이미 14, 5년이고, 요속(僚屬)에 임명되어 경연에 자리를 채운

**96** 불행의 계율을 범하여서 : 일찍 과거에 급제하는 것을 가리킨다. 송나라 정이(程頤)가 이르기를 "사람에게 세 가지 불행한 일이 있으니, 소년으로 장원급제하는 것이 첫 번째 불행이요, 부형의 세력을 힘입어 좋은 관직을 차지하는 것이 두 번째 불행이요, 높은 재주가 있어 문장을 잘하는 것이 세 번째 불행이다.〔人有三不幸, 少年登高科, 一不幸. 席父兄之勢爲美官, 二不幸. 有高才能文章, 三不幸也.〕"라고 한 말이 있다. 《小學集註 嘉言》

**97** 고니를……자 : 워낙 목표를 높이 설정하여 실패해도 소득이 많은 사람을 가리킨다. 후한의 장군 마원(馬援)이 조카 마돈(馬敦)에게 글을 보내어 "용술(龍述)은 신중하고 위엄 있는 사람이다. 따라서 그를 본받으면 행실이 있는 선비가 될 수 있으니, 이른바 '고니를 새기다가 완성을 못하더라도 집오리처럼은 될 수 있다.〔刻鵠不成, 尙類鶩.〕'라는 것이다."라고 경계한 고사가 있다. 《後漢書 卷54 馬援列傳》

것 역시 앞뒤로 5, 6년입니다. 책을 보면서 문장을 해석하거나 의미를 붙여 의견을 올리는 데에 그저 규례에 맞추어 나아가고 남을 흉내 내다 물러났을 뿐입니다. 애초에 성상의 정치를 수식하거나 본원을 계발시키는 데 조금도 도움이 되지 못하였으니, 매양 생각할 때마다 저도 모르게 두려움으로 땀이 등에 흥건해집니다. 이미 드러난 자취가 이와 같다면 아직 시행하지 못한 것도 알 수 있습니다. 지금 이러한 사람에게 저와 같은 직책을 수여하여, 한 나라의 문병(文柄)을 통할하고 한 세상 문풍의 모범이 되도록 하니, 이는 납칼로 코끼리와 무소가죽을 다듬게 하고 느린 말에게 천리 먼 길을 달리게 하는 것과 무엇이 다르겠습니까. 일이 어그러지고 실패하게 되는 우환은 지혜로운 자가 아니라도 곧장 알 수 있습니다.

신이 두 조정의 망극한 은혜를 두터이 입었으니 신의 장단과 본말은 숨길 곳이 없고, 평안하든 위태롭든 좋은 자리든 나쁜 자리든 의리상 피해서는 안 될 것이니, 지금 이 직책에 대해 어찌 감히 터럭만큼이나 마음에 없는 말로 모호하게 수식하여 군부(君父)의 명을 소홀히 하고 분수와 의리의 막중함을 돌아보지 않을 수 있겠습니까.

우리나라 사백 년 이래 일찍이 이런 문형은 없었으니, 이는 명칭과 실상만 서로 어그러질 뿐이겠습니까. 곧 태평성세의 일대 변괴라 하겠습니다. 은혜를 생각하고 분의(分義)를 두려워하여 받아서는 안 되는 직위를 무릅쓰고 받아서 성상께서 즉위하신 초기의 인재선발에 누를 끼쳐서 조정의 명기(名器)를 욕되게 하기보다는, 차라리 엄한 처벌을 받아서 조금이나마 왕명을 태만히 한 죄를 속죄하는 것이 낫습니다.

말은 여기에서 다 했고, 진심 또한 다 진술하였습니다. 삼가 바라건대 천지부모 같은 성상께서는 신을 불쌍히 여기시어, 속히 새로 임명된 관직을 거두어서 감당할 만한 이에게 옮겨주어 공사(公私) 간을 다행케 하시고, 이어 성상을 번거롭게 한 신의 죄를 다스려 후세를 경계하소서.

## 세 번째 소[98]

三疏

삼가 아룁니다. 신이 재차 속에서 우러난 간절함을 진달하였으나 아랫사람을 체찰해주는 은혜를 받지 못했으니, 이는 단지 신의 정성이 얕고 말이 졸렬하여 존귀하신 군부(君父)를 감동시켜 믿게 하기에 부족한 때문이지만, 또한 천지의 큼으로도 유감이 없을 수 없습니다.

신의 보잘것없는 재주와 학문이 애초에 현직에 조금도 어울리지 않는다는 것은 전에 올린 소에 남김없이 진달하였으니, 이제 다시 장황하게 늘어놓아 한갓 성상을 번거롭게 하는 죄를 지을 수 없습니다. 다만 전망(前望)으로 낙점을 받은 일은 처음 올린 소에 대한 비지(批旨)에서 비록 예를 들어 가며 자세히 깨우쳐주시는 옥음을 들었습니다만,[99] 신의 어리석은 마음으로 삼가 생각해보니, 그것이 대단히 편안치 못한 점은 도리어 글을 짓지 않으면서 이 관직을 함부로 차지하는 것보다 심했습니다. 대체로 문원(文苑)의 한 길은 천거하는 법이 지극히 중하여, 일찍이 역임한 사람이 비록 유배 중이더라도 오히려 인재를 천거하

98 세 번째 소 : 풍고의 나이 38세 때인 1802년(순조2) 5월 30일에 대제학을 사직하면서 세 번째 올린 소이다. 이에 대해 순조는 "인혐(引嫌)해서는 안 되는 이유를 찾아 억지로 인혐하니 어찌 살펴줄 수 있겠는가? 경은 사직하지 말고 즉시 명을 받들라.〔强覓不當引而引, 豈可體諒乎? 卿其勿辭, 卽爲肅命.〕"라고 하였다.《承政院日記 純祖 2年 5月 30日》

99 처음……들었습니다만 : 문원(文苑)의 고사(故事)에 전망(前望)이라는 이유로 사양한 자가 있지 않다는 순조의 비답을 가리킨다. 앞에 나온 〈대제학의 사직을 청하는 소〔辭大提學疏〕〉에 내린 순조의 비답 참조.

여 자신의 후임으로 앉혔으니, 이는 공론이 아래에서 문병(文柄)을 주관하여 저절로 적임자가 있기를 바라기 때문이었습니다.

전망으로 낙점을 받은 것은 숙종 정묘년(1687)에 시작되어 영조 임오년(1762)에 이르도록 도합 7, 8인이 됩니다. 그러나 이들은 모두 문채와 풍도가 일찍부터 명망이 있어서 누차 천권(薦圈)[100]에 들어가서 여론에서 애석히 여기던 사람들이므로 그에 따라 임명했던 것이니, 오늘 신처럼 평소 이름과 실상이 없다가 갑자기 차지했던 것이 아닙니다. 하물며 지금 사대부 사이에 식견이 넓고 문장이 고아하여 대방가(大方家)로 호칭되는 자가 한둘에 그치지 않으니, 전에 문형을 지낸 사람으로 별다른 사고가 없는 사람들 중에서 널리 여론을 모아서 합당한 자를 천거하지 않고, 이에 갑자기 성상의 마음으로 선발하여 미천한 신에게 주시니, 명철하신 성상께서 거칠고 서툰 신에게서 어떤 점을 취하셨는지 실로 모르겠습니다.

만약 신의 문장이 이 직임을 감당하기에 충분하다고 생각하신다면, 이미 문장으로 나라를 빛냈다는 칭송이 없고 또 화급한 요구에 부응할 수 있는 재주도 아닙니다. 만약 신이 선조의 보살핌을 받아 견문이 숙련되었을 것이라고 생각하신다면, 또한 대대로 관각에 있으면서 윤음과 고명을 대신 관장했던 분들과는 다릅니다. 만약 신이 오래도록 궁궐에서 시내며 싱싱을 가까이에서 모셨다고 생각하신다면, 이는 절차대로 추천하는 직책이 아니었음이 분명합니다. 반복하여 헤아려보아도 종내 그 이유를 알 수 없으니, 미천한 신의 마음속에 자라나는

100 천권(薦圈) : 후보로 천망(薦望)되어 권점(圈點)을 받는 것을 가리킨다. 권점을 가장 많이 받은 자를 임금이 낙점하면 비로소 임명이 된다.

의혹이 없을 수 없습니다. 신의 마음에 의혹이 생겼다면 만 사람의 의혹은 미루어 알 수 있습니다. 신 한 사람이 차지해서는 안 될 자리를 외람되게 차지함으로써 장차 만 사람의 의혹으로 하여금 감히 말로 옮기지 못할 지경까지 이르게 만든다면, 윗사람에게는 잘못 내린 은혜가 되어 사사로이 준 것이 되고, 신하에게는 천만번 죽더라도 그 죄가 참으로 속죄하기 어렵게 됩니다.

신이 수년 이래로 어두우면서 높은 지위를 요행히 차지한 것이 거의 견줄 사람이 없는 것에 대해 남들이 뒤에서 욕하고 비웃는 것을 신도 스스로 알고 있습니다. 지금 다시 이 직책을 저절로 온 것처럼 보아서, 두려워해야 하는 의리를 생각지 않고 다만 의기양양한 기색을 띤다면, 참으로 세상에 수치스러운 일이 있음을 알지 못하고서 장차 거리낌이 없는 데로 귀결될 것입니다. 신이 비록 불초하오나 결단코 잠시라도 몸 밖의 허튼 영예로 우리 임금의 성덕에 누를 끼칠 수 없습니다.

피 끓는 심정을 피력하매 스스로 가눌 길 없으니, 삼가 바라건대 명철하신 성상께서는 긍휼히 여기시어 즉시 새로 받은 명을 도로 거두어주시기를 간절히 바라는 마음 가눌 길 없습니다.

# 네 번째 소[101]

四疏

삼가 아룁니다. 세월은 멈추지 않아 이 달이 문득 이르매 효원전(孝元殿)의 상사(祥事)[102]가 수십 일 남으니, 하늘나라에 계신 선왕의 음성과 용모가 영원히 닫히고 지엄한 거상의 예제가 장차 끝이 날 것입니다. 우러러 생각건대 우리 전하의 하늘 끝까지 사무치는 사모와 땅속까지 닿는 애통함은 철따라 더욱 새로워 막 초상을 당했을 때와 같을 듯합니다. 대소 신민들의 원통하고 절박한 심정이 어찌 한량이 있겠습니까.

이어 생각건대 신이 일전에 비지(批旨)를 삼가 받드니, "인혐(引嫌)해서는 안 되는 이유를 찾아 억지로 인혐한다."[103]라는 하교가 있었습니다. 신이 읽고 나서 답답하고 송구스러운 마음을 가눌 길 없었습니다.

**101** 네 번째 소 : 풍고의 나이 38세 때인 1802년(순조2) 6월 4일에 대제학을 사직하면서 네 번째 올린 소이다. 이에 대해 순조는 "전례에 있고 없음을 막론하고 내가 경에게 사사로운 심정을 가지고 하는 것이 아닌데 경은 어찌하여 이처럼 더럽혀진 듯이 여기는가? 경의 꽉 막힌 것이 이와 같으니 나도 또한 강박하고 싶지는 않다.〔前例有無勿論, 予非私於卿, 卿何其若是浼乎? 卿之不通如此, 予亦不欲强迫.〕"라고 하고서 체직을 허락하였다.《承政院日記 純祖 2年 6月 4日》

**102** 효원전(孝元殿)의 상사(祥事) : 효원전은 창덕궁에 있는 정조(正祖)의 혼전(魂殿)이다. 상사는 대상제(大祥祭)를 가리키는데, 승하한 지 두 돌이 될 때에 지내는 제사이다.

**103** 인혐(引嫌)해서는……인혐한다 : 앞에 실린 〈세 번째 소〔三疏〕〉의 순조의 비답 참조.

아! 신이 세 번 사직소를 올린 것이 어찌 감히 관례에 따른 문원의 고사를 흉내 낸 것이겠습니까. 확고하고 괴로운 충정이 명기(名器)를 아끼고 성덕을 우려하는 데서 나왔음에도 성상의 비답이 이와 같았으니, 밝은 해와 달도 때때로 비추는데 누락되는 곳이 있을 줄 생각지 못했습니다. 신은 만 번 죽기를 무릅쓰고 다시 그렇지 않은 점을 진달하고자 합니다.

대체로 전망(前望)이란 이름은 같더라도 실상이 다른 경우가 두 가지가 있습니다.

대체로 지난날의 전망으로 명을 받은 자들은 모두 당세의 홍공거장(鴻工鉅匠)이어서, 단지 당세의 여론이 흡족했을 뿐만 아니라 또한 대부분 지금까지 칭송을 받고 있습니다. 그런데 신의 경우는 명을 들은 날에 친한 집안사람들부터 이미 자신도 모르게 경악하며 놀라서 그것이 분수에 넘은 것을 근심하였으니, 문밖을 나가지 않고도 온 나라의 여론을 앉아서 추측할 수 있습니다. 이것이 첫 번째입니다.

전망을 낙점하는 것이 감히 예가 없다고 말할 수는 없으나, 어리석은 신이 죽을죄를 무릅쓰고 말씀드리건대 오늘날의 사세(事勢)는 두 성조(聖朝 숙종과 영조)께서 왕위에 계시던 때와 크게 차이가 있다고 생각합니다. 전하께서 즉위하신 이후로 거상 중에 공경히 침묵하는 용모는 은(殷)나라 고종(高宗)에 필적하여, 크고 작은 정령을 일찍이 홀로 결단하여 시행한 적이 없는데,[104] 이 문형 한 가지 일에 대해서 어찌

**104** 거상……없는데 : 은(殷)나라 고종(高宗)이 거상 중에 3년 동안 말을 하지 않고 엄숙하였고, 후에 부열(傅說)이라는 어진 재상의 보필을 얻어 훌륭한 정치를 한 것을 가리킨다.

옛날에 이런 사례가 있다고 하여 사람들의 여론을 묻지 않고 곧장 전혀 비슷하지도 않은 미천한 신에게 잘못된 은혜를 내리시려 해서야 되겠습니까. 이것이 두 번째입니다.

그렇다면 같은 것은 이름이고 같지 않은 것은 실제입니다. 이 두 가지를 살핀다면, 신이 지난 소에서 이른바 "장차 만 사람을 의혹하게 한다."라고 말한 것은 진실로 지나친 우려가 아닙니다.

또 신의 일로 신의 처지를 증명할 한 가지 사례가 있습니다. 신이 근년 이래로 역임한 것이 청요직이 아님이 없는데, 제수의 명이 나오기만 하면 모두 곧장 급히 달려가 받들어서 예컨대 세상에서 이른바 눈을 부릅뜨고 바라본다는 양전(兩銓)의 자리와 본분에 맞지 않는 장임(將任)과 같은 벼슬도 오히려 본래 있었던 것처럼 보아서 힘써 공무를 수행했습니다. 이번에 내리신 직책이 비록 최선의 선발이라고 하더라도 또한 고금의 사람들이 함께 역임했던 것입니다. 만약 만의 하나라도 어울리지 않는 부끄러움과 몹시 편안치 못한 단서가 없다면 또 어찌 감히 이러쿵저러쿵 떠들며 분의(分義)가 손상됨을 돌아보지 않고 한갓 이때의 수응(酬應)만을 번거롭게 하여 마치 명성을 낚고 아름다움을 훔치는 것과 같은 짓을 하겠습니까.

신이 성상의 조정에서 차지하는 비중은 다만 구우일모(九牛一毛)에 불과합니다. 상경(上卿)에 올라 국정을 들은 지가 여러 날이되, 넓으신 은혜에 물방울이나 먼지만큼도 보답하지 못했으니, 천만 뜻밖에 혹시라도 신의 몸으로 인해 성상의 명철하심에 누를 끼친다면, 신은 장차 살아서는 전하의 조정에 도움이 될 수 없을 것이고 죽어서도 선왕께 돌아가 절을 드릴 수 없을 것입니다.

말이 여기에 미치매 걷잡을 수 없이 눈물만 흐릅니다. 삼가 바라건대 명철하신 성상께서는 애처롭고 가련히 여기시어 신의 어리석음을 용서하고 충정을 살펴주시어, 속히 새로 받은 명을 거두시어 감당할 만한 사람에게 돌려주시어 공사 간을 다행케 하소서.

## 전 문형으로서 회권하는 것을 사양하는 소[105]

辭前文衡會圈疏

삼가 아룁니다. 신은 우매하고 망령되어 사양하기에만 급급해서 자취가 이미 성상을 번거롭게 하였고 말은 성상의 위엄을 범한 것이 많았습니다. 은혜를 저버린 것이 쇠나 나무의 형벌도 오히려 가볍다는 것을 스스로 알고 있는데, 성상의 도량이 하늘과 같아 비지(批旨)를 크게 내려주시어 개의치 않는다는 뜻을 보이시고 굽어 양찰하시는 은혜를 내려주시니, 제수한 것도 특별한 은혜이고 체직한 것도 특별한 은혜입니다. 그런데 분토처럼 미천한 몸으로 산처럼 무거운 은혜를 외람되게 입었으니, 이 생애의 이 세상에서 보답할 길이 없어 부끄러움과 감사함에 그저 눈물이 얼굴을 덮을 뿐입니다.

그런데 지난밤에 회권(會圈)에 명이 있어서 전 문형으로 부르는 패초가 갑자기 이르니, 의리로는 마땅히 힘을 다해 달려가야 하겠지만 다만 생각건대 신이 네 번 소를 진달하여, 다만 조금도 어울리지 않는 실상 때문만이 아니고 전망으로 낙점을 받는 것이 성상의 덕에 누가 될까 하여 나아가지 않겠다는 맹세를 자세히 글로 말씀드렸습니다.

**105** 전……소 : 풍고의 나이 38세 때인 1802년(순조2) 6월 5일에 전 대제학으로 회권(會圈)에 참석할 수 없다고 올린 소이다. 6월 4일에 문형을 새로 뽑는 회권을 행하라는 순조의 명이 내려 시·원임 대신, 전 대제학, 의정부 좌우 참찬, 육경, 판윤 등이 패초(牌招)의 명을 받았다. 회권(會圈)이란 조선 시대에 새로 대제학·직각·대교·한림의 적임자를 뽑을 때, 전임자가 모여 피선될 사람의 성명 위에 권점(圈點)을 찍는 일을 말한다. 이 소는 《승정원일기》나 《순조실록》에 모두 실려 있지 않다.

그런데 지금 이것으로 해면을 허락받은 뒤에 후임을 천거하는 일을 핑계대고서 들어가 회권의 자리에 참석한다면, 이는 한갓 사직했다는 이름만 훔치고 속으로는 대제학을 자처하는 실제를 취하는 것이니, 하늘을 속이고 마음을 속이는 데 가깝지 않겠습니까.

신이 아무리 지조가 없고 거조가 전도되었더라도 진실로 감히 이렇게 할 수 없습니다. 여러 차례 소명이 내려와도 꼼짝할 길이 없기에 이제 짧은 소를 올려 성상의 귀를 번거롭게 하오니, 삼가 바라건대 신이 성상의 명에 태만한 죄를 다스려 조정의 기강을 엄숙하게 하소서.

# 다시 제수된 대제학을 사직하는 소[106]

辭復拜大提學疏

삼가 아룁니다. 신이 네 차례 소를 올려 괴로운 심정을 아뢰어 다행히 체직의 은혜를 입으니, 찬란한 성상의 비답이 영광스럽고 빛나서 거의 졸렬한 분수를 지키면서 은덕을 칭송할 수 있을 듯하였는데, 뜻밖에 어제 또 제수의 명을 받으니, 안정되어가던 심신이 이내 놀라 떨렸으며 잠깐 편안해졌던 마음이 다시 요동쳤습니다. 어찌하여 자애롭게 덮어주는 하늘이 길러주시는 은택을 끝까지 베풀지 않는단 말입니까.

아! 신이 전에 반드시 사직하고서야 그만두었던 이유는 바로 스스로의 분수를 헤아려보건대 직임에 조금도 어울리지 않아 잘못 내려진 비상한 은혜를 감당할 수 없었기 때문입니다. 전하께서 자상하게 양찰

**106** 다시……소 : 풍고의 나이 38세 때인 1802년(순조2) 6월 6일에 올려 다시 제수된 대제학을 사직하는 소이다. 6월 5일에 빈청(賓廳)에서 새로운 문형을 뽑을 때, 순조는 풍고가 대제학에 올라 공무를 집행한 적이 없으므로 전전 대제학의 자격으로 대제학의 내성 후보에 넣어 회권하라는 명을 내렸다. 이에 문형의 권점을 행하였는데, 《승정원일기》에는 김조순이 9점, 김재찬(金載瓚)이 8점, 이만수(李晩秀)가 7점을 받은 것으로 되어 있고, 《순조실록》에는 이때의 점수가 김재찬이 7점, 이만수가 9점, 김조순이 8점으로 기록되어 있다. 또한 《승정원일기》에는 이 소와 비답이 모두 6월 7일에 실려 있고, 《순조실록》에는 소의 내용은 생략된 채 순조의 비답만 6월 6일에 실려 있다. 풍고의 이번 소에 대해 순조는 "지금은 더욱 인혐할 만한 의리가 없으니 사직하지 말고 즉시 명을 받으라.〔今則尤無可引之義, 卿其勿辭, 卽爲肅命.〕"라고 하였다. 《承政院日記 純祖 2年 6月 5日, 7日》《純祖實錄 2年 6月 6日》

해주신 것도 실상을 굽어 살피시어 억지로 강박하지 않으시려는 성상의 뜻에서 나온 것이니, 위아래의 심정과 뜻이 서로 맞았다 할 수 있고 공사 간의 편의를 둘 다 얻었다 하겠습니다.

그런데 문득 하룻밤이 지난 뒤에 이렇게 다시 제수하는 조치가 있으니, 미천한 분수를 논하자면 어울리지 않는 실상이 여전하고, 성상의 덕에서는 곡진히 양찰하시는 뜻을 마치지 못한 것입니다. 그렇다면 아랫사람으로 예전에 사양했던 관직을 받는 것은 외람되게 받는 것이고, 윗사람으로 예전에 내렸던 관직을 내리는 것은 잘못된 은혜입니다. 사방에서 보고 듣는 자들이 더욱 의혹스러워할까 두렵습니다.

하물며 지금 인재들이 숲처럼 빽빽하여 후임으로 임명할 만한 사람이 없을까 근심할 것이 없으니, 반드시 신으로써 신을 대신한 연후에야 조정에서 문형 하나를 얻을 수 있는 것입니까. 그러므로 사적인 의리가 몹시 황공한 것은 논하지 않더라도 나라의 체모가 가볍고 구차해지는 것은 또 어떠하겠습니까. 아무리 생각하고 되새겨보아도 물러남만 있고 나아감은 없을 뿐입니다.

이에 부득불 다급히 호소하오니, 삼가 바라건대 명철하신 성상께서는 특별히 포용해주시는 큰 도량을 넓히시어 시종일관한 지극한 은택을 온전히 해주시기를 간절히 기원합니다.

## 두 번째 소[107]

再疏

삼가 아뢰니다. 신이 엊그제 성상의 비답을 삼가 받으니, "더욱 인혐(引嫌)할 만한 의리가 없으니 즉시 숙명하라.〔尤無可引之義 卽爲肅命.〕"라는 하교였습니다. 온 힘을 다하려는 신의 심정으로는 진실로 나아가 받들기에도 겨를이 없어야 마땅하니, 어찌 감히 다시 성상을 번거롭게 하는 죄를 범하겠습니까. 다만 신이 대제학을 받기 어려운 의리와 인혐할 만한 단서는 전후의 사정이 마찬가지이니, 명철하신 성상께서 다만 곡진히 양찰하시 않았을 뿐입니다.

신이 이보다 전에 대제학에 제수되었을 때, 누차 전망(前望)을 이유로 들어 인혐하였으므로 지금 이렇게 신의 혐의를 풀어주는 하교가 있게 되었습니다. 그러나 신이 당초에 힘써 사직하고자 했던 것은 다만 적임자가 아닌데도 잘못된 은혜를 받는다면 성상의 덕에 누가 될까 하는 우려에서 나온 것이지, 감히 전망으로 낙점을 받은 것을 부끄럽게 여겨서가 아니었습니다.

지금 만약 다시 제수받은 것이 회권(會圈)으로 말미암았다 하여 의기양양 얼굴을 들고 보란 듯이 나간다면 이는 군부(君父)께서 특별히

107 두 번째 소 : 풍고의 나이 38세 때인 1802년(순조2) 6월 14일에 대제학을 사직하며 올린 두 번째 소이다. 이 소는 앞서 6월 6일에 대제학을 사직하며 올린 소에 윤허를 받지 못해 다시 올린 것인데, 이에 대해 순조는 "경의 솔직한 말이 여기에 이르니 만일 또 강박한다면 예로 신하를 부리는 도리가 아닐 것이다.〔卿之質言至此, 若又强迫, 則有非禮使之道.〕"라고 하면서 특별히 체직을 허락하였다.《承政院日記 純祖 2年 6月 7日》

선발하신 은혜를 회권보다 가벼이 여기는 것입니다. 어미의 음식이라면 먹지 않고 다른 사람의 집이라면 살았던 것은, 이것이 오릉중자(於陵仲子)가 맹자에게 배척을 받아 청렴이 될 수 없었던 이유입니다.[108] 신이 비록 도리를 알지 못하나, 진실로 감히 이렇게 할 수는 없습니다.

신의 명망과 학식이 참으로 만분의 일이라도 이 직책을 감당할 수 있다면, 전에 나아가 받았더라도 진실로 성덕에 누를 끼치지 않았을 것입니다. 부합하지 않는 점으로 말하자면 지금도 예전이나 같으니, 회권이 또 어찌 신의 마음에 부끄러움이 없게 할 수 있겠습니까. 앞의 소에서는 염치가 중대했고 이번 소에서는 명분이 중요하므로, 미련한 소신을 바꾸기 어렵고 굳은 원칙이 이미 이루어졌기에, 먼 바닷가의 유배나 쇠와 나무의 형벌을 엎드려 기다릴 뿐입니다.

아! 상기(祥期)가 가까워오매 상하가 슬퍼하고 황급해하니,[109] 신 또한 약간이나마 본성을 지녔는데 어찌 차마 이러한 때에 오직 성상을 번거롭게 하여 엄숙히 거상하시는 성상의 수응을 번다하게 할 것만 생각하겠습니까. 참으로 심정에 어쩔 수 없기 때문에 다급히 호소하여 종일토록 하소연하기를 마치 일과처럼 삼았습니다. 신의 죄가 여기에

**108** 어미의……이유입니다 : 오릉중자(於陵仲子)는 전국 시대 제(齊)나라의 청렴한 선비 진중자(陳仲子)를 가리킨다. 오릉에 살며 청렴결백을 지나치게 주장하다 인륜을 저버린 사람이란 평가를 받았다. 《맹자》〈등문공 하(滕文公下)〉에 맹자가 "어미가 주면 먹지 않고 처가 주면 먹으며, 형의 집에는 거처하지 않고 오릉에는 거처하니, 이렇게 하면 그 지조를 채우는 것이 되는가. 중자와 같은 이는 지렁이가 된 뒤에야 그 지조를 다 채우게 될 것이다.〔以母則不食, 以妻則食之, 以兄之室則不居, 以於陵則居之, 是尙爲能充其類也乎? 若仲子者, 蚓而後充其操者也.〕"라고 한 말이 있다.

**109** 상기(祥期)가……황급해하니 : 정조가 1800년(정조24) 6월 28일에 승하하였으므로 며칠 후면 2주기 대상(大祥)이 됨을 의미한다.

이르렀으니, 더욱 만 번 죽어 마땅합니다. 삼가 바라건대 천지부모께서는 굽어 살펴주시어 신의 삼관(三館)의 직임을 깎아버리고, 이어 엄한 주벌을 내리시어 신이 성상의 명에 태만한 죄를 다스려 조정의 기강을 엄숙하게 하고 미천한 분수를 편안케 해주시기를 간절히 기원합니다.

# 대례 때 받은 호조 전포를 사양하는 소[110]

大禮時辭戶曹錢布疏

삼가 아뢰옵니다. 신이 어제 삼가 비지를 받으매, "자전께서 대례(大禮)를 위해 특별히 하사하신 것이니, 안심하고 공경히 받으라.〔慈殿爲大禮特賜, 安心祗受.〕"라고 하교하였습니다. 신이 비록 어리석으나 어찌 우리 자성전하의 특별한 보살핌을 알지 못해서 이처럼 반드시 사양하고서야 그만두는 거조를 하겠습니까.

참으로 대농(大農 호조)의 재물은 그 중대하기가 다른 것과 더욱 다르기 때문에, 오례(五禮)에 드는 떳떳한 수요가 아니면 자그마한 비단

**110** 대례……소 : 풍고의 나이 38세 때인 1802년(순조2) 9월 16일에 대왕대비가 하사한 호조의 전포(錢布)를 사양하며 올린 소이다. 순조의 가례(嘉禮)를 앞둔 9월 12일에 대왕대비의 전교로 장용영에 있는 전(錢) 5천 냥, 미(米) 1백 석, 목(木) 10동, 포(布) 10동을 영안부원군 김조순의 집으로 보내 가례에 쓰도록 명하였다. 그런데 대왕대비는 곧바로 장용영의 전포를 보내는 것이 전례와 다르므로 호조에서 수송하도록 명하였다. 이에 명을 받은 날에 풍고는 곧 예에 맞지 않는 거대한 수량을 받을 명분이 없다고 하여 사양하는 소를 올렸는데, 이에 대해 순조는 "자전께서 대례를 위해 특별히 하사하는 것이니, 경은 안심하고 공손히 받으라.〔慈殿爲大禮特賜也, 卿其安心祗受.〕"라고 하고서 사관을 보내 전유(傳諭)케 하였다. 그리고 4일 뒤에 풍고가 재차 이 소를 올렸는데, 순조는 "어제 빈연에서 자성께서 또 하교가 있으셨다. 경은 다시 사양하지 말고 공손히 받으라.〔昨日賓筵 慈聖又有下敎矣 卿其更勿辭巽而祗受也.〕"라고 하고서 사관을 보내 전유케 하였다.《承政院日記 純祖 2年 9月 12日, 16日》 풍고의 딸이 순조의 비(妃)가 된 과정은, 1800년(정조24) 2월 26일에 창경궁 집복헌(集福軒)에서 초간택, 윤4월 9일에 재간택을 거쳤는데, 6월에 정조가 승하하여 1802년(순조2) 9월 6일에 삼간택을 통해 풍고의 딸이 세자빈으로 간택되었다. 10월 16일에 어의동(於義洞) 별궁(別宮)에서 친영례(親迎禮)를 행하고 대조전(大造殿)에서 동뢰연(同牢宴)을 행하였다.

이나 푼돈도 감히 사사로이 쓸 수 없으니, 어찌 소민들이 바친 정세(正稅)로 척신 집안의 사사로운 용도를 충당하게 할 수 있겠습니까. 하물며 대례 때의 예물을 내리는 것은 본래 선왕의 성헌(成憲)이 있어서 일전에 또한 이미 받았으니, 이번에 내린 많은 수량은 또한 명분이 없는 것입니다. 오늘날 사체(事體)의 구차스러움뿐만 아니라 후세의 폐단을 열어줄까 두렵습니다.

반복해서 생각해보건대 차라리 외람된 주벌을 입을지언정 감히 받아들일 계책을 낼 수 없기에, 감히 만 번 죽을 각오로 거듭 간절한 심정을 피력합니다. 삼가 바라건대 명철하신 성상께서는 속히 대왕대비께 품의하여 호조의 전포를 내려보내라는 명을 도로 거두시어 경비 지출을 신중히 하고 미천한 진심을 이루도록 해주시기를 간절히 바랍니다.

## 대전과 곤전의 홍역이 가라앉은 후에 상전을 사양하는 차자[111]

大殿坤殿疹候平復後，辭賞典箚

삼가 아룁니다. 황천과 조종께서 묵묵히 도와서 남몰래 안정시키시어, 우리 성상의 진후(疹候 홍역)가 약을 쓰지 않아도 되는 기쁨에 이르렀고, 이에 곤전(坤殿)에까지 미쳐 동시에 회복되시니, 자식이 병이 날까만을 걱정하는 전궁(殿宮 대왕대비)의 심려가 그치고 나라의 국운이 더욱 공고해질 형세가 있게 되었습니다. 이는 실로 국조 이래 있지 않았던 경사이니 춤추고 환호하는 기쁨이 팔도가 똑같은 심정입니다. 하물며 신은 새벽부터 밤중까지 가까운 곳에서 옥체가 날마다 강녕하시고 응수접대가 평상시와 같음을 목도하였으니, 간절히 기원하는 마음 어찌 한량이 있겠습니까.

신이 일전에 상전(賞典)이 내려온 것을 보았는데, 신의 이름 또한 그 속에 들었으니, 준걸스러운 천사(天駟 준마), 찬란한 문표(文豹 표범 가죽), 전지(田地)와 장획(藏獲 노비)이 성대하였고, 또 집안사람으로

**111** 대전과……차자 : 풍고의 나이 38세 때인 1802년(순조2) 11월 17일에 영돈녕부사로서 상전을 사양하며 올린 차자(箚子)이다. 1802년(순조2) 10월 말경부터 대궐에 홍역이 생겨 대전과 중궁전이 감염되었다가 11월 8일 쯤에는 회복되었다. 이에 11월 12일에 대왕대비의 전교로 치료에 관계된 관원들을 포상하였는데, 풍고는 영돈녕부사로서 별입직(別入直)으로 수고하였다 하여 안장을 갖춘 내구마와 함께 아들, 사위, 아우, 조카 가운데 한 사람을 초사(初仕)에 제수하도록 하였고, 표피(豹皮) 1령(令), 전(田) 20결, 노비 각 5구(口)를 하사받았다. 이 소에 대해 순조는 "경은 안심하고 받으라.〔卿其安心領受.〕"라는 비답을 내리고는 사관을 보내 전유케 하였다. 《承政院日記 純祖 2年 11月 8日, 12日, 17日》

하여금 녹봉을 받을 수 있게 하였으니, 여기에 하나만 해당되어도 오히려 세상에 드문 은총이라 할 것입니다. 그런데 겸하여 받아서 넉넉하기가 최상의 은전을 차지하였으니, 이는 과연 무슨 연고로 주어진 것입니까. 신은 참으로 당황스럽고 부끄러워 몸둘 바를 몰랐습니다.

신이 이미 자취가 폐부(肺腑)에 끼어[112] 의리상 감히 집에서 편안히 지낼 수 없었으니, 열흘간의 숙직은 직분에 당연히 해야 할 일에 불과했습니다. 애초에 약재를 의논할 책무와 옥체를 보호하는 노고가 없었으니, 어찌 약원(藥院)의 도제조와 함께 으뜸가는 포상을 동등하게 받을 수 있겠습니까.[113]

은전이나 포상은 조정의 중한 법이어서 잘못 시행하면 가벼워지고, 사양하거나 받는 것은 군자의 대방(大防)이니 외람되이 받으면 참람한 것입니다. 이는 본래 상하가 조심하여 감히 터럭만큼도 소홀히 해서는 안 되는 것입니다. 신이 이 때문에 어제 연석(筵席)에서 반드시 사양하는 의리를 외람되게 진달하였으나 윤허를 받지 못하였는데, 물러나 반복해 생각해보아도 끝내 받아들일 이유를 알지 못하였습니다.

이에 다시 무릅쓰고 문자를 들여서 조용히 정양하시는 성상을 번거롭게 하오니, 삼가 바라건대 자애로운 성상께서는 미천한 충심을 굽어 양찰하시어, 동조께 품의하여 속히 신이 받은 상전을 도로 거두기를 명하여 비천한 분수를 편안케 해주신다면 몹시 다행일 것입니다.

**112** 자취가 폐부(肺腑)에 끼어 : 순조의 장인으로서 외척이 되었다는 의미이다.

**113** 약원(藥院)의……있겠습니까 : 당시 풍고가 받은 포상의 세목은, 시약청 도제조로 입시했던 좌의정 서용보(徐龍輔)가 받은 것과 동일한 최고의 포상이었다. 《承政院日記 純祖 2年 11月 12日》

## 대례 후 겸직으로 띠고 있는 여러 직책을 해면해주기를 청하는 소[114]

大禮後, 乞解兼帶諸職疏

삼가 아룁니다. 신이 왕실의 인척이 되어 지위는 상공(上公)에 비견되고 소봉(疏封)[115]이 넉넉하니, 영광과 총애가 이미 지극하고 분수에도 넘칩니다. 매번 스스로 자신을 돌아보고 생각해보건대 봄에 얼음판을 건너듯 두려워 우러러 성상의 은혜에 보답하고 아래로 집안의 명성을 보전할 방도를 모르니, 오직 문을 닫고 들어앉아 세상일을 사절하고 기심(機心)을 끊고 졸렬함을 기르면서 여생을 마칠 뿐입니다. 하물며 국구(國舅)가 조정의 정사에 참여할 수 없음은 국조 이래 오랜 규정이며 아름다운 일입니다.

지금 신이 겸직한 여러 직책은 모두 화려하며 긴요한 직임이니, 의당 즉시 규례를 따라 해면을 청하여 공사 간에 편의를 취해야 마땅했습니다. 그런데 대례 이후로 곧 조용히 정양할 때[116]를 만나게 되어 감히

**114** 대례……소 : 풍고의 나이 38세 때인 1802년(순조2) 11월 30일에 영돈녕부사로서 여러 겸직의 해면을 청하며 올린 소이다. 이에 대해 순조는 "경이 관직에 대해서 이미 체직될 의리가 없고, 국조에도 전례가 없으니, 경은 사직하지 말고 공무를 행하라.〔卿於官職, 旣無可遞之義, 國朝亦有已例, 卿其勿辭行公.〕"라고 비답을 내리고서 사관을 보내 전유케 하였다. 《承政院日記 純祖 2年 11月 30日》

**115** 소봉(疏封) : 천자가 토지나 작위를 신하에게 나누어준다는 뜻인데, 여기서는 풍고의 딸이 1802년(순조2) 9월 6일에 삼간택을 거쳐 순조의 비가 되고, 같은 날에 풍고가 영안부원군(永安府院君), 부인 심씨(沈氏)가 청양부부인(靑陽府夫人)에 봉해진 것을 가리킨다.

성상을 번거롭게 할 수 없었기 때문에 억지로 버티며 지금에 이르게 되었습니다. 그러나 신의 움츠러들어 불안한 심정이 어찌 숨 쉬고 밥 먹는 사이에도 풀어진 적이 있었겠습니까. 예컨대 경연(經筵), 실록(實錄), 주사(籌司 비변사)의 여러 겸직은 일의 체면으로 헤아리자면 본래 마땅히 체직되어야 하는 경우에 해당됩니다. 그리고 선혜청(宣惠廳)처럼 부서(簿書)가 중요한 자리에 해를 넘겨 근무하면서도 이미 핵심을 파악하여 사무를 처리할 수 없어 창고의 곡식이 그득하게 만들고, 훈국(訓局 훈련도감)처럼 절제(節制)가 중대한 자리를 달을 넘겨 염치없이 차지하면서도 또 엄하고 밝게 단속하지 못하여 성벽이며 보루가 빛깔이 바뀌게 만들었습니다. 국가의 큰일이 전곡(錢穀)과 갑병(甲兵)보다 중대한 것이 없는데, 재주가 없는 신으로 말미암아 장차 날이 갈수록 무너지게 되었으니, 반드시 사직하려는 간절한 소원이 어찌 목마른 자가 마시기를 바라고 젖은 옷을 입은 자가 벗어버리기를 구하는 것에 비할 뿐이겠습니까. 그 나머지 여러 관서의 제거(提擧)의 직임을 만약 다시 계속해서 띠고서 벗어버리기를 생각지 않는다면, 또한 자취를 거두고 본분을 지키고자 하는 신의 본뜻이 아닙니다.

이에 짧은 소를 올려 미천한 충심을 아뢰니, 삼가 바라건대 명철하신 성상께서는 속히 굽어 양찰하시어 신이 겸하여 띠고 있는 여러 직책을 모두 체식해주시어, 국가의 구례(舊例)를 보존하고 미천한 신의 분수를 편안케 해주시기를 간절히 기원합니다.

**116** 조용히 정양할 때 : 1802년(순조2) 10월 말경부터 11월 초까지 궁궐에 퍼졌던 진후(疹候 홍역)를 가리킨다. 앞의 〈대전과 곤전의 환후가 회복된 후에 상전을 사양하는 차자〔大殿坤殿疹候平復後 辭賞典箚〕〉 참조.

## 겸하여 띠고 있는 여러 직임의 해면을 청하는 소[117]

乞解兼帶諸任疏

삼가 아룁니다. 신이 봄철에 강연(講筵)에서 외람되게도 사면하고자 하는 간절함을 진달하였는데, 성상께서 "곧 들어주겠다.〔從當體諒.〕"라는 말씀으로 하교하시기에, 신이 물러나 명을 기다린 지가 어느덧 세 계절이 지났습니다. 중간의 세월 동안 미천한 의리를 다시 진달할 줄 모르지 않았으나, 두렵고 송구하여 감히 누차 성상을 번거롭게 할 수 없었기에 지금까지 묵묵히 직무에 종사하였습니다. 그러나 두렵고도 절박한 심정이야 어찌 잠시인들 잊은 적이 있었겠습니까.

아! 신의 처지는 다른 사람과 같지 않아서, 자정(自靖)[118]해야 하는

**117** 겸하여……소 : 풍고의 나이 39세 때인 1803년(순조3) 9월 13일에 영돈녕부사로서 모든 겸직에서 면직시켜 주기를 청하며 올린 소이다. 당시 풍고는 영돈녕부사로서 훈련대장을 맡고 있었는데, 이외에도 선혜청 도제조, 종부시 제조, 예문관 제학, 춘추관 지사 등의 겸직을 지니고 경연에도 참여하는 중이었다. 이 소에 대해 순조는 "한때의 질병은 빨리 회복되는 법이니, 어찌 이 때문에 모든 직임을 모두 사직할 수 있는가. 그러나 말이 몹시 간절하여 경의 평소 뜻에 감동하여 양찰하는 도리가 없을 수 없으니, 경연 및 선혜청 유사당상의 직임은 특별히 경의 청을 들어준다. 경은 안심하고 다시 소를 올리지 말고 조리하여 공무를 행하라.〔一時美痾, 自當遄復, 何可以此盡解諸任乎? 然所辭甚切, 感卿雅志, 不無體諒之道. 經筵及惠堂有司之任特許卿請, 卿其安心, 勿復控辭, 調理行公.〕"라고 비답을 내려 사관을 시켜 전유케 하였다.《承政院日記 純祖 3年 9月 13日》

**118** 자정(自靖) : 각자 도리를 지켜 스스로 편안히 지내는 것을 말한다.《서경》〈미자(微子)〉에 "스스로 도리에 편안히 처하여 각자 선왕에게 고하라. 나는 여기를 떠나 숨지 않겠다.〔自靖, 人自獻于先王, 我不顧行遯.〕"라고 한 말이 참고가 된다.

도리로는 진실로 입으로는 시대의 일을 말하지 않고 귀로는 조정의 정령에 대해 듣지 않아서, 숨소리조차 감추어 죽은 사람처럼 조용히 지내야 마땅할 것입니다. 그런 뒤에야 비로소 위로는 명철하신 성상께 누를 끼치지 않고, 아래로는 몸과 집안에 두려움을 초래하지 않을 수 있을 것입니다.

그런데 지금은 그렇지 않아서, 왼손에는 병권을 쥐고 오른손에는 재정을 다스리며, 경석(經席)에 참여하고 주모(籌謨)에서 물러나 의기양양 활개 치며 마치 이 사람이 아니면 아무도 할 수 없는 것처럼 하고 있습니다. 신이 불초하고 졸렬하여 모든 일에 터럭만 한 재능도 없으니, 비록 오늘의 처지가 아니라도 이런 관직에 대해 본래 이미 조금도 어울리지 않습니다. 더구나 맑은 조정에 문무관의 인재가 수풀과 삼줄기처럼 늘어선 때에 이와 같은 재주와 품성, 이와 같은 행적과 자취로 눌러앉아 태만히 지내며 오래도록 떠나지 않으니, 신 또한 이것이 무슨 까닭인지 스스로 알지 못하겠습니다. 혹시 우리 전하께서 가까운 사람을 우대하는 것이 아니라면 필시 신이 탐욕에 겨워 예의염치의 큰 도리를 잊은 까닭일 것이니, 두 가지 중에 불행히 하나라도 있다면 후세에서 지금을 보고 장차 무어라 하겠습니까. 지금도 비웃고 꾸짖는 입과 지적하는 손가락이 미천한 신이 보고 듣는 밖에서 일어나지 않고, 유식자들이 남몰래 하는 탄식이 감히 말을 옮기기조차 어려운 지경에까지 이르지 않을 줄 어찌 알겠습니까.

전하께서 근래 《강목(綱目)》의 〈한기(漢紀)〉를 강독하시므로 신이 한(漢)나라 때의 사적으로 진달하겠습니다. 두광국(竇廣國)과 같은 현명함으로도 서경(西京)의 정치에서 버림을 받았고,[119] 마원(馬援)과 같은 공으로도 남궁(南宮)의 초상화에 끼이지 못했습니다.[120] 양한(兩

漢)의 규모가 크고 두터움은 후세의 천박함에 비견할 바가 아니고, 두 사람의 명성과 사업은 또한 당시에 특출했으나 두 황제가 저처럼 대우함에도 당시에 이를 본 자들이 괴이하게 여기지 않았으니, 이 어찌 까닭이 없이 그런 것이겠습니까. 그렇다면 신이 차지해서는 안 될 자리에 오래도록 있지 말아야 하는 것은 신의 오늘의 말을 기다리지 않아도 양한 시대에 이미 조짐이 드러났다 하겠습니다.

하물며 신이 삼 년 사이에 세 차례 어린 자식의 참척을 만나 정리(情理)가 매우 참혹한데 이번 가을이 유독 심합니다. 이것은 지나치게 성대하고 가득 차서 스스로 조물주의 시기를 초래한 것이니 오히려 다시 누굴 탓하고 누굴 원망하겠습니까.

오직 지극한 심정은 제어하기 어려워 원숭이의 간장이 쉬이 끊어지듯 하고,[121] 역경을 여러 번 만나 연약한 체질이 먼저 쇠하니, 비록

**119** 두광국(竇廣國)과……받았고 : 두광국은 한(漢)나라 문제(文帝)의 비(妃)인 두황후(竇皇后)의 동생으로 자는 소군(小君)이다. 누이가 황후가 되자 장안에서 함께 살게 되었는데, 문제가 그의 현명함을 알고 정승으로 삼고자 하였으나, 세상 사람들이 외척을 등용한다고 비방할까 염려하여 그만두었다. 《史記 卷49 外戚世家》

**120** 마원(馬援)과……못했습니다 : 마원은 후한(後漢) 광무제(光武帝) 때 복파장군(伏波將軍)이라고 불린 명장으로 평생 전쟁터를 누벼 교지(交趾)를 정벌하는 등 큰 공을 세웠다. 나중에 명제(明帝)가 개국 공신의 업적을 기리기 위해 낙양(洛陽) 남궁(南宮)의 운대(雲臺)에 28명 장수의 초상을 그려 모셨는데, 마원의 딸이 명제의 부인 명덕마황후(明德馬皇后)이므로 마원은 황제의 인친으로 지목되어 그 가운데 포함되지 않았다. 《後漢書 卷22 朱景王杜馬劉傳堅馬列傳》

**121** 지극한……하고 : 자식의 죽음을 몹시 슬퍼하는 것을 의미한다. 원문의 '원장이단(猿腸易斷)'은 원숭이의 창자가 모두 끊어졌다는 말이다. 환온(桓溫, 312~373)이 촉(蜀)을 공격하러 가는 길에 삼협(三峽)을 지나게 되었는데, 부하 중 한 사람이 원숭이 새끼를 잡아오자 어미 원숭이가 슬피 울며 강 언덕을 따라왔다. 백 리나 되는 거리를

움직이고 말하는 것을 그럭저럭 지난날과 똑같이 하지만, 정신은 안에서 삭음을 면치 못하고 근력은 저절로 밖에서 풀어졌습니다. 그리하여 일을 당하면 앞일을 잊고 뒷일은 빠뜨리며 한가로이 거처하면 식사가 줄고 잠을 이루지 못해, 실의에 겨워 우울한 채로 고통이 어디에 있는 줄도 깨닫지 못합니다. 일체의 세상 사무에는 더욱 연연하는 것이 없고 옛날의 고질병이 이따금 틈을 타 발작하니, 이러한 정신과 체력으로는 설령 스스로 노둔한 몸을 채찍질하여 마른 땅과 젖은 땅을 가리지 않으려 해도 그 형세가 이미 어쩔 수 없으니, 또렷한 일념은 오직 무거운 짐을 내려놓고 여유롭고 한가함에 나아가, 문을 닫고 정양하여 미천한 생명을 조금이나마 보존하는 데 있을 뿐입니다.

전하의 천지와 같은 사랑과 일월 같은 밝음으로는, 미천한 신이 고통스럽게 호소하지 않더라도 진실로 장차 통촉하시어 생성(生成)시켜 주실 것입니다. 삼가 바라건대 신의 가련한 형편을 굽어 살피시어 은택을 곡진히 베푸시어 신이 겸하여 띠고 있는 모든 직임을 긴요한지 한만한지를 막론하고 모두 체차하여 공사 간에 실패가 없도록 하시고 사적인 소원을 이룰 수 있도록 해주소서.

따라와 드디어 배 위로 뛰어올라 곧 숨을 거두었는데, 그 원숭이의 배를 갈라 보니 창자가 마디마디 끊어져 있었다고 한다. 《世說新語 黜免》

## 대전의 천연두가 회복된 뒤에 상전을 사양하는 차자[122]
大殿痘候平復後 辭賞典箚

삼가 아룁니다. 하늘이 우리나라를 돌아보시어 복록이 한창 새로운데, 신령께서 밝게 오르내리시며 묵묵히 위에서 보우하사 우리 성상의 두후(痘候 천연두)가 빨리 회복되셨으니, 태평 만세가 지금부터 시작될 것이기에 간절히 경하드리는 정성은 남보다 백배나 됩니다.

이런 즈음에 상전(賞典)을 내린다는 전교를 삼가 받은 사람 중에 신 또한 말석에서 숙직하는 데 참여했다 하여 안마(鞍馬)와 표피(豹皮)를 하사하신 것이 이미 몹시도 사치스러운데, 음보로 진출하는 은총이 집안사람에게까지 미치고, 전답과 노비를 내려 영원히 전하게 하니, 이는 실로 우리 성상께서 가까이로는 임술년의 사례[123]를 근거하고 멀

122 대전의……차자 : 풍고의 나이 41세 때인 1805년(순조5) 3월 7일에 영돈녕부사로서 포상을 사양하고자 올린 차자(箚子)이다. 이보다 앞서 2월 15일경에 순조에게 마마 증세가 발병하여 10여 일 후에 쾌차하였는데, 2월 28일에 당시 진료에 수고한 신료들에 대한 포상이 이루어졌다. 풍고는 별입직(別入直)으로 수고한 공로로 내구마 1필을 면급(面給)하고, 자서제질(子壻弟姪) 중에 1인을 초사(初仕)에 제수하며, 표피(豹皮) 1벌, 전(田) 50결, 노비 각 3구를 하사받았다. 이 차자에 대해 순조는 "경은 안심하고 받으라.〔卿其安心領受.〕"라는 비답을 내리고 사관을 보내 전유케 하였다. 《承政院日記 純祖 5年 2月 28日, 3月 7日》

123 임술년의 사례 : 임술년은 1802년(순조2)으로 이해 10월 말경부터 대궐에 홍역이 생겨 대전과 중궁전이 감염되었다가 11월 8일쯤에는 평상시처럼 회복되었는데, 11월 12일에 대왕대비의 전교로 치료에 공을 세운 신하들을 포상한 것을 가리킨다. 앞의 〈대전과 곤전의 환후가 회복된 후에 상전을 사양하는 차자〔大殿坤殿疹候平復後 辭賞典箚〕〉 참조.

리로는 계해년의 고사[124]를 따름으로써 비로소 이런 조치가 있게 된 것입니다. 그러나 명을 듣고서 주저하며 몹시 황공함을 가눌 길 없었습니다.

신은 자취가 왕실의 인척에 들어 책임이 성상을 보호하는 데 있으니, 침전을 출입하며 주선하고 시봉하는 것은 바로 본분입니다. 그리고 약원(藥院)의 여러 신하처럼 약을 맛보고 증세를 진찰하는 일도 없으니, 우리나라 4백 년 만에 다시 생긴 큰 경사를 만나서 성상을 가까이서 모시고 직접 눈으로 바라본 것만으로도 이미 몹시 영광스럽고 다행인데, 더구나 다시 감히 경사스러운 때를 인연으로 명분 없는 상상(上賞)을 함께 받겠습니까.[125]

이에 짧은 차자를 올려 미천한 충심을 진달하오니, 삼가 바라건대 명철하신 성상께서는 굽어 살펴주시어 속히 명을 내려 신이 받은 상전을 도로 거두어서 미천한 분수를 편안케 해주신다면 몹시 다행일 것입니다.

**124** 계해년의 고사 : 계해년은 1743년(영조19) 1월에 왕세자의 진환(疹患)이 완쾌되자, 약원(藥院)에서 수고한 신료들에게 영조가 내구마(內廐馬)와 표피(豹皮)를 하사한 것을 가리킨다. 《承政院日記 英祖 19年 1月 11日 領議政 金在魯의 箚子》

**125** 명분……받겠습니까 : 이때 풍고가 받은 포상은 시약청(侍藥廳) 도제조 우의정 이경일(李敬一)이 받은 포상에 버금가는 은전이었다.

## 훈련대장을 사직하는 소[126]

辭訓鍊大將疏

삼가 아룁니다. 신은 왕실의 인척에 끼어 일월(日月)의 남은 빛에 힘입어 원융(元戎 훈련대장)에 올라 군무를 다스린 지가 어느덧 벌써 8년이 되었습니다. 일을 그르치지 않을까 하는 두려움이 날이 갈수록 심해지고 질병의 고통은 해가 갈수록 더해져, 원하는 바는 오로지 짐을 벗는 데 있고 꿈꾸는 것은 늘 한가로이 정양하는 데 맺혀 있습니다. 삼가 생각건대 전하께서 한가로이 거처하실 때에 필시 미간만 살피고도 환히 실정을 아시겠지만, 그 화급하고 절박한 실상은 신이 스스로 진달하지 않으면 전하께서 또한 어떻게 다 살피실 수 있겠습니까.

군대는 나라의 중대한 일입니다. 천 일을 양성하여 쓰는 것은 하루아침에 있으니, 적임이 아닌 자를 임명하면 반드시 재앙이 있습니다. 우리나라는 좁고 약하여 군대의 제도가 소략하고 단출하니, 서울이나 지방에 관계됨이 중하고 평시든 위급시든 의지하는 것이 오직 이 일만

**126** 훈련대장을 사직하는 소 : 풍고의 나이 45세 때인 1809년(순조9) 4월 5일에 훈련대장의 사직을 청하며 올린 소이다. 훈련대장은 조선 후기 중앙 군영인 훈련도감의 우두머리로 종2품 무관직이다. 중앙 군영 가운데 군사력이 가장 정예한 군대였으므로 훈련대장은 18세기 이후 무장(武將)의 인사에 큰 영향력을 행사한 무관직 중에 가장 중요한 직책이었다. 풍고는 1802년(순조2) 10월 11일에 훈련대장에 임명되어 이때까지 8년여 동안 연임하고 있었다. 이 소에 대해 순조는 "원융은 막중한 임무이므로 가벼이 해직시킬 수 없다. 경은 사직하지 말고 공무를 행하라.〔元戎重任, 不可輕解, 卿其勿辭行公.〕"라고 하고서 사관을 보내 비답을 전유케 하였다.《承政院日記 純祖 9年 4月 5日》

명도 되지 않는 일개 훈국(訓局)[127]뿐입니다. 그러나 태평시절이 오래 되니 문관들은 안일하고 무관들은 태평하여 관리와 군사는 날로 변하여 기율이 해이해졌고, 훈련이란 한갓 이름뿐이라 군대가 문란해졌으며, 재정은 평소에도 곤궁한데다 경상비용은 불어났습니다. 가령 지혜롭고 유능한 장수가 검할(鈐轄 병마를 통솔함)의 책무를 다하여 거듭 개선하여 정비하더라도, 혹 하루아침의 쓰임에 당해서는 성공과 실패를 미리 점칠 수 없을 것이니, 다만 백면서생으로 하여금 오래도록 병권을 전담하게 하고서 근심할 일이 없다고 말한다면 어찌 가당키나 하겠습니까.

신이 명을 받은 이후로 힘을 다하여 충심을 바쳐서 전하께서 맡겨주신 높은 뜻을 저버리지 말자고 생각하지 않은 적이 없으나, 타고난 본성이 용렬하고 재주가 또 결핍되었습니다. 호령을 낼라 치면 성벽과 보루의 모습을 일신하지 못하여 날로 나빠지던 자들은 게으름에 더욱 익숙해지고, 군대를 정비할라 치면 정예병을 항상 선발하지 못하여 한갓 이름만 있던 훈련이 더욱 장난에 가까워지며, 재정을 관리할라 치면 새는 구멍을 아주 막지 못해 평소 곤궁하던 것이 더욱 고갈되는 데로 나아갔습니다.

이와 같이 하고도 8년 동안 나라에 다른 변고가 없었던 것은 신에게만 요행일 뿐 아니라 바로 전하의 신령한 위엄이 보살피신 것입니다. 사람은 참으로 자신을 알기 어렵지만 지금 신이 스스로를 아는 것이

127 훈국(訓局) : 훈련도감(訓練都監)을 가리킨다. 임진왜란 후에 설치되어 궁성과 서울의 방위를 맡았으며, 포수(砲手)·사수(射手)·살수(殺手)의 삼수병(三手兵)으로 구성해 전문기술을 갖춘 특수부대로 편성되었다.

오히려 이와 같으니, 저 삼군(三軍)의 실망과 온 세상이 한심해하는 것이 응당 어떠하겠습니까.

신이 직무를 살피지 않은 지 오래입니다. 그러나 만약 아직 다 무너지지 않은 날에 사람을 가려서 대신케 하면 그나마 수습하고 보강할 여지가 있겠지만, 만약 이대로 눌러 앉혀둔다면 이미 무너진 것은 다시 여지가 없을 것이고 아직 어지럽지 않은 것도 장차 어수선해져, 그 형세가 반드시 훈국(訓局)이 없어진 뒤에야 그칠 것이니, 생각이 여기에 미침에 어찌 두렵지 않겠습니까.

그리고 신의 허약한 체질이 근심이 쌓이다보니 근래 머리가 빠지고 이가 흔들려서 쇠약해지는 현상이 날로 더해갑니다. 가장 심한 것은 담습(痰濕)이 둥지를 틀어 흉격이 막히고, 풍화(風火)가 배출되지 않아 뼈마디가 저리고 부으며, 피가 고갈되어 눈이 침침하고 기가 상승하여 정신이 혼미하니, 소리를 들으면 늘 두려워 놀라고 일에 처하매 앞뒤를 잊어버립니다. 이러한 병의 증세로 어찌 책무를 감당해내겠습니까. 하물며 천도(天道)는 가득참을 미워하고 인사(人事)는 온전하기가 어려우니, 문호(門戶)가 신처럼 성대하고 명위(名位)가 신처럼 현달하면서도 다시 오래도록 누린다는 것은 이치에 반드시 없는 일입니다. 미천한 벌레의 지각으로도 오히려 목숨을 아까워하며, 절름발이와 앉은뱅이의 마음이 어찌 걷고 달리기를 잊었겠습니까. 그러나 사무를 보며 생각을 어지럽히고 분주한 일에 근력을 쓰느라 일체의 치료에 편의를 얻지 못했습니다. 혹시 하루 이틀 사이에 창포와 버들에 먼저 가을이 오면 아침이슬 같은 인생이 유감스러울 것입니다. 전하께서 오래도록 그 은택을 끼쳐주려 하고 신이 기거를 오래도록 모시고자 한들 될 수 있겠습니까.

다행히 천지의 길러주시는 덕에 힘입어서 이렇게 한가로울 때에 중임의 속박을 풀고서 초복(初服 재야)의 한가함을 이루어, 형체의 부림을 쉬고 심신을 거두어 의약에 전념해 질병을 치료한다면, 비록 고황(膏肓)에 든 병을 빨리 제거하여 길이 완건(完健)한 사람이 되지는 못할지라도, 오히려 남은 목숨을 잠시나마 연장하여 태평시대의 교화를 볼 수 있게 될 것입니다. 그렇게 된다면 간절한 소원이 어느 것이 이보다 절실하겠습니까.

이에 감히 여러 차례 신의 생각을 들여서 외람되게 속마음을 토로하오니, 전하께서 신의 청을 허락하신다면 이것은 국가에는 장수가 없다가 장수가 생기고 신은 여생이 없다가 여생이 생기는 것이라, 공사 양편의 아름다움이 한마디에 결단될 것입니다. 삼가 바라건대 명철하신 성상께서는 신의 사직이 허식이 아님을 양찰하시고 신의 실정이 몹시 급박함을 가련히 여기시어, 신이 띠고 있는 훈국의 직임을 즉시 체직하여 길러주는 은택을 마쳐주시기를 간절히 기원합니다.

## 두 번째 소[128]

再疏

삼가 아룁니다. 신이 일전에 간절함을 진달한 것은 이것이 어찌 그만둘 수 있는데 그만두지 않은 것이겠습니까. 그 직책으로 말하자면 오래될수록 더욱 수행하기 어려움을 볼 수 있고, 그 병으로 말하자면 오래될수록 더욱 버텨나가기 어려움을 알 수 있기 때문입니다. 수행할 수 없는데 수행하다보면 반드시 일을 그르치는 데 이르고, 버텨낼 수 없는데 버티다보면 반드시 엎어지는 데 이르는 것은 그것이 필연의 형세임을 밝게 알고 있습니다. 그런데 기대고 의지할 땅이 있고 가리고 덮어주는 하늘이 있는데, 고개를 들고 부르짖어서 답답하고 절박한 심정을 호소하기를 생각지 않는 것은 비록 하우(下愚)라도 필시 그렇게 하지 않을 것입니다. 그렇다면 신이 면직을 바라는 것은 또한 그만둘 수 없고 그만두어서도 안 되는 경우라 하겠습니다.

**128** 두 번째 소 : 풍고의 나이 45세 때인 1809년(순조9) 4월 13일에 훈련대장을 사직하며 다시 올린 소이다. 이에 대해 순조는 "기필코 해임되기를 바란다는 것을 알고 있은 지 오래였다. 그러나 경의 간곡한 처음 상소에 대해 윤허를 아낀 것은 대개 경으로 하여금 원융(元戎)은 갑자기 해임하기 어려운 것이라는 것을 알려서 더욱 생각해보라고 한 것이다. 그런데 상소가 또 이르렀고 사퇴하는 마음이 지극히 간절하니, 내가 어떻게 전의 뜻만을 고집하면서 경의 지극한 소망을 생각하지 않을 수 있겠는가? 사퇴하는 것을 이제 우선 허락하여 주겠다.〔久知其必欲解之卿懇. 初疏之靳許, 蓋欲使卿知元戎之難於遽解而益思者矣. 疏又至而所辭至切, 予何可徒執前志, 不念卿之至望乎? 所辭今姑許副.〕"라고 비답을 내리고서 사관을 보내 전유케 하였다. 《承政院日記 純祖 9年 4月 13日》

성상의 비답을 받들어보니 “원융은 중임이라 가벼이 해임할 수 없다.”라는 하교였습니다. 신은 손을 모으고 기다리던 나머지 화들짝 놀라 어찌할 바를 몰랐고 갈수록 몸둘 바를 몰랐습니다. 그러나 감히 이로 인해서 낙담하지도 못하고, 또한 감히 이로 인해 다시 아뢰지 않을 수도 없으니, 바라건대 명철하신 성상께서 조금만 살펴주시기 바랍니다.

원융 같은 중임을 가벼이 체직할 수 없음은 신이 비록 우매하오나 또한 어찌 모르겠습니까. 그런데도 신이 반드시 체직을 구하고자 하는 까닭은 바로 그것이 중임이기 때문입니다. 만약 한만한 관서와 직책이어서 국가의 큰 이해에 관계되지 않은 자리라면, 재주가 없이 종신토록 차지하더라도 할 말이 있고, 질병이 있는 몸으로 오래도록 자리를 비워두더라도 크게 근심할 것이 못 됩니다. 오직 이 원융이란 직임만은 국가의 휴구(休咎)와 안위(安危)가 달린 자리이니, 옛날에 이른바 태위(太尉)와 승상(丞相) 등의 자리가 거의 가까울 것입니다. 신이 직임을 맡은 지 8년 동안 줄곧 직무를 수행하지 않았으니, 병이 없는 날이라 할지라도 늘 비어 있는 자리와 다름없어서, 군영에는 장수가 없고 원융이란 이름만 남은 지 이미 오래입니다. 하물며 근년 이래로 아침의 기력이 이미 무기력하고 묵은 병이 더욱 고질이 되어, 평범한 사무를 처리하고 모든 문서를 기한에 맞추는 일이 대부분 황폐하게 되어, 하루 이틀 사이에 장차 수습할 수 없는 지경에 이를 것입니다. 이렇게 병으로 자리를 비워두는 실정에다 재주 없는 평소의 자질을 더했으니, 훈국의 일이 어찌 참으로 위태롭지 않겠습니까.

전하께서는 생각해보십시오. 신이 맡은 8년 사이에 가문을 빛내고 녹봉을 축낸 것을 제외하고, 장교와 군졸들을 부려서 과연 융정(戎政)

을 바로잡은 일이 무엇이 있었으며, 군대의 위엄을 널리 편 일이 무엇이 있었습니까.

장수 된 자가 예부터 지금까지 반드시 사람마다 어진 것은 아니었으나, 그래도 각기 재주와 능력을 하나씩은 가져서 사람들에게 칭송을 받았습니다. 그리고 임금의 알아줌을 받은 자들은 예부터 지금까지 대체로 신처럼 지극히 노둔한 겁쟁이에다 지극히 형편없는 것으로 신과 비교할 자가 없었습니다. 전하께서 무엇을 아까워하여 떠나려는 청을 들어주시지 않는지 알지 못하겠습니다.

아! 신이 우러러 전하의 은택을 의지하고 전하께서 미천한 신을 친하게 대해주시는 것은 절로 외정(外廷)의 관리들과 다르니, 가령 신이 용렬하면서 자리에 연연하여 병권을 내려놓을 생각이 없더라도, 전하의 사람을 성취시키는 덕과 실상을 파악하시는 정사에, 시험한 지 오래인데도 공효가 없고 병이 위중하여 직무에 방해됨을 이미 아셨을 것이니, 진실로 애처롭게 여기며 타일러서 그가 스스로 물러나도록 함이 마땅합니다. 지금은 그렇지 않아서 신이 괴로이 실정을 진달하는데 하늘은 도리어 듣지 않고 모른 체하니, 실로 어리석은 신이 감히 짐작할 수 있는 바가 아닙니다.

신이 비지(批旨)를 받든 이후로 숨 쉬고 밥 먹기가 편치 못하여 백방으로 생각해보아도, 국가를 위한 계책과 신을 위한 계책으로 끝내 한번 체직되는 것보다 좋은 것이 없었기 때문에 감히 졸렬하고 어눌한 말로 거듭 성상을 번거롭게 하는 죄를 범하오니, 삼가 바라건대 명철하신 성상께서는 속히 자애롭게 양찰해주시어 즉시 명을 내려 체직시켜주소서.

## 각권을 마친 뒤에 죄를 청하는 소[129]

閣圈後請罪疏

삼가 아룁니다. 신이 방금 이조 판서 박종경(朴宗慶)[130]의 소를 삼가 보니, 그 조카 박주수(朴周壽)[131]가 직각(直閣)에 권점을 받은 것 때

129 각권(閣圈)을……소 : 풍고의 나이 46세 때인 1810년(순조10) 4월 13일 이후 며칠 사이에 처벌을 청하며 올린 소이다. 각권이란 규장각의 벼슬아치를 뽑을 때, 제학(提學) 이하 여러 사람이 각각 뽑고자 하는 사람의 성명 아래에 권점(圈點)을 찍어 그 점수의 많고 적음에 따라 인재를 선발하는 일을 가리킨다. 앞서 4월 11일에 규장각 권점을 행하여 박주수(朴周壽)·조봉진(曹鳳振)·서준보(徐俊輔)가 모두 4점을 맞았는데, 순조는 3년 전에 작고한 박종보(朴宗輔, 1760~1807)가 모친 수빈(綏嬪) 박씨(朴氏)의 오빠라는 이유로 박종보의 아들 박주수를 특별히 낙점하였다. 그러자 박종보의 동생 박종경(朴宗慶, 1765~1817)이 소를 올려 형이 유언으로 박주수가 내각(內閣)의 직함을 절대 받지 못하게 하였다는 이유를 들어 극구 박주수의 진출을 반대하였다. 이에 풍고는 자신도 각권에 참석하면서 이를 자세히 살피지 않아 박종경이 소를 올리는 지경에까지 이르게 만들었으므로 죄를 받아 마땅하다고 이 소를 올렸다.《純祖實錄 10年 4月 11日》《承政院日記 純祖 10年 4月 13日 朴宗慶疏》이 소는《승정원일기》나《순조실록》에 모두 실려 있지 않다.

130 박종경(朴宗慶) : 1765~1817. 본관은 반남(潘南), 자는 여회(汝會), 호는 돈암(敦巖)이다. 아버지는 판돈녕부사 박준원(朴準源)이며, 어머니는 증 이조 참판 원경유(元景游)의 딸이다. 누이는 순조의 생모인 수빈 박씨이다. 1790년(정조14) 진사시에 합격, 음보로 진출하여 내외직을 두루 역임하였다. 순조가 즉위한 후에 정순왕후가 수렴청정을 하면서 높이 기용되어 벼슬이 판서에 이르렀다.

131 박주수(朴周壽) : 1787~1836. 본관은 반남(潘南), 자는 군여(君與)이다. 아버지는 박종보(朴宗輔)이고, 어머니는 달성 서씨 서광수(徐廣修)의 딸이다. 고모가 순조의 생모 수빈 박씨이다. 1807년(순조7) 문과에 급제, 규장각 직각·세자시강원 사서·승지 등을 지내며 국왕을 측근에서 보필하였다. 정순왕후의 총애를 받아 내직을 두루

문에 몹시 불안해하였고 심지어 작고한 망형(亡兄) 중신(重臣)이 평소에 한 말[132]을 되뇌면서 "인정으로 헤아려보면 거의 어긋나지 않는다.〔揆以人情 庶不相遠.〕"라고도 하고, "신이 불초함으로 공의(公議)의 양해를 얻지 못하였다.〔緣臣不肖 未有公議之見諒.〕"라고도 하였습니다. 마지막엔 또 "형을 저버려 어질지 못하다.〔遺兄不仁.〕"라는 말로 인혐하였으니, 중신의 겸양하고 두려워하는 마음과 슬프고 애절한 간청은 사람으로 하여금 감탄케 하였습니다.

그러나 이번 일이 이런 갈등을 초래한 것은 바로 신의 죄이니, 신이 이에 대해 또한 어찌 편안히 있을 수 있겠습니까. 그날 각권(閣圈)을 행하란 명이 내려온 후에 신 검교제학 신 이만수(李晩秀), 검교직각 신 홍석주(洪奭周)・신 이익로(李魯益)와 먼저 규장각에 들어갔고, 중신 박종경이 느지막이 회중에 참석하였습니다. 신이 그 까닭을 물었더니 중신이 "병이 나서 약을 먹느라 좀 늦었습니다."라고 대답을 하였습니다. 중신이 곧 또 묻기를 "직각대교에 누가 적당하겠습니까?"라고 하기에 신 등이 "우리의 논의로는 아무 아무에게 있습니다.……"라고 대답하니, 중신이 신에게 말하기를 "내 조카는 작고한 형님이 나에게 남긴 유언이 있으므로 회권에 들여선 안 되오."라고 하였습니다. 신이 대답하기를 "존백씨(尊伯氏)께서 유언이 있었더라도 이것은 인가(人

역임하여 벼슬이 판서에 이르렀다.

**132** 작고한……말 : 작고한 형 중신은 박종보를 가리킨다. 박종보는 임종 시에 동생 박종경에게 아들 박주수가 관직에 높이 오르지 못하게 당부했는데, 그 이유는 바로 박주수가 과거에 합격한 것과 한림(翰林)이 된 것만 해도 이미 분수에 넘치는 일인데, 내각에까지 진출하는 것은 차마 하지 못할 짓이라고 하여, 왕실의 인연으로 관직을 덥석 받는 것을 몹시 경계하였다.《承政院日記 純祖 10年 4月 13日 朴宗慶疏》

家)의 부형자제들이 서로 주고받는 말입니다. 오늘날의 권좌(圈坐)로 말하자면 바로 공가(公家)의 일입니다. 공사의 구분이 각기 현격하니, 이미 회권을 마친 뒤에 그 거취는 감히 알 바 아니지만, 우리가 이미 의논하여 결정하였다면 가벼이 고칠 수 없습니다.……"라고 하자, 중신이 또 "나도 사리가 이와 같음을 모르는 것은 아니지만, 또한 끝내 좌시하고 있을 수도 없소."라고 하였습니다. 반나절을 실랑이해도 들어주려 하지 않으니, 이만수가 신에게 "우리가 비록 의논하여 결정했다 해도 총재(冢宰)[133]의 말이 저처럼 간절하신데, 우리가 뜻을 굽혀 미담을 이루어주느니만 못할 듯하오."라고 하였습니다. 신은 "그렇지 않습니다. 가령 작고한 중신이 살아 계셨더라도 우리는 본래 중신이 좋다고 했다 하여 허락하고 안 된다고 했다 하여 거절할 수는 없습니다. 총재의 마음이 비록 아름답지 않은 것은 아니지만, 우리가 의견을 고집하는 데에도 근거가 있습니다.……"라고 하니, 중신은 신이 고집을 꺾지 않는 것을 보고, 결국에 "내가 이미 들어와 아패(牙牌)를 받았지만, 이런 병의 상태로는 억지로 버티기 어려우니 먼저 퇴청하여 돌아가려 합니다."라고 하고는 곧 몸을 일으켜 떠났습니다. 이것은 회권자리에 참여하고 싶어 하지 않은 뜻이 병에 있지 않고, 실제로는 그 말이 통하지 않은 데 있었던 듯합니다. 그러나 떠나간 이유를 동료들의 논의가 합치되지 않는다는 것을 들지 않고, 그저 '병의 증세가 억지로 버티기 어렵다'는 이유를 들었으니, 곧장 돌아간 것이나 회권자리에 앉은 것이나 양편에 방해될 것은 없기에 더 만류하지 않았습니다. 만약 가령 그가

133 총재(冢宰) : 이조 판서를 달리 이르는 말로, 박종경은 1810년(순조10) 3월 21일에 병으로 체차된 이조 판서 조상진(趙尙鎭)을 대신하여 이조 판서에 대임된 상태였다.

떠나갈 때 질병을 이유로 들지 않고 의견의 불합치를 이유로 들었다면 신 등이 어찌 그대로 회권자리에 앉아서 태연히 회권을 행했겠습니까. 지금 중신의 소가 나오니, 그날 신 등이 그대로 회권을 행한 것은 실로 성급하고 전도됨을 면치 못한 것이지만, 또한 소의 말이 여기에 이를 줄은 짐작하지 못했습니다.

아! 성인께서 노인을 노인으로 존중하고 어른을 어른으로 대접하여 본성을 극진히 하고 인륜을 극진히 하는 것은 바로 '혈구(絜矩)'[134] 두 글자를 벗어나지 않습니다. 천하의 인정이란 서로 차이가 심하지 않으므로 혈구지도(絜矩之道)가 행해질 수가 있습니다. 그런데 지금 신은 지식이 어둡고 의리를 강구함이 없어서 혈구의 의의를 동료 사이에까지 미루어 행하지 못했을 뿐만 아니라, 장차 중신의 숙질(叔姪)을 불의한 데 빠뜨린다면 두렵고 가슴이 떨리지 않겠습니까.

사람과 사람은 닮았으므로 인정 또한 서로 다르지 않은데, 중신의 소로써 보건대 신은 지금 인정과 매우 멉니다. 비록 그가 지극히 충후하여 언외의 뜻을 은미하게 보였지만, 신의 마음에 어찌 속으로 부끄러워 죽고 싶은 심정이 없겠습니까. 《시경》에 이르기를 "얼굴이 두껍다.〔顏之厚矣.〕"[135]라고 하였으니, 아마도 신을 두고 이른 말입니다.

**134** 혈구(絜矩) : 자신의 마음을 미루어 남의 마음을 헤아리는 혈구지도(絜矩之道)를 가리킨다. 《대학장구》 전10장에 "윗사람에게서 싫어했던 것으로써 아랫사람을 부리지 말며, 아랫사람에게서 싫어했던 것으로써 윗사람을 섬기지 말며……오른쪽에게서 싫어했던 것으로써 왼쪽을 사귀지 말며, 왼쪽에게서 싫어했던 것으로써 오른쪽을 사귀지 말 것이니, 이것을 일러 혈구의 도리라고 한다.〔所惡於上, 毋以使下, 所惡於下, 毋以事上.……所惡於右, 毋以交於左, 所惡於左, 毋以交於右, 此之謂絜矩之道.〕"라고 하였다.

**135** 얼굴이 두껍다 : 《시경》 〈교언(巧言)〉에 "생황의 혀 같은 공교로운 말은, 낯짝이

지난번에 신이 일찌감치 뜻을 굽혀 미담을 이루어주자는 의견을 따랐더라면 어찌 이런 일이 있겠습니까, 어찌 이런 일이 있겠습니까. 첫째도 신의 잘못이고, 둘째도 신의 잘못이니, 부끄럽고 후회하는 마음 지극하여 몸 둘 곳이 없으므로 대략 사실을 엮어 노장(露章)[136]하여 스스로의 죄를 나열하오니, 삼가 바라건대 신이 일을 그르쳐 성상을 번거롭게 한 죄를 다스려 미천한 분수를 편안케 해주신다면 몹시 다행이겠습니다.

두껍기 때문이라네.〔巧言如簧, 顔之厚矣.〕"라고 한 데서 온 말로, 소인(小人)들의 교묘한 참언(讒言)을 비유한 말이다.

**136** 노장(露章) : 상소문을 여럿이 보도록 봉하지 않고 올리는 것을 가리킨다.

## 유선과 요속을 차출할 때 함께 의논하여 천거하라는 명을 사양하는 차자[137]

辭諭善僚屬差出時 同議以薦箚

삼가 아룁니다. 신이 어젯저녁에 뜻밖에도 사관(史官)이 와서 성상의 비지를 전하였는데, '보양관(輔養官)과 유선(諭善)을 어느 곳에 두어야 하는가.'[138]라는 것으로 하문하셨습니다. 하문하심이 문득 신의 몸에까지 이른 것은 크게 격식을 벗어난 은택입니다.

그러나 널리 자문을 구하심은 천근한 말까지 살피는 성상의 덕에 해가 되지 않으나, 미천한 소견으로 대답을 올리는 것은 혹 참람한 데로 귀결되지 않겠습니까. 한밤중에 이르러 또 "유선과 요속[139]을 차출

**137** 유선(諭善)과……차자 : 풍고의 나이 47세 때인 1811년(순조11) 윤3월 13일에 영돈녕부사로서 원자궁의 관원을 차출해 올리라는 명을 거행할 수 없다며 올린 차자이다. 이에 대해 순조는 "어제 두루 물은 뜻은 묘천(廟薦)이나 전망(銓望)으로 하는 다른 관직과는 다르기 때문에 하교를 내리게 된 것이다. 경이 어찌 생각하지 않고 차자를 내는 데 이르렀는가. 경은 사양치 말고 안심하고 함께 천거하라.〔昨日詢問之意, 與他官爵之廟薦銓望者有異, 故有致敎矣. 卿何不思至於箚辭乎? 卿其勿辭, 安心同薦.〕"라고 하고서 사관을 보내 전유케 하였다. 묘천(廟薦)은 의정부의 추천을 가리키고, 전망(銓望)은 인사권자의 추천을 가리킨다.

**138** 보양관(輔養官)과……하는가 : 순조의 이 말은 효명세자(孝明世子, 1809~1830)가 태어나서 3세가 되어 이의 교육을 위한 관원을 세손시강원(世孫侍講院)과 보양청(輔養廳) 어디에다 두어야 하는지 물은 것이다. 보양관은 조선 시대 세자나 세손의 교육을 담당한 보양청의 관직이고, 유선은 조선 시대에 세손강서원에 딸린 벼슬로 좌・우 각 한 사람씩 두었다.

**139** 요속(僚屬) : 세손강서원이나 세자시강원에 소속된 관리들을 통칭하는 말이다.

하라."는 전교를 보았는데, 시・원임 대신, 이조 판서 및 미천한 신이 상의하여 천거하라는 명이 있었습니다.[140]

이 조치는 옛날 삼대(三代)의 태평시절에 일찍부터 교유(敎諭)를 하던 남은 법이고, 우리 선왕께서 우리 성상을 훈도하시던 큰 계책이며 훌륭한 제도입니다. 전성(前聖)과 후성(後聖)의 심법(心法)이 전해지니 아! 성대합니다. 흠송하고 기뻐하기에 겨를이 없었지만, 오직 신이 입은 격식을 넘는 은혜를 받은 것은 또 자문하시는 것과 비교되지 않으니, 신은 적이 의혹이 있습니다.

현자를 진출시키는 것은 대신의 책무이고 인재를 등용하는 것은 전관(銓官)의 직분이니, 임명하고 천거하는 것이 본래 마땅한 것이고, 받들어 행하는 것은 바로 본분입니다. 신과 같은 자는 행적으로 보면 조정의 군더더기이고, 관직으로 보면 은택을 미루어준 나머지입니다. 위아래를 보아도 미치지 못하고 좌우를 보아도 마땅함이 없는데, 어찌 감히 본래부터 잘못된 은택을 믿고서 가부(可否)에 대해 입을 놀려 현자를 진출시키고 인재를 등용하는 사람과 똑같이 하겠습니까.

그 지위에 있지 않고는 그 정사를 논해서는 안 되니,[141] 정사에 함부로 참여하고 관직을 침범하는 것은 죄 중에 어느 것이 이보다 크겠습니까. 부르기를 피관(皮冠)으로 하지 않자 우인(虞人)이 이르지 않은 것에 대해 성인께서 허여하셨으니,[142] 신이 이 의리에 대해 일찍이 얼추

**140** 한밤중에……있었습니다. 1811년(순조11) 윤3월 12일 기사에 "원자궁(元子宮)의 유선(諭善) 2인, 요속(僚屬) 2인을 시・원임 대신 및 영돈녕, 이조 판서가 상의하여 묘당에서 천망하여 들이라."라고 한 것을 가리킨다.

**141** 그……되니 : 《논어》 〈태백(泰伯)〉에 "그 지위에 있지 않고서는 그 정사를 꾀하지 않는 것이다.〔不在其位, 不謀其政.〕"라고 하였다.

들은 바가 있습니다. 명이 내려온 상황이라 두려워 어찌할 바를 몰라 채, 대략 문자를 갖추어 감히 미천한 진심을 진달하오니, 삼가 바라건대 속히 신에게서 상의하여 천거하라는 명을 거두시어 졸렬한 분수를 편안케 하시고, 나라의 체모가 가벼워지지 않도록 하신다면 몹시 다행이겠습니다.

**142** 부르기를……허여하셨으니 : 《맹자》 〈등문공 하(滕文公下)〉에 나오는 구절이다. 우인(虞人)은 동산을 지키는 관리이다. 고대에는 대부를 부를 때는 정(旌)이란 깃발을 사용하고, 우인을 부를 때는 가죽 모자인 피관(皮冠)을 사용하는 것이 예법이었다. 제 경공(齊景公)이 사냥할 적에 우인을 정으로 불렀는데 오지 않은 일에 대해 공자가 그 우인의 절조를 칭찬한 일이 있다.

## 절자건을 만들어 올리라는 명을 거두기를 청하는 소[143]

乞寢折字巾造進疏

삼가 아룁니다. 신 등이 상의원 제조의 직임을 맡고 있는데, 일전에 원리(院吏 상의원 소속 관원)가 와서 중관(中官 내시)이 받들어 편 성상의 교지를 전하였는데, 본원으로 하여금 익선관을 만들어 올리도록 하는 것이었습니다. 엊그제 저녁에 원리가 또 전해주었는데, 중관이 또 성상께서 교지를 내려 새로 만드는 관(冠)은 평소의 제도를 따르지 말고 그 모양을 조금 바꾸고 장식줄을 더하도록 하였다는 것이었습니다. 이에 신 등은 그 전해주는 말이 혹 살못되었을 것이라고 속으로 의심하고, 오히려 관이라면 바로 익선관일 것이라 생각하였습니다.

어제저녁에 원리가 만들기를 마치고, 신 조순(祖淳)으로 하여금 진상단자(進上單子)에 서명하도록 하였는데, 단자를 가져다 보니 익선관

**143** 절자건(折字巾)을……소 : 1811년(순조11) 윤3월 25일에 풍고와 심상규(沈象奎)가 상의원 제조로서 연명하여 올려 절자건을 만들라는 명이 옳지 않음을 간언한 소이다. 이 소에 대해 순조는 "소를 보고 경의 간절함과 차당(次堂)의 뜻을 잘 알았다. 진달한 바가 몹시 절실하므로 깊이 더 명심하며 간직하겠다. 절자건으로 새로 만든 것은 지금 막 되돌려주었으니, 경들은 더욱 이 마음을 미루어 담당한 임무를 다하는 것이 내가 바라는 바이다.〔省疏具悉卿懇與次堂之意. 所陳極其切實, 深加銘服, 折字冠新製者, 今方還給, 卿等益推此心, 以盡當任, 予所望也.〕"라고 하고서 사관을 보내 비답을 전유케 하였다. 차당(次堂)은 각 관아의 도제조 다음 자리를 말하는데, 풍고와 호조판서 심상규(沈象奎)가 함께 상의원 제조를 맡고 있었으므로 심상규를 가리킨다.《承政院日記 純祖 1年 閏3月 25日》

이라 적혀 있지 않고 절자건(折字巾)으로 적혀 있었습니다. 그러므로 신 등이 비로소 놀라 당황하여 그 곡절을 물어보니, 원리가 대답하기를 "중관이 하교를 받들고 와서 이런 이름으로 써서 올리는 것이 마땅하다.……라고 말했습니다."라고 하기에, 신 등이 이 말을 듣고서 놀랍고 답답한 마음을 가눌 길 없었습니다.

의관(衣冠)은 사람의 몸에서 관계된 바가 더없이 큰데, 관(冠)은 더욱 무거운 의미가 있습니다. 그러므로 사대부는 관례를 행하면 조정에 고하고, 천자는 관례를 행하면 간책(簡策)에 쓰고 명명하기를 '원복(元服 관)'이라고 하니, 원(元)은 위에 있다는 뜻이고 크다는 뜻입니다. 사물 중에 위에 있고 큰 것은 하늘뿐입니다. 머리가 온몸을 비호하는 것이 천지가 만물을 덮어주는 것과 같기 때문에 왕자(王者)가 엄히 여기는 것으로 원복보다 더한 것이 없습니다. 오제삼왕(五帝三王)으로부터 아래로 명(明)나라에 이르기까지 또 우리나라 역대로부터 조선에 이르기까지, 비록 숭상한 것이 각각 다르고 풍속이 같지 않아서 계승하거나 개혁한 것이 그 제도가 똑같지 않았지만, 요컨대 한 시대의 복식에는 모두 일정한 법식이 있어 감히 가벼이 변개하지 않았습니다.

비록 더 이상 어찌할 수 없어서 변개하는 데에 이르렀더라도 당시의 군신 상하가 두루 묻고 널리 상고하여, 먼저 그 제도를 결정하고 신민(臣民)에게 알린 이후에야 사용하였으니, 혹시라도 오늘의 조치처럼 까닭 없이 순식간에 제도를 변경하는 일은 없었습니다.

전(傳)에 이르기를, "선왕의 예법에 맞는 말이 아니면 말하지 않고, 선왕의 예법에 맞는 옷이 아니면 입지 않는다.〔非先王之法言不言 非先王之法服不服.〕"라고 하였습니다.[144] 신 등은 이른바 절자건이란 것이 어떤 모양인지 모를 뿐만 아니라, 또한 그것이 어디에 근거하여 나온 것인지도 더 이상 알지 못하니, 신 등이 참으로 보잘것없고 송구스럽습니다. 그러나 《국조오례의(國朝五禮儀)》에도 보이지 않으며, 본원(本院)의 《수교정례(受教定例)》에도 기재되어 있지 않습니다. 가령 이것이 아무 시대 제왕이 혹시라도 썼던 예컨대 죽피관(竹皮冠)이나 적책건(赤幘巾) 같은 종류라면, 그것이 우리 열성조께서 일찍이 착용했던 것이 아니라는 것을 분명히 알 수 있습니다. 우리 열성조께서 일찍이 착용하신 것이 아니라면 이른바 선왕의 법복(法服)이 아니니, 전하께서는 또한 여기에서 무엇을 취하신 것입니까.

설령 정해진 떳떳한 제도가 성상의 마음에 맞지 않더라도 그것의 유래를 돌아보면 중하고도 멀다 하겠으니, 갑자기 변개하는 바가 있어선 안 되는 것입니다. 혹 끝내 그만둘 수 없다 하더라도 또한 예를 관장하는 신하를 불러서 의논하여 보고하게 하고, 신 등에게 봉행하도록 명하셨다면, 사체(事體)가 엄숙할 뿐만 아니라 명령이 찬란함을 볼 수 있었을 것입니다. 지금은 그렇지 않아서 예관(禮官)에게 묻지 않고 신 등에게 명하지 않고서, 다만 한두 내수(內竪 내시)로 하여금 상의원의 관리를 독촉하여 만들게 하니, 사체가 구차한 데 귀결되고 명령이 감추고 꺼리는 데 혐의가 있게 되니, 어찌 심히 애석해할 만한 일이 아니겠습니까.

대체로 본원에서 거행하는 일이 비록 내부(內府)[145]와 같으나, 실제

**144** 전(傳)에……하였습니다 : 《효경(孝經)》 〈경대부장(卿大夫章)〉에 "선왕의 예법에 맞는 옷이 아니면 감히 입지 않으며, 선왕의 예법에 맞는 말이 아니면 감히 말하지 않으며, 선왕의 덕에 맞는 행실이 아니면 감히 행하지 않는다.〔非先王之法服, 不敢服, 非先王之法言, 不敢道, 非先王之德行, 不敢行.〕"라고 한 구절을 가리킨다.

**145** 내부(內府) : 궐내에 설치된 창고로 임금의 사물(私物)을 수장(收藏)하는 창고

로는 궁중(宮中)과 부중(府中)이 일체라는 의미이지 애초에 임금의 사사로운 창고는 아닙니다. 그러므로 진헌(進獻)하는 규식은 상례(常例)에 들어 있으면 비록 아무리 작은 물건이라도 반드시 단자(單子)를 갖추고, 상례에 들어 있지 않으면 비록 아무리 귀한 물건이라도 단자를 갖춘 적은 없습니다. 비록 모두 궁중으로 들이는 것이라고는 하지만 단자를 갖추고 갖추지 않는 사이에서, 공용(供用 바치는 물건)이 상례에 맞느냐 아니냐에 대해 저절로 그 은미한 뜻을 알 수 있습니다.

지금 이 새로운 형식의 건(巾)은 만약 한가로이 지내시면서 우연히 한번 보시고자 한 것이라면 단자를 갖추어 올리라고 하기에 합당치 않습니다. 만약 조정에 임하여 마땅히 써야 할 것이라면 신 등이 비록 노둔하고 형편없지만 참으로 감히 지엄한 명에 겁을 먹고서, 우리 전하로 하여금 열성조께서 일찍이 착용하지 않았던 건을 쓰고서 신하들을 대하도록 할 수 없으니, 이것이 신 등이 알지 못하는 바입니다.

《서경》에 이르기를 "무익한 일을 하여 유익한 것을 해쳐선 안 된다.〔不作無益害有益.〕"[146]라고 하였으며, 또 이르기를 "자잘한 행동을 조심하지 않으면 마침내 큰 덕에 누를 끼친다.〔不矜細行 終累大德.〕"[147]라고 하였습니다. 관제(冠制)를 고치거나 고치지 않는 것이 본래 치란안위

이다.

**146** 무익한……된다 : 《서경》 〈여오(旅獒)〉에 "무익한 일을 하여 유익한 일을 해치지 않으면 공이 이에 이루어진다.〔不作無益害有益, 功乃成.〕"라고 하였다.

**147** 자잘한……끼친다 : 《서경》 〈여오(旅獒)〉에 "자그마한 행동이라도 신중히 하지 않으면 큰 덕에 끝내 누를 끼칠 것이니, 이는 마치 아홉 길 산을 만들 적에 한 삼태기의 흙이 부족하기 때문에 그 공이 허물어지는 것과 같다.〔不矜細行, 終累大德, 爲山九仞, 功虧一簣.〕"라고 하였다.

(治亂安危)의 기미와 관련되지 않는다면, 그것을 고치는 것을 무익하다 말해도 옳을 것입니다. 제도(制度)와 의장(儀章)은 조종께서 남기신 전통이니, 비록 작은 것이라도 일없이 고친다면 장차 곤궁(袞躬 임금)께 손상이 갈 것이니, 참으로 작은 행실이라 하여 소홀히 해서는 안 됩니다. 하물며 자잘한 행실이 아님에 있어서겠습니까.

신 등이 간언을 올리는 직책이 아니고 지키는 바가 상의원의 일이므로 진실로 번번이 성상을 번거롭게 하는 일을 일삼아서는 안 되지만, 어리석은 충정에 격발되어 스스로 그만둘 수 없기에, 삼가 종사하는 기예로 간하는[148] 의미를 붙여 미치광이나 소경과 다름없는 말을 진달합니다. 삼가 바라건대 명철하신 성상께서는 깊이 심사숙고하시어 사람으로 인해 말까지 폐하지 마시고, 속히 절자건을 만들어 들이라는 명을 거두시어 성상의 덕을 빛내시고, 이어 신 등이 명을 태만히 하고 말을 함부로 한 죄를 다스려서 신료들을 경계하소서.

**148** 종사하는 기예로 간하는 : 기예를 가진 미천한 공인(工人)이라도 자기가 종사하는 일을 가지고 간할 수 있음을 말한다. 원문의 '집예(執藝)'는 《서경》 〈윤정(胤征)〉에 "관원이나 스승은 서로 규계(規戒)하고, 온갖 장인은 자기가 하는 일을 가지고 간한다.〔官師相規, 工執藝事以諫.〕"라는 구절에서 나온 말이다.

# 풍고집

## 제8권

## 소차 疏箚

# 소차疏箚

## 여러 궁묘에 별제를 지내라는 명을 거두기를 청하는 차자[1]
請寢諸宮廟別祭箚

삼가 아뢥니다. 신이 어제 신시(申時) 후에 전교가 내려온 것을 보았는데, 그 안에 "육상궁(毓祥宮),[2] 선희궁(宣禧宮),[3] 연호궁(延祜宮),[4]

1 여러……차자 : 풍고의 나이 47세 때인 1811년(순조11) 7월 2일에 영돈녕부사로서 별제를 지내라는 명을 거두기를 청하며 올린 차자이다. 하루 전에 순조가 경현당(景賢堂)에서 승지와 사관에게 명하여 모레 육상궁(毓祥宮)・선희궁(宣禧宮)・연호궁(延祜宮)・장보각(藏譜閣)・의소묘(懿昭廟)에 각신(閣臣)을 보내 별제(別祭)를 행하라고 명하였는데, 풍고는 이것이 명분이 없는 제사이므로 명을 거두기를 청하는 차자를 올렸다. 이때 올린 차자에 대해 순조는 "이미 시원임 대신의 차자에 비답으로 효유하였다.〔已諭於時原任大臣箚批矣.〕"라고 하고서 사관을 보내 비답을 전유(傳諭)케 하였다. 여기서 말한 시원임 대신의 차자란 풍고가 차자를 올리기 직전에 영부사 이시수(李時秀), 좌의정 김재찬(金載瓚), 우의정 김사목(金思穆)이 연명으로 올린 차자를 말한다《承政院日記 純祖 11年 7月 1日》 이 소에 대해 순조는 "나 소자는 덕이 밝지 못하여 이러한 거조가 있게 되었으니, 한탄스럽다 하겠다. 경 등의 직책이 보상(輔相)이므로 이런 말을 진달하니 약이 되는 말이다. 가슴속에 명심하지 않겠는가. 어제 각 궁・각묘에 별제를 지내란 명을 환수하였다. 승지는 왕명을 전하며 받아썼을 뿐이니, 어찌 죄가 되겠는가. 경 등은 일체 알아들으라.〔予小子不明于德, 致使擧措如此, 謂之可歎. 卿等職在輔相, 言陳如此, 藥石之語也, 銘服何遲? 昨日命下之各宮閣廟別祭享還收, 承旨惟允也承書而已, 亦豈有罪, 卿等一體知悉.〕"라고 하였다.《承政院日記 純祖 11年 7月 2日》

장보각(藏譜閣),[5] 의소묘(懿昭廟)[6]에 각신을 보내 별제를 거행케 하라."는 명이 있었고, 그리고 신을 육상궁 헌관(獻官)으로 삼고 겸하여 제문을 찬진하도록 명하였습니다. 그 제문은 신의 직분이 윤음을 관장하고 있으므로 비록 찬진하여 올리지 않을 수 없지만,[7] 그 향례(享禮)에 대해서 신은 크게 옳지 않다고 생각합니다.

아! 나라의 중대한 일은 제사와 군사에 있으니, 사전(祀典 제사의

**2** 육상궁(毓祥宮) : 조선 숙종의 후궁이며 영조의 친어머니인 숙빈(淑嬪) 최씨(崔氏)의 신주(神主)를 모신 곳으로 서울 종로구 궁정동에 있다. 영조 원년(1725)에 창건되어 숙빈묘라 하였다가 개칭하여 육상묘라 하였다. 그 후 1753년(영조29) 6월에 육상궁으로 높여져 오늘에 이른다.

**3** 선희궁(宣禧宮) : 1764년(영조40)에 영조의 후궁이자 사도세자(思悼世子)의 생모인 영빈(暎嬪) 이씨(李氏)의 신주를 봉안한 사당이다. 원래는 한성의 북부 순화방(順化坊)에 있었는데, 1870년(고종7)에 신주를 육상궁으로 옮겼다가 1896년 선희궁으로 되돌려 모셨고, 1908년에 다시 육상궁에 옮겨 오늘에 이른다.

**4** 연호궁(延祜宮) : 조선 제21대 임금인 영조의 후궁이자 추존왕 진종(眞宗)의 생모인 정빈(靖嬪) 이씨(李氏)의 사당이다. 1778년(정조2) 순화방에 사당을 세웠다가 1870년(고종7) 육상궁 건물 안에 합사되어 오늘에 이른다.

**5** 장보각(藏譜閣) : 경복궁 서쪽에 영조가 세자시절 살았던 창의궁(彰義宮) 안에 세운 건물인데, 영조가 즉위 후 신하들의 건의에 따라 이 건물을 짓고 잠저시의 호적을 따로 떼어다 이곳에 보관하였으며, 나중에 영조의 어용 2본과 어필·유서 등을 봉안하기도 하였다.

**6** 의소묘(懿昭廟) : 1754년(영조30)에 창의궁 안에 지어 정조의 형인 의소세손(懿昭世孫)을 향사한 사당이다. 1900년에 의소묘와 문희묘를 훈도방(薰陶坊) 앞에 있는 영희전(永禧殿)에 옮겨 봉안하였다가 1908년 7월에 의소묘와 문희묘의 신위를 함께 매장함으로써 사라졌다.

**7** 신의……없지만 : 당시 풍고가 규장각 검교제학(檢校提學)을 겸임하고 있음을 가리킨다.

예전)을 엄중하게 여긴 것은 상세(上世) 때부터 그러했습니다. 공자께서 "교사의 예법과 체상의 뜻에 밝으면 나라를 다스리는 것은 손바닥을 가리키는 것처럼 쉽다.〔明乎郊社之禮禘嘗之義, 治國其如示諸掌乎.〕"[8] 라고 하였으니, 국가에서 사전이란 치란이 관계되어 있으므로 그 신중하고 공경스러움이 또한 어떠하겠습니까?

우리나라 조종(祖宗)께서는 성자신손(聖子神孫)이 서로 계승하여 전전긍긍 조심조심 반드시 삼가고 공경해서 감히 혹시라도 소홀하지 않았던 것도 역시 사전이 그러했습니다. 이 때문에 약(禴)·사(祠)·증(烝)·상(嘗)[9]이 제각기 그 때가 있고 천헌(薦獻)과 고유(告由)도 제각기 그 명분이 있어서, 때 없는 제사와 까닭 없는 제향이 4백 년을 내려오면서 혹시라도 있지 않았음은 예전(禮典)을 상고하고 국승(國乘)을 살펴보아도 환하게 알 수 있습니다.

이번에 별제(別祭)를 올리라는 명은 실로 성상의 뜻이 어디 있는지, 어떠한 명목으로 의기(義起)[10]하신 것인지 알지 못하겠습니다. 《서경》에 이르기를 "제사하지 않아야 할 신에게 제사를 지내는 것, 이것을

**8** 교사의……쉽다 : 《중용장구》 제19장에 나온다. 교(郊)는 하늘에 올리는 제사이고, 사(社)는 땅에 올리는 제사이다. 체(禘)는 천자가 종묘에서 선조들에게 올리는 제사이고, 상(嘗)은 가을 제사이다.

**9** 약(禴)·사(祠)·증(烝)·상(嘗) : 고대 종묘에서 지내던 사계절의 제사로, 주대(周代)에는 여름 제사를 약, 봄 제사를 사, 겨울 제사를 증, 가을 제사를 상이라 하였다.

**10** 의기(義起) : 예문(禮文)에 없더라도 이치를 참작하여 새로운 예를 만드는 것을 말한다. 《예기》 〈예운(禮運)〉에 "예라는 것은 의(義)의 실질이니, 의에 맞추어서 맞으면 예는 비록 선왕 때에 없는 것일지라도 의로써 새로 만들 수 있다.〔禮也者, 義之實也. 協諸義而協, 則禮雖先王未之有, 可以義起.〕"라고 한 데서 온 말이다.

공경히 하지 않은 것이라고 이르니, 예가 번거로우면 문란해지므로 신을 섬기기 어렵다.〔黷于祭祀, 是謂不欽, 禮煩則亂, 事神則難.〕"[11]라고 하였으며, 또 이르기를 "임금은 백성을 공경하는 것을 맡았기에 하늘의 후손이 아님이 없으니, 제사를 지내실 때에는 아버지의 사당에만 풍족하게 하지 말라.〔王司敬民, 罔非天嗣, 典祀無豐于昵〕"[12]라고 하였습니다.

아! 제사라는 것은 먼 조상을 추모하고 근본에 보답하는 예입니다. 옛날 성인 중에 나이 쉰 살이 되어서도 부모를 사모한 분이 있었으며,[13] 삼생(三牲)으로 봉양한 분도 있었습니다.[14] 그 살아 계실 적에는 삼가고 공경하여 행여라도 미치지 못할 듯이 하였고, 돌아가셨을 적에는 제수를 손수 정결하게 장만하여 처음부터 소활(疎闊)하지 않게 하였는데, 그런데 혹시라도 그 제사하지 않아야 할 신에게 제사하는 것을 두려워하고, 혹시라도 제 아비의 사당에만 풍족하게 할까 경계한 것은 무엇 때문이겠습니까? 진실로 귀신의 도는 그윽하고 멀면서 오히려 고요하나, 그 드러남이 소명(昭明)하여 훈호(焄蒿)하고 처창(悽愴)하고,[15] 양

**11** 제사하지……어렵다 : 《서경》 〈열명 중(說命中)〉에 나온다.

**12** 임금은……말라 : 《서경》 〈고종융일(高宗肜日)〉에 나온다.

**13** 옛날……있었으며 : 맹자가 "큰 효자는 종신토록 부모를 사모하나니, 쉰 살이 되도록 부모를 사모한 사람을 나는 대순에서 보았다.〔大孝, 終身慕父母, 五十而慕者, 予於大舜見之矣.〕"라고 하였다. 《孟子 萬章上》

**14** 삼생(三牲)으로……있었습니다 : 어느 성인을 가리키는지 미상이다. 삼생(三牲)은 소, 양, 돼지를 가리킨다. 참고로 《효경(孝經)》 〈기효행(紀孝行)〉에 "윗자리에 있으면서 교만하면 망하고, 아래에 있으면서 난리를 치면 형벌을 당하며, 동료와 다투면 해를 입을 것이니, 이 세 가지를 없애지 않으면 날마다 세 가지 희생을 올려 부모를 봉양하더라도 오히려 불효가 된다.〔居上而驕則亡, 爲下而亂則刑, 在醜而爭則兵, 三者不除, 雖日用三牲之養, 猶爲不孝也.〕"라는 말이 있다.

양(洋洋)하게 마치 옆에 계신 듯하나, 헤아려 생각할 수 없습니다. 그러므로 사람이 귀신을 섬기는 도리는 지극히 간결하게 하면서도 두려워하고 공경함을 위주로 하여 감히 번거롭고 잡다하게 해서는 안 됩니다.

그렇지 않으면, 성인의 효성이 어찌 때마다 향례를 올리고 날마다 제사지내고자 하지 않았겠습니까? 부열(傅說)과 조기(祖己)[16]가 성인이나 현인이 아니라면 그만이지만, 만일 성인이나 현인이라면 천하 만세에 국가를 소유하고서 사전(祀典)을 계승함에 《서경》의 훈계를 귀감으로 삼지 않고 어느 것을 귀감으로 삼겠습니까?

또 들으니, 《예기》에 이르기를 "상례와 제례는 선조가 한 것을 따른다.〔喪祭從先祖.〕"라고 하였습니다. 아! 오늘날 팔도의 만백성이 대견하고도 많으며 모든 공적과 제도가 융성하고도 갖추어진 것은, 어느 것이나 우리 조종께서 법도를 창제하여 제작한 것이므로, 우리 전하께서는 다만 조종을 위하여 그것을 지킬 뿐입니다. 더구나 그 제사지내는 예식은 국가에서 그보다 큰 것이 없는데, 혹시라도 조종께서 전하신 바가 아니라면, 어찌 이른바 선조를 따르는 의리가 되겠습니까? 전하의 고명하신 학문으로 일찍이 이러한 점을 미처 살피지 않으셨는지

15 드러남이……처창(悽愴)하고 : 《예기》〈제의(祭義)〉에 "그 기운이 발산하여 위로 날아 올라가서, 소명하고 훈호하고 처창함이 된다.〔其氣發揚于上, 爲昭明焄蒿悽愴.〕"라고 하였는데, 주희(朱熹)의 해설에 "귀신이 밝게 드러나는 것이 소명이고, 그 기운이 위로 퍼져 올라가는 것이 훈호이고, 사람의 정신을 오싹하게 하는 것이 처창이다.〔鬼神之露光處是昭明, 其氣蒸上處是焄蒿, 使人精神竦動處是悽愴.〕"라고 하였다.

16 부열(傅說)과 조기(祖己) : 부열은 은(殷)나라 고종(高宗) 때의 명재상으로 그의 언행이 《서경》〈열명(說命)〉에 실려 있다. 조기는 중국 은(殷)나라 임금 무정(武丁) 때의 현신으로, 그의 언행이 《서경》〈고종융일(高宗肜日)〉에 실려 있다.

신은 실로 애석하게 여깁니다.

일전에 문희묘(文禧廟)의 별제를 행할 때에,[17] 신은 이미 놀라고 근심스러운 심정을 금할 수 없었는데, 분수를 넘지 않을까 하는 두려움에 잠자코 위축된 채 엎드려 있었습니다. 그런데 이번에 궁(宮)과 각(閣)과 묘(廟)에 대해 섭향(攝享 대신 제향을 올림)하게 한 것은, 일의 체모가 존엄하고 중대한 것이 문희묘와는 매우 다릅니다. 그런데 신이 이미 명을 받들어 힘써 거행하게 되니, 어리석은 충정이 더욱 격동됨을 스스로 금할 수 없습니다. 구구하고 미천한 견해이나마 진실로 종사하는 기예로 간하는 데[18] 부합되는 점이 있으므로 확고한 신의 충정이 분수를 넘는 허물이 없기를 바랍니다. 이에 감히 조방(朝房)에서 목욕재계하고 외람되게 차자를 진달하오니, 삼가 바라건대 전하께서는 정신을 기울여 읽어주시어 이미 내린 명을 속히 정지시키시고, 이어 신이 한밤중에 성상을 번거롭게 한 죄를 다스려 조정의 기강을 엄숙히 하소서.

**17** 일전에……때에 : 6월 30일에 문희묘(文禧廟)에 소제(小祭)를 올린 것을 가리킨다. 문희묘는 어린 나이에 요절한 정조의 첫째 아들 문효세자(文孝世子, 1782~1786)의 신위를 봉안하려고 1789년(정조13)에 서울의 안국방(安國坊)에 세운 사당이다. 그 후 1870년(고종7) 정월에 창의궁 궁내의 의소묘 안에 있는 별묘(別廟)에 옮겨서 봉하고 향사하였고, 1900년에는 의소묘와 문희묘를 훈도방(薰陶坊) 앞에 있는 영희전(永禧殿)에 옮겨 봉안하였는데, 1908년 7월에 의소묘와 문희묘의 신위를 함께 매장함으로써 사라졌다.

**18** 종사하는……데 : 원문의 '집예(執藝)'는 《서경》 〈윤정(胤征)〉에 "관원이나 스승은 서로 타일러 경계하고, 온갖 장인은 자기가 하는 일을 가지고 간한다.〔官師相規, 工執藝事以諫.〕"라는 구절에서 나온 말로 기예를 가진 미천한 공인이라도 자기가 종사하는 일을 가지고 간할 수 있음을 말한다.

## 금위대장의 사임을 청하는 소[19]

辭禁衛大將疏

삼가 아룁니다. 신하가 임금의 명에 태만한 죄를 저지르면, 비록 소원한 자취나 한산한 관직이라도 의심할 여지가 없이 반드시 처벌해야 합니다. 하물며 신의 처지는 막대한 임무를 맡아 처음에 금중(禁中)에서 빨리 돌아온 후로 끝내 또 경패(庚牌 소명패)를 어겼으니, 진실로 왕법(王法)에서 반드시 죽여야 할 경우이고, 분의(分義)로 보아 마땅히 죽어야 할 경우입니다. 신이 지금 고부식월(膏鈇飾鉞)을 기다리는 중이므로[20] 어찌 감히 혀를 놀려 거듭 호소하여 성상을 번거롭게 한 죄를 더하겠습니까.

그런데 고통스럽고 힘에 겨운 자가 하늘을 부르고 부모를 부르는 것은 인지상정입니다. 저 하늘과 부모가 나의 고통을 제거하거나 나의

**19** 금위대장의……소 : 풍고의 나이 47세 때인 1811년(순조11) 7월 11일에 영돈녕부사로서 새로 제수된 금위대장의 사직을 청하며 올린 소이다. 이날 비변사의 천망(薦望)으로 풍고에게 금위대장이 제수되자, 풍고는 나아가지 않고 즉시 사직소를 올려 자질이나 학식이 금위대장을 맡을 형편이 아님을 간곡하게 진달하고서 다섯 차례 패초의 명에 응하지 않았다. 이에 순조는 "금위영은 원융과는 달라서 의지하고 친함은 매우 중대하고 사임하는 것은 도리어 조그마한 일이니, 안심하고 사임하지 말고 즉시 들어와 부절을 받으라.〔禁營異於元戎, 倚毗則甚重, 辭則反是小事也, 安心勿辭, 卽爲入來受符.〕"라고 하고서 사관을 보내 비답을 전유케 하였다. 《承政院日記 純祖 11年 7月 11日》

**20** 고부식월(膏鈇飾鉞)을 기다리는 중이므로 : 소명에 응하지 않은 처벌을 기다린다는 의미이다. 고부는 도끼에 기름칠을 한다는 말이고, 식월이란 부월로 노여움을 밝힌다는 의미인데, 모두 형벌을 시행하여 죄인을 죽이는 것을 가리킨다.

수고를 늦추어주지 못하는데, 부르는 자도 그것이 불가능함을 밝게 알면서도 오히려 부르지 않을 수 없습니다. 만약 능히 제거해주고 늦추어주리라는 것을 밝게 안다면 부르는 데에 어찌 목소리를 가릴 겨를이 있겠습니까. 전하께서는 신에게 하늘이고 부모입니다. 그리고 지금 신이 고통스럽고 힘에 겨운 것을 전하께서 제거하고 싶으시면 이에 제거가 되고 늦추어주고 싶으시면 이에 늦추어지니, 신이 또 어찌 간혈(肝血)을 다 짜내어 큰 소리로 부름으로써 성상께서 마음으로 자세히 살펴 긍휼히 여겨주시기를 바라지 않겠습니까.

아! 융원(戎垣 훈련도감)의 직책은 본래 신에게 어울리지 않았으니, 처음 발걸음을 내디딘 것이 어찌 신의 본심이겠습니까. 곧 기대어 하소연할 곳이 없는데다 때와 형세가 교묘히 맞아서, 힘을 다해 버텨나가며 감히 사사로운 심정을 진달하지 못했을 뿐입니다. 가령 처음 제수되었을 때 만약 오늘처럼 까닭이 없는 것이었다면, 신이 비록 못나고 형편없더라도 결단코 처음부터 감히 나아가지 않았을 것입니다. 이 때문에 얼마 전에 원융(元戎)으로 있으면서 여러 차례 간절한 심정을 진달하여 필경에 은혜로운 허락을 받은 후에야 그치게 되었습니다.[21] 신은 신의 초심(初心)을 얻어서 기쁜 것이 아니라, 신이 청명(淸明)한 다스림에 누가 되지 않은 것이 내심 기뻤고, 신의 말이 받아들여진 것을 영광으로 삼은 것이 아니라, 신의 고심(苦心)을 다행히 밝게 깊이 헤아려주신 것이 내심 영광이었습니다. 스스로 상하가 모두 천년토록 아름답고 몸과 분수가 이미 여생을 누릴 수 있으리라 생각했는데, 천만

**21** 얼마……되었습니다 : 1809년(순조9) 4월 5일과 4월 13일에 훈련대장을 사임하는 소를 올려 순조의 윤허를 받은 것을 가리킨다.《楓皐集 卷7 辭訓鍊大將疏, 再疏》

뜻밖에도 문득 이 금위영(禁衛營)의 새로운 명이 나오매 당황스럽고 경악스러움이 마치 꿈인 양 생동감이 없으니, 혹시 길러주시는 성상의 은택이 처음과 끝에 간격이 생겨서 그런 것입니까, 아니면 신이 죽을 때가 임박하여 이렇게 기약하지 않고도 이렇게 되는지 신은 감히 알 수가 없습니다.

신의 평소의 미천한 충정은 전하께서 이미 밝게 아시는 바이므로 지금 새로 늘어놓을 것이 없습니다. 비록 이미 시험한 실적으로 말하더라도, 팔 년 동안 훈국(訓局)에 있으면서 전혀 사무를 돌아보지 못하였으므로, 무너져가는 융정(戎政)을 아무것도 쇄신하지 못했고, 고갈되어가는 재정을 아무것도 구제하지 못했습니다. 그리하여 당시에도 기롱을 받았고 장래에도 비웃음을 받을 것임은, 사람을 바꿔가며 세어도 다 셀 수가 없고 스스로도 매우 분명하게 알고 있습니다. 지금 만약 신으로 하여금 다시 여기에 처하게 한다면, 오늘의 신은 바로 어제의 신과 다름없으므로 장차 다른 날의 금위영을 다시 전날의 훈국처럼 만들 것이니, 신이 아무리 부끄러움이 없는 자라도 어찌 마음에 달게 여기겠습니까. 조정으로서도 어찌 굳이 한 군영을 무너뜨리게 하고 다시 다른 군영을 무너뜨리려고 합니까.

그런데 신이 두려워하는 바는 따로 있습니다. 훈국에서 체직된 이후, 신의 친척과 붕우가 신에게 장래의 거취(去就)를 묻는 자가 많았습니다. 신이 대답하기를 "처음 발걸음을 한 것이 신의 본의가 아니었고, 해직을 허락해준 것은 성상의 은택인데, 명철하신 성상께서 이미 나의 심곡(心曲)을 살피셨으니, 반드시 다시 이러한 제수가 있어선 안 되고, 설령 있더라도 나라에 급박한 일이 있지 않는 한 끝내 감히 다시 받아서 내 마음을 저버리지 않겠다."라고 하였습니다.

대체로 말이란 몸을 꾸미는 것입니다.[22] 전(傳)에 이르기를 "흰 옥돌의 흠은 오히려 갈아 없앨 수 있지만, 말의 흠은 어찌할 수 없다.〔白圭之玷, 尙可磨也. 斯言之玷, 不可爲也.〕"[23]라고 했습니다. 신의 이 말은 신의 친척과 붕우가 들어 알고 있을 뿐만 아니라, 바로 천지와 귀신이 함께 밝게 살피신 바입니다. 신이 위엄에 겁을 먹고 영화를 탐하여 고개를 세우고 명을 받는다면, 사람들은 반드시 침을 뱉기를 그치지 않을 것이고 개나 돼지도 신이 남긴 음식을 먹지 않을 것입니다. 신이 어찌 차마 이런 일을 하겠습니까, 신이 어찌 차마 이런 일을 하겠습니까. 말이 여기에 미치매 종적 없이 눈물만 흐르니, 아마 성상께서 읽기를 마치기도 전에 측연한 마음이 들 것입니다.

삼가 바라건대 자애로운 성상께서는 속히 신에게 새로 제수된 금위대장의 명을 거두시어 미천한 소원을 이루게 해주시고, 이어 신이 누차 저지른 성상의 명에 태만한 죄를 다스려 신하된 자의 분수를 경계시키소서.

22 말이란……것입니다. : 원문은 '언자신지문야(言者身之文也)'인데, 춘추 시대 개지추(介之推)가 한 말이다. 진 문공(晉文公)이 19년 동안이나 국외로 망명할 때, 개지추는 온갖 고난을 겪으며 줄곧 그를 수행하였다. 문공이 귀국하여 즉위하자 개지추는 자신의 공을 드러내지 않고 몸을 숨겼는데, 어머니가 개지추에게 문공께 말을 하여 벼슬하는 것이 어떻겠느냐고 물었다. 이에 개지추는 "말이란 몸을 꾸미는 것입니다. 제가 장차 은거하려 하는데 꾸미는 일을 어디에 쓰겠습니까.〔言, 身之文也, 身將隱, 焉用文之?〕"라고 대답했다고 한다. 《史記 卷39 晉世家》

23 흰……없다 : 《시경》 〈억(抑)〉에 나오는 내용으로 말을 신중히 해야 한다는 비유이다.

# 두 번째 소[24]

再疏

삼가 아룁니다. 신이 어제 다섯 차례 성상의 명에 태만한 죄를 범하면서 줄곧 위태롭고 괴로운 심정을 드러냈으니, 자취는 이미 용서받지 못할 데 이르렀으나 심정은 반드시 살펴주실 만하였기에, 한밤중에 방황하면서 북두성을 우러러보며 스스로 부월(鈇鉞)의 주벌을 범하지 않는다면 마침내 띠고 있는 관직이 체직되리라 생각했습니다. 그런데 성상의 비지를 받으니, 초야에나 어울릴 신의 도량을 특별히 포용해수시는 위대함을 보이셨을 뿐만 아니라, 인도하여 위로하는 방도가 보통을 훨씬 벗어나니, 신이 목석이 아닌 바에 어찌 감동할 줄 모르겠습니까. 그러나 신이 반드시 사임하고자 하는 의리는 감히 이 때문에 스스로 풀어져 그칠 수 없으니, 청컨대 다시 혼몽함을 깨우쳐주신 은혜로운 말씀을 따라가면서 몽매함을 무릅쓰고 말씀을 올리겠습니다.

성상의 비지에 "금영은 원융과 다르다.〔禁營異於元戎.〕"라고 하셨습니다. 영문이란 본래 대소(大小)의 다름이 있습니다. 그러나 병사가 있고 장교이 있고 기율이 있고 관할이 있으니, 애초에 대소로 인하여

**24** 두 번째 소 : 풍고의 나이 47세 때인 1811년(순조11) 7월 12일에 금위대장을 사직하며 다시 올린 소이다. 이 소에 대해 순조는 "경의 말이 매우 간곡하지만 이와 같기 때문에 의지하고 친함이 더욱 중한 것이니, 안심하여 사임하지 말고 즉시 들어와서 명을 받도록 하라.〔卿言甚懇, 如此之故, 倚毗尤重, 安心勿辭, 卽爲入來膺命.〕"라고 하고서 사관을 보내 비답을 전유케 하였다. 《承政院日記 純祖 11年 7月 12日》

차이를 두지 않았습니다. 모기와 등에의 힘은 본래 산을 짊어질 수 없으나 또한 깃털을 들 수도 없느니, 일을 그르치고 공적을 무너뜨리는 데에 이르러서는 또한 대소로 인하여 차이가 있지 않습니다. 신은 이미 그르치고 이미 무너뜨린 바로 그 사람입니다. 이미 그르치고 이미 무너뜨린 것을 밝게 아는데도 오히려 시험해본 이후에 그만두겠다고 생각하신다면, 모르겠거니와 이 조치가 장차 국가를 위한 것입니까, 아니면 신의 몸을 위한 것입니까.

신의 처지에서 말하면 반드시 재차 그르치고 재차 무너뜨리고자 하지 않는 것이 반드시 식경보의(息黥補劓)[25]의 방도가 아니랄 수 없는데, 조정의 처지에서 말하면 반드시 다시 그르치고 다시 무너뜨리게 만드는 것이 어찌 신을 몰아서 그물 속으로 넣는 것과 다르겠습니까. 신이 비록 보잘것없더라도 전하께서 휴척(休戚)을 함께할 물건이니, 성상의 살리기를 좋아하시는 덕을 미루어야 마땅하지, 벌벌 떠는 모습을 보고도 긍휼히 여기지 않는 것은 마땅치 않습니다.

성상의 비답에 또 이르기를 "의지하고 친함은 매우 중대하고, 사임하는 것은 도리어 조그마한 일이다.〔倚毗則甚重, 辭則反是小事.〕"라고 하셨습니다. 아! 신은 선왕께서 알아주고 대우해주신 깊은 은혜를 받아 오늘이 있게 되었으니, 충성을 바치며 지혜를 다 발휘하려는 마음이 어찌 옛날 사람이 힘을 다하여 진력하였던 의리[26]를 생각하지 않겠습니

**25** 식경보의(息黥補劓) : 과거의 잘못을 반성하고 앞으로 새사람이 되는 것을 말한다. 《장자(莊子)》〈대종사(大宗師)〉의 "조물주가 내 이마에 가해진 묵형(墨刑)의 흔적을 없애주고 나의 베어진 코를 보완해주어 완전한 인간의 몸으로 선생의 뒤를 따르게 해주지 않을 줄 어떻게 알겠는가?〔庸詎知夫造物者之不息我黥而補我劓, 使我乘成以隨先生耶?〕"라는 말에서 나왔다.

까? 그렇지만 자질과 성품이 우둔하고 거칠며 재능과 학식이 모두 성글어, 의지하고 친하기를 바라는 큰 은혜에 부응하기에는 너무도 부족하니, 실로 신이 평소 스스로 서글프고 한스럽게 여기며 부끄럽고 분통하여 죽고 싶어 하는 바였습니다. 그렇지만 마음속으로 생각하기에, 의지하고 친하기가 중대한 것은 저절로 그 실상이 있는 것이어서 다른 곳에 있지 않다고 감히 생각합니다.

신이 일월을 가까이 모시고 유악(帷幄)에서 받든 지가 또한 이미 몇 해가 되었습니다. 전하께서 강연(講筵)에 임어하실 때, 신은 삼가 전하께서 잊지도 말고 조장하지도 말아서 격치(格致)와 성경(誠敬)의 공부가 고명광대한 경지에 이르시기를 원하였습니다. 전하께서 신료를 응접하실 때, 신은 삼가 전하께서 마음을 비우고 정성을 미루어, 도유우불(都兪吁咈)[27]의 기풍으로 현명한 군주와 충량한 신하가 기꺼이 흥기하는 융성함을 보시기를 원하였습니다. 전하께서 만기(萬機)를 몸소 처리하실 때, 신은 삼가 전하께서 틀에 법도가 있고 저울에 추가 있듯이 넓게 대응하고 빠짐없이 감당하시어, 마음을 따라도 법규를 넘지 않으시기를 원하였습니다. 전하께서 백성의 일을 염려하실 때, 신은 삼가 전하께서 마치 내 일처럼 염려하시고 갓난아이를 보호하듯 하여, 하늘의 장구한 명을 받아 이으시기를 원하였습니다. 전하께서 기강을 정돈하려고 하실 때, 신은 삼가 전하께서 몸을 바루어 아랫사람

**26** 옛날……의리 : 원문의 '국궁진췌(鞠躬盡瘁)'는 촉나라 제갈량(諸葛亮)이 후주(後主) 유선(劉禪)에게 올린 〈후출사표(後出師表)〉의 말미에 나오는 말이다.

**27** 도유우불(都兪吁咈) : 밝은 임금과 어진 신하가 서로 뜻이 맞아 정사를 토론하는 것을 뜻한다. 도유(都兪)는 찬성, 우불(吁咈)은 반대를 뜻하는 말로, 요(堯) 임금이 신하들과 정사를 토론할 때 찬성과 반대 의견을 기탄없이 개진하였던 데서 유래하였다.

을 통솔하시면서 뜻을 굳게 세워 과감하게 실행하시어, 우레와 바람이 몰아치듯 하기를 원하였습니다. 전하께서 형정(刑政)을 신중히 하려고 생각하실 때, 신은 삼가 전하께서 애처롭고 불쌍하게 여겨 대소와 경중이 각기 실정에 맞아 형벌을 쓰지 않는 경지에 이르시기를 원하였습니다. 전하께서 융정(戎政)에 유념하실 때, 신은 삼가 전하께서 비가 오기 전에 방비를 단단히 하여 사방을 수호하여, 환하게 귀로 듣고 눈으로 보는 구경거리에만 그치지 않기를 원하였습니다. 전하께서 자잘한 업무까지 부지런히 돌보실 때, 신은 삼가 전하께서 정신을 맑게 하여 염려를 줄이고 계절에 따라 몸조리를 잘하시어, 무익한 것으로 인해 유익한 것을 해치지 않기를 원하였습니다.

이와 같은 것들이 모두 신이 전하께 지극히 바라는 것이며, 밤낮으로 충실히 사모하며 잊지 못하는 것입니다. 불초한 신은 이들 몇 가지에 대해 비록 털끝만큼도 스스로 힘을 바친 적이 없으나, 오직 이 한 조각의 진실한 마음만은 백겁(百劫)을 지나더라도 없어지지 않을 것이고, 전하께서 이들 몇 가지에 대해 진실로 신을 불초하게 여기지 않아 그 진실한 마음에서 발한 지극한 소원에 부응해주신다면, 전하께서 미천한 신에게 의지하고 친한 것이 무엇이 이보다 중하겠습니까?

벼슬을 주어 일을 맡기고 부리는 것으로 말하자면, 오직 그 유능한지 아닌지만을 살피고 그 잘잘못을 헤아려서 조처하면 그만일 뿐입니다. 더구나 신의 종전 이력이 문관·무관을 두루 거친 것은 조정에서도 드문 예인데, 어찌 오늘날 한 장임(將任)의 유무를 가지고 그 의지하고 친한 것의 경중을 논하겠습니까? 하물며 신은 전하에게서 늘 넉넉한 예우를 입어서 멀고 소원한 자들과 비교할 바가 아니니, 그 마음이 마땅히 성상의 양찰을 입었고 그 말이 마땅히 존귀한 이를 쉽게 감동시킬 수 있었습니다. 그런데 지금 사양하고 겸양하는 일에 있어서 전하께서 이미 그것이 작은 일인 줄 아시면서도 오히려 허락하지 않으시니, 작은 일이 이와 같다면 큰일은 더욱 알 수 있습니다. 신이 여기에서 실로 천지의 큼에 대해서 유감이 없을 수 없습니다.

또 신이 듣건대, "군자는 사람을 험지로 몰아붙이지 않는다.〔君子不薄人於險.〕"[28]라고 합니다. 신이 어제 소에서 진달한 바는 곧 군부(君父)의 앞에서 맹세를 한 것이니, 어찌 신하가 군부에게 맹세를 하고서 스스로 식언하겠습니까. 지금 신은 나아가기도 물러나기도 어려운 처지라 할 만한데, 오히려 더 핍박을 하여 스스로 식언을 하게 만든 후에 그치고자 하신다면, 신이 험지를 만남이 오늘보다 험한 적이 없다고 하겠습니다. 또 어찌 성인께서 위에 계시면서 넉넉히 예우한다는 신하에게 그로 하여금 이처럼 거취를 살필 수 없게 만드십니까. 가슴이 막히고 절박함이 극에 달해 말이 절제를 잃었으니, 삼가 바라건대 천지부모 같은 성상께서는 애처롭고 가련히 여기시어 속히 체직의 은전을 내리시어 살려주시는 은택을 완성하시기를 간절히 울며 기원합니다.

**28** 군자는……않는다 : 진(秦)나라가 진(晉)나라와 전쟁을 하면서 불리하게 되어 내일 결전하자고 서로 약속하고는 그날 밤에 은밀히 철수하려 하였다. 이에 진(晉)나라 조순(趙盾)이 이를 알고 강물 쪽으로 몰아붙이려고 하자, 서갑(胥甲)과 조천(趙穿)이 군문을 막고서 큰 소리로 말하기를 "사상자를 수습하지 않고 버리는 것은 은혜롭지 않은 짓이고, 약속한 시기를 기다리지 않고 험한 곳으로 몰아붙이는 것은 용맹이 없는 짓이다.〔死傷未收而棄之, 不惠也. 不待期而薄人於險, 無勇也.〕"라고 하니 조순이 추격을 그쳤다고 한다.《春秋左氏傳 文公 12年》

## 세 번째 소[29]

三疏

삼가 아룁니다. 신이 헛되이 중임을 맡은 지 지금 5일이 지났습니다. 신이 우매한 고집을 돌리지 않았음에도 처벌도 내려오지 않았고, 위태로운 충정을 자주 진달했음에도 은혜로운 비답이 더욱 융숭하니, 신의 분수가 이로 말미암아 사라지고 나라의 체모는 이로 말미암아 무너졌습니다. 신의 분수가 사라진 것은 오히려 신 한 사람의 일이지만 나라의 체모가 무너진 것은 그 폐단이 어디로 귀결되겠습니까. 명색이 병사를 통솔하는 신하이면서 거들먹거리며 명을 받지 않은 지

**29** 세 번째 소 : 풍고의 나이 47세 때인 1811년(순조11) 7월 16일에 금위대장을 사직하며 세 번째로 올린 소이다. 두 번째 소를 올린 후로도 풍고는 10여 일을 줄곧 사양하였는데, 세 번째와 네 번째 소가 그것이다. 이 소에 대해 순조는 "경이 올린 소가 세 차례에 이르러 말이 더욱 절실하니, 이것이 무슨 일인가. 경의 처지가 어떠하고, 과인이 의지하고 친함이 어떠한가. 하물며 경과 같은 처지의 사람이 이 장임에 거처하면 곧 국조의 고사를 이룰 것인데, 경은 무엇 때문에 홀로 자기 소견만 지키면서 나의 의지하고 친한 생각을 돌아보지 않는가. 경의 사직이 저처럼 간절한데 내가 어찌 살펴 부응하지 않을 수 있겠는가마는, 지금 나라의 형세가 고단하고 위태로운 때를 돌아보면, 경처럼 믿을 만한 사람에게 어찌 사직을 허락할 수 있겠는가. 진달한 세 가지 일은 모두 경이 인혐할 만한 의리가 아니니, 경은 지나치게 사양하지 말고 즉시 들어와 부절을 받으라.〔卿之疏至于三, 而語益切, 此何事也? 卿之處地何如, 予之倚毗何如? 況如卿處地之人居此將任, 便成國朝故事, 卿何爲獨守己見, 不顧予倚毗之念乎? 卿之辭如是懇摯, 予何以不爲諒副, 而顧今國勢孤危之日, 如卿可恃之人, 何可許其辭遞乎? 所陳三事, 俱不必爲卿可引之義, 卿無過辭, 卽爲入來受符.〕"라고 비답을 내렸다. 《承政院日記 純祖 11年 7月 16日》

가 이렇게 오래되었는데도 조정에서 아무도 따지는 자가 없으니, 신은 참으로 전에 들어보지 못했습니다. 이와 같은 자가 합당한 형벌로 처벌되지 않으면 나라가 어떻게 나라가 될 수 있겠습니까. 신 또한 그것이 몹시 불가함을 스스로 아는데, 일찍이 일월의 밝음으로도 도리어 빠뜨린 곳이 있다고 생각했습니다.

신이 재차 비지(批旨)를 받은 후에, 또한 일찍이 침식을 폐한 채 반복해 생각하여 관직에 나아갈 이유를 찾아보았으나 한 가지도 얻지 못했고, 나아가지 못할 의리를 찾아보니 세 가지를 얻었습니다.

옛사람이 말하기를 "자기의 역량을 헤아려본 다음에 임명을 받아들여야 하고, 임명을 받아들이고 나서 자기의 능력을 헤아려서는 안 된다.〔量而後入, 不入而後量.〕"[30]라고 하였습니다. 신의 재주와 역량은 실로 중임을 감당하지 못할 두려움이 있으니, 달려 나감을 공손함으로 삼아 끝내 일을 그르치는 죄에 이르기보다는 차라리 왕명에 태만하여 견책을 받는 것이 마음에 편안하지 않겠습니까. 이것이 첫 번째입니다.

위아래가 서로 버틴 지 오래입니다. 신의 거취를 논하는 사람들이 신의 요청이 받아들여짐을 본다면 장차 "그 말이 가식이 아니므로 능히 군부(君父)의 믿음을 받은 것이다."라고 할 것이고, 신의 요청이 받아들여지지 않음을 본다면 장차 "그 말이 진실하지 않았으므로 군부의 신임을 받지 못한 것이다."라고 할 것입니다. 이것이 두 번째입니다.

신하의 죄는 예의가 없는 것보다 큰 것이 없고, 사대부의 행실은 부끄러움을 아는 것보다 앞서는 것이 없습니다. 신이 일전에 올린 두 차례의 소는 오로지 충정에서 나와서, 힘써 말하는 것으로 부족하여

**30** 자기의……된다 : 《예기》 〈소의(少儀)〉에 나온다.

질언(質言 단언)하는 데 이르렀고, 질언으로도 부족하여 시언(矢言 맹세)하는 데 이르렀으니, 신을 알아주거나 신을 죄 주는 것이 모두 여기에 달려 있습니다. 신이 만약 마음에 없으면서 그저 말로만 하였다면, 이는 하늘을 속이는 것이니, 하늘을 속이는 것이 예의가 없는 것이 아니겠습니까. 말을 하고서 그 행실을 돌아보지 않는다면, 이는 마음을 속이는 것이니, 마음을 속이는 것이 부끄러움이 없는 것이 아니겠습니까. 예의가 없고 부끄러움이 없으면 어떻게 사람이 될 수 있겠습니까. 이것이 세 번째입니다.

설사 신이 이 세 가지가 없더라도 신하가 관직을 사직함은 치세(治世)에 늘 있는 일이 아닐 수 없으니, 사직할 만하여 사직하고 허락할 만하여 허락하는 것이 이른바 "신하와 군주가 모두 영예롭다."는 경우가 아니겠습니까. 하물며 이 세 가지 중에 위의 두 가지는 오히려 나아갈 수도 나아가지 않을 수도 있는 사이에 있고, 아래의 한 가지는 나아가고 나아가지 않는 사이에 인도(人道)의 성쇠가 관계되어 있습니다. 신이 스스로 이러함을 알면서도 억지로 힘써 진출한다면, 이는 신이 인도로써 스스로를 대하는 것이 아니고, 전하께서 신의 이러한 처지를 아시면서 한결같이 강박하기만 하신다면, 이는 전하께서 인도로써 신에게 요구하는 것이 아닙니다. 신이 어찌 차마 허리에 인끈을 차고 창을 세운 군문을 드나들면서 영예와 총애로 여길 수 있겠습니까.

아! 신의 처지로 이러한 의리를 품고서도 전하께 인정을 받지 못한다면, 그 슬프고 괴로운 말과 절박하고 화급한 심정이 거의 곤궁한 사람이나 고아가 의지할 곳 없는 것과 같을 것이니, 이치상 진실로 믿기 어려운 점이 있고, 또한 이웃 나라가 알게 해서도 안 될 것입니다. 신의 심정이 이미 궁극에 달하고, 말이 이미 고갈되었으며, 성상의 명에 태만한 죄가 이미 쌓였습니다. 유배를 가든 형벌을 받든 땅에 엎드려 공손히 기다릴 뿐이니, 전하께서 살펴주소서.

# 네 번째 소[31]

四疏

삼가 아룁니다. 염치 불고하고 진출하려니 예의염치의 제방이 앞을 우뚝 가로막고, 애처롭게 호소하려니 구중궁궐의 들어줌이 위로 막연하여, 우물쭈물거리며 버틴 죄를 쌓았으니 도끼의 형벌로도 속죄할 수 없고, 미련하고 완고한 성품을 지녔으니 고집스러운 견해를 고칠 수가 없습니다. 처음에는 허둥지둥 황급하다가 지금은 갈팡질팡 두려워, 부르는 소명패는 거의 굴레와 고삐에 가깝고 소명패를 어김은 매일의 일과와 흡사하니, 예부터 지금까지 일찍이 신의 오늘의 심정과 처지와 같은 자가 있었는지 모르겠습니다.

**31** 네 번째 소 : 풍고의 나이 47세 때인 1811년(순조11) 7월 20일에 금위대장을 사직하며 네 번째로 올린 소이다. 네 번째 소를 끝으로 풍고는 결국 7월 23일에 사직을 허락받았고, 금위대장은 이득제(李得濟)로 바뀌었다. 이 소에 대해 순조는 "한 차례 두 차례 소를 올린 것이 네 차례나 호소함에 이르렀고, 하루 이틀을 지나서 열흘 동안 직무에 매이는 데 이르렀으니, 경의 처지와 나의 의지함이 위아래가 서로 버텨 국가의 체모를 손상시키니, 내가 어찌 양찰하기를 아낄 것이며, 힘써 소원에 부응하는 것이 무에 어렵겠는가. 진실로 종친의 지위에 임무가 막중하여 훈국과 금위영이 다른 부서라는 이유로 가벼이 허락할 수 없기 때문이었거늘, 하물며 경은 국가와 운명을 함께하는 도리로 또한 어찌 자기 소견만을 지켜서 반드시 체직된 후에야 그만두려 하는가. 나는 많은 말을 하지 않겠으니, 전의 소견을 돌려 즉시 들어와서 부절을 받으라.〔一疏再疏至於四疏之控籲, 一日二日至於十日之羈縻. 以卿處地, 以予倚毗, 上下相持, 有損國體, 予何靳乎體諒, 何難乎勉副? 誠以地親任重, 不可以訓禁之異局而輕許, 況如卿體國同休之道, 亦何可獨守己見, 必欲辭遞而乃已乎? 予不多誥, 勉回前見, 卽爲入來受符.〕"라고 하고서 사관을 보내 비답을 전유케 하였다.《承政院日記 純祖 11年 7月 20日, 23日》

아! 신하가 임금을 섬기면서 명령과 하교를 받드는 것을 능사로 삼지 않고, 오직 거취에 구차함이 없는 것을 예로 삼습니다. 임금이 신하를 부리면서 관작의 총애를 전권으로 삼지 않고, 반드시 염치를 격려하고 수치를 알게 하는 것으로써 예를 삼습니다. 이것이 군신 관계가 생긴 이래 상하가 유지해온 바꿀 수 없는 바른 의리입니다. 성대했던 삼대(三代) 시대는 제쳐두더라도, 비록 후세의 군신 사이로 말해보더라도 신하가 지성으로 힘껏 말을 올려서 그 임금의 인정을 받지 않은 적이 없었으니, 예컨대 분양(汾陽)이 상서(尙書)를 사임하고,[32] 사마(司馬)가 추밀(樞密)을 피한[33] 것이 그렇습니다. 한 사람은 혼란한 때를 당하였고 한 사람은 지우를 입은 때인데도 두 임금이 그 뜻을 빼앗지 않은 것이, 어찌 위엄이 미치지 못해 그런 것이고 명령이 시행되지 않아 그런 것이겠습니까. 진실로 군신 사이가 고귀함은 마음을 알아줌보다 큰 것이 없는데, 예로 신하를 부리는 의리가 이보다 더 앞섭니다. 저 당(唐)・송(宋)의 중간쯤 되는 임금이 신하를 대함도 오히려 이와 같았는데, 전하께서 삼대의 융성함에 비견되는 성심(聖心)으로 도리어 당・송의 평범한 임금이 신하를 부리던 방도보다 못하게 신을 대하

**32** 분양(汾陽)이 상서(尙書)를 사임하고 : 분양은 당나라 숙종(肅宗) 때 안사(安史)의 난을 평정하고 분양왕(汾陽王)에 봉해진 곽자의(郭子儀, 697~781)를 가리킨다. 일찍이 공을 많이 세워 덕종 때에 조정에서 상서령(尙書令)에 제수하려 하자, 그는 한사코 사절하면서 "옛날에 당태종께서 이 관직에 올랐으므로 신하는 이 관직을 차지할 수 없습니다."라고 하여 상보(尙父)의 호를 대신 내렸다고 한다. 《新唐書 卷137 郭子儀列傳》

**33** 사마(司馬)가 추밀(樞密)을 피한 : 송나라 신종(神宗) 희녕(熙寧) 연간에 신종이 사마광(司馬光)을 추밀 부사(樞密副使)로 제수하였다. 이에 사마광은 왕안석의 신법(新法)이 몰고 올 폐단에 대해 극언하면서 수차례 거부하는 소를 올리고 사양하였다. 《宋史 卷336 司馬光列傳》

시니, 어찌 신이 전하께 기대하던 바이겠습니까.

하물며 전하께서 임어하신 십여 년 동안 위로는 대신과 경재(卿宰)로부터 아래로는 지위가 낮고 자취가 소원한 사람에 이르기까지, 무릇 강요하기 어려운 실정과 능히 겸양하는 일에, 간혹 성상을 면대하여 충정을 진달하거나 간혹 소장을 받들어 스스로 진달하는 경우, 세세히 그 실상을 살피고 자세히 청한 바를 들어주지 않은 경우가 없어서, 사물과 사람을 이루어주는 은택이 신린(臣隣)에게 흡족히 미친 지가 오래입니다. 지금 유독 신만은 반드시 부득이한 연고와 반드시 허락하지 못할 단서가 있지 않은데도, 살펴주시는 은혜를 줄곧 내리지 않고 살려주시는 은혜를 아껴 내리지 않으시니, 신이 감히 알지 못하는 바입니다.

비록 다시 신의 사례로 신의 처지를 말씀드리자면, 훈국(訓局 훈련도감)의 막중함은 금위영(禁衛營)보다 더했고, 위로 진달한 말이 지금보다 공손하였지만, 겨우 두 차례 소를 올림에 곧장 한 번의 윤허를 받았습니다. 그리하여 곁에서 보는 자들이 신을 대신해 감축하였고 온 세상이 영화롭게 보아서, 모두가 말하기를 "성스러운 임금께서 그의 아름다움을 이루어주셨으니, 그 사람도 지우를 입는 데 부끄럽지 않은 사람이다."라고 하였습니다.

지금은 그렇지 않아서, 그 임무로 말하자면 도리어 전날보다 가볍고 그 형세를 논하자면 이미 제수되었던 때와 매우 달라, 괴로운 마음을 신명께 단언하여 맹세의 말을 입에서 내게 되었습니다. 그리고 장독(章牘)이 지금 여러 차례에 이르고 성상의 명에 태만한 지 이미 십여 일을 넘겼으니, 힘써 주청하는 말과 반드시 사직하려는 의리는 지난날보다 백배나 간절하다고 하겠습니다. 그런데 전하께서 조금도 염두에 두지 않으시니, 신이 전후로 입었던 특별한 지우와 몹시 다름에 의아함이 없지 않을 뿐만 아니라, 신에게 묻는 온 세상의 사람들에게 신 또한 응대할 말이 없게 되었습니다. 이것이 또 신이 감히 이해하지 못하는 바입니다.

대체로 처음과 두 번째로 두 통의 소를 올리기 전에 신이 힘을 다해 직무에 달려가는 것은 오히려 핑계를 댈 말이라도 있으나, 처음과 두 번째 두 통의 소를 올린 후에는 비록 미천한 부녀자나 하인배라도 또한 결단코 나아가선 안 됨을 아니, 바로 예의가 없고 부끄러움이 없는 것이 앞서 세 번째 소에 말한 바와 같기 때문입니다.

신이 이를 돌아보고 두려워함이 어찌 제 몸을 위한 계책 때문이겠습니까. 오로지 성상의 인척에 자취를 의탁하여 팔방이 모두 바라보므로, 나아가고 물러나는 즈음에 감히 전하를 위하여 스스로 권면하지 않을 수 없기 때문입니다. 신의 간절한 충정이 여기에 이르러 품은 바를 모두 쏟아냈으니, 혹시 전하께서 일월 같은 밝음을 돌이키고 천지와 같은 사랑을 끼쳐주신다면, 신은 먼저 울다가 나중에 웃을 수 있어서 스스로 사람의 부류에 낄 수 있을 것입니다. 만약 그렇지 못하면 명을 어긴 두려움은 죽음이 있을 뿐이니, 참으로 이른바 "불쌍히 여겨주는 것도 운명이고, 불쌍히 여겨주지 않는 것도 운명이다.〔哀之命也 不哀之亦命.〕"[34]라는 경우입니다. 피눈물을 흘리며 손 모아 다시 호소하오니, 삼가 바라건대 전하께서는 조금만 더 살펴주시기 바랍니다.

**34** 불쌍히……운명이다 : 당나라 한유(韓愈)의 〈응과목여시인서(應科目與時人書)〉에 나온다.

# 비국 당상으로서 죄를 자인하는 차자[35]
以備堂引咎箚

삼가 아뢰니다. 인정이란 안락하게 지내는 것에 익숙해지고 직분이란 태만으로 무너지니, 밝은 세상에서 있어선 안 되는 것입니다. 어제 모든 비당(備堂 비변사의 당상)에 대한 처분이 엄절하여, 거의 해이한 기강을 진작하고 타락한 풍속을 경계할 만했습니다.[36] 신은 가슴 가득 부끄러운 중에 또한 죄가 아니라 영예가 된다는 기쁨을 가누지 못했습니다.

한밤중에 저보(邸報)를 보니 신의 이름이 "선귀침기(旋歸寢已)"[37]란 죄목에 드러나 있었고, 은대(銀臺 승정원)의 신하들은 문비(問備 신문)하라는 명을 받기에 이르렀으니, 신은 또 경악하고 당황하여 더욱 몸

**35** 비국……차자 : 풍고의 나이 48세 때인 1812년(순조12) 7월 21일에 근무태만을 이유로 처벌을 청하며 올린 차자이다. 전날에 임금이 비변사의 근무기강이 병을 핑계로 해이해졌음을 이유로 소속 관원을 엄히 처벌한 일이 있었다. 풍고 또한 비변사 당상으로 병을 이유로 먼저 돌아온 일이 있어 그 책임이 있었음에도 자신의 이름이 처벌의 명단에서 누락되자, 임금의 처벌이 공평함을 잃었음을 이유로 함께 처벌을 청하는 차자를 올렸다. 이 소에 대해 순조는 "경이 빈대에 참여하지 않은 것은 무단히 병을 핑계한 자와 차이가 있으니, 경은 안심하고 사직하지 말라.〔卿之不參賓對, 與無端懸病有異, 卿其安心勿辭.〕"라고 하고서 사관을 보내 비답을 전유케 하였다. 《承政院日記 純祖 12年 7月 20日, 21日》

**36** 어제……만했습니다 : 《승정원일기》와 《순조실록》에 모두 실려 있지 않다.

**37** 선귀침기(旋歸寢已) : 용례가 없어 자세한 의미는 미상인데, 빨리 들어가 직무를 보지 않음을 가리키는 듯하다.

둘 바를 몰랐습니다.

신이 비록 조정의 넉넉한 우대를 받아 모든 체모와 격식이 높은 관직의 다른 경재(卿宰)와 비교해도 매우 같지 않은 점이 있습니다. 그러나 그 관직을 돌아보면 주사(籌司 비변사)의 제거(提擧)이고, 그 이름을 쓴다면 좌목(座目)에서 가장 첫머리입니다. 하물며 평상시의 주좌(籌坐)와 빈대(賓對)에 현병(懸病)[38]하고서 참여하지 않는 것은 전해오는 속규(俗規)에 불과하여 애초에 국전(國典)에 기재되어 있지 않으니, 어제의 현병은 곧 근거가 없는 것입니다. 지금 근거 없이 현병했다는 이유로 여러 신하의 태만한 죄를 특별히 처벌하신 중에, 신이 편의를 취하여 먼저 범한 사람인데도 여럿이 견책을 받는 대열에서 홀로 누락되었습니다. 사리로 헤아려보면 실로 고르지 않은 조치이므로 이는 신 한 사람의 염치에 편안하지 못할 뿐만 아니라, 또한 성상의 조정에서 공평하게 본말을 밝히던 정사와 어긋남이 있습니다.

또 조정에서 관직을 설치하여 직분을 맡기는 것은, 그 이름 때문이 아니라 또한 그 실제를 위해서입니다. 지금 명칭은 '비당(備堂)'이라 하면서 항상 거처함에 비당이 마땅히 행해야 할 일을 행하지 않고, 죄가 있어도 비당이 함께 받아야 할 형벌을 받지 않으니, 조정에 어찌 이런 비당의 실상이 있겠으며, 신 또한 어찌 이런 비당의 이름을 쓸 수 있겠습니까. 이름과 실제가 모두 어그러지고 예의염치에 하나도 마땅한 데가 없으니, 이는 더욱 쓸데없는 군더더기를 제거할 때 먼저 제거해야 마땅한 일입니다. 반복해 생각해보아도 스스로 해명할 길이 없어, 이에 죄를 무릅쓰고 문자를 들여보내 성상의 위엄을 번거롭게

**38** 현병(懸病) : 병으로 결석할 때 그 이유를 기록하는 것이다.

하오니, 삼가 바라건대 명철하신 성상께서는 속히 위엄과 주벌을 내려 형정(刑政)에 치우침이 없고 사적인 의리를 편안케 해주시는 것이 신의 간절한 소원입니다.

# 상전을 사양하는 소[39]

辭賞典疏

삼가 아룁니다. 선대왕의 《어제전서(御製全書)》[40]에 대한 교감과 인쇄를 끝내고 진상하는 예를 마치니, 안으로는 홍벽(弘璧)과 완염(琬琰)의 대열에 끼어 같은 건물에 놓이고,[41] 밖으로는 금궤석실(金匱石室)의 비급과 함께 소장되었습니다.[42] 모훈(謨訓)을 방책(方冊)에 기

**39** 상전을 사양하는 소 : 풍고의 나이 50세 때인 1814년(순조14) 3월 24일에 상전(賞典)을 사양하면서 올린 소이다. 정조의 시문을 모아 《홍재전서(弘齋全書)》를 편찬하는데 풍고는 규장각 검교제학으로 참여하였고, 그 공로로 3월 23일에 김재찬(金載瓚)·심상규(沈象奎)와 함께 숙마(熟馬) 1필을 면대하여 지급받았다. 이 소에 대해 순조는 "경은 사양하지 말고 안심하고 받으라.〔卿其勿辭, 安心領受.〕"라는 비답을 내렸고, 사관을 보내 비답을 전유케 하였다. 《承政院日記 純祖 14年 3月 24日》

**40** 어제전서(御製全書) : 조선 정조의 시문집 《홍재전서(弘齋全書)》를 가리키는데, 60책 필사본과 184책 활자본 두 종이 전한다. 1차 편찬은 1799년(정조23) 서호수(徐浩修)가 중심이 되어 총190편으로 편집하여 60권 60책으로 2벌을 정서하여 정조에게 올렸다. 2차 편찬은 1800년(순조 즉위년) 정조가 승하할 때까지 약 반년간의 저술을 덧붙여 1801년(순조1) 12월에 심상규(沈象奎)가 중심이 되어 총184편으로 편집하였고, 이것을 1814년(순조14) 3월 22일에 규장각에서 184권 100책으로 정리자(整理字) 활자본으로 출간하였다. 풍고는 두 차례 편찬에 모두 참여하였다.

**41** 홍벽(弘璧)과……놓이고 : 국가의 보배가 되었다는 의미이다. 《서경》〈고명(顧命)〉에 강왕(康王)이 등극하는 장면을 묘사하면서 "옥을 오중으로 하며 보물을 진열하니, 적도와 대훈과 홍벽과 완염은 서서에 있고, 대옥과 이옥과 천구와 하도는 동서에 있다.〔越玉五重, 陳寶赤刀大訓弘璧琬琰在西序, 大玉夷玉天球河圖在東序.〕"라고 하였다.

**42** 금궤석실(金匱石室)의……소장되었습니다 : 국가의 중요한 문서와 도서로 보관되었다는 말이다. 금궤석실은 무쇠로 만든 궤와 돌로 지은 집이라는 뜻이다. 《사기(史

록하여 후세에 덕을 끼쳐주매 효성스러운 임금이 갱장(羹墻)의 흠모를 붙이고,[43] 운한(雲漢)이 인간세계에 광채를 날리매 남은 백성들이 궁검(弓劍)의 그리움을 위로받습니다.[44] 신이 이 역사에 직접 참여하여 눈으로 성대한 일을 보매 한편으로 기쁘고 한편으로 서글퍼 무슨 말을 해야 할지 모르겠습니다. 이제 성상께서 노고를 위로하는 은혜를 내려 말을 하사하는 은전을 베푸시니, 더욱 감사와 부끄러움이 교차함을 가눌 수 없습니다.

아! 오늘의 권질(卷帙)은 바로 여러 해 전에 편집하여 만든 것이고, 오늘 인쇄하여 진상한 것은 바로 여러 해 전에 베껴 바친 것입니다. 지난 자취를 회상하니 마치 어제처럼 황홀하여 말을 하고자 해도 목소리가 먼저 잠기고, 바라보고자 해도 눈물이 먼저 흐릅니다. 외로운 충정을 종사(終事)[45]에 바치고, 미천한 이름을 불후(不朽)에 의탁하였

記)》〈태사공자서(太史公自序)〉에 "나 사마천이 태사령이 되어, 옛 역사서의 글과 고사 그리고 석실금궤의 글을 편차하여 서술하였다.〔遷爲太史令, 紬史記石室金匱之書.〕"라고 한 구절이 참고가 된다.

**43** 모훈(謨訓)을……붙이고 : 정조의 시문집을 통해 후세의 제왕이 흠모한다는 의미이다. 갱장(羹墻)의 흠모는 선왕의 모습이 어디서나 보이듯이 몹시 그리워한다는 말이다. 옛날 요(堯) 임금이 죽은 뒤 순(舜) 임금이 3년 동안 지극히 앙모한 나머지 국그릇에서도 요 임금을 보고 담장에서도 요 임금을 보았다는 고사에서 연유한 말이다.

**44** 운한(雲漢)이……위로받습니다 : 하늘 아래 모든 백성이 문집을 보고서 선왕을 그리워하는 심정을 달랜다는 의미이다. 궁검(弓劍)의 그리움이란 선왕을 그리워한다는 말인데, 옛날에 황제(黃帝)가 하늘로 오를 때 황제가 쓰던 활과 검이 함께 땅에 떨어졌다는 고사에서 유래하였다.《史記 卷28 封禪書》

**45** 종사(終事) : 선왕의 일을 마무리한다는 말로, 죽은 임금을 위하여 어제(御製)나 실록(實錄) 등을 편찬하여 생전의 사업과 행적을 정리하는 것을 가리킨다.

으니, 영예가 이미 극에 달하고 소원이 이미 이루어졌거늘, 오히려 무슨 심정으로 다시 포상을 받는단 말입니까. 이에 감히 짧은 소를 엮어서 성상의 위엄을 번독하게 하오니, 삼가 바라건대 속히 상전을 환수하시어 미천한 분수를 편안케 해주신다면 몹시 다행이겠습니다.

## 상전을 사양하는 차자[46]

辭賞典箚

삼가 아룁니다. 신이 지금 전교가 내려온 것을 보니, 《열성어제(列聖御製)》 합부본(合附本)[47]을 편찬하고 인쇄하여 진상한 까닭으로 여러 각신(閣臣)이 모두 상전을 받았는데, 신의 이름도 안구마(鞍具馬)를 면급(面給 직접 면대하여 받음)하는 은전에 끼어 있었습니다. 명을 듣고서 당황하였는데 참으로 오늘날 은상(恩賞)의 범람이 어찌 이런 지경에 이르렀는지 모르겠습니다.

신이 가만히 《국조고사(國朝故事)》[48]를 보고, 또 일찍이 우리 선대

**46** 상전을 사양하는 차자 : 풍고의 나이 50세 때인 1814년(순조14) 6월 25일에 상전(賞典)을 사양하면서 올린 차자이다. 정조의 시문을 모아 《열성어제(列聖御製)》를 편찬하는데 풍고는 규장각 검교제학으로 참여하였고, 그 공로로 김재찬(金載瓚)·심상규(沈象奎)와 함께 안장을 갖춘 내구마 1필을 면대하여 지급받았다.

이 소에 대해 순조는 "경은 사양하지 말고 안심하고 받으라.〔卿其勿辭, 安心領受.〕" 라는 비답을 내렸고 사관을 보내 비답을 전유케 하였다. 《承政院日記 純祖 14年 6月 25日》

**47** 열성어제(列聖御製) 합부본(合附本) : 정조의 어제(御製)를 기존의 《열성어제》에 이어서 편찬한 것을 가리킨다. 정조가 지은 모든 글은 따로 《홍재전서》에 편집되어 있으므로, 이 중에서 어제의 취지에서 벗어나는 학술적 저서는 제거하고 시문을 위주로 모아 편찬하였는데, 김재찬·김조순·심상규 등이 중심이 되어 1814년(순조14) 6월 24일에 22책으로 72권을 인쇄하였다. 《열성어제》는 태조부터 철종까지 총104권으로 구성되어 있다. 태조에서 현종까지가 권1~권8, 숙종이 권9에서 권16, 경종이 권17, 영조가 권18에서 권37, 정조가 권38에서 권77, 순조가 권78에서 권89, 익종이 권90에서 권95, 헌종이 권96에서 권100, 철종이 권101에서 권104에 편차되어 있다.

왕께서 재위하시던 날 기쁨을 돋우고 노고를 치하하는 모든 은전에 대해 엄격하고 간략함에 힘썼음을 목도하였는데, 명령에 드러난 것으로 곧 "한 사람이 비록 여러 가지 일을 겸했더라도 중첩하여 주지 말라." 라는 조목은 열성조께서 서로 계승하여 조금도 어김이 없었습니다. 대체로 세상을 격려하고 풍속을 교화하는 도구는 형벌과 포상인데, 요행과 참람을 조장하는 것은 포상이 더욱 심하므로 신중하기가 이와 같았던 것입니다.

지금 이 합부본(合附本)과 《홍재전서(弘齋全書)》의 어제(御製)를 편찬하는 일은, 일의 체제가 처음부터 두 가지가 아니었고 내리신 명령도 같은 때에 있었습니다. 《홍재전서》를 한창 교정하며 합부본을 또 편집한 것은 시작과 끝이 한가지여서 간격이 있지 않았고, 그 인역(印役)의 선후는 다만 사세(事勢)의 자연스러움에 불과했을 뿐이지 어찌 다른 이유가 있겠습니까. 신이 전서를 진상하던 날에 이미 말을 내려주는 포상을 받았는데, 몇 달이 되지 않아 또 이런 명을 받으니, 노력도 없이 공적도 없이 상을 받는다는 탄식이 앞뒤가 똑같습니다. 그런데 이것을 가지고 겸손히 사양하는 것은 오히려 작은 이유에 속하니, 한 사람이 여러 일을 겸해도 오히려 중첩하여 줄 수 없는데, 한 사람이 한 가지 일을 하고 두 번의 특별한 은전을 받은 것이 옛날에도 이런 경우가 있었습니까. 그러나 이 또한 신 한 몸의 염치에 관계되므로

**48** 국조고사(國朝故事) : 조선 영조 연간에 태조에서 영조 때까지의 일을 뽑아 기록한 책으로 역대 왕의 휘(諱) · 재위연수 · 생몰년 · 능묘 및 각 조정에서 일어났던 역사적 사실을 수록하였다. 필사본 5권 5책으로 저자와 편찬연대가 밝혀지지 않았고, 서발 및 목차가 없다. 한문본과 한글본이 있으며 국립중앙도서관에 소장되어 있다.

또 무엇을 근심하겠습니까. 신이 개탄스러워 하는 바는 바로 오늘날 은상(恩賞)의 범람이 혹시 우리 선왕 및 우리 열성조께서 법령으로 드러낸 본뜻을 어김이 있을까 두렵기 때문입니다.

전(傳)에 이르기를 "잘못하지 아니하며 잊지도 아니하여, 옛날의 제도와 법을 따른다.〔不愆不忘, 率由舊章.〕"[49]라고 하였습니다. 또 말하기를 "선왕이 이루어놓은 법을 살핀다.〔監于先王成憲.〕"[50]라고 하였습니다. 상과 벌은 헌장(憲章 전장제도)의 중대한 일이니, 상을 주면서 신중하지 않으면 어떻게 나라를 다스리겠습니까. 요(堯)·순(舜)을 본받고자 한다면 마땅히 조종(祖宗)을 본받아야 합니다. 지금 전하께서 조종의 큰 사업을 계승하여 선열을 빛내고 후손에 교훈을 끼치는 수단이 구장(舊章)을 말미암고 성헌(成憲)을 본받는 데 있지 않겠습니까.

신이 우매하고 참람하지만 나라를 근심하고 임금을 사랑함을 가누지 못해, 단서를 계기로 힘쓰시기를 촉구하며 성상의 위엄에 저촉됨을 피하지 못하오니, 삼가 바라건대 전하께서는 굽어 살피시어 속히 신에게 내린 상전을 환수하시고, 이어 지금부터 명군들이 상벌을 신중히 한 경계에 더욱 힘쓰시어 세상을 권면하고 풍속을 교화하는 도구가 범람하는 데 이르지 않게 하신다면 국가에 몹시 다행이겠습니다.

**49** 잘못하지……따른다 : 《시경》 〈가락(假樂)〉에 나온다. 이 시는 성왕(成王)의 훌륭한 덕을 아름답게 여겨 읊은 시이다.

**50** 선왕이……살핀다 : 《서경》 〈열명 하(說命下)〉에 나오는 말로, 상(商)나라 재상 부열(傅說)이 고종(高宗)에게 선왕의 법을 준수하기를 간언한 말이다.

# 임금의 환후가 회복된 뒤에 내려온 상전을 사양하는 차자[51]

## 上候平復後 辭賞典箚

삼가 아뢥니다. 황천(皇天)과 조종(祖宗)께서 묵묵히 도우시어, 옥도(玉度)[52]가 점차 평온한 데 이르매 성대한 의식으로 장차 축하를 거행하려고 하고, 전궁(殿宮)께서 근심에서 벗어나 기뻐하시매 중외(中外)가 서로 고하며 떠들썩하게 기뻐합니다. 이는 참으로 우리 동방의 더없이 성대하고 무한한 경사이므로 어찌 거친 말과 졸렬한 붓으로 그 만분의 일이라도 형용할 수 있겠습니까.

질병 뒤에 선(善)의 단서가 생기고,[53] 병이 약간 나아살 때 너 조심하란 경계[54]는 옛날 현철(賢哲)의 격언이며 지론입니다. 삼가 바라건대

51 임금의……차자 : 풍고의 나이 51세 때인 1815년(순조15) 1월 5일에 상전을 사양하며 올린 차자이다. 순조는 지난해 10월경부터 변비에 시달려 백여 일을 탕약을 복용해 치료했는데, 새해가 되어 평온해지자 1월 4일에 그간 수고한 신료들에게 포상을 내렸다. 풍고에게는 별입직(別入直)의 공로로 안구마(鞍具馬)를 면대하여 지급하고, 아들·사위·동생·조카 중에 한 사람을 초사(初仕)에 조용(調用)하게 하였다. 이 차자에 대해 순조는 "경은 사양하지 말고 안심하고 받으라.〔卿其勿辭, 安心領受.〕"라고 하고서 사관을 보내 비답을 전유케 하였다. 《承政院日記 純祖 15年 1月 4日, 5日》

52 옥도(玉度) : 임금이나 왕후의 기거하는 모양이나 건강을 가리키는 말이다.

53 질병……생기고 : 누군가의 질병이 나았을 때 좋은 말로 위로하며 자주 인용하는 말 중 하나이다.

54 병이……경계 : 한(漢)나라 유향(劉向)의 《설원(說苑)》〈경신(敬愼)〉에 "관직은 벼슬의 꿈을 이루었다고 생각하면서 태만해지고, 병은 조금 나아지면서 덧나게 되며, 화는 게으름에서 생겨나고, 효는 처자 때문에 쇠해진다. 이 네 가지를 잘 살펴서 처음 시작할 때처럼 끝까지 신중히 해야 한다.〔官怠於宦成, 病加於少愈, 禍生於懈惰, 孝衰於

전하께서는 이미 나았다고 하여 질병의 근심을 잊지 마시고, 대략 편안해졌다 하여 혹시라도 힘써야 할 방도에 소홀해서는 안 됩니다. 하늘의 강건(剛健)함을 본받고 하늘의 덕에 부합하여 건강한 복을 누리시고 분발하고 격려할 계책을 넓히시어, 우리 백관들과 만백성이 손 모아 기도하고 눈 비비며 기대하는 정성에 답하신다면, 어찌 아름답지 않겠으며, 어찌 성대하지 않겠습니까.

이어 생각건대 신이 이번 상전(賞典)에 대해 두렵고 부끄러운 심정을 견디기 어려움이 있습니다. 궁궐 안을 출입하며 성상의 기거를 보호하는 것이 바로 신과 같은 자의 떳떳한 분수입니다. 가령 참으로 기록할 노고가 있더라도 본래 언급해서는 안 되는데, 하물며 백여 일 동안 대열을 따라서 나아가고 대열을 따라서 물러나온 데 불과하여, 실제 티끌만큼의 공효도 없이 다만 외람된 죄만 쌓았습니다. 그런데 안장을 갖춘 내구마를 하사하시고 집안사람을 초사(初仕)에 진출시키도록 한 것은 모두 이른바 가장 높은 특별한 은전입니다. 어떤 공로가 있기에 외정(外廷)에서 상약(嘗藥)[55]한 신하들과 섞여 함께 받는단 말입니까. 신의 얼굴이 화끈하고 등에 땀이 흥건한 것은 본래 돌아볼 것도 없으나, 상벌을 신중히 했던 큰 덕에 손상이 있지 않겠습니까. 이에 감히 문자를 들여보내서 미천한 진심을 드러내오니, 삼가 바라건대 속히 환수를 명하시어 성조(聖朝)에서 은상을 신중히 하는 뜻을 보이신다면 몹시 다행이겠습니다.

妻子, 察此四者, 愼終如始.〕"라는 말이 나온다.

**55** 상약(嘗藥) : 윗사람에게 약을 올리기 전에 먼저 맛보는 것을 말한다. 《예기》 〈곡례 하(曲禮下)〉에 "임금이 병에 걸려 약을 먹을 때는 신하가 먼저 맛보고, 어버이가 병에 걸려 약을 먹을 때는 자식이 먼저 맛본다.〔君有疾飮藥, 臣先嘗之, 親有疾飮藥, 子先嘗之.〕"라는 말이 나온다.

## 각권하는 날에 죄를 청한 차자[56]

閣圈日請罪箚

삼가 아룁니다. 각권(閣圈)을 행하라는 명에 신이 검교제학(檢校提學)[57]의 직함을 띠고 있으므로 아패(牙牌 소명패)가 이르렀으니, 신의 불사가구(不竢駕屨)[58]의 의리로 보면, 본래 즉시 직임에 달려가 봉행하기에도 겨를이 없어야 마땅합니다. 그런데 신은 초봄 이래로 오래도록 질병에 걸려 심해졌다 덜해지기가 일정치 않음에 따라, 피로가 극에 달하여 세상에 대한 생각이 차갑게 식었고 고질병에 신음하느라 생기가 온통 사라졌습니다. 이런 까닭으로 임금을 호종하는 반열

**56** 각권하는……차자 : 풍고의 나이 53세 때인 1817년(순조17) 4월 6일에 질병으로 각권(閣圈)에 참여하지 못함을 이유로 처벌을 요청하며 올린 차자이다. 각권이란 규장각의 벼슬아치를 뽑을 때, 제학(提學) 이하 여러 사람이 각각 뽑고자 하는 사람의 성명 아래에 권점(圈點)을 찍어 그 점수의 많고 적음에 따라 뽑는 일을 가리킨다. 앞서 4월 5일에 순조의 명으로 다음 날 각권을 행하라는 전교가 있었는데, 풍고는 현재 질병이 심하여 참석할 수 없을뿐더러 사정이 그러지 않을 수 없음을 이유로 이 소를 올렸다. 이 소에 대해 순조는 "질병이 있다니 염려가 된다. 경은 사양하지 말고 안심하고 조리하여 병이 차도가 있거든 들어와 회권을 완료하라.〔愼節奉慮, 卿其勿辭, 安心調理, 俟病差入來完圈.〕"라고 하고서 사관을 보내 비답을 전유케 하였다. 《承政院日記 純祖 17年 4月 5日, 6日》

**57** 검교제학(檢校提學) : 규장각 제학(提學)이나 직각(直閣)의 현임자가 사고가 있을 때에 전임자들의 이름을 모두 써서 임금께 올려 낙점을 받아 임시로 그 사무를 맡게 하는 경우, 앞에 검교를 붙인다.

**58** 불사가구(不竢駕屨) : 임금이 부르면 수레에 멍에 매기를 기다리지 않고 신도 제대로 신지 않고서 곧장 출발하는 것을 말한다. 《論語 鄕黨》

과 대궐에서 하례하는 의절에 모두 여러 신료의 뒤를 따를 수 없어서, 열흘마다 한 달마다 성상의 기거를 살피던 일을 누락한 것이 장차 백여 일에 이르게 되었으니, 이 어찌 신이 즐겨서 그렇게 한 것이겠습니까. 질병을 앓는 중에도 본디 또 그럴 수밖에 없는 점이 있는데, 삼가 생각건대 명철하신 성상께서 혹 이미 이것을 살피셨을 듯합니다.

아패(牙牌)의 체모가 중대하므로 의례로 보면 감히 어겨선 안 되는데, 현재 질병의 증상이 근래 더욱 심해져 침상에서 전전하느라 움직일 길이 없습니다. 앞을 보나 뒤를 보나 신의 분수가 온통 무너졌으니, 신이 이런 지경이 되어 살아도 죽느니만 못합니다.

이제 감히 바삐 짧은 차자를 진달하여 성상의 존엄을 번거롭게 하오니, 삼가 바라건대 명철하신 성상께서는 속히 신이 명을 어긴 죄를 다스려 오랜 법도를 보존시키고, 이어 신의 검교 직임을 체직시켜 각권의 일이 지체됨이 없도록 해주신다면 몹시 다행일 것입니다.

## 두 번째 소[59]

再疏

삼가 아뢰니다. 신이 근심 어린 큰 걱정을 안고 온몸 가득 병마저 걸려, 거듭 전하의 명에 태만한 죄를 지어가며 다시 번거롭게 성상께 호소하는 거조를 취하였으니, 오직 엄한 처벌이 내려오기를 기다리고 있었습니다. 그런데 전하께서는 견책을 더하지 않으셨을 뿐만 아니라, 밤중에 사관을 보내서 비답을 전하시니, 처음에서 끝까지 163자[60]

**59** 두 번째 소 : 풍고의 나이 53세 때인 1817년(순조17) 4월 17일에 죄를 청하며 다시 올린 소이다. 이에 대해 순조는 "일전의 비답에서 나의 마음을 펴 보여 거의 경의 이해를 얻은 것으로 여겼는데, 어쩌자고 또 이토록 굳이 인책하는가. 매우 지나친 일이다. 모든 일은 분수에서 벗어나지 말아야 하는데, 지금 경이 한 말이 과연 분수에 꼭 합당하다고 여기는가. 기왕에 흉악한 무리의 헐뜯고 이간하려는 기괄(機括)이었음을 알았으면서도, 만일 경이 처신하려는 바가 처의(處義)라고 간주한다면, 구구한 걱정은 다만 그들의 소원에 맞춰주는 일이 될 뿐만 아닐 터인데, 경은 어찌하여 여기에는 생각이 미치지 못하고 거취를 이토록 쉽게 하려는가. 그윽이 경을 위하여 개연(慨然)하게 여기지 않을 수 없다. 경은 모름지기 나의 이러한 뜻을 체념(體念)하여 즉시 들어와 문안하도록 하라. 회권의 일을 강박할 수는 없으나, 경이 들어온 다음 하교하겠다.〔前日之批敷予之衷, 而庶幾見諒於卿矣, 又何爲而如是强引乎? 萬萬過矣. 凡事無出於分數上, 今卿所言果切當於分數乎? 旣知其怪鬼輩甚間之機括, 而如卿所處者看作處義, 則區區憂慮非但適中其願而已, 卿何不念及於此, 而去就之容易乃爾耶? 竊爲卿不能無慨. 卿須體予此意, 卽爲承候. 圈事雖不得强迫, 待卿入來下敎矣.〕"라고 하고서 사관을 보내 비답을 전유케 하였다.《純祖實錄 17年 4月 17日》《承政院日記 純祖 17年 4月 17日》

**60** 163자 : 이 비답은 《순조실록》에는 4월 17일에 실려 있으나, 《승정원일기》에는 4월 9일에 실려 있다. 본래 풍고가 첫 번째 차자를 올리자 순조는 조리한 뒤에 회권을 완수하라는 짧은 비답을 내렸는데, 풍고가 재차 사직하는 차자를 올리자 순조가 다시

가 말마다 정중하고 글자마다 유례가 없었습니다. 간사한 무리의 정상(情狀)을 밝게 살피심은 사물의 모양을 나타낸 솥[61]에 비할 뿐이 아니었고, 미천한 신하의 맺힌 심정을 살펴주심은 밝은 햇빛이 비추

긴 비답을 내렸다. 풍고가 재차 올린 차자는 문집이나 실록에 모두 누락되어 알 수 없으나, 비답은 실록에 다음과 같이 실려 있는데, 아마 163글자는 전후의 형식적인 문구를 모두 포함한 수치인 듯하다. "일전의 차자 중에 사정이 그러지 않을 수 없다는 말이 있었으나, 내가 미처 생각지 못하였다. 지금 또 새로 올라온 차자를 보니, 비단 신절(愼節)이 있는 것만이 아니라, 필시 접때 흉악한 무리의 기록에 있는 말을 불안하게 여긴 것 같은데, 이 어찌 말이나 되는 일이겠는가? 저들의 기록에서 운운한 것들은 두서도 없고 경위도 없이 근거 없는 말을 만들어내어 의심스럽게 만들고 거짓을 꾸며 남을 핍박하려 한 것이니, 그 뜻이 어디에 있었는지를 누군들 모르겠는가? 다른 사람이라 할지라도 마음에 둘 필요가 없는 일이거늘, 하물며 경에 있어서이겠는가? 내가 평소에 경에게 바랐던 바가 과연 어떠했는가? 그리고 나에게 부족함이 있으면 그 부족함을 깨우쳐 조금이라도 허물을 적게 하는 것이 경의 책임이거늘, 경은 도리어 이와 같이 하찮은 일로 구구하게 억지로 인책하니, 어찌 천부당만부당한 일이 아니겠는가? 병의 차도가 있을 때에 들어와 문안하고 이어 회권을 행하도록 하라.〔日前箚中有不得不然之語, 而予未及思之矣. 今又見來箚, 非但有愼節, 必以向來怪鬼錄說爲難安, 此豈成說乎? 彼錄所爲云云, 無倫無脊, 做出無根之說, 欲爲疑難誣逼之凶計者. 其心所在, 人孰不知? 在他人尙不足介懷, 而況卿乎? 予於平日所望於卿者, 果何如? 而予有不逮, 則開釋寡昧, 庶幾寡過, 惟卿之責. 卿反以似此不屑之事, 區區强引, 豈非千萬不當乎? 俟病間入來承候, 仍行會圈.〕"《純祖實錄 17年 4月 17日》《承政院日記 純祖 17年 4月 9日》

**61** 사물의……솥 : 옛날 제왕이 왕조를 세울 때 반드시 새로 솥을 주조하여 나라의 중요한 기물로 삼았는데, 여기서는 특히 우(禹) 임금이 주조한 솥을 말한다. 《춘추좌씨전》 〈선공(宣公)〉 3년에 "구주(九州)의 목백(牧伯)에게 금을 바치게 하여 아홉 개의 솥을 주조하여 원방에서 올린 물상을 새겨 넣고 백물(百物)을 새겨 넣어 백성들로 하여금 귀신의 간사한 정상을 알 수 있게 대비하였다. 그러므로 백성들이 천택과 산림에 들어가도 불순(不順)함을 만나지 않았고 도깨비를 만나지도 않았다.〔貢金九牧, 鑄鼎象物, 百物而爲之備, 使民知神姦. 故民入川澤山林, 不逢不若, 螭魅罔兩, 莫能逢之.〕"라고 하였다.

는 데[62] 비할 뿐이 아니었습니다.

하물며 힘쓰기를 다그치신 하교는 평소와 아주 달라서, 더욱 썩은 거름 같은 미천한 신하가 바라거나 받들 수 있는 바가 아니었으니, 고금을 헤아려보건대 신하가 되어 군부(君父)에게 이런 대우를 받은 자가 몇 명이나 되겠습니까. 가령 신이 곧장 구렁텅이에 떨어지더라도 어찌 털끝만 한 유감이 있겠으며, 가령 신이 정수리부터 발뒤꿈치까지 갈리더라도 어찌 이런 큰 은혜와 지극한 사랑의 만분의 일이나마 보답할 수 있겠습니까. 백번을 받들어 읽어도 눈물이 얼굴을 덮을 뿐입니다. 비록 그렇지만 신의 미천한 심정에 대해 신은 밝혀 말하고 싶지 않았는데, 전하께서 이미 헤아리시고 분명하게 하교하셨으니, 신은 청컨대 이 기회를 빌려 신의 심정이 반드시 자정(自靖)[63]하고 싶다는 점을 밝게 진달하고자 합니다.

아! 신은 본래 어리석어 사람 축에도 끼지 못하였는데, 약관의 나이 때부터 우리 선대왕의 지우(知遇)의 은혜를 지나치게 입어, 위포(韋布) 속에서 발탁되어 유악(帷幄 시종신)의 대열에 두었습니다. 가르치고 깨우치기를 은혜롭고 부지런히 하시면서 신에 대해 "우직하며 숨김이 없다."라고까지 말씀하셨으니, 신은 오히려 자신도 속이지 못하거늘 어떻게 임금을 속이겠습니까? 평소에 선왕의 영광스러운 칭찬이 연석(筵席)의 하교에서 나오다가, 말년에 이르러서는 자주 심복(心腹)

62 밝은……데 : 《맹자》 〈진심 상(盡心上)〉에 "해와 달은 밝음 덩어리라, 빛을 받아들일 만한 곳은 반드시 모두 비춰준다.〔日月有明, 容光必照焉.〕"라는 말이 있다.

63 자정(自靖) : 각자 도리를 지켜 스스로 편안히 지내는 것을 말한다. 《서경》 〈미자(微子)〉에 "스스로 도리에 편안히 처하여 각자 선왕에게 고하라. 나는 여기를 떠나 숨지 않겠다.〔自靖, 人自獻于先王, 我不顧行遯.〕"라고 한 말이 참고가 된다.

에 든 하교를 내리셨고 드디어는 왕실의 인척에 자취가 끼이기에 이르렀으니,[64] 말을 하려면 눈물이 먼저 앞을 가리고 생각하면 마음이 먼저 막힙니다. 이것은 모두 전하께서 친히 겪으시고 환히 아시는 바입니다.

신이 전하를 섬긴 지도 벌써 17, 8년이나 되었는데, 처지는 전과 다르고 관수(官守)의 책임도 없어 비록 털끝만큼이라도 보답했다고 할 만한 실적이 없으나, 오직 이 심혈을 다하려는 의리와 충성을 바치려는 마음만은 감히 우직한 본성에서 바꾼 적이 없습니다. 진실로 혹시 불의한 일을 아뢴다거나 성현의 법도에 어긋나는 일이 있다면, 이는 윤리를 범하고 하늘을 업신여기는 것이니, 또한 반드시 밝으신 연감(淵鑑 임금의 살핌)에서 도망치지 못할 것입니다.

신의 본말과 장단은 이와 같은 데 지나지 않습니다. 그러나 앞날은 이미 정해졌고 노년은 벌써 닥쳤는데, 날로 낮아지는 세속에 끼어 끝없이 험한 길을 걷고 있으니, 하늘의 신령함에 힘입어 다행히 들창 아래 누워서 죽을 수 있다면, 위로는 선왕께서 발탁해주신 은혜를 욕되게 하지 않을 것이고, 중간으로는 전하의 평명(平明)하신 다스림에 누를 끼치지 않을 것이며, 아래로는 타고난 성품을 온전히 지녔다가 하늘에 돌려줄 수 있을 것입니다. 신의 괴로운 심정과 지극한 소원은 천지신명께서 굽어 살피실 것입니다만, 결국 처세에 어둡고 너무 자신을 믿으며, 기미를 보는 것이 빠르지 못하고 방향을 잡지 못함이 갈수록 심해

**64** 왕실의……이르렀으니 : 풍고의 딸이 세자빈이 되어 외척이 된 것을 것을 말한다. 풍고의 딸이 1800년(정조24) 2월 26일에 창경궁 집복헌(集福軒)에서 초간택, 윤4월 9일에 재간택이 되었는데, 6월에 정조가 승하하여 미뤄져 1802년(순조2) 9월 6일에 삼간택을 거쳐 순조의 비가 되었다.

져, 하루아침에 괴귀(怪鬼)하고 불령(不逞)한 무리에게 농락을 당하게 되었습니다. 은연중에 해치고 이간질함에는 신의 몸을 빌려 고주(孤注 마지막 밑천)를 삼았고, 몰래 기괄(機栝 방아쇠)을 감춤에는 신의 벗을 설훤(楔楦 요긴한 구실)으로 여겼습니다.[65] 미친 물결이 평지에서 일어나고 의심스러운 구름이 해를 가리니, 흉측한 기록이 전파되매 현명하든 어리석든 모두 판단이 흐려지고, 옥사의 진실이 모호하매 여론이 모두 의혹에 빠져, 수군거리고 흘겨보면서 오늘에 이르도록 그치지 않고 있습니다.

대체로 사람과 사람 사이에는 아는 자가 항상 적고 모르는 자가 항상 많은 법입니다. 신이 이미 집집마다 찾아다니면서 그렇지 않음을 밝힐 수도 없으니, 남을 시기한 악행과 남을 무함한 대죄에 대해 가깝게는 조정관리의 말과 멀게는 팔방의 이목에 이르기까지, 신을 아는 사람은 그래도 신을 이해할 터이지만, 신을 모르는 사람은 장차 신에 대하여 뭐라고 말하겠습니까?

신이 이에 삼가 생각하니, 첫째는 신의 행실에 바탕이 없기 때문이

**65** 하루아침에……여겼습니다 : 앞서 3월 16일에 역모죄인 채수영(蔡壽永, ?~1817)을 추국한 일이 있는데, 이 사건에 연루된 것으로 추정된다. 채수영은 김계호(金啓浩)·안유겸(安有謙)·박충준(朴忠俊) 등을 동조자를 규합하여 역모를 계획하였는데, 홍경래(洪景來)가 살아 있다는 말로 민심을 선동하고, 군사를 일으켜 전라·충청 감영을 습격한 뒤에 서울로 쳐들어가 고관들을 살해하고 강화도에 유배 중인 은언군(恩彦君)의 아들 철득(鐵得)을 옹립하려는 계획이었으나, 공모자 박충준의 고발로 실패하여 대역죄인으로 처형되었다. 《純祖實錄 17年 3月 16日》《承政院日記 純祖 17年 3月 16日》 이 역모사건에 홍경래가 등장한 것으로 보건대, 당시 홍경래에게 투항한 선천부사(宣川府使) 김익순(金益淳, 1764~1812)이 장동 김씨이므로 이 사건의 와중에 풍고는 물론 친구까지 이름이 언급된 듯하나 자세한 내막은 미상이다.

고, 둘째는 신이 불행하게도 세상에 살아 있기 때문입니다. 충신독경(忠信篤敬)은 성인의 훈계에 분명한데도[66] 신은 행하지 못하였고, 몸을 가지고 있는 것이 큰 걱정거리임을 지인(至人)이 탄식하였는데도[67] 신은 사실 그 길을 밟고 있는 셈입니다. 신이 양(梁)나라와 초(楚)나라 사이에서 비방을 듣게 된 것도[68] 아! 또한 이상할 것이 없습니다.

신이 또 삼가 생각하니, 사람의 마음이란 본래 또한 남을 시기하고 무함하는 마음이 있기 때문에 남도 이런 마음을 가지고 있는 것으로 의심하고, 사람의 일이란 본래 또한 남을 시기하고 무함하는 일이 있기 때문에 남도 이런 일을 하리라고 여기기 때문에, 신이 사람을 두려워하는 것 역시 남이 신에게 가하는 것과 같으니, 어떻게 마음에 편안할 수 있겠습니까?

신의 마음은 신이 스스로 알고 있고 성명께서 위에 임해 계시므로 본래 가책될 것도 두려울 것도 없습니다. 그러나 투저(投杼)[69]란 여러

**66** 충신독경(忠信篤敬)은……분명한데도 : 《논어》 〈위령공(衛靈公)〉에 공자가 "말이 충성스럽고 믿음직하며 행실이 독실하고 공경스러우면, 비록 오랑캐 나라에 가더라도 제대로 행할 수가 있다.〔言忠信, 行篤敬, 雖蠻貊之邦, 行矣.〕"라고 하였다.

**67** 몸을……탄식하였는데도 : 노자(老子)의 《도덕경(道德經)》에 나오는 말로 "내게 큰 근심이 있는 까닭은 내 몸이 있기 때문이니, 내 몸이 없어짐에 이른다면 무슨 근심이 있겠는가.〔吾所以有大患, 爲我有身, 及我無身, 吾有何患?〕"라고 하였다.

**68** 양(梁)나라와……것도 : 큰 비방을 당했다는 말이다. 한(漢)나라 유방(劉邦)의 장수인 계포(季布)가 신의가 있어 초(楚) 땅에서 명성이 있었는데, 조구(曹邱)가 계포에게 묻기를 "초(楚)나라 사람들의 말에 황금 1백 근을 얻는 것이 계포의 승낙 한 번 얻느니만 못하다고 하는데 그대는 어떻게 양초 지역에서 이런 명성을 얻었습니까?"라고 말한 고사가 있는데, 여기에서는 반어적으로 쓰였다. 《史記 卷100 季布欒布列傳》

**69** 투저(投杼) : 사실무근의 엉뚱한 소문도 자꾸 듣다 보면 사실처럼 인정하게 된다는

번 반복하는 데에서 일어나기도 하고, 겸시(鉗市)[70]란 간혹 제때 떠나지 않은 데에서 연유하기도 하니, 신이야 어찌 말할 나위가 있겠습니까마는, 조정에 욕이 미치게 될 것입니다. 또 혹시 신이 오늘 하는 말이 마음과 입이 따로 호응하여, 이미 스스로를 보호하려고 다시금 임금을 기망하게 된다면 조정에서 포용해줌이 또한 형벌의 도리를 크게 잃는 경우가 아니겠습니까.

옥사(獄事)가 마무리된 뒤로 반복해서 헤아리면서 처신할 바를 생각해보니, 오직 문을 닫고 조용히 들어앉아 죽는 날까지 스스로 몸을 지키는 것뿐입니다. 이것이 어찌 신이 전하와 사이를 두는 것을 달갑게 여겨 그런 것이겠습니까? 그 마음이 결백하게 드러나지 않고 그 일이 분명하게 밝혀지지 않으면, 참으로 전하를 뵐 면목이 없을 것입니다.

제 몸의 결백함으로 사물의 혼탁함을 받는 것은 옛사람도 능히 하지 않았던 바이고, 헐뜯고 모욕하는 비방에 걸려 선왕의 밝으심을 실추시키

말이다. 옛날 공자의 제자 증삼(曾參)과 이름이 같은 자가 살인을 저질렀는데, 어떤 사람이 와서 베를 짜고 있는 증삼의 어머니에게 증삼이 사람을 죽였다고 전하니, 증삼의 어머니가 처음에는 그 말을 믿으려 하지 않다가 세 번 반복하여 사람을 죽였다고 하자, 베짜던 북을 던지고 달아났다는 고사가 있다. 《戰國策 秦策》

**70** 겸시(鉗市) : 목에 칼을 쓰고 저자를 돌아다니는 형벌을 가리킨다. 신공(申公)과 백생(白生)과 목생(穆生)이 동시에 전한(前漢)의 초 원왕(楚元王)을 섬겼는데, 원왕은 목생이 술을 좋아하지 않는 것을 알고는 늘 감주[醴]를 준비하였다. 뒤에 원왕의 손자 왕무(王戊)가 왕위에 올라 깜박 잊고서 감주를 내놓지 않자, 목생은 "이제 떠나가야겠다. 감주를 내놓지 않은 것은 왕의 뜻이 태만해진 것이니, 떠나지 않는다면 초나라 사람들이 장차 나의 목에 쇠사슬을 걸고 저잣거리를 끌고 다닐 것이다.[可以逝矣, 醴酒不設, 王之意怠, 不去, 楚人將鉗我於市.]"라고 하고 떠났다. 신공과 백생은 계속 남아 있다가 결국에는 쇠사슬에 줄줄이 묶여 붉은 옷을 몸에 걸치고 저잣거리에서 절구질하는 치욕을 당하였다고 한다. 《漢書 卷36 楚元王傳》

는 것은 또 옛사람이 크게 두려워했던 바였습니다. 신이 비록 불초하오나 또한 일찍이 이러한 의리에 대해 대강 들었으니, 감히 그 초심(初心)을 스스로 저버리고 자면(自勉)하는 도리를 다하지 않을 수 있겠습니까.

신이 이러한 마음을 간직한 세월이 또한 오래되었으나, 두렵고 부끄러워 입을 다물고 감히 말하지 못하다가, 이제야 비로소 죽음을 무릅쓰고 낱낱이 진달합니다.

아! 신이 처한 바가 이미 남들과는 다르므로, 혹 조가(朝家)에 화급한 일이 있을 때에는 진실로 사력을 다할 의리가 있다고 할 수 있으나, 다시 부끄러움을 안고 수치를 무릅쓴 채 평소 아무런 일이 없던 때처럼 띠를 갖추고 달려가는 것은 신이 감히 하지 못할 일입니다. 신을 알아주고 신을 죄줌이 실로 여기에 달려 있으니, 전하께서는 신을 불쌍히 여겨주시고 양찰해주시기 바랍니다.

각권(閣圈)하라는 명에 대해서는 신이 나아가고 나아가지 않는 것이 원래 회권(會圈)하는 일과 관계되지 않았고, 또한 신이 아니고선 할 수 없는 일도 아니니, 성상께서 내리신 명이 신을 기다리느라 늦어지는 것도 몹시 구차한 일이므로 삼가 바라건대 특별히 다른 신료에게 신칙하시어 속히 거행토록 하소서.

# 세 번째 소[71]

三疏

삼가 아룁니다. 신이 얼마 전 보잘것없는 신조로써 외람되이 간절한 심정을 피력하였는데, 비지(批旨)를 받자오매 자세히 타이르신 말씀이 이미 부지런하고도 지극하였고, '분수(分數)에 마땅치 않다'는 말씀으로써 권면하시기까지 하셨으니, 신은 참으로 두렵고도 감격스러웠고 이어 부끄러우면서 억울하지 않을 수 없었습니다.

무릇 사람의 일이란 중도를 얻기가 어려우므로 성인께서 "지나친 것은 미치지 못한 것과 같다.〔過猶不及.〕"라는 탄식을 하였습니다.[72] 지금 신이 말한 바가 이미 금저울로 달아볼 수 있는 의리가 아니니, 성상께서 살피시어 과분(過分)하다고 하신 말씀이 지당하지 않은 바가 아닙니다. 그러나 우매한 신이 망령되게 헤아려보면 일월 같은 밝음으로

**71** 세 번째 소 : 풍고의 나이 53세 때인 1817년(순조17) 4월 24일에 죄를 청하며 세 번째로 올린 소이다. 《순조실록》에는 4월 17일에 실려 있고, 《승정원일기》에는 4월 24일에 실려 있어 날짜가 각기 다르다. 이 소에 대해 순조는 "이것이 경에게는 과연 횡역(橫逆)이 닥친 것이라 하겠지만, 횡역은 성인도 면할 수 없는 것이니, 어찌 털끝만치라도 미진함이 있어서 초래한 것이겠는가. 또한 이 때문에 자수(自守)·자정(自靖)한 이가 있었다는 말은 듣지 못하였으니, 경의 소에서 운운한 것이 어찌 너무 지나친 것이 아니겠는가? 전후의 비답에서 이미 나의 뜻을 다 말하였으니, 경은 속히 생각을 바꾸어 즉시 들어오기 바란다.〔此於卿, 果是橫逆之來, 橫逆之來, 聖亦不免, 寧或有一毫未盡而致之? 未聞又以此有自守自靖者, 卿疏云云, 豈不萬萬過當乎? 前後之批, 已悉予意, 望卿亟思幡然改圖, 卽爲入來.〕"라고 하고서 사관을 보내 비답을 전유케 하였다. 《純祖實錄 17年 4月 17日》《承政院日記 純祖 17年 4月 24日》

**72** 성인께서……하였습니다 : 《논어》〈선진(先進)〉에 나온다.

도 신의 본심을 비추어보는 데에 오히려 미진함이 있다고 생각합니다.

아! 신이 우둔하여 변통할 줄 모르지만, 어찌 오로지 괴귀(怪鬼)하고 불령(不逞)한 무리에게 농락당한 바 되었다 하여, 성난 모양으로 남들이 서로 교결(較絜 결백을 다툼)하는 것을 본받을 수 있겠습니까. 마음속으로 스스로 신이 몸가짐에 사려가 없고 처세의 방도에 어두워서 횡역(橫逆)이 이르게 된 것을 부끄럽게 여기고 미워하는 것을 애달파하는 것입니다. 전하께서는 이런 말이 어찌하여 신에게 이르렀는지 한번 생각해보소서. 가령 신이 남들에게 감명과 미더움을 줄 만한 성신(誠信)이 있었다면, 이 말이 이르렀겠습니까? 필시 이르지 않았을 것입니다. 가령 신이 동시대를 진복(鎭服)하게 할 만한 위중(威重)이 있었다면, 이 말이 이르렀겠습니까? 필시 이르지 않았을 것입니다. 가령 신이 자취와 모습을 감추어 남들이 그 생사를 알지 못하게 했다면 이 말이 이르렀겠습니까? 필시 이르지 않았을 것입니다. 이 세 가지 중에서 신은 한 가지도 갖추지 못한 채 한갓 성상의 은택만 입고 오래도록 험난함을 건너오면서, 나아가서는 간언을 올리는[73] 정성이 모자랐고 물러나서는 밝고 사려 깊은 경계도 없었습니다. 변화시키기 어려운 것이 기질인데 서툴고 우둔함은 더욱 심해지고, 두려워할 만한 것은 물리(物理)인데 차고 넘치기를 그치지 않았으니, 필경에는 귀신과 물여우 같은 무리로 하여금 야유하는 작태를 부리게 하고 그 도둑질할

**73** 간언을 올리는 : 원문은 '납약(納約)'인데 신하가 임금에게 진언을 할 때에도 임금이 마음에서 밝게 아는 곳부터 말하여 설득해야 한다는 말이다. 《주역》 〈감괘(坎卦) 육사(六四)〉에 "말씀을 들이되 환한 곳부터 하면 끝내 허물이 없으리라.〔納約自牖, 終无咎.〕"라고 하였다.

기회를 시험케 한 것입니다. 그것을 옛날에 이른바 "덕은 요사스러움을 이긴다.〔德勝妖.〕"[74]라는 말과 "지혜는 재앙을 멀리할 수 있다.〔智遠害〕"[75]라는 말에 견주어보면 과연 어떻겠습니까?

마음을 움직이고 성품을 인내시키는 것[76]과 내 몸에 돌이켜서 스스로 자책하는 것[77]은 모두 성인의 지극한 훈계이니, 분비(憤悱)의 마음을 계발하여 수오(羞惡)의 단서를 확충하는 방도입니다. 신이 여기에서 나쁜 소리를 들으면 마치 바람이 귀를 지나듯 여기고, 탁한 물을 보면 오히려 발을 씻을 수 있다고 생각하여, 태연히 스스로 알아채지도 못하

**74** 덕은 요사스러움을 이긴다 : 은(殷)나라 중종(中宗) 때에 요괴스러운 뽕나무가 조정 뜰에 자라나자, 이척(伊陟)이란 신하가 "신이 듣건대, 요얼(妖孽)은 덕을 이기지 못한다고 하였는데, 임금님의 정치에 결점이 있을지도 모르니, 임금님은 덕을 닦으십시오.〔臣聞妖不勝德, 帝之政其有闕與, 帝其修德.〕"라고 간언하였는데, 중종이 그 말을 듣고 덕을 닦으니 뽕나무가 말라 죽었다는 고사가 전한다. 《史記 卷3 殷本紀》

**75** 지혜는……있다 : 한(漢)나라 유향(劉向)의 〈열녀전(列女傳)〉에 "대저 군자는 배워서 이름을 세우고 물어서 지식을 넓혀야 한다. 이 때문에 가만히 있으면 편안하고, 움직이면 해를 멀리할 수 있다.〔夫君子學以立名, 問則廣知, 是以居則安寧, 動則遠害.〕"라고 하였다. 《列女傳 鄒孟軻母》

**76** 마음을……것 : 원문은 '동심이인성(動心而忍性)'인데, 《맹자》 〈고자 하(告子下)〉에 나오는 말로, 인의(仁義)의 마음을 일으키고 기질(氣質)의 성질을 참아 억제하는 것이다.

**77** 내……것 : 원문은 '반기이자책(反己而自責)'인데, 상(商)나라에 7년의 큰 가뭄이 들었을 때, 탕(湯) 임금이 모든 허물을 자신에게 돌리면서 자기 몸을 희생으로 삼아 상림(桑林)에 나아가 상제(上帝)에게 기도를 드리며 "정사에 절도가 없는가, 백성이 직업을 잃었는가, 궁실이 사치스러운가, 부녀자의 청탁이 성한가, 뇌물이 행해지는가, 참소하는 자가 출세하는가.〔政不節歟, 民失職歟, 宮室崇歟, 女謁盛歟, 苞苴行歟, 讒夫昌歟.〕"라는 여섯 가지 일로 자신을 책망하자, 말이 채 끝나기도 전에 수천 리 지방에 큰비가 쏟아져 내렸다는 고사가 있다.

고 의기양양 마치 거론할 바가 없는 듯이 여긴다면, 그것이 명교(名教)를 무너뜨리는 것은 제쳐두더라도, 일찍이 천지 사이에 이런 뻔뻔한 얼굴에 몰지각한 사람이 있을 줄 누가 생각이나 했겠습니까.

대체로 인정에서 희로애락을 나타냄에 오히려 억지로 지을 수 있고 또한 억지로 누를 수도 있으나, 오직 수오지단(羞惡之端)만은 진실만 있고 거짓이 없어서 사람의 안배를 용납지 않아 인위적으로 짓거나 억제하는 것을 모두 억지로 할 수 없으니, 이는 그 근본이 의(義)에서 나오기 때문에 덮어주고 감싸주는 뜻이 없어서 한번 단서가 발하면 곧바로 낯빛으로 드러나는 것입니다.

지금 신이 만난 바를 가령 대중에게 외치기를 "이 사람이 이런 일을 만났는데, 부끄러워하고 미워할 만합니까, 부끄러워하고 미워하지 않아도 됩니까?"라고 물어보아서, 만약 "부끄러워하고 미워하지 않아도 된다."라고 대답한다면 이는 신이 감히 알 바가 아닙니다. 그런데 "부끄러워하고 미워할 만하다."라고 대답한다면, 사람들의 심정이 또한 신과 동일한 것입니다. 또 대중에게 외치기를 "이 사람의 이런 행위는 부끄러워하고 미워하는 데서 나온 것입니까, 부끄러워하고 미워하는 데서 나온 것이 아닙니까?"라고 물어보아서, 만약 "부끄러워하고 미워하는 데서 나오지 않았다."라고 대답한다면 이도 신이 감히 알 바가 아닙니다. 그런데 "부끄러워하고 미워하는 데서 나왔다."라고 대답한다면, 신의 마음 또한 일찍이 사람들과 멀어진 적이 없는 것입니다. 그렇다면 신이 이치에 어긋날 사태를 만나 자정(自靖 스스로 도리에 편안함)하기를 생각하는 것이 진실로 온전히 분수에 어긋난다고 말할 수 없고, 여러 차례 성상의 은혜로운 하교를 받고도 감히 바로 고치지 못한 것이 의리에 크게 거슬린다고 말할 수는 없을 것입니다.

태산(泰山)처럼 무거운 것도 간혹 깃털보다 가벼이 여기는 것은 일의 마땅함을 말한 것이고, 필부의 신념은 삼군(三軍)에서 장수를 빼앗기보다 어렵다는 것은[78] 그 지키는 바를 말한 것입니다. 신이 비록 옷을 풀어헤치고 어두운 데를 헤매다 이와 같이 낭패를 하였지만, 몸을 돌아보면 유학에 종사하는 문도(門徒)이고, 충정(忠貞)을 전해 받은 유서 깊은 가문의 후예이며, 두 임금께서 부리시던 옛 신하입니다. 출처(出處)의 사이에서 감히 밤낮 없이 상의하고 헤아려 다소간의 도리를 찾아낼 생각은 하지 않고, 선뜻 성상 앞에서 솔직한 말을 하여 마치 한번 떠보아서 총애를 구하는 자처럼 하겠습니까? 신이 아무리 비루해도 여기까지는 이르지 않을 것이니, 하늘도 반드시 그것을 싫어할 것입니다.

아! 신의 자정(自靖) 여부가 참으로 국가의 치란과 세교(世敎)의 성쇠에 관계되어 있다고 한다면, 염치를 무릅쓰고 의관의 먼지를 털고 다시 대궐문에 들어선다 해도 오히려 핑계 댈 말은 있을 것입니다. 그런데 그 사람을 물어보면 신은 초방(椒房 왕후)의 사사로운 친척에 지나지 않고, 그 일을 물어보면 성상의 기거를 살피는 작은 일에 불과하니, 변지(駢指)[79]가 몸 전체에 어떻게 도움을 주겠으며, 날아가는 오리가 강호(江湖)와 무슨 연관이 있겠습니까. 신의 이런 거취를 가지고 성상의 수응을 번거롭게 하였으니, 참으로 안목이 높은 분이 보게

**78** 필부의……것은 : 《논어》 〈자한(子罕)〉에 "삼군 속에서 그 장수를 빼앗아 올 수는 있어도, 필부의 마음속 지조를 빼앗을 수는 없다.〔三軍可奪帥也, 匹夫不可奪志也.〕"라는 말이 나온다.

**79** 변지(駢指) : 변무지지(駢拇枝指)의 줄임말로 쓸모없는 물건을 가리킨다. 변무는 엄지발가락이 검지발가락과 붙어 하나가 된 것을 가리키고, 지지는 엄지손가락 옆에 작은 손가락 하나가 더 생겨 육손이가 된 것을 가리킨다. 《莊子 駢拇》

된다면 일소(一笑)에도 차지 못할까 두려울 뿐인데, 하물며 시작만 있고 결말이 없고 이미 출발했다가 곧 그쳐서 거듭 팔방(八方)과 후세의 조소만 초래해서야 되겠습니까?

삼가 바라건대 성명께서는 신이 스스로를 지키려는 마음이 다른 사람의 일을 침범한 것이 아님을 살피시고, 스스로 드러낸 말이 피맺힌 충정에서 나왔음을 헤아리시어, 다시는 부지런히 권면하시는 그릇된 은택을 신에게 내리지 마시어, 도성과 들판 사이에서 마음 내키는 대로 살면서 성상의 은택을 창송하고 한가로이 여생을 마치게 허락하여 주신다면, 비록 죽어야 할 날이지만 살아난 해와 같을 것입니다.[80]

**80** 같을 것입니다 : 《승정원일기》 순조 17년 4월 24일 기사에는 이 뒤에 "임금께서 보낸 신하가 부르러 왔을 때, 이미 신의 소견을 돌리기 어렵고 병의 실정이 억지로 나아갈 수 없음을 대략 갖추어 진달하였으므로 이에 어쩔 수 없이 정신을 수습하여 다시 위와 같이 아룁니다. 그러나 명을 어긴 두려움과 성상을 번거롭게 한 죄는 더욱 달아날 곳조차 없으니, 또한 바라건대 속히 신에게 맞는 벌을 내리시어 법과 기강을 밝히시기를 간절히 바랍니다.〔王人之臨召也, 既以迷見之難回, 病情之莫强, 略有所附奏, 故玆不得不收召精神, 更申如右. 然方命之懼, 屢瀆之罪, 尤無所自逃, 亦伏願遄被當被之律, 以昭法紀, 千萬顒俟.〕"라는 내용이 더 실려 있다.

## 상의원 제조의 사직을 청하는 소[81]

辭尙衣提調疏

삼가 아룁니다. 신이 처한 사정과 병에 걸린 실상을 전에 여러 차례 차자와 상소로 이미 다 진달하였으므로 지금 다시 보탤 것이 없습니다. 그런데 지금 승정원에 내린 하교를 들으니, "내일 상의원의 진상에 일제조(一提調)[82]로 들어와 진상하라"는 명이 있었습니다.

진상을 올려 바치는 것은 본원 제조의 직책입니다. 비록 하교를 내리지 않더라도 신이 만약 사고가 없다면 본래 거행해야 하는데, 근일에 신의 질병이 또 한열(寒熱)의 증세와 맡은 직무의 괴로움이 너한 형편은 거의 온 조정이 다 아는 바입니다. 지금 쇠잔하고 고질이 된 형편은 문과 뜨락 사이도 거동할 수 없으므로 겨우 이부(二副) 요당(僚堂)[83]에

**81** 상의원……소 : 풍고의 나이 53세 때인 1817년(순조17) 5월 5일에 상의원 제조의 사직을 청하며 올린 소이다. 풍고는 일제조로서 근래 심해진 질병으로 상의원의 진상을 잠시 동료 이제조에게 부탁해놓았으나, 늘 부탁할 수도 없는 형편이므로 이참에 다른 사람으로 교체해달라고 소를 올렸다. 이에 대해 순조는 "경과 만나지 못한 지 벌써 몇 달인데, 이 어찌 정리(情理)로 할 수 있는 일이겠는가? 경이 인혐할 실정이 없음을 내가 이미 알고 있다. 질병이 심해졌다는 것은 염려되지 않는 것은 아니나, 잠시 힘써 거동하는 것도 어렵지 않을 듯하니 즉시 들어오라.〔與卿阻隔, 今幾月也, 而是豈情理之可爲者乎? 卿無可引之情, 予已知之. 至於美疴之添損, 非不奉慮, 暫時可强, 亦似不難, 卽爲入來.〕"라고 하고서 사관을 보내 비지를 전유케 하고 될 수 있으면 함께 들어오도록 신칙하였다. 《承政院日記 純祖 17年 5月 5日》

**82** 일제조(一提調) : 상의원(尙衣院)은 경관직(京官職) 정3품 아문으로 일제조와 이제조 2명이 배속되어 있다.

**83** 이부(二副) 요당(僚堂) : 풍고와 함께 근무하고 있는 이제조를 가리킨다.

게 말을 전달하여 형편에 따라 진상하도록 하였는데, 뜻밖에 갑자기 이런 하교를 받으매 송구하고 민망하기 그지없습니다. 그런데 이어 생각건대 열흘이나 한 달 안으로는 이미 기동할 가망이 없고, 내일이 지나면 연달아 탄신(誕辰)의 진상과 서로 겹치니, 어떻게 매번 요당이 대신 거행해주기를 기약하겠습니까.

또 긴요하고 한만함을 막론하고 관직이란 비워두어서는 안 되는데, 하물며 본원의 제조처럼 긴요하여 한만한 직임이 아님에야 말할 나위 있겠습니까. 항상 임시로 대행하여 구차스럽기보다는 차라리 간절한 심정을 진달하여 해직되는 것이 마땅하지 않겠습니까. 실상을 들어 차자를 쓰는 즈음에 문득 사관이 또 와서 성상의 비지를 전달하니, 이처럼 예에 따라 거행하는 일은 원리(院吏 상의원 관원)가 승전(承傳 전교를 전달함)을 들으면 족하고, 승정원에서 알고 있으면 충분한데, 사관을 보내 전유(傳諭)하기까지 하시니, 이는 참으로 전례가 드문 특별한 대우라서 두렵고 감격스러워 몸 둘 바를 모르겠습니다.

그러나 질병이 생긴 이래로 특별한 대우를 받아서 스스로 병이 더하거나 덜한 것은 아니므로, 골골대는 중에 은혜로운 명을 저버리게 되어 다만 살아도 죽느니만 못한 탄식만 간절할 뿐입니다. 엎드려 바라건대 자애로운 성상께서는 불쌍히 여기고 양찰해주시어 속히 신이 지닌 상의원 제조의 직임을 체직하여 공사 간에 편의를 도모해주신다면 몹시 다행일 것입니다.

## 시망의 패초를 어긴 뒤에 스스로 죄상을 나열하는 차자[84]

試望違牌後自列箚

삼가 아룁니다. 신이 전부터 조용히 조섭하던 중에 수차례 성상의 기거(起居)를 문안했던 것은 대체로 그립고 답답한 미천한 심정을 대략 펴려는 것일 뿐이지, 감히 이것을 인연으로 출사할 계획이 아니었습니다. 그러므로 다시 기거를 여쭙는 예를 폐하고 겸하여 반열에 나아가는 일을 거른 지가 어느덧 두 달이 지났습니다.

그런데 뜻밖에 신의 이름이 시망(試望 시관의 명단)에 들어가 소명패(召命牌)가 갑자기 내려왔습니다. 그러나 신의 미천한 신심이 이미 저와 같은데, 게다가 근래 들어 풍한(風寒)을 조심하지 않아 밖으로 감응하고 안으로 손상되어 질병의 모양과 증상이 하나가 아니어서, 고통에 신음하고 정신이 혼미하여 사방을 분간하지도 못하니, 어쩔 수 없이 몽매함을 무릅쓰고 소명을 어기게 되었습니다. 곧이어 "패초를 어긴 자는 호망(呼望)하지 말라"[85]는 명을 받자오니, 진실로 몹시 두렵고 가슴이 졸아들었습니다.

**84** 시망(試望)의……차자 : 질병을 이유로 시관(試官)의 후보로 내려온 소명에 응하지 않아 처벌을 청하는 차자이다. 언제 올린 소인지 자세하지 않으나, 앞뒤로 실린 소차의 연대를 참고하면 1817년(순조17) 5월에서 11월 사이에 올린 차자로 추정된다. 《순조실록》과 《승정원일기》에 모두 실려 있지 않다.

**85** 패초를……말라 : 호망(呼望)이란 호패망(呼牌望)의 준말로, 소명패로 부른 신하가 들어오지 않았으면, 승지가 중간에 나왔는지 안 나왔는지 보고하는 절차를 생략하고 계속 나올 때까지 재촉해 부르라는 임금의 정중한 뜻이 담긴 말이다.

아! 신의 실정이 억지로 할 수 있는 일이라면 진실로 장차 전례를 따라 폐기해서는 안 되는 예를 행해야 하니, 어찌 시관의 임무라 하여 굳이 어기겠습니까. 신의 병이 억지로 할 수 있는 일이 아니라면, 시역을 어찌 거론하겠습니까. 비록 폐기해서는 안 되는 예일지라도 또한 폐기할 수밖에 없을 것입니다. 신의 실정과 질병의 실상이 대체로 이와 같으므로 이제 감히 짧은 차자를 갖추어 우러러 성상의 귀와 눈을 번거롭게 하오니, 삼가 바라건대 신이 성상의 명에 태만한 죄를 다스려 조정의 기강을 엄숙하게 하소서.

## 비궁에서 어가가 돌아올 때 홀의 진상을 지체한 까닭으로 죄를 인정하는 차자[86]

因閟宮駕還時 進圭遲滯引咎箚

삼가 아룁니다. 비궁(閟宮)에서 제향을 올려 성상의 사모를 펴시면서 이틀의 수고로운 노동에도 옥체가 더욱 건강하시니, 간절히 경하드리는 마음 어찌 한량이 있겠습니까.

신이 근일에 묵은 질병이 더 심해져 준분(駿奔)[87]의 대열을 따르지 못하여 다만 주남(周南)의 탄식[88]만 안고 있었는데, 새벽에 들으니,

**86** 비궁(閟宮)에서……차자 : 풍고의 나이 53세 때인 1817년(순조17) 11월 6일에 죄를 자인하면서 처벌을 청하며 올린 차자이다. 비궁은 사도세자(思悼世子)의 위패를 모신 경모궁(景慕宮)을 가리키는 말이다. 11월 5일에 순조는 경모궁에 나아가 제수와 제기를 살피고 재숙하였는데, 이는 이튿날 거행할 경모궁의 동향대제(冬享大祭)를 위해 점검하려는 것이었다. 이때 풍고는 질병으로 참여하지 못했는데, 상의원 관원이 홀을 늦게 진상하여 주상의 행차를 지체시킨 일이 있어 다음 날 그 사실을 듣고서 상의원 제조로서 죄를 청한 것이다. 이 차자에 대해 순조는 "낭관을 나문하여 파면하게 하였고, 해당 관리는 해조로 하여금 형배(刑配)케 하였으니, 경이 어찌 굳이 사양하기를 이와 같이 하는가. 안심하고 조리하라.〔郎官拿問, 置之汰去, 該吏令該曹刑配, 卿何必辭巽如此. 安心調理.〕"라고 하고서 사관을 보내 비답을 전유케 하였다.《承政院日記 純祖 17年 11月 5日, 6日》《純祖實錄 17年 11月 5日, 6日》

**87** 준분(駿奔) : 사당의 신주를 잘 받들어 모신다는 뜻이다.《시경》〈청묘(淸廟)〉에, "많고 많은 선비가 문왕의 덕을 굳게 잡아서 하늘에 계신 분을 대하고 사당에 모신 신주를 분주하게 받드네.〔濟濟多士, 秉文之德, 對越在天, 駿奔走在廟.〕"라고 하였다.

**88** 주남(周南)의 탄식 : 조정의 예식에 참여하지 못한 한탄을 가리킨다. 여기서 주남은 낙양(洛陽)을 가리키는데,《사기(史記)》에 "이해에 천자가 비로소 한나라의 봉선을 시행하였는데, 태사공이 주남에 머물러 행사에 참여하지 못하였다.〔是歲天子始建漢家

임금이 대궐로 돌아올 때에 지신(知申 도승지)이 홀을 진상하지 않아 금추(禁推 의금부에서 죄를 신문함)를 하라는 명을 받기에 이르렀다고 합니다. 그런데 나중에 그 연유를 알아보니 실제 상의원에서 거행하기를 지체한 때문이라고 하기에, 전에 듣지 못한 사건이라 놀랍고 황송하기 그지없습니다.

아! 임금의 행차가 한번 움직이면 백관과 유사가 모두 따라가면서 각기 제 역할을 행하므로, 혹시라도 차서를 잃으면 곧장 정해진 벌이 있습니다. 하물며 상의원에서 거행하는 곤면(衮冕)과 규서(圭瑞)는 엄중하기가 각별하고, 낭관(郎官)과 이서(吏胥)가 모두 의장행렬 안에 들어가서 반걸음이나 잠깐이라도 감히 마음대로 떠나지 못하여, 때에 따른 봉행에 선색(宣索)[89]을 번거롭지 않게 하는 것이 바로 4백 년 이래 바뀌지 않은 규칙입니다.

지금 홀을 올리기를 한참을 지체하여 승여(乘輿)가 위의를 잃게 만들어 근시(近侍)가 죄를 받은 것은 참으로 이웃 나라가 알게 해서는 안 됩니다. 신의 생각에 어가를 수행한 해당 낭관은 나문(拿問)하여 엄히 조사하고, 해당 관리는 유사(攸司)로 하여금 법률에 비추어 정배토록 하는 것이 마땅하다고 생각합니다. 그런데 신이 오래도록 제거(提擧)의 직임에 있으면서 평소 낭관과 이서를 경계하고 신칙하여 일에 따라 철저히 단속했더라면, 오늘의 거행이 어찌 여기에 이르렀겠습니

之封, 而太史公留滯周南, 不得與從事.]"라는 말이 보인다. 태사공은 한무제 때 주남 지방에 유체(留滯)된 탓으로 황제를 수행하지 못해 끝내는 분기(憤氣)가 치솟아 죽었던 사마담(史馬談)을 말한다.《史記 卷130 太史公自序》

**89** 선색(宣索) : 왕명(王命)으로 물건을 가져가는 것이다.

까. 두렵고 부끄러운 심정은 스스로 용납할 곳이 없어 이제 짧은 차자를 진달하고 겸하여 스스로 죄를 나열하오니, 삼가 바라건대 속히 무겁게 처벌하시어 맡은 직무를 수행하지 못한 자들의 경계로 삼으신다면 몹시 다행일 것입니다.

# 왕세자의 삼가 뒤에 내려온 상전을 사양하는 차자[90]
王世子三加後 辭賞典箚

삼가 아룁니다. 아름다운 길일에 우리 동궁저하께서 삼가(三加)의 예를 이루어 축하하는 예식을 성대하게 거행하였습니다. 우로가 이미 땅을 적시매 우리 전하께서 두 능침에 사모의 정을 펴시어 승여가 두루 편안하니,[91] 팔도가 목을 빼고 기대하던 생각을 위로받고, 만백성이 의장 깃발을 우러러보는 기쁨을 함께합니다. 이때 간절히 축하하는 신의 충정을 어찌 짧은 붓과 거친 문장으로 만분의 일이나마 형용할 수 있겠습니까.

신이 그저께 상전(賞典)에서 또한 숙마(熟馬)를 면급(面給)한다는 명을 받았습니다. 가만히 생각건대 신이 지난날 세자시강원의 관원으

**90** 왕세자의……차자 : 풍고의 나이 55세 때인 1819년(순조19) 3월 23일에 상전을 사양하며 올린 차자이다. 삼가(三加)는 관례(冠禮)를 말한다. 3월 20일에 경희궁(慶熙宮) 경현당(景賢堂)에서 왕세자의 관례를 행하였는데, 바로 훗날의 익종(翼宗)이다. 이튿날 풍고는 상의원 제조로 수고하여 이튿날 숙마(熟馬) 1필을 면대하여 지급받았다. 이 소에 대해 순조는 "경은 안심하고 받으라.〔卿其安心領受.〕라고 하고서 사관을 보내 비답을 전유케 하였다. 《承政院日記 純祖 19年 3月 20日, 21日, 23日》

**91** 우로가……편안하니 : 순조가 왕세자의 관례를 마치고 3월 22일에 영조(英祖)와 그 계비 정순왕후(貞純王后)를 모신 원릉(元陵)에 나아가 친제(親祭)하고, 태조를 모신 건원릉(健元陵)에 전알(展謁)한 일을 가리킨다. 원문의 '우로기유(雨露旣濡)'는 죽은 조상을 그리워한다는 의미이다. 《예기》 〈제의(祭義)〉에 "봄에 비와 이슬이 내려 땅이 축축해지거든 군자가 그것을 밟아보고 반드시 섬뜩하게 두려운 마음이 생기니, 마치 죽은 부모를 곧 만날 것 같은 생각이 들게 된다.〔春雨露旣濡, 君子履之, 必有怵惕之心, 如將見之.〕"라는 말에서 유래하였다.

로 성상께서 저조(著阼)[92]하시던 날 일을 맡아보았고, 지금 또 상의원의 제거로서 동궁 저하께서 관례를 올리는 일을 감독하게 되었습니다. 신의 처지에서 신과 같은 행운을 누린 일은 당대에 없을 뿐만 아니라 실로 지난 역사에서도 드문 바이므로, 성상의 은총이 몸에 흡족하고 뜻과 소원이 만족스럽습니다. 상전을 나눠주는 은혜가 비록 경사를 넓히고자 함인데도 분수를 넘는 두려움이 공로가 없이 받는 부끄러움과 함께하니, 어찌 감히 당연히 받아야 할 상전으로 보아 편안히 받을 수 있겠습니까. 짧은 차자를 진달하여 상전을 도로 거두기를 바라오니, 말은 겉치레로 하는 데서 나온 것이 아닌데도 성상을 번거롭게 한 송구함이 실로 깊습니다.

**92** 저조(著阼) : 관례를 말한다. 《예기》 〈관의(冠義)〉에 "계단에서 관례를 치러 장차 그 후대를 이을 것임을 드러낸다.〔冠於阼, 以著代也.〕"라고 하였다.

## 사복시 제조로 죄를 자인하고 겸하여 면려하길 진언하는 소[93]

以司僕提調引罪 兼陳勉疏

삼가 아룁니다. 선침(仙寢)에 절을 올려 성상의 사모하는 마음을 펴시고, 수레를 돌리시매 옥체가 더욱 강건하시니, 신민들의 기쁨이 어찌 한량이 있겠습니까. 이어 생각건대 신은 성상께서 출궁하시던 날 길 위에서 거둥을 정지한 일로 송구하고 두려워 어쩔 줄 모르는 심정이 지금에 이르기까지 풀린 적이 없습니다.

처음 가교(駕轎)를 가지고 오라고 명하실 때에 낭리(郎吏)와 교부(轎夫)가 비록 예에 따라 앞으로 나아갔다고 하더라도, 앞으로 간 것이 약간 멀어 성상의 마음을 기다리도록 만들었습니다. 신이 태복(太僕 사복시)에 재직한 지가 오래인데,[94] 평소에 만약 잘 감독하고 단속하였다면 비록 창졸간의 상황에서도 이런 폐단은 생기지 않았을 것이니,

**93** 사복시……소 : 풍고의 나이 57세 때인 1821년(순조21) 2월 24일에 올린 소이다. 순조가 2월 19일에 화성 행궁에 행차하여 이튿날 정조를 모신 건릉(健陵)과 사도세자를 모신 현륭원(顯隆園)에 거둥하여 차례로 친제(親祭)를 거행했는데, 출궁할 때에 임금이 탄 수레가 먼저 출발하여 수행원들과 거리가 생겨 임금이 길 위에서 기다린 일이 있었다. 이에 풍고는 소를 올려 그것이 사복시 제조인 자신이 단속을 잘못한 죄라고 자책하며 앞으로 잘 신칙하겠다고 다짐하였다. 이에 대해 순조는 "차자를 보고 경의 충정을 잘 알았다. 면려하며 진달한 말이 몹시 간절하니, 이는 실로 충정에서 나온 것이므로 유념하겠다. 경은 사직하지 말라.〔省箚具悉卿懇, 陳勉之言懇至, 實出衷曲, 留念. 卿其勿辭.〕"라고 하고서 사관을 보내 비답을 전유케 하였다. 《承政院日記 純祖 21年 2月 19日, 24日》《純祖實錄 21年 21年 2月 24日》

**94** 신이……오래인데 : 풍고는 순조 즉위년 이래로 줄곧 사복시 제조를 겸직으로 수행하였다.

이것은 신의 죄입니다. 가마를 대령해도 타시지 않으심에 이르러선 시위(侍衛)하는 신하들은 안에서 초조해 하고 군민(軍民)들은 밖에서 두려워하였습니다. 그런데 신은 정성이 얕고 말이 어눌하여 그 자리에서 성상의 뜻을 돌려세우지 못하여 지존으로 하여금 한참을 밖에 서 계시도록 만들었고, 마지막엔 또 인부가 마주 받들어 모심으로써 사체(事體)를 손상시켰으니, 이것도 신의 죄입니다. 신의 죄가 여기에 이르니 이치상으로 죽어야 합당하오니, 삼가 바라건대 속히 유사(有司)에게 명하여 해당 법률로 논죄하여 직무를 수행하지 못한 자들의 경계로 삼으소서.

신은 병으로 뒤에 떨어졌다가 지금에야 비로소 스스로 논열하였으니, 더욱 두렵고 위축됨이 간절합니다. 신이 지금 처벌을 기다리기에도 겨를이 없으나, 국사를 근심하고 임금을 사랑하는 구구한 마음이 속에서 들끓어 어쩔 수 없이 몽매함을 무릅쓰고 진달합니다.

그날 거행이 늦었거나 소홀했던 것은 참으로 신과 낭리의 죄이고, 성상께서 잠시 격노하신 것은 또한 이상할 것이 없습니다. 그런데 가마를 대령해놓고 타시라고 청한 데 대해서는 전하께서 한 번 생각해보소서. 전하께서 그날 거둥하신 것은 어찌 놀이하고 즐기는 예사로운 일입니까? 그 노정으로 말하자면 수십백 리의 먼 길이므로, 백관과 삼군이 가고 머무를 때 빠르고 느림과 이르고 늦음을 돌아보지 않을 수 없습니다. 그 행차로 말하자면 서리와 이슬이 내릴 때 추모하시는 슬픈 감회로 황급하고 착잡하여 찾을 수 있을 듯해도 미치지 못할 것처럼 하여, 밤이 새도록 잠자지 않는다는 뜻을 극진히 하지 않을 수 없었습니다. 대체로 늦고 소홀한 죄는 처벌하면 그만이고, 격노를 발해도 억제하기가 어렵지 않으니, 어찌 자잘한 일 때문에 도리어 중대한 일을 해쳐서야 되겠습니까? 신하들이 울면서 간청해도 거절함으로써 원근의 보고 듣는 사람들의 의혹을 일으켜 거조(擧措)가 뒤집히고 경색(景色)이 수심스러워졌으니, 이런 정상적이지 않은 지나친 거조는 옛날의 평범한 군주들도 하지 않은 바입니다. 그런데 어찌 우리 전하께서 총명인효(聰明仁孝)하신 상성(上聖)의 자질로 이렇게 칠정(七情)에 부림을 받아 이런 지경에 이를 줄 생각이나 했겠습니까.

시간이 지나고 사태가 수습된 후에 전하께서도 반드시 뉘우치고 탄식하시는 뜻이 계실 것인데, 만약 그렇지 않아서 자꾸 익숙해져서 습관이 된다면, 결국 큰 덕에 누가 될까 두렵습니다. 이것이 신이 감히 지난 일이라 하여 덮어둘 수 없는 까닭입니다. 지금 이후로 화들짝 생각을 고치시어 더욱 극기(克己)의 공부에 힘쓰시고 늘 이과(貳過)의 경계[95]를 생각하시어, 사태가 생기기 전에 함양하시고 실행에 임해서 살피고 헤아리신다면, 경황없는 잠깐 사이에라도 거의 절도에 맞는 아름다움이 있을 것이고, 희노(喜怒)를 부리더라도 성스러운 덕에 손상이 없을 것입니다. 전하께서는 이를 생각하고 생각하소서.

**95** 이과(貳過)의 경계 : 실수를 반복하지 말라는 경계를 말한다. 노나라 애공(哀公)이 공자에게 학문을 좋아하는 제자가 누구인지 묻자, 공자는 "안회라는 제자가 학문을 좋아하여 노여움을 옮기지 않고 허물을 거듭 범하지 않았습니다.〔有顔回者好學, 不遷怒, 不貳過.〕"라고 대답했다.《論語 雍也》

# 건릉을 옮기기를 청하는 소[96]

請健陵遷奉疏

삼가 아룁니다. 하늘이 돕지 않으시어 우리 태모(太母)[97]께서 문득 장락궁(長樂宮)의 봉양[98]을 버리시어 팔도가 슬프게 사모함이 어찌 경년(庚年)[99]보다 덜하겠습니까. 우리 전하께서는 끝나지 않는 순수한 효성으로 거창(巨創)의 고통을 입어, 부여잡고 울부짖는 심정이

**96** 건릉(健陵)을……소 : 풍고의 나이 57세 때인 1821년(순조21) 3월 22일에 정조를 모신 건릉을 옮기기를 요청하며 올린 소이다. 앞서 3월 9일에 정조의 비 효의왕후(孝懿王后)가 승하하였는데, 풍고는 이를 계기로 정조를 모신 건릉이 본래 길지가 아니므로 이번 효의왕후의 장례를 계기로 새로운 길지를 찾아 합장하는 것이 옳겠다는 의견을 제시하였다. 정조는 1800년(정조24) 6월 28일에 승하하여, 아버지 장헌세자의 묘로 조성된 현륭원(顯隆園) 동쪽 산기슭에 모셔져 있었는데, 풍수적으로 위치가 좋지 않다는 설이 적지 않던 차에, 이때 천릉의 논의를 시작하여 마침내 현륭원 서쪽 기슭에 터를 잡아 효의왕후와 함께 장사를 지내게 된 것이다. 이 소에 대해 순조는 "대행 대비께서 평소 이 때문에 크게 근심하여 누차 소자(小子)에게 하교하신 것이었다. 이제 경의 상소를 보니 더욱 목이 메고 가슴이 미어지는 심정을 견디지 못하겠다. 즉시 대신과 경재로 하여금 의논하여 아뢰게 하겠다.〔大行大妃平日以是大憂, 屢爲下教於小子者也. 今見卿疏, 尤不勝摧咽悶悚, 卽令大臣卿宰, 詢議以奏.〕"라고 하고서 사관을 보내 전유케 하였다. 《承政院日記 純祖 21年 3月 29日》《純祖實錄 21年 21年 3月 29日》

**97** 태모(太母) : 《승정원일기》 순조 21년 3월 22일 기사에 '대행왕대비전(大行王大妃殿)'으로 되어 있는데, 정조의 비 효의왕후(孝懿王后)를 가리킨다.

**98** 장락궁(長樂宮)의 봉양 : 임금이 대비(大妃)나 대왕대비(大王大妃)를 봉양하는 것을 말한다. 장락궁은 한(漢)나라 때 장안에 있던 궁전의 하나로 태후(太后)가 거처한 것으로 인해 흔히 제왕의 모후를 가리킨다.

**99** 경년(庚年) : 정조가 승하한 경신년(1800)을 가리킨다.

허둥지둥 미치지 못하고, 몹시 검은 얼굴빛에 쓸쓸히 병든 심정으로 지내시니, 신이 간절히 아침부터 저녁까지 노심초사하는 바는 오직 바라건대 전하께서 종사와 생령을 염두에 두시어 변화에 순응하여 슬픔을 조절하여 깊이 스스로를 보호하시어 신인(神人)의 기원하는 마음에 부응하시는 것입니다.

신이 근래에 서운관 제거(書雲觀提擧)의 명을 삼가 받아, 능역(陵役)을 감독하는 종백(宗伯 예조 판서)과 함께 건릉(健陵)에 나아가 신릉(新陵)에 합장하는 것이 적당한지에 대해 살펴보려고 하니, 이는 참으로 예전(禮典)에서 그만둘 수 없는 일입니다. 그러나 신은 건릉의 묏자리에 대해 항상 근심과 두려움이 가슴에 맺혀 잠시도 잊지 못하고 있으므로 감히 이렇게 만 번 죽음을 무릅쓰고 진달합니다.

신은 재주가 없고 지식이 없어서 평범한 학술의 방면에도 그 일단면도 엿볼 수 없는데, 어찌 감히 풍수지리의 오묘한 이치를 두루 탐구하여 위로 산릉(山陵)의 중대한 일을 논할 수 있겠습니까. 그런데 신이 진달하고자 하는 바는 원래 술가(術家)의 논의가 아니고, 깊이 믿는 바는 바로 선현(先賢)의 말씀이므로, 거의 근거도 없으면서 스스로 참람하고 망령됨을 잊고 진달하는 데로는 돌아가지 않을 것입니다.

옛날 송(宋)나라 주 문공(朱文公)이 영부릉(永阜陵)에 관해 의논한 장계(狀啓)는 수미(首尾) 2천여 마디의 말이 명백하고 간절하였습니다.[100] 그 장계에 "수황성제(壽皇聖帝)께서 승하하시니 온 천하가 슬퍼

**100** 옛날……간절하였습니다 : 주 문공(朱文公)은 송나라 주희(朱熹)이고, 영부릉(永阜陵)은 송 효종(宋孝宗)의 능이다. 송 효종이 승하하여 묘를 정할 때, 주희가 경연에 참여하여 자기 의견을 담아 의장(議狀)을 올려 묘소의 방향, 길흉, 묘혈 등에 대해

하고 사모합니다. 그러므로 마땅히 좋은 땅을 얻어서 황제를 장사 지내어 후손에게 좋은 복을 전해주어 영구히 끝남이 없게 해야 합니다."[101] 라고 하였고, 또 "장례〔葬〕라는 말은 갈무리〔藏〕한다는 뜻입니다. 자손으로서 선조의 유체(遺體)를 간직할 때에는 반드시 신중하고 공경하는 마음을 다하여 편안하고 견고하여 오래 이어갈 계책을 삼아야 합니다. 가령 그 형체가 온전하고 신령이 편안함을 얻으면, 그 자손이 번성하여 제사가 끊이지 않으니, 이는 자연스러운 이치입니다."라고 하였습니다. 또 "옛사람들이 장례를 지낼 적에 반드시 그 땅을 고른 다음 점을 쳐서 결정하였는데, 길하지 않으면 다시 골라 재차 점을 쳤습니다. 근세에 와서 점치는 법이 비록 폐지되었다 하더라도 땅을 고르는 설은 아직 남아 있습니다."라고 하였고, 또 "혹시 땅을 정밀하게 고르지 못하여 땅이 좋지 못할 경우, 반드시 샘물이나 땅강아지나 땅바람 등이 능침 안을 해치게 되어, 죽은 이의 형체와 정신을 불안하게 하고 자손들도 사망이 잇따르고 후손이 끊어지는 근심이 있으니, 매우 두려운 일입니다."라고 하였습니다. 또 "파고 뚫은 곳이 많은 곳은 지기(地氣)가 이미 새어나갔기 때문에 비록 길지라 하더라도 온전한 기운이 없고, 선조의 묘지 옆에 자주 토목 공사를 일으켜서 놀라게 해도 재앙을 초래

종합적으로 논의하면서, 사특한 무리의 논리에 현혹되지 말고 시간을 갖고 신중히 묏자리를 골라야 함을 상주한 일이 있다. 이때 상주한 내용은 〈산릉의장(山陵議狀)〉이란 제목으로 주희의 문집에 실려 있다. 《宋史全文 卷28 宋光宗》《晦菴集 卷15 講義 山陵議狀》

**101** 수황성제(壽皇聖帝)께서……합니다 : 수황 성제는 지존수황성제(至尊壽皇聖帝)의 준말로 송 광종(宋光宗)이 자기에게 왕위를 물려준 부친 효종(孝宗)에게 올린 존호(尊號)이다. 《晦菴集 卷15 講義 山陵議狀》

합니다."라고 하였으며, 또 "땅을 고를 때에는 반드시 그 주세(主勢)의 강하고 약함, 풍기(風氣)의 모이고 흩어짐, 수토(水土)의 얕고 깊음, 혈도(穴道)의 바르고 치우침, 역량(力量)의 온전하고 온전하지 않음을 논한 연후에야 그 땅의 좋고 나쁨을 비교할 수 있습니다."라고 하였습니다. 이것은 모두 영부릉에 관해 논한 의장(議狀)의 요지와 격언으로 만세에 어버이를 장사 지내는 자의 귀감이 될 만합니다.

신이 일찍이 주 문공의 말에 대해 마음을 차분히 하고 묵묵히 징험해 보니, 건릉(健陵)의 자리가 대단히 근심스럽고 두려워서 천만년의 계책으로 삼을 수 없는 단서가 매우 많았습니다.

산기슭이 밋밋하여 웅장하게 꿈틀거리는 뜻이 없으니 주세의 강약은 논할 것조차도 없고, 형국이 평평하고 드러나서 감싸주고 막아주는 지세가 없으니 풍기의 모이고 흩어짐은 논할 것조차 없고, 묘역이 높은 것은 오로지 보충해 쌓은 것이므로 질고 습하여 사철 내내 마르지 않으니 수토의 깊고 얕음은 논할 것조차도 없고, 가로로 떨어져 나온 줄기가 도움도 없이 고단하게 흘러내려가 오른쪽은 바짝 붙어서 높고 왼쪽은 기울어져서 푹 꺼졌으니 혈도의 바르고 치우침은 논할 것조차도 없고, 좌청룡과 우백호가 구비되지 않고 안산(案山)이 참되지 않았으며, 독성(禿城)이 높이 솟아서 바위가 날카롭게 서 있고, 넓은 들판이 바로 이어져 큰 시내가 곧장 흘러 달아나니, 역량의 온전하고 온전하지 않은 것은 논할 것조차도 없습니다. 무덤과 잔디가 항상 무너지고 줄어드는 것과 습한 곳에서 벌레가 생겨 서식하는 것은 다만 미세한 근심일 뿐입니다.

무릇 밖으로 나타나 쉽게 볼 수 있는 것이 이와 같다면, 안에 숨겨져 볼 수 없는 것은 또한 어떻게 반드시 평안하고 반드시 길하여 만에 하나라도 근심이 없으리란 것을 믿을 수 있겠습니까? 이로 말미암아 말해본다면, 주 문공이 이른바 "정밀하게 고르지 못하고 땅이 좋지 못하면 반드시 샘물이나 땅강아지나 땅바람 등이 있다."는 경우로, "오래도록 편안하고 견고하여 자손이 번성하고 제사가 끊어지지 않는 자연의 이치"가 아니니, 화들짝 두려워지고 마음이 오싹해지지 않겠습니까?

그러나 이것은 신 한 사람만의 말이 아닙니다. 대체로 능을 만든 이후로 지금까지 경사대부들이 잊지 못하는 숨은 근심을 품지 않은 이가 없는데, 풍수가(風水家)가 떠들어대는 말과 민간에서 수군거리는 이야기는 더욱 이루 다 말할 수 없고 차마 듣고 싶지도 않으니, 이는 온 나라 사람들이 같은 심정으로 하는 말입니다. 그런데도 신이 감히 이보다 앞서 대뜸 진달하지 못했던 까닭은, 진실로 이 일이 지극히 공경하고 지극히 삼가야 하며 더할 수 없이 매우 중요한 일이어서, 잠깐 사이에 우러러 청할 수 있는 바가 아니고, 또한 성상께서 독단적으로 즉시 거행하실 일이 아니었기 때문입니다. 그리하여 아픔을 머금고 원통함을 품고서 굳게 참고 입을 닫은 지 20여 년이 되어갑니다.

지금 불행하게도 갑자기 큰일을 당하였는데, 이때에 다시금 말하지 않는다면 다시 어느 날을 기다리겠습니까? 더구나 신이 은밀히 방외(方外)의 술수에 능통한 자의 말을 들어보니, 본릉(本陵 건릉)은 금년 연운(年運)과 맞지 않는다고 합니다. 만약 그 말대로라면 합장은 애초에 논할 바가 아닙니다. 비록 이와 같지 않더라도 위에서 진달한 것처럼 본릉의 자리가 좋지 않으니, 결코 다시 그럭저럭 지내면서 후손에게 복을 전하여 영구히 다함이 없게 하는 도리를 생각지 않아서는 안 됩니다.

또한 신이 다시금 명백히 진달할 것이 있는데, 바로 본릉의 자리를 잡게 된 사연입니다. 세상에서 모르는 자들은 간혹 이것이 선대왕께서 직접 정하신 땅이라고 의심하곤 하는데, 그러나 사실은 그렇지 않습니다.

기유년(1789)에 원침(園寢 현륭원(顯隆園))을 옮긴 뒤에 성상께서 늘 후일을 염려하여 원침에 참배하실 때마다 매번 산을 두루 돌아보셨으니, 예를 들면 향교의 옛터와 용주사(龍珠寺) 뒤쪽 산기슭이 그곳입니다. 그런데 향교터는 성상께서 매양 촉박하고 좁아서 맞지 않는다고 한탄하셨고, 용주사 뒤의 산기슭은 여러 논의가 모두 기울고 드러나서 안 된다고 걱정하였습니다. 그러다가 경신년(1800) 봄에 거둥하실 때에 비로소 지금의 자리를 살펴보셨는데, 바로 수원부(水原府)에 사는 어떤 풍수가가 고한 것으로써, 이른바 옛 군기고(軍器庫)의 터입니다. 그때 나무가 빽빽하게 들어서서 열 자 너머에 무엇이 있는지조차 분변할 수 없었고, 촘촘히 우거진 안에서는 돌아다닐 수 없었으므로, 몇 그루를 베어낸 뒤에야 겨우 발을 옮길 수 있었습니다. 선대왕께서 서서 잠시 살피시고는 그 사람을 돌아보며 하교하시기를, "사방이 잘 보이게 하려면 많은 나무를 베어야 할 것이니, 우선 푯말을 세워놓고 나중에 다시 살펴보자."라고 하셨는데, 신이 이날 곁에서 일의 자초지종을 보았고 직접 말씀도 들었습니다. 이 뒤로부터 다시 왕림하지 못하시고 마침내 상설(象設)을 갑자기 설치하고 말았으니, 아! 슬픕니다.

만약 당시에 걸어가거나 앉는 데 구애가 없어서 마음대로 바라보실 수 있었더라면, 늘 말씀을 신중히 하고 행동을 조심하신 선대왕께서 한두 번 살피는 데 그치지 않고, 반드시 해가 지나거나 달이 지나도록 정중히 선택하셨을 것이니, 어찌 두어 걸음의 땅을 의지하여 잠깐 이야기하는 사이에 결정하셨겠습니까. 그런데 승하하신 처음에 간사한 사람이 마음대로 주관하며 갑자기 유명(遺命)이라고 하면서 능침의 자리로 정했던 것이니, 어찌 참으로 선왕께서 정하진 자리이며 선왕의 유명이겠습니까. 이것이 더욱 신이 매우 통한으로 여기면서 변명하고자 했던 것입니다. 설사 이것이 정말 선왕의 유명이라고 하더라도 길지가 아니라면 본래 다시 도모해야 마땅한데, 하물며 땅이 유감스러운 점이 많고 또 절대로 선왕의 뜻이 아님에야 말할 것이 있겠습니까. 무엇 때문에 의논할 수 없단 말입니까.

아! 이곳에다 합장할 수 없다면, 새로 좋은 자리를 고르기에 하루가 시급한데, 의논하는 자들이 대부분 동릉(東陵)[102]의 형국 안에 아직 남은 자리가 있다고 하나, 십 리의 주변에 일곱 능침이 서로 뒤섞여 있어 또 주 문공이 "파고 뚫은 곳이 많으면 지기가 이미 새어나가고, 선조의 묘역 옆에서 놀라게 하면 재앙을 초래한다."라고 한 경우에 해당하니, 진실로 경솔히 의논할 수 없습니다. 하물며 이밖에 푯말을 세워놓은 땅에도 또한 옛날 이름난 지사(地師)들이 잡아놓은 곳이 많으니, 지금 만약 그 가운데서 정밀하게 고른다면 반드시 격(格)에 맞고 편안하고 좋은 자리로 건릉보다 몇백 배나 나은 곳이 있을 것입니다. 여기에 이장할 곳을 정하고 합장하는 예를 행하여 우리 선대왕의 형체와 신령이 수풍(水風)·사력(沙礫)·충의(蟲蟻)의 근심을 영구히 받지 않고, 우리 왕대비께서 합장의 소원을 이루게 한다면 일거에 둘 다 온전해질 것이니, 이보다 무엇이 더 아름답겠습니까? 좋은 경사와 아름다운 음덕으로 복록이 자손에 길이 전해지고, 성스럽고 신령스러운 자손이 무한히 번창하여 천지와 더불어 무궁할 것이니, 종묘에 만년 동안 제사를 올리는 계책이 이보다 더 급한 것이 없을 것입니다.

**102** 동릉(東陵) : 경기도 구리시 인창동에 위치한 동구릉 주변을 가리킨다. 1408년 태조의 건원릉(建元陵)을 시작으로 조선 시대 임금 7위와 왕비와 후비 10위를 안장하였다.

삼가 바라건대 신의 이 글을 조정에 내려서 대신과 경재(卿宰)로 하여금 함께 의논한 다음 살펴서 처리하게 하소서. 아! 신이 평일에 두려워하고 삼가는 마음으로 어찌 앞에 나서서 입을 놀리며 망령되게 국가의 대사를 논하려고 하겠습니까? 그러나 위로는 세상에 드문 선왕의 은혜를 생각하고 아래로는 주 문공의 나라를 위하는 정성을 생각해 보니, 충정(衷情)이 저절로 격발하여 하염없이 눈물이 흐릅니다. 진실로 신의 말이 오늘날 시행된다면, 비록 내일 죽더라도 눈을 감을 수 있겠습니다.

# 천릉한 뒤에 상전을 사양하고, 이어 내리신 비망기를 도로 거두어주시기를 청하는 차자[103]

遷陵後 辭賞典 仍請收還所下備忘記箚

삼가 아룁니다. 선왕을 이장하는 예와 태모(太母 효의왕후(孝懿王后))를 합장하는 일이 시간이 멈추지 않아 어느덧 모두 이루어졌습니다. 생각건대 성상의 효성에 겨운 크나큰 슬픔이 천지간에 미칠 곳이 없을 것이니, 신의 간절한 염려가 어찌 끝이 있겠습니까.

**103** 천릉한……차자 : 풍고의 나이 57세 때인 1821년(순조21) 9월 20일에 올린 차자이다. 정조의 건릉을 천장한 뒤에 수고한 신하들에 대한 상전(賞典)이 9월 20일에 시행되었는데, 풍고는 이미 9월 19일에 비망기(備忘記)를 통해 특별한 하교와 포상을 받았다. 그 내용에 순조는 "건릉을 천장한 것은, 만일 국구(國舅)의 상소가 아니었다면 나 소자가 어찌 지금 이렇게 지극히 중대하고 지극히 존경스러운 일을 할 수 있었겠는가. 광중을 열어 보매 수환(水患)이 대단하였으니, 매우 놀랍고 통박하여 지금까지 마음이 안정되지 않는다. 국구의 공이 이미 매우 중요하였으니, 그 공을 보답하려면 어떤 상인들 아끼겠는가. 별도로 기쁨을 기념하는 거조가 있어야겠다. 전(田) 20결(結)과 노비 각 10명 및 안장을 갖춘 내구마를 하사하고, 아들·사위, 조카들 중에서 그 이름을 물어 기용토록 하라.〔健陵遷奉, 若非國舅一疏, 予小子何能及今爲此至重至大至尊至敬之事乎? 啓壙之後, 水患大段, 驚悚痛迫, 尙今靡定. 國舅之功旣重且大, 欲酬其功, 何賞可靳? 宜有另示識喜之擧. 田二十結, 奴婢各十口, 鞍具內廐馬一匹賜給, 子壻諸姪中, 問名調用.〕"라고 하고서 정원에서 왕패(王牌)를 성급(成給)케 하고, 승지를 보내 전유케 하였다.《承政院日記 純祖 21年 9月 19日》 이날 올린 소에 대해 순조는 "이것은 기유년(1789) 금성도위(錦城都尉)에게 내렸던 관례인데, 경은 어찌 지나치게 사양하는가? 경은 즉시 안심하고 받으라.〔此是己酉都尉之例, 卿何過辭乎? 卿其卽爲安心領受.〕"라고 하고서 사관을 보내 비답을 전유케 하였다.《承政院日記 純祖 21年 9月 19日》《純祖實錄 21年 9月 19日》

이어 생각건대 신이 평소 거처함에 조섭의 방도에 어둡고, 행실이 신명(神明)을 저버려 우연히 학질에 걸려 잠깐 사이에 혼절하였고, 혼절한 뒤에 다시 깨어날 줄은 생각지 못한 일이라, 위로 구중(九重)을 경동시켜 성상께서 과도하게 염려하였고, 아래로 종사(終事 장례)에 주선하지 못하여 미천한 소원을 이루지 못했으니, 영광과 감사가 송구하고 두려운 뒤에 이르고 부끄러움과 회한이 고통과 어우러져, 침상에 누워 뒤척이매 살아도 죽은 것만 못합니다.

그런데 어제저녁에 삼가 내려온 비망기를 받드니, 빈번한 은전은 우선 논하지 않더라도 전례에 드문 칭찬의 말씀은 일상적인 격식을 크게 벗어났습니다. 신이 받들어 절반을 읽기도 전에 오장이 떨리며 겁이 났고 놀라서 난 땀이 얼굴을 덮어 몸 둘 곳조차 알지 못했습니다.

아! 신이 늦봄에 올린 한 장의 소는 바로 이십 년 이래 성상의 효심이고, 태모 헌경(獻敬)[104]께서 남기신 뜻이며, 공경 및 사대부와 나라 사람들의 슬픔에 겨운 말입니다. 돌아보건대 어찌 조금이나마 자기 소견에서 지어낸 것이겠습니까. 가령 자기 소견에서 나왔더라도 바로 신하가 마땅히 해야 할 일이어서 칭찬할 만한 것이 아닌데, 하물며 신은 선왕과 성상에 어떤 관계입니까. 다른 일에도 오히려 그러한데 하물며 이 일이야 말해 무엇 하겠습니까. 비록 살펴주지 않으시더라도 신에게 어떤 유감이 되겠으며, 비록 표창을 내리더라도 성상께 무슨 영광이 되겠습니까. 신이 장차 하늘의 공을 탐내어 신의 공으로 삼겠습니까.[105] 아니면 장차 부끄러

**104** 헌경(獻敬) : 헌경왕후(獻敬王后, 1735~1815)를 가리키는데, 장헌세자의 부인이자 정조의 모친인 혜경궁(惠慶宮) 홍씨(洪氏)이다. 헌경은 순조 16년(1816) 1월 19일에 순조가 올린 존호이다.

운 낯으로 남을 보겠습니까. 사리의 부당함이 본래 이와 같습니다.

그러나 혹시 성상께서 오히려 천릉에 대한 말을 꺼낸 것을 거론하지 않을 수 없다고 여기신다면, 여러 신하의 대열에 놓아두고서 성상의 뜻을 보인다는 조치를 간략히 보여주시면 신의 분수에 충분할 것입니다. 그런데 지금 첫머리에 들어 특별히 드러내시어 찬란한 성상의 표창이 마치 깎아낼 수 없는 큰 공적이 실제로 있는 듯이 하셨으니, 이는 제왕의 말씀이 반드시 무겁고 삼가야 할 뿐만 아니라 불행히 사마(駟馬)로도 미치지 못한다는 탄식[106]이 있게 되었습니다. 오늘 신에게 영광을 돌리는 이 조치가 다만 신으로 하여금 팔방에 죄를 얻게 만든 것이 아닌가 속으로 두렵습니다. 어찌 일월 같은 밝음으로 오히려 이처럼 비추기에 누락된 곳이 있는지, 신은 실로 성상을 위해 애석해합니다.

밤새도록 방황하며 염치없이 받을 마음이 없어 이에 부득이 정신을 수습하여 억지로 짧은 차자를 엮으나, 말이 뜻을 다 표현하지 못하여 더욱 부끄럽고 두려움만 깊습니다. 삼가 바라건대 성상께서는 미천한 충정을 굽어 살피시어 속히 명하여 어제 내린 비망기를 환수하시어 미천한 분수를 편안케 해주소서.

**105** 하늘의……삼겠습니까 : 《춘추좌씨전》 희공 24년 조에 "남의 재물을 훔치는 것도 도적이라고 하는데, 하물며 하늘의 공을 탐내어 자기의 공으로 삼으려는 것이겠는가.〔竊人之財, 猶謂之盜, 況貪天之功以爲己力乎?〕"라는 말이 나온다.

**106** 사마(駟馬)로도……탄식 : 한 번 말을 입 밖에 내면 빠른 말로도 따라잡지 못하므로 말조심을 해야 한다는 의미이다. 《논어》 〈안연(顔淵)〉에 극자성(棘子成)이 군자는 질박하기만 하면 되니 문식할 필요가 없다는 말을 하자, 자공(子貢)이 "애석하도다. 선생의 말씀이 군자다우나, 실수를 하는 그 혀는 사마로도 따라잡지 못하겠도다.〔惜乎! 夫子之說, 君子也, 駟不及舌.〕"라고 대답한 말이 있다.

## 두 번째 차자[107]

再箚

삼가 아룁니다. 신이 어제 올린 한 통의 차자에 외람되게도 반드시 사양하는 의의를 담아 환수의 은혜를 받고자 기대했습니다. 삼가 비답을 받아 보니, 옛날 기유년(1789, 정조13)의 사례까지 인용하며 자세히 마음을 풀어주시니, 황감한 중에 멍하니 어쩔 줄 모른 채 마음속 깊이 신의 얕은 정성과 거친 말이 지존의 마음을 감동시키기에 부족했음을 스스로 한탄하였습니다. 그러나 우매한 신의 마음에 종내 크게 미안한 바가 있으니, 또한 어찌 감히 지엄하고 두려움만 생각하여 명철하신 성상께 다시 아뢰어 처분을 기다릴 생각을 하지 않겠습니까.

기유년(1789)의 금성도위(錦城都尉)의 일[108]은 언뜻 보면 오늘날 신

**107** 두 번째 차자 : 풍고의 나이 57세 때인 1821년(순조21) 9월 20일에 두 번째로 올려 천릉한 뒤에 상전을 사양하고, 겸하여 이미 내린 비망기의 환수를 청하는 차자이다. 이 소에 대해 순조는 "경의 말이 이렇게까지 나오니, 어찌 차마 강권할 수 있겠는가. 내린 비망기와 상전은 다시 거두어들이니, 구마는 경이 받도록 하라.〔卿言至此, 何忍强之? 所下備忘及賞典還收, 廐馬卿其領受.〕"라고 하고서 사관을 보내 비답을 전유케 하였다.《承政院日記 純祖 21年 9月 21日》

**108** 금성도위(錦城都尉)의 일 : 1789년(정조13) 7월 11일에 금성위(錦城尉) 박명원(朴明源, 1725~1790)이 영우원(永祐園)이 풍수상 좋지 않음을 네 가지를 들어 상소를 올려 천릉하기로 결정한 일을 가리킨다. 박명원의 본관은 반남(潘南), 자는 회보(晦甫), 호는 만보정(晩葆亭)인데, 1738년(영조14) 영조의 제3녀 화평옹주(和平翁主)에게 장가들어 금성위에 봉해졌다. 영우원은 조선 정조의 생부 사도 세자(思悼世子)를 모신 묘로 1762년(영조38)에 경기도 양주군 배봉(拜峯)에 장사 지내고 수은묘(垂恩墓)라 하였다가, 정조 즉위년(1776)에 영우원(永祐園)으로 고쳤다. 후에 박명원의 상소로

이 만난 일과 비슷하나, 또한 크게 같지 않은 점이 있습니다. 신이 대략 진술해보겠습니다.

금성도위가 기유년에 한 일은 정말로 기록할 만한 공적이 있지만, 오늘 신에게는 죄가 본래 있고 말할 만한 공적이 없으니, 무엇 때문이겠습니까. 대체로 경신년(1800, 순조 즉위년)에 옛 능침을 살펴볼 때 신도 운관 제거(雲觀提擧)로서 여러 신하와 같이 왕래하였는데, 그때 삼가고 공경히 하여 매우 좋은 길지를 얻었더라면 어찌 오늘날 천릉을 하는 일이 있었겠습니까? 천릉하지 않았을 때는 남에게 허물을 떠넘기고, 이미 천릉한 뒤에는 공을 자신에게 돌리는 것은 천하에 양심을 저버린 사람이나 할 수 있는 일입니다. 신이 아무리 형편없는 사람이지만 어찌 차마 그런 일을 본받겠습니까?

또 금성도위는 당시 일개 존속(尊屬)인 의빈(儀賓 부마)에 불과하였는데, 선왕께서 각별히 위로하고 가상히 칭찬한 것은 실로 밝은 시대의 성대하고 아름다운 일이어서 금성도위가 편안히 받았으니, 또한 이른바 신하와 임금이 모두 영광이라는 것입니다. 그런데 신의 처지는 금성도위와 비교해볼 때 과연 어떠합니까? 남궁(南宮)의 공신도에 마원(馬援)도 참여하지 못했는데,[109] 천장하는 일이 비록 크더라도 어찌 개국

1789년에 경기도 화성군 태안읍 안녕리로 옮긴 후 현륭원으로 고쳤고, 1899년(광무3)에 사도 세자를 장조(莊祖)로 추존하면서 융릉(隆陵)으로 개칭하였다.

**109** 남궁(南宮)의……못했는데 : 마원(馬援)은 후한(後漢) 광무제(光武帝) 때 복파장군(伏波將軍)이라고 불린 명장으로 평생 전쟁터를 누벼 교지(交趾)를 정벌하는 등 큰 공을 세웠다. 나중에 명제(明帝)가 개국 공신의 업적을 기리기 위해 낙양(洛陽) 남궁의 운대(雲臺)에 28명 장수의 초상을 그려 모셨는데, 마원의 딸이 명제의 부인 명덕마황후(明德馬皇后)이므로 마원은 황제의 인친으로 지목되어 그 가운데 포함되지

의 공훈에야 비할 수 있겠습니까? 저때도 오히려 그러했는데 신이 어찌 감히 지금 편안히 여길 수 있겠습니까?

해야 할 일을 하는 것은 신하의 분수이고, 해야 할 일을 하지 않는 것은 신하의 죄가 될 뿐입니다. 신이 전하를 섬기는 방도와 전하께서 신을 대우하는 방도가 의리상 이와 같아야 하지 않겠습니까. 전하께서 지금 포상하시는 상을 신이 무릅쓰고 받아들인다면 이것이 이른바 상하가 모두 잘못했다는 것입니다. 신이 다시 말을 하지 않고서 이어 "해 될 것 없다. 이것은 금성도위의 사례이다."라고 말한다면 신이 누구를 속이겠습니까. 하늘을 속이는 것이겠습니까, 사람을 속이는 것이겠습니까. 그렇지만 이것도 오히려 신이 말이 많은 것이니, 본래 감히 스스로를 속일 수 없는 한 조각 괴로운 마음이 있습니다.

신이 선왕의 은혜를 받은 것이 하늘처럼 한량이 없으니, 신은 선왕이 아니면 어찌 이 세상에 자립했겠으며, 또한 어떻게 오늘날 총애를 맞이할 수 있었겠습니까. 은혜를 받음이 이와 같은데, 20년 동안 전하를 섬긴 자취를 헤아려보면, 선왕의 대덕을 잊고 선왕의 지극한 뜻을 저버리지 않은 적이 없어, 부끄러움과 괴로움이 가슴에 교차하여 만 번 죽어도 속죄할 수 없습니다. 그런데 이제 문득 선침을 이장하는 일로 인해 태연히 공을 세운 자로 자처하면, 신이 아무리 얼굴이 두껍더라도 살아서 어떻게 같은 조정의 사대부를 볼 것이며, 죽어서 어떻게 하늘나라에 계신 선왕을 돌아가 뵙겠습니까. 지금 신을 모르는 자는 반드시 신의 이 말을 지나치다 여길 것이나, 천년 뒤에 만약 신의 마음을 아는 자라면 반드시 이 말이 거짓이 아님을 알 것입니다.

않았다. 《後漢書 卷22 朱景王杜馬劉傳堅馬列傳》

말이 여기에 이르니 종잡을 수 없이 눈물이 흐릅니다. 삼가 바라건대 명철하신 성상께서는 불쌍히 여기고 가련히 여기시어 속히 어제 내린 비망기를 환수토록 명하시어 미친한 마음을 조금이나마 편안케 해주신다면, 비록 죽어야 할 날일지라도 살아난 해와 같을 것입니다.

## 선영을 급히 다녀오고서 아울러 심정을 진달하는 소[110]
楸行徑尋 兼陳情疏

삼가 아뢰옵니다. 세월이 쉬이 흘러 효희전(孝禧殿)의[111] 종상(終祥)이 문득 지나고, 현사궁(顯思宮)[112]의 우제(虞祭)와 졸곡(卒哭)도 이미 마쳐, 옛날의 애통함과 새로운 슬픔에 성상의 심정이 망극하시리니, 애타는 슬픈 염려가 어찌 끝이 있겠습니까.

이어 생각건대 우로(雨露)를 밟고서 회포를 일으키는 것은 군자의 가르침이고,[113] 송백(松柏)을 바라보며 사모의 심정을 부치는 것은 인

**110** 선영을……소 : 풍고의 나이 59세 때인 1823년(순조23) 3월 23일에 여생이 얼마 남지 않았으므로 선영을 자유롭게 오가게 해달라고 청한 소이다. 이 소에 대해 순조는 "청한 바가 간절하니 그대로 시행하라.〔所請懇至, 依施.〕"라고 하고서 사관을 보내 비답을 전유케 하였다.《承政院日記 純祖 23年 3月 23日》

**111** 효희전(孝禧殿) : 조선 정조의 비 효의왕후(孝懿王后) 김씨(金氏, 1753~1821)의 혼전(魂殿)이다. 효의왕후는 본관이 청풍(淸風)으로 좌참찬 김시묵(金時默)의 딸이다. 1762년(영조38) 세손빈(世孫嬪)으로 책봉되어 어의동(於義洞) 본궁(本宮)에서 혼례를 올렸고, 1776년 정조가 왕위에 오르자 왕비로 책봉되었다. 효성이 지극하여 시어머니 혜경궁 홍씨(惠慶宮洪氏)를 지성으로 모셨고, 우애가 극진하여 화완옹주(和緩翁主)가 몹시 괴롭혔으나 조금도 개의치 않았으며, 왕실의 다른 자제들과도 우애가 돈독하였다고 한다. 자녀를 두지 못한 채 1821년(순조21) 3월 9일에 창경궁 자경전(慈慶殿)에서 69세를 일기로 세상을 떠나 정조가 묻힌 건릉(健陵)에 합장되었다.

**112** 현사궁(顯思宮) : 순조의 생모 수빈(綏嬪) 박씨(朴氏, 1770~1822)가 1822년(순조22) 12월 26일에 홍서하자 이듬해 신주를 창경궁 내 전각에 봉안하여 현사궁이라 불렀다. 1824년(순조24) 5월에 별묘를 세우고 같은 해 12월에 경우궁(景祐宮)으로 명명하였으며 이듬해 2월에 경우궁에 신주를 봉안하였다.

**113** 우로(雨露)를……가르침이고 : 원문의 '우로기유(雨露旣濡)'는 죽은 조상을 그

정으로 미룬 바입니다. 신의 부모 묘소가 여주(驪州) 고을에 있는데, 성묘를 한 지 해가 지나 시절의 경물이 자주 변하니, 동쪽을 바라보매 서운하여 애달픈 심정을 가눌 길 없습니다. 이즈음 선영의 무덤 사이에 잔디와 흙이 많이 손상되어 일찌감치 손을 보아야지 잠시라도 늦출 수가 없다는 소식을 듣고서, 심정과 형세가 급박하여 마음대로 출발하게 됨을 면치 못하였으니, 속히 주벌을 입어서 법과 기강을 밝히는 것이 신은 실로 마음에 달게 여기는 것입니다. 그런데 신이 여기에서 매번 한 번 슬프고 답답한 심정을 진달하고자 하였는데, 차일피일 미루다 실행하지 못하였으니, 지금 비로소 이런 단서로 인하여 고개를 들고 애처롭게 호소합니다.

신은 몸이 고단하고 운명이 곤궁하여, 아홉 살에 신의 어미가 세상을 등졌는데, 신이 너무 몽매하고 어리석어 상례(喪禮)에 정성을 다 쏟지 못하였고, 26세에 다시 후모(後母)[114]를 여의었으며, 그리고 신의 아비도 바깥에서 운명하여[115] 신이 급보를 듣고 떠나 별을 머리에 이고 밤길을 갔으니, 쓰라린 심정이 이와 같았습니다. 게다가 신이 일찍 조적(朝

리워한다는 의미이다. 《예기》 〈제의(祭義)〉에 "봄에 비와 이슬이 내려 땅이 축축해지거든 군자가 그것을 밟아보고 반드시 섬뜩하게 두려운 마음이 생기니, 마치 죽은 부모를 곧 만날 것 같은 생각이 들게 된다.〔春雨露旣濡, 君子履之, 必有怵惕之心, 如將見之.〕"라는 말에서 유래하였다.

**114** 후모(後母) : 계모 함평 이씨(咸平 李氏)를 가리키는데, 진사 형옥(衡玉)의 딸로 정조 14년(1790) 5월 23일에 졸하였다.

**115** 신의……운명하여 : 풍고가 29세이던 계축년(1793, 정조17) 9월 29일에 부친 김이중(金履中)이 서흥(瑞興) 임소에서 58세로 운명한 것을 가리킨다. 《승정원일기》 순조 23년 2월 23일에 실린 상소에는 이 앞에 '29세'라는 말이 더 있다.

籍 조정 관원의 명부)에 올라 오래도록 임금을 가까이서 모시다보니, 신의 아비는 집에 거처하거나 벼슬살이를 떠나 매양 서로 어긋나서 실로 하루 동안도 자식의 직분을 제대로 하지 못하였고, 끝내는 하늘 끝까지 사무치는 애통함을 품고 말았습니다. 무릇 세상의 어느 누가 고단하고 외롭지 않겠습니까마는 신처럼 많은 유감을 품은 자는 응당 짝이 드물 것입니다. 만약 옛날의 효자로 하여금 신이 겪은 일을 당하게 한다면, 피눈물을 흘리며 몸을 버리지 않으면 필시 시묘살이 하면서 생을 마쳐서, 평소 자식의 도리를 다하지 못한 죄를 속죄할 것입니다. 그런데 신은 참으로 우매하고 열등하여 능히 스스로 결단하지 못하고 세상의 먼지를 따라 작은 이익[116]에 연연하며 지금에 이르도록 쉬고 머물지 못하니, 선영에 돌아가 의지하는 것은 오히려 논할 것도 없고, 당부(堂斧 묘소)를 돌보는 일조차 또한 마음과 어그러졌습니다.

옛날 송나라 사마광(司馬光)이 세상에서 금기에 얽매어 장례를 치르지 않는 자들을 기롱하면서 "심지어 시신과 관을 잃어버려 그 장소조차 모르는 자가 있다. 사람이 죽은 뒤에 자손이 남아 있는 것을 귀하게 여기는 까닭은 그 몸뚱이를 거두어 줄 수 있기 때문인데, 그 소행이 이와 같을 진대 차라리 자손이 없이 도로에서 죽어, 오히려 어진 자가 묻어주는 것이 낫지 않겠는가?"라고 하였으니,[117] 신이 매양 이 말을 되뇔 때마다 저도 모르게 이마에 땀이 맺히곤 하였습니다.

**116** 작은 이익 : 원문은 '잔두(棧豆)'인데, 마구간의 사료를 뜻하는 말로 용렬한 사람이 눈앞의 조그만 이익을 탐하는 것을 비유한 말이다. 《三國志 卷9 曹爽傳》

**117** 옛날……하였으니 : 사마광(司馬光)이 지은 〈장론(葬論)〉에 나오는 내용인데, 글자 출입이 약간 있으나 내용은 동일하다.

신이 이미 부모를 효성으로 봉양하여 고생하신 부모님의 은혜에 보답하지 못했으니, 그 죄를 돌아보면 이미 하늘에까지 닿는데, 또 분묘에 관한 일에는 제때에 살피지도 못하였고 제사를 늘 다른 사람 손에 맡겨서 몇 년이 지나도록 마치 버려둔 것처럼 무관심했습니다. 죽은 자의 처지에서 이를 본다면 어디에 자손이 귀한 점이 있으며, 산 자로서 말하자면 또한 저 묘소가 있는 곳조차 모르는 자와 무엇이 다르겠습니까. 신이 비록 불초하오나 오히려 이런 점은 알고 있으면서도, 나라의 법전에 제한이 있어 감히 어기지 못하여, 울적한 마음만 간절하여 스스로 슬픔을 초래한 지가 몇 해가 되었습니다.

지금 신의 견마지치(犬馬之齒)[118]가 예순 살에서 한 살이 적어 노쇠함으로 인한 질병이 점차 생겨나 죽을 날이 얼마 남지 않았는데, 가령 수명을 연장하더라도 최대 10년을 넘지 못합니다. 10년 사이란 번개가 지나듯이 빠르니, 비록 1년에 한 번씩 성묘하더라도 마음을 달래기에 부족한데, 하물며 1년에 한 번 성묘하는 것은 법규상 이룰 수 없는 경우이니 말해 무엇 하겠습니까.

삼가 생각건대 밝으신 성상께서 위에 계시면서 사람의 실정을 세세히 살펴주시어, 모든 신료가 소원을 이루지 않은 자가 없습니다. 신 또한 예우해주시는 사람 중 하나이므로 어찌 홀로 스스로 떨어져서 간절한 심정을 다 아뢰지 않을 수 있겠습니까.

신의 행적이 외조(外朝)[119]에 비하면 있으나 없으나 관계가 없고,

**118** 견마지치(犬馬之齒) : 자기 나이를 낮추어 부르는 말이다. 개나 말이 한갓 나이만 먹는 것처럼 하는 일 없이 나이만 먹는다는 뜻이다.

**119** 외조(外朝) : 종실이나 왕의 친족이 아닌 관직을 가진 직급을 말한다.

띠고 있는 직명이 특별한 책무도 없으니, 만약 자애로운 성상께서 애처롭고 가련히 살펴주시어 신이 지금부터 정해진 관례대로 휴가를 청하는 이외에, 공가(公家)가 한가한 때나 철따라 제사를 올리는 날이 되어 승정원에 미품(微稟)[120]하고 편의대로 왕래할 수 있게 특별히 허락해주신다면, 지극한 심정을 남은 인생에서 펼 수 있고, 특별한 은택이 이미 돌아간 이에게까지 미칠 것이니, 저승과 이승의 감동이 응당 어떠하겠습니까.

지금 신의 소청은 실로 격식을 벗어난 것입니다. 근세에 교외에 거처하는 상신(相臣)이 충정을 진달하여 구애됨이 없이 출입하는데, 큰 벼슬아치가 하는 일을 신이 비록 함부로 본받을 수 없으나, 그 심정이 슬퍼할 만하고 그 일이 매우 막중한 것은 저 교외에 거처하며 심상하게 출입하는 것과 비교하면 이미 차이가 없고, 은혜롭게 허락하는 것도 명분이 없는 데 이르지는 않을 것입니다. 땅에 엎드려 손 모아 눈물을 흘리며 명을 기다릴 뿐입니다.

**120** 미품(微稟) : 간단한 일에 대하여 격식을 갖추지 않고 넌지시 구두(口頭)로 아뢰는 것을 말한다.

# 김희수의 가짜 편지에 대해 변명하는 소[121]

辨金囍秀贋札疏

121 김희수(金囍秀)의……소 : 풍고의 나이 62세 때인 1826년(순조26) 1월 2일에 올린 소이다. 1825년(순조25) 12월 28일 도목정사(都目政事) 때 김희수는 풍고가 그를 천거하는 내용으로 추천서를 위조하여 전관(銓官)에게 제출하였는데, 전관은 추천인이 당시의 세도가라는 것만 보고 김희수를 후보자로 추천하여 벼슬을 얻게 만들었다. 이 위조 사실을 뒤늦게 안 형조에서 김희수와 해당 전관의 처벌을 청하였는데, 풍고의 이름이 누락되어 있으므로 풍고는 이 소를 올려 해당 사건에 자신도 죄가 없지 않으므로 공평히 함께 처벌해달라고 청하였다. 당시의 도목정사는 창덕궁 희정당(熙政堂)에서 행해졌는데, 당시 전관(銓官)은 이조 판서 이석규(李錫奎, 1763~1842)와 병조 판서 이희갑(李羲甲, 1764~?)이었다. 이석규는 이 일로 1826년(순조26) 1월 2일 파직되었으나, 이틀 뒤인 1월 4일 예조 판서로 옮겨 제수되었다. 김희수가 위조한 추천서는 풍고가 이석규에게 보내, 김희수가 청백리 김전(金銓)의 봉사손(奉祀孫)이므로 벼슬을 주는 것이 좋겠다는 내용이었다. 김희수는 이때 첫 벼슬로 장릉 참봉(章陵參奉)에 임명되었는데, 서찰 위조 사건이 발각되자 형조에서는 김희수를 《대전통편》〈위조(僞造)〉의 "재상의 서간을 위조하여 죄질이 무거운 경우 먼 변방에 정배한다.〔僞造宰相書簡, 關係重者, 邊遠定配.〕"라는 조항을 들어 함경도 부령부(富寧府)에 유배할 것을 청하였다. 이에 순조는 이 조항은 보통의 안건에 해당하므로 이 일에 똑같이 적용할 수 없다고 하면서 김희수를 한 차례 엄히 형신한 뒤 기한을 정하지 말고 정배하라고 명하였다. 《大典通編 刑典 僞造》《純祖實錄 25年 12月 28日, 26年 1月 2日, 4日》《日省錄 純祖 25年 12月 28日, 26年 1月 6日》 참고로 당시 서울에 거주하며 이 사건을 전해들은 무명자(無名子) 윤기(尹愭, 1741~1826)는 이 사건을 '세상의 변고(變故)'로 규정하였고, 이 사건이 작지 않은 일임에도 관련자들의 처벌이 흐지부지된 일을 따끔하게 지적하기도 하였다. 아울러 무명자가 김희수의 囍에 대해 "음은 복(福)이다."라고 방주(旁注)를 달았음을 참고로 밝혀둔다. 《無名子集 文稿 冊14 記世變》 이 소에 대해 순조는 "이번 일은 오히려 이조 판서에게도 관계가 없는데, 경에게 무슨 혐의가 있겠는가. 경은 안심하고 사직하지 말라.〔本事尙不干於吏判, 於卿又何有? 卿其安心勿辭.〕"라고 하고서 사관을 보내 비답을 전유케 하였다. 《承政院日記 純祖 26年 1月 2日》

삼가 아룁니다. 신이 묘당(廟堂 의정부)의 초기(草記)를 보니, 이조판서 이석규(李錫奎)가 김희수(金囍秀)를 초사(初仕)에 의망(擬望)한 일을 들어 파직의 벌을 시행해달라고 청하여 윤허를 받았습니다. 신은 여기에서 두려워 위축되는 마음이 있으니, 감히 우러러 진달하겠습니다.

초기 가운데 "안찰을 만들었다(做作贋札.)"는 말은 바로 김희수란 자가 신이 그를 천거하는 편지를 가짜로 만들어 전장(銓長)을 속인 것을 말합니다. 삼가 듣건대 도정(都政)을 하는 날[122]에 이석규가 일찌감치 조방(朝房)[123]에 나아가 대궐문이 열리기를 기다리던 차에, 문득 흰 옷을 입은 자가 신의 겸종(傔從)이라고 자칭하며 소매에서 편지 하나를 꺼내주었는데, 이것이 바로 김희수란 사람이 고(故) 대신 청백리 김전(金銓)[124]의 사손(祀孫)이므로 거두어 쓰기에 합당하다고 추천하는 내용이었습니다.

이석규는 신과 한 조정에 있은 지가 이십 년에 가깝지만 서로 만남이 이미 뜸하고 편지 왕래도 드물었으므로 평소 신의 필적이 어떠한지

**122** 도정(都政)을 하는 날 : 1825년(순조25) 12월 28일을 말한다. 도정은 도목정사(都目政事)를 줄인 말로 이조와 병조에서 해마다 행하는 인사조치를 이른다. 12월에 행하는 것을 대정(大政), 6월에 행하는 것을 소정(小政)이라고 한다.

**123** 조방(朝房) : 조신(朝臣)들이 조회를 기다리느라고 대기하던 방으로 대궐문 밖에 있었다.

**124** 김전(金銓, 1458~1523) : 본관은 연안(延安), 자는 중륜(仲倫), 호는 나헌(懶軒)이다. 1489년(성종20) 문과에 장원하여 내외직을 두루 거쳐 벼슬이 영의정에까지 올랐다. 청렴하고 문장을 잘했으나, 기묘사화를 일으킨 배후 인물로 지목되어 후세에 많은 비난을 받았다. 시호는 충정(忠貞)이다.

알지 못하였고, 나쁜 자들이 가탁할지 미리 헤아릴 수도 없었으므로 신이 정말 이자를 천거했다고 생각하였습니다. 그리고 청백리의 자손을 거두어 쓰는 것 또한 조정의 정사마다 늘 신칙했던 일이니, 조금도 의심하지 않고 부망(副望 두 번째)으로 천거하여 성상의 낙점을 받기까지 이르렀으니, 누군들 그것이 신의 이름이 팔리고 전장이 속임을 당한 것인 줄 알았겠습니까.

김희수는 신도 오히려 어떤 자인지 모르고, 명자(名字)도 지금 처음 보는 자이니, 저 전관(銓官) 또한 어떻게 알겠습니까. 다만 가짜 편지에 속임을 당한 것뿐입니다. 이것은 참으로 전에 없던 변괴(變怪)이니, 묘당이 나라의 체면 때문에 전장의 죄를 청한 것은 비록 그만둘 수 없는 것처럼 보이지만, 그러나 논죄가 신에게까지 이르지 않는 것은, 혹시 그 편지가 가짜이고 진짜가 아니므로 신의 몸에 관계가 없다고 여겨서 그런 것이 아니겠습니까. 신의 생각에는 그렇지 않다고 여깁니다.

대체로 전관으로 있는 자가 비록 산도(山濤)와 허윤(許允)[125]처럼 공정하고 밝음으로 칭송을 받는 자일지라도, 자신의 총명에만 맡길 수는 없으므로 반드시 여러 사람의 논의를 거쳐 중론을 채택해야 합니다. 그러므로 "네가 알지 못하는 사람을 사람들이 내버려두겠느냐?〔爾

125 산도(山濤)와 허윤(許允) : 산도는 진(晉)나라 때 죽림칠현(竹林七賢)의 한 사람으로 선조랑(選曹郎)을 역임하였는데, 자신의 후임으로 친구 혜강(嵇康)을 추천하자, 혜강이 절교하는 편지를 보낸 일이 있다.《晉書 卷49 嵇康列傳》 허윤은 위 명제(魏明帝) 때에 이부(吏部)의 낭관(郎官)이 되었는데, 그가 고향 사람을 많이 채용하였다. 명제가 그를 체포하게 하자 허윤은 자신이 천거한 사람들이 적임자가 아니라면 처벌을 받겠다고 하였는데, 조사해보니 모두 적임자였으므로 그를 풀어주었다.《世說新語 賢媛》

所不知, 人其舍諸?]"[126]라고 하는 것입니다. 가령 신이 정말로 누군가를 전관에게 추천하더라도 불가한 일이 아니고, 만약 적임자라면 전관이 정말로 뽑아주더라도 역시 불가한 일이 아닙니다. 그 편지가 비록 가짜라고 하지만 전장이 이미 진짜로 인정했다면, 그 채용은 또한 이치를 벗어난 일이 아닙니다. 교인(校人)이 사리에 있음직 한 일로 속이고서 자산(子産)이 현명하지 못하다고 말하자, 자산이 장차 인정하지 않으므로 맹자(孟子)가 그를 위해 해명한 일이 있습니다.[127] 그렇다면 전장이 무슨 죄이겠습니까. 만약 속임을 당한 것을 죄로 삼는다면 김희수에게 팔린 신이 장차 태연히 지내면 그만이겠습니까. 전장은 가짜 편지가 아니었다면 반드시 검토하여 추천할 리가 없었을 것인데, 김희수가 가짜 편지를 만들어서 도리어 신의 이름을 빌렸으니, 간사한 사람의 속임수를 당한 것은 신이나 이석규가 동일합니다.

신이 부끄러움과 분통함으로 죽고 싶은 것은 더욱 전장보다 수만

**126** 네가……두겠느냐 : 자신이 알지 못하는 자에 대해서는 자신이 등용한 사람이 알아서 골라 뽑을 것이라는 말이다. 중궁(仲弓)이 정치에 대해서 묻자, 공자가 현재(賢才)를 천거해서 쓰라고 하였는데, 중궁이 현재인 줄 어떻게 알고 천거해서 쓰느냐고 물었다. 이에 공자가 "네가 아는 사람을 천거하면 네가 알지 못하는 사람을 사람들이 버려두겠느냐?〔擧爾所知, 爾所不知, 人其舍諸.〕"라고 대답하였다. 《論語 子路》

**127** 교인이(校人)이……있습니다 : 《맹자》 〈만장 상(萬章上)〉에 나오는 이야기이다. 자산(子產)은 정(鄭)나라의 공손교(公孫僑)를 가리키는 말로, 동리 자산(東里子產)이라고도 불렸다. 어떤 사람이 자산에게 살아 있는 물고기를 선물하였는데, 자산이 연못을 지키는 교인에게 물고기를 주며 기르라고 하였다. 교인이 이를 삶아 먹고 나서 거짓말로 "처음 물에다 넣으니 비틀비틀하다가, 곧이어 생기를 차리고 헤엄쳐 갔습니다."라고 했는데, 이 말을 들은 자산이 기뻐하면서, "물고기가 제 살 곳을 얻었구나!"라고 했다고 한다. 맹자는 이 일에 대해 "군자를 사리에 맞는 말로 속일 수는 있어도 사리에 맞지 않는 말로 속일 수는 없다.〔君子可欺以其方, 難罔以非其道.〕"라고 평하였다.

배가 됩니다. 왜냐하면 신의 몸가짐이 평소 당세에 중시를 받거나 소인배의 두려움을 자아내지 못하였으므로, 횡역(橫逆)이 닥치고 가당치도 않은 사태를 만난 것이 평소에도 끝이 없었습니다. 심지어는 몇 년 전에 괴귀배(怪鬼輩)의 기롱을 받아 거의 낭패함에 이르렀다가 하늘의 해가 밝게 비춰주심에 힘입어 무사할 수 있었습니다. 그런데 문득 죽음에 가까워지는 날에 또 이 김희수란 자에게 이름이 팔렸으니, 팔자의 기괴함이 심하기 그지없습니다.

신이 살면서 이미 국가에 이바지한 일이 없고 죽어도 장차 치욕을 잊기가 어려울 것이므로, 생각이 여기에 미치매 차라리 말을 하고 싶지 않습니다. 지금 신이 진술하는 것은 전장을 위해 변명해주려는 것이 아니라 바로 스스로 고민스러운 심정을 토로한 것이고, 전장이 속임을 당한 죄가 없다는 것이 아니라, 신 또한 이름이 팔린 죄를 받아야 한다는 말입니다. 묘당에서 신을 논척하는 데 이르지 않은 것은 또한 소활한 것이 아닙니까.

이제 어쩔 수 없어서 수치를 안고 죽음을 무릅쓰고 위와 같이 스스로의 죄를 나열하오니, 바라건대 명철하신 성상께서는 속히 유사(有司)에게 명하여 신이 받아야 할 형률을 심의케 하여, 나라의 체면으로 하여금 전장에게는 유독 엄하고 미천한 신에게만 흐지부지되지 않도록 해주소서.

## 대제학을 사직하는 소[128]

辭大提學疏

삼가 아룁니다. 신이 탁룡(濯龍)의 종적(宗籍)[129]에 든 지 이제 26년이 되었습니다. 청운의 묵은 자취는 모두 까마득한 과거로 돌아갔고 흰머리에 온갖 사념조차 식었으니, 어찌 영광스러운 길을 모색하겠습니까.

세상과 군평(君平)이 오래전에 서로 잊었는데,[130] 뜻밖에 어제 당록(堂錄)을 만드는 일로 전망(前望)으로 낙점을 받아 문득 삼관(三館)을 통괄하는 은총에 겨운 명령이 내리자,[131] 당황스럽고 의아스러움이 생

128 대제학을 사직하는 소 : 풍고의 나이 62세 때인 1826년(순조26) 4월 11일에 올려 겸대제학의 직함을 사직하기를 청한 소이다. 이 소에 대해 순조는 "공무를 행하지 못할 사연이 별로 없는 듯하니, 사양하지 말고 즉시 숙명하라.〔別無不可行公之事, 勿辭卽爲肅命.〕"라고 하고서 사관을 보내 비답을 전유케 하였다.

129 탁룡(濯龍)의 종적(宗籍) : 왕실의 친척이 되었다는 말이다. 탁룡은 후한(後漢) 명제(明帝)의 부인 마황후(馬皇后)가 검소한 생활을 하며 직접 누에치고 비단 짜던 궁궐인 탁룡원(濯龍苑)을 가리킨다. 여기서는 풍고의 딸이 왕비가 됨으로써 자신이 외척의 신분이 된 것을 가리킨다.

130 세상과……잊었는데 : 세상과 교제를 끊었다는 의미이다. 군평(君平)은 전한(前漢)의 은사 엄준(嚴遵)의 자(字)이다. 그는 학식과 포부를 가지고 세상에 나오지 않고 촉(蜀) 땅에 은거하여 성도(成都)의 저잣거리에서 점치는 것을 생계로 삼았다고 한다. 이백(李白)의 시에 "군평이 이미 세상을 버리자, 세상 역시 군평을 버렸다네.〔君平旣棄世, 世亦棄君平.〕"라고 하였다. 《高士傳》《李太白文集 卷1 古風上》

131 어제……내리자 : 1826년(순조26) 4월 10일에 김조순을 전망(前望)으로 올려 겸홍문관 대제학, 겸예문관 대제학, 겸지성균관사로 임명하였다. 그런데 이튿날 도당록

시가 아니라 꿈속인 듯하였습니다.

지난 신유년(1801, 순조1) 봄철에 신이 처음 전망(前望)으로 외람되게 이 직책에 임명되어, 여러 차례 간절한 심정을 아뢰어 해면을 허락받았다가 곧 회권(會圈)에 선발되어 처음처럼 사직을 청하여 해면되었습니다.[132] 이는 신이 스스로의 본분을 헤아리건대 거칠고 소활하여 맑은 조정의 문장을 짓는 일을 감당할 수 없을 뿐이었으니, 어찌 다른 이유가 있었겠습니까. 지금은 처지가 전과 다르고 미천한 신의 나이도 더 들었습니다. 가령 "문원(文苑)의 체모가 다른 관직과 다르고, 그 이름도 다른 관직과 같지 않다."고 하여 전망의 단자에서 발탁한다면, 그 몸을 돌아보자면 평범한 외정 신하들에 비할 바가 아니고, 또 신이 쇠약하고 혼미하기가 날마다 심해져 어로(魚魯)를 구분하던 것도 사라지도록 내버려두었으니, 지난날 반드시 사직을 청한 것이 오히려 한 가지 이유였다면, 지금 거듭 임명된다면 그 두 가지를 겸하게 됩니다.

이로 미루어 말하자면 전하께서 특별히 제수하신 것이 이름과 실상에 어그러짐이 없지 않고, 신이 만약 무릎쓰고 받는다면 또한 예의염치에 어그러짐이 있게 됩니다. 이름과 실상이 한 번 어그러지면 나라의

(都堂錄)에 회권(會圈)하는 일로 겸대제학 김조순을 패초하라는 명이 있었는데, 김조순이 나아가지 않자 하루에 세 차례나 패초하는 일이 있었다. 원문의 '당록(堂錄)'은 도당록(都堂錄)을 가리킨다. 홍문관의 교리·수찬을 임명하기 위해 만든 명단을 홍문록(弘文錄)이라 하는데, 이 중에서 대상자를 뽑아 의정부의 당상·관각과 이조의 당상이 도당에 모여 선거한 기록을 모아 도당록을 만들어서 임금에게 올리면 임금은 차점 이상인 자를 교리 또는 수찬으로 임명하였다.

**132** 지난……해면되었습니다 : 실제 풍고가 대제학에 임명된 것은 이듬해 5월의 일이고, 회권(會圈)에 참여하란 명을 받은 것도 모두 이듬해의 일이므로 기억의 착오로 보인다. 《楓皐集 卷7 辭大提學疏, 辭前文衡會圈疏》

체면은 어떻게 닦을 것이며, 예의염치가 한 번 손상되면 신이 어떻게 설 수 있겠습니까. 한 번의 조치로 상하가 장차 함께 실수하게 될 것이니, 또한 몹시 애석하지 않겠습니까.

소패(召牌)가 여러 차례 내려옴에 움직일 길이 없으니, 헛되이 이름만 걸치고 날을 허비하기보다는 차라리 일찌감치 해면되어 스스로 편안함이 낫지 않겠습니까. 이에 감히 문자를 들여보내 성상의 위엄을 번거롭게 하오니, 삼가 바라건대 명철하신 성상께서는 자세히 굽어 살피시어 속히 신의 이름을 영원히 문형(文衡)의 명단에서 깎아버리고, 당세의 준걸한 인재를 다시 뽑아서 관직을 무겁게 하시고, 이어 신이 성상의 명에 태만한 허물을 드러내어 나라의 기강을 밝히소서.

## 두 번째 소[133]

再疏

삼가 아룁니다. 전하께서는 신이 은혜로운 명에 숙배한 것을 신이 장차 공무를 행하려고 그런 것이라 생각하십니까. 신은 참으로 부득이해서입니다. 신이 그끄저께 반드시 사직하려는 의리를 갖추어 진달하자, 성상의 비답이 신의 마음을 풀어주었고 윤허를 받지 못하였습니다. 신은 휘둥그레 놀라 어쩔 줄 모르면서 황공함만 점점 심해져, 참으로 다른 날에 정성을 갖춰 거듭 충정을 진달하고자 생각하였습니다. 그런데 소패(召牌)가 이르고 이어 "내신의 청대(請對)에 함께 입시하라."는 명이 있었으니, 공사(公私)의 사이에 완급의 의리가 다르므로 드디어 장황하게 나아가 숙배함을 면치 못했으니, 이것은 사세에 떠밀려서 어쩔 수 없었던 것이지, 어찌 현직이 공무를 행할 수 있다고 여겨서 그런 것이겠습니까. 신이 결단코 공무를 행할 수 없는 점으로 말하자면 관계된 바가 작지 않아서, 재주가 쓰임에 맞지 않고 인물이 관직에 어울리지 않는 것은 다만 여사(餘事)에 불과할 뿐입니다.

신이 현직에 대해 비록 공무를 행할 수 없는 별다른 사정과 형세가 없는 것은 실로 비답에서 풀어주신 말씀과 같습니다. 그러나 신의 처지는 외조(外朝)와 같지 않아서, 지난 임술년(1802)[134] 이후로 사람들이

**133** 두 번째 소 : 풍고의 나이 62세 때인 1826년(순조26) 4월 13일에 겸대제학의 사직을 청하며 재차 올린 소이다. 이 소에 대해 순조는 "청한 대로 시행하라.〔所請依施.〕"라고 하고서 사관을 보내 비답을 전유케 하였다.

**134** 임술년 : 임술년(1802, 순조2)은 풍고의 딸이 순조의 비가 되어 풍고가 왕실의

신을 보는 것과 신이 스스로를 보는 데 관직에 대해 확고한 한계를 설정한 것은 신으로부터 시작된 일이 아니고 예부터 그러했던 것입니다. 지금 만약 현직이 각별하다고 하여 이러한 때에 요행히 빈자리를 차지하고서 의기양양 문원(文苑)의 자리에 앉아 문형(文衡)의 일을 행하여, 한 시대의 인재를 가리고 영주(瀛洲)의 선발[135]을 주도한다면, 그 출처가 거꾸러지고 거조가 혼란스러운 것이 응당 어떠하겠습니까.

신이 비록 못나고 형편없지만 성상의 인척에 발자취가 닿았고 나이와 관작이 이미 높으므로, 한 번 움직이고 한 번 고요함이 당시 사람들이 모두 바라보는 바입니다. 가령 신이 옛날 처음 제수된 날부터 지금에 이르기까지 차지하고서 떠나지 않아 식견 있는 자들이 속으로 비웃어 비록 남의 이목을 막지 못하더라도 오히려 익숙히 여길 수도 있거니와, 문득 삼십 년 동안 적막하게 문을 닫고 있던 나머지에 본분을 내팽개치고서 하루아침에 뛰쳐나가 채신없는 짓을 마구 저질러 다시금 가로막지 못한다면, 이는 거의 본성에 염치를 갖추지 못한 자일 것입니다. 벼슬아치와 선비들의 말은 우선 논하지 않더라도 팔도의 하인이나 아녀자들까지도 반드시 의아해하면서 놀랄 것입니다. 태평시대에 관

친척이 된 해이다. 세자빈을 뽑기 위해 1800년(정조24) 2월 26일에 창경궁 집복헌(集福軒)에서 초간택, 윤4월 9일에 재간택을 거쳤는데, 6월에 정조가 승하하여 상을 마친 1802년(순조2) 9월 6일에 삼간택을 통해 풍고의 딸이 세자빈으로 간택되었다. 10월 16일에 어의동(於義洞) 별궁(別宮)에서 친영례(親迎禮)를 행하고 대조전(大造殿)에서 동뢰연(同牢宴)을 행하였다.

**135** 영주(瀛洲)의 선발 : 문형으로서 홍문관과 예문관의 인재를 뽑는 것을 가리킨다. 영주는 본래 신선세계를 가리키는 말이다. 당태종(唐太宗)이 일찍이 문학관(文學館)을 설치하여 학문과 문학에 빼어난 인재를 뽑아 교대로 숙직하며 경전을 토론하게 하였는데, 이들을 신선 세계에 오른 것에 비겨 세상에서 등영주(登瀛洲)라고 칭송하였다.

직을 채우는데 어찌 현자가 없을까 근심하여 반드시 억지로 시켜선 안 되는 사람을 억지로 떠민 연후에 인재를 등용하는 도리를 다하는 것이겠습니까.

신이 만약 성상을 번거롭게 하기를 꺼려서 이미 나온 것이라 핑계하면서 묵묵히 거행하기만 한다면 신이 스스로 거취를 가벼이하여 진실로 장차 조정에 부끄러움을 끼쳐서 신의 한 몸이 부끄러운 데 그치지 않을 것이니, 이 어찌 신이 억지로 할 수 있어서 그만두지 않는 것이겠습니까. 또한 신이 그 거취를 가벼이하고 싶지 않은 것이 어찌 신이 제 몸을 무겁게 하고자 해서이겠습니까. 바로 국가를 위하여 사체(事體)를 무겁게 하고 싶을 뿐입니다. 명을 거스른 주벌은 오히려 스스로 편안할 수 있어도 여론의 비방은 그치게 할 수 없습니다.

신의 심정을 진달함이 여기에 이르니 또한 궁박하다고 하겠습니다. 근심과 우울함이 극에 달해 말이 절제를 잃었으니, 삼가 바라건대 전하께서는 온화하게 굽어 살펴주시어 속히 신의 삼관(三館)의 직임을 체직하도록 명하여 미천한 본분을 처음으로 되돌려주시고 국가의 체모에 손상이 없도록 하소서.

## 사복시 제조를 사직하는 차자[136]

辭司僕提調箚

삼가 아룁니다. 엊그제 경시(冏寺 사복시)의 제거(提擧)를 차대(差代 후임자를 선발)할 때에 예지(睿旨)[137]가 내려온 것을 보았는데, 신의 자급을 의정(議政)과 같이 보아서 이제거(二提擧)로 차출하라는 명령이 있어서 신이 드디어 일제거(一提擧)가 되었습니다.[138] 신이 이에 마음에 불안함을 크게 느끼던 중에 삼가 《대전통편(大典通編)》을 고찰하건대 "제조는 2명인데, 1명은 의정이 겸한다.〔提調二員, 一員議政兼.〕"라는 글이 실려 있었습니다.[139] 이것은 깎아낼 수 없는 법식이니,

**136** 사복시……차자 : 풍고의 나이 63세 때인 1827년(순조27) 6월 29일에 사복시 제조를 사직하며 올린 차자이다. 사복시에는 일제조(一提調)와 이제조(二提調) 두 명의 제조가 있는데, 의정(議政)이 일제조를 겸직한다. 그런데 이번에 효명세자(孝明世子)가 현재 비어 있는 자리에 이제조를 따로 임명하자, 풍고는 자연스레 일제조가 되었다. 이에 풍고는 의정이 아닌 자신이 일제조를 차지하면 법전의 규정에 어긋나므로 제조를 사직하는 소를 올렸다. 이 소에 대해 효명세자는 "경은 안심하고 사직하지 말라.〔卿其安心勿辭.〕"라고 하고서 사관을 보내 비답을 전유케 하였다.《承政院日記 純祖 27年 6月 29日》

**137** 예지(睿旨) : 효명세자의 비답을 말한다. 순조 27년(1827) 2월 18일부터 효명세자(1809~1830)가 대리청정했기 때문에 예(睿)라고 표현한 것이다. 이 글의 말미에 "仰瀆睿聽"이라 한 것도 같은 이유이다.

**138** 신의……되었습니다 : 1827년(순조27) 6월 27일에 순조가 "영돈녕부사는 의정과 품계가 같으므로 사복시 일제조의 후임을 이제조로 의망하라.〔領敦寧與議政同品, 司僕一提調之代, 以二提調擬望.〕"라고 명을 내린 것을 가리킨다.

**139** 대전통편(大典通編)을……있었습니다 :《대전통편》〈이전(吏典) 경관직(京官

어떻게 갑자기 고치겠습니까. 비록 작은 일이라 하더라도 법식을 따라야 하는 의의에 어그러질까 두렵습니다. 하물며 신의 위차(位次)와 예수(禮數)가 비록 대신과 대등한 경우가 있더라도 이는 대체로 조정에서 융숭히 예우하는 형식일 뿐입니다. 그 실상을 따져보면 의정이 아닙니다. 지금 신이 임금의 총애를 믿고서 몽매함을 무릅쓰고 받는다면 지금부터 사복시에는 의정이 겸직하는 일이 없게 되어, 옛날에 교서를 받은 본뜻이 전혀 아니게 되니, 신이 어찌 부끄럽고 두려운 마음이 없겠습니까.

이에 감히 짧은 차자를 들여 예청(睿聽)을 어지럽히오니, 삼가 바라건대 밝게 살펴주시어 속히 신의 사복시 제조의 직임을 체직토록 허락하시고, 이어 의정으로 하여금 대신하도록 명하시어 오래된 법전을 보존하고 신의 사사로운 마음을 편안케 하소서.

職) 정삼품아문(正三品衙門) 사복시(司僕寺)〉 조에 보인다. 이 규정은 《속대전(續大典)》을 만들면서 신설된 규정이므로 영조 이후로 적용된 법전이다.

# 조문에 임하신다는 명을 거두기를 청하는 상서[140]

## 乞寢臨弔令旨書

삼가 아룁니다. 신이 진박(震剝 부인상)의 고통 중에 어제 조문에 참석하신다는 세자의 명을 듣고서, 처음에는 놀라고 송구스러워하다가 이어서 감동의 눈물을 흘렸습니다. 슬픔과 영광스러움을 함께 입으니, 죽은 사람을 다시 일으킬 만합니다.

**140** 조문에……상서 : 풍고의 나이 64세 때인 1828년(순조28) 8월 13일에 올린 차자이다. 풍고의 부인 청양부부인(靑陽府夫人) 청송 심씨(靑松沈氏, 1766~1828)가 1828년(순조28) 8월 11일에 견평방(堅平坊)의 집에서 세상을 떠나자 임금과 세자가 모두 슬퍼하였고, 승지를 보내 제사를 올렸다. 이어 세자가 친히 조문하려 한다는 소식을 듣자 풍고는 이것이 조선의 예법에도 사례가 드물고, 곤전(坤殿)의 슬픔을 위로하는 방도도 되지 못하며, 일기도 불순하므로 그 불가함을 지적하며 이 차자를 올렸다. 실제로 세자가 조문한 것은 장례를 치른 후 10월 19일에 청송 심씨의 빈소에 거둥하여 치제(致祭)를 함으로써 이루어졌다. 이 차자에 대해 효명세자는 "이번의 초상에 대하여 통곡하고 통곡한다. 우리 곤성(坤聖)께서는 하늘에서 내리신 효성으로 부르짖기를 망극하게 하시어 슬퍼하고 애통해하심이 정도에 지나쳐 3일 사이에 몹시 손상되셨으니, 나 소자는 초조하고 민망함을 말로써 다할 수 없다. 또 상가가 지척에 있는데 자성의 어가가 이미 몸소 가보시지 못한다면, 소자가 대신 가서 정을 펴는 것도 조금이나마 우러러 위로하는 도리가 될 듯하다. 승정원・내의원 등의 청원과, 대신・유신의 차자가 비일비재하니, 대신을 공경하는 도리에서 부득이 따라서 허락하였다. 그런데 지금 온 차자를 보니, 더욱 눈물이 줄줄 흐름을 깨닫지 못하겠다. 삼가 이 차자를 가지고 곤성께 아뢸 것이니, 경은 안심하라.〔今番喪患, 痛哭痛哭. 以我坤聖出天之孝, 號呼罔極, 哀毁過度, 三日之內, 受損甚多. 余小子焦遑悶迫, 已不勝言, 且咫尺喪次, 慈駕旣不得躬臨, 則小子之替行伸情, 似或爲一分仰慰之道矣. 喉院藥院之請, 大臣儒臣之箚, 非一非再, 則其在敬大臣之道, 不得已從許, 而今見來箚, 尤不覺潸然出涕. 謹以箚辭, 仰稟坤殿, 卿其安心.〕"라고 하고서 사관을 보내 비답을 전유케 하였다.《承政院日記 純祖 28年 8月 13日, 10月 19日》

그러나 가만히 생각건대, 이 일에 대해서는 옛날에 그런 예(禮)가 있다 하더라도, 조선조 수백 년 내에는 아직까지 듣고 보지 못한 일이니, 승정원과 내의원과 대신과 유신(儒臣)들이 명을 거두기를 청하는 말들이 모두 옳습니다. 신의 생각에는 저하께서 이 글을 읽으시고 화들짝 윤허하시기를 조금도 지체하지 않을 것이라 여겼습니다만, 하답(下答)이 내려온 것을 봄에 미쳐서는 참으로 신이 감히 이해할 수 없는 바였습니다.[141] 신이 비록 슬프고 경황이 없는 중이지만 청컨대 어제 내리신 명의 취지에 따라 대략 진달하겠습니다.

"어버이의 마음으로서 나의 마음을 삼겠다.〔以親心爲心.〕"[142]고 하신 것은 진실로 저하의 더없는 효성이시므로 신은 흠앙하며 찬탄해 마지않습니다. 그런데 이 일에 대하여서는 굳이 그렇게 할 필요가 없습니다.

곤성의 처지로 말하자면, 내전(內殿)이 사제(私第)에 행차하는 것

**141** 승정원과……바였습니다 : 이 차자를 올리기 하루 전에 승정원과 약방(藥房)에서 각각 진달하여 세자가 청양부부인의 상차에 임어한다는 명이 참으로 취지는 감동스러우나, 조선조에 이런 예가 드물었고, 게다가 근래 차가운 비바람이 그침이 없고 심지어 민간에 독감이 유행하므로 건강에 우려가 된다는 취지로 세자의 행차를 만류하였다. 이에 대해 세자는 이것이 지정(至情)에서 나온 일이니 번거롭게 반대하지 말라는 비답을 내렸다. 《承政院日記 純祖 28年 8月 12日》

**142** 어버이의……삼겠다 : 이 말은 세자가 청양부부인의 상차에 임어한다는 명을 내리면서 "우리 곤성께서 친히 상례에 참석하지 못하기 때문에 망극한 중에 더욱 망극하시다. 나 소자는 어버이의 마음으로 나의 마음을 삼는 도리로 어찌 한번 친히 조문함으로써 곤성의 마음을 위로하고, 또한 심정과 예를 펴지 않을 수 있겠는가. 청양부부인을 성복하는 날에 응당 조문에 참석하는 예를 행할 것이니, 해당 부서는 알고 있으라.〔惟我坤聖, 以不得躬親臨喪, 罔極之中, 尤爲罔極. 余小子以親心爲心之道, 何不一番躬弔, 一以慰坤心, 一以伸情禮乎? 靑陽府夫人成服日, 當行臨弔之禮, 該房知悉.〕"라고 한 말에 보인다. 《承政院日記 純祖 28年 8月 12日》

은 국법에 한계를 설정하여 놓은 바는 아니고, 또한 옛날에도 간혹 행차한 일이 있기도 하였습니다. 그런데 지극히 애통함을 머금고 지극한 슬픔을 간직하였음에도 분주히 달려가서 슬픔을 푸는 것을 생각지 못하는 것은 다름이 아니라, 내전이 사사로운 연고로 하여 동가(動駕)하게 되면 본래 설만하고 번거로운 폐단에 관련되고, 열조(列朝)에서 이미 폐지한 예(例)를 지금에 와서 다시 만들어내고 싶지 않은 때문입니다. 지금 곤성이 몸소 조문하지 못하는 것을 한탄하는 까닭은, 대체로 저 부인들이 멀리 시집을 와서 부모 형제들을 멀리 떠난 것을 슬퍼하는 것이니, 저 《시경(詩經)》에 실려 전하는바, 열국의 후(后)와 부인(夫人)과 비(妃)와 희(姬)들이 시로써 자신의 신세를 한탄한 것과 같은 종류일 뿐이지, 저하로 하여금 그 예를 대행하기를 원하는 것이 아닙니다.

또한 저하는 곤성에 대해 비록 천륜(天倫)으로서 간격이 없지만, 타고난 형체와 기운이 이미 구분이 있고, 융쇄(隆殺 예법의 높고 낮음)도 구별이 있으니, 저하께서 한번 조문에 임하는 것으로 어찌 곤성의 무궁한 슬픔과 끝없는 마음을 풀어드릴 수 있겠습니까? 무익할 뿐 아니라 한갓 슬픔만 더하여 줄 뿐입니다. 이것이 이른바 그렇게 할 필요가 없다는 것입니다.

저하의 처지로서 말하자면, 곤성께서 근심하고 걱정하신 지가 이미 여러 달이 되었고, 슬픔으로 몸이 야윈 지도 여러 날이 되었습니다. 소문에 듣자니, 옥체(玉體)가 위태로운 상태에 있고 살갗이 여위었으며, 통곡이 절도에 지나쳐 간혹 혼절할 때도 있으며, 수장(水漿)을 권하여 올려도 늘 애써 드시려는 마음이 적다고 합니다. 저하께서는 조석(朝夕)으로 곁을 떠나지 않고 몸소 살펴보았으므로 심정이 초조할 것인데, 아무리 반나절 동안이라도 어찌 갑자기 곁을 떠나서 궁궐을 멀리하여 급하지 않은 예절을 행할 수 있겠습니까? 이것은 경중과 완급에 저절로 우선해야 할 바가 있으니, 이것이 또 이른바 그렇게 할 필요가 없다는 것입니다.

하물며 이 조치는 평상시의 길경(吉慶)에 따른 예법과 차이가 있습니다. 시험 삼아 고례(古禮)에서 도열(桃茢)을 앞세우던[143] 의리를 생각해보면, 그것이 흉구불상(凶咎不祥)이 됨은 묻지 않아도 알 수 있습니다. 하물며, 지금 빈렴(殯斂)을 겨우 끝내서 대문과 뜨락 안이 매우 정결하지 못하고, 게다가 요즈음 일기마저 정상적이지 않아 절선(節宣 몸조리)에 심히 방해가 됩니다. 이러한 때에 무릅쓰고 움직이시면 곤성의 슬프고 병드신 마음에 근심을 끼쳐드림이 또 응당 어떠하겠습니까? 어찌 곤성만이 그렇겠습니까. 대조 전하(大朝殿下 순조)의 성심(聖心)으로도 용납하기 어려운 일이니, 이 어찌 저하께서 모든 신하의 청을 굳이 거절하면서 심정에 내키는 대로 행할 일이겠습니까.

신이 이처럼 간절히 아뢰는 것은 그 일이 신의 집안에 관계되어서 묵묵히 있는 것이 혐의가 되므로 글을 지어 수식하는 것이 아닙니다. 사리를 헤아려보건대 실로 응당 그렇지 않은 점이 있기 때문입니다. 이제 감히 문자를 들여보내 우매한 소견을 모두 진달하오니, 삼가 바라건대 세자저하께서는 깊이 생각을 놀리시어 살펴 재납해주시고, 만약 끝내 저하의 마음에 의심이 있거든 신의 이 차자를 가져다가 조용히

143 도열(桃茢)을 앞세우던 : 도열은 복숭아 나뭇가지로 만들어 귀신을 몰아내는 데 쓰는 빗자루이다. 《예기》 〈단궁 하(檀弓下)〉에 "임금이 신하의 상(喪)에 갈 때는 무축(巫祝)으로 하여금 도열(桃茢)을 잡고 상서롭지 못한 것을 제거하게 한다."라고 하였다.

곤성에게 앙달해보시고, 신의 말이 그르다고 하신다면 신은 감히 다시 더 말씀을 못 드리겠습니다마는, 만일 옳다고 하시거든 마땅히 여러 사람의 소청을 따라 내리신 영을 속히 거두소서.

## 대전의 어진을 그린 뒤에 상전을 사양하는 차자[144]

### 大殿御眞圖寫後 辭賞典箚

삼가 아룁니다. 우리 성상의 어진을 도사(圖寫)하는 일이 이미 그 공정을 마치고, 우리 저하께서 몸소 봉안하시며 그 예를 다하셨습니다.[145] 진신들이 용안을 우러르며 서로 축하하고, 여론이 풍문을 듣고 함께 기뻐하니, 태평시대가 여기에서 모습을 드러내고 저하의 효심이 이로 인해 더욱 빛났습니다.

**144** 대전의……차자 : 풍고의 나이 66세 때인 1830년(순조30) 4월 6일에 상전을 사양하며 올린 차자이다. 1830년(순조30) 4월 5일에 어진을 모사할 때에 수고한 신하들에게 포상을 시행했는데, 풍고는 검교제학으로서 안장을 갖춘 내구마 1필을 받고, 상의원 제조로서 내하대표피(內下大豹皮) 1령(領)을 받고, 검교제학으로서 내하대표피 1령을 받았다. 이 차자에 대해 효명세자는 "이번 어진을 그리면서 모든 것이 순조롭게 일이 끝나 길일을 골라 봉안하는 예를 마쳤으니, 어찌 이런 경사와 다행이 있겠는가. 연여(輦輿)가 미비한 것은 실로 실무자들의 모호함에 연유한 것이니, 경에게 무슨 관련이 있는가. 경은 안심하고 받고서 다시 고사하지 말라.〔今番御眞圖寫, 萬安竣功, 日吉辰良, 奉安禮成, 豈勝慶幸? 輦輿之未備, 實緣下吏之糢糊, 於卿何有? 卿其安心領受, 毋復固辭.〕"라고 하고서 사관을 보내 비답을 전유케 하였다. 《承政院日記 純祖 30年 4月 5日, 6日》

**145** 우리……다하셨습니다 : 1830년(순조30) 4월 4일에 순조 어진을 모사하는 일을 마치고, 세자가 표제(標題)를 써서 규장각의 주합루(宙合樓)에 봉안하였다. 이때 어진을 그린 화원은 김건종(金建鍾), 이수민(李壽民), 김하종(金夏鍾), 이인식(李寅植), 장준량(張駿良), 변용규(卞容圭) 등인데, 이들에게도 차례로 포상이 주어졌다. 《承政院日記 純祖 30年 4月 4日, 5日》 도사(圖寫)는 군왕이 생존해 있을 당시 모습을 그리는 것을 말하는데, 어진이 훼손되었을 때 다시 그리는 것을 모사(模寫), 군왕의 사후에 그리는 것을 추사(追寫)라고 한다.

어제 내려온 영지(令旨)를 보건대 신이 감동(監董)의 임무에 참여했다고 하여 특별히 안장을 갖춘 내구마를 면급(面給)하는 은전을 받았습니다. 신이 이 명령을 듣자마자 영예와 감사가 비록 깊었으나 부끄러움과 두려움이 앞섰습니다.

대체로 어진을 그린 일이 예부터 어찌 한량이 있겠습니까마는 지금과 같은 성대함은 있지 않았습니다. 이는 우리 성상께서 오랫동안 인도하여 교화가 이루어져 여유롭고 한가로우므로 이에 이런 칠분형용(七分形容)의 거조가 있게 되었습니다. 우리 저하께서는 모사하고 채색하는 처음부터 배접을 하고 비단으로 꾸미는 마지막까지, 두루 저하의 생각을 운용하여 모든 공인을 지휘하지 않음이 없었고, 표제를 손수 쓰시고 봉안하기를 몸소 행하시어, 정성과 예법이 모두 극진하여 터럭만큼도 유감이 없었습니다. 신이 이런 즈음에 곁에서 모시고 주선하며 드물게 보는 성대한 일을 목도하였고 재능이 넘치는 훌륭한 자태를 송축하였으니, 영광스러운 빛이 몸에 끼쳐 흠앙과 찬탄만 마음에 가득할 뿐입니다.

스스로 신의 자취를 돌아보건대 어디에 터럭 하나 만큼의 노력을 바치고 먼지 하나 만큼의 기록할 공로가 있습니까. 이것만으로도 오히려 신의 마음에 부끄러운데, 하물며 연여(輦輿) 한 가지 일에 이르러선 말해 무엇 하겠습니까. 신이 규장각과 사복시에 근무한 지가 여러 해인데, 영정을 봉안하는 연(輦)이 본래 옛날부터 보관된 것이 있는지 알지 못하고서, 망령되게 평소에 쓰는 것을 옮겨다 쓰는 것으로 알았다가, 밤이 지난 뒤에 비로소 깨닫고서 황급히 고치도록 누차 엄히 명하여 근근이 기한에 맞출 수 있었으니, 그 군색하고 구차함이 이보다 심한 것이 무엇이겠습니까. 일상적으로 맡은 일에도 흐리멍덩하여 그런 것인데, 큰 견책을 받지 않은 것은 저하의 도량이 크기 때문이었으니, 비록 지난 일이라 하더라도 생각하면 송구스럽기 그지없습니다. 공로가 없기가 저와 같고, 요행이 죄를 면한 것이 이와 같은데, 무슨 낯으로 가장 높은 포상을 차지하겠습니까.

감히 몇 줄의 차자를 엮어 몹시 부끄러운 충정을 진달하오니, 삼가 바라건대 세자께서는 은상(恩賞)을 남용해서는 안 됨을 생각하시고, 미천한 충정을 둔 곳이 있음을 살피시어, 속히 신에게 내린 상전을 환수토록 명하소서.

## 헌장의 소로 인해 스스로의 죄를 아뢰는 소[146]

因憲長疏自列疏

삼가 아룁니다. 신이 근일에 무더위에 손상을 입어 위로는 체증에다 아래로는 설사가 나고 겸하여 바깥공기를 쐬어 침상에서 끙끙대고 있습니다. 문득 어제 헌장(憲長 사헌부 대사헌) 권비응(權丕應)[147]이 소를 올린 후에 신에게 편지를 보내 그 소의 초본을 보여주었습니다.

신이 그 초본을 보니, 그것은 김노(金鐐)의 죄상을 나열하고 성토한 것으로,[148] 가히 다 갖추어졌고 또 준엄하다고 이를 만합니다. 이는

**146** 헌장의……소 : 풍고의 나이 66세 때인 1830년(순조30) 6월 22일에 죄를 청하며 올린 소이다. 대사헌 권비응(權丕應)이 김노(金鐐)의 죄를 탄핵하면서 풍고가 지은 〈효명세자연경묘지문(孝明世子延慶墓誌文)〉의 구절을 왜곡하여 인용하자, 이에 대해 풍고는 대사헌의 인용이 잘못되었지만 자신이 지문을 잘못 지은 데서 나온 이유도 있으므로 명망이 높은 사람에게 효명세자의 지문을 다시 맡기는 것이 좋겠다고 하면서 이 소를 올렸다. 이 소에 대해 순조는 "병중에 있다니 염려된다. 이 일에 실수한 것은 경에게 있지 않으니, 어찌 다른 사람을 시켜 다시 짓도록 할 수 있겠는가. 경이 청한 바가 지나치다. 대사헌의 일은 반드시 늙어 혼미한 탓으로 치부할 것이니, 경은 안심하라.〔愼節奉慮, 此事所失不在卿, 何可使他人更撰乎? 卿之所請, 過矣過矣. 都憲事必付於老惛, 卿其安心.〕"라고 하고서 사관을 보내 비답을 전유케 하였다. 〈楓皐集 卷9 孝明世子延慶墓誌文〉《承政院日記 純祖 30年 6月 22日》《純祖實錄 30年 6月 22日》

**147** 권비응(權丕應) : 1754～?. 본관은 안동, 자는 계직(季直)이다. 1806년(순조6)에 별시에 급제하여 사간원, 이조 등 내직을 두루 역임하여 벼슬이 참판에 이르렀다. 순조30년 6월 20일에 사헌부 대사헌에 임명되었는데, 2일 후에 소를 올려 김노(金鐐)의 죄상을 탄핵하였다.

**148** 김노(金鐐)의……것으로 : 김노(1783～?)의 본관은 연안(延安), 자는 경유(景由), 호는 설암(雪嵒)이다. 1823년(순조23)에 정시 문과에 병과로 급제하였다. 내외직

근일 삼사(三司)가 공동으로 지닌 의론이므로 그 말이 이와 같음은 당연합니다. 그러나 그가 인용한바, 신이 지어 올린 효명세자(孝明世子)의 지문(誌文) 가운데 성복일(成服日)에 곤전(坤殿 순원왕후)께서 신에게 하교한 한 구절[149]에 이르러서 처음에는 저도 모르게 놀랍고 송구스럽다가 이어 의혹스러운 마음이 들었습니다.

대체로 효명세자가 곤전에게 고한 말은, 그 본뜻이 대체로 '자신을 돌이켜보면 지난 일에 뉘우칠 것이 많고, 사람을 믿으면 세상 사람들이 모두 각기 사사로움만 추구한다.'라는 취지일 것입니다. 이는 바로 총괄하여 논한 것이므로 그 말도 포함되어 있다고 한다면 옳겠지만, 실제로는 딱히 무엇을 지적하여 말한 것이 아닙니다. 그런데도 대사헌

을 두루 거쳐 벼슬이 판서에 이르렀다. 당시 김노는 이조 판서로 재임 중이었는데, 효명세자가 병으로 위중할 때에 의약(醫藥)을 맡은 직임이 아님에도 이를 홀로 독단하여 1830년(순조30) 5월 6일에 세자가 훙서하는 돌이킬 수 없는 사태를 만들었다고 홍문관 교리 윤석영(尹錫永)의 탄핵을 받았고, 양사와 옥당에서는 김노가 홍기섭(洪起燮)·이인부(李寅溥) 등과 붕당을 지어 그간 많은 악행을 저질렀음을 탄핵하기도 하였다.《承政院日記 純祖 30年 5月 30日, 6月 12日, 15日》 이때 권비응도 상소를 올려 김노가 평소 경솔하고 천박한 인간으로 상서롭지 않음을 이미 알고 있었는데, 세자의 대리청정 기간에도 가까이 임명되어 좋은 정사가 나오면 자신의 공로로 돌리고, 그 반대의 경우에는 자신이 힘을 써서 큰 사태를 막은 듯 행동했던 뻔뻔스러운 사람임을 지적하였다.《承政院日記 純祖 30年 6月 20日》

**149** 성복일(成服日)에……구절 : 권비응이 상소에서 "삼가 듣건대 곤성전하께서 성복일에 목이 메인 채 하교하시면서 세자의 말씀 가운데 '지난 일에 후회가 많고, 간사한 사람은 믿기 어렵다.〔往事之多悔, 奸人之難信.〕'라고 하셨으니, 이 하교를 들은 사람들은 누구나 목 놓아 울면서 전해들은 소문이 어긋나지 않음을 깨닫게 되었습니다.〔伏聞坤聖殿下哽咽下教於成服日, 而特擧睿旨中往事之多悔, 奸人之難信, 承聆此教者, 莫不失聲號泣, 益覺傳聞之不爽也.〕"라고 한 구절을 가리킨다.《承政院日記 純祖 30年 6月 20日》

이 대뜸 인용하여 자신이 김노를 성토하는 데 증거를 삼은 것은 또한 몹시 놀랍고 송구스럽지 않겠습니까?

그리고 신이 찬진한 지문(誌文)의 본문에는 바로 "세상 사람들이 모두 각기 사사로움을 추구한다.〔世人皆各爲其私.〕"[150]라고 되어 있는데, 대사헌이 또 마음대로 고쳐서 "간사한 사람은 믿기 어렵다.〔奸人難信〕."라고 하였으니, 이것이 신이 의혹스러워하지 않을 수 없는 바입니다. 대사헌의 뜻은 분명히 예의(睿意 세자의 뜻)가 틀림없이 김노를 지목하면서도 그 성명을 드러내지 않은 것이라고 여겨 그렇게 말한 것일 테지만, 신의 얕은 소견으로는 꼭 그래서만은 아닌 듯합니다.

대리 청정한 이래로 3, 4년 사이에 김노가 세자의 은혜를 속이거나 저버린 것이 진실로 그 단서가 많습니다. 그러나 위로 공경대부에서부터 아래로 간쟁하고 의론하는 신하에 이르기까지, 날마다 그가 날뛰며 방자한 짓을 마음대로 하도록 내버려두고서, 일찍이 어떤 사람도 한 마디 말로써 위로 이광(离光 세자의 덕)을 돕거나 반 마디 글로써 아래로 요망한 간신을 배척한 일이 없었습니다. 그러니 김노의 죄는 진실로 논할 것이 없거니와, 저 옷만 번지르르하고 입을 다문 채 수수방관하던 사람들이 과연 각기 사사로운 것만 추구한 자가 아니며, 예총(睿聰)의 신임을 받기에 충분한 자이겠습니까?

그리고 이미 '간사한 사람'이라고 말하고서 또 단지 '믿기 어렵다'고 말하였다면, 그것이 소조(小朝 세자)의 말씀으로 또한 장차 어떻겠습니까? 하물며 임금에게 고하는 말은 더없이 조심스럽고 엄정한 것이므로

**150** 세상……추구한다 : 《풍고집(楓皐集)》 권9 〈효명세자연경묘지문(孝明世子延慶墓誌文)〉에 보인다.

'마(馬)'라는 글자에 발 하나가 부족해도 스스로 죄를 범했다고 여겼으니, 평범한 자획의 잘못에 대해서도 옛날 사람은 오히려 이처럼 신중했습니다. 그런데 지금 관계됨이 더 없이 막중하다는 장독(章牘)에서 남이 지은 문자를 인용하면서 그 자구를 변환시킨 채 다시 의심하거나 어렵게 여김이 없이 곧장 지존(至尊) 앞에 올려, 다만 지어 올린 자로 하여금 눈이 휘둥그레하게 만들었을 뿐만 아니라, 이 일로 당시에 탄식을 발하였던 예의(睿意)로 하여금 마침내 한쪽의 치우친 데로 귀결하면서도 그것을 생각하지 않았으니, 신은 실로 이 대사헌을 위하여 그가 상량(商量)하는 데 큰 실수가 있었음을 애석하게 여깁니다.

이 일을 갑자기 보게 되면 득실이 대사헌에만 달려 있고, 신의 몸에 관련이 없는 듯합니다. 그러나 삼가 생각건대 얼굴을 그리면서 한 터럭이라도 닮지 않으면 곧 그 사람이 아니라고 합니다. 형해(形骸)는 외적인 것인데도 선현들의 말이 어렵고 중하게 여긴 것이 저와 같았습니다. 지금 신이 저성(儲聖 세자)의 심법(心法)을 묘사하면서, 재주가 천박하기 때문에 예지(睿志)의 정한 바를 어리석은 자나 지혜로운 자가 똑같이 알게 하지 못했으니, 말을 엮는 솜씨가 시원찮음을 알 만합니다. 그리고 신의 인망이 가볍기 때문에 오관(五官)에 결여됨이 없음에도 모욕과 멸시가 밀려드는 것을 모면할 수 없었고, 근거 없는 왜곡을 막아낼 수 없었습니다. 솜씨가 시원찮으면 후세에 전할 수 없고, 기롱과 변환을 일삼는다면 이보다 큰 설월(褻越 더럽히고 어지럽힘)은 없을 것입니다.

황공하고 부끄러워 스스로 용납할 곳이 없는 중에도 더욱 크게 두려운 바가 있습니다. 유지(幽誌)가 세상에 나왔어도 이것을 본 자는 열에 두셋도 안 되지만, 소본(疏本)이 세상에 유전되는 것은 먼 곳이라도 이르지 않은 곳이 없고 이를 보지 않은 사람이 없습니다. 신이 만약 입을 다물고 변론하지 않는다면 당시의 예의(睿意)가 덮어져 밝아지지 않을 것이며, 미천한 신이 세자의 아름다운 덕을 천양(闡揚)하지 못한 죄 또한 도망할 곳이 없을 것입니다. 이것이 신이 성상을 번거롭게 하는 두려움을 피하지 않고서, 문득 감히 고개를 들고 우리 성상께서 슬프고 비통하게 거상하시는 아래에 신의 죄를 자인(自引)하는 까닭입니다.

삼가 바라건대 명철하신 성상께서는 속히 명을 내리시어, 이 유지(幽誌)에 대해 신처럼 재주가 천박하고 인망이 가벼운 자가 지은 것을 사용하지 못하게 하시고, 특별히 문장에 능하고 인망이 무거운 자로 하여금 다시 지어서 올리도록 하여 국가의 체모를 무겁게 하소서.

## 대제학의 사직을 청하는 소[151]

辭大提學疏

삼가 아룁니다. 신의 연약한 자질이 해마다 심해지고 철마다 심해져 늙고 병들어 쓸모없는 현상이 날마다 겉으로 드러나는 것을 아마 성상께서 이미 잘 알고 계실 것입니다. 천만 뜻밖에 문형(文衡)을 거듭 제수하는 조치가 바로 병으로 누워 신음하는 중에 내려왔습니다. 신은 깊은 밤에 명을 듣고 화들짝 베개를 밀치고서, 처음에는 성상의 인재를 알아보시는 식견에 당황하였고, 이어 문원(文苑)을 위해 서글피 탄식하였습니다. 그 이유가 무엇이겠습니까.

신이 외람되게 이 직임을 맡은 지 지금 31년이 되었습니다.[152] 앞뒤로 누차 제수될 때마다 반드시 사양하여 해면되고서야 그쳤던 것은 다름이 아니라, 신이 자신을 앎이 진실하고 미천한 진심을 둔 곳이 있어, 감히 이런 사람으로서 이런 직임을 차지할 수 없었기 때문입니다. 연전에 잠시 제수되었던 것은 어쩔 수 없어서이니, 다만 전연(傳硯 대제학의 교체)의 일이 급박하고 미룰 곳이 없었기 때문에 우선 염치없이 무릅쓰

**151** 대제학의……소 : 풍고의 나이 68세 때인 1832년(순조32) 2월 28일에 대제학을 사직하며 올린 소이다. 이 소에 대해 순조는 "청한 바대로 모두 시행하겠다.〔所請竝依施.〕"라고 하고서 사관을 보내 비답을 전유케 하였다. 그리하여 이튿날 다시 권점을 행하여 홍석주(洪奭周)를 대제학으로 삼았다. 《承政院日記 純祖 32年 2月 26日, 28日, 29日》《純祖實錄 32年 2月 26日, 28日, 29日》

**152** 신이……되었습니다 : 풍고가 대제학에 처음 제수된 것이 1802년(순조2) 5월 25일이므로 31년이 되었다고 한 것이다. 《楓皐集 卷7 辭大提學疏》

고 맡았다가 후임자를 천거하여 영원히 면직되기를 바랐던 것뿐이었으니, 감히 자리를 차지하고자 하는 생각을 품은 적이 있었겠습니까.

신의 간절한 충정을 일찍이 한가로운 자리에서 모실 때 다 털어놓았으므로 또한 성상께서도 반드시 익히 들어 알고 계실 것입니다. 그런데 지금에 와서 늙고 병들어 쓸모없는 형편에서 무엇을 취하였기에 반드시 거둬 쓰시려는 것이며, 충정을 이미 다 토로한 나머지에 무엇을 부추겨서 억지로 시키려 하시는지 모르겠습니다. 새것을 쌓아두고 묵은 것을 쓰는 것은 인재를 쓰는 방도가 아니고, 뒷사람을 떠밀어 앞에 두는 것은 전례를 따르는 도리가 아닙니다. 이것이 신이 성상의 인재를 알아보시는 식견에 당황한 까닭입니다.

대체로 인재를 선발하는 직책이 어느 것이 중요치 않겠습니까마는 문형이 가장 으뜸입니다. 적임자를 얻으면 보불(黼黻)과 생용(笙鏞)[153]의 아름다움이 참으로 볼만하거니와, 적임자를 얻지 못하면 청아(菁莪)와 작역(柞棫)[154]의 교화를 보좌할 수가 없으니, 문형이 국가에 있

153 보불(黼黻)과 생용(笙鏞) : 제왕의 정치를 화려하게 장식하고 조화롭게 찬미하는 것을 가리킨다. 보불은 임금의 예복 하의에 자수로 새긴 도끼무늬를 가리키고, 생용은 예식에 사용되는 생황과 큰 종을 가리킨다.

154 청아(菁莪)와 작역(柞棫) : 인재를 육성하여 문화가 융성하는 것을 가리킨다. 청아는 《시경》 〈소아(小雅) 청청자아(菁菁者莪)〉 편을 가리키는 말로, 인재를 기르는 것을 읊은 시이다. 작역은 《시경》 〈대아(大雅) 면(緜)〉에 "갈참나무와 떡갈나무가 쑥쑥 뻗어 올라가 다니는 길이 통하니, 곤이들이 도망하여 숨만 쉴 뿐이로다.〔柞棫拔矣, 行道兌矣. 混夷駾矣, 維其喙矣.〕"라고 하여 태왕(太王)이 처음 기산(岐山) 아래에 이르렀을 때에는 숲과 나무가 깊이 막혀 있고 사람과 물건이 매우 적었는데, 그 뒤에 인구가 점점 많아지고 귀부(歸附)하는 자가 날로 많아지게 됨에 이르러는 나무가 위로 쑥 뻗어 올라가서 그 밑으로 길이 통하니, 곤이(昆夷)들이 두려워하여 도망하고 숨어 엎드려서

어서 관계된 바가 이와 같습니다.

문형이 재상이 되어 들어가고부터 문원이 드디어 비어서[155] 실오리 같은 문원의 명맥이 거의 끊어지는 즈음인데, 권점(圈點)을 행하라는 명이 문득 이런 즈음에 나오니, 신 또한 조정을 위해 눈을 비비며 적임자를 얻기를 기다리고 있었습니다. 성상께 올렸던 단자가 내려옴에 은혜로운 명이 잘못하여 신의 몸에 내려오니, 전하께서는 장차 여러 사람의 재주가 신보다 못하므로 우선 내버려두어도 무방하다 여기신 것입니까. 아니면 신이 받은 우대가 다른 사람과 달라서 그만둘 수 없다고 여기신 것입니까. 만약 그만둘 수 없어서라고 하신다면 신은 본래 여러 차례 그 직함을 지냈으므로 비록 이미 신을 영화롭게 하기에 손색이 없더라도, 만약 인재를 우선 내버려두어도 무방하다고 하신다면 문사(文詞)란 저절로 정해진 값이 있어서 내리거나 높일 수 없습니다. 이번 권점을 받은 숫자가 신을 포함해 신구(新舊) 모두 다섯 사람이니, 신이 신과 네 사람의 실상을 자세히 진술하겠으니, 시험 삼아 살펴보시기 바랍니다.

신의 지리멸렬하고 쇠약함은 우선 거론할 것 없이, 박종훈(朴宗薰, 1773~1841)의 아름다운 시문을 지어내면서 법도를 잃지 않는 데에 신이 미치지 못하고, 홍석주(洪奭周, 1774~1842)의 널리 배우고 잘 기억하여 응용에 끝이 없는 데에 신이 미치지 못하며, 서유구(徐有榘,

오직 숨만 쉴 뿐이었다는 말이다.

**155** 문형이……비어서 : 1827년(순조28)부터 대제학으로 오랫동안 활약한 김이교(金履喬, 1764~1832)가 1831년(순조31) 1월 19일에 우의정에 임명되어 한동안 대제학 자리가 빈 것을 가리킨다.

1764~1845)의 힘써 옛사람의 가르침을 따르며 늙을 때까지 중단하지 않는 데에 신이 미치지 못하고, 신재식(申在植, 1770~1843)의 경전과 역사서를 두루 섭렵하여 그것을 따르기를 위주로 하는 데에 신이 미치지 못합니다.

이들은 모두 오늘날의 훌륭한 재목인데도 버려두고 돌아보지 않은 채, 신과 같은 최하의 인물로서 이들을 모두 가리고 지나가게 하였으니, 태평시대의 문치(文治)를 어디로 말미암아 이루고, 사방의 문풍(文風)을 어디로 말미암아 진작할지 알지 못하겠습니다. 아름다운 구슬을 버리고서 어목(魚目 물고기 눈알)만 쌓는다면 그것을 보배로운 소장품이라 할 수 있겠습니까. 쑥대만 무성해져 곡식이 병든다면 그것을 기름진 땅이라 할 수 있겠습니까. 이것이 신이 문원을 위해 서글피 탄식한 까닭입니다.

성상의 감식안이 신으로 인해 누가 되고 문원이 신으로 인해 액운을 만난다면, 신이 비록 두꺼운 얼굴로 수치를 무릅쓰고 나가서 명을 받고자 하더라도 진실로 할 수 없으므로 간담을 토로하여 고인들이 다른 사람을 천거하여 자신을 대신하게 했던 사례를 대략 모방합니다. 삼가 바라건대 명철하신 성상께서는 신의 말이 망령되지도 수식한 것도 아님을 살피시어 속히 반치(鞶褫)[156]의 은전을 내리시고, 이어서 다시 권점을 행하도록 명하시어 네 사람 중에서 간택하여 직임을 맡긴다면, 문원에 빛이 나고 미천한 분수가 편안할 뿐만 아니라, 또한 중외(中外)

**156** 반치(鞶褫) : 벼슬을 그만두는 것을 말한다. 《주역》 〈송괘(訟卦) 상구(上九)〉에 "반대를 내려주었다가 세 번 벗길 것이다.〔鞶帶三褫.〕"라고 한 데서 나온 말이다. 반대는 가죽으로 만든 큰 혁대를 말하고, 치는 옷을 벗긴다는 뜻이다.

로 하여금 재능을 헤아려 관직을 제수하는 성덕을 알게 할 수 있으니, 어찌 한 번의 조치로 세 가지 이익을 얻지 않겠습니까?

# 풍고집

## 제9권

奏주
啓계
應製文응제문
祭文제문

# 주奏

## 관서의 음사를 변통하기를 청한 상주문[1]

關西蔭仕變通奏

하늘이 인재를 내면서 어찌 남쪽과 북쪽에 차이를 두었겠습니까마는 서로(西路)의 인사들이 조정에서 동등하게 살펴주는 은택을 받지 못한 것은 실로 전례상의 큰 흠결이라 하겠습니다. 명경(明經), 문과(文科), 무방(武榜 무과) 출신도 오히려 벼슬에 진출할 희망이 있으나, 음관(蔭官)의 경우에는 그 길이 드디어 단절되었습니다. 경명행수(經明行修 경학에 밝고 행실이 바름)의 선비를 천거하던 제도는 오래전 제도라 논하지 않더라도, 재주를 품고 문장에 능한 부류들 또한 아예 자포자기하고 마니 어찌 애석하지 않겠습니까.

하물며 동국(東國)이 동국이 된 것이 단군(檀君)과 기자(箕子)로부터 시작되었으니, 높여 받드는 것이 이치에 당연하기에 숭령전(崇靈殿)[2]에 참봉을 두 명 두고, 숭인전(崇仁殿)[3]에 전감(殿監)을 한 명 두었

**1** 관서(關西)의……상주문 : 1824년(순조24)에 영돈녕부사로서 올린 상주문이다. 서도(西道) 지역 인사들이 음직에서도 차별을 받고 있으므로 이에 대한 개선책으로 숭령전(崇靈殿)의 참봉과 숭인전(崇仁殿)의 전감을 융통성 있게 임명해 달라고 상주한 내용이다. 《純祖實錄 24年 9月 7日》《日省錄 純祖 24年 9月 7日》

습니다. 전감은 선우씨(鮮于氏)[4]가 세습하고 있고, 참봉은 본도 사람들에게 직함을 빌려주는 수단에 불과하여 원래부터 승진할 수 있는 규정이 없습니다.

신의 생각으로는 숭령전의 참봉 2자리 중에 1자리는 영(令)으로 고치고, 숭인전의 전감 또한 참봉 2자리로 고쳐 설치하되, 1자리는 늘 선우씨 중에서 차출하시고, 1자리는 숭령전의 참봉과 함께 청남(淸南)과 청북(淸北)[5]에 나누어 소속시켜, 각 읍 수령이 온 고을과 함께 의논하여 학문과 덕행이 있는 자를 추천하여 감사에게 올리고, 감사는 또 그중에서 가려 3망을 갖춰 조정에 올려 낙점을 받고, 기한이 차기를 기다려 경사(京司 서울의 관사)로 옮겨 들여보내기를 송경(松京)의 분교

2 숭령전(崇靈殿) : 단군과 고구려의 시조인 동명왕을 모신 신묘(神廟)로 평양성 밖 인리방(仁里坊) 즉 현재의 기림리에 있다. 고려 시대에는 성제사(聖帝祠)라는 이름으로 왕이 특사를 보내 제사를 올렸다. 조선 시대에 들어서는 단군묘(檀君廟)라는 이름으로 부르면서 봄, 가을로 향축(香祝)을 내려 제사를 지내다가 1729년(영조5)에 숭령전으로 이름을 바꾸고 참봉 2명을 두어 관리하게 하였으며 승지를 보내 제사 지냈다. 구월산의 삼성사(三聖祠)와 더불어 단군을 봉안한 곳으로 근래에까지 보존되고 있다.

3 숭인전(崇仁殿) : 기자(箕子)의 위패를 모시고 춘추로 향사를 올리는 전각으로, 평양시 중구역 종로동에 있다. 1325년(충숙왕12)에 창건되었다. 1430년(세종12)에 중건된 후에 기자전(箕子殿)이라 불리다가 1612년(광해군4)에 숭인전으로 바뀌었다. 현재의 숭인전은 1977년 숭령전(崇靈殿) 옆으로 옮겨놓은 것이다.

4 선우씨(鮮于氏) : 조선으로 온 기자(箕子)의 후손이 삼은 성씨이다. "주 무왕(周武王)이 기자를 조선에 봉하고, 지자(支子) 중(仲)은 우(于)를 식읍으로 삼았는데, 이로써 자손이 선우를 씨로 삼았다.〔周武王封箕子於朝鮮, 支子仲食采於于, 子孫因以鮮于爲氏.〕"라는 기록이 참고가 된다.《氏族大全 卷22》

5 청남(淸南)과 청북(淸北) : 평안도의 청천강(淸川江) 이남 지방을 청남, 이북 지방을 청북이라고 한다.

관(分敎官)[6]의 예처럼 하는 것입니다.

영(令)은 문관과 음관을 번갈아 차임하되 또한 본도 사람을 임명한다면 존숭하여 높이는 도리에 빛이 날 뿐만 아니라, 또한 서토(西土)의 인사들을 흥기시킬 수 있을 것입니다. 이미 변통에 관계되고 또 관원의 인사에 관계된 것이니, 대신 및 인사 담당관리에게 자문을 구하시어 처리하심이 어떠하겠습니까.

**6** 분교관(分敎官) ; 조선 시대에 개성부(開城府)와 강화부(江華府)에 두었던 종9품 벼슬이다. 어린아이들의 교육을 담당하였으며 생원, 진사, 유학 중에서 유수(留守)가 추천하여 임명하였다.

## 《오경백편》을 편정할 때 의례를 하문하신 데 대한 대답[7]

五經百篇編定時 義例詢問對

삼가 성상의 글을 읽으매, 《오경백편》을 편정하시려는 본래의 취지를 차근차근 말씀하시고서 가부에 대해 어리석은 신에게 물으시니, 훌륭하십니다. 학문을 좋아하여 게을리하지 않는 뜻과 스스로 힘써 쉬지 않는 공부와 아랫사람에게까지 묻기를 부끄러워하지 않는 성덕이 윤음에 흘러 넘쳐 어느 왕들보다도 뛰어났습니다. 은하수처럼 큰 문장이라 이름 붙일 수 없고 창해처럼 깊은 문장이라 움킬 수가 없어서, 두 손으로 받들어 공경히 읊조리매 그 광채가 온몸에 덮였습니다.

옛날 성인께서 《춘추(春秋)》를 찬수하실 때에 자공(子貢)이 다니면서 170나라의 남은 서적을 구하였는데, 자유(子游)와 자하(子夏)는 감히 한마디도 도울 수가 없었습니다.[8] 가령 자유와 자하가 공자 문하에

7 오경백편(五經百篇)을……대답 : 《오경백편》 간행 도중에 정조가 의례(義例)에 대해 하문하자 이에 답한 글이다. 1794년(정조18)에서 1795년(정조19) 사이에 지은 것으로 추정되는데, 이 당시 풍고는 오랫동안 규장각 검교(檢校)와 직각(直閣)에 번갈아 재임했다. 《오경백편》은 정조가 평소에 《주역》·《서경》·《시경》·《춘추》·《예기》에서 긴요한 내용 99편을 추리고 주희(朱熹)의 글 2편을 더하여 5권 5책으로 간행한 목판본이다. 1794년(정조18) 정조의 명으로 간행 사업이 시작되어 1798년(정조22) 7월 29일에 완성하였다. 1796년(정조20) 9월에 이 책을 영남에 내려 보내 계서영리(啓書營吏)에게 정서시켜 질박함을 취하였고, 도내의 유생에게 교정을 보아 올려 보내게 하였으며, 겨울에 정약용(丁若鏞)에게 구두를 찍게 하였다고 한다. 이 책은 1908년 휘문관(徽文館)에서 신식 활자를 이용하여 5권 2책으로 다시 간행한 바 있다. 이 책은 간행 당시 《오경백편》이라고 불렸으나 《오경백선(五經百選)》·《어정오경백편(御定五經百篇)》이라고 한 책도 있다. 《弘齋全書 卷181 群書標記3 御定3 五經百篇五卷》

있지 않았다면 그만이지만, 이미 함궤장석(函几丈席 안석과 자리)의 사이에서 화목하게 줄지어 모셨다면, 성인이 자만하지 않는 마음을 가지고서 쓸 것은 쓰고 뺄 것은 뺀 의례에 대해 어찌 오늘 명철하신 성상께서 신 등에게 하문하시는 것처럼 어찌 한마디 문난(問難)함이 없었겠습니까. 이는 자유와 자하가 강한(江漢)과 추양(秋陽) 같은[9] 공자를 더 높일 수 없음을 밝게 알아서, 스스로 감히 그 사이에 한 마디도 말을 덧붙일 수 없었기 때문일 것입니다.

지금 이 편찬은 여러 성인의 아름다운 말을 모으고 만고의 큰 도를 논정하여, 절충하고 헤아려서 간요(簡要)하기를 힘쓴 것이므로,[10] 취사가 비록 다르지만 의리는 이창(二創)[11]이 아니고, 가감이 같지 않으나 체례는 일통(一統)[12]으로 귀결됩니다.

**8** 옛날……없었습니다 : 《사기(史記)》 권47 〈공자세가(孔子世家)〉에 "춘추를 지으며 보태거나 뺄 적에 자유와 자하의 무리는 한마디 말도 도울 수 없었다.〔至於爲春秋, 筆則筆削則削, 子夏之徒不能贊一辭.〕"라는 말이 나온다.

**9** 강한(江漢)과 추양(秋陽) 같은 : 증자(曾子)가 공자의 모습을 회상하면서 찬미한 말이다. "강수와 한수에 씻고 가을볕에 말린 것처럼 깨끗하여 더할 나위 없으셨다.〔江漢以濯之, 秋陽以暴之, 皜皜乎不可尙已.〕"라고 한 데서 나온 말이다. 《孟子 滕文公上》

**10** 여러……것이므로 : 정조가 《오경백편》을 선집한 원칙은 "조술하기만 하고 창작하지는 않는다〔述而不作.〕"는 것과 "넓은 데로부터 간략한 곳으로 돌아간다〔由博反約.〕"는 취지였다. 《弘齋全書 卷181 群書標記3 御定3 五經百篇五卷》

**11** 이창(二創) : 《춘추공양전(春秋公羊傳)》 서(序)에 따르면, 대체로 경전(經傳)을 위배하고 자기 멋대로 글을 쓰는 것이 하나의 창작(創作)이요, 타경(他經)을 인용하여 구두(句讀)를 손실시키는 것이 또 하나의 창작이므로, 이를 합하여 이창이라고 하였다. 다른 해석에서는 옛사람이 이미 그 법을 만들었는데 뒷사람이 또다시 새로운 법을 만든 경우를 이창이라 하였다. 《宋子大全附錄 卷17 語錄 4 崔愼錄上》

**12** 일통(一統) : 하나의 통일된 체계를 말하는데, 천하의 모든 나라가 천자에게 귀의

이 《오경백편》이 《서경(書經)》을 산삭했던 뜻을 모방하여 우뚝이 천지 사이의 지극히 큰 보배가 되니, 조술하되 창작하지 않는 뜻과 성인의 도를 천명하여 몽매함을 깨우치는 공로는 심법(心法)으로 서로 전해진 것이 천년 뒤까지 동일한 헤아림이라 하겠습니다.

신 등이 몸소 성군을 만나 발을 규장각에 들여서 교감의 일에 참여하고 간행의 공정을 감독하게 되었으니, 그것을 단목사(端木賜 자공)가 두루 다니면서 구한 노력에 비한다면, 영광은 이미 넘치고 소원을 이미 이뤘다 하겠습니다. 밝은 해와 달에 반딧불로 보충하고 넓은 강과 바다에 작은 물을 바치는 것으로 말하면, 자유와 자하가 감히 하지 못했던 일이니 신이 어찌 감히 할 수 있겠습니까. 다만 마땅히 책이 이루어지는 날을 기다려 서안 위에 받들어 올리고서 엎드려 읊조리면서 우리 성상의 정밀한 의리가 깃들어 있는 곳을 궁구할 뿐입니다. 땅에 엎드려 두려워 떠는 마음 가눌 길 없습니다.

하여 이를 중심으로 통일되는 것을 대일통(大一統)이라 한다. 《춘추공양전(春秋公羊傳)》 은공(隱公) 원년 기사에 "왜 왕정월이라고 하였는가. 대일통을 표시하기 위해서이다.〔何言乎王正月? 大一統也.〕"라는 말에서 유래하였다.

## 서류를 소통하자는 수의[13]

庶類疏通收議

서류(庶類)의 벼슬길이 막힌 것은 역대로 만국(萬國)에 있지 않았을 뿐더러, 곧 우리 조선 초기에도 그런 적이 없었습니다. 처음에 막을 것을 청하게 된 연유를 말한다면, 용렬하고 식견 없는 자들이 유감을 품고 보복하려는 계책에 불과하였고, 나중에 소통을 논한 일을 말한다면, 우리나라의 큰 현인이 아니면 모두 세상에 드문 명신석보(名臣碩輔)였으니, 막느냐 소통하느냐 사이의 그 시비와 득실은 절로 변론을 기다리지 않아도 알 수 있습니다.

또 사람의 귀천(貴賤)과 궁달(窮達)은 모두 태어난 이후의 일인데, 이 사람들에 이르러선 그 몸이 태어나기 전에 이미 천하고, 그 명을 부여받기 전에 이미 곤궁하니, 어찌 천지가 만물을 낳는 이치가 참으로 이와 같겠습니까. 자제가 되어 감히 부형이라 칭하지 못하고, 혈속이 되어서도 계서(系序)를 잇지 못하는 것으로 말하면, 더욱 천하와 고금에 정상의 법도를 벗어난 일인데, 습속이 오랫동안 미혹되어 깨닫지 못하는 것은 다른 이유가 아니라 오랫동안 막혔기 때문입니다. 벼슬을 중히 여기고 인륜을 가벼이 여기는 것이 또 어찌 인심에 편안히 여기는

**13** 서류(庶類)를 소통하자는 수의(收議) : 1823년(순조23) 9월 9일에 풍고가 영돈녕부사로서 올린 것으로, 사람의 귀천과 궁달은 모두 후천적인 것임을 전제하고, 서얼일지라도 가문이나 능력을 고려하여 등용해야 함을 건의한 글이다. 《承政院日記 純祖 23年 9月 9日》 수의(收議)는 국가의 현안에 대해 시임과 원임 대신의 의견을 수합하여 상주하는 문장 형식의 하나이다.

바이겠습니까. 또한 법전이 그렇게 몰아서 그런 것뿐입니다.

지금 만약 막힌 것을 한번 열어주면, 부형의 호칭과 세계의 계승이 조정에서 번거롭게 통제하지 않더라도 인륜이 저절로 바로잡히고 천리가 절로 밝아져, 서류 또한 스스로 면려할 바를 알게 될 것입니다. 이에 그 종성의 고하와 인물의 우열을 헤아려서 참작하여 등용하신다면, 국가에는 인재를 누락시켰다는 한탄이 없어질 것이고, 서류는 억울함을 품고 사는 고통에서 풀려날 수 있을 것입니다.

우매하고 얕은 소견으로는, 소통하는 것이야말로 실로 천리를 밝히고, 인륜을 바로잡으며, 뛰어난 인재를 망라하는 도리에 부합된다고 생각합니다.

# 계啓

## 이조 참의 문계[14]

### 吏曹參議問啓

신이 이조 참의에 전혀 어울리지 않는 실상은 얼마 전 호소하는 글에 나 토로하였으니,[15] 일월처럼 밝으신 성상께서 필시 이미 그것이 숨

**14** 이조 참의(吏曹參議) 문계(問啓) : 풍고의 나이 33세 때인 1797년(정조21) 6월에 13일에 이조 참의를 사직한 이유를 묻는 국왕의 질문에 답변을 올린 글이다. 문계(問啓)란 죄과로 퇴관(退官)당한 사람을 왕명으로 승지가 계판(啓板) 앞에 불러 그 까닭을 물어 아뢰는 일을 가리킨다. 1797년(정조21) 6월 12일에 정조가 삼망(三望)의 절차를 생략하고 중비(中批)로 풍고를 정3품 이조 참의에 특채하자, 풍고는 즉시 이 조치가 공의(公議)에 어긋나고 작록은 임금이 사사로이 내릴 수 있는 것이 아님을 이유로 사직 상소를 올렸다.《楓皐集 卷7 辭吏曹參議疏》이에 정조는 상소를 읽고 나서 풍고가 벼슬에 진출하기를 까다롭게 여김을 문제 삼고서, 처벌에 앞서 그 이유를 듣고자 문계하란 명을 내렸다. 그리하여 이 계문이 올라가자 정조는 " 별다른 사정이 있으리라 생각하여 문계하도록 하였는데, 대답을 보매 새로운 말이 아니다. 만약 이렇다면 더욱 머뭇거림을 내버려두어서는 안 되겠으니, 전패로 각별히 재촉하라.〔意謂有別般情勢, 使之問啓, 見其對奏, 非新語. 若此則尤不可任其逡巡, 以前牌各別催促.〕"라고 하였다. 그런데 또 김조순이 소명을 어기자 결국 이튿날 파직하고 이면긍(李勉兢)으로 대신하게 하였다.《承政院日記 正祖 21年 6月 12日》《正祖實錄 21年 6月 13日》

**15** 신이……토로하였으니 : 이조 참의에 임명된 날에 사직상소를 올린 것을 가리킨다.

김이 없고 꾸밈이 없는 확고한 충정임을 모두 아셨을 것입니다.

신이 어리석고 못난 자질로 성상께서 길러주는 교화를 유독 많이 받아서 좌우로 관직을 독차지하고 이 직함을 받기까지 이르렀으니, 영광은 이미 지극하고 은총이 이미 극에 달했습니다. 설령 나무나 돌덩이처럼 완고하고 돼지나 물고기처럼 몽매하다 하더라도 아직 사라지지 않은 본성을 지니고 있다면, 또한 어찌 감격하고 분발하여 일마다 채찍질하며 쉽고 어렵고 마르고 진땅을 가리지 않고서 살아서나 죽어서나 앞을 향해 나아갈 마음이 없겠습니까. 다만 신하가 임금을 섬기는 도리는 일개 '성(誠)' 한 글자보다 앞서는 것이 없음을 생각하면, 신이 비록 몹시 어리석지만 이것이 없다면 성명께서 다스리는 세상에 힘을 쏟을 곳이 없다는 것도 오히려 알고 있습니다.

신의 식견과 재주가 만약 이 직책에 반푼이라도 비슷한 점이 있다면, 분골쇄신하여 티끌만큼이라도 보답하고자 하는 평소의 정성을 가지고, 비록 오늘 명을 받아 내일 낭패를 보더라도 실로 마음에 달게 여겨 즐거이 행할 것입니다. 그러나 타고난 본성이 노둔하고 아는 것이 어두워서 어리석기는 진흙으로 빚은 인형과 같고 혼미하기는 연기를 들이마신 것 같으니, 어찌하겠습니까. 인물이 누가 낫고 누가 못한지, 공의(公議)가 어느 게 합당하고 어느 게 아닌지를 어떻게 변별하겠으며, 조치를 어떻게 마땅하게 할지 규례를 어떻게 법도에 맞게 할지를 무슨 수로 판가름할 수 있겠습니까.

지금 만약 단지 분수와 의리가 더없이 엄중하고 위엄과 처벌이 두려운 것만 알고서, 스스로를 헤아리지 못한 채 차지해서는 안 되는 자리에 갈팡질팡 나아가 알지도 못하는 일을 흐리멍덩하게 행한다면, 남들이 비웃고 꾸짖는 것은 우선 거론하지 않더라도 고금 천하에 어찌 이처럼 매우 실제가 없이 성실치 못한 자가 있겠습니까. 이것이 바로 차라리 명을 어겨 엄한 주벌을 받을지언정 감히 불성(不誠)으로 스스로 돌아가지 못하는 이유입니다.

어리석은 신의 견해가 변통을 알지 못하여 엄한 하교의 아래 움직일 수 없어, 두려워서 떨며 어찌할 줄 모른 채 대답할 바를 알지 못하겠습니다.

## 대왕대비전과 혜경궁에게 존호를 더하고, 왕대비전에 존호를 올리는 데 대한 정청계[16]

大王大妃殿惠慶宮加上尊號王大妃殿上尊號庭請啓

삼가 생각건대, 신 등이 천재일우의 드물게 보는 운수를 만나 억조창생이 한목소리로 외치는 간절함을 진달하오니, 이는 곧 천리와 인정에 반드시 나오는 바이고, 예를 시행하고 일을 처리하는 데 부합하는 것입니다. 반나절 동안 조정의 뜰에서 서로 합심하여 간절히 축원하였는데, 자성(慈聖)의 마음이 헤아려주시지 않아 성상의 윤허가 마침내 내려오지 않으니,[17] 진실로 서성이며 답답해하는 심정을 가눌

**16** 대왕대비전과……정청계 : 1803년(순조3) 11월 11일에 순조에게 올린 정청계로, 순조에게 지성을 다하여 대왕대비, 혜경궁, 왕대비에게 존호를 올리기를 요청하는 내용이다. 이 당시에 절기로는 동지를 맞고, 대왕대비전의 연세가 육순에 꽉 차고, 왕대비전의 연세가 이미 52세가 되었으며, 혜경궁의 연세가 칠순에 꽉 차게 된 것을 기념하여 존호를 올리고자 한 것이다. 대왕대비전은 영조의 계비 정순왕후(貞純王后) 김씨(金氏, 1745~1805)를 가리키고, 왕대비전은 정조의 계비이며 순조의 모친인 수빈 박씨(綏嬪朴氏, 1770~1822)를 가리키고, 혜경궁은 정조의 생모이며 사도세자의 비인 홍씨(洪氏, 1735~1815)를 가리킨다. 정청(庭請)이란 세자나 세손, 또는 대신이 백관을 거느리고 궐 안의 뜰에 나아가서 임금이나 왕대비 등에게 중대한 사안의 시행이나 시행의 중지 등을 청하는 것이다. 이때 임금이나 왕대비 등에게 올리는 계사를 정청 계사(庭請啓辭)라고 하였다. 이 정청계는 1803년(순조3) 11월 11일에 행판중추부사 이시수(李時秀)를 필두로 백관들이 함께 상주한 것인데, 풍고가 영돈녕부사로서 대신 지은 것이다. 이 계문에 대해 순조는 "바야흐로 정성을 모아 말씀을 올렸으나, 자전의 마음이 줄곧 변함이 없으니, 민망하고 울적함을 가눌 길 없다.〔方積誠仰勉, 而慈心一向浼浼, 不勝悶鬱矣.〕"라는 비답을 내렸다. 《承政院日記 純祖 3年 11月 11日》

**17** 반나절……않으니 : 이 계문을 올리기 전날인 1803년(순조3) 11월 10일에 판중추

길 없습니다.

대체로 덕을 높이고 근본에 보답하는 것은 고금의 보편적 의리이고, 뜻을 이어서 천하를 어루만지는 공은 제왕의 공통된 효도입니다. 신 등은 이전에 올린 주청을 이어서 대략 다시 진달하겠습니다.

가까이로는 인원왕후(仁元王后)[18]의 덕음을 계승하고 멀리로는 여요(女堯)[19]의 높은 명성을 뛰어넘어 우리나라를 반석처럼 태평한 형세에 올려놓으시고, 수렴첨정하여 엄숙하고 화목한 다스림을 천명하시니, 성덕으로는 우리 대왕대비전하[20]보다 더한 분이 없습니다. 〈장발

부사 등이 동일한 내용을 상주하였으나, 자전과 자궁이 허락을 하지 않아 순조가 유허를 내리지 못한 것을 가리킨다.

**18** 인원왕후(仁元王后) : 인원왕후(1687~1757)는 숙종의 계비로 본관은 경주(慶州)이다. 경은부원군(慶恩府院君) 김주신(金柱臣)의 딸이다. 1701년(숙종27) 인현왕후(仁顯王后) 민씨가 죽자, 간택되어 궁중에 들어가 다음 해에 왕비로 책봉되었다. 숙종이 죽은 뒤 왕대비로 있으면서 1722년(경종2) 자경(慈敬)을 시작으로 영조 대에 헌열(獻烈), 광선현익(光宣顯翼), 강성(康聖), 정덕(貞德), 수창(壽昌), 영복(永福), 융화(隆化) 등의 존호를 차례로 받았다. 사후에 정의장목(定懿章穆)이 휘호로 올려졌다. 소생은 없다. 1746년(영조22)에 육순이 되어 존호를 받은 일이 있다.

**19** 여요(女堯) : 송나라 영종(英宗)의 비 선인태후(宣仁太后)를 가리키는데, 철종(哲宗)이 어리자 대신 섭정하여 왕안석(王安石)을 물리치고 사마광(司馬光)을 등용하여 원우지치(元祐之治)를 이루었으므로 세상에서 '여중요순(女中堯舜)'이라고 일컬었다

**20** 대왕대비전하 : 영조의 계비 정순왕후(貞純王后) 김씨(金氏, 1745~1805)를 가리킨다. 본관은 경주(慶州), 아버지는 오흥부원군(鰲興府院君) 김한구(金漢耈)이다. 정성왕후(貞聖王后)가 훙서하자 1735년(영조11)에 영조의 계비로 간택되어, 김귀주를 필두로 친척들을 정계에 진출시켜 노론 벽파를 융성시켰다. 1776년 정조가 즉위하자 왕대비가 되었고, 1800년 순조가 즉위하자 대왕대비가 되어 수렴청정하였다. 1803년(순조3) 12월 수렴청정을 거두고 정치에서 물러났다. 1805년(순조5) 창덕궁 경복전(景福殿)에서 61세로 승하하였다. 슬하에 자녀는 없다.

(長發)〉[21]의 상서로움을 받으시어 우리 성고(聖考 정조)를 낳아 기르시어 몸소 보우하신 공로가 이에 우리 신손(神孫 순조)에까지 이르렀으니, 공으로는 우리 혜경궁저하[22]보다 큰 분이 없습니다. 덕은 후곤(厚坤)에 짝하여 이남(二南)의 교화를 펼치고, 장락궁에 존귀하게 거처하며 임금의 봉양을 받으시니,[23] 가깝기로는 우리 왕대비전하[24]보다 더 융성한 분이 없습니다.

선왕의 왕위에 올라 선왕의 예를 행하고 선왕의 마음으로 마음을 삼으시었으나, 하루하루를 아끼고 연세가 늘어감을 알아 기쁨과 두려움이 함께 이른 이는 또한 오직 우리 전하께서 공경하고 삼가는 정성이

**21** 장발(長發) : 《시경》 〈상송(商頌)〉에 실린 편명으로 탕왕(湯王)의 조상 설(契)로부터 은(殷)나라를 건국한 탕(湯) 임금에 이르기까지 그 상서로움이 시작된 것이 오래되었음을 노래하였다.

**22** 혜경궁저하 : 정조의 모친이자 사도세자의 비 헌경왕후(獻敬王后) 홍씨(洪氏, 1735~1815)를 가리킨다. 본관은 풍산(豐山), 영의정 홍봉한(洪鳳漢)의 딸이다. 정조가 효장세자의 후사로 입적됨에 따라 법적으로 왕대비, 대왕대비가 되지 못하여 혜경궁 홍씨란 칭호로 널리 통용되었다. 1744년(영조20) 사도세자(思悼世子)의 빈에 책봉되고, 1762년 사도세자가 죽은 뒤 혜빈(惠嬪)에 추서되었다. 1776년 아들 정조가 즉위하자 궁호가 혜경(惠慶)으로 올라 혜경궁 홍씨가 되었다. 고종 때 헌경왕후(獻敬王后)로 추존되었으며, 대한제국 때 의황후(懿皇后)로 다시 추존되었다.

**23** 장락궁(長樂宮)에……받으시니 : 장락궁은 태후(太后)나 대비(大妃)의 궁전을 상징하는 말로, 본래 한(漢)나라 때 황태후가 평상시 거처하던 장락궁(長樂宮)에서 유래하였다. 실제로 순조의 왕대비는 창경궁 집복헌에서 거처하였다.

**24** 왕대비전하 : 정조의 계비이며 순조의 모친인 수빈 박씨(綏嬪朴氏, 1770~1822)를 가리킨다. 본관은 반남(潘南)으로 좌찬성 박준원(朴準源)의 딸이다. 1787년(정조11)에 정조의 계비가 되어 순조와 숙선옹주(淑善翁主)를 낳았다. 검소한 성품으로 내외에 칭송이 높았다.

그러합니다. 아름답습니다.

영조의 계해년(1743, 영조19)과 갑자년(1744, 영조20), 인원성후의 병인년(1746, 영조22)과 정묘년(1747, 영조23)은 실로 오늘의 시초가 되고,[25] 우리 영고(寧考 정조)께서 이미 갑인년(1794, 정조18)과 을묘년(1795, 정조19)에 준행하신 바입니다.[26] 오늘 신 등이 청하는 바는 바로 을묘년 이후 영고께서 일찍이 장수를 기원하며 도모하셨던 바입니다.

지금 우리 전하께서 영고께서 일찍이 고대하시던 해를 만나 영고께서 준행하시던 전례를 이어서 존호를 올리고 옥책을 올려서, 이로써 하늘이 거듭된 경사를 내려준 것에 보답하고, 이로써 영고의 오르고 내리면서 미처 하지 못했던 마음을 위로드려서, 무궁한 데까지 자애로운 교화를 전파하고, 잘 계승하는 데에 성상의 효성을 빛내신다면, 이 의리는 성인에게 질정하여도 의심이 없을 것이고, 후세에 남겨주어 계책으로 삼을 만할 것입니다. 또한 마땅하지 않겠으며, 또한 아름답지 않겠습니까.

겸양하시는 자성(慈聖)의 덕성을 신 등이 공경하지 않는 바가 아니고, 옛일에 북받치는 자전의 심정을 신 등이 모르는 바가 아닙니다.

**25** 영조의……되고 : 역사적으로 기념할 만한 해에 존호를 올리기를 청한 사례를 나열한 것이다. 영조 계해년(1743, 영조19) 1월 11일에 숙종의 계비 인원왕후(仁元王后)의 육순이 3년 남았음을 기념하여 존호를 올리기를 논의한 기사가 있고, 이듬해 2월 21일에도 육순에 대해 언급한 기사가 있다. 인원왕후는 병인년(1746, 영조22) 1월에 육순을 기념하여 존호를 받은 일이 있고, 이듬해 정묘년 2월에도 존호를 받은 일이 있다.

**26** 우리……바입니다 : 정조가 갑인년(1794, 정조18) 12월에 혜경궁의 육순을 기념하여 대전·왕대비전과 함께 존호를 올리고, 이듬해 을묘년 1월에 다시 존호를 올린 일이 있다.

그러나 이것에 대해 다른 이유도 있으니, 이미 전에 거행하였는데 나중에 거행하지 않는다면 나라의 예법이 무너질 것이니, 이치에 밝으신 우리 전궁(殿宮)의 명철함으로 어찌 이렇게 하시겠습니까. 지난해에는 받고 오늘날에는 거절하는 것은 정리(情理)에 어긋나니, 자식을 사랑하는 우리 자궁(慈宮)의 자애로움으로 또한 어찌 차마 이렇게 하시겠습니까. 더구나 오직 성모(聖母)께 우러러 청하는 것은, 뜻에 순종하여 아름다움을 받들고 심정을 참작하여 마땅한 예를 만드는 것이라서 이미 간소하고도 쉬워 적절한 조처에 맞는 일이니, 어찌 구구한 진달을 기다려서야 비로소 한번 허락을 내리시려 하겠습니까.

삼가 바라건대 전하께서 더욱 온유하게 청을 올리시되 설득하실 방도를 궁구하시어, 속히 마음을 돌리게 하신다면 매우 다행이겠습니다.

# 응제문應製文

## 정종대왕 시책문[27]

正宗大王諡冊文

하늘이 돌보지 않아 우리나라에 큰 재앙을 내렸습니다. 훌륭한 덕이 있으면 그에 맞는 이름을 얻는 것이 떳떳한 법이시만, 나만 더욱 슬퍼 목이 멜 뿐이니 어찌 감히 덕을 드러낸다 하겠습니까.

삼가 생각건대, 대행대왕께서는 안으로는 성인의 덕을 갖추고 밖으로는 왕도정치를 행하여 천지를 경륜하였습니다. 하나를 들으면 열을 아는 것은 총명예지의 자질에서 나왔고, 다섯을 알고 셋으로 실천한 것은 온화하고 진실하고 공손하고 검소하심으로 터득한 것입니다. 어린 나이에 큰 임무를 맡아 어렵고 험난함을 두루 맛보았고, 문조(文祖)로부터 거듭 빛남이 합치되어 모든 기무(機務)를 대신 살폈습니다.[28] 윤음을 반포하여 종통(宗統)의 바름을 밝혔으니 하나라 황제가 남월

**27** 정종대왕 시책문 : 1800년(순조 즉위년) 9월 13일에 국장도감에서 올린 정조대왕에 대한 시책문이다. 당시 풍고는 시책문제술관에 임명되어 이 글을 지었는데, 당시의 관함은 병조 판서였다. 이 공로로 11월 8일에 가자(加資)의 포상을 받았다.《正祖實錄 卷1 附錄 諡冊文》《純祖實錄 卽位年 9月 13日, 11月 8日》

**28** 문조(文祖)로부터……살폈습니다 : 영조의 명을 받아 대리청정한 것을 가리킨다.

(南越)에 내린 조서보다 훌륭했고,[29] 책을 저술하여 의리의 밝음을 표방하였으니[30] 노(魯)나라 공자께서 서쪽에서 기린을 사냥한 일로 《춘추(春秋)》의 저술을 마친 것에 부합하였습니다. 현자를 등용하고 인척을 견제하여 인재의 발탁과 등용을 공정하게 하였고, 양(陽)을 북돋우고 음(陰)을 억눌러서 선과 악의 구분을 엄히 하였습니다. 제독(提督)이 자손들의 제사를 받고 명나라 유민(遺民)들이 용만(龍灣 의주(義州))의 제단에서 합동 제사를 흠향하게 되었으니,[31] 덕음을 그리워한 것이고, 충헌공(忠獻公)이 영고(英考 영조)의 묘정에 배향되고[32] 대로사(大

**29** 윤음을……훌륭했고 : 정조가 즉위하자마자 윤음을 반포하여 사도세자의 아들임을 천명한 것을 가리킨다. 《正祖實錄 附錄 正祖大王行狀》 한(漢)나라 문제(文帝)가 남월(南越) 왕에게 주는 글에 이르기를 "짐은 고황제(高皇帝)의 측실(側室)의 아들이다."라고 하였는데, 그 당시에 이 말로 인해 문제를 낮게 보지도 않았고, 국가의 많은 변고를 거치면서도 문제의 자손이 줄곧 왕위를 계승하였다고 한다.

**30** 책을……표방하였으니 : 1777년(정조1)에 《명의록(明義錄)》을 3책의 활자본으로 간행한 것을 가리킨다. 이 책은 정조의 대리청정을 반대했던 홍인한·정후겸 등을 역적으로 처단하고, 정조를 옹위한 홍국영(洪國榮)·정민시(鄭民始)·서명선(徐命善)의 충절을 선양한 뒤 이 사건의 전말을 공표하기 위해 지은 것이다.

**31** 제독(提督)이……되었으니 : 1786년(정조10) 3월 22일에 이여송(李如松)의 신주를 만들어 주라는 정조의 명이 있었고, 1788년(정조12) 11월 13일에 친히 이여송의 사당기를 지어 사당에 걸게 한 일이 있다. 1798년(정조22) 7월 23일에 병자호란 때 명나라를 위해 싸우다 죽은 의사(義士)와 명나라가 망한 뒤에 우리나라에 온 유민(遺民)을 의주의 현충사(顯忠祠)에 제향하라고 명한 기사가 있다. 《正祖實錄》

**32** 충헌공(忠獻公)이……배향되고 : 충헌공은 김창집(金昌集, 1648~1722)의 시호이다. 본관은 안동(安東), 자는 여성(汝成), 호는 몽와(夢窩)이다. 경종 때에 연잉군(延礽君)의 대리청정을 건의했다가 소론의 무고로 신임사화에 연루되어 거제도에 위리안치되었고 이듬해 성주에서 사사되었다. 영조가 즉위한 뒤에 관작이 회복되었고, 1778년(정조2) 5월에 영조의 묘정에 배향되었다.

老祠)의 편액이 여강(驪江)의 사당에 걸리니[33] 국시(國是)가 영원히 정해졌습니다. 다스리는 법도가 더없이 훌륭하고, 현철하신 임금 중에 우뚝이 빼어났습니다. 풍속을 바로잡고 혼미한 자를 깨우침에 비와 이슬이 적셔주고 서리와 눈이 몰아치듯 수많은 방도로써 가르쳤고, 백성을 화합하여 바른 길로 이끌어줌에 술잔으로 덥혀주거나 날카로운 창으로 위엄을 보이듯 온 세상을 교화했습니다.

농사의 어려움을 알아 힘을 기울이니, 하우씨(夏禹氏)가 몸소 농사를 지었는데도 천하를 소유한 것과 같았고,[34] 자신의 안락한 즐거움을 끊고 백성을 편안케 하려 애썼으니, 주 문왕(周文王)이 하루도 겨를이 없었던 것과 같았습니다.[35] 많은 서적이 알록달록하니 이원(摛院 규장각)이 규성(奎星)과 벽성(壁星)의 형상에 호응하였고, 지모와 계략이 용과 범 같았으니 장용영(壯勇營)에 풍운 같은 인재들이 빼곡했습니다. 백성을 보기를 다칠 듯이 여겨 옥사를 살필 때는 애절하고 경건한

**33** 대로사(大老祠)의……걸리니 : 1785년(정조9)에 정조의 명으로 송시열(宋時烈)을 제향하기 위해 경기도 여주에 건립한 대로사를 가리킨다. 이는 송시열이 여주에 머물 때마다 효종의 능인 영릉(寧陵)을 바라보며 통곡하고 후진들에게 북벌을 주창한 의미를 기린 것이다.

**34** 하우씨(夏禹氏)가……같았고 : 《논어》 〈헌문(憲問)〉에 "우와 후직(后稷)은 몸소 농사를 지었으나 천하를 소유하였습니다.〔禹稷, 躬稼而有天下.〕"라고 한 남궁괄(南宮适)의 말이 있다.

**35** 주 문왕(周文王)이……같았습니다 : 《서경》 〈무일(無逸)〉에 "아름답게 부드럽고 아름답게 공손하시어 백성을 품어 보호하고 홀아비와 과부에게 혜택을 베풀어, 아침부터 한낮과 저녁이 되도록 밥 먹을 겨를도 없이 만민을 화합하게 하였다.〔徽柔懿恭, 懷保小民, 惠鮮鰥寡, 自朝至于日中昃, 不遑暇食, 用咸和萬民.〕"라고 하며 문왕의 덕을 찬미한 구절이 있다.

마음으로 옥송을 결정하였고, 이웃 나라와 수교할 때에는 도가 있어 친선을 닦을 때는 충(忠)과 신(信)을 앞세웠습니다. 정갈한 제향에 술잔을 친히 올리니 신명께서 강림한 데서 그 정성이 드러났고, 모든 사람이 찬양하며 올린 존호를 굳이 마다하시니 그 겸손한 데서 뜻이 빛났습니다. 꾸미지 않은 방에서 거처하고 낡은 옷을 세탁해 입으시니 그 검소함을 흠잡을 수 없고, 예에 따라 공급되는 곡식을 저축하고 건물수리의 공사도 중지시키니[36] 정밀한 의리가 담겨 있었습니다.

오직 정책상의 조치들은 전념해온 학문에서 미루어 나가지 않은 것이 없어, 경(敬)을 지켜 실천하신 것은 《소학(小學)》과 《대학(大學)》의 문을 경유하신 것이고, 의(義)를 모아 인(仁)을 구하신 것은 맹자와 공자의 가르침을 조술한 것이었습니다. 공사(公私)와 의리(義利)의 경계에서는 터럭만 한 차이가 천리나 어긋남에 정신을 바짝 차렸고, 깊은 못에 임하고 얼음을 밟은 듯 전전긍긍하는 공부에서는 남보다 백배나 정력을 쏟으셨습니다.

온갖 선을 다 갖추시니 본원(本源)의 맑고 깨끗함에 빛이 났고, 한 이치가 서로 통하니 늘 상제(上帝)를 대하듯 엄숙하였습니다. 강송(講誦)할 때면 침식도 잊어가며 모든 경전의 글자 하나도 빠뜨리지 않았고, 치교(治敎)에 대해서는 임금으로서 스승을 겸하여 모든 성인의 정통을 이으셨습니다. 역대 역사서의 기록을 늘 거울과 경계로 삼고, 백가의 훌륭한 저술들을 모두 포괄하여 망라하셨습니다. 사물을 대하

**36** 건물수리의 공사도 중지시키니 : 정조가 검약한 것을 가리키는 사례이다. 1777년(정조1) 8월 7일에 내전(內殿)의 수리에 문과 담장에 미진한 곳이 있었으나, 나중으로 수리를 미룬 일이 있다. 《正祖實錄》

여서는 강물이 막힘없이 흐르듯 했고, 문장으로 지어낼 때는 저 은하수처럼 우뚝하였습니다. 향음주례의 오랜 예법이 이미 회복되자 순박한 풍속이 돌아옴을 기뻐하였고, 주자(朱子)의 바른 길에 다투어 달려가니, 선비들이 흥기하여 일어남이 융성하였습니다.

저 인륜(人倫) 사이에 본성을 다 발휘하신 것은 하늘에서 타고난 효성에 근원한 것이니, 십 년 동안 영조의 질병을 간호하는 데 정성을 다하여 하루도 해이해진 때가 없었으며, 종신토록 서글픈 애통함을 안고서 천승의 임금 노릇을 즐긴 적이 없으셨습니다. 금등(金縢)을 열어 반포하니 두 성인의 자애로움과 효성이 능히 드러났고,[37] 주구(珠邱)를 다시 옮기니 만세토록 봉안하기에 부족함이 없었습니다.[38] 달마다 참배하는 예를 늘 행하니 사당의 모습이 엄숙하였고, 나날을 아끼는 마음이 더욱 돈독하니 장락궁의 기쁨이 화락하였습니다.[39] 낙남헌(洛南軒)에서 축수의 잔을 받들어 올리며 거듭 다음의 갑자를 기대하였고, 신풍(新豐)의 성가퀴가 장엄한데도 탁지(度支 호조)의 재정을 축내지

**37** 금등(金縢)을……드러났고 : 1793년(정조17) 가을에 정조가 경연에서 간직하고 있던 금등을 여러 신하에게 보여준 일이 있는데, 이 금등은 영조가 창경궁 휘령전(徽寧殿)에 거둥하여 친히 써서 사도세자의 신위(神位) 밑에 넣어둔 것으로 영조가 사도세자의 죽음을 뒤늦게 슬퍼하여 쓴 내용이라 한다.《正祖實錄 附錄 正祖大王行狀》

**38** 주구(珠邱)를……없었습니다 : 정조 즉위년(1776)에 경기도 양주에 있는 사도세자의 묘를 1789년(정조13)에 경기도 화성군 태안읍 안녕리에 이장하여 현륭원(顯隆園)을 조성한 것을 가리킨다. 주구는 본래 순 임금의 무덤인데 제왕의 무덤을 가리키는 말로 쓰인다.

**39** 달마다……화락하였습니다 : 정조가 부친 사도세자를 정성껏 존숭하고, 모친 혜경궁을 극진히 모신 것을 가리킨다. 장락궁(長樂宮)은 한(漢)나라 때의 궁전 이름으로 태후가 이곳에 거처하였으므로 황태후를 가리키는 말로 쓰이게 되었다.

않았습니다.[40] 이남(二南)[41]으로 풍교의 근원을 바로잡으니 남의 어버이를 어버이로 대함은 바로 수신(修身)의 공효였고, 팔도의 백성이 모두 봄 누대에 올라가니 남의 노인을 노인으로 대우함은 석류(錫類)의 어짊을 미루어나간 것입니다.[42]

아름다운 상서는 풍년으로 자주 나타나 금고(金膏)와 옥촉(玉燭)[43]의 다스림을 이루었고, 강건하신 몸은 강건한 하늘의 덕에 능히 부합하여 북두남산(北斗南山)처럼 장수를 기리는 노래가 높았습니다. 이제 막 주(周)나라 문화를 계승한 우리나라에 큰 경사가 내려올 즈음에 어찌하여 작은 질병으로 원기가 손상되셨습니까. 폐백을 갖춰 올린 기도에 신의 응험이 없으니 저 하늘을 믿기 어렵고, 옥궤(玉几)의 마지막 유언이 갑작스럽게 닥치니 이 소자는 무엇을 믿는단 말입니까. 오십 개의 산가지에 하나를 비우는 데 부합하였으니 성상의 수명이 여기에

**40** 낙남헌(洛南軒)에서……않았습니다 : 1789년(정조13) 9월에 수원에 행궁이 완성되었는데, 낙남헌과 신풍루(新豐樓)라는 건물도 이때 세워졌다. 1795년(정조19) 윤2월에 정조가 어머니 혜경궁 홍씨를 모시고 화성 행궁에 행차하여 낙남헌에서 회갑연을 열어 축수의 잔을 올린 일이 있다.

**41** 이남(二南) : 《시경》의 주남(周南)과 소남(召南)을 가리키는데, 여기에 실려 있는 시들은 주로 문왕(文王)과 그 후비(后妃)의 훌륭한 덕화(德化)를 노래한 것이다.

**42** 팔도의……것입니다 : 백성들이 요순 시대처럼 성군의 덕에 힘입어 태평성대를 누리고 있다는 말이다. 봄 누대〔春臺〕란 말은 《노자(老子)》 20장에 "사람들 화락한 모양이, 흡사 진수성찬을 먹은 듯도 하고 봄 누대에 오른 듯도 하네.〔衆人熙熙 如享太牢 如登春臺.〕"라는 말에서 유래하였고, 석류(錫類)는 길이 복을 받을 사람이라는 뜻으로 효자를 가리키는데, 《시경》 〈기취(旣醉)〉에 "효자의 효성이 다함이 없는지라, 영원히 복을 받으리로다.〔孝子不匱, 永錫爾類.〕"라는 말에서 나왔다.

**43** 금고(金膏)와 옥촉(玉燭) : 상고 시대의 풍요롭고 아름다운 모습을 나타낸 말로 금고는 신선들이 마시는 약이며, 옥촉은 신선 세계를 밝히는 촛불이다.

서 그칠 줄 생각이나 했겠습니까.[44] 꿈속에서 수명을 삼 년도 늘리지 못했으니,[45] 대업(大業)을 마무리 못하신 것을 어찌 차마 말로 하겠습니까. 자리를 밟고 예를 행하는 때에 억장이 무너짐을 어찌 감당할 수 있겠습니까. 사물을 대할 때마다 교훈을 남기신 음성이 지금도 귓가에 남아 있습니다.

다행히 이제 새로 정한 산릉(山陵)의 묘역이 원침(園寢 현륭원)에서 등성이 하나 사이에 있으니, 맹춘(孟春)에 의장대 행렬이 멎게 된 것은 아마도 하늘이 묵묵히 열어준 덕분이고,[46] 두 기슭의 상설(象設)이 매우 가까워지니, 거의 신도(神道)가 서로 의지하시게 될 것입니다. 대왕께서 계시던 자리가 영원히 비었으니 그 위의 있는 모습이 점점 멀어짐이 애통하고, 상여의 행차가 출발하려 하니 흐르는 세월을 멈추지 못함이 한스럽습니다. 이에 마지막을 장식할 성대한 의식을 거행하면서 재위하시던 때의 훌륭한 업적을 고찰하건대, 동서남북 어디서나 모두 심복하니 신령한 공적이 이미 중화(中和)를 이루었고, 예악형정(禮樂刑政)에 모두 문채가 찬란하니 지극한 덕은 예나 지금이나 더한 이가 없습니다. 하늘의 해와 같은 대왕의 덕을 묘사함에 비록 한 가지 덕으

**44** 오십……했겠습니까 : 정조의 수명이 49세로 끝난 것을 가리킨다. 시초점의 산가지 수가 50인데, 이를 대연(大衍)의 수라고 한다.

**45** 꿈속에서……못했으니 : 주(周)나라 무왕(武王)이 천제(天帝)에게서 치아 9개를 받는 꿈을 꾸었는데, 문왕(文王)이 듣고서 치아 9개는 90세를 산다는 의미임을 가르쳐 주고, 자신의 수명 100세에서 3세를 빼서 주었다. 뒤에 과연 문왕은 97세에 죽고, 무왕은 93세에 죽었다고 한다.《禮記 文王世子》

**46** 맹춘(孟春)에……덕분이고 : 정조는 1800년 6월 28일에 창경궁 정침에서 붕어하여, 그해 겨울 11월 6일에 수원의 건릉(健陵)에 장례를 지냈는데, 맹춘이라 한 것은 미상이다.

로만 칭송하기는 어렵고, 옥과 금에 공적을 새기매 진실로 칠묘(七廟)의 아름다움에서 덕을 볼 수 있을 것입니다. 이에 공의(公議)를 따르노니 감히 사실보다 지나친 말을 하겠습니까.

삼가 신 모관(某官) 모(某)를 보내 책보(冊寶)를 받들어 존시(尊諡)를 올리기를 문성 무열 성인 장효 대왕(文成武烈聖仁莊孝大王)이라 하고, 묘호(廟號)를 정종(正宗)이라고 하였습니다.

우러러 바라건대 성령께서는 굽어 살펴주시어, 보록(寶籙)에 거룩한 이름을 실어 큰 이름이 전대보다 빛이 나며, 요도(瑤圖)에는 경사가 쌓여 하늘의 큰 명을 받아 후손들을 복되게 하소서.

# 현륭원 혜빈 홍씨 지문[47]

顯隆園惠嬪洪氏誌文

삼가 생각건대, 혜빈(惠嬪)은 사도 유덕 돈경 홍인 경지 장륜 융범 기명 창휴 장헌세자(思悼綏德敦慶弘仁景祉章倫隆範基命彰休莊獻世子)의 배필이며, 우리 선왕인 정종 문성 무열 성인 장효대왕(正宗文成武烈聖仁莊孝大王)의 생모이다. 선왕(정조)이 영조의 명에 따라 사도세자(思悼世子)[48]의 형 효장세자(孝章世子)[49]의 후사가 되었으므로, 정

**47** 현륭원(顯隆園) 혜빈(惠嬪) 홍씨(洪氏) 지문 : 1816년(순조16) 1월 21일에 올린 혜경궁(惠慶宮) 홍씨(洪氏, 1735. 6. 18~1815. 12. 15)에 대한 묘지문이다. 풍고는 검교제학(檢校提學)으로 이 글을 지어 올려 그 공로로 3월 14일에 숙마(熟馬)를 면전에서 하사받았다. 《純祖實錄 16年 1月 21日, 3月 14日》 혜경궁 홍씨는 정조의 모친으로 본관은 풍산(豊山), 영의정 홍봉한(洪鳳漢)의 딸이다. 정조가 효장세자의 후사로 입적됨에 따라 법적으로 왕대비, 대왕대비가 되지 못하여 혜경궁 홍씨란 칭호로 널리 통용되었다. 1744년(영조20) 사도세자(思悼世子)의 빈에 책봉되고, 1762년 사도세자가 죽은 뒤 혜빈(惠嬪)에 추서되었다. 1776년 아들 정조가 즉위하자 궁호가 혜경(惠慶)으로 올라 혜경궁 홍씨가 되었다. 81세로 창경궁의 경춘전(景春殿)에서 홍서하였다. 춘추가 고종 때 헌경왕후(獻敬王后)로 추존되었으며, 대한제국 때 의황후(懿皇后)루 다시 추존되었다.

**48** 사도세자(思悼世子) : 1735~1762. 영조의 둘째 아들로 이름은 선(愃), 자는 윤관(允寬), 호는 의재(毅齋)이다. 영조의 후궁 영빈 이씨(暎嬪李氏, 1696~1764) 소생으로 2세 때 효장세자(孝章世子)의 뒤를 이어 세자로 책봉되었다. 1749년(영조25)에 대리청정을 시작하였으나, 영조와의 불화가 심해져 1762년(영조38) 윤5월 영조의 명에 의해 뒤주 속에 갇혀 사망하였다. 이후 영조로부터 사도(思悼)라는 시호를 받았고, 1777년(정조1)에 아들 정조가 즉위하여 장헌(莊獻)이란 시호를 올렸다.

**49** 효장세자(孝章世子) : 1719~1728. 영조의 맏아들로 이름은 행(緈)이고 자는 성

조가 즉위한 뒤에 영조의 유언에 따라 효장세자를 왕으로 추존하고 현빈(賢嬪)[50]을 왕후로 추존하여 종묘에 봉안하여 백성들에게 근본이 둘이 아님을 보였다. 그리고 낳아준 의리가 더없이 높고 크므로 사도세자를 추존하여 시호를 '장헌(莊獻)'이라 하고, 그 사당을 '경모궁(景慕宮)'[51]이라 하였다. 제사의식은 종묘 제사에서 한 등급 낮추고 그 묘는 원(園)[52]이라고 하였으며, 빈궁에게 '혜경(惠慶)'이란 칭호를 올리고 평소에는 '자궁(慈宮)'으로 존칭하였다. 높이 받드는 예절과

경(聖敬)이다. 어머니는 정빈 이씨(靖嬪李氏)이며, 비는 좌의정 조문명(趙文命)의 딸 효순왕후(孝純王后, 1715~1751)이다. 1724년(영조 즉위년) 경의대군(敬義大君)에 봉해졌고, 다음 해 세자로 책봉되었으나, 4년 뒤에 요절하여 이복동생 사도세자가 세자로 책봉되었다. 양자인 정조가 즉위한 뒤 진종(眞宗)으로 추존하였다. 시호는 효장(孝章)이고 능은 영릉(永陵)이다.

**50** 현빈(賢嬪) : 효순왕후(孝純王后) 조씨(趙氏, 1715~1751)를 말한다. 조문명의 딸로 1727년(영조3) 영조의 장남 효장세자와 가례를 올렸다. 그러나 이듬해 효장세자가 10세의 어린 나이에 요절하여 후사는 없다. 1735년(영조11)에 현빈(賢嬪)에 봉해졌고, 1751년(영조27) 11월 14일에 창경궁 건극당(建極堂)에서 병으로 죽었다. 시호는 효순(孝純)이며 1899년 대한제국 때 황후로 추존되어 효순소황후(孝純昭皇后)가 되었다.

**51** 경모궁(景慕宮) : 영조의 둘째 아들 장헌세자의 신주를 모신 사당이다. 본래 1764년(영조40) 봄에 서울 북부 순화방(順化坊)에 처음 세웠다가 그해 여름에 동부 숭교방(崇敎坊) 즉 현재 종로구 연건동 서울대학교병원 안으로 옮겨 경모전(景慕殿)이라고도 하였다. 1776년(정조 즉위년) 도감을 설치하여 개축하고 정조가 경모궁이란 현판 글씨를 썼다.

**52** 원(園) : 사도세자의 묘 영우원(永祐園)을 가리킨다. 1764년(영조40)에 경기도 양주(楊州) 배봉산(拜峯山) 기슭에 묘를 조성하여 수은묘(垂恩墓)라고 하였다가 정조가 즉위하여 1776년 3월에 사도세자의 존호를 장헌(莊憲)이라 바꾸면서 무덤의 봉호를 수은묘에서 영우원으로 고쳤다. 1789년(정조13)에 화성(華城)으로 이장하고 현륭원(顯隆園)으로 이름을 바꾸었다.

시호 및 존호를 올리는 예절 또한 대비(大妃)의 예보다 한 등급 낮추었다. 이에 온 나라 사람들이 선왕의 효성에 감복하여 혜빈을 장락궁(長樂宮 대왕대비)처럼 모시기를 40년을 하루같이 하였다.

우리 성상이 왕위를 계승한 지 15년 되던 을해년(1815, 순조15) 12월 15일 을축일에 혜빈이 창경궁의 경춘전(景春殿)에서 홍서하니 춘추가 81세였다. 대신과 각신들이 의논하여 송나라 정정공(程正公) 이(頤)가 복안의왕(濮安懿王)의 원묘례(園墓禮)에 대해 논한 내용을 인용하여[53] 성상과 왕대비는 대공복(大功服), 중전은 소공복(小功服), 왕세자는 시마복(緦麻服)으로 정하였다. 유사(有司)가 시법(諡法)에서 '총명예지를 헌이라 한다.〔聰明睿知曰獻.〕', '숙야경계를 경이라 한다.〔夙夜儆戒曰敬.〕'라는 구절을 상고하여 드디어 시호를 '헌경(獻敬)'으로 올렸다. 이듬해 병자년(1816, 순조16) 3월 3일에 장헌대왕의 현륭원(顯隆園)[54]에 합장하였으니, 예에 맞는 것이다. 현륭원의 옛 이름은 영우원

**53** 송나라……인용하여 : 정정공(程正公) 이(頤)는 송나라 학자 정이(程頤, 1033~1107)를 가리키며, 정공은 그의 시호이다. 복안의왕(濮安懿王)은 송나라 제5대 황제 영종(英宗)의 생부 조윤양(趙允讓)을 가리킨다. 송나라 4대 황제 인종(仁宗)이 아들이 없이 죽어 복안의왕의 제13자가 즉위하니, 이 사람이 영종이다. 영종이 재위 중에 복왕을 어떻게 숭봉할 것인지 대신들과 논의하였는데, 중서성(中書省)은 황친(皇親)이라 칭하기를 주장하고, 사마광(司馬光)·왕규(王珪)·여회(呂誨)·여대방(呂大防)·범진(范鎭)·범순인(范純仁) 등은 인종을 황고(皇考), 복왕을 황백(皇伯)이라 불러야 한다고 주장하였고, 한기(韓琦), 구양수(歐陽脩) 등은 예부터 생부를 백부라고 부른 일이 없으므로 복왕을 황고라고 불러야 한다고 주장하였다. 결국 영종은 복왕의 위호를 황제로 높이지 못하고 다만 칭친(稱親)만 하였다.

**54** 현륭원(顯隆園) : 사도세자의 무덤을 말한다. 사도세자의 원래 무덤은 한양의 동쪽 양주 배봉산(拜峯山) 자락의 영우원(永祐園)이었는데, 수원부 뒷산으로 옮기고 현륭원으로 개칭하였다. 고종 광무(光武) 3년(1899)에는 융릉(隆陵)으로 격상되었다.

(永祐園)으로 양주(楊州) 관할의 배봉산(拜峰山)에 있었다. 선왕 기유년(1789, 정조13)에 풍수로 보아 길하지 않다고 하여 수원부(水原府) 화산(花山)의 계좌(癸坐) 언덕에 옮겨 봉안하고 지금의 이름 현륭원으로 고쳤다. 능묘에 합장할 때는 묘역은 함께하되 봉분을 달리하는 경우가 많은데, 이 현륭원의 묘역을 조성할 때에 선왕이 왼쪽을 비워 놓아 합장의 제도로 삼을 것을 명하고 "나의 심정이 남과는 다르다."라고 하였다. 이때에 이르러 그 제도에 따라 일을 살피게 되었으니, 아! 애통하다.

성상께서 신 조순(祖淳)이 일찍이 선왕을 섬겼고 신분이 또 외가에 속한다고 하여 혜빈의 묘지(墓誌)를 찬진하도록 명하고, 자전(慈殿)[55]이 또 〈행록(行錄)〉을 써서 조정에 내려 글을 엮는 사람으로 하여금 징험하여 믿을 자료로 쓰도록 하였다. 신이 명을 받고 두려워서 사양하고자 했지만 정리상 또 감히 그럴 수 없어, 이제 손 모아 머리를 조아리며 차례대로 글을 엮는다.

삼가 고찰하건대, 혜빈의 성은 홍씨(洪氏)로 세계가 안동(安東)의 풍산현(豐山縣)에서 나왔다. 시조 홍지경(洪之慶)[56]은 고려 때에 국학직학(國學直學)을 역임하였으니, 이로부터 대대로 현달한 이가 나왔

**55** 자전(慈殿) : 정조의 계비이며 순조의 모친인 수빈(綏嬪) 박씨(朴氏, 1770~1822)를 가리킨다. 본관은 반남(潘南)으로 좌찬성 박준원(朴準源)의 딸이다. 1787년(정조11)에 정조의 계비가 되어 순조와 숙선옹주(淑善翁主)를 낳았다. 검소한 성품으로 내외에 칭송이 높았다.

**56** 홍지경(洪之慶) : 생몰년 미상. 1242년(고려 고종29) 문과에 장원하여 국학 직학에 이르렀다. 풍산(豐山)에 정착하여 대대로 살았기 때문에 후손들이 본관을 풍산으로 하였다.

다. 우리 조선에 들어와서 휘 이상(履祥)[57]이 다시 크게 드러나, 벼슬이 대사헌에 이르렀고 영의정에 추증되었으며 문경(文敬)이란 시호를 받았다. 2대를 지나 영안위(永安尉) 문의공(文懿公) 휘 주원(柱元)[58]이 선조의 딸 정명공주(貞明公主)와 혼인하였다.

고조 휘 만용(萬容)[59]은 예조 판서를 지냈고 정간(貞簡)이란 시호를 받았다. 증조 휘 중기(重箕)는 사복시 첨정을 지냈고 좌찬성에 추증되었다. 조 휘 현보(鉉輔)[60]는 예조 판서를 지냈고 영의정에 추증되었으며 정헌(貞獻)이란 시호를 받았다. 고 휘 봉한(鳳漢)[61]은 영조의 인정

**57** 이상(履祥) : 홍이상(1549~1615)의 자는 원례(元禮)·군서(君瑞), 호는 모당(慕堂), 시호는 문경(文敬)이다. 1579년(선조12) 문과에 갑과로 장원, 청요직을 두루 역임하여 벼슬이 대사헌에 이르렀다. 저서로 《모당유고》가 있다.

**58** 주원(柱元) : 홍주원(1606~1672)의 자는 건중(建中), 호는 무하당(無何堂), 시호는 문의(文懿)이다. 아버지는 예조 참판 홍영(洪靈)이고 어머니는 좌의정 이정귀(李廷龜)의 딸이다. 1623년(인조1) 선조의 첫째 딸 정명공주(貞明公主, 1603~1685)에게 장가들어 영안위(永安尉)에 봉해졌다. 1647년(인조25)부터 수차례 청나라에 사신을 다녀왔다. 온순하고 효성스러우며 문학을 애호하여 많은 선비와 어울렸다. 저서로는 《무하당집(無何堂集)》 6권이 있다.

**59** 만용(萬容) : 1631~1692. 본관은 풍산으로 홍주원의 아들이다. 어머니는 정명공주이다. 시호는 정간(貞簡)이다.

**60** 현보(鉉輔) : 1680~1740. 본관은 풍산으로 자는 군거(君擧), 호는 수재(守齋)이다. 영안위(永安尉) 홍주원(洪柱元)의 현손이며, 홍중기(洪重箕)의 아들이다. 성품이 온화, 검소하였으며 목민관이 되어서는 휼민에 힘썼다. 시호는 정헌(貞獻)이다.

**61** 봉한(鳳漢) : 1713~1778. 본관은 풍산으로 자는 익여(翼汝), 호는 익익재(翼翼齋)이다. 아버지는 예조 판서 홍현보(洪鉉輔)이다. 1743년 딸이 세자빈(혜경궁 홍씨)이 되었다. 시무6조(時務六條)의 건의와 백골징포(白骨徵布), 환곡작폐(還穀作弊)의 금지, 은결(隱結)의 재조사 등 백성의 부담을 경감하기 위해 노력하였다. 시호는 익정(翼靖)이다.

을 받아 벼슬이 영의정에 이르렀고, 익정(翼靖)이란 시호를 받았다. 한산 이씨(韓山李氏)를 아내로 맞으니, 고려 한산백(韓山伯) 이색(李穡)의 후손으로 관찰사를 지낸 이집(李㙫)[62]의 딸이다.

영조 11년 을묘년(1735) 6월 18일 병술일에 혜빈을 반송방(盤松坊)[63]에 있는 외가에서 낳았다. 전날 밤 익정공(翼靖公 부친 홍봉한)의 꿈에 흑룡이 침상에 서려 금빛 비늘이 환하게 빛났는데, 그다음 날 혜빈이 탄생하였다.

혜빈은 어려서부터 효성과 우애와 자애로움과 인자함을 지녔고, 장중하면서도 온화하였으며 일찍이 부모의 뜻을 어긴 적이 없었다. 겨우 4, 5세일 때부터 중문(中門) 밖으로 나가지 않았고 소꿉놀이조차 일삼지 않았다. 겉으로 꾸미기를 좋아하지 않아 또래 아이들의 화려한 의복과 꾸미개를 보고서도 담담하여 부러워하는 기색이 없었다. 7세 때 정헌공(貞獻公 조부 홍현보)이 세상을 떠났는데, 그때 외가에서 혼례가 있어 잔치를 하고 있었다. 어떤 이가 함께 가서 구경하자고 청하자, 내키지 않아 하면서 "제가 할아버지의 상중에 있는데, 어찌 차마 길사(吉事)에 참석하겠습니까."라고 대답하였다. 그 사람이 일곱 살은 상복을 입지 않는다고 하면서 억지로 권하자, 빈(嬪)은 "저는 비록 상복을 입지 않지만 아버지께서 상복을 입고 계시니 갈 수 없습니다."라고 대답하였다. 듣는 이들이 매우 기특하게 여겼다.

**62** 이집(李㙫) : 1670~1727. 본관은 한산(韓山)이고 호는 한주(韓州)이다. 1725년(영조1) 5월 황해도 관찰사로 부임하여 1727년 임지에서 사망하였다. 저서로는 《한주집》 7책이 있다.

**63** 반송방(盤松坊) : 지금의 서울 서대문구에 있는 서울금화초등학교 부근이다.

계해년(1743, 영조19, 9세)에 영조가 장헌세자를 위해 배필을 간택하였는데, 빈이 당시 9세로 삼간택에 뽑히니 영조가 익정공(翼靖公 부친 홍봉한)에게 명하여 《소학(小學)》, 《내훈(內訓)》, 《어제훈서(御製訓書)》 등의 책을 별궁에서 가르치도록 하였다. 빈은 한 번 들으면 곧장 그 뜻을 알았고 기억하여 놓침이 없었다. 우리 선왕이 늘 경연의 신하들에게 말하기를 "나의 자궁께서는 어렸을 때부터, 무릇 눈과 귀를 거쳐 간 것이라면 평생 잊지 않으셨다. 궁중의 고사(故事)로부터 나라의 전장제도, 다른 집안의 족보까지 기억하지 않은 것이 없으셨다. 내가 간혹 의심스러운 것이 생길 때마다 여쭈어보았는데, 여쭐 때마다 하나하나 짚어가며 가르쳐주시지 않은 적이 없었다. 총명함과 박식함은 내가 감히 따라갈 수 없었다."라고 하였다.

갑자년(1744, 영조20, 10세) 정월에 세자빈에 책봉되었다. 이달에 가례(嘉禮)를 행하고 영조와 인원대비(仁元大妃)[64] 및 정성왕후(貞聖王后)[65]를 뵈었는데, 상서롭고 온화한 모습은 하늘로부터 타고난 것이었고, 나아가고 물러나고 주선하는 사이에 예절과 거동이 단아하니, 육궁(六宮)에서 이를 본 사람 중에 감동하지 않는 이가 없었다. 삼전

64 인원대비(仁元大妃) : 1687~1757. 숙종의 둘째 계비이다. 경주 김씨(慶州金氏)로 아버지는 경은부원군(慶恩府院君) 김주신(金柱臣)이다. 1701년(숙종27) 숙종의 계비인 인현왕후(仁顯王后) 민씨(閔氏)가 죽자 간택되었다. 능은 고양에 있는 명릉(明陵)이다.

65 정성왕후(貞聖王后) : 1692~1757. 영조의 비이다. 달성 서씨(達城徐氏)로 아버지는 달성부원군(達城府院君) 서종제(徐宗悌)이다. 1704년(숙종30) 숙종의 넷째 아들인 연잉군(延礽君)과 혼인하였다. 1724년 연잉군이 왕위에 오르면서 왕비가 되었다. 소생은 없으며 능은 고양의 홍릉(弘陵)이다.

(三殿)[66]께서 서로 경하하며 "이렇게 훌륭한 며느리를 얻음은 나라의 복입니다."라고 하였다.

위로 삼전과 영빈(暎嬪)[67]을 받들게 되자, 공경하고 삼가기를 미치지 못할 듯이 했고, 침소에 문안을 드릴 때에는 반드시 앉아서 날이 새기를 기다렸다. 영조의 가르침을 삼가 따르며 힘을 다해 실천하였고, 옹주(翁主)들을 대할 때에 우애를 돈독히 하니, 옹주들 또한 모두 온 성심을 다하였다. 비록 성품이 교활하여 교화하기 어려운 정치달(鄭致達)의 처[68]도 감히 혜빈에게 싫어하는 기색을 드러내지 못하였고, 혜빈이 정성을 미루어 대처하는 방도가 기쁘면서 여유가 있었다.

경오년(1750, 영조26, 16세) 겨울에 의소세손(懿昭世孫)[69]이 태어나 얼마 안 되어 죽었다. 삼전이 크게 애통해하였는데, 빈은 그 슬픔을 더할까 염려하여 나아가 뵐 적에 얼굴빛과 말을 평소처럼 하였다.

**66** 삼전(三殿) : 대전, 중궁전, 왕대비전을 가리키는 말로 영조, 정성왕후(貞聖王后), 인원왕후(仁元王后)를 말한다.

**67** 영빈(暎嬪) : 영조의 후궁이며 사도세자의 생모인 영빈(暎嬪) 이씨(李氏, 1696~1764)를 가리킨다. 어려서 궁중에 들어가 귀인(貴人)이 되었으며, 1730년(영조6) 영빈으로 봉해졌다. 사도세자 외에 5명의 옹주를 낳았다.

**68** 정치달(鄭致達)의 처 : 후궁 영빈 이씨(暎嬪李氏)의 소생 화완옹주(和緩翁主, 1737~?)를 말한다. 영조의 가장 깊은 사랑을 받았고 자질이 매우 총명하였으나, 사도세자가 뒤주에 갇혀 죽는 데 큰 역할을 하고 정조를 여러 차례 핍박하여, 정조가 즉위하면서 서인으로 강등당하였다. 정치달(鄭致達, ?~1757)은 본관이 연일(延日)로 아버지는 정우량(鄭羽良)이며, 어머니는 이세회(李世會)의 딸이다. 1749년(영조25) 3월에 영빈 이씨 소생의 화완옹주와 정혼하여 일성위(日城尉)가 되었다.

**69** 의소세손(懿昭世孫) : 1750~1752. 사도세자와 혜경궁 홍씨 소생으로 이름은 정(琔)이다. 영조에 의해 세손에 책봉되었으나 3세에 요절하였다. 능원은 의령원(懿寧園)이며, 현재 경기도 고양시 서삼릉에 조카인 문효세자의 묘 뒤에 자리하고 있다.

임신년(1752, 영조28, 18세) 9월에 우리 선왕이 태어나자 영조가 매우 기뻐하면서 빈에게 "네가 정명공주(貞明公主)의 후손으로 왕가의 빈이 되어 지금 종묘사직에 큰 공을 세웠으니, 기특하고 사랑스러움을 어찌 이길 수 있겠느냐."라고 하였다.

빈은 더욱 조심하고 삼가며 감히 스스로 게을리하지 않았고, 선왕을 사랑으로 어루만지며 자애와 은혜를 극진히 베풀었다. 그러나 가르쳐 이끌 때에는 반드시 바른 도리로써 하여 의복과 음식은 검약을 따르도록 하였고 배움을 권하고 덕을 권면하는 것은 늘 성인(聖人)이 되기를 기약하였다. 우리 선왕이 학식이 깊고 덕이 높음은 실로 하늘이 낸 바이지만 바른 훈육에 힘입은 바가 있었다.

경술년(1790, 정조14, 56세)에 큰 경사가 생기자,[70] 춘추가 이미 육순에 가까웠는데도 보호하고 돌보는 데에 밤낮을 가리지 않고 정성을 다해 수고하기를 마치 선왕이 어렸을 때처럼 하였다. 선왕이 매번 "자궁의 지극한 정성이 위로 신명(神明)에 닿아 이와 같이 나라의 경사가 생겼고 태어난 날이 같게 되었으니,[71] 하늘의 뜻이 어찌 우연이겠는가."라고 하였다.

정축년(1757, 영조33, 23세)에 정성왕후와 인원왕후 두 분이 잇달아 돌아가시자, 빈은 사모하고 애통해하면서 아홉 번의 곡읍(哭泣)을 한 번도 빠지지 않았다. 제전(祭奠)을 반드시 몸소 차리면서 "이때에 미친

**70** 경술년에……생기자 : 정조의 후궁인 수빈 박씨(綏嬪朴氏)가 1790년(정조14) 6월 18일에 원자를 낳은 것을 가리키는데, 그가 훗날의 순조이다.

**71** 태어난……되었으니 : 혜경궁 홍씨와 순조의 탄신일이 동일하게 6월 18일인 것을 가리킨다.

한 정성을 약간이나마 펴지 않는다면 사랑해주신 은혜를 어떻게 보답할 수 있겠는가."라고 하였다. 두 왕후가 돌아가신 뒤로부터 내전(內殿)을 다스릴 이가 없게 되자, 빈은 궁인들을 엄하게 단속하여 감히 예전의 규례를 잃지 않도록 하였다. 영조를 받드는 데에 더욱 정성과 공경을 다하니, 영조가 몹시 가상하게 여기면서 늘 효부(孝婦)라고 칭찬하였다.

기묘년(1759, 영조35, 25세) 정순왕후(貞純王后)[72]가 궁에 들어오자 빈은 며느리의 도리를 지켜 정성왕후를 모실 때처럼 하였다. 얼마 뒤에 두 외척이 서로 화목하지 못해 다툼이 일어남이 날로 심해져서 이따금 입에 담기조차 어려운 일도 있었는데, 빈은 공손하고 온화하며 겸손하고 침묵하여 온화한 기운이 넘치니, 궁중의 위아래 사람들이 지금까지 기뻐하고 감복하면서 어려운 일이라고 여겼다.

임오년(1762, 영조38, 28세) 윤5월에 장헌세자가 홍서하였다. 빈은 천지간에 한없는 애통함을 품고 종묘사직에 대한 근심을 안고서 사저로 물러가 기다렸다가 멀지 않아 다시 돌아왔다. 빈이 은혜를 마음에 품고 의리에 맞게 절제하여 인간 세상을 힘써 견뎌서, 다시 임금을 뵙는 날에 온화하고 공경하는 모습이 더욱 드러나니, 영조가 크게 감탄하고 손수 '가효당(嘉孝堂)'이란 편액을 쓰고서 침실에 걸어두라고 명하였다. 이때부터 양전(兩殿 영조와 정순왕후)을 기쁘게 하기를 생각하여

**72** 정순왕후(貞純王后) : 1745~1805. 영조의 계비이다. 경주 김씨(慶州金氏)로 아버지는 오흥부원군(鼇興府院君) 김한구(金漢耈)이다. 영조의 정비 정성왕후(貞聖王后) 서씨(徐氏)가 죽은 뒤, 1759년(영조35)에 왕비에 책봉되었다. 정조가 죽고 나이 어린 순조가 즉위하자 수렴청정을 하면서 천주교 금압령을 내리기도 하였다. 능은 원릉(元陵)이며 시호는 정순(貞純)이다.

성스러운 자식을 계도하였으며 어려움을 달게 여기고 험난함을 겪을수록 더욱 편안히 여겨서 결국 나라의 근본을 반석 위에 올려놓고 아름다운 이름을 무궁한 데까지 드리웠다. 진실로 지극한 정성으로 천지를 감동시키고 지극한 성품으로 인륜을 극진히 하지 않았다면 어찌 이렇게 될 수 있었겠는가. 아! 위대하도다. 이해에 혜빈(惠嬪)의 칭호가 내렸다.

병신년(1776, 영조52, 42세)에 영조가 승하하였다. 빈이 끝없이 사모하여 부르짖고 예제보다 지나치게 슬퍼하니, 보는 사람들이 감동하였다. 선왕 2년 무술년(1778)에 효강(孝康)이란 존호를 올렸고, 7년 계묘년(1783)에 자희(慈禧)라는 존호를 더 올렸으며, 8년 갑진년(1784)에 정선(貞宣)이란 존호를 더하였다. 19년 을묘년(1795)에 장헌대왕과 빈의 보령이 회갑이 되자 휘목(徽穆)이란 존호를 더하였다. 그해 2월에 선왕이 자궁의 가마를 모시고 현륭원에 나아가 선친의 묘소를 공경히 배알하였다. 돌아올 때에 수원부에 이르러 행궁에서 큰 연회를 베풀어, 나이가 많은 이들을 위문하여 선비와 백성에게 쌀을 하사하고, 은혜를 미루어 61세부터 70세 이상에게는 관작을 하사하였다. 임금과 백관이 모두 머리에 꽃을 꽂고서 도성으로 들어오니, 그 성대한 광휘는 역사서에 보지 못하던 것이었다.

이듬해 병진년(1796, 정조20, 62세) 6월에 선왕이 창경궁 영춘헌(迎春軒)에서 내연(內宴)[73]을 열고, 잔치에 참석한 척신(戚臣)들에게 명하여 모두 모친을 우러러보게 하였다. 해마다 탄신일이 되면 반드시 진찬(進饌)하여 경사를 빛냈는데, 선왕은 늘 주 문공(朱文公)의 "다만

73 내연(內宴) : 외연(外宴)에 상대되는 말로 내진연(內進宴)의 준말이다. 대궐 안에서 내빈(內賓), 즉 내명부(內命婦)들을 모아 하는 잔치이다.

해마다 오늘 같기만 하여라.〔但願年年似今日〕"라는 구절[74]을 읊으면서 "회옹(晦翁)이 먼저 내 마음을 알았다."라고 하였다.

경신년(1800, 정조24, 66세) 6월에 정조가 유사(有司)에게 진찬의 의례를 마련하라고 명하였는데, 갑자기 질환이 생겨 끝내 돌아가시고 말았으니, 하늘이여! 원통합니다. 빈이 칠순의 보령으로 갑자기 순리에 어긋나는 애통함을 당하니, 하늘이 무너지는 원통함과 잔혹함에 거의 몸을 보존하지 못할 지경에 이르렀다. 이때부터 다시는 평소와 같이 수라를 들지 못하고 오직 미음만 마시면서 날을 보냈다.

금상이 상을 마치고 장차 존호를 더하고자 하자, 빈이 단호히 거절하면서 "내가 경신년의 변고를 당하고서도 죽지 않았으니, 또한 모진 목숨입니다. 어찌 차마 존호를 받는단 말입니까."라고 하였다.

갑자년(1804, 순조4, 70세)에 세자빈에 책봉된 지 육십 주년이 되었다 하여 금상이 대내(大內)에서 진찬을 하고 글 짓는 신하에게 악장(樂章)과 치사(致詞)를 지으라고 명하였다. 그 뒤로 또 두 차례 더 거행하여 8년 사이에 이런 예를 세 차례 거행하였다.

을축년(1805, 순조5, 71세) 정월 초하루에 보령이 망팔(望八 71세)이 되어서 대궐 뜰에서 하례를 올렸다. 이달에 정순왕후가 홍서하자, 빈은 이때 이미 고령에 이르러 걸을 수 없었으나, 오히려 슬퍼하고 사모하기를 병신년(1776)에 영조가 승하했을 때와 같이 하였다.

**74** 주 문공(朱文公)의……구절 : 송나라 주희(朱熹)의 〈어머니 생신에 축수를 올리다〔壽母生朝〕〉라는 시의 후반부에 "희(熹)는 앞에 나아가 두 번 절하며 어머니께 고마워하노니, 예부터 선을 행하면 하늘이 상서로움을 내린다네. 다만 바라옵건대 해마다 오늘만 같아서, 노래자의 모자처럼 함께 살기를 바랄 뿐입니다.〔熹前再拜謝阿娘, 自古作善天降祥. 但願年年似今日, 老來母子俱徜徉.〕"라고 한 데서 따온 말이다.

을해년(1815, 순조15, 81세)에 망구(望九)가 되어서 을축년과 같이 하례를 올렸다. 이해 가을에 담현증(痰眩症)[75]을 앓아 의약청을 설치하였다. 한 달여 만에 병이 조금 나아 드디어 숙직을 거두고 경하하는 의식을 거행하였는데, 얼마 지나지 않아 병이 다시 위독해졌다. 돌아가실 때가 되자 수의(襚衣)며 금모(紟冒)[76]로부터 수건이나 휘장 같은 세세한 물건까지 모두 미리 마련하시고는 "훗날 민간의 저자를 번거롭게 하지 말라."라고 하였으니, 오호라! 훌륭합니다.

2남 2녀를 낳으니, 맏아들은 의소세손이고, 둘째 아들은 선왕이다. 선왕의 비는 지금 왕대비전하[77]로 아버지가 청원부원군(淸原府院君) 정익공(靖翼公) 김시묵(金時默)[78]이다. 맏딸은 청연군주(淸衍郡主, 1754～1814)로 광은부위(光恩副尉) 김기성(金箕性)[79]에게 출가하였고, 둘째 딸은 청선군주(淸璿郡主, 1756～1802)로 흥은부위(興恩副尉)

**75** 담현증(痰眩症) : 풍담(風痰)으로 인한 어지럼증을 가리킨다.

**76** 금모(紟冒) : 시신을 싸는 홑이불을 말한다.

**77** 왕대비전하 : 정조의 비 효의왕후(孝懿王后, 1753～1821)를 가리킨다. 본관은 청풍(淸風)으로 아버지는 김시묵(金時默)이며 어머니는 홍상언(洪商彦)의 딸이다. 1762년(영조38)에 세손빈으로 책봉되어 2월 2일에 창덕궁 명광전(明光殿)에서 가례를 올렸고, 장조(莊祖)의 비 혜경궁 홍씨를 잘 섬겨 영조에게 총애를 받았다. 휘호는 예경자수(睿敬慈粹), 시호는 효의이다. 능은 경기도 화성시 태안읍에 있는 건릉(健陵)이다.

**78** 김시묵(金時默) : 1722～1772. 본관은 청풍, 자는 이신(而愼)·이신(爾愼)이다. 딸이 정조의 비 효의왕후이다. 1776년에 딸이 왕비로 진봉되면서 영의정, 청원부원군에 추증되었다. 시호는 정익(靖翼)이다.

**79** 김기성(金箕性) : 1752～1811. 본관은 광산(光山), 초명은 두성(斗性), 자는 성여(成汝), 호는 이길헌(頤吉軒)이다. 참의 김상익(金相翊)의 아들로 1765년(영조41) 14세의 나이로 사도세자의 장녀 청연군주(淸衍郡主)와 혼인하여 광은부위(光恩副尉)가 되었다. 가요에 능하여 시조가 여러 수 전한다.

정재화(鄭在和)[80]에게 출가하였다.

선왕은 2남 2녀를 두었으니, 의빈 성씨(宜嬪成氏)[81]가 문효세자(文孝世子)[82]를 낳았고 딸 한 명은 돌이 되기 전에 죽었다. 금상 전하와 숙선옹주(淑善翁主, 1793~1836)는 모두 수빈 박씨(綏嬪朴氏)[83]가 낳았다. 중궁(中宮) 김씨(金氏)[84]는 아버지가 영안부원군(永安府院君) 김조순(金祖淳)이다. 숙선옹주는 영명위(永明尉) 홍현주(洪顯周)[85]에

**80** 정재화(鄭在和) : 1754~1790. 본관은 영일(迎日)로 평양 서윤(平壤庶尹)을 지낸 정인환(鄭麟煥)의 아들이다. 1766년(영조42) 사도세자의 차녀 청선군주와 혼인하여 흥은부위(興恩副尉)가 되었다. 크고 작은 문제를 일으켜 1783년(정조7) 사간원의 탄핵을 받아 벼슬을 빼앗기고 관리 명부에서 지워졌다가 1899년(광무3)에 부인 청선군주가 청선공주(淸璿公主)로 추증될 때 흥은부위에서 흥은위(興恩尉)로 추증되었다.

**81** 의빈 성씨(宜嬪成氏) : 1753~1786. 조선 정조의 후궁으로 정조의 장남 문효세자를 낳았다. 어린 나이에 궁에 들어와서 정조의 총애를 입어 후궁이 되었다. 묘는 본래 아들 문효세자와 함께 효창원에 있었으나, 일제강점기에 서삼릉 경내에 마련된 후궁 묘역으로 이장되어 본모습을 잃었다.

**82** 문효세자(文孝世子) : 1782~1786. 정조가 의빈 성씨에게서 얻은 아들이다. 휘는 향(享), 시호는 문효(文孝)이다. 태어나서 곧 왕세자에 책봉되었으나 5세에 요절하였다.

**83** 수빈 박씨(綏嬪朴氏) : 1770~1822. 정조의 후궁이자 순조의 생모이다. 본관은 반남(潘南)으로 좌찬성 박준원(朴準源)의 딸이다. 1787년(정조11) 2월 18일에 후궁으로 들어와, 1790년(정조14)에 정조의 차남인 순조를 낳았고, 1793년(정조17)에 숙선옹주를 낳았다. 행실과 예절이 바르고 단정하여 왕실의 위아래를 두루 화목하게 하였고, 생활이 검소하여 낭비하거나 뇌물을 받는 일이 없어 조야에서 현빈(賢嬪)이라는 칭송을 들었다. 궁호는 가순(嘉順), 시호는 현목(顯穆), 원호는 휘경(徽慶)으로 서울 종로구 효자동에 있는 경우궁(景祐宮)에 제향되었다.

**84** 중궁(中宮) 김씨(金氏) : 순조의 비 순원왕후(純元王后, 1789~1857)를 가리킨다. 본관은 안동(安東)으로 영안부원군 김조순(金祖淳)의 딸이다. 1800년(정조24) 초간택과 재간택에 뽑혔으나, 정조가 갑자기 승하하여 1802년(순조2) 10월에 삼간택을 거쳐 왕비로 책봉되었다.

게 출가하였다.

금상은 아들 한 명이 있으니 바로 왕세자[86]이고, 딸은 하나이니 어려서 아직 봉작을 받지 못하였다.[87]

빈은 타고난 성품이 화락하고 식견과 생각이 고명하여, 예가 아니면 움직이지 않았고 일을 처리할 때는 신중하였다. 장헌세자를 섬길 때 공경과 순종을 다하면서도 간언하여 경계시키니, 장헌세자가 매우 공경하고 존중하였다. 장헌세자가 때로 물어보고 의논할 일이 있으면 빈에게 도움을 받은 바가 많았고, 장헌세자에게 간혹 어그러진 일이 있으면 조용히 이치로써 설득하였으니, 〈관저(關雎)〉의 종고(鍾鼓)의 즐거움[88]이 근래에 견줄 이가 드물었다.

기사년(1749, 영조25, 15세) 이후로 장헌세자가 영조의 명을 받아 대리청정하니, 근심과 두려움을 깊이 품고서 14년 동안 기미를 자세히 살펴 널리 다스리고 두루 보호하는 데에 온갖 방도를 다하였다. 선왕은 매번 경연의 신하들과 이야기하다가 당시의 일에 미치면 슬픈 낯빛으

**85** 홍현주(洪顯周) : 1793~1865. 본관은 풍산(豊山), 자는 세숙(世叔), 호는 해거재(海居齋)·약헌(約軒)이다. 1804년(순조4)에 정조의 둘째딸 숙선옹주(淑善翁主)와 혼인하여 영명위(永明尉)에 봉해졌고, 1815년(순조15) 지돈녕부사가 되었다. 문장에 뛰어나 당대에 명성을 떨쳤다. 저서로는 《해거시집》이 있다. 시호는 효간(孝簡)이다.

**86** 왕세자 : 순원왕후의 소생 효명세자(孝明世子, 1809~1830)로 대리청정하다 죽어 나중에 익종(翼宗)으로 추존되었다.

**87** 딸은……못하였다 : 순원왕후의 소생 명온공주(明溫公主, 1810~1832)를 가리킨다.

**88** 관저(關雎)의 종고(鍾鼓)의 즐거움 : 군자에 걸맞은 배필이라는 말이다. 《시경》 〈주남(周南) 관저(關雎)〉에 "들쭉날쭉한 마름 나물을 좌우로 삶아 올리도다. 요조한 숙녀를 종과 북으로 즐겁게 하도다.〔參差荇菜, 左右芼之. 窈窕淑女, 鍾鼓樂之.〕"라고 한 것을 가리킨다.

로 용색을 바꾸고서 "자궁의 덕과 공을 바깥사람들이 어찌 능히 다 알 수 있겠는가."라고 말하지 않은 적이 없었다.

효순왕후(孝純王后)[89]의 궁녀 중에 장헌세자의 법복(法服)을 몰래 훼손한 자가 있었다. 그 일이 발각되자 온 궁중이 장차 임금에게 알려지게 될까 두려워하였고, 효순왕후는 그 궁녀가 스스로 반드시 죽을 것이라고 생각하는 것을 몹시 걱정하였다. 빈은 온화한 얼굴로 왕후에게 "아랫것들의 무식을 무슨 꾸짖을 것이 있겠습니까. 너무 걱정하지 마소서."라고 하였다. 그리고 궁인들에게 감히 발설하지 못하도록 경계시켜 성상이 알지 못하게 하니, 효순왕후가 종신토록 그 덕을 고마워하였고, 왕후의 집안사람 중에는 이 일을 말하며 눈물을 흘리는 이도 있었다. 빈의 덕성이 너그럽고 온화하기가 이와 같았다.

홍국영(洪國榮)[90]의 악행이 무르익어 그 누이동생을 궁으로 들여 작호를 원빈(元嬪)[91]으로 하였는데, 분수에 넘치는 일을 엿보아 중전이 위험에 빠진 적이 여러 번이었다. 이에 빈이 간사한 싹을 미리 잘라

**89** 효순왕후(孝純王后) : 영조의 아들 효장세자의 비이다. 효장세자가 일찍 죽었으므로 정조가 그의 양자가 되었고, 정조가 즉위하여 진종(眞宗)으로 추존하였다. 혜경궁과는 동서 사이이다.

**90** 홍국영(洪國榮) : 1748~1781. 본관은 풍산, 자는 덕로(德老)이다. 호조 참판을 지낸 홍낙춘(洪樂春)의 아들로 1778년(정조2)에는 누이를 원빈(元嬪)으로 삼게 하여 정권을 굳게 다졌다. 1780년(정조4) 정조의 비 효의왕후의 독살을 도모하다 발각되어 가산을 몰수당하고 강릉(江陵)으로 추방되었다가 병으로 죽었다.

**91** 원빈(元嬪) : 1766~1779. 정조의 후궁으로 홍국영의 여동생이다. 1778년(정조2) 6월에 13세의 나이로 정조의 후궁이 되어 원빈이란 작호와 숙창궁(淑昌宮)이란 궁호를 받았다. 이듬해 5월 갑자기 죽어 시호를 인숙(仁淑)이라 하고, 원호를 인명원(仁明園)이라 하였다.

힘을 다해 보호하여 끝내 편안하고 태평한 데에 이르게 되었으나, 궁 안의 일이란 몹시 비밀스러워 아는 이가 없었다. 그리하여 불만을 품은 자들이 도리어 사특한 말을 퍼뜨려 '중전이 위태로워진 것은 자궁(慈宮)이 힘을 썼기 때문이다.'라고 하였으니, 아! 이것은 하늘도 속일 수 있다고 여겨서인가? 이 점은 밝혀두지 않을 수 없다.

빈의 장중하고 공경하는 마음은 노년에 이르도록 쇠하지 않았고, 선조를 받드는 정성은 천성에 뿌리를 두었다. 이 때문에 늘 거처할 때 반드시 일찍 일어나 세수하고 머리를 빗어서 단정하고 엄숙하게 하였다. 비록 수족이 마비되어 위독해졌을 때의 평범한 잠꼬대조차도 또한 영조 및 정성왕후, 정순왕후 두 시어머니를 시봉하는 말들이었다. 그리고 영조의 탄신일이 되자 밤중에 시중 드는 자에게 부축해 앉히라고 명하고서 말하기를 "오늘 진전(眞殿)에서 작헌례(酌獻禮)를 행하는데 내가 어찌 감히 누워 있겠느냐."라고 하였다.[92] 이때는 몸을 움직이지 못한 지 이미 여러 날이 되던 때였다.

금상이 선왕의 뜻을 잘 이어 옛날처럼 봉양하니, 혜빈의 자애와 금상의 효성이 화락하게 흘러넘쳤다. 그리하여 매번 금상이 혜빈을 찾아갈 때면 혜빈은 기쁨이 얼굴에 넘쳤고 반드시 음식을 차려 권하면서 날마다 만나지 못함을 한으로 여겼다. 병환이 몹시 위독해진 날 아침에는 금상이 곁에서 보셨지만 이미 알아보지 못하였으니, 아!, 애통하다.

**92** 영조의……하였다 : 영조는 1694년(숙종20) 9월 20일에 태어났는데, 모친은 숙의 최씨(淑儀崔氏)이다. 진전(眞殿)은 임금의 초상화를 모신 전각을 가리키고, 작헌례(酌獻禮)는 임금이 몸소 왕릉, 영전(影殿), 종묘, 문묘 등에 참배하고 잔을 올리던 의식을 말한다.

신이 삼가 생각해보니, 해와 달의 빛은 그림을 그려서 얻을 수 없고, 넓은 바다의 깊이는 표주박으로 다 잴 수 없지만, 지금 신이 서술한 바는 신이 감히 높여 찬양한 것이 아니다. 영조가 시아버지가 되고 선왕과 자전(慈殿)이 아들과 며느리가 되었으니, 두 임금은 요 임금·순 임금이었고, 자전은 태임(太妊)·태사(太姒)였다. 성인으로 그 며느리를 칭찬하고 성인으로 그 어버이를 드러내시어, 말씀은 천추에 빛이 날 만하고 행실은 만세의 법이 될 만하니, 또 무엇을 더하겠는가. 세자의 배필로 곤의(壼儀)를 바르게 하여 오래도록 이어질 아름다운 상서를 열어준 것으로 말하면 하늘의 뜻이었고, 그 실제에 거처하였으나 이름은 없고 우뚝이 수립함은 있으나 그것을 누리지 못하게 된 것으로 말하면 이 또한 하늘의 뜻이니, 하늘이 하는 일은 사람이 감히 알 수 있는 바가 아니다. 비록 그렇지만 고요한 비궁(閟宮 경모궁(景慕宮))이 종묘와 나란히 흠향을 받으시고, 천만년 동안 본손과 지손이 창성하여 성자(聖子)와 신손(神孫)이 계속하여 이어지게 된 것은 모두 빈의 덕과 공으로 인해 하늘로부터 받은 것이다. 그렇다면 어찌 '드러나지 않았다.〔不顯.〕'[93]고 하겠으며, 또 누가 '그렇지 않다.〔不然.〕'고 하겠는가. 아! 성대하도다. 아! 애통하도다.

**93** 드러나지 않았다 : 원문은 '불현(不顯)'으로 《시경》 〈주송(周頌) 유천지명(維天之命)〉에 "하늘의 명이 아 심원하여 그치지 않으시니, 아 드러나지 않겠는가, 문왕의 덕의 순수함이여.〔維天之命, 於穆不已, 於乎不顯, 文王之德之純.〕"라고 한 데서 유래하였다.

## 건릉 효의왕후 김씨 지문[94]

健陵孝懿王后金氏誌文

우리 대행왕대비(大行王大妃)가 이미 장락궁(長樂宮)을 버리니, 우리 전하가 유궁(幽宮 무덤)의 지문을 신에게 쓰도록 명하고, 이어 또 〈행록(行錄)〉을 받들어 사실을 기록하는 자료로 쓰게 하니, 신이 사양했으나 허락을 얻지 못하였다.

삼가 고찰하건대, 《주역》의 〈곤괘(坤卦) 문언전(文言傳)〉에 "선을 쌓은 집안은 반드시 많은 경사가 있다.〔積善之家, 必有餘慶.〕"라고 하였다. 선은 백성을 이롭게 함보다 높은 것이 없으므로 사손이 복을 누리고, 경사는 성인을 기르는 것보다 큰 것이 없으므로 사록(沙麓)[95]에 상서가 드러나는 것이다. 지난날 문정공(文貞公)[96]이 조정에서 임금

94 건릉(健陵)……지문 : 1821년(순조21)에 지은 건릉에 합장된 정조의 비 효의왕후(孝懿王后) 김씨(金氏, 1753. 12. 13~1821. 3. 9)에 대한 묘지문이다. 효의왕후의 본관은 청풍(淸風)으로 아버지는 김시묵(金時默)이며 어머니는 홍상언(洪商彦)의 딸이다. 1762년(영조38) 세손빈으로 책봉되어 창덕궁 명광전(明光殿)에서 가례를 올렸고, 사도세자의 비 혜경궁 홍씨를 지성으로 섬겨 영조에게 총애를 받았다. 휘호는 예경자수(睿敬慈粹), 시호는 효의이다. 능은 경기도 화성시 태안읍에 있는 건릉(健陵)이다.

95 사록(沙麓) : 춘추 시대 진(晉)나라 지역에 있다는 산이름이다. 희공 14년에 사록산이 무너지자, 한 사관이 645년 뒤에 성녀(聖女)가 이 땅에서 날 것이라 예언을 했는데, 뒤에 한(漢)나라 원제(元帝)의 황후 왕씨(王氏)가 그 땅에서 태어났다고 한다. 후대에는 녹(鹿)이 녹(麓)으로 바뀌어 왕후의 탄생을 사록지경(沙麓之慶)이라 일컫게 되었다.

96 문정공(文貞公) : 김육(金堉, 1580~1658)을 가리키며 효의왕후의 8대조이다. 본관은 청풍(淸風), 자는 백후(伯厚), 호는 잠곡(潛谷)·회정당(晦靜堂)이다. 내외직을

을 섬길 때 충직스러운 모습이 옛날 어진 재상의 기풍이 있었는데, 그 공덕과 은택이 백성에게 두루 미쳤던 것은 공부(貢賦 대동법)의 제도를 만든 것이 바로 그것이니, 2백 년 동안 백성과 나라가 이에 힘입었다. 선함을 쌓은 것이 이와 같았으므로 2대를 지나 우리 명성왕후(明聖王后)[97]가 오래 이어질 상서로움에 화합하여 종묘를 안정시키는 공을 세웠다. 또 6대가 지나 효의왕후가 다시 그 가문에서 나오니, 탄생하던 해 가을에 꽃나무가 다시 꽃을 피웠고, 궁궐로 맞아들이던 달에는 기이한 향기가 방 안에 가득하였다.[98] 우리 선왕의 배필이 되어 아름다운 덕을 지니고 높은 수명을 누리심은 앞 시대의 도타운 경사보다 훨씬 더하니, 아! 드러나지 않겠는가. 옛사람들이 왕후를 세우려고 논할 때에 족성(族姓)을 먼저 보는 데는 까닭이 있는 것이다.

왕후는 성이 김씨(金氏)이니, 고려 때 문하시중 김대유(金大猷)가 처음으로 청풍(淸風)을 본관으로 하였다. 조선에 이르러서 김식(金湜)이 찬성에 추증되고 문의(文毅)라는 시호를 받았는데, 세상 사람들이

두루 역임하여 벼슬이 영의정에까지 이르렀다. 효종 대에 정승이 되어 대동법 확대에 진력하였다.

**97** 명성왕후(明聖王后) : 현종의 비 명성왕후(明聖王后, 1642~1683)를 말한다. 본관은 청풍으로 청풍부원군 김우명(金佑明)의 딸이다. 1651년(효종2) 세자빈에 책봉되고, 1659년(현종 즉위년) 왕비에 책봉되었다. 숙종과 명선(明善)·명혜(明惠)·명안(明安) 공주를 낳았다. 능은 경기도 양주의 숭릉(崇陵)이다.

**98** 탄생하던……가득하였다 : 효의 왕후는 영조 계유년 12월 13일 해시(亥時)에 가회방(嘉會坊)의 사저에서 탄생하였는데, 이때 그 집안에 있던 복숭아나무와 오얏나무 및 기타 꽃나무들이 이해 가을에 갑자기 꽃이 모두 다시 피었다고 한다. 1761년(영조37)에 효의 왕후가 9세에 처음 간택되었을 때 사가에 기이한 향기가 가득하여 하루가 지나도 흩어지지 않았다고 한다. 《純祖實錄 21年 8月 7日 孝懿王后行狀》

기묘명현(己卯名賢)이라 부른다.[99] 4대를 내려와 바로 문정공(文貞公) 휘 육(堉)이 영의정을 지냈는데, 그 둘째 아들 청풍부원군(淸風府院君) 충익공(忠翼公) 우명(佑明)[100]이 바로 명성왕후의 아버지이고, 충익공을 후사로 들인 분은 영의정에 추증된 김지(金址)이니, 왕후에게 6대조, 5대조가 된다.

고조는 판서를 지낸 정희공(貞僖公) 휘 석연(錫衍)[101]이다. 증조는 찬성에 추증된 휘 도영(道泳)이니, 좌윤을 지내고 이조 판서에 추증된 중부(仲父) 휘 석익(錫翼)[102]의 후사가 되었다. 조 휘 성응(聖應)[103]은 병조 판서를 지내고 효정(孝靖)이란 시호를 받았다. 고 휘 시묵(時默)은 좌찬성을 지내고 영의정 청원부원군(淸原府院君)에 추증되었으며 정익(靖翼)이란 시호를 받았다. 김시묵은 충익공(김우명) 집안으로 들어와 제사를 주관하였는데, 영의정에 추증된 김성집(金聖集), 찬성에

**99** 김식(金湜)이……부른다 : 김식(1482~1520)의 본관은 청풍, 자는 노천(老泉), 호는 사서(沙西)·동천(東泉)·정우당(淨友堂)이다. 1519년(중종14) 기묘사화로 선산에 유배되었고, 다시 신사무옥에 연좌되어 절도로 이배된다는 소식을 듣고 거창에 숨었다가 자결하였다. 기묘팔현(己卯八賢)의 한 사람으로 시호는 문의(文毅)이다.

**100** 우명(佑明) : 1619~1675. 본관은 청풍, 자는 이정(以定)이다. 김육의 아들이며, 현종의 비 명성왕후의 아버지이다. 서인(西人)이었으나 송시열과 대립, 한당(漢黨)을 이끌었다. 시호는 충익(忠翼)이다.

**101** 석연(錫衍) : 1648~1723. 본관은 청풍, 자는 여백(汝伯)이다. 김우명의 아들이며, 현종의 비 명성왕후의 동생이다. 시호는 정희(貞僖)이다.

**102** 석익(錫翼) : ?~1686. 본관은 청풍, 자는 여량(汝兩)이다. 김우명의 아들이며, 김석연의 아우이다.

**103** 성응(聖應) : 1699~1764. 본관은 청풍, 자는 군서(君瑞)이다. 아버지는 진사 김도영(金道泳)이다. 시호는 효정(孝靖)이다.

추증된 김도제(金道濟), 승지에 추증된 김만주(金萬冑)는 김시묵이 후사로 들어간 집안의 직계 삼대이다.[104] 김시묵의 첫째 부인은 의춘부부인(宜春府夫人)에 추증된 의령 남씨(宜寧南氏)[105]로, 감역을 지낸 남직관(南直寬)의 딸이다. 둘째 부인은 당성부부인(唐城府夫人) 남양 홍씨(南陽洪氏)로, 좌찬성에 추증된 홍상언(洪尙彦)[106]의 딸이니, 왕후를 낳은 분이다.

왕후는 영조 계유년(1753, 영조29) 12월 13일에 가회방(嘉會坊)의 사저에서 태어났다. 나면서부터 완연히 천인(天人)의 모습이 있었고, 조금 자라서는 유순하게 어른의 말을 잘 들어 움직이고 주선하는 데에 반드시 예법에 맞는 것을 가려서 익혔다.

9세에 간택을 받으니,[107] 영조가 매우 어여삐 여겨 '5세 만에 옛 가풍을 이었으니, 실로 나라의 종통이 될 만하다.〔五世繼昔, 寔爲宗國.〕'라는 여덟 글자를 손수 써 주었다. 별궁에 거처하던 중에 마마에 걸렸으

**104** 충익공……삼대이다 : 김만주(金萬冑)는 김우명의 맏아들인데, 김만주는 동생인 김석연(金錫衍)의 아들 김도제(金道濟)를 후사로 삼았고, 김도제는 아들 김성집(金聖集)을 낳았다. 김성집은 동생 김성응(金聖應)의 아들 김시묵을 후사로 삼았다.

**105** 의령 남씨(宜寧南氏) : 1721~1746. 남직관(南直寬)의 딸로 14세에 김시묵과 결혼, 1771년(영조47)에 정경부인에 봉해졌다. 그다음 해에 남편 김시묵이 죽자 후손들이 남씨와 합장하였다. 아들 김기대(金基大)를 낳았다.

**106** 홍상언(洪尙彦) : 1701~1763. 아버지는 홍중채(洪重採)이고 어머니는 이덕령(李德齡)의 딸이다. 일찍 아버지를 여의어 어머니의 훈육을 받았다. 김재중(金載重)의 딸과 혼인하여 홍선양(洪善養)을 낳았고, 딸들은 각각 이수(李琇), 김시묵(金時默)에게 출가하였다.

**107** 9세에 간택을 받으니 : 1761년(영조37) 12월 22일에 삼간택례를 행하고 세자빈으로 간택되었다.

며, 이듬해 2월에 세손빈으로 책봉되었다.

병신년(1776, 영조52, 24세)에 선왕이 즉위하자 중전 자리에 올랐다.

경신년(1800, 정조24, 48세)에 금상이 왕위를 잇자 왕대비로 높여 금상이 여러 신하와 국가의 전례를 따라 존호를 올리고자 논의를 하니, 왕후는 "선왕께서 존호를 받지 않으신 것은 지극한 애통함이 마음에 남아 있었기 때문이었다. 미망인이 이것을 받는다면 선왕의 깊은 뜻에 어떠하겠는가."라고 하였다. 이에 신하들이 그 뜻을 기쁘게 받들어 왕후가 돌아가실 때까지 감히 다시 청하지 못하였다.

신사년(1821, 순조21) 3월 9일 기미일에 창경궁의 자경전(慈慶殿)에서 홍서하니 춘추가 69세였다. 유사가 시호를 '효의(孝懿)', 휘호를 '예경자수(睿敬慈粹)'라고 올렸다. 지난겨울에 대신과 예조의 당상이 말하기를 "두 해 뒤에 자전의 보령이 칠순이 되므로 예법상 하례를 올려야 마땅합니다. 그러나 그해가 임오년(1822)[108]이므로 경사를 일컬을 수 없으니, 내년에 하례의 의식을 올리십시오."라고 하였다. 이듬해 정월 초하루에 금상이 세자와 백관을 거느리고 표리(表裏)[109]를 올려 하례를 하였는데, 얼마 지나지 않아 하늘이 돕지 않아 자전께서 영원히 홍서하니, 아! 애통하도다.

이보다 앞서, 나라 사람들이 건릉의 묘역이 풍수에 길하지 못하다 하여 근심하였는데, 이때에 이르러 하문한 의견이 모두 합치되어,[110]

**108** 임오년 : 효의왕후의 시아버지인 사도세자(1735~1762)가 죽은 지 60년 되는 해이다.

**109** 표리(表裏) : 의복의 안팎 옷감을 가리킨다.

**110** 이때에……합치되어 : 순조 21년(1821) 3월 22일 영돈녕부사 김조순이 건릉의 위치가 풍수에 적합하지 않다고 상소를 올려 순조의 윤허를 받은 일이 있다. 《楓皐集

비로소 현릉원의 오른쪽 자좌(子坐)의 언덕을 살펴 동혈(同穴)의 제도로 능침을 조성하여, 선왕을 이곳으로 이장하고 왕후를 합장하였다. 능의 이름은 옛 호칭을 그대로 썼으니, 실로 이해(1821) 9월 13일 경신일이었다.

왕후는 성품이 효성스럽고 어질고 공손하고 검소하여 평소 다급한 말과 황급한 기색이 없었다. 궁에 들어온 처음부터 말년에 이르기까지 비록 여러 차례 어려운 시기를 만났지만 몸가짐과 일을 처리함에 떳떳한 법도를 잃지 않았으니, 지극한 덕이 아니라면 어찌 이와 같았겠는가.

임오년(1762, 영조38, 10세) 윤5월에 혜빈(惠嬪 혜경궁)과 왕후에게 각각 사저로 돌아가라는 어명이 있었다.[111] 왕후가 사저에 거처하기를 원치 않고 시어머니가 계신 곳으로 따라가기를 원하니, 영조가 그 말을 듣고 가상하게 여겼다. 장헌세자(莊獻世子 사도세자)를 모신 지가 겨우 다섯 달이었지만, 대화가 그 일에 미칠 때면 그때마다 눈물을 흘렸다. 곁에서 모시는 이들이 처음에는 우연으로 여기다가 얼마 후에 여쭈어 보니, 왕후는 눈물을 흘리며 "내가 사랑해주시는 은혜를 유독 많이 입었으니, 어찌 섬기기를 오래하거나 짧게 한 데 따라 더하고 덜함이 있겠는가."라고 하였다.

혜빈을 받들 때에 기쁜 낯빛으로 조심하기를 늘 감당하지 못할 듯이 하였고, 경신년(1800, 정조24, 48세)의 대상(大喪 정조의 승하)을 당해서는 이른 아침부터 늦은 밤까지 옷을 벗지 않고 3년상을 마쳤다. 혜빈을 섬기는 일에서는 선왕이 혜빈을 섬겼던 것과 같이 섬겨서 감히 조금도

卷8 請健陵遷奉疏》

**111** 임오년……있었다 : 사도세자가 죽은 후 영조가 명을 내린 것이다.

게을리하지 않았다. 대향(大享)[112]과 세대가 가까운 기제(忌祭)에는 늘 촛불을 밝히고 앉아 재계하며 예식을 다 마칠 때까지 기다렸다가 잠자리에 들었다. 사가의 기제에도 똑같이 하여 비록 조용히 조섭하는 중에도 폐한 적이 없었다. 두 군주(郡主)[113]와 우애가 좋아 처음부터 끝까지 격의 없이 지냈는데, 청선군주(淸璿郡主, 1756~1802)가 죽자 왕후가 슬퍼하고 애도하며 스스로 슬픔을 이기지 못하였고, 그 자녀들을 더 돌아보고 보살폈다. 혜빈이 이미 훙서한 뒤에는 혜빈의 본가 사람을 안타깝게 여겨 늘 금상에게 추천하였고, 옛날의 궁인들을 살펴서 은혜와 의리가 두루 미쳐 각각 제자리를 얻게 하였다.

어렸을 때 다른 아이들과 놀 적에 어떤 아이가 자라나는 풀을 뽑으면, 왕후가 "풀이 저렇게 자라는데, 왜 뽑아서 막 자라려는 생기를 상하게 하니?"라고 하였으니, 미물에까지 미친 인자함은 이미 어려서부터 그러하였다. 기쁘거나 노여운 기색을 밖으로 드러내지 않았고, 남의 잘못을 말하는 것을 부끄러워하였으며, 비록 일찍이 천하게 여기고 미워하던 자일지라도 마음을 열고 부드럽게 대하여 진심 어린 말로 타일렀다. 친족 중에 실수가 있으면 대뜸 꾸짖어 책망한 적이 없고 잠자코 아무 말도 하지 않아서 그들이 스스로 반성하여 뉘우치도록 하니, 그 일을 겪은 사람들은 문득 "부끄럽고 송구스러운 심정이 벌을 받는 것보다 더 심했다."라고 하였다.

**112** 대향(大享) : 종묘(宗廟)에서 사계절의 첫째 달과 납일에 지내는 제사, 영녕전(永寧殿)에서 중춘 및 중추와 납일에 지내는 제사, 사직(社稷)에서 지내는 제사 등의 큰 제례로 대제(大祭)라고도 한다.

**113** 두 군주(郡主) : 시누이 청연군주(淸衍郡主, 1754~1814)와 청선군주(淸璿郡主, 1756~1802)를 말한다.

화완옹주(和緩翁主)[114]가 교활하고 음험하여 늘 몰래 왕후를 위험에 빠뜨렸지만, 왕후는 끝내 약간의 기색조차 드러내지 않았다. 화완옹주가 몰락했을 때에는 풍토병에 시달리는 그녀를 가엾게 여겼고, 화완옹주가 죽었을 때에는 부의와 수의를 더하여 그녀의 초상을 도와주었다.

외가 사람과 말을 나눌 때에는 세상의 형편, 조정의 상황, 사람들의 좋고 나쁨에 대해 언급하지 않았고, 매양 사가(私家)가 은택을 받는 것을 경계하였다. 수진궁(壽進宮)과 어의궁(於義宮)[115]에 비록 남은 음식이 있더라도 사가에 주지 않고 말하기를 "궁중의 재물은 곧 공물(公物)이므로 사가의 어버이께도 주어선 안 된다."라고 하였다. 자신을 봉양하는 데에는 더욱 검약하여, 의복이며 기물은 눈을 즐겁게 하는 것이 없었고 평상시 음식이 간혹 마음에 맞지 않아 좌우에서 담당자를 처벌하기를 청하면 "어찌 음식 때문에 사람에게 죄를 주겠는가."라고 하였다.

중년에 왕후에게 갑자기 임신의 징후가 있자, 선왕이 매우 기뻐하고 온 나라가 기대하며 산실(産室)을 설치하였으나, 한 해를 넘기고도

**114** 화완옹주(和緩翁主) : 1737~?. 영조의 후궁 영빈 이씨(暎嬪李氏) 소생으로 정치달(鄭致達)에게 출가하였다. 영조의 딸들 가운데 가장 사랑을 받았고 성품이 비상하게 총명하였으나, 사도세자가 죽는 데 큰 역할을 하고 정조의 즉위에 방해를 하여 정조가 즉위하면서 서인으로 강등당해 강화도 교동으로 유배되었다.

**115** 수진궁(壽進宮)과 어의궁(於義宮) : 수진궁은 한양의 중부 수진방에 있던 궁으로 예종의 둘째 아들인 제안대군(齊安大君)이 사저로 쓰던 곳이다. 뒤에 어려서 죽은 대군, 왕자, 옹주, 후사가 없는 후궁의 제사를 지내는 궁이 되었다. 어의궁은 두 군데 있었는데, 인조의 잠저로 종로구 사직동에 있던 것을 상어의궁(上於義宮)이라 하였고, 효종의 잠저로 한양의 동부 연화방(蓮花坊)에 있던 것을 하어의궁(下於義宮) 또는 어의동 본궁(本宮)이라 불렀다.

끝내 아이를 낳지 못하였다.[116] 경술년(1790, 정조14, 38세)에 큰 경사가 생겨 대륜(大倫)이 바르게 되니,[117] 아이를 돌보는 은혜와 올바른 도리로 가르쳐서 자신이 낳은 아이와 차이가 없었고, 숙선옹주(淑善翁主)[118]에 대해서도 마찬가지였다. 우리 전하도 더욱 공경하고 사랑함이 지극하여 화락한 즐거움이 두 궁 사이에 넘쳐흐르니, 자애와 효성을 미루어 나감에 만백성을 교화하여 백세에 모범이 될 만하였다.

금상 전하가 영돈녕부사(領敦寧府事) 김조순(金祖淳)의 딸을 맞이하여 아들 둘을 낳으니, 맏이는 세자이고, 둘째는 일찍 죽었다. 공주는 둘인데 맏이는 명온(明溫)이란 봉작을 받았고, 둘째는 아직 봉함을 받지 못했으며, 옹주는 하나이니 또한 아직 봉작을 받지 못하였다.

신이 가만히 생각건대, 태임(太任)과 태사(太姒)는 너무 오래된 일이고, 예부터 후비(后妃)로서 현명하다고 칭송된 분으로는 한(漢)나라에서 명덕황후(明德皇后),[119] 당나라에서 장손황후(長孫皇后)[120]가 있

**116** 산실을……못하였다 : 1787년(정조11)에 효의왕후가 35세 때 임신 징후를 보이자 7월 6일에 산실청 설치를 논의하여 9월 21일에 산실청을 설치하였다. 그러나 임신이 아닌 것으로 판명되어 이듬해에 산실청을 철수하였다.

**117** 경술년에……되니 : 후궁 수빈 박씨가 아들을 낳아 효의왕후의 양자로 삼았는데, 바로 훗날의 순조이다.

**118** 숙선옹주(淑善翁主) : 1793～1836. 정조의 후궁 수빈 박씨(綏嬪朴氏)가 낳은 딸로 영명위(永明尉) 홍현주(洪顯周)에게 출가하였다.

**119** 명덕황후(明德皇后) : 한나라 명제(明帝)의 황후 마씨(馬氏)로 명장 마원(馬援)의 딸이다.

**120** 장손황후(長孫皇后) : 601～636. 당태종(唐太宗)의 비이다. 낙양(洛陽) 사람으로 장손성(長孫晟)의 딸이다. 성품이 검소하고 예법을 중시하였으며 늘 황제에게 간언(諫言)을 받아들이고 외가(外家)를 물리칠 것을 권하였다. 위징(魏徵)과 방현령(房玄

었지만, 그러나 이들은 모두 순종으로 처신하며 떳떳한 도리를 지켜 그 아름다운 이름을 잃지 않은 경우이다. 왕후처럼 성덕을 갖춘 분은 하늘이 도탑게 도와주어야 마땅했음에도 도리어 근심과 걱정을 끼쳐주고 험난함으로 방해하여, 혼례를 올리고 궁으로 들어온 60년 동안 지존(至尊)으로서 누릴 즐거움을 거의 몰랐으니, 어찌 하늘이 왕후를 단련하고자 한 까닭이 아니겠는가. 그러나 궁중에서 그 덕을 칭송하고 온 나라가 그 교화를 노래하니, 한나라와 당나라의 두 황후와 비교하면 그 어려움과 쉬움이 또 어떠한가.

신이 지난날 늘 선왕을 모셨는데, 선왕이 탄식하며 말하기를 "중전은 진실로 국모(國母)이다."라고 하였다. 영명하신 선왕도 그 공경하고 중히 여김이 이와 같았으니, 진실로 어떤 이름을 붙이겠는가. 비록 그렇지만 신이 또 감히 말하건대, 왕후의 탁월한 행적은 진실로 이루 다 쓸 수 없지만, 기축년(1769)과 경신년(1800) 사이에 홍빈(洪嬪 혜경궁)을 대했던 일과 경신년 이후로 자전(慈殿 내전)의 말이 한 마디도 내실 밖으로 나가지 않은 것으로 말하면 또 후세 후비들이 능히 이를 수 있는 바가 아니었다. 덕을 알아주는 사람이 비록 드물지만 온 천지에 아름다운 명성이 남을 것이다. 《시경》에 이르기를 "이에 그들의 노여움을 없애지는 못했으나 또한 그 명성을 잃지 않았다.〔肆不殄厥慍, 亦不隕厥問.〕"[121]라고 했고, 또 "위의가 성대하니 가릴 수 없다.〔威

齡)을 당태종에게 천거하여 정사를 돕게 한 공이 있다. 시호는 문덕(文德)이다.

**121** 이에……않았다 : 《시경》 〈면(緜)〉에 나오는 말로, 태왕(大王)이 비록 혼이(混夷)의 노여움을 끊어 없애지는 못하였으나, 자신의 명성 또한 실추시키지 않았다는 의미이다.

儀棣棣, 不可選也.〕"[122]라고 하였으며, 또 "드러나지 않아 아무도 나를 보지 않을 것이라고 생각하지 말라.〔無曰不顯, 莫予云覯.〕"[123]라고 하였는데, 왕후가 이 모두를 갖추었다. 아! 어찌 이른바 "지극히 부드럽고도 강하며, 지극히 고요하면서도 방정하여 만물을 품어 덕화가 빛난다.〔至柔而剛, 至靜而方, 含萬物而化光.〕"[124]라는 경우가 아니겠는가. 아! 훌륭하도다.

**122** 위의가……없다 : 《시경》 〈백주(柏舟)〉에 나오는 말로, 부인(婦人)의 품위 있는 거동이 선하지 않음이 없어 딱히 가려 취할 것조차 없다는 의미이다.

**123** 드러나지……말라 : 《시경》 〈억(抑)〉에 나오는 말로, 위 무공(衛武公)이 사람이 보지 않는 곳에서도 부끄러움이 없도록 자신을 늘 경계하던 내용이다.

**124** 지극히……빛난다 : 《주역》 〈곤괘(坤卦)〉 문언(文言)에 나오는 구절을 요약한 것으로 "곤은 지극히 유순하나 동함이 강하고 지극히 고요하나 덕이 방정하다. 뒤에 하여 주장함을 얻어서 떳떳함이 있으며, 만물을 포함하여 덕화가 빛나니, 곤의 도가 순하구나! 하늘을 받들어 때로 행한다.〔坤, 至柔而動也剛, 至靜而德方. 後得主而有常, 含萬物而化光, 坤道其順乎, 承天而時行.〕"라고 하였다.

# 휘경원 수빈 박씨 지문[125]

徽慶園綏嬪朴氏誌文

빈의 성은 박씨(朴氏)로 세계가 반남(潘南)에서 나왔으니, 신라 사로왕(斯盧王)[126]이 후손이다. 휘 상충(尙衷, 1332~1375)이 고려 공민왕 때에 도의(道義)로 드러나니, 학자들이 반남선생(潘南先生)이라 일컬었는데, 조선에 들어와 문정(文正)으로 추시(追諡)되었다. 아들 박은(朴訔, 1370~1422)은 조선에 들어와 좌의정 벼슬을 역임했고 평도(平度)란 시호를 받았다. 5대를 내려와 휘 소(紹, 1493~1534)는 호가 야천(冶川)이니, 학문과 문장으로 당시의 명유(名儒)가 되었으며, 영의정에 추증되었고 문강(文康)이란 시호를 받았다. 이로부터 걸출한 인물이 줄지어 나와 대마다 이름난 관리가 있었고, 여러 갈래로 나뉜 자손들이 모두 드러난 세족이 되었다. 5대조 휘 세성(世城, 1621~1671)은 숙종 때에 윤선도(尹善道)와 권시(權諰)를 배척했고 벼슬은 좌부승지에 그쳤으며, 이조 참판에 추증되었다.

고조 휘 태원(泰遠)[127]은 목사(牧使)를 지냈고 이조 참판에 추증되었

**125** 휘경원(徽慶園) 수빈(綏嬪) 박씨(朴氏) 지문 : 1823년(순조23) 2월에 지은 글로 순조의 생모 수빈 박씨(綏嬪朴氏, 1770~1822)에 대한 지문이다. 수빈 박씨는 정조의 후궁이자 순조의 생모로 본관은 반남(潘南)이다. 좌찬성 박준원(朴準源)의 딸로 1787년(정조11) 2월 18일에 후궁으로 들어왔다. 1790년에 정조의 2남인 순조를 낳았고 다음에 숙선옹주(淑善翁主)를 낳았다. 1822년(순조22)에 창덕궁의 보경당(寶慶堂)에서 53세로 홍서하였다. 《純祖實錄 23年 2月 3日》

**126** 사로왕(斯盧王) : 사로국의 임금이란 뜻으로 사로국은 박혁거세가 세운 진한 12소국 가운데 경주에 위치한 소국으로 신라의 모태가 되었다.

다. 증조 휘 필리(弼履)는 이조 판서에 추증되었다. 조 휘 사석(師錫)[128]은 현령을 지냈고 좌찬성에 추증되었다. 고 휘 준원(準源)[129]은 호가 금석(錦石)으로 판돈녕부사를 지냈고, 영의정에 추증되었으며 충헌(忠獻)이란 시호를 받았다. 비(妣) 원주원씨(原州元氏)는 참판에 추증된 원경유(元景游)의 딸이니, 원경유는 원평부원군(原平府院君) 원두표(元斗杓)의 5세손인데, 빈은 그 셋째 딸이다.

빈은 영조 경인년(1770, 영조46) 5월 8일에 태어났다. 정조 정미년(1787, 정조11, 18세)에 간택되었으며, 빈의 칭호는 '수빈(綏嬪)', 궁의 이름은 '가순궁(嘉順宮)'이었다. 금상 전하 22년 임오년(1822) 12월 26일에 창덕궁의 보경당(寶慶堂)에서 훙서하니 춘추는 53세이다. 유사가 시호를 '현목(顯穆)', 원호(園號)를 '휘경(徽慶)'으로 올렸다. 이듬해 2월 27일 양주(楊州) 배봉산(拜峯山) 묘좌(卯坐)의 언덕에 장사 지내

**127** 태원(泰遠) : 1660~1722. 본관은 반남, 자는 경구(景久), 호는 회와(悔窩)・일우(一愚)・송담(松潭)이다. 박세성의 아들이다. 1689년(숙종15)에 진사에 합격, 부평현감(富平縣監), 황주목사(黃州牧使)를 역임하였다. 1721년(영조4) 합천군수(陜川郡守)로 나갔다가 이듬해 죽었다. 이조참판에 추증되었다.

**128** 사석(師錫) : 1713~1774. 본관은 반남, 자는 성우(聖虞)이다. 아버지는 박필리이고 어머니는 전의이씨(全義李氏)로 이만시(李萬始)의 딸이다. 1738년(영조14) 진사시에 합격, 삼등 현령(三登縣令), 공주 판관(公州判官) 등을 지냈다.

**129** 준원(準源) : 1739~1807. 본관은 반남, 자는 평숙(平叔), 호는 금석(錦石)이다. 아버지는 박사석이고 어머니는 기계유씨(杞溪兪氏)로 유수기(兪受基)의 딸이다. 김양행(金亮行)의 문인으로 1786년(정조10) 사마시에 합격하였다. 이듬해 셋째 딸이 수빈(綏嬪)으로 간택되었고, 1790년(정조14)에 수빈이 원자(元子)를 낳자 박준원은 대궐안에 머물면서 원자를 보호하고 계도하였다. 1800년에 순조가 즉위하자 수렴청정하던 정순왕후(貞純王后)의 후원으로 판서에 올라 금위대장(禁衛大將) 등 삼영(三營)의 병권을 8년 동안 잡았다. 영의정에 추증되었고, 시호는 충헌(忠獻)이다.

니, 바로 영우원(永祐園)[130] 옛 묘역의 왼쪽이다. 아들 한 명을 낳으니 금상 전하이고, 딸은 하나이니 숙선옹주(淑善翁主)로 영명위(永明尉) 홍현주(洪顯周)에게 출가하였다. 금상 전하는 아들 둘을 두었는데, 맏이는 곧 세자 저하[131]이고, 둘째는 일찍 죽었다. 공주는 셋인데 맏이는 명온(明溫)으로 봉해졌다. 옹주는 한 명이다.

처음에 원부인(元夫人)이 꿈에서 어떤 노인이 무릎을 꿇고 큰 구슬을 바치자 그 빛이 온 방 안에 가득하였는데, 얼마 뒤에 빈을 낳았다. 빈은 어려서부터 남다른 자질을 지녀, 아이 적에 언니 두 명과 함께 앉아 있을 때에 호랑이가 갑자기 마당으로 들어오자, 두 언니는 혼비백산하여 울어댔지만 빈은 홀로 천천히 걸어 방으로 들어와 마치 본 것이 없는 듯이 하니, 사람들이 모두 그 비범함을 알았다. 문효세자(文孝世子)[132]가 홍서한 뒤에, 선왕(정조)의 춘추가 이미 많았고, 효의왕후(孝懿王后 정조의 비)와 화빈(和嬪)[133] 및 나머지 후궁들에게 모두 아이가 없었다. 선왕이 몹시 근심하여 다시 명망 있는 규수를 간택하니, 빈은

130 영우원(永祐園) : 사도세자가 처음 묻힌 곳으로 수은묘(垂恩墓)로 불렸는데, 아들 정조가 즉위한 뒤에 존호를 장헌(莊憲)이라 바꾸고 무덤의 봉호를 영우원으로 올렸다. 이후 1789년(정조13)에 화성(華城)으로 이장한 후에는 현륭원(顯隆園)으로 이름을 바꾸었다.

131 세자 저하 : 순원왕후의 소생 효명세자(孝明世子, 1809～1830)로, 대리청정하다 죽어 나중에 익종(翼宗)으로 추존되었다.

132 문효세자(文孝世子) : 1782～1786. 정조와 의빈 성씨(宜嬪成氏, 1753～1786) 사이에서 나온 아들로 왕세자에 책봉되었으나 5세로 요절하였다.

133 화빈(和嬪) : 화빈(和嬪) 윤씨(尹氏, 1765～1824)를 가리킨다. 정조의 후궁으로 본관은 남원이며 판관 윤창윤(尹昌胤)의 딸이다. 1780년(정조4)에 두 번째 후궁으로 간택되어 화빈이란 봉호와 경수궁(慶壽宮)이란 궁호를 받았다.

두 번째로 뽑혔다가 삼간택에서 첫째로 뽑혔다. 선왕이 종묘에 고하고, 혼인의 예를 닦고, 선포하는 예를 행한 뒤에 의장을 갖추어 맞이해 합근례(合巹禮)를 거행하니, 예법에 따른 성대한 모습이 역사에 없던 일이었다. 선왕이 늘 말하기를 "숙빈은 다른 후궁과 똑같이 보아서는 안 되므로 마땅히 특별히 대우해야 한다."라고 하였다.

경술년(1790, 정조14)에 큰 경사가 생기자,[134] 선왕이 대우를 더욱 무겁게 했으나, 빈은 더욱 겸손하고 삼가며 두려워하였다. 효의왕후를 섬기는 데에 오직 조심하였고, 같은 반열의 후궁들을 대할 때는 더욱 온화하게 하니, 궁중이 모두 그 현숙함을 칭찬하였다. 금상 전하가 보위를 잇자 마음과 물건으로 봉양함이 점차 완비되었다.

기사년(1809, 순조9)에 세자[135]가 태어나자, 금상 전하는 선왕이 남긴 뜻을 생각하고 깊은 경사를 열어주신 근원을 헤아려서 미천한 신에게 대궐 뜰에서 널리 알리도록 하였다. 이에 시임 및 원임대신들이 빈을 높이 받들기를 차자를 올려 청하자, 예조의 관원들이 의논하여 신하들은 빈을 '저하'로 일컫고, 세시와 명절에 하례할 때 중외에서 전문(箋文)을 올리고, 방물(方物)을 진상하되 의례대로 하기로 하였다. 빈이 말하기를 "이는 비록 성상의 효심이 다다른 바이지만 마음에 몹시 편안치 않습니다."라고 하였다. 지난해(1822) 늦가을에 갑자기 풍담(風痰)의 증상이 생기니 선하가 약원(藥院)에 직숙(直宿)을 설치하라고 명하였다. 얼마 뒤에 약간 차도가 생기자 직숙을 거두고 하례를

134 경술년에……생기자 : 순조를 낳은 것을 가리킨다.

135 세자 : 1809년(순조9) 8월 9일에 창덕궁 대조전에서 탄생한 효명세자(孝明世子)를 가리킨다.

올리기를 청하니, 빈이 전하에게 힘껏 사양하여 중지되었다. 그러나 환후가 점차 심해져 드디어 돌아가시게 되어 끝내 전하에게 평생토록 사무치는 애통함을 안겨주니, 슬프다!

금상 전하가 옛 예법에 따라 시마복을 입었으나[136] 초상을 치르는 의절(儀節)은 살아 계실 때처럼 우대한 것이 많았다. 환경전(歡慶殿)에 빈(殯)을 만들고 묘호를 원(園)으로 손수 고쳐 썼으며 능을 수호하는 관리 호칭도 참봉(參奉)으로 하였다. 유사에게 명하여 도총부(都摠府)를 개수하여 장차 이곳에 반우(返虞)[137]를 행하고 여막에 거처하면서 전(奠)을 올리는 의례를 행하고자 하였다. 그러나 조정 신하들 대부분이 불가(不可)한 일이라고 간언을 올렸지만 전하는 굳게 고집하여 흔들리지 않았다. 이는 성상께서 마음속으로 "상복이란 예의 큰 제방이므로 임금의 존귀함으로도 감히 명분과 지위를 뛰어넘을 수 없는 것이다. 역대에서 떳떳한 도리를 어겨 후세에 비방을 당한 것은 모두 할 수도 없고 해서도 안 되는 일이었다. 그런데 의문(儀文)과 절도(節度) 사이에서 할 수 있는 일인데도 하지 않는다면 마음에 흡족할 수가 없으니, 비록 지금 처음으로 시행한다 해도 지나친 일은 되지 않을 것이다."라고 생각한 때문이었다.

신이 가만히 생각건대, 〈전(傳)〉에 이르기를 "왕이 아니면 예를 논의하지 못하고, 문자를 고정하지 못한다.〔非王者, 不議禮, 不考文.〕"[138]

**136** 금상……입었으나 : 수빈 박씨가 순조의 생모이지만 정조의 후궁이므로 시마복으로 강등한 것을 가리킨다.

**137** 반우(返虞) : 장례를 지낸 뒤 신주(神主)를 집으로 모셔 오는 일을 말한다.

**138** 왕이……못 한다 : 《중용》 제28장에 "천자가 아니면 예를 의논하지 못하며, 제도

라고 하였다. 이 신비(李宸妃)의 상에 초빈과 염습을 황후의 의례로 하기를 권했는데, 주 문공(朱文公 주희(朱熹))이 이 일을 《명신언행록》에 실었다.[139] 우리 전하가 문자를 고정하고 예를 논의하는 지위에 있기에 절충하고 참작하여 의리로 예를 일으켜 실정에 부합하게 하고, 정도를 지키면서도 권도에 통달하여 스스로 추숭하여 보답하는 도리를 극진히 하였다. 이 의리는 성현이 다시 일어나도 반드시 바꾸지 않을 것이니, 여기에서 큰 성인께서 행한 일이 보통보다 몇만 배나 뛰어났음을 볼 수 있다.

전하가 무덤의 지문(誌文)을 신에게 짓도록 명했으나, 빈이 평소 늘 "부인이 어찌 묘지와 행장이 필요하겠는가. 내가 죽은 뒤에 행록(行錄)을 내리지 말라."라고 했으므로 일상에서 행하신 일 중에 동관(彤管)에 빛나고 역사에 빛날 만한 일을 세세하게 고찰할 길이 없게 되었다. 그러나 그 덕이 성대하고 공이 커서 귀와 눈에 익숙하여 덮어 가릴 수 없는 것을 삼가 한두 가지 서술하고자 한다.

빈은 성품과 도량이 사리에 밝으면서 장중하였고, 평소 말과 웃음이 적었다. 아랫사람들을 은혜로 대하면서도 엄격함이 있었고, 복식과 기물은 진기하고 화려한 것을 귀히 여기지 않았다. 혜빈(惠嬪 혜경궁)을

를 만들지 못하며, 문을 고정하지 못한다.〔非天子, 不議禮, 不制度, 不考文.〕"라고 한 것을 말한다.

**139** 이 신비(李宸妃)의……실었다 : 이 신비는 송나라 인종(仁宗)의 생모이다. 진종(眞宗)의 비 장헌태후(章獻太后)를 모시던 사람으로 인종을 낳자마자 장헌태후에게 빼앗기고 불우하게 살다가 죽었다. 장헌태후가 궁인(宮人)의 예로 장례를 치르려고 하자, 여이간(呂夷簡)이 주장하여 관속을 수은(水銀)으로 채우고 황태후의 예복을 입혀 장례를 치렀다.《宋名臣言行錄 前集 卷6 呂夷簡》

시봉하는 데에 효도와 순종을 극진히 했고, 선왕을 섬기는 데에 말씀을 어기는 일이 없었으며, 금상 전하를 기르면서 의복은 항상 빨아서 입혔고 가르치고 인도하기를 올바른 도리로 하였다. 그리하여 경신년(1800, 순조 즉위년)으로부터 지금까지 20여 년 동안 임금을 보호하는 데 늘 조심하여 미치지 못할 듯이 하였다. 낮에는 식사도 잊고 밤에는 잠자는 것도 잊어서 피로가 점차 쌓여갔음에도 스스로 돌아보지 않았다. 누군들 자식을 사랑하는 심정과 나라를 걱정하는 염려가 없을까마는, 한 가닥 혈성(血誠)과 고심(苦心)이 신명을 감동시키고 금석도 꿰뚫을 만했던 분은 천고의 역사를 헤아려도 거의 오직 빈뿐이라 하겠다. 아! 덕으로 말하면 육궁(六宮) 가운데 으뜸이고 공으로 말하면 만세를 이을 터전을 다졌으니, 붓을 든 자가 감히 사사로이 높인 것이 아니고 바로 온 나라 모든 백성이 함께 송축하는 바이니, 어찌 아름답지 않겠는가.

신이 지난날 붓을 잡는 직임을 맡아 삼가 빈이 입궁하던 성대한 의례를 직접 보았는데, 아직도 기억하기에 그날[140] 선왕의 즐거워하고 기뻐하던 기색과 어여삐 여겨 칭찬하던 말씀이 마치 어제인 듯이 또렷하다. 그런데 늙어 흰머리가 되도록 죽지 않아 우리 전하께서 슬퍼하고 통곡하시는 날을 다시 만나, 참람하고 비루함을 잊은 채 외람되게도 무덤의 글을 올리게 되었으니, 옛날을 회상하고 지금을 돌아보는 사이에 나도 모르게 눈물이 흘러 옷깃을 적신다.

**140** 그날 : 수빈 박씨는 1787년(정조11) 2월 18일에 궁에 들어왔는데, 당시 풍고는 승정원 기사관(記事官)으로 재직했다.

## 효명세자 연경묘 지문[141]

孝明世子延慶墓誌文

우리 연덕 현도 경인 순희(淵德顯道景仁純禧) 주상 전하가 즉위한 30년 경인년(1830) 5월 6일 임술일에 왕세자가 병으로 희정당(熙政堂)의 서협실(西夾室)에서 훙서하니, 춘추가 22세이다. 주상과 왕비가 애통하게 부르짖으며 혼절할 지경이어도 하늘에 호소할 길이 없었고, 공경대부와 사대부들이 통곡하며 가슴을 부여잡지 않는 이가 없어 울먹이며 서로 애도하기를 "하늘이 우리나라를 망하게 하려는가? 세자가 훙서하셨으니, 국가는 어찌해야 한단 말인가?"라고 하였다. 궐

**141** 효명세자(孝明世子) 연경묘(延慶墓) 지문 : 1830년(순조30) 7월 15일에 영돈녕부사로서 지어 올린 효명세자(1809. 8. 9~1830. 5. 6)에 대한 지문이다. 연경묘는 효명세자가 묻힌 무덤 이름으로 이 지문을 지을 당시에는 서울 성북구 석관동에 있었다. 《純祖實錄 30年 7月 15日》 효명세자의 이름은 영(旲), 자는 덕인(德寅), 호는 경헌(敬軒)이다. 순조의 원자로 어머니는 김조순의 딸 순원왕후(純元王后) 김씨(金氏)이다. 1812년(순조12) 왕세자로 책봉되고, 1819년(순조19) 부사직(副司直) 조만영(趙萬永)의 딸 풍양조씨(豐壤趙氏)를 빈으로 맞았다. 순조의 명으로 1827년(순조27) 2월 18일부터 대리청정을 시작하여 4년 만인 1830년(순조30) 5월 6일 창덕궁 희정당(熙政堂)에서 훙서하였다. 같은 해 8월 4일 서울 성북구 석관동에 있는 경종을 모신 의릉(懿陵) 좌측에 장례 지내고 연경묘(延慶墓)라 이름하였다가, 헌종이 즉위한 뒤 1835년(헌종즉위년) 5월 19일에 익종(翼宗)으로 추존하고 능호를 수릉(綏陵)으로 올렸다. 그 뒤 풍수에 좋지 않다는 논의가 있어 1846년(헌종12)에 경기도 양주군 용마산(龍馬山) 기슭으로 천장하였고, 그 후 1855년(철종6)에 현재 위치인 경기도 구리시 인창동 태조의 건원릉(健元陵) 옆으로 다시 천장하여 동구릉의 마지막 능이 되었다. 1899년(광무3)에 문조익황제(文祖翼皇帝)로 추존되었다. 부인 신정왕후는 1890년(고종27) 4월 17일 경복궁 흥복전(興福殿)에서 훙서하여 같은 해 8월 30일 익종과 합장되었다.

내를 호위하는 장교, 여러 관청의 서리, 온 도성의 군민(軍民)·하인·부녀자와 아이들까지도 모두 머리를 들고 애처롭게 울부짖기를 "우리 전하와 중궁의 지극한 인자함과 성대한 덕성으로도 이런 일을 당하는가? 하늘이 어찌 차마 이렇게 하는가?"라고 하면서 며칠 사이에 슬퍼하며 원통해하는 소리가 팔도에 두루 퍼졌다.

예관(禮官)이 영조가 찬정한 《상례보편(喪禮補編)》[142]에 의거하여 주상은 참최(斬衰) 3년, 왕비는 자최(齊衰) 3년의 상복을 입기를 청하였다. 그러나 이 제도는 삼대(三代) 이래로 역대 왕조 및 조선에서 일찍이 시행된 바가 없었기 때문에, 주상이 그것을 의심하여 선왕 병오년(1786, 정조10)에 행했던 문효세자(文孝世子)의 복제를 인용하여 조선의 오랜 제도에 의거하여 결정하도록 명하였다. 이에 예관이 다시 인조 때에 이목(李楘)·김홍욱(金弘郁)·이경여(李敬輿)가 한 말을 끌어와[143] 대신(大臣)과 유현(儒賢)에게 하문하기를 청하여, 드디어

**142** 상례보편(喪禮補編):《국조상례보편(國朝喪禮補編)》을 가리킨다. 영조 대에 잦은 국상(國喪)을 치르는 도중에 혼란을 겪자, 국가의 대소상에 준거를 마련하고자 영조의 명으로 편찬한 책이다. 성종 때에 완성된《국조오례의》중에서 상례(喪禮) 부분을 수정 증보한 것으로 1752년(영조28)에 4책이 완성되었고, 그 후 홍계희(洪啓禧) 등이 증보하여 1758년(영조34)에 6권 6책의 활자본으로 간행하였다.

**143** 인조……끌어와: 예조 판서 홍기섭(洪起燮)이 상언한 내용에 나온다. 1645년(인조23) 소현세자(昭顯世子)의 상에 대전(大殿)은 자최기년, 중궁전도 자최기년으로 정했는데, 그때 유신 이목(李楘)·김홍욱(金弘郁) 등이 연명으로 상소하여 "왕세자의 상에는 전하가 당연히 참최 삼년복을 입어야 하는데 기년복으로 낮추었으니 지극히 억울한 일이다."라고 하였고, 상신(相臣) 이경여(李敬輿)는 "임금이 장자(長子)를 위하여 참최를 입는 것은 예경(禮經)의 정문(正文)입니다. 이제 삼대의 올바른 예를 회복하여 천고의 잘못된 풍습을 씻으려 한다면, 그것은 성명께서 결단하여 행하는데 달려있을 뿐입니다."라는 의견을 제시하여 다시 수의(收議)하기를 청했다고 한다.《國朝寶

참최와 자최로 정하여 올렸다. 염습(殮襲)을 행한 뒤에 창경궁 환경전(歡慶殿)으로 옮겨 빈(殯)을 하고, 4일 째에 성복(成服)하고, 3일이 지난 무진일(12일)에 시호를 효명(孝明), 묘호(墓號)를 연경(延慶), 묘호(廟號)를 문호(文祜)라 하였다. 가을 8월 4일 기축일에 동대문 밖 도장곡(道藏谷) 유좌(酉坐)의 언덕에 장사를 지냈다. 주상께서 신에게 묘지문(墓誌文)을 지으라 명을 내렸는데, 신이 여러 날 동안 두려워하며 지내다 감히 사양하지 못하고 이에 눈물을 흘리며 아래와 같이 차례로 엮는다.

삼가 고찰하건대, 세자의 성(姓)은 이씨(李氏)이고, 휘는 영(旲), 자(字)는 덕인(德寅)이다. 우리 연덕 현도 경인 순희 전하의 첫째 아들이고, 우리 정종 문성 무열 성인 장효왕(正宗文成武烈聖仁莊孝王)의 손자이며, 어머니는 명경(明敬) 중궁 전하이니, 영돈녕부사 김조순(金祖淳)의 딸이다.

기사년(1809, 순조9) 8월 9일 정유일에 세자가 창덕궁의 대조전(大造殿)에서 태어났다. 이에 앞서 모비(母妃)의 꿈에 용이 나타난 상서가 있었는데, 출산할 즈음에 이르러선 찬란한 무지개가 후원 가운데서 일어나 묘정(廟井)으로 뻗치더니, 소나기가 내리고 우레 치는 소리가 들렸다. 세자가 태어나자 하늘이 즉시 개었고 대조전의 지붕에 오색의 구름기운이 감돌다가 권조일(捲草日)[144]에 이르러서야 흩어졌다. 세자는 서각(犀角 이마가 융기)에 용정(龍睛 용의 눈동자)으로 풍모가 빼어나고 아름다우니, 궁중의 위아래 사람들이 한목소리로 "장효왕(莊孝王

鑑 卷80 純祖朝 5 庚寅 30年》《純祖實錄 30年 5月 6日, 7日》

**144** 권초일(捲草日) : 왕비의 산실(産室)에 깔았던 자리를 걷어치우는 날을 말한다.

정조)을 빼닮았다."라고 하였다. 태어난 그날로 원자(元子)로 정호(定號)하였다.

임신년(1812, 순조12, 4세) 여름에 대신이 일찌감치 세자를 세우기를 청하자, 7월 병자일(6일)에 왕세자에 책봉되어 희정당(熙政堂)에서 옥책(玉冊)을 받는 예를 의식대로 거행하니, 나이가 4세 되던 때였다.

정축년(1817, 순조17, 9세) 봄에 주상이 세자를 거느리고 태묘(太廟)를 배알하였다. 3월에 태학의 생도들 틈에 끼어 알성례(謁聖禮 공자를 배알함)를 행한 뒤에 박사(博士) 앞에 나아가 배우기를 청하면서 "어떻게 닦아야 성인이 될 수 있습니까?"라고 하였다. 영특한 음성이 맑고 명랑하고 거동과 풍모가 의젓하였으므로 성균관에 빙 둘러 선 수많은 유생이 서로 돌아다보며 말하기를 "지난날 들었던 우리 선왕께서 입학할 때의 훌륭했던 일을 지금 다행스럽게도 다시 보게 되었다."라고 하였다.

기묘년(1819, 순조19, 11세) 봄 3월 임자일(20일)에 경희궁의 경현당(景賢堂)에서 관례(冠禮)를 행하였다. 겨울 10월 임인일(13일)에 가례(嘉禮)를 행하니, 풍양 조씨(豊壤趙氏) 판서 조만영(趙萬永)의 딸로 지금의 빈궁저하이다.

정해년(1827, 순조27, 19세) 7월 18일 신유일에 원손(元孫)이 탄생하여 금년(1830) 9월에 장차 왕세손으로 책봉하려고 하였는데, 그날이 되기 전에 세자가 신선의 수레를 타고 떠나니, 아! 슬프도다.

신사년(1821, 순조21, 13세) 3월에 효의왕후(孝懿王后 정조의 비)가 홍서하여 주상과 중전이 슬픔에 잠겨 있으니, 세자가 좌우에서 위로를 드리며 미음을 드시도록 힘써 권하였고, 임오년(1822, 순조22) 수빈(綏嬪)이 홍서하였을 때[145]에도 그렇게 하였다.

계미년(1823, 순조23, 15세)에 주상이 명을 내려 대소의 전좌(殿座 임금의 자리) 및 가까운 측근의 신하를 접견할 때 세자에게 모시고 앉도록 하였다. 이해 겨울에 주상이 세자에게 태묘의 동향대제(冬享大祭)를 섭행하도록 명하였는데, 이로부터 종묘대제와 사직대제와 각 궁(宮)의 향사(享祀)를 한결같이 모두 섭행하였다.

정해년(1827, 순조27, 19세) 정월 초하루에 세자가 손수 써서 춘방(春坊 세자시강원)과 계방(桂坊 세자익위사)에 영(令)을 내려 "내 나이가 이제 열아홉 살이다. 그저 편하고 한가하게 지내는 것이 즐거운 것만 알고 학문에 전념하는 것이 지극히 중대한 일인 줄을 모른 채, 그럭저럭 지내는 사이에 벌써 많은 세월이 지나갔다. 스스로를 되돌아보매 나도 모르게 두려움에 몸이 떨리고 부끄러움에 얼굴이 달아오른다. 이제 정월이 되고 정초가 되는 때를 맞아, 태만히 지내던 지난 습관을 단번에 바꾸어 장차 새로운 공부로 맹렬히 반성하기를 힘쓰려고 하니, 오직 나의 춘방과 계방의 궁료들은 각자 신칙하고 면려하는 경계를 지니고서 권면을 진달하는 의리에 힘을 기울이라."라고 하였다.

2월 을묘일(9일)에 주상이 왕세자에게 대리청정하도록 명하였다. 이날 임금이 빈대(賓對)를 행하고 이어 비망기(備忘記)를 내려 "내가 신미년(1811, 순조11) 이후부터 자주 병으로 조용히 조섭할 일이 많았는데, 간혹 약간 편안해진 때가 있더라도 매로 기무(機務)가 지체되게 만든 경우가 많았으니, 나라 사람들이 근심하는 바이고 바로 내가 스스로 근심하던 바였다. 세자가 총명하고 영특하며 나이가 점점 장성해졌

**145** 수빈(綏嬪)이 홍서하였을 때 : 순조의 생모인 수빈(綏嬪) 박씨(朴氏, 1770~1822)가 12월 26일에 창덕궁 보경당(寶慶堂)에서 홍서한 것을 가리킨다.

으므로, 근래에 내 옆에 앉도록 하고 향사를 섭행하게 한 것은 뜻한 바가 있어서이다. 멀리 당(唐)나라의 사례를 상고하고 가까이는 열성조에서 대리청정한 사적을 본받아 내 마음에 이미 결정이 되었다. 한편으로는 수고를 분담시켜 병을 조섭하는 데 편의를 도모하고, 한편으로는 정무를 밝게 익혀 다스림의 도리를 통달하게 하는 것이니, 이렇게 하는 것이 종묘사직과 생민들의 복이다. 조정에 있는 모든 이에게 이에 대계(大計)를 고하노라."라고 하였다. 이에 시임과 원임대신이 궐에 들어가 주상을 알현하고 말하기를 "전하께서는 이제 근심이 없는 문왕(文王)이 되셨습니다."[146]라고 하고서, 마침내 모든 정무와 모든 일을 을미년(1775, 영조51)의 고사[147]를 준거로 삼기를 청하였다. 세자가 세 차례 상소하여 사양하자 주상이 답하기를 "나의 수고를 네가 대신하는 것은 바로 천도(天道)의 떳떳함이다. 내가 어찌 떳떳하지 않은 일을 행하려고 하겠는가. 공경할지어다. 사물(四勿)은 몸을 수양하는 근본이고, 구경(九經)은 나라를 다스리는 요체이니, 부지런히 하고 검소하게 하여 무익한 일을 벌이지 말고 멀리 내다보면서 덕스러운 말을 받아들여 사람들의 마음을 미덥게 하라."라고 하였다. 그 뒤 열흘만인 갑자일(18일)에 세자가 대리청정하는 하례를 중희당(重熙堂)에서 받았다.[148]

**146** 전하께서는……되셨습니다 : 《중용장구》 제18장에 공자가 "근심이 없으신 분은 오직 문왕이실 것이다. 왕계를 아버지로 삼고 무왕을 아들로 두셨으니, 아버지가 나라를 일으키자 아들이 이를 계승하였다.〔無憂者, 其惟文王乎. 以王季爲父, 以武王爲子, 父作之, 子述之.〕"라고 한 말이 참고가 된다.

**147** 을미년의 고사 : 영조의 명으로 을미년(1775, 영조51) 12월 10일부터 왕세손이 경희궁의 경현당(景賢堂)에서 백관들의 하례를 받고서 대리청정을 시작한 것을 가리킨다.

이미 대리청정의 명을 받고는 온 정신을 다스리는 데 기울여 잠자고 식사할 겨를조차 없으니, 조정과 재야에서 목을 빼고 눈을 닦으면서 기대하였다. 밤에 순찰하는 법금을 다시 정비하고, 관리가 공무를 보는 규정을 신칙하였으며, 감독과 관리의 법을 엄히 하고, 과거시험장의 폐단을 금지하니, 도성 백성의 휴척(休戚)에 관계되기 때문이었다. 전조(銓曹 이조와 형조)에서 형조 판서와 경조 당상관을 뽑는 데 신중하도록 경계를 내렸고,[149] 감사・병마절도사・수령이 되어 사폐(辭陛)하는 자는 모두 힘쓰도록 유시하여 보냈으며, 복명(復命)하는 자에 대해서는 모두 불러서 고을의 폐단이 있고 없음을 물어보았다. 문신과 무신, 한학 유생(漢學儒生), 강경과 제술을 맡은 윤대관(輪對官)을 소견할 때는 날짜를 정해 차례로 하였다. 궁궐의 호위를 맡은 장교들의 시험과 무예연습에도 역시 모두 몸소 임어하여 살펴보았고, 중앙과 지방의 옥안(獄案) 및 사민(士民)의 상언(上言)은 아무리 많아도 반드시 먼저 친히 열람하고서 해당 관사에 배부하고, 간혹 곧바로 판결하여 내리는 것을 상례(常例)로 삼았다.

9월 신해일(9일)에 주상전하에게 존호를 올리기를 연덕 현도 경인 순희(淵德顯道景仁純禧)라고 하였고, 중궁전하는 명경(明敬)이라고

**148** 갑자일에……받았다 : 왕세자에게 대리청정하라는 명은 1827년(순조27) 2월 9일에 있었고, 2월 18일에 창덕궁 인정전에서 백관의 하례를 받고 왕세자가 대리청정을 시작하였다. 《純祖實錄 27年 2月 9日, 18日》

**149** 전조(銓曹)에서……내렸고 : 1827년(순조27) 2월 20일에 왕세자가 영을 내려 도성 백성들의 기쁘고 슬픈 것은 모두 사송(詞訟)에 달렸으니, 형조 판서와 경조 당상(京兆堂上)은 궐원이 생겼을 때 그 대신할 자를 각별히 골라 차임하라고 신칙한 것을 가리킨다.

하여 친히 책보(冊寶)를 올렸다.

무자년(1828, 순조28, 20세)에 모비이신 중궁전하의 춘추가 마흔이 되었다 하여 2월 임오일(12일)에 창경궁 자경전(慈慶殿)[150]에서 진작례(進爵禮)를 행하였는데, 주상과 중전이 함께 임어하여 받으니 자애와 효도가 융성하였고, 상서롭고 화목한 기운이 궁궐에 넘쳤다. 이 진작례에 호조를 번거롭게 하지 않고자 하여 궁중에서 마련하여 거행하였다.

이듬해 기축년(1829, 순조29, 21세)에 성상의 보령 또한 마흔에 올랐으므로 2월 계유일(9일)[151]에 백관을 거느리고 창경궁 명정전(明政殿)에서 진찬(進饌)을 하여 구작례(九爵禮)[152]를 거행하였다. 3일 뒤(12일)에 또 자경전(慈慶殿)에서 소작(小酌)[153]을 올리고 이어 내연(內宴)[154]을 행하였다. 이때 대사헌 박기수(朴綺壽)가 글을 올려 여령(女伶)이 대궐에 출입하는 것을 거론하며 경계의 말을 진달하였는데, 마침내 이 때문에 귀양을 갔다가 얼마 되지 않아 방면되어 돌아왔다.[155]

**150** 자경전(慈慶殿) : 창경궁에 있던 전각으로 정조가 모친 혜경궁 홍씨를 위해 1776년(정조 즉위년) 5월 통명전 북쪽 언덕에 지은 침전이나 현재는 남아 있지 않다.

**151** 계유일(9일) : 저본에 계축(癸丑)으로 되어 있으나, 2월에 계축일이 없어 《순조실록》 29년 2월 9일 기사에 의거하여 수정하였다.

**152** 구작례(九爵禮) : 정월 초하루, 동지, 탄신일 또는 기념할 사안이 있을 때 하례를 올리며 임금, 세자, 중궁 등에게 술잔을 9번 올리는 예를 말한다.

**153** 소작(小酌) : 간소하게 차린 술잔치로 소연(小宴)이라고도 한다.

**154** 내연(內宴) : 대비, 중궁, 공주 등의 내빈 및 내명부와 외명부의 부인들을 위한 잔치로 내진연(內進宴), 내진찬(內進饌)으로도 부른다.

**155** 이때……돌아왔다 : 1829년(순조29) 1월 10일에 대사헌 박기수(朴綺壽)가 상서하여 진찬(進饌)하는 습의(習儀)를 대내(大內)에서 하는 것과 여령(女伶)이 궁궐을

이듬해 봄에 박기수를 발탁하여 형조 판서로 삼고 영지(令旨)를 내려 그의 충직함을 표창하자[156] 온 나라 사람들이 크게 기뻐하였다. 가을에 팔도의 관찰사에게 영지(令旨)를 내려 현명하고 재능이 있으면서 숨었거나 누락된 이를 찾아내게 하였다. 겨울에 신의학(愼宜學)을 주벌하니, 이는 신의학이 글을 올려 안으로는 사대부를 모함하고자 하면서 겉으로는 선왕의 오회연교(五晦筵教)를 빙자하여 사람들의 마음을 현혹했기 때문이었다.[157]

경인년(1830, 순조30, 22세) 봄에 세자가 주상의 어용(御容) 대소 2본(本)을 다시 모사할 것을 청하였다. 어용이 이미 완성되자 세자가 손수 표제(標題)를 써서 창덕궁의 서향각(書香閣)에 봉안하고 있던

출입하는 것이 부당함을 논하고 모두 해당 관서에 맡기기를 청하였다. 13일에 박기수가 다시 글을 올려 자신이 《등록(謄錄)》을 살피지 않아 전에 올린 상서가 잘못임을 자인하자, 효명세자는 자신의 순수한 효심을 성급히 왜곡한 행위를 지적하고 박기수를 전라도 남평현(南平縣)으로 귀양 보냈다가 2월 24일에 석방하였다.《純祖實錄 29年 1月 10日, 13日, 2月 24日》

**156** 이듬해……표창하자 : 박기수는 1830년(순조30) 2월 23일에 사간원 대사간에 서용되었고, 4월 1일에 형조 판서에 임명되었다. 그런데 박기수가 여러 차례 사양하자 4월 12일에 왕세자가 특별이 영지를 내려 지난날의 처사를 자책하며 속히 출사하도록 타일렀다.《純祖實錄 30年 2月 23日, 4月 1日, 12日》

**157** 겨울에……때문이었다 : 1829년(순조29) 11월 17일에 부호군 신의학이 왕세자에게 상서하여 정조가 승하하기 바로 직전인 1800년 5월 그믐날 경연하는 자리에서 내린 밀명(密命)의 하교 즉 오회연교(五晦筵教)를 다시 유념해야 한다는 취지로 말을 올렸다. 오회연교에는 당시 조정 신하들에 대해 정조의 평가가 들어 있었다고 하는데, 신의학은 이를 통해 노론 시파를 물리치고 벽파 세력을 다시 키우고자 도모한 것이다. 그러나 결국 시파에게 몰려 여러 차례 왕세자의 친국을 거쳐 11월 28일에 대역부도의 죄로 처형당함으로써 일단락되었다.

구본(舊本)과 함께 규장각(圭章閣)의 주합루(宙合樓)로 옮겨서 봉안하였다. 상서(象胥 역관)가 연경에서 돌아오면서 《황조실록(皇朝實錄)》 4백여 권을 구입하여 진상하니, 세자가 영지를 내려 각신으로 하여금 그 편차(編次)를 확인하여 책갑에 넣어 대보단(大報壇)의 봉실(奉室)에 봉안하게 하였다.[158] 4월 10일 이후로 세자에게 약간의 병이 있었는데, 얼마 지나지 않아 갑자기 각혈을 하였다. 십여 일 사이에 증세가 여러 차례 바뀌어 처방과 약물이 그 효과를 내지 못하고 기도가 그 신령함을 얻지 못해, 5백 년 이어온 반석 같은 종묘사직이 하루아침에 한 가닥의 터럭 끝에 위태롭게 매달리게 되었고 군신 상하에게는 남은 슬픔이 있게 되었다. 아! 원통하도다.

세자는 총명함이 남보다 뛰어났다. 네 살 때에 관서(關西)의 역적을 평정하였다는 첩보가 이르자,[159] 세자가 한창 젖을 먹고 있다가 젖을 놓고서 웃으며 말하기를 "통쾌하고 좋도다!"라고 하였다. 유모가 무슨 까닭인지 물으니, 답하기를 "도적이 벌써 잡혔다니, 어찌 통쾌하고 좋지 않은가."라고 하였으니, 그 영특함이 대체로 이러하였다. 점점 장성함에 이르러 사람들이 간혹 조선조 역대 임금들의 성덕(盛德)을 가지고 질문하기를 "아무 일과 아무 일 같은 것을 저하께서도 하실 수 있겠습니까?"라고 하면, 곧 "할 수 있다."라고 말하였다.

효성과 우애는 천성에 바탕을 두어 주상께서 비할 데 없는 사랑을

**158** 황조실록(皇祖實錄)……하였다 : 《황명실록(皇明實錄)》 461책을 1830년(순조30) 4월 17일에 대보단(大報壇)의 경봉각(敬奉閣)에 봉안하라고 효명세자가 영(令)을 내린 것을 말한다. 《承政院日記》《尊華錄 卷3 庚寅故事》

**159** 관서(關西)의……이르자 : 평안도에서 홍경래(洪景來)가 1811년(순조11) 12월부터 이듬해 4월까지 난을 일으키다 토벌된 것을 가리킨다.

쏟아주었을지라도 늘 공경하고 두려워하는 마음을 지녀 감히 총애를 믿고 함부로 하는 바가 있지 않았고, 비록 소꿉장난이나 좋아하는 일일지라도 모비가 금지하면 그만두었다.

청양부부인(青陽府夫人)이 세상을 떠나자[160] 모비가 별전(別殿)에 거처하면서 너무 슬퍼한 나머지 이따금 혼절하는 데 이르자, 세자가 눈물을 흘리며 맨발로 약시중을 들면서 근심스러운 표정으로 간호를 하였고, 별전 문밖에다 장막을 설치하고서 다시 침실로 돌아가지 않았다. 복을 벗게 되자 모비가 세자에게 이르기를 "내가 너와 같이 한 달 남짓 이곳을 지켰는데, 이제 본래의 처소로 돌아가야 하니 섭섭한 마음 금할 길 없다."라고 하자, 세자가 대답하기를 "이 또한 무엇이 어렵겠습니까? 소자가 어머님 마음을 위로해드리겠습니다."라고 하였다. 이때부터 아침이면 문안 드리고 저물녘까지 있다가 물러나왔고, 어두워지면 이부자리를 살펴드리고 자정이 되어서야 물러나기를 수개월 동안 하였다.

대군(大君)[161]이 태어나자 세자가 매우 기뻐하며 날마다 어루만져 보살피면서 말하기를 "내 아우가 언제 나만큼 자랄까?"라고 하였는데, 대군이 요절하자 슬퍼하고 애석해하기를 그만두지 못하였다. 여러 누이를 대하기를 귀천에 따라 달리하지 않았는데, 명온공주(明溫公主, 1810~1832)와는 나이가 서로 비슷하였기 때문에 정의(情誼)가 더욱

**160** 청양부부인(青陽府夫人)이 세상을 떠나자 : 1828년(순조28) 8월 11일에 세상을 떠난 김조순의 부인 청송 심씨(青松沈氏, 1766~1828)로 세자의 모후인 순원왕후(純元王后) 김씨(金氏)의 모친이다.

**161** 대군(大君) : 순원왕후 김씨가 1820년(순조20) 2월 23일에 낳은 왕자로 5월 26일에 요절하였다.

돈독하였다. 그리고 영온옹주(永溫翁主, 1817～1829)는 박 숙의(朴淑儀)의 소생인데, 나면서부터 병이 많아 말을 잘 못하였으므로 늘 가엾이 여겨 어루만져 주었고, 그녀가 세상을 떠나자 세자가 놀라고 슬퍼하여 눈물을 흘리며 말하기를 "그 자모(慈母)의 정경은 더욱 슬프게 여길 만하다."라고 하였다.

세자는 너그러우면서 남을 사랑하여, 여러 신하와 만날 때에 기색이 인자하고 말이 온화하였고, 경대부 및 궁료 중에 친근한 자에 대해서는 자(字)를 부르고 이름을 부르지 않는 경우가 많았으며, 백성을 보기를 다칠 새라 조심하였고, 오두막집에 곤궁하게 사는 형편을 들으면 번번이 서글피 여기며 차마 듣지 못하는 낯빛을 지었다.

영남과 호서에 기근이 들자 내탕고(內帑庫)의 곡식을 내어 그 진휼하는 밑천을 넉넉하게 하였고, 북도에 또 큰물이 지자 관동과 영남의 곡식을 배로 운반하여 진휼하도록 영을 내리니, 남방과 북방에 버려지거나 야윈 자가 없게 되었다. 밥을 먹으면서 밥알을 떨어뜨릴 때마다 반드시 스스로 주워서 삼켰는데, 간혹 옆에 모시는 자에게 먹도록 하면서 말하기를 "하늘이 내려준 것이니, 소홀히 할 수 없다."라고 하였다.

일찍이 화공(畫工)을 시켜 밭 갈고 베 짜는 광경을 병풍에다 그리게 하여 농사일이 어렵다는 뜻을 담았다. 사전(祀典)에 대해서 더욱 뜻을 기울여 황단(皇壇)과 태묘(太廟)에서부터 사직(社稷)과 전궁(殿宮)의 향사(享祀)에 이르기까지, 정갈히 재계하고 일을 처리하는 데에 반드시 공경의 마음을 다하였다. 주선하며 오르내리고 절하며 꿇어앉고 창하는 의절, 준이(尊彝)와 형두(鉶豆)를 씻어 진설하는 일, 금석(金石)과 사혁(絲革)의 악기로 곡조를 합주하거나 그치는 예, 일우(佾羽일무(佾舞))의 모습과 현가(絃歌)의 읊조림에 이르기까지 익숙히 익히지 않음이 없었고 자세히 살피지 않음이 없었으며, 강신(降神)을 하고 음식을 올린 뒤에는 오히려 공경히 자리를 지키고서 철상(徹床)을 기다렸다.

지난해부터 상복(上服 예복)이 아니면 무늬 있는 비단을 가까이 하지 않았고, 의대(衣襨)는 모두 주면(紬綿)을 사용하였다. 얼마 뒤에 세손(世孫)[162]이 무늬비단으로 만든 때때옷을 입었는데, 세자가 그것을 보고 말하기를 "어린애에게 어찌 비단옷을 입혔는가? 더구나 나도 입지 않음에랴."라고 하고서 빨리 바꿔 입히도록 명하였다.

아! 신이 매우 가까운 인척으로 늙어 머리가 세도록 먼저 선왕을 따라 죽지 못하고서 슬픔과 원통함을 머금은 채 미천한 필묵으로 해와 달 같은 남은 광채를 묘사하고자 하니, 창자가 목석이 아닌 바에야 어찌 차마 할 수 있겠는가? 지금 모아서 기록하는 것은 모두 나라 사람들이 귀로 듣고 눈으로 본 것이다.

그런데 복제가 정해진 날에 우리 곤전(坤殿)이 목이 메어 신에게 말하기를 "세자의 어질고 효성스러우며 선을 좋아하는 성품과 청명하고 특출한 자질이 요절할 관상이 아닌데, 하늘이 어찌 차마 이렇게 하는가? 세자가 얼마 전에 조용히 나에게 말하기를 '지난 일에 뉘우칠 것이 많습니다. 평소에 남을 신임하기를 나 자신처럼 여겼는데, 요즈음에는 그렇지 않음을 깨닫게 되었습니다. 세상 사람들은 모두 각자 그 사사로움을 위한 것이지 진정 나를 위한 것이 아니었습니다. 소자가 이제부터는 옛날의 습관을 끊어버리고 마음을 바르게 하여 글을 읽겠

**162** 세손(世孫) : 순조의 손자이며 효명세자의 아들로 이름은 환(奐, 1827~1849), 자는 문응(文應), 호는 원헌(元軒)이다. 나중에 즉위하여 헌종(憲宗)이 되었다.

습니다.'라고 하였습니다. 또 시종하는 환관을 보고서는 새로 지은 집을 가리키며 탄식하기를 '이것을 지어서 무엇을 하려 했던가? 가령 내 마음이 오늘과 같았다면 지난날 반드시 짓지 않았을 것이다.'라고 하였습니다. 바로 여기에서 세자의 현명함을 알 수 있는데, 하늘이여 원통합니다. 혹시 타고난 수명이 여기서 그친 것입니까? 아니면 나라 일을 걱정하느라 그의 수명이 짧아진 것입니까? 하늘이여 어찌 차마 이렇게 합니까?"라고 하였다. 신이 곤전의 말을 다 듣기도 전에 또한 소리도 내지 못하고 마음을 억누르면서 번민과 원통함을 견디지 못하여 물러나왔다.

얼마 뒤에 또 삼가 생각하니, 성대하도다! 우리 세자의 어질고 효성스럽고 청명한 자질로 춘궁(春宮)에서 덕을 기른 지가 거의 20년에 이르러 좋은 소문이 날마다 전파되고 찬양하는 노래가 날마다 모여들었다. 세자로서 대리청정함에 사람들의 마음에 잘 맞아 온 나라 안이 그 감화를 입어 의당 더 힘쓰기를 기다릴 필요가 없을 듯하였는데, 그 자만(自滿)하지 않는 뜻이 절로 《서경》에서 이른바 "자신을 단속하기를 미치지 못할 듯이 하였다.〔檢身若不及.〕"[163]라는 말과 공부자(孔夫子)가 이른바 "하루라도 자신을 이기고 예로 돌아간다.〔一日克己復禮.〕"[164]라는 것과 심법(心法)이 서로 부합되었으니, 진실로 하늘이 낸

**163** 자신을……하였다 : 《서경》 〈이훈(伊訓)〉에 나오는 말로 탕(湯) 임금을 이어 왕위에 오른 태갑(太甲)에게 재상 이윤(伊尹)이 훈계하기를 "아! 선왕께서는……사람들에게는 모든 것을 갖추기를 바라지 않았고, 자신을 단속함에는 미치지 못함이 있는 듯이 여기시어, 만방을 소유함에 이르렀으니, 이것이 어려운 것입니다.〔嗚呼! 先王……與人不求備, 檢身若不及, 以至于有萬邦, 茲惟艱哉.〕"라고 하였다.

**164** 하루라도……돌아간다 : 《논어》 〈안연(顏淵)〉에 나오는 말로 안연이 인(仁)에

재능이 아니면 어떻게 여기에 참여할 수 있었겠는가. 만약 하늘이 수명을 빌려주어 그 온전한 덕을 성취하도록 하였다면, 진실로 장차 요(堯) 임금이 되고 순(舜) 임금이 되어 융성했던 삼대(三代)에 견줄 수 있었을 것인데, 이제 할 수 없게 되었다. 하늘이여! 원통하도다. 하늘이여! 원통하도다.

비록 그렇지만 심법의 전수는 먼 것도 없고 간격도 없으므로 뒷날 우리 세손이 우뚝이 성인(成人)이 되어 이 심법의 오묘함을 전수받아, 계승하여 조술하고 넓히고 크게 하여 성인이었던 요 임금과 순 임금에 비견된다면, 국가의 억만년 이어질 으뜸가는 복이 실로 여기에서 기틀이 마련될 것이고, 우리 세자가 끝내 몸소 가르치지 못한 마음이 또한 장차 하늘과 땅속의 어둡고 막막한 가운데서도 유감이 없을 것이다. 아! 애석하도다. 아! 애통하도다.

대해 묻자, 공자가 말하기를 "극기복례가 인을 하는 것이니, 하루라도 자신을 이기고 예로 돌아가면 천하가 인을 허여하는 것이다. 인을 하는 것은 자기 몸에 달려 있으니, 남에게 달려 있는 것이겠는가?〔克己復禮爲仁, 一日克己復禮, 天下歸仁焉. 爲仁由己, 而由人乎哉.〕"라고 하였다.

## 좌의정 이성원의 사직을 윤허하지 않는다는 비답[165]

左議政李性源不允批答

일전에 수백 자의 비답을 내린 것은 경의 뜻을 돌이킬 만하다고 생각해서였는데, 아침에 열다섯 번째의 사직하는 글을 올리니, 내 정성이 미덥게 여겨지지 못함이 개탄스럽다. 모쪼록 내 마음을 개진한 말을 체득하여 물러나 몸을 지키겠다는 요청을 속히 단념하라.

국가의 큰 계책을 맡기고자 하여 참으로 재상의 필요성이 급박한데, 조정에서 돕고 보좌할 사람이 없으니, 어찌 노성인의 사직을 허락할 수 있겠는가. 어려움과 걱정이 눈에 가득하여 바야흐로 한밤중의 잠자리가 편치 못하고, 경세제민에 온 마음을 쏟아야 하니 하물며 재상의 자리를 오래 비워둘 수 있겠는가. 비록 정령(政令)이 모두 밝아진 때일지라도 큰 벼슬자리는 본디 가벼운 자리가 아니니, 정무를 살피며 홀로 수고하는 때에 중임(重任)을 갑자기 내려놓아서야 되겠는가. 어찌 차마 예기치 않은 질병을 이유로 이처럼 지나친 사양을 하는가.

조정의 기상과 나라의 계책에 근심스러운 것이 한 가지뿐만이 아닌

**165** 좌의정……비답 : 1789년(정조13) 6월 13일에 좌의정 이성원(李性源)의 사직을 불허한다는 정조의 비답을 풍고가 대신 지은 것이다. 이성원은 1788년(정조12) 2월 11일에 좌의정에 임명되었는데, 이듬해에 질병이 잦아지던 터에 동년 3월에 규장각 제학 김종수(金鍾秀)가 소를 올려 이성원이 경연에서 부당한 진언을 했다고 문제를 삼고, 5월에 사헌부 장령 정택부(鄭澤孚)가 상소를 올려 관원 임명이 불투명함을 문제 삼아 이성원의 처벌을 주장하자, 이에 이성원이 15차례 연달아 사직 상소를 올렸다. 이에 정조는 7월 27일에 좌의정 이성원의 사직을 허락하고, 후임으로 이재협(李在協)을 좌의정에 임명하였다. 《承政院日記 正祖 13年 3月 25日, 5月 22日, 6月 13日》

데다, 크게 기대하고 돌아보기를 융숭히 하여 하물며 떠나야 할 세 가지 이유[166]도 없음에랴. 나는 경을 놓지 않았는데, 경은 차마 나를 버리는가? 기쁨과 슬픔을 함께하니 어찌 경의 마음이 본래 남과 다르겠는가? 정무에 병폐가 많으니 나의 바람은 반드시 어진 재상을 기다리는 것이다. 이것은 실로 가슴속에서 나온 말이고, 겉으로만 꾸미는 예가 아니다.

아! 병이 들었다 말하지 말라. 옛사람들은 몸이 부서지도록 정성을 다 바쳤다. 나아가고 물러남으로 논한다면 대신은 제 몸만 깨끗이 하는 의리가 없다. 사직하는 글에 윤허하지 않음이 마땅하므로 이렇게 하교하니, 의당 잘 알아들었으리라 생각한다.

**166** 떠나야……이유 : 맹자(孟子)가 벼슬에 나아갈 경우와 벼슬에서 물러날 경우를 각각 세 가지 예를 들어 설명하였는데, 임금이 신하에 대해 공경을 다하지 않고 예의를 갖추지 않으며, 말한 대로 시행하지 않으면 떠나도 된다고 하였다. 《孟子 告子下》

# 왕세자 교명문[167]

王世子敎命文

왕은 이르노라.

적자(嫡子)를 세워 이름을 바르게 정하는 것은 바로 만세토록 이어온 불변의 법도이고, 일찌감치 유시하여 미리 세자를 세우는 것은 또한 삼대(三代)의 정치가 장구할 수 있었던 계책이었다. 이에 떳떳한 의식을 거행하여 밝은 가르침을 주노라.

아! 너 원자(元子)는 용모가 준수하고 타고난 자질이 영명하다. 큰 경사를 받아 태어났음을 참으로 알겠으니 아름다운 길조가 여러 차례 드러났고, 굳이 번거롭게 가르치지 않아도 지혜가 절로 열렸다. 거인(巨人)처럼 우뚝하여 엄연히 의표는 본받을 만하고 위엄은 두려워할 만하며, 천성(天性)에 뿌리를 두니 온화하게 공경하는 것은 어른이고 사랑하는 것은 어버이이다. 유선(諭善)과 휘하의 관원들[168]이 지난 조정에서 과인을 가르쳤던 예를 따르리니, 이제 옷을 차려입고 나아가고 절하는 모습에 오늘날 백성들이 칭송하는 노래가 세자에게 귀부함을

**167** 왕세자 교명문 : 1812년(순조12) 7월 6일에 순조의 아들 효명세자(孝明世子, 1809~1830)를 왕세자에 책봉하는 교명문이다. 교명문(敎命文)이란 왕비·빈 또는 세자를 책봉하며 일러주는 글을 말한다. 책봉례는 창덕궁 인정전에서 거행되었는데, 이때 죽책문(竹冊文)은 홍문관 제학 남공철(南公轍)이 지었고, 교명문은 영돈녕부사 김조순이 지었다. 《純祖實錄》

**168** 유선(諭善)과 휘하의 관원들 : 유선은 조선조 세손강서원(世孫講書院)의 관리로 정3품 당하관 내지 종2품의 관리이다. 좌유선과 우유선이 있다. 세손시강원에는 유선 아래에 익선(翊善), 권독(勸讀), 찬독(贊讀) 등의 관원이 있다.

기쁘게 여기노라. 몸은 비록 어린아이이지만 실로 종묘사직을 공고히 할 바탕이로다. 처한 지위가 이미 책봉한 것이나 다름이 없으므로 성대한 의식을 조금 늦추려 하였는데, 사람과 하늘이 올해가 두루 길하다 하여 유사(有司)가 간곡하게 요청하게 되었다. 나라의 체통을 잇는 의리를 깊이 생각하여, 이에 목을 빼고 고대하는 정성에 답하노라.

이에 너를 명하여 왕세자로 삼으니, 너는 적자지심(赤子之心)을 보존하여 《효경(孝經)》의 뜻에 통달하라. 옛날 생이지지(生而知之)의 자질을 지녔던 성인도 반드시 묻고 배우는 노력에 힘입었는데, 하물며 지금 어린이를 바름으로 기르는 단서는 의당 바른 방도의 가르침을 따라야 한다. 정성온청(定省溫凊)[169]해야 할 것이니 자식의 직분을 다른 데에서 구할 것 없고, 인외엄공(寅畏嚴恭)[170]해야 할 것이니 왕가의 법도는 이것으로 전해왔다. 진기한 물건을 좌우에 가까이하지 말아야 뜻과 기개가 더욱 새로워지고, 어진 선비를 한가할 때에 늘 접해야 간사한 자들이 저절로 멀어질 것이다. 구용(九容)과 사물(四勿)[171]의 경계로 시작하여 습관이 천성과 함께 이루어지도록 하고, 이제(二帝)

**169** 정성온청(定省溫凊) : 부모를 모시는 사람이 아침과 저녁에 문안을 드리고, 겨울에는 따뜻하게, 여름에는 서늘하게 살펴드리는 일을 말한다.

**170** 인외엄공(寅畏嚴恭) : 공경하고 두려워하며, 엄숙하고 공손한 것을 말한다.

**171** 구용(九容)과 사물(四勿) : 구용은 몸을 닦아 세상을 살아가는 데 지녀야 할 아홉 가지 태도, 즉 '발걸음은 무겁게, 손은 공손하게, 눈은 단정하게, 입은 조용하게, 소리는 고요하게, 머리는 곧게, 기색은 엄숙하게, 설 때는 덕스럽게, 안색은 장엄하게.〔足容重, 手容恭, 目容端, 口容止, 聲容靜, 頭容直, 氣容肅, 立容德, 色容莊.〕'하는 것이다.《禮記 玉藻》 사물은 《논어》 〈안연(顔淵)〉에 나오는 '예에 어긋나면 보지 말고, 예에 어긋나면 듣지 말고, 예에 어긋나면 말하지 말고, 예에 어긋하면 행동하지 말라.〔非禮勿視, 非禮勿聽, 非禮勿言, 非禮勿動.〕'는 네 가지 경계를 말한다.

와 삼왕(三王)[172]의 다스림으로 마무리를 하여 몸소 실천하여 마음으로 터득하라.

아! 아침 일찍 일어나고 밤늦게 잠자리에 들며 혹시라도 이 가르침을 저버리지 않는다면, 날마다 성취하고 달마다 진보하여 길이 밝은 덕행의 경지에 오르게 될 것이다. 그리하여 이렇게 하교하니, 의당 잘 알아들었으리라 생각한다.

**172** 이제(二帝)와 삼왕(三王) : 이제는 요(堯) 임금과 순(舜) 임금을 말하고, 삼왕은 우왕(禹王), 탕왕(湯王), 문·무(文武)를 말한다.

# 세자빈 책봉 교명문[173]

## 世子嬪冊封敎命文

정체(正體 적장자)를 계승하는 것은 이것으로 큰 근본을 삼으니, 나라에서 세자보다 존귀한 것이 없고, 세자의 배필은 반드시 나라의 숙녀를 기다리니, 예는 육빙(六聘)[174]보다 신중한 것이 없다. 하늘이 지어준 배필이요 땅의 도가 끝마무리를 함이니,[175] 생각하면 세자의 어짊이야말로 진실로 천하 백성들이 소망하는 것이다.

학궁에서 연치를 따지매 모두 감복하니, 만방을 바르게 할 덕이라고 명성이 밝게 드러났고,[176] 제가는 수신의 다음이므로 그 범절을 관찰하

**173** 세자빈 책봉 교명문 : 1819년(순조19) 10월 11일에 부사직 조만영(趙萬永)의 딸 풍양 조씨(豐壤趙氏, 1808~1890)를 효명세자의 빈으로 책봉한 교명문이다. 이분이 훗날 신정왕후(神貞王后), 즉 조대비(趙大妃)이다. 책봉례는 경희궁 숭정전(崇政殿)에서 거행되었는데, 죽책문은 우의정 남공철(南公轍)이 지었고, 교명문은 영돈녕부사 김조순이 지었다. 《純祖實錄 19年 10月 11日》

**174** 육빙(六聘) : 혼인을 하면서 납채(納采), 문명(問名), 납길(納吉), 납징(納徵), 청기(請期), 친영(親迎)의 여섯 가지 절차를 밟는 것을 말한다.

**175** 땅의……함이니 : 《주역》 〈곤괘(坤卦) 문언(文言)〉에 "음(陰)이 비록 아름다운 덕을 지니고 있을지라도 …… 땅의 도는 이룸이 없으되 하늘을 대신하여 끝마무리를 한다.〔陰雖有美……地道无成, 而代有終也.〕"라는 말이 나온다.

**176** 학궁에서……드러나고 : 효명세자가 1817년(순조17) 3월 11일에 문묘(文廟)에 나아가 작헌례(酌獻禮)를 행한 뒤에 입학례를 거행한 것을 가리킨다. 만방이 바르게 된다는 것은 《서경》 〈상서(商書) 태갑 하(太甲下)〉에 "한 사람이 크게 선하면 만방이 올바르게 될 것이다.〔一人元良, 萬邦以貞.〕"라고 하여 세자의 중요성을 말한 구절에서 유래하였다.

니 1백 채의 수레로 맞이할 좋은 배필에 어울리도다. 두터운 곤덕(坤德)의 형상이 있지 않으면, 어찌 세자의 밝음에 짝이 되겠는가?

아! 너는[177] 대대로 벼슬한 귀한 집안에 태어나 아름다운 패옥에 걸맞은 좋은 자질을 지녔다. 경사와 상서로움이 대대로 축적되어 그 몸에 모였고, 정숙하고 유순함이 천성에서 타고나 겉모습으로 드러났다. 요조숙녀를 점치자 점괘가 부합하였고, 공경대부들에게 물어보아도 아무도 어김이 없었노라. 이에 백 가지 복의 근원을 열기 위해 이에 두 성씨의 우호를 닦는다. 지금 신하를 보내어 알리노니,[178] 너는 총애의 명을 공경히 받들어 아름다운 언행에 더욱 힘쓰라.

〈가인괘(家人卦)〉에서 혼례에 대해 점을 쳐보니 여자는 안을 바르게 하고 남자는 밖을 바르게 하는 것이라 하였고,[179] 〈갈담(葛覃)〉에서 읊은 후비의 덕은 부유해도 능히 검소하고 고귀해도 능히 부지런한 것이었다.[180] 안일과 탐욕, 무례와 오만의 습성을 자라게 해서는 안

**177** 너는 : 《순조실록》 19년 10월 11일 기사에는 "조씨(趙氏)"라는 말이 더 들어 있다.

**178** 알리노니 : 《순조실록》 19년 10월 11일 기사에는 아래에 "의정부 영의정 서용보(徐龍輔)와 지중추부사 김이교(金履喬)를 보내어 부절을 잡고 예를 갖추어 너를 왕세자빈으로 책봉하니.〔臣議政府領議政徐龍輔、知中樞府事金履喬持節備禮, 冊爾爲王世子嬪.〕"라는 말이 더 있다.

**179** 가인괘(家人卦)에서……하였고 : 《주역》 〈가인괘〉의 단사(彖辭)에 "가인은 여자가 안에서 위치를 바르게 하고 남자가 밖에서 위치를 바르게 하니, 남자와 여자의 바름이 천지의 대의이다.〔家人, 女正位乎內, 男正位乎外, 男女正, 天地之大義也.〕"라고 한 것을 말한다.

**180** 갈담(葛覃)에서……것이었다 : 갈담은 《시경》 주남(周南)의 편명으로 주희(朱熹)의 주석에 "여기에서 이미 귀하고서도 능히 근면하고, 이미 부유하고서도 능히 검소하며, 이미 장성하고서도 사부에 대한 공경이 해이해지지 않고, 이미 시집을 가고서도

되며, 공손하고 신중하며 자애롭고 은혜로우면 교화가 저절로 시행될 것이다. 미천한 여염 백성들을 살펴보아도 오히려 서로 사랑함이 필요하거늘, 하물며 종묘의 신령을 계승함에 감히 공경히 받들기를 소홀히 할 수 있으랴.

아! 훌륭한 며느리와 훌륭한 어머니가 되어야 할 것이니,[181] 효도와 공경에 근본하여 게을리하지 않으면, 명성과 복록을 얻어 창성하기가 한량이 없을 것이다.

부모에 대한 효성이 쇠하지 않음을 볼 수 있으니, 이는 모두 덕이 두터워서이고 남들이 어려워하는 바이다.〔於此可以見其已貴而能勤, 已富而能儉, 已長而敬不弛於師傅, 已嫁而孝不衰於父母, 是皆德之厚而人所難也.〕"라고 하였다.

**181** 훌륭한……것이니 : 원문은 '사마사제(思媚思齊)'인데, 《시경》 〈사제(思齊)〉에 "엄숙한 태임이 문왕의 어머니이시니, 주강에게 사랑을 받아 왕실의 며느리가 되었도다. 태사가 그 아름다운 명성을 이으시니, 아들이 백 명이나 되도다.〔思齊太任, 文王之母, 思媚周姜, 京室之婦. 太姒似徽音, 則百斯男.〕"라고 한 것을 가리킨다.

# 규장각 제학 정민시에게 내린 교서[182]

奎章閣提學鄭民始敎書

왕은 이르노라.

내각(內閣 규장각)을 설치한 지 이제 15년이 되었는데, 제학(提學)을 둔 것은 8, 9인뿐이다. 어렵게 여기고 삼가야 할 자리이므로 당대의 인재를 엄선하였고, 그를 바라보고 그를 대우하기를 집안사람과 같이 하였다. 문단에서 명망이 무거워야 하므로 반드시 홍문관, 예문관의 경력을 빌렸고, 궁궐 도서관에서 위상이 높으므로 전적으로 내각(內閣 규장각)과 외각(外閣 교서관)을 모두 관장하게 하였다. 어찌 하나의 청요직으로 그저 보기 좋은 관상거리를 자랑하겠는가. 이것은 오색(五色)의 화려한 붓을 들고 문치를 숭상하는 다스림을 돕게 하고자 한 것이다.[183] 오직 평소 숙련된 재능이 있어야 비로소 가려 뽑은 은총에 부끄러움이 없을 것이다. 규장각에서 모범을 보여 당나라 영주학사(瀛洲學士)[184]의 맑고 엄숙함을 욕되게 하지 말고, 삼십 일마다 평가를 행하여

**182** 규장각……교서 : 1790년(정조14) 3월경에 정조를 대신하여 지은 글이다. 앞서 2월 25일에 정민시(鄭民始, 1745~1800)를 규장각 제학에 임명하였는데, 정민시가 능력이 되지 않는다는 이유로 누차 사직소를 올리자 이 교서를 내려 출사를 독려한 것이다.

**183** 오색(五色)의……것이다 : 규장각 제학이 뛰어난 글솜씨로 문치(文治)를 돕는 임무를 지녔다는 의미이다. 오색의 붓이란 양(梁)나라 때 문장가인 강엄(江淹)이 일찍이 꿈속에서 곽박(郭璞)에게 오색필(五色筆)을 받은 뒤로 크게 문명(文名)을 떨쳤다가, 뒤에 꿈에서 그 붓을 다시 돌려주고는 문학적 재능을 상실하였다는 고사에서 온 말이다.《南史 卷59 江淹列傳》

**184** 영주학사(瀛洲學士) : 당태종(唐太宗)이 문학관(文學館)을 설치하고 두여회(杜

명나라 문연각(文淵閣)[185]의 강습을 더욱 부지런히 하라.

如晦), 방현령(房玄齡) 등 18인의 인재를 학사(學士)로 임명하고서, 한가한 때면 이들에게 정사(政事)를 자문하기도 하고 함께 전적(典籍)을 토론하기도 하였다. 당시 사람들이 이들을 '18학사'로 불렀고 "신선세계 영주에 올랐다.〔登瀛洲.〕"고 칭송하였다고 한다.

**185** 문연각(文淵閣) : 중국 명나라 때 설치한 내각(內閣)의 하나로 이곳에 많은 서적을 소장하고 학자들이 모여 천자에게 강독하는 일을 담당하였다. 남경에 처음 설치하였으나, 태종(太宗) 영락제(永樂帝)가 북경으로 천도한 뒤 그곳으로 옮겼다. 뒤에 청나라 때에도 자금성 내에다 문연각을 설치하였다.

## 장보각 작헌례 제문[186]

藏譜閣酌獻禮祭文

아! 성대한 덕이여　　於戲盛德

높고도 넓도다　　巍乎蕩焉

운용하심이 신명과 같았고　　運之如神

덮어주심이 하늘과 같았습니다　　覆之如天

증자와 민자건의 효성을 몸소 행하였고[187]　　曾閔躬行

유정유일의 심법을 전수받았으니[188]　　精一心傳

**186** 장보각(藏譜閣) 작헌례(酌獻禮) 제문 : 창의궁(彰義宮)의 장보각에 봉안된 영조의 초상에 제를 지낼 때 정조를 대신해 지은 제문이다. 지은 시기는 미상이다. 장보각은 한성부 북부 순화방(順化坊)의 창의궁에 있던 건물로 연보, 판본, 어필 등을 보관하던 곳이다. 본래 효종의 잠저였으며, 진종(眞宗)이 탄생한 곳으로 영조의 초상 2본과 어필 유서를 봉안하기도 하였다. 《新增東國輿地勝覽 卷2 東國輿地備考 卷1》

**187** 증자(曾子)와……행하였고 : 증자와 민자건(閔子騫)은 공자의 제자로 모두 효성으로 이름이 높았는데, 영조가 이들처럼 모친에 대한 효성이 지극했다는 의미이다. 영조의 모친은 숙빈 최씨(淑嬪崔氏, 1670~1718)로 7세에 입궁하여 숙종의 후궁이 되었고, 1694년(숙종20) 9월 13일에 창덕궁에서 영조를 낳았으며, 1718년(숙종44) 3월 19일 49세로 졸하였다. 영조는 타고난 효성이 지극하여 모친을 오래 모시지 못한 것을 일생의 한으로 삼아, 날마다 새벽과 저녁에 영취정(映翠亭)에 가서 모친의 위패를 모신 육상궁(毓祥宮)을 바라보며 한참 동안 부복했다가 눈물을 흘리고 돌아왔는데, 모진 추위나 더위에도 한 번도 거른 적이 없었다고 한다. 《弘齋全書 卷17 英宗大王行錄》

**188** 유정유일(惟精惟一)의……전수받았으니 : 정일의 심법(心法)이란 요(堯) 임금이 순(舜) 임금에게 전수한 16자 심법을 이른다. "인심은 위태롭고 도심은 은미하니, 정밀하게 살피고 전일하게 지켜야 그 중을 잡을 수 있다.〔人心惟危, 道心惟微, 惟精惟一, 允執厥中.〕"라고 하였다. 《書經 大禹謨》

| | |
|---|---|
| 공손과 검소, 공경과 두려움으로 | 恭儉寅畏 |
| 52년간 재위하였습니다 | 五十二年 |
| 신령하신 혼령이 감응하여 | 靈長肸蠁 |
| 후대를 열어주고 선대를 빛내니 | 啓後光前 |
| 지금에 이르도록 | 式至于今 |
| 군자와 백성이 그 덕을 사모합니다[189] | 樂利親賢 |
| 소자가 지난날에 | 小子疇昔 |
| 서쪽 경희궁으로 옮겼는데 | 西闕是遷 |
| 이곳에 남은 성상의 자취를 | 是維聖迹 |
| 눈으로 뵈어 황홀하였습니다 | 觸目怳然 |
| 왕위에 올라 선왕의 사업 계승하니 | 踐位述事 |
| 사모의 심정만 길이 경건합니다 | 慕永思虔 |
| 옛 잠저를 우러러보니 | 載瞻舊邸 |
| 보배로운 전각이 연원이 있었습니다 | 寶閣有淵 |
| 용안이 찬란히 빛나니 | 八彩煌煌 |
| 해가 비추는 듯합니다 | 如日舍躔 |
| 부디 기쁜 마음으로 왕림하여 | 庶幾悅豫 |
| 가까이서 도와주소서 | 咫尺周旋 |
| 사모하는 마음을 펴서 | 庸伸羹墻 |

**189** 군자와……사모합니다 : 원문은 '낙리친현(樂利親賢)'인데 군자와 백성이 모두 훌륭한 전왕(前王)의 덕을 사모하는 것을 이른다. 《대학장구(大學章句)》 전(傳) 3장에 "군자는 전왕의 어짊을 어질게 여기고 전왕의 친함을 친애하며, 소인은 전왕의 즐겁게 해줌을 즐겁게 여기고 전왕의 이롭게 해줌을 이롭게 여긴다.〔君子賢其賢而親其親, 小人樂其樂而利其利.〕"라고 한 데서 온 말이다.

| | |
|---|---|
| 정갈한 제수를 받드니 | 承饎吉蠲 |
| 우리에게 많은 복록 내려주시고 | 畀我戩穀 |
| 이 술잔과 제수를 흠향하소서 | 歆玆觴籩 |

# 사충사 치제문[190]

四忠祠致祭文

| | |
|---|---|
| 오직 네 분의 충신 중에 | 曰維四忠 |
| 경은 실로 원로이시라 | 卿寔元老 |
| 마음은 붉고 머리는 희어 | 心丹髮白 |
| 숙종의 유명을 받들었도다 | 受遺肅考 |

**190** 사충사(四忠祠) 치제문 : 1827년(순조27)에 노론 사대신(四大臣)을 모신 사충사에 순조를 대신해 지은 제문이나. 동년 4월 16일에 충헌공(忠獻公) 김창집(金昌集)과 충익공(忠翼公) 조태채(趙泰采)의 후손이 과거에 함께 합격하여 순조가 이에 감홍을 느껴 좌승지를 보내 사충사에 치제를 하고 제문은 홍문관에서 지으라는 명을 내렸다. 풍고는 1726년(순조26) 4월 10일에 홍문관 대제학에 임명되었다가 수차례 사직소를 올려 동년 4월 14일에 사직하였다. 후임으로는 풍고의 족숙 김이교(金履喬)가 대제학이 되어 재직하였는데, 왜 이때 풍고가 사충사 치제문을 지었는지는 미상이다. 사충사는 신축년(1721, 경종1)과 임인년(1722)에 일어난 신임사화(辛壬士禍)로 사사(賜死)된 노론의 사대신, 즉 영의정 김창집(金昌集, 1648~1722), 좌의정 이이명(李頤命, 1658~1722)·이건명(李健命, 1663~1722), 우의정 조태채(趙泰采, 1660~1722)를 모신 사당이다. 1725년(영조1) 3월에 영조의 명으로 서울 노량진 사육신묘(死六臣墓) 옆에 건립되었다. 영조는 이들의 관작을 회복시키고 김창집에게는 충헌(忠獻), 이이명에게는 충문(忠文), 이건명에게는 충민(忠愍), 조태채에게는 충익(忠翼)이라는 시호를 내림과 동시에 유생들의 상소를 받아들여 이곳에 사당을 세우고 사액(賜額)하였다. 1727년(영조3)에 정미환국(丁未還局)으로 소론 정권이 들어서면서 훼철되었다가 소론 세력이 완전히 몰락한 1756년(영조32)에 중건되어 사충서원(四忠書院)으로 이름을 바꾸었다. 1786년(정조10)에 신임사화의 내력을 새긴 묘정비가 세워졌다. 1927년 봄에 철도가 부설됨에 따라 서울시 보광동으로 이건하였다가 6·25전쟁 때 파괴되었는데, 1968년에 경기도 하남시 상산곡동으로 이전되어 매년 봄·가을에 향사를 지내고 있다. 《國朝寶鑑 卷57 英祖朝1 乙巳》《醇庵集 卷7 四忠書院廟庭碑》

| 종묘사직이 신축년에 이르러 | 宗社在辛 |
|---|---|
| 위태롭고 불안하니 | 杌隉不安 |
| 경은 한번 죽음 무릅쓰고 | 卿矢一死 |
| 지주처럼 물결을 막았도다[191] | 如砥障瀾 |
| 덕이 같은 세 분과 함께 | 暨三同德 |
| 큰 계책 힘써 도와 | 力贊大策 |
| 나라는 보존되었어도 몸은 죽으니 | 國存身殲 |
| 흉인의 해독이 끝이 없었도다 | 凶人罔極 |
| 공적은 열 대까지 용서할 만하고[192] | 功宥十世 |
| 충성은 만년토록 빛나니 | 忠炳萬祀 |
| 백성의 뜻 크게 안정되어 | 民志大定 |
| 길이 나라의 대계가 이에 힘입었네 | 永賴國是 |
| 어찌하여 저들은 사특함을 품고 | 胡彼懷慝 |
| 함부로 음흉한 계책을 꾸몄는가 | 敢售迷藏 |
| 의리를 천명하고 토죄를 함께 행하니 | 闡討竝行 |
| 대의가 더욱 밝아졌네 | 大義彌光 |
| 두 집안 후손이 이름이 드날려 | 兩裔蜚英 |

**191** 지주처럼 물결을 막았도다 : 영조가 임금으로 즉위하는 데 결정적으로 공헌한 것을 가리킨다. 원문의 '지주(砥柱)'는 중국 황하의 거센 물살 가운데 우뚝이 서 있는 바위산으로, 혼탁한 세속에서 자신의 절조를 지키는 군자에 곧잘 비유된다.

**192** 공적은……만하고 : 조상의 공이 커서 10세까지 자손의 형벌을 면제해줄 만하다는 말이다. 춘추 시대 진(晉)나라의 기해(祁奚)가 선자(宣子)를 만나 숙향(叔向)의 공과(功過)를 논하면서 "오히려 10대의 자손을 용서해줄 수 있다.〔猶將十世宥之.〕"라고 하였다.《春秋左氏傳 襄公21年》

| | |
|---|---|
| 마침 이날을 만나니 | 適際此日 |
| 저 강가의 사당을 우러르매 | 瞻彼江祠 |
| 슬픔과 기쁨이 절절하도다 | 愴喜交切 |
| 어찌하면 내 뜻을 보일까 | 曷予示意 |
| 제수와 술이 향기로우니 | 羞芬醴馨 |
| 이에 흠향하시고 이에 감격하소서 | 是歆是感 |
| 어둡지 않은 영혼이 계시리니 | 不沫其靈 |

이상은 김 충헌공(金忠獻公)[193]에 대한 제문이다.

| | |
|---|---|
| 지난 신축년과 임인년에 | 昔在辛壬 |
| 제사를 맡을 세자가 없어 | 主鬯靡托 |
| 이에 김공 이공과 마음을 합쳐 | 乃協金李 |
| 함께 큰 계책을 도왔네 | 共贊大策 |
| 저 돈과 함이 | 彼敦與含 |
| 두려움으로 위협하기도 하였는데[194] | 或啗以怵 |

**193** 김 충헌공(金忠獻公) : 김창집(金昌集)을 가리킨다. 본관은 안동(安東), 자는 여성(汝成), 호는 몽와(夢窩)이다. 신축년(1721, 경종1)에 왕세제 연잉군의 대리청정을 상소해서 경종의 윤허를 받았으나, 소론의 격렬한 반대와 탄핵으로 노론이 축출되고 소론 일색의 정국이 되었다. 곧이어 김일경(金一鏡)·목호룡(睦虎龍) 등이 노론이 반역을 도모한다고 무고하여 신임사화가 일어나자, 김창집은 거제도에 위리안치되었다가 이듬해 경상도 성주(星州)에서 사사되었다.

**194** 저……하였는데 : 당시 노론에 맞서 연잉군의 세제 책봉을 반대한 소론을 가리킨다. 본래 돈(敦)과 함(含)은 진(晉)나라의 반역자 왕돈(王敦)과 그의 형 왕함(王含)을 가리키는 말로 반역자를 말한다.

경이 이에 의연히 일어나니 卿乃毅然
맹분과 하육도 그 뜻을 빼앗지 못했네[195] 賁育莫奪
물고기 버리고 곰 발바닥을 취하여[196] 捨魚取熊
종족을 떠나 벗과 함께 죽으니 別族死友
대의가 환히 밝아져 大義之明
부녀자와 아이들도 깨우칠 만하네 可牖婦孺
국가에 오늘이 있음은 國有今日
아! 누구의 공이런가 繄誰之功
엄숙한 강가의 사당에 翼翼江祠
만세토록 충심을 표창하네 萬世表忠
근래 문득 부정한 자들이 比忽匪類
간사한 계책을 이루고자 하였으나 欲售熒惑
왕의 법도 사라지지 않아 王章不泯
이에 천명되고 이에 배척되었네 載闡載斥
다행스럽게 이번 과거시험 합격자에 何幸新榜
경의 후손을 얻으매 得卿之冑
오랜 집안의 법도를 지녔으니 故家典型
충헌공의 후손도 함께 급제했도다 亦忠獻後

**195** 맹분과……못했네 : 맹분(孟賁)은 제(齊)나라의 역사(力士)이고, 하육(夏育)은 위(衛)나라의 역사로 용맹이 뛰어난 사람의 대명사이다.

**196** 물고기……취하여 : 조태채(趙泰采)가 생(生)과 의(義) 중에 의를 취하고 죽었다는 말이다. 맹자가 "물고기도 내가 원하는 것이고 곰 발바닥도 내가 원하는 것이지만, 두 가지를 겸할 수 없다면 물고기를 버리고 웅장을 취하겠다."라고 한 말이 있다. 《孟子 告子上》

관원을 보내 제사를 도우니 伻官致侑
아, 나의 감회가 일어나도다 喟予興思
경의 혼령이 어둡지 않다면 卿如不昧
이 술잔을 흠향하소서 庶歆玆巵

이상은 조 충익공(趙忠翼公)[197]에 대한 제문이다.

옛날 우리 숙종께서 昔我明陵
훗날의 근심을 돌아보시고 眷言遺憂
발탁하여 조정에 두시니 簡之在廷
유씨를 안정시킨 주발을 기대하였네[198] 必勃安劉
오직 충문공이야말로 惟是忠文
실로 그 절개를 지켜 實仗其節
안색을 바르게 하여 조정에 서니 正色立朝

**197** 조 충익공(趙忠翼公) : 조태채(趙泰采, 1660~1722)를 가리킨다. 본관은 양주(楊州), 자는 유량(幼亮), 호는 이우당(二憂堂)이다. 조태구(趙泰耉), 조태억(趙泰億)과 사촌 형제간인데 홀로 노론으로 처신하였다. 경종이 즉위한 뒤에 국가의 안정을 위해 영의정 김창집(金昌集), 판부사 이이명(李頤命), 좌의정 이건명(李健命), 호조판서 민진원(閔鎭遠) 등과 함께 1721년(경종1) 연잉군의 세제책봉을 건의하여 실현시켰으며, 이어 세제의 대리청정까지 이르게 하였다. 이후 소론 세력의 반격으로 축출되어 전라도 진도(珍島)에 유배되고 다음 해 적소에서 사사되었다.

**198** 유씨(劉氏)를……기대하였네 : 한(漢)나라 주발(周勃)처럼 왕실을 안정시킨 공을 세웠다는 말이다. 한고조(漢高祖) 유방(劉邦)이 "우리 유씨를 안정시킬 자는 필시 주발일 것이니, 그를 태위로 삼아라.〔安劉氏者必勃也, 可令爲太尉.〕"라고 유언하였는데, 그 말대로 나중에 주발이 진평(陳平)과 합세하여 여씨(呂氏)의 모반을 평정하고 한나라를 지킨 고사가 있다. 《史記 卷8 高祖本紀》

밝게 뜻을 합하여 계책이 치밀하였네　　昭融密勿
저 무리 원망을 품고서　　彼群不逞
갖은 음해에 온갖 비방 일삼았어도　　射影吹毛
경은 바르고 곧게 행하시어　　卿履坦坦
터럭만큼도 동요하지 않았네　　不動一毫
노성한 네 신하가 한마음으로　　四老同心
큰 계책 도와서 결정하니　　贊決大計
우뚝하도다! 인을 이룸이여　　偉哉成仁
신축년과 임인년의 즈음이로다　　辛壬之際
충심은 해와 달을 꿰뚫고　　忠貫日月
공적은 왕실을 반석처럼 안정시켰도다　　功奠磐石
나라가 지금에 이른 것은　　國到于今
이것이 누구의 힘이란 말인가　　伊誰之力
저들은 어떤 자들이기에　　彼何人斯
스스로 왕법을 범하여　　自干王章
감히 민심을 현혹하니　　敢思疑眩
다만 주제를 몰랐음을 드러낼 뿐이었네　　多見不量
두 집안의 기쁜 경사를 들으시고　　兩家聞喜
신령한 영혼이 경사를 함께 하시리니　　神理同慶
관원을 보내 술잔을 올려　　伻官奠酌
세상의 바른 모범이 되게 하노이다　　俾世取正

이상은 이 충문공(李忠文公)[199]에 대한 제문이다

199 이 충문공(李忠文公) : 이이명(李頤命, 1658~1722)을 가리킨다. 본관은 전주

아! 충민공은　嗚呼忠愍
차마 무슨 말을 올리리까　尙忍何辭
한마디 말로 간사함 꺾고　片言折姦
한 몸으로 위험을 무릅썼네　一身蹈危
애통해라, 저 흉도들이　痛彼凶徒
온갖 계략으로 틈을 엿보는데　百計伺釁
경은 이때 안색을 바르게 하고　卿時正色
어려움에 처하여 더욱 분발하였네　處艱愈奮
신축년에 계책을 도우시어　惟辛贊策
중국에 고하고 돌아오니[200]　竣事上國
그 충심과 그 공적이　之忠之功
길이 종묘사직을 안정시켰네　永奠宗祏
죽음을 보기를 편안히 여김이　視死如歸
참으로 경의 마음이거니와　固卿之心
화를 당함이 유독 혹심하니　受禍偏酷
하늘의 이치를 믿을 수 없도다　天理靡諶
대의가 한번 내걸리자　大義一揭
만세토록 해와 별 되었네　萬世日星

(全州), 자는 지인(智仁)・양숙(養叔), 호는 소재(疎齋)이다. 1708년(숙종34)에 숙종의 신임을 받으면서 좌의정에 올랐는데, 1721년(경종 1) 연잉군의 대리청정을 추진하다 소론의 반격으로 실패하여, 주모자 김창집 등과 함께 관작을 삭탈당하고 남해(南海)에 유배되어 있던 중 목호룡의 고변으로 이듬해 4월에 서울로 압송되어 사사(賜死)되었다.

**200** 신축년에……돌아오니 : 이건명이 신축년(1721, 경종1)에 책봉주청사(冊封奏請使)로 청나라에 가서 연잉군을 왕세제로 책봉하는 일을 실현하고 돌아온 것을 가리킨다.

강가에 사당이 있어 江瀆有祠
네 대신의 영령을 편히 모셨네 四臣妥靈
나는 나라의 정의를 엄정히 하여 予嚴國是
감히 소홀히 하지 않고자 하니 罔敢或忽
근래에 내린 처분은 近玆處分
또한 선왕의 뜻을 이은 것입니다 亦曰繼述
두 집안 후예를 합격자에 적으니 兩裔策名
그 영광 누리게 함이 마땅합니다 宜其與榮
관원을 보내 나의 감회를 표하노니 伻侑識感
이 술잔 흠향하소서 有馨其觥

이상은 이 충민공(李忠愍公)[201]에 대한 제문이다.

**201** 이 충민공(李忠愍公) : 이건명(李健命, 1663~1722)을 가리킨다. 본관은 전주(全州), 자는 중강(仲剛), 호는 한포재(寒圃齋)이다. 경종이 즉위한 후 좌의정에 승진해 김창집·이이명·조태채와 함께 노론의 영수로서 연잉군의 세자 책봉을 위해 노력했으나 소론의 반격으로 실패하여 전라도 흥양(興陽)의 뱀섬〔蛇島〕에 위리안치되었다. 이어 앞서 주청사로 청나라에 있을 때에 세자 책봉을 요청하는 명분으로 경종이 양기가 부족한 위증(痿症)이 있다고 거론한 것을 죄목으로 소론의 맹렬한 탄핵을 받아 유배지에서 목이 베여 죽임을 당하였다.

## 조 충익공 태채 치제문[202]

趙忠翼公 泰采 致祭文

생각건대, 지난 신임 연간에 念昔辛壬
나라가 액운을 만나니[203] 運値陽九
기울어진 하늘을 부축함은 天傾賴扶
누가 홀로 감당했나 誰任隻手
오직 네 분의 재상이 曰維四相
붉은 충정에 흰머리로 丹心皓首
함께 도와 세자를 세우니 同贊建儲
흉악한 무리의 노여움을 샀도다 慍于凶醜
경을 보건대 우뚝하여 視卿卓然
세 노신보다 훌륭하였으니 將多三叟
사특했던 왕돈과 왕함이 敦含之慝

**202** 조 충익공(趙忠翼公) 태채(泰采) 치제문 : 1822년(순조22) 2월경에 노론 사대신의 한 사람인 조태채(趙泰采, 1660~1722)에게 제사를 올리며 순조를 대신해 지은 제문이다. 1821년(순조21)에 우리나라로 수입된 중국의 서적 《황조문헌통고(皇朝文獻通考)》에 노론 사대신을 역신(逆臣)으로 기록한 구절이 발견되어 변무사를 중국으로 보내 수정해주겠다는 허락을 받고 돌아왔는데, 이를 기념하여 종묘 및 사대신의 사당에 치제하라는 순조의 명이 있었다. 《純祖實錄 21年 5月 8日, 8月 12日; 22年 2月 13日》 《황조문헌통고》는 《황청문헌통고(皇淸文獻通考)》 또는 《청조문헌통고(淸朝文獻通考)》라고도 한다.

**203** 지난……만나니 : 경종 초기 신축년과 임인년에 왕위 계승 문제를 놓고 노론과 소론 사이에 일어난 신임옥사(辛壬獄事)를 가리킨다.

바로 조태억과 조태구였네[204]　乃億乃耉
위협에도 겁을 먹지 않고　不爲威怵
이록에도 흔들리지 않아　不爲利誘
네가 어울리고 네가 떠나도　爾與爾邁
나는 나의 벗을 기다렸도다[205]　我須我友
하나는 바르고 하나는 사특하여　一正一邪
충신과 역적이 저절로 갈렸으니　忠逆自剖
팔뚝도 의리에 따라 잘랐으니　腕以義斷
몸이 어찌 사사로운 것이리오　身豈私有
바닷가에 유배되어 슬피 읊조리니　囚海悲吟
그 지조가 더욱 드러났고　彌著其守
한때의 고통을 견딤에　一時忍痛
천년의 영광이 뒤에 남으리라　千世在後
살아서 조정에 있을 때엔　生處巖廊
명망이 태산북두보다 무거웠고　望重山斗
죽어서 종묘사직을 보존하니　死存宗社

**204** 사특했던……조태구(趙泰耉)였네 : 왕돈(王敦)과 왕함(王含)은 진(晉)나라의 반역자로 여기서는 연잉군의 세자 책봉에 반대한 소론 일파를 가리킨다. 조태억(趙泰億, 1675～1728)과 조태구(1660～1723)는 사촌 형제간으로 1721년(경종1)에 연잉군의 세제책봉과 대리청정을 반대하여 철회시켰으며, 노론 사대신의 몰락을 주도하고 소론정권을 구축하는 데 중심 역할을 하였다.

**205** 네가……기다렸도다 : 다른 사람들은 시류(時流)에 휩쓸려도 조태채만은 의리에 따라 노론의 입장을 추구했다는 말이다. 《시경》〈포유고엽(匏有苦葉)〉에 "뱃사공이 부르지만, 남들은 건너도 나는 건너지 않노라. 남들은 건너도 나는 건너지 않음은, 내가 내 벗을 기다려서라오.〔招招舟子, 人涉卬否. 人涉卬否, 卬須我友.〕"라고 하였다.

| | |
|---|---|
| 그 이름 천지와 나란하네 | 名竝高厚 |
| 성인 또한 말씀하시기를 | 聖亦有言 |
| 인을 이루고 의를 취한다 하였으니[206] | 仁成義取 |
| 경처럼 강직하고 정대한 분은 | 剛大如卿 |
| 실로 그 짝이 드물도다 | 實尟匹耦 |
| 영조께서 경을 애도하여 | 皇祖愁卿 |
| 번번이 매우 애달프다 하셨고 | 每言孔疚 |
| 이를 드러내고 이를 표창하니 | 以闡以褒 |
| 정조께서 전수받음이 있으셨네 | 寧考有受 |
| 나라의 정의가 밝게 빛나 | 煌煌國是 |
| 백 년 동안 크게 정해졌네 | 大定百年 |
| 만인이 모두 우러르니 | 萬人咸瞻 |
| 강가의 사당이 우뚝하도다 | 江祠巋然 |
| 어찌하여 다른 나라에서 | 夫何殊域 |
| 서적이 흘러 들어왔는데 | 書籍流傳 |
| 신임옥사의 무함된 상주를 | 壬獄誣奏 |
| 그대로 뽑아 책에 실었나 | 抄載其編 |
| 옛날엔 어찌하여 그럭저럭 지내다가 | 昔何因循 |

**206** 성인……하였으니 : 정의를 지키기 위해 목숨을 내놓는다는 말이다. 《논어》 〈위령공(衛靈公)〉에서 공자가 "지사와 인인은 삶을 구하여 인을 해침이 없고, 목숨을 바쳐 인을 이룸이 있다.〔志士仁人, 無求生以害仁, 有殺身以成仁.〕"라고 하였고, 《맹자》 〈고자 상(告子上)〉에서 맹자는 "사는 것도 내가 원하는 것이며, 의도 내가 원하는 것이다. 두 가지를 겸할 수 없다면 생을 버리고 의를 취하겠다.〔生亦我所欲也, 義亦我所欲也, 二者不可得兼, 舍生而取義者也.〕"라고 하였다.

지금에서야 놀라고 떠는가 今也驚顫
애통해라! 저 흉도들이 痛彼凶徒
거의 하늘까지 속이려 하였도다 幾售漫天
모두 말하기를 속히 변무하여 僉謂亟辨
잠시도 늦추어선 안 된다 하네 不宜少延
분명하고 바르게 글을 엮어 撰辭明正
사신의 행차가 바삐 떠나갔네 冠蓋翩翩
저들이 잘못을 깨달으니 彼覺其謬
마치 구름안개가 걷히듯 하였네[207] 如撥雲煙
바르게 고쳐주겠다 허락하고 許我刊正
그 뜻을 특별히 알려왔네 旨意特宣
처음엔 간청이 통하지 않을까 두려워 始懼靳請
근심스러운 마음 노심초사했는데 憂心悁悁
끝내 통쾌하게 억울함 풀리니 終獲快伸
하늘의 이치 어그러지지 않았도다 天理不愆
엄숙한 두 신실에 肅肅兩室

**207** 어찌하여……하였네 : 1821(순조21) 5월 8일에 호군(護軍) 윤명렬(尹命烈)이 상소하여 근래 연경에서 들어온 《황청문헌통고(皇淸文獻通考)》라는 책에 노론 사대신을 흉역으로 직접 지목한 구절이 있으므로 빨리 변무(辨誣)를 해야 한다고 건의하였다. 이에 대신들과 논의하여 8월에 승문원에서 변무 주문(辨誣奏文)을 작성하여 10월에 진주사를 중국에 보내 수정해준다는 허락을 받았다. 이를 기념해 이듬해 2월 13일에 종묘에 고하고 사대신의 사당에 치제(致祭)하라는 순조의 명이 내렸다. 《承政院日記 純祖 21年 5月 8일·9日, 10月 11日; 22年 2月 13日》《純祖實錄 21年 5月8日, 8月 12日; 22年 2月 13日》

| | |
|---|---|
| 이미 경건하게 고하니 | 申告旣虔 |
| 오늘이 어떤 날이런가 | 今日何日 |
| 슬픔과 기쁨이 번갈아 맺히네 | 愴與喜纏 |
| 남은 회포가 간절하여 | 餘懷耿耿 |
| 경을 비롯한 네 현인을 돌아보네 | 眷卿四賢 |
| 구름하늘을 오르내리시며 | 陟降雲鄕 |
| 응당 함께 어울리시리라 | 應共周旋 |
| 이에 근신을 보내 | 爰遣近臣 |
| 술과 제수를 올리오니 | 薦以觴籩 |
| 밝으신 영령께서는 나의 정성 흠향하소서 | 昭哉歆予 |
| 이것으로 구천을 위로합니다 | 以慰九泉 |

## 충장공 최효일 사제문[208]

忠壯公崔孝一賜祭文

기이한 남자 하나 있으니 有一奇男

짝할 이 없는 국사라네 無雙國士

제후국의 미천한 신하로 以陪臣微

명나라 천자를 위해 죽었네 爲天子死

이름이 천하에 남고 名留亘宙

**208** 충장공(忠壯公) 최효일(崔孝一) 사제문(賜祭文) : 조선 중기의 무신 최효일(崔孝一, ?~1644)의 사당에 제사를 올리며 지은 제문이다. 지은 시기는 1798년(정조22) 경으로 추정된다.《正祖實錄 22年 7月 23日》사제란 신하가 죽었을 때, 임금이 칙사를 보내어 제사를 지내주는 것을 말한다. 최효일은 의주 출신으로 자가 원양(元讓)이다. 선조 때 무과에 급제하고, 광해군 때 형조 좌랑을 거쳐 훈련 판관에 이르렀다. 1629년(인조7) 청나라 군대가 침입하자 의주에서 장사 장응림(張應林)과 함께 출전하였다. 통군정(統軍亭)에서 적병 수십 명을 죽인 뒤에 거짓 투항하여 적진의 형세를 파악해 당시 가도(椵島)에 주둔 중인 명나라 좌도독 모문룡(毛文龍)에게 제공한 다음 탈출하여 청량산(靑梁山)에 들어가 장사를 모아 적을 방어하였다. 1636년(인조14) 병자호란이 일어나자 의주부윤 임경업(林慶業) 휘하에 들어가 압록강에서 적과 싸워 전공을 세우고 많은 물자를 노획하였다. 청나라 임금을 죽여 명나라의 위기를 구하고 원수를 갚을 계획으로 역사(力士) 차예량(車禮亮), 의주 부윤 황호일(黃皓一), 절도사 임경업 등과 약속하고 중국 등주(登州)로 건너가 총병(摠兵) 진홍범(陳洪範)에게 청나라를 치자고 건의하였으나 거절당하였다. 다시 영원(寧遠)으로 가서 명나라 장수 오삼계(吳三桂)와 함께 금주(錦州)에서 청병과 싸워 여러 번 공을 세웠다. 1644년(인조27) 적장 이자성(李自成)의 침입으로 연경이 함락되고 오삼계가 항복하자, 그는 명나라 의종(毅宗)의 빈소에서 10일 동안 통곡하면서 단식하다가 죽었다.《靑城集 卷7 黃一皓等七義士傳》《江漢集 卷30 明陪臣傳四》

자취는 역사서에 실렸으니　迹載汗史
교화의 모범을 세워　樹之風聲
천만년토록 드리우리　垂千萬祀
그 사람 누구인가　其人爲誰
충장 최공이니　忠壯崔公
백마산의 서쪽　馬山之西
압록강의 동쪽에서 태어났네[209]　鴨水之東
그 태어남도 우연이 아니라　其生不偶
신령한 기운 안에 쌓였고　鍾靈于中
팔 척의 장신으로　八尺之偉
만부를 감당할 용맹을 지녔네[210]　萬夫之雄
높은 망루에서 칼을 휘두르며　危譙奮劍
눈은 오랑캐 기마병을 업신여기고　眼空虜騎
압록강 건너며 맹세하며　中流擊楫
명나라 장수를 읍하며 보냈네[211]　揖送漢帥

**209** 그……태어났네 : 최효일은 황해도 의주(義州) 출신으로 숙종 때에 병조 판서에 추증되었고, 의주 백마산성사(白馬山城祠) 즉 현충사(顯忠祠)에 배향되었다. 시호는 충장(忠壯)이다.

**210** 그……지녔네 : 최효일의 집안이 특별히 무반으로 역사가 오랜 것과 최효일이 신체가 빼어나고 의협심이 남다른 것을 가리킨다. 최효일의 부친 최숭(崔崇)이 무과 시험에 급제한 일이 있고, 백부 최율(崔嵂)은 명나라 제독 마귀(麻貴)를 따라 왜적을 공격하여 여러 차례 전공을 세운 일이 있다.

**211** 압록강……보냈네 : 청나라로 들어가 명나라 장수 모문룡(毛文龍)과 내통한 것을 가리킨다.

| | |
|---|---|
| 남들에겐 어려운 일인데 | 在人則難 |
| 경에겐 실로 쉬웠으니 | 於卿實易 |
| 아! 장쾌하도다 | 嗚呼壯哉 |
| 신사년의 일이로다[212] | 辛巳之事 |
| 뱀과 멧돼지처럼 탐욕스러운 청군이 | 維時蛇豕 |
| 요 임금이 봉한 명나라를 잠식하니 | 荐食堯封 |
| 요동의 나무엔 전란의 먼지가 자욱하고 | 遼樹塵暗 |
| 심양의 물결은 누린내가 진동했네 | 瀋波腥濃 |
| 군국이 차례로 무너지고 | 屬國顚播 |
| 줄 지어 선 보루가 느슨하니 | 列鎭雍容 |
| 경이 홀로 소매를 떨치고 일어나 | 卿獨奮袂 |
| 흉괴를 제거하리라 맹세했네 | 矢心除凶 |
| 황제는 부모요 | 帝惟父母 |
| 신하는 안팎이 없으니 | 臣罔內外 |
| 한 권의 《춘추》에 | 一部春秋 |
| 존왕양이의 의리가 가장 크다네 | 尊攘義大 |

**212** 신사년의 일이로다 : 신사년은 1641년(숭정14, 인조19)으로 최효일과 차예량(車禮亮)과 의주 부윤 황일호(黃一皓) 등이 청나라 황제를 죽여 명나라의 원수를 갚기로 모의한 것을 가리킨다. 2년 전에 최효일은 등주(登州)로 가서 진홍범(陳洪範)에게 청나라를 치자고 건의하였는데 진홍범이 따르지 않자 영원(寧遠)으로 가서 오삼계(吳三桂)를 설득하였다. 한편 차예량과 황일호는 명나라 장수와 군사를 합쳐 함께 협공하려고 하였는데, 계획이 누설되어 차예량과 황일호는 청병에게 살육당하였고, 최효일은 탈출하여 3년 뒤인 1644년(숭정14) 5월에 명나라 의종(毅宗)의 빈소에 가서 단식하며 통곡하다 열흘 만에 죽었다.《肅宗實錄 39年 4月 13日, 41年 8月 25日》

| | |
|---|---|
| 청나라를 그대와 함께 치리라 맹세하고 | 訣我同仇 |
| 노래 끝나자 술을 따르고 | 歌闋酒酹 |
| 질풍처럼 곧장 달려가니 | 飄風直指 |
| 연나라와 제나라의 땅이었네 | 燕齊之會 |
| 안타깝게도 등주의 진홍범은 | 嗟登之陳 |
| 계책을 들은 척도 하지 않았고 | 褎如其聽 |
| 어리석게도 영원의 오삼계는 | 唉寧之吳 |
| 오랑캐 되고자 마음먹었네[213] | 甘心爲戎 |
| 사람이 어찌 계책에 실수했으리오 | 人豈遺策 |
| 하늘이 공적을 시샘한 때문이네 | 天實惎功 |
| 드디어 남관을 보호하며 | 遂保南冠 |
| 돌아가신 황제를 조문하였네[214] | 永號軒弓 |
| 기세등등한 굳센 기백은 | 熊熊毅魄 |
| 상제 곁에 좌우로 있는데 | 左右在帝 |
| 바람을 타고 구름 깃발 꽂고 | 風馬雲旗 |
| 어느덧 동쪽에 이르렀네 | 倏忽東戾 |

**213** 등주(登州)의……마음먹었네 : 최효일이 중국의 등주로 가서 총병(摠兵) 진홍범(陳洪範)에게 청나라를 치자고 건의하였으나 거절당하였고, 다시 영원(寧遠)으로 가서 명나라 장수 오삼계(吳三桂)와 함께 금주(錦州)에서 청병과 싸워 여러 번 공을 세웠는데, 1644년(인조27) 적장 이자성(李自成)의 침입으로 연경이 함락되며 오삼계도 항복하였다.

**214** 드디어……조문하였네 : 청군이 장악한 북경은 모두 변발을 했는데 최효일은 변발을 하지 않고서 돌아가신 명나라 의종(毅宗)을 조문하며 굶어서 죽었다. 《江漢集 卷30 明陪臣傳四》

단청한 옛 사당에　丹靑古廟
향기로운 새 제수 올리니　苾芬新祭
의주의 백성들이　灣之士女
웃으면서 눈물을 흘리네　載笑載涕
우뚝한 저 제단에　屹彼壇壝
뜻이 같은 무리 있으니　同志之徒
그 당시처럼　彷彿當時
웅대한 계책을 도모하는 듯하네　綢繆雄圖
일은 간혹 기다림 있으니　事或有待
영령은 외롭지 않으시리　靈亦不孤
아득히 감상을 일으키며　緬言興懷
맑은 술을 올리나이다　載以淸酤

## 명나라 의사 백대호 등 22인에 대한 사제문[215]

皇明義士白大豪等二十二人賜祭文

난리를 다스리는 의리는 撥亂之義
오랑캐를 물리침보다 큰 것이 없고 攘夷莫大
몸을 죽여 인을 이룸은 殺身之仁
나라 위해 죽음이 가장 크도다 殉國爲最
지난 숭정 말년에 昔崇禎季
말세의 액운을 만나니 丁陽九會
요동과 심양 천리에 遼瀋千里
오랑캐의 누린내와 먼지가 자욱하였네 腥塵晦昧
이에 우리 동쪽 나라마저 粤我東藩
당시에 함께 위태로워지니 時亦顚沛
힘이 다하고 지혜가 막힘에 力屈智困
떳떳한 이륜은 누구를 의지했나 倫彝孰賴
저 의로운 일곱 사람에 의지하여 賴彼七士
의기를 떨쳐 호령하니 奮義而號

**215** 명나라……사제문 : 평안도 의주(義州)의 현충사(顯忠祠) 곁에 있는 별단(別壇)에 모신 백대호(白大豪)를 위시한 의사(義士) 22인에게 제사를 올리며 지은 제문이다. 지은 시기는 1798년(정조22)경으로 추정된다. 이들은 1641년(인조19)에 청나라 임금을 죽이고자 최효일, 차예량 등 관서칠의사(關西七義士)가 절개를 세웠을 당시 이에 적극 호응한 의사들로 역사서에 누락되었던 사람들이다.《正祖實錄 22年 7月 23日》 의사의 수는 기록에 따라 21명으로 된 곳도 있다.

호령에 누가 응하였나　號而孰應
백대호란 이가 있었네　有白大豪
스무 명의 의사와　曁二十人
고난을 함께하리라 맹세하니　矢心同袍
웅대한 계책과 매서운 기개가　雄圖烈氣
바람처럼 늠름하고 서리처럼 매서웠네　風凜霜高
호랑이의 입을 꺾어버리기 전에　未摧虎口
이내 터럭같이 목숨 버리니　旋擲鴻毛
실로 하늘이 그렇게 만든 것이라　天實使然
저 영걸들을 어이하랴　奈彼英髦
한 번의 죽음이 당당하여　一死堂堂
작은 절개로 죽는 것과 비할 수 없는데　溝瀆莫比
이름이 간혹 인몰된다면　名之或湮
역사서에 실로 부끄러우리라　史實有恥
아! 굳센 혼백이여　嗟嗟毅魄
제향을 받지 못한 지 몇 해인가　餒而幾祀
내 〈비풍〉[216]을 생각하며　予懷匪風
압록강을 돌아보네　眷言鴨水
현충사의 곁에　顯忠之傍
새 제단이 우뚝 솟으니　新壇屹起

**216** 비풍(匪風) : 《시경》 〈회풍(檜風)〉의 편명으로, 당시의 현인(賢人)이 쇠미해진 주(周)나라 왕실을 개탄하여 읊은 시이다. 여기서는 망한 명나라를 회상하는 것을 가리킨다.

| | |
|---|---|
| 올리는 제수가 이미 정결하고 | 籩實既潔 |
| 동이의 술도 맛이 좋네 | 斗酒孔旨 |
| 혼이여 돌아오시어 | 魂兮歸來 |
| 서로 어울려 이곳에 편안히 머물러 | 相率安止 |
| 영원히 최효일 차예량과 짝이 되어 | 永配崔車 |
| 만세토록 아름다움 함께하소서 | 萬世匹美 |

# 제문祭文

## 헌경혜빈께 향을 올리며 지은 제문[217]

獻敬惠嬪進香文

지난날 장헌세자께서 於昔莊獻
세자의 자리에 오르시니 正位貳極
집안을 화목하게 할 분으로 宜家之慶
하늘이 내린 배필에 부합했네 合維天作
하늘이 내린 배필은 어떠한가 天作如何
풍산의 혁혁한 가문이었네 豐山奕奕
상서가 성대히 발하여 奕奕發祥
단아하고 정숙한 분이 태어나셨네 窈窕而淑
영조께서 좋도다 하시며 皇祖曰兪
훌륭한 며느리를 내 골랐으니 佳婦予擇
정명공주의 후손으로 貞明有孫

**217** 헌경혜빈(獻敬惠嬪)께……제문 : 1816년(순조16)경에 사도세자의 비이며 정조의 모친인 혜경궁(惠慶宮) 홍씨(洪氏, 1735. 6. 18~1815. 12. 15)의 영전에 향을 올리며 지은 글이다. 헌경혜빈은 혜경궁 홍씨의 시호이다.

우리나라의 복이로다 하셨네[218] 我家之福
갑자년 정월에 甲子元正
이에 책봉하고 이에 만나보았으니 載冊載覿
그 의식이 매우 성대하여 其儀孔多
백 승의 수레로 빈을 명하셨네[219] 百兩命服
일찍 일어나고 밤늦게 잠드니 夙興夜寐
단정하고도 엄숙하였고 祁祁肅肅
그 마음 넓고도 화평하여 盪盪其心
물그릇을 받들듯 옥을 잡듯 삼갔네[220] 奉盈執玉
용이 나는 태몽을 꾸고서 飛龍叶夢
어느덧 태기가 있어 居然震夙
선왕을 낳으시니 篤生寧考

**218** 영조께서……하셨네 : 정명공주의 후손이란 혜빈 홍씨의 조상인 홍주원(1606～1672)이 1623년(인조1)에 선조의 첫째 딸 정명공주(貞明公主, 1603～1685)에게 장가들어 영안위(永安尉)에 봉해진 것을 가리킨다. 혜빈 홍씨가 1752년(영조28) 9월에 세자를 낳으니, 영조가 매우 기뻐하면서 빈에게 "네가 정명공주(貞明公主)의 후손으로 왕가의 빈이 되어 지금 종묘사직에 큰 공을 세웠으니, 기특하고 사랑스러움을 어찌 이길 수 있겠느냐."라고 말한 일이 있다.《楓皐集 卷9 顯隆園惠嬪洪氏誌文》

**219** 갑자년……명하셨네 : 1744년(영조20) 1월 9일에 홍봉한(洪鳳漢)의 딸 풍산 홍씨(豐産洪氏)를 왕세자빈으로 책봉한 것을 말한다. 백 승의 수레는 본래 제후의 딸이 제후에게 시집갈 때에 100승의 수레로 영접한다는 데서 온 말이다.

**220** 물그릇을……삼갔네 : 행실이 바르고 단정함을 말한다.《예기》〈제의(祭義)〉의 "효자는 마치 옥을 손에 쥔 것처럼, 물이 가득 찬 그릇을 받드는 것처럼, 조심조심 경건하게 감당할 수 없는 것처럼 하고 잘못되면 어쩔까 하는 자세를 항상 유지해야 한다.〔孝子如執玉如奉盈, 洞洞屬屬然如弗勝, 如將失之.〕"라는 말이 참고가 된다.

성스러움과 지혜를 하늘이 내려주었네 聖知天迪
이에 인도하고 이에 보호하며 乃迪乃保
이에 어려움을 견뎌내시어 乃濟艱棘
대리청정을 거쳐 왕위에 오르자 由監履尊
팔도의 강역으로 봉양하였네 奉以八域
오직 은혜와 의로움을 절충하여 惟恩惟義
예는 줄이되 정성은 독실하였으니[221] 禮殺誠篤
이십사 년간 재위하면서 二十四年
화락하고도 공손하였네 愉愉屬屬
우리 주상 전하가 잘 계승하여 我王善繼
효심이 끝이 없어 싫증내지 않았는데 不匱無射
손자를 사랑함이 선왕 때와 같았고 含飴若初
증손[222]이 몹시 총명의젓하였네 曾孫克嶷
이로부터 왕실의 자손이 끝이 없이 自我緜瓞
천만억 년 이어지리니 垂千萬億
아! 어찌하면 嗚呼曷其
자애로운 덕을 형용하랴 形容慈德

**221** 오직……독실하였으니 : 혜경궁 홍씨는 정조의 모친이지만 정조가 세자 때에 이미 효장세자(孝章世子)의 후사로 입적됨에 따라 홍씨는 법적으로 왕대비, 대왕대비가 되지 못하여 혜경궁 홍씨란 칭호로 널리 통용되었다. 정조는 평소 모친을 '자궁(慈宮)'으로 존칭하였는데, 존호 및 의절은 비록 대비(大妃)의 예보다 한 등급 낮출 수밖에 없었으나 모친을 봉양하는 정성만큼은 지극하였다.

**222** 증손 : 효명세자(孝明世子)를 가리킨다.

태임이라 이르니 태교를 잘하였고　摯云胎敎
태강으로 칭하니 사가에서 근신하였네[223]　姜稱巷伏
성품은 인륜을 극진히 하였고　性盡人倫
공로는 종묘사직에 크시도다　功大宗國
팔구십 세나 백 세라도　曰耄曰期
반드시 누릴 징험 있었으나　彌驗必得
이치는 펴지되 기는 굽어지니　理伸氣屈
하늘의 뜻을 어이하랴　其如天亦
경춘전[224]을 우러러보니　瞻望景春
구름 수레가 문득 아득하네　雲輧忽邈
성상의 사모가 하늘에 닿으니　宸慕窮昊
나라 사람들의 가슴 더욱 무너지네　國人增廓
모두들 장례에 정성을 다해　僉曰愼終
지난날을 잊지 말자 하네　不忘在昔
예는 정에서 흥기하는 법이라　禮緣情起
근거가 있어 억측이 아니라네　有據非臆
큰 이름 이미 드날렸으나　大名旣揚
아름다운 덕음은 영원히 막혔네　徽音永闃

**223** 태임(太妊)이라……근신하였네 : 1784년(정조8) 9월 18일에 혜경궁에게 존호를 높이면서 "이른 새벽에 선대왕을 공경히 받든 순후한 행동은 황천과 후토를 감동시켰고, 소자를 몹시 어렵고 힘든 때에 사랑으로 보호하였으니, 아름다운 덕망은 태강·태임과 짝할 만합니다.〔敬承先王于晨昏, 純行感皇天后土, 慈保小子于艱大, 休德配太姜摯任.〕" 라고 한 구절이 참고가 된다. 《正祖實錄 8年 9月 18日》

**224** 경춘전(景春殿) : 혜경궁 홍씨가 홍서한 창경궁 경춘전을 가리킨다.

육궁은 어디를 우러를까　　六宮安仰
동관은 무엇을 본받을까[225]　　彤管曷則
울창한 화산의 언덕은　　鬱鬱花岡
장헌세자께서 묻힌 곳으로　　莊獻攸宅
합장의 제도를 쓴 것은　　合封其制
선왕께서 계획해둔 것이었네　　寧考是度
제향의 날은 지체함이 없어　　靈辰莫淹
머지않아 닥쳐오리니　　不遠其卽
곧 어디를 바라보리오　　卽焉相望
건릉[226]이 곁에 있도다　　健寢在側
의관이 출유하여　　衣冠出遊
조석으로 오르내리리니[227]　　陟降朝夕
인간세계에 미련이 없이　　人間無戀
천상 세계에 즐거움이 있으리라　　天上有樂
엎드려 생각건대 신 등은　　伏念某等
외람되게 왕실의 외가가 되어　　猥忝禁臠

**225** 육궁(六宮)은……본받을까 : 육궁은 천자를 모시는 황후와 다섯 부인으로, 임금의 후궁을 가리키는 말이다. 동관(彤管)은 자루가 붉은 붓인데, 옛날 주(周)나라 때 여사(女史)가 이런 붓을 가지고 궁중의 정령이나 후비의 일을 기록하였다.

**226** 건릉(健陵) : 혜경궁의 아들 정조의 능이다.

**227** 의관이……오르내리리니 : 정조의 혼령이 부모의 능침을 조석으로 문안한다는 의미이다. 본래 출유(出遊)란 매월 선왕의 의관을 꺼내 바람을 쐬는 것을 가리킨다. 한(漢)나라 때 한 달에 한 번씩 한고조(漢高祖)의 능침에 보관된 한고조의 의관을 꺼내어 바람을 쐰 일에서 비롯된 것이다. 《漢書 卷43 叔孫通傳》

자애로운 은택을 오래도록 받았습니다　久濡慈澤
지난날을 추억하며 지금을 슬퍼하니　追先感今
슬픔으로 가슴이 미어집니다　哀塡肝膈
꿇어앉아 옷깃 펴고 말씀을 올리려니　跪敷爲辭
눈물이 글씨를 적십니다　有淚滋墨
한 조각 정성스러운 향불에　一瓣誠香
밝게 왕림하시기 바랍니다　敢冀昭格

# 건릉 천봉 진향문[228]

健陵遷奉進香文

| | |
|---|---|
| 밝고 밝은 동방이여 | 赫赫大東 |
| 태조께서 개국하시고 | 太祖廓只 |
| 그 찬란한 문채를 | 郁郁乎文 |
| 세종께서 일으키셨네 | 英陵作只 |
| 일어나시어 큰 계책 남겨주시니 | 作而貽厥 |
| 대대로 밝게 빛났도다 | 奕葉炳只 |
| 하늘이 훌륭한 덕 굽어보사 | 天鑑肖德 |
| 거듭 천명을 내려주셨네 | 維申命只 |
| 우리 선왕께 명하시니 | 命我寧考 |
| 위대하도다 임금됨이여 | 巍巍君只 |
| 저 고종[229]이 | 若粤高宗 |

**228** 건릉(健陵) 천봉(遷奉) 진향문 : 1821년(순조21) 9월 13일에 건릉(健陵)을 이장하고서 향을 올리며 지은 글이다. 건릉은 정조와 효의왕후(孝懿王后)를 합장한 능이다. 본래 1800년(정조24) 6월 28일에 정조가 창경궁 정침에서 붕어하여 그해 겨울 11월 6일에 수원의 현륭원 동쪽 건릉(健陵)에 장례를 지냈다. 이어 1821년(순조21) 3월 9일에 정조의 비 효의왕후가 승하하여 장례를 치르게 되었는데, 3월 22일에 영돈녕부사 김조순이 건릉의 위치가 풍수에 적합하지 않고 지나치게 습하다고 상소를 올려 순조의 윤허를 받았다. 이에 건릉을 현륭원 서쪽 언덕으로 옮기면서 9월 13일에 효의왕후를 합장하였다.

**229** 고종(高宗) : 은나라 무정(武丁)을 가리킨다. 반경(盤庚)의 아우 소을(小乙)의 아들로 어려서 민간에서 자랐는데, 왕위에 즉위한 뒤에 부열(傅說), 감반(甘盤) 등

| | |
|---|---|
| 은나라의 중기에 일어남과 같았네 | 中世殷只 |
| 그 임금됨 어떠하였나 | 其君維何 |
| 우리의 스승이 되시었네 | 作我師只 |
| 스승 되어 또 길러주시니 | 師又育之 |
| 자애로운 부모였네 | 父母慈只 |
| 오직 드넓은 하늘이 | 惟天蕩蕩 |
| 너무도 밝고 밝으니 | 昭昭多只 |
| 냄새도 소리도 없이 | 無臭無聲 |
| 보고 듣기를 어찌하는가 | 視聽那只 |
| 사람들이 하는 말이 | 人亦有言 |
| 참으로 천명을 믿기 어렵다 하니 | 信難諶只 |
| 힘을 다해 천명을 돌아보아 | 面稽顧諟 |
| 선왕께서 공경하셨네 | 寧考欽只 |
| 오직 많은 백성이 | 惟民有烝 |
| 우리 임금님 떠받드니 | 戴元后只 |
| 위로하고 오게 하고 바로잡고 펴주시니 | 勞來匡直 |
| 번성하고 부유해졌도다 | 庶且富只 |
| 옛날의 명철하신 임금들처럼 | 在昔明哲 |
| 백성들이 좋아하는 바에 힘썼고 | 懋所好只 |
| 썩은 줄로 여섯 말을 몰 듯 두려워하여 | 朽索六馬 |
| 선왕께서 보호해주셨네 | 寧考保只 |
| 오직 조종조의 사업을 | 惟祖暨宗 |

유능한 인물을 등용하여 통치기반을 확고히 하였다고 한다.

밝게 계승하시니　繼序皇只
금과옥조의 법도를　玉條金科
문헌에 찬란히 남겼네　方冊煌只
법도는 길한 데를 따르고　法焉迪吉
허물은 곧 고쳐서　愆乃蹶只
담장과 국그릇에서도 사모하듯 하여　墻而羹而
선왕께서 따르셨네　寧考率只
오직 효성이 백행의 근본이라　惟孝行源
낮거나 높거나 모두의 공통된 법도이니　卑尊達只
잠자리와 식사를 살피는 데부터　寢膳溫凉
세세한 의절까지 미쳤네　及疏節只
돌아가신 분을 산사람처럼 여겨　事亡如存
공경히 계승하시니　繼述恪只
인륜을 다했다 이를 만하니　是曰盡倫
선왕께서 독실히 행하셨네　寧考篤只
오직 학문에 몸소 힘써　惟學于躬
바탕을 닦아 문채를 이루셨네　素爲絢只
옛 도를 본받으면 깨우침 있고　師古有獲
그렇지 않으면 담장을 마주한 듯 답답하네　否墻面只
멀리 가고 높이 오르기 위해　行遠升高
나아가기를 그치지 않으시니　不已進只
역대의 모든 성왕을　溯于千聖
선왕께서 민첩하게 본받으셨네　寧考敏只

오직 글이 도를 실어 惟文載道
발하여 문장을 이루셨네 發爲章只
경전과 역사서를 씨줄과 날줄 삼으니 經經緯史
백가가 창성해졌네 百家昌只
넓게 섭렵하여 요약하시니 博以約之
순수하고도 정밀하도다 純粹精只
저 높은 은하수처럼 倬彼雲漢
선왕께서 이루셨네 寧考成只
하늘의 법도를 체득하여 惟體天秩
나로부터 실천하여 自我庸只
극기복례하면 인을 이루고 復則爲仁
어기면 불공하게 되네 違不恭只
삼백의 경례와 삼천의 곡례를 三百三千
가릴 것이 없는데 不可選只
송사가 모여드는 문을 聚訟之門
선왕께서 분별하셨네 寧考辨只
오직 음악은 화합을 근본하여 惟樂本和
그 소리가 풍교에 맞아야 하니 音諧風只
예로써 절제하시니 禮以節之
이에 두루 소통하게 되었네 乃疏通只
종과 북 같은 형식만이 아니라 非鍾鼓云
음란한 음악을 내쳤으니 放鄭聲只
오늘날 음악이 옛날과 같으니 今之由古
선왕께서 이를 밝히셨네 寧考明只

오직 형벌은 교화를 돕는 도구이니 惟刑弼敎
형벌이 없기를 기약하셨네 期于無只
누가 명확한 판결에 힘썼으며 孰懋丕蔽
누가 무고한 자를 위해 울어주었나 孰泣辜只
용서하라 처벌하라 하신 말씀에 曰宥曰辟
징계와 권장이 일관되었으니 懲勸壹只
상서로운 형벌을 살피시며 監于玆祥
선왕께서 긍휼히 여기셨네 寧考卹只
오직 정사에 힘을 기울이시어 惟政懋哉
하늘의 일을 대신하셨으니 天工代只
날마다 만가지 정무를 처리하고 萬幾惟日
아홉 가지 도[230]도 실천하셨네 九經又只
이를 미루어 온 나라에 시행하여 推之家邦
어진 명성이 두루 퍼졌네 達仁聞只
땅의 도는 갈대에 민첩하니[231] 地道敏蒲

**230** 아홉 가지 도 : 원문은 '구경(九經)'인데 나라를 다스리는 데 필요한 아홉 가지 도(道)를 가리킨다. 자신을 수양하는 것〔修身〕, 어진이를 존경하는 것〔尊賢〕, 부모를 친애하는 것〔親親〕, 대신을 존경하는 것〔敬大臣〕, 여러 신하를 내 몸처럼 돌보는 것〔體群臣〕, 백성을 자식처럼 사랑하는 것〔子庶民〕, 백공을 오게 하는 것〔來百工〕, 먼 지방 사람을 회유하는 것〔柔遠人〕, 제후들이 덕을 사모하게 하는 것〔懷諸侯〕이다.《中庸章句 第20章》

**231** 땅의……민첩하니 : 임금이 선정을 베풀면 효과가 빨리 나타남을 의미한다. 노애공(魯哀公)이 정사를 물었을 때 공자가 이르기를 "인도는 정사에 빠르고 지도는 나무에 빠른데, 대체로 정사란 갈대와 같은 것입니다.〔人道敏政, 地道敏樹, 夫政也者, 蒲蘆也.〕" 라고 하였다.《中庸章句 第20章》

선왕께서 부지런하셨네 寧考勤只
오직 제사에 정결함을 다하시니 惟祀孔明
충심과 신의를 급히 여겨 忠信先只
사직과 사당에 于社于廟
제사를 두루 올리셨네 于群徧只
향기로운 제수를 올려 芬苾籑薌
신령께서 흠향하시니 肹蠁歷只
반드시 그 복을 받으리라 必受其福
선왕께서 엄숙하셨네 寧考嚴只
오직 군대는 예부터 惟戎自古
부득이해서 사용하였네 不得已只
능히 다스려 크게 펼치라고 克詰張皇
〈주고〉에서 밝혀놓았네[232] 周誥矢只
전쟁을 그침을 무라 이르니 止戈曰武
방패와 깃털이 찬란하도다[233] 干羽彬只
상제께서 용기와 지혜를 내리시니 帝錫勇智
선왕께서 신령하셨네 寧考神只
오직 《춘추》의 의리를 惟春秋義

**232** 능히……밝혀놓았네 : 《서경》 〈주서(周書) 강왕지고(康王之誥)〉에 "지금 임금께서는 공경하여 육사(六師)를 크게 펼쳐서 우리 고조의 명을 무너뜨리지 마소서.〔今王敬之哉, 張皇六師, 無壞我高祖寡命.〕"라는 구절이 있다.

**233** 방패와 깃털이 찬란하도다 : 정조가 문치(文治)를 숭상함과 동시에 장용영 등을 설치하여 무비(武備)를 정비한 것을 가리킨다. 원문의 '간우(干羽)'는 고대에 춤을 추던 자들이 문무(文舞)에는 깃털을 잡고, 무무(武舞)에는 방패를 잡은 것을 가리킨다.

| | |
|---|---|
| 수십 차례 드러내시니 | 數十彰只 |
| 참람함 씻어내고 왕도를 보존하여 | 黜僭存王 |
| 이적의 문물을 배척했네[234] | 夷狄攘只 |
| 도가 시행되지 못하여 | 道之不行 |
| 공리공담을 바로잡으니 | 空言櫱只 |
| 해는 기울고 길은 멀어 | 日暮途遠 |
| 선왕께서 애통해하셨네 | 寧考隱只 |
| 사람에게 재능이 있는 것이 | 惟才在人 |
| 비유하면 산의 나무와 같으니 | 譬山木只 |
| 땔나무와 들보와 노를 | 薪槱樑楫 |
| 각각 재능에 맞게 쓰셨네 | 各攸適只 |
| 부족한 자를 드러내어 징계하고[235] | 明之記之 |
| 훌륭한 이를 다시 고무해 | 鼓舞又只 |
| 성대하고 많은 인재를 | 思皇濟濟 |
| 선왕께서 거느리셨네 | 寧考有只 |
| 밝게 드러나신 선왕께서 | 丕顯寧考 |
| 고요히 생각하시니 | 穆然思只 |

**234** 춘추(春秋)의……배척했네 : 정조가 존주대의(尊周大義)에 입각하여 명나라 유민(遺民)들에게 치제를 한 것과 《명의록(明義錄)》 등을 간행하여 의리를 강조한 것을 가리킨다.

**235** 부족한……징계하고 : 순(舜) 임금이 완악하고 헐뜯기를 좋아하는 자들을 다스리기를 "과녁으로 그의 사람됨을 밝히며 회초리로 쳐서 기억하게 하며 글로 써서 기록하여, 이 세상에서 함께 살게 하려고 하였다.〔侯以明之, 撻以記之, 書用識哉, 欲竝生哉.〕"라는 말이 참고가 된다. 《書經 益稷》

우 임금의 검소함과 탕 임금의 공경을　　禹儉湯敬
문왕처럼 계속하여 밝히셨네[236]　　文緝熙只
도를 바라보매 멀지 않아　　望道未遠
한나라와 당나라의 치세도 누추할 정도였네　　陋漢唐只
생각건대 이십사 년을 재위하시며　　恭惟二紀
온 정성으로 축원하셨네　　祝馨香只
구름은 용을 따르고 바람은 범을 따르듯　　雲龍風虎
또한 군신이 화합함에 이르렀네　　亦及都只
백 대의 임금에 비교하건대　　百世等王
그 성대함이 짝이 없네　　盛莫伍只
오호라! 군탄의 해에　　嗚呼涒灘
활과 검이 멀리 버려졌네[237]　　弓劍遠只
태평성대를 만백성이 원하였건만　　至治人願
하늘이 실로 저버렸도다　　天實反只
한 점 구름이 공중을 지나가니　　點雲過空

**236** 우(禹) 임금의……밝히셨네 : 우 임금의 검소함이란 《서경》 〈대우모(大禹謨)〉에 순(舜) 임금이 "이리 오라, 우야! …… 나랏일에 부지런하고 집안에 검소하여 자만하고 대단한 체하지 않음은 너의 어짊이다.〔來禹 …… 克儉于家 不自滿假 惟汝賢.〕"라고 하였다. 탕(湯) 임금의 공경이란 《시경》 〈장발(長發)〉에 탕 임금의 덕을 노래하여 "탕왕의 탄생이 늦지 않으시며 성경이 날로 진전되었다.〔湯降不遲 聖敬日躋.〕"라고 하였다. 문왕(文王)의 즙희(緝熙)란 《시경》 〈문왕(文王)〉에 "심원하도다! 우리 문왕이시여. 아! 실로 계속해서 공경하는 덕을 밝히셨도다.〔穆穆文王, 於緝熙敬止.〕"라고 하여 문왕의 덕이 계속하여 밝게 빛남을 칭송한 말이 있다.

**237** 군탄(涒灘)의……버려졌네 : 군탄은 고갑자(古甲子)로 신(申)을 가리키는데, 경신년(1800, 정조24)에 정조가 승하한 것을 가리킨다.

해와 달이 흐릿해졌도다　日月茫只
남은 사람들 울음소리 삼키니　遺庶呑聲
아! 선왕을 잊지 못하리로다　於不忘只
울창한 수원의 화산은　鬱蔥維華
장헌세자가 잠든 곳인데　莊獻藏只
양주에서 천릉하였으니　自楊是遷
효심이 밝게 빛났네[238]　孝思光只
이곳을 받들고 호위하고자　以拱以衛
크게 성곽을 경영하여　大厥城只
성을 쌓고 궁궐을 지어　乃城乃闕
이에 화성이란 이름을 하사하였네　乃錫名只
이름을 지으며 뜻을 살펴　名之顧義
누대는 지지대[239]라 하였고　遲遲臺只
미로한정[240]이라 하였으며　亭未老閒

**238** 울창한……빛났네 : 정조가 부친 사도세자(思悼世子)의 묘를 이장하여 수원부에 현륭원(顯隆園)을 조성한 것을 가리킨다. 본래 1762년(영조38)에 사도세자가 훙서하자 경기도 양주군 배봉(拜峯)에 장사 지내고 수은묘(垂恩墓)라 불렀는데, 정조 즉위년(1776)에 사도세자에게 장헌(莊獻)이란 시호를 올리고 그 묘의 명칭을 영우원(永祐園)으로 고쳤다. 그 후 정조는 1789년(정조13)에 부친의 묘를 경기도 화성에 천장하여 현륭원(顯隆園)을 조성하였다.

**239** 지지대(遲遲臺) : 수원시에서 서울 방향으로 의왕시와 경계 지점에 위치한 고개 이름으로 현재 지지대비(遲遲臺碑)가 남아 있다. 예전에 사근현(沙近峴)이라고 불리던 곳으로 정조가 1795년(정조19)에 모친 혜경궁 홍씨를 모시고 사도세자의 능을 참배하고 돌아갈 때 사모하는 마음이 간절하여 이곳에서 한참 지체하였던 데서 비롯되었다. 1807년(순조7)에 지지대 서쪽에 지지대비와 비각을 건립하였다.

| | |
|---|---|
| 노래당[241]이라 하였네 | 堂老來只 |
| 군주의 자리도 즐겁지 않았으니 | 千乘無樂 |
| 애통함이 깊이 맺힌 때문이네 | 慟紆深只 |
| 이 은거할 곳을 돌아보며 | 眷玆菟裘 |
| 마음을 조금이나마 위안하였네 | 薄慰心只 |
| 마음속 계획 미처 이루지 못했는데 | 心焉未遂 |
| 상석이 엄연히 늘어서니 | 儼設象只 |
| 모든 신하가 | 凡百臣子 |
| 차마 상상이나 했으랴 | 忍緬想只 |
| 오묘한 천지의 이치여 | 茫茫堪輿 |
| 점을 치니 능침이 해롭다 하여 | 卜云害只 |
| 나라 사람들이 크게 걱정하며 | 國人大戚 |
| 태만하게 날만 보냄을 염려하였네 | 憂玩愒只 |
| 올해가 어떤 해인가 | 今歲何歲 |
| 태모께서 승하하셨으니[242] | 太母賓只 |
| 창자가 끊어질 듯 슬픔에 잠겨 | 哀腸如割 |
| 선왕 때의 고통이 되살아나네 | 舊創新只 |
| 오직 능침을 옮김은 | 維古之改 |

**240** 미로한정(未老閑亭) : 화성 행궁의 후원에 있는 육면정(六面亭)을 가리킨다.

**241** 노래당(老來堂) : 화성 행궁에 있는 건물로 정조가 부친 사도세자를 그리워하며 지은 이름이다.

**242** 올해가……승하하셨으니 : 효의왕후(孝懿王后) 김씨(金氏, 1753. 12. 13~1821. 3. 9)가 승하한 것을 가리킨다.

| | |
|---|---|
| 다만 능침이 침수를 당해서니[243] | 職濼齧只 |
| 지금 합장하는 예에 | 維今之禮 |
| 신명과 사람이 기뻐하도다 | 神人悅只 |
| 선왕의 관이 다시 보이니 | 前和復見 |
| 그 혼령 가까이 계실 것이라 | 陟降邇只 |
| 만백성 애통하게 우니 | 萬咷偯偯 |
| 처음 국상이 났을 때와 같도다 | 若喪始只 |
| 피눈물을 닦으며 옷깃을 풀어헤친 채 | 抆血敷袵 |
| 속마음을 모두 고하지만 | 庶衷告只 |
| 말씀을 고할 곳이 없으니 | 告言無從 |
| 아득한 곳을 어찌하리오 | 奈冥漠只 |
| 높고 낮은 새 언덕은 | 蜿蜿新岡 |
| 하늘이 아껴둔 땅으로 | 天所慳只 |
| 나는 듯하고 서린 듯하여 | 如翥如蟠 |
| 겹겹 산이 둘러 있네 | 重巒環只 |
| 노나라의 합장이 매우 좋으니[244] | 魯祔孔善 |

**243** 능침을……당해서니 : 정조의 능 건릉(健陵)이 풍수에 맞지 않는다는 이유로 현륭원 곁으로 천장한 것을 가리킨다. 원문의 '난설(濼齧)'은 무덤에 물이 찬 것을 가리킨다. 옛날에 태왕(太王)의 아들 계력(季歷)을 초산(楚山) 기슭에 장사 지냈는데 난수(欒水)가 넘쳐 무덤의 흙이 씻겨 나가 관의 머리가 드러났던 일에서 유래하였다. 《戰國策 魏策 2》

**244** 노(魯)나라의……좋으니 : 《예기》〈단궁 하(檀弓下〉에 공자가 "위나라 사람들은 합장하면서 광중을 분리하였는데, 노나라 사람들은 합장하면서 광중을 합하였으니, 좋지 않은가.〔衛人之祔也, 離之, 魯人之祔也, 合之, 善夫.〕"라고 하였다.

| | |
|---|---|
| 현릉원의 묘역을 의지했네 | 依園扃只 |
| 천추만세에 이르도록 | 千秋萬歲 |
| 선왕께서 평안하시리 | 寧考寧只 |
| 엎드려 생각건대 신 등은 | 伏念臣等 |
| 골육 같은 은혜를 입어 | 恩荷肉骨 |
| 기쁨과 슬픔을 함께할 의리를 지녔으니 | 義休戚只 |
| 향을 사르며 정성을 올리오니 | 一瓣薦誠 |
| 바라건대 밝게 이르러 흠향하소서 | 尙昭格只 |

## 효의왕후 진향문[245]

孝懿王后進香文

| | |
|---|---|
| 밝고 오랜 나라에 | 噏古家邦 |
| 무한한 복록의 시초를 여시니 | 造端無疆 |
| 곤덕의 두터움이 있지 않으면 | 不有坤厚 |
| 어찌 건도의 강건함을 받들랴 | 安承乾剛 |
| 거룩하신 태모께서는 | 於穆太母 |
| 이름난 가문에서 상서를 길러 | 名門毓慶 |
| 왕후로서 덕성을 갖춰 | 俔天維德 |
| 능히 선왕의 배필이 되었네 | 克配寧王 |
| 누가 그 배필로 삼았는가 | 孰作厥配 |
| 영조께서 상서로움을 정하셨네 | 聖祖定祥 |
| 상서로움을 정함은 무엇 때문인가 | 定祥維何 |
| 덕이 은하수처럼 빛났네 | 雲漢煌煌 |
| 지난날 명성왕후께서 | 維昔明聖 |
| 국가에 공이 컸는데 | 功大宗祊 |
| 사록산의 점괘가 실현되어 | 沙麓衍筮 |
| 오 세 만에 창성해졌네[246] | 五世其昌 |

**245** 효의왕후(孝懿王后) 진향문 : 1821년(순조21)에 정조의 비 효의왕후 김씨(金氏, 1753. 12. 13~1821. 3. 9)가 승하하자 향을 올리며 지은 글이다.

**246** 지난날……창성해지니 : 효의왕후는 현종의 비인 명성왕후(明聖王后, 1642~1683)의 5대손인데, 명성왕후는 청풍부원군(淸風府院君) 김우명(金佑明)의 딸로 숙종

나무에 꽃이 다시 번성해지고 樹敷原華
온 집 안에 기이한 향기 가득하였네[247] 室盈奇香
하늘의 아름다움과 물건의 상서로움이 天休物瑞
골짜기와 시내가 넘실거리듯 했네 谷注川汪
나전함과 비단 끈으로 책명을 받아 鈿函綺綬
태자 계신 궁궐로 들어가니[248] 甲觀畫堂
늘어뜨린 끈은 가지런하고 有紞翼翼
차고 있는 패옥은 쟁쟁 울렸네 有珮鏘鏘
왕실로 시집을 가고부터 自嬪于京
아름다운 소문이 크게 드러나니 令聞孔彰

과 명선(明善)·명혜(明惠)·명안(明安) 공주를 낳았다. 효의왕후가 세자빈으로 궁에 들어오자, 영조가 어여삐 여겨 "'5세 만에 옛 가풍을 이었으니, 실로 나라의 종통이 될 만하다.〔五世繼昔, 寔爲宗國.〕"라는 여덟 글자를 손수 써 주었다고 한다. 사록산(沙麓山)의 점괘란 춘추 시대 진(晉)나라에 있던 산인데, 노 희공(魯僖公) 14년에 사록이 무너지자 진나라 사관(史官)이 점을 치기를 "토(土)와 화(火)가 서로 어울려 음이 성함으로써 사록이 무너진 것이다. 645년 뒤에 성녀(聖女)가 나올 것이다."라고 예언하였는데, 후대에 한(漢)나라 원제(元帝)의 황후 왕씨(王氏)가 태어났다고 한다. 이후로 왕후의 탄생을 의미하게 되었다.《純祖實錄 21年 8月 7日 孝懿王后行狀》

**247** 나무에……가득하였네 : 효의 왕후는 영조 계유년 12월 13일 해시(亥時)에 가회방(嘉會坊)의 사저에서 탄생하였는데, 이때 그 집안에 있던 복숭아나무와 오얏나무 및 기타 꽃나무들이 이해 가을에 갑자기 꽃이 모두 다시 피었다고 한다. 1761년(영조37)에 효의 왕후가 9세에 처음 간택되었을 때 사가에 기이한 향기가 가득하여 하루가 지나도 흩어지지 않았다고 한다.《純祖實錄 21年 8月 7日 孝懿王后行狀》

**248** 나전함과……들어가니 : 효의왕후는 1761년(영조37) 12월 22일에 삼간택례를 거쳐 세손빈에 책봉되었고, 1762년(영조38) 2월 2일에 창덕궁 명광전(明光殿)에서 가례를 올렸다.

저 유신씨의 딸처럼 若彼有莘
태임을 계승하고 주강의 어여쁨을 받았네[249] 纘任媚姜
용루에서 침소를 문안하고 龍樓寢問
학금에서 음식을 맛보니[250] 鶴禁膳嘗
옥을 잡고 가득 찬 물그릇 받들 듯 조심하였고 執玉奉盈
온화함은 있었고 고귀하게 꾸밈은 없었네 有溫無莊
삼궁[251]이 화락하여 三宮融洩
화목한 기운이 넘실대니 太和溢洋
군왕의 집안에 君王室家
복록이 이를 만했네 福履攸將
어찌하여 임오년 윤달에 胡壬之閏
저 창천이 돌아보지 않았던가[252] 不弔彼蒼

**249** 유신씨(有莘氏)의……받았네 : 효의왕후가 왕대비전인 영조의 계비 정순왕후(貞純王后) 김씨(金氏, 1745~1805)와 시어머니인 사도세자의 비 혜경궁(惠慶宮) 홍씨(洪氏, 1735~1815)와 함께 화목하게 지낸 것을 가리킨다. 태사(太姒)는 유신씨의 딸로 주 문왕(周文王)의 비인데, 성덕(聖德)을 지닌 부인으로 명성이 높았다. 무왕(武王), 주공(周公), 관숙(管叔), 채숙(蔡叔), 곽숙(霍叔) 등의 아들을 두었다. 《시경》 〈대아(大雅) 사제(思齊)〉에 "엄숙한 태임이 문왕의 어머니시라. 시어머니 주강께 사랑을 받으사 왕실의 며느리가 되셨네. 태사가 그 아름다운 명성을 이으시니 아들이 백 명이나 되도다.〔思齊太任, 文王之母. 思媚周姜, 京室之婦. 太姒嗣徽音, 則百斯男.〕"라고 하였다.

**250** 용루(龍樓)에서……맛보니 : 용루와 학금(鶴禁)은 모두 태자의 궁전을 말하는데 효의왕후가 며느리로서 시봉을 잘 수행한 것을 가리킨다.

**251** 삼궁(三宮) : 정순왕후와 혜경궁 홍씨와 효의왕후를 가리킨다.

**252** 임오년……않았던가 : 효의왕후의 시아버지인 사도세자(思悼世子)가 임오년(1762) 윤5월 21일에 홍서한 것을 가리킨다.

견디지 못할 어려움 많았으니　未堪多難
또한 이미 경황이 없었네　亦旣蒼黃
시어머니를 이에 따르며　尊姑是從
사저로 돌아갈 겨를이 없었는데　歸寧不遑
영조께서 인륜에 지극함을 생각하여　聖惟盡倫
이에 그 선함을 알아주셨네[253]　乃視其臧
깊은 사당 고요하니　有侐閟宮
눈에 눈물이 가득하네　興言泚眶
다섯 달의 기억 잊지 못해　五朔依依
종신토록 편히 지내지 못했네[254]　終身皇皇
우리 장수하신 시어머니를 보시며　奉我壽母
부지런히 섬겨 이르지 않음이 없으니　服勤無方
좌우에서 취해 씀을　左右取用
백행의 근본 효성으로 하였네　百行之綱
이미 왕후에 오르게 되어선　旣正長秋
진실로 왕후다웠으니[255]　展也黃裳

**253** 시어머니를……알아주셨네 : 사도세자가 홍서하자 영조가 혜경궁 홍씨와 효의왕후에게 각각 사서로 가라는 어명을 내렸는데, 효의왕후는 사저로 가지 않고 시어머니 홍씨를 따라가겠다고 하니, 영조가 이를 크게 칭찬하였다.《純祖實錄 21年 8月 7日 孝懿王后行狀》

**254** 다섯……못했네 : 효의왕후가 궁에 들어와 사도세자를 시봉한 지 5개월에 불과하였으나, 사도세자에 대한 이야기가 나오면 평소 돌보아준 은혜를 생각하며 때로 눈물을 흘렸다고 한다.《純祖實錄 21年 8月 7日 孝懿王后行狀》

**255** 왕후에……왕후다웠으니 : 효의왕후가 1776년(정조 즉위년) 3월 10일에 왕비가

숨은 노력으로 복을 만들어　陰功資生
즉위 초에 영광이 있게 되었네　一初有光
저 후궁으로 들어온 자는　彼綠衣者
형이 있으나 선하지 않아　有兄無良
안으로는 권력자의 비호를 받고　內藉城狐
밖으로는 도성의 오랑캐를 믿었네[256]　外挾轂羌
흉악한 수단과 심보로　毒手凶肚
하늘의 법도를 감히 범하니　敢干天常
해와 달과 별을 가려　三精晦蒙
떼로 일어나 미쳐 날뛰었네　群吠猘狂
오직 왕후께서 이때 태연하게　維時坦坦
마치 평안히 길을 가듯 하여　若履平康
옛사람을 생각하여 허물이 없게 하니　思古無訧

된 것을 가리킨다. 원문의 '장추(長秋)'는 한(漢)나라 초기 장락궁(長樂宮) 안에 있던 궁전 이름으로 태후(太后)가 항상 거처했으므로 왕후의 처소를 가리키는 말이 되었다. 원문의 '황상(黃裳)'은 왕후를 상징하는 말이다. 《시경》〈녹의(綠衣)〉에 "푸른 상의를 입음이여! 누른 치마로다.〔綠兮衣兮, 綠衣黃裳.〕"라고 하여 녹색은 간색으로 후궁을, 황색은 정색으로 왕후를 가리킨 구절이 있다.

**256** 저……믿었네 : 홍국영(洪國榮, 1748~1781)이 득세하여 그 누이를 정조의 후궁으로 들여 원빈(元嬪, 1766~1779)으로 삼게 하여 정권을 농락하고 중전인 효의왕후를 핍박한 것을 가리킨다. 원빈은 1778년(정조2) 6월에 13세의 나이로 정조의 후궁이 되어 원빈이란 작호와 숙창궁(淑昌宮)이란 궁호를 받았는데, 이듬해 5월 갑자기 죽어 시호를 인숙(仁淑)이라 하고, 원호를 인명원(仁明園)이라 하였다. 홍국영은 1780년(정조4) 정조의 비 효의왕후의 독살을 도모하다 발각되어 가산을 몰수당하고 강릉(江陵)으로 추방되었다가 병으로 죽었다.

훌륭한 명성이 더욱 퍼졌네 璜聲彌長
하늘의 마음은 사사로움이 없어 天心無私
선인에겐 복을 내리고 악인에겐 재앙을 내리니 善慶淫殃
온갖 괴이함 저절로 소멸되어 百怪自消
마치 눈이 햇볕에 녹는 듯하였네 如雪見陽
천지가 이에 맑아지고 二儀載淸
태음의 덕이 드날리니 太陰輝揚
만백성이 모두 앙모하여 萬姓咸仰
시종여일한 덕을 헤아릴 수 없었네 一德莫量
오호라! 경신년 여름이여 嗚呼庚夏
만사가 온통 뒤집히니[257] 萬事滄桑
우리 어린 세자를 보호하여 保我沖辟
애통함 머금고 슬픔을 견뎌냈네 茹痛忍創
휘호와 존호를 올리고자 有徽斯號
조정에서 논의를 하니 議在周行
지금 처음 시작한 것이 아니라 非自今始
나라의 떳떳한 법이었네 國有彝章
왕후께서 눈물을 흘리며 거절하기를 流涕以拒
나는 미망인이니 曰予未亡
선왕의 정밀한 의리를 先王精義
감히 실추시킬 수 없다 하였네[258] 不敢墜忘

**257** 경신년……뒤집히니 : 1800년(정조24) 6월 28일에 정조가 창경궁의 영춘헌(迎春軒)에서 승하한 것을 가리킨다.

제왕의 융성한 봉양이　　千乘隆養
이십 년 동안인데　　二十星霜
말씀은 내전을 벗어나지 않았고　　言不出壼
담장에서 볼 만큼 시어머니를 사모했네　　慕則見墻
심원을 벗으로 여겨주고[259]　　沁園推友
탁룡원에선 낭비를 경계하여[260]　　濯龍戒荒
음식이 입에 맞지 않아도 태연하였고　　醎酸自適
실수하고 질시한 자마저 모두 감싸주었네[261]　　汚疾皆藏
흰 치마로 검소함이 드러나　　練裙著素
역사서에 꽃다운 이름 전하니　　彤筆播芳
명덕황후와 문덕황후[262]만 있어　　惟明暨文

**258** 휘호와……하였네 : 1800년(순조 즉위년)에 순조가 등극하여 효의왕후를 왕대비로 높이고 전례에 따라 존호를 올리고자 하니, 왕후가 "선왕께서 존호를 받지 않으신 것은 지극한 애통함이 마음에 남아 있었기 때문이었다. 미망인이 이것을 받는다면 선왕의 깊은 뜻에 어떠하겠는가."라고 하였다. 이에 신하들이 그 뜻을 기쁘게 받들어 왕후가 돌아가실 때까지 감히 다시 청하지 못하였다고 한다. 《純祖實錄 21年 8月 7日 孝懿王后行狀》

**259** 심원(沁園)을 벗으로 여겨주고 : 심원은 공주의 거처를 가리키는 말로 효의왕후가 시누이 청연군주(淸衍郡主, 1754~1814), 청선군주(淸璿郡主, 1756~1802)와 우애 있게 지낸 것을 말한다.

**260** 탁룡원(濯龍苑)에선 낭비를 경계하여 : 효의왕후가 근검하여 궁궐에 남은 음식과 물건이 있어도 사가(私家)에 내리지 않은 것을 말한다. 탁룡원은 한나라 때 낙양(洛陽) 서남쪽에 있던 궁원(宮苑)의 이름으로 명덕마황후(明德馬皇后)가 잠실(蠶室)을 설치하고 누에를 쳤던 곳이다.

**261** 음식이……감싸주었네 : 효의왕후는 평상시 음식이 입에 맞지 않아도 음식을 담당한 자를 처벌하지 않았고, 남이 실수를 해도 바로 지적하지 않고 스스로 깨닫도록 덮어주었고, 늘 해치려고 도모하던 화완옹주(和緩翁主)가 몰락하자 정성을 다해 도와주었다고 한다.

한나라와 당나라가 아름다운 이름 독차지하랴 豈專漢唐

세자빈으로 맞이하던 해가 돌아와 歲廻迎渭

장수를 축원하는 예를 거행하니[263] 禮擧祝罔

큰 덕은 반드시 복록을 얻는다는[264] 大德必得

그 이치 흐릿하지 않네 理非蒼茫

그런데 어찌하여 하루저녁에 云胡一夕

보무의 빛이 사그라졌는가[265] 寶婺淪芒

우레 같은 환호성이 쟁쟁하더니 雷歡方殷

눈물이 문득 하염없이 흐르네 雨泣忽滂

왕후의 예복은 홀로 묵어가고 衣陳翟褘

**262** 명덕황후(明德皇后)와 문덕황후(文德皇后) : 명덕황후는 한나라 복파장군(伏波將軍) 마원(馬援)의 딸인 명덕마황후(明德馬皇后)를 가리키는데, 검소하게 생활하여 항상 거친 베를 입었다고 한다. 문덕황후는 태종(太宗)의 황후이고 장손성(長孫晟)의 딸인데, 독서를 좋아하고 덕이 있어서 태종이 몹시 중하게 여겼다고 한다. 《여칙(女則)》 12권을 지었다. 《後漢書 卷10上 皇后紀 明德馬皇后紀》《新唐書 卷76 后妃列傳上 太宗文德長孫皇后》

**263** 세자빈으로……거행하니 : 1821년(순조21) 1월 1일에 순조가 창덕궁 인정전에 나아가 효의왕후가 정조 임금과 혼인한 지 60년이 된 것을 기념하여 축수를 드리고 죄인을 방면한 일이 있다. 원문의 '영위(迎渭)'는 왕비를 맞이하는 예를 가리킨다.

**264** 큰……얻는다는 : 《중용장구》 제17장에 "큰 덕의 소유자는 반드시 이에 합당한 지위를 얻고, 반드시 이에 합당한 작록을 받고, 반드시 이에 합당한 명예를 얻고, 반드시 이에 합당한 수명을 얻게 마련이다.〔大德必得其位, 必得其祿, 必得其名, 必得其壽.〕"라는 말이 있다.

**265** 어찌하여……사그라졌는가 : 효의왕후가 1821년(순조21) 3월 9일에 창덕궁 자경전(慈慶殿)에서 승하한 것을 가리킨다. 보무(寶婺)는 무녀성(婺女星)으로 왕후를 지칭한다.

거처하시던 침전은 적막해지니 塵閴蘭房
외로운 우리 주상께서 煢煢我后
검은 낯빛으로 애통해하시네 深墨哀傷
저 분수의 그늘을 바라보니 瞻彼汾陰
백운향이라 말하는데[266] 曰維雲鄕
새로 만든 능침이 무성하여 鬱蔥新阡
그 곁을 벗어나지 않았네[267] 不違伊傍
건릉을 옮기려 터를 잡고 㶚遷載卜
노나라 합장으로 장례를 지내려 하니[268] 魯祔將襄
한강에 뜬 배가 泛有漢舟
완연히 옛날 상수를 건너는 듯하네[269] 宛古涉湘

**266** 저……말하는데 : 화성에 새로 조성한 행궁(行宮)과 그 옆의 현륭원을 가리키는 듯하다. 원문의 '분음(汾陰)'은 산서성을 흐르는 분수(汾水)의 남쪽으로, 한무제가 이곳에서 보정(寶鼎)을 얻어 여기에 후토사(后土祠)를 세우고 제사를 올린 일이 있다. 《漢書 武帝紀》 백운향(白雲鄕)은 곧 천제(天帝)가 사는 곳을 가리키는데, 저승을 고상하게 부르는 말이다.

**267** 새로……않았네 : 1800년(정조24) 6월 28일에 정조가 창경궁 정침에서 붕어하여 그해 겨울 11월 6일에 수원의 현륭원 동쪽 건릉(健陵)에 장례를 지낸 것을 가리킨다.

**268** 건릉을……하니 : 1821년(순조21) 3월 9일에 효의왕후가 승하하여 장례를 치르게 되었는데, 3월 22일에 영돈녕부사 김조순이 건릉의 위치가 풍수에 적합하지 않고 지나치게 습하다고 상소를 올려 순조의 윤허를 받았다. 이에 건릉을 현륭원 서쪽 언덕으로 옮기고, 9월 13일에 효의왕후를 합장하였다.

**269** 한강에……듯하네 : 효의왕후가 죽어서 한강을 건너 남편이 묻힌 화성의 건릉으로 가는 것을 가리킨다. 옛날 요 임금의 딸 아황(娥皇)과 여영(女英)이 순 임금에게 시집을 가서 왕비가 되었는데, 순 임금이 남쪽 지방을 순행하다가 죽어 창오(蒼梧)의 들에 묻히자, 두 왕비가 순 임금을 그리워하면서 통곡하다 상강(湘江)에서 죽으니,

| | |
|---|---|
| 한가을의 소나무와 잣나무는 | 三秋松栢 |
| 서리 이슬 맞아 싸늘한데 | 霜露其涼 |
| 현륭원이 매우 가까우니 | 園寢孔邇 |
| 신령이 오르내리며 서로 만나시리 | 陟降相望 |
| 만년토록 동방에 | 萬年大東 |
| 복이 첩첩이 쌓이도록 | 累福穰穰 |
| 아득히 노닐며 옥난간에 임하시어 | 遊邈臨欄 |
| 상제께 호소하러 하늘문을 밀치고자 하시리 | 訴欲排閶 |
| 엎드려 생각건대 신 등은 | 伏念臣等 |
| 자취가 왕실의 인척이 되어 | 迹忝懿戚 |
| 어버이상을 당한 듯 애통한데 | 慟切如喪 |
| 말을 진술하여 슬픔을 펴오니 | 陳辭薦哀 |
| 이르시어 소박한 술잔을 흠향하소서 | 冀格泂觴 |

사람들이 상부인(湘夫人)이라고 칭하였다고 한다.《列女傳》

## 효명세자 진향문[270]

孝明世子進香文

| | |
|---|---|
| 삼가 생각건대 저하께서는 | 恭惟邸下 |
| 나라의 원량이시라 | 邦之元良 |
| 세자의 자리에 오르시어 | 貳極正位 |
| 억조창생들의 희망이었습니다 | 兆民係望 |
| 지난날 우리 선왕께서 | 昔我寧考 |
| 중년에 승하하시니 | 中身陟方 |
| 어렵고 중대한 왕업을 | 艱大之業 |
| 우리 주상께 남기셨습니다 | 遺我嗣王 |
| 주상께서 어린 나이에 | 王在沖齡 |
| 새벽부터 밤중까지 겨를 없이 힘썼으나 | 夙夜不遑 |
| 국세가 외롭고 위태로워 | 國勢孤危 |
| 근심과 걱정이 끝이 없었습니다 | 憂虞未央 |
| 하늘이 마음으로 우릴 돌아보시어 | 天心眷顧 |
| 경사가 나라에 이어지니 | 慶延宗祊 |
| 지난 기사년에 | 太歲在巳 |
| 별이 무지개처럼 흘러 상서가 나타났습니다[271] | 流虹呈祥 |

**270** 효명세자(孝明世子) 진향문 : 1830년(순조30)에 순조의 장자 효명세자(1809. 8. 9~1830. 5. 6)의 영전에 향을 올리며 지은 제문이다. 효명세자의 장례일은 1830년(순조30) 8월 4일로 그 능을 연경묘(延慶墓)라 하였다. 자세한 내용은 앞의 〈효명세자 연경묘 지문(孝明世子延慶墓誌文)〉 참조.

| | |
|---|---|
| 달을 채워 순산함은 직보다 훌륭했고 | 誕彌邁稷 |
| 늦지 않음은 탕과 같아[272] | 不遲如湯 |
| 신명과 사람이 오직 의지하니 | 神人攸托 |
| 탁월하여 범상치 않았네 | 嶷然非常 |
| 용과 봉 같은 자태에 | 龍鳳之姿 |
| 금과 옥 같은 관상으로 | 金玉其相 |
| 총명하고도 효성스럽고 공손하니 | 聰明孝友 |
| 타고난 재능이 날로 드러났네 | 天賦日彰 |
| 네 살에 세자가 되어 | 四齡蒼邸 |
| 책봉하는 옥책이 찬란하였는데[273] | 典冊斯煌 |

**271** 지난……나타났습니다 : 순조와 순원왕후 사이에 효명세자가 태어난 것을 가리킨다. 원문의 '유홍(流虹)'은 여기서 세자의 탄생을 비유한 말이다. 황제(黃帝)의 비 여절(女節)이 별이 무지개처럼 흘러서 화저(華渚) 땅으로 흐르는 것을 보고, 이윽고 그 무지개와 교감하는 꿈을 꾸고서 아들 소호씨(少昊氏)를 낳았다는 고사에서 온 말이다. 《宋書 卷27 符瑞志上》

**272** 달을……같아 : 효명세자가 하늘의 명을 받아 제때 순조롭게 태어난 것을 가리킨다. 달을 채워 낳음이 직(稷)보다 훌륭했다는 것은 《시경》 〈대아(大雅) 생민(生民)〉에 "맨 처음 사람을 낳은 이가 바로 강원이시다……곧 낳아서 곧 기르시니 바로 후직이셨네. 열 달을 꼭 채워서, 첫아이를 양새끼처럼 순산하였네.〔厥初生民, 時維姜嫄.……載生載育, 時維后稷. 誕彌厥月, 先生如達.〕"라고 한 데서 온 말이다. 탕(湯)처럼 늦지 않게 태어났다는 것은 《시경》 〈상송(商頌) 장발(長發)〉에 "하늘의 명이 어그러지지 않아, 탕왕에 이르러 천심과 가지런해졌네. 탕왕이 때에 맞추어 강림하사, 성스럽고 공경스러움이 날로 상승하였네.〔帝命不違, 至于湯齊. 湯降不遲, 聖敬日躋.〕"라고 한 데서 온 말이다.

**273** 네……찬란하였는데 : 효명세자는 4세 때인 1812년(순조12) 7월 6일에 왕세자에 책봉되어 창덕궁 희정당(熙政堂)에서 책봉례를 치렀다.

은나라의 적자요 주나라의 적통으로 殷適周統
옛날보다 더 빛이 났네 于古有光
정축년 춘삼월에 維丁春三
학궁에 들어가 연치를 따지니[274] 齒序于庠
경전을 잡고 사부에게 나아감에 執經就傅
음과 토가 낭랑하였네 音吐硠硠
용모가 의젓하고 容儀儼若
의심을 질문함이 자세하니 疑問審詳
선비들이 반수교에 모여들어 青衿圜橋
담처럼 둘러싸고 주목하였네 萬目如墻
배로 다리 만들어 친영하니 드러나지 않으랴 舟梁不顯
하늘에 비할 덕으로 시어머니의 어여쁨을 받았고[275] 俔天媚姜
붉은 돼지의 길몽을 꾸고서 赤彘符兆

**274** 학궁에……따지니 : 효명세자는 1817년(순조17) 3월 11일에 문묘(文廟)에 나아가 작헌례(酌獻禮)를 행하고 이어 입학례를 행하였다.

**275** 배로……받았고 : 효명세자가 세자빈을 맞이하자 세자빈이 시어머니인 혜경궁 홍씨의 사랑을 받았다는 의미이다. 1819년(순조19) 10월 11일에 부사직 조만영(趙萬永)의 딸 풍양 조씨(豐壤趙氏, 1808~1890)를 효명세자의 빈으로 책봉하니, 훗날 신정왕후(神貞王后), 즉 조대비(趙大妃)이다. 배로 다리를 만든다는 것은 왕비를 맞는다는 의미로 《시경》 〈대명(大明)〉에 "큰 나라가 딸을 두니 하늘의 누이에 견줄 만하네. 납폐의 예 갖춰 그 길상 정하시고 위수에서 맞아 오네. 배로 다리를 놓으니 그 영광 드러나지 않으랴.〔大邦有子, 俔天之妹. 文定厥祥, 親迎于渭. 造舟爲梁, 不顯其光.〕"라고 한 데서 온 말이다. 주강(周姜)의 어여쁨을 받는다는 것은 세자빈이 되어 왕비의 사랑을 받는다는 의미이다. 《시경》 〈대아(大雅) 사제(思齊)〉에 "엄숙한 태임이 문왕의 어머니이시니, 주강에게 사랑을 받아 경실의 며느리가 되었도다.〔思齊太任, 文王之母. 思媚周姜, 京室之婦.〕"라고 한 데서 온 말이다.

| | |
|---|---|
| 어느덧 아들을 얻었네[276] | 居然弄璋 |
| 이마를 쓰다듬고 엿으로 어르면서 | 撫額含飴 |
| 아침부터 저녁까지 곁에 두니 | 昕夕置傍 |
| 한 지붕에 세 성인[277]이라 | 一堂三聖 |
| 백세토록 창성할 만했네 | 百世熾昌 |
| 우리 주상께서 재위 삼십 년째에 | 我后卅載 |
| 여유롭게 의상만 드리울 만하니[278] | 儼垂衣裳 |
| 세자가 몹시 공손하고도 검소하여 | 篤恭克儉 |
| 진실로 태평시대를 이을 만했네 | 允迪平康 |
| 요 임금의 연세가 아직 지치지 않았는데 | 堯年未倦 |
| 순 임금의 섭정이 더욱 빛이 났듯이 | 舜攝彌章 |
| 대리청정의 계책을 홀로 결단하시니 | 大計獨斷 |
| 한나라 당나라의 명군보다 훨씬 뛰어났네 | 遠邁漢唐 |
| 세자가 소를 올려 진심으로 사양하니 | 手疏籲衷 |
| 글자가 썰어낸 기름덩이처럼 매끄러웠는데 | 字如截肪 |
| 세 번 힘써 사양하고서 | 三讓黽勉 |

**276** 붉은……얻었네 : 1827년(순조27) 7월 18일에 원손(元孫)을 낳은 것을 가리킨다. 이분이 훗날 헌종(憲宗, 1827~1849)으로 이름은 환(奐), 자는 문응(文應), 호는 원헌(元軒)이다. 1830년(순조30) 왕세손에 책봉되었고, 1834년 순조가 죽자 이해 8세의 어린 나이로 경희궁 숭정문(崇政門)에서 즉위하였다.

**277** 세 성인 : 순조와 순원왕후와 효명세자를 가리킨다.

**278** 여유롭게……만하니 : 임금의 정치가 훌륭하여 아무 일을 하지 않고도 저절로 다스려짐을 가리킨다. 《주역》〈계사전 하(繫辭傳下)〉에 "황제와 요와 순이 의상을 늘어뜨리고 있으매 천하가 다스려졌다.〔黃帝堯舜, 垂衣裳而天下治.〕"라고 하였다.

중희당에서 백관의 하례를 받았네[279] 受賀于堂
막중한 임무를 부여받아 任重托付
전일한 뜻으로 임금의 정치를 드높이니 志專對揚
밝고 밝은 성상의 가르침을 明明聖訓
경황없는 중에도 잊지 않았네 造次毋忘
만 가지 정무를 살피면서 萬機思攬
터럭만큼도 놓치지 않으니 靡遺毫芒
갖옷과 그물을 다스림에 若裘若網
옷깃과 벼리를 당기듯했네 乃領乃綱
권면하고 감독하며 以勸以董
너그럽고 강직하게 하니 克寬克剛
백관들이 따르며 두려워하여 百僚率慴
힘을 다해 부지런히 힘썼네 竭蹶踉蹌
아름다운 사당에 奕奕廟宮
제사를 올림이 매우 성대하여 有事孔將
의식을 단속하고 음악을 살피니 儀飭音審
제기는 정결하고 술은 향기로웠네 豆潔樽芳
푸른 홀은 높고 높은데 蒼圭嶷嶷
푸른 패옥소리 쟁쟁 울리네 蔥珩鏘鏘
어긋나지도 해이하지도 않아 不愆不懈

**279** 세……받았네 : 순조가 내린 대리청정의 명은 1827년(순조27) 2월 9일에 있었는데, 효명세자는 2월 18일에 창덕궁 인정전에서 백관의 하례를 받고 대리청정을 시작하였다.《純祖實錄 27年 2月 9日, 18日》

이미 정성스럽고 또 장중했네 既肫又莊
정사는 측은지심을 넓히니 政擴仁端
근원이 샘솟고 불이 타오르듯 했고 源混炎爀
백성을 다스림에 고통을 품어주어 齊民抱苦
상처 난 자를 보듯 슬퍼하였네 若恫如傷
남쪽에 기근 들고 북쪽에 재앙이 닥치면 南饑北祲
진휼 창고[280]를 다 기울였고 竭樁傾棠
거듭 지방관을 신칙하여 申告長吏
도망하는 자가 없도록 하라 명하였네 蠲爾逃亡
우리에게 큰 덕으로 보답해주시니 報我大德
천지로도 헤아릴 수 없이 天地莫量
옥첩에 선정을 새기고 鏤玉於牒
술잔으로 장수를 송축했네 頌斗于觴
예가 융성하고 정성이 간절하니 禮隆誠切
나라의 복록이 한량이 없으리라 邦籙無疆
자애와 효성이 모두 지극하니 慈孝兩至
온 조정이 높이고 우러렀네 滿庭顒卬
인재를 모음이 이미 넓으니 蒐羅旣廣
온 천지가 한 집안처럼 되었고 庭衢八荒
우리에게 좋은 소리로 회유하여 懷我好音

**280** 진휼 창고 : 원문의 '갈장(竭樁)'은 송나라 때 비상시를 대비해 만든 창고인 봉장(封樁)을 다 기울인다는 말이고, '경당(傾棠)'은 당읍(棠邑)에 마련해둔 진휼 창고를 연다는 뜻으로 《맹자》 〈진심 하(盡心下)〉에 보인다.

바다처럼 품어주고 수풀처럼 감춰주었네[281] 海納藪藏
가까이선 토끼그물 치는 야인을 노래하였고[282] 邇詠椓罝
멀리선 현자를 초빙함을 고대하였네[283] 遐翹縶場
풍속이 무성하고 화락해지니 蔥蔥欣欣
비가 개고 해가 나오는 듯하였네 濡雨向陽
세월이 점차 흐를수록 日月駸馳
탄식과 근심이 길어졌으나 慨憂以長
도가 어찌 사람을 어기겠는가 道豈違人
깨닫고 나면 절로 막힘이 없는 법이라네 覺自無障
화려함은 길이 멀리하고 芬華永閣
경전이 책상에 놓였으니 經典在床

**281** 우리에게……감춰주었네 : 선정을 베풀어 모든 인재를 너그럽게 포용해주었다는 의미이다. 《시경》 〈반수(泮水)〉에 "저 부엉이 날아와서, 반궁의 숲에 모이도다. 우리 뽕나무 오디를 먹고, 나를 좋은 목소리로 회유하도다.〔翩彼飛鴞, 集于泮林. 食我桑黮, 懷我好音.〕"라는 말이 나온다. 《춘추좌씨전》 선공(宣公) 15년 조에 "내와 못은 더러운 것을 받아들이고, 산의 숲은 나쁜 물건을 감추어주고, 아름다운 옥은 흠결을 숨겨 간직하고, 나라의 임금은 더러운 것을 포용하나니, 이것이 바로 하늘의 도이다.〔川澤納汚, 山藪藏疾, 瑾瑜匿瑕, 國君含垢, 天之道也.〕"라고 한 데서 온 말이다.

**282** 가까이선……노래하였고 : 효명세자의 덕화로 미천한 자들까지 순박하게 변했다는 말이다. 《시경》 〈토저(兎罝)〉에 "정돈된 토끼 그물이여, 말뚝 소리 정정하도다.〔肅肅兎罝, 椓之丁丁.〕"라고 하였는데, 주희(朱熹)는 주석에서 현명한 인재가 많아 비록 토끼를 잡는 야인이라도 그 쓸모 있는 재주가 오히려 이러했다고 풀이하였다.

**283** 멀리선……고대하였네 : 효명세자가 뛰어난 인재를 널리 등용한 것을 가리킨다. 《시경》 〈백구(白駒)〉에 "깨끗한 흰 망아지가 채소밭 망친다는 구실을 붙여, 붙잡아 매어두고 오늘 못 떠나게 하고는, 그분이 우리 집에서 소요하게 하리라.〔皎皎白駒, 食我場苗, 縶之維之, 以永今朝, 所謂伊人, 於焉逍遙.〕"라고 하였다.

어느 하루에 사욕을 이겨 예로 돌아가니 一日克己
어진 명성이 양양하였네 仁聞洋洋
휘경원의 보령이 徽園寶甲
문득 회갑이 돌아오니 奄週星霜
장차 궁중에서 하례를 드리고자 하여 將展于宮
성상의 사모가 성대하였네 聖慕皇皇
왕비의 의상에 비단 끈 늘어지고 翟褘綺綬
제왕의 수레가 행차를 갖추니 金根成行
태자도 주상을 호종하며 鶴駕陪鑾
머지않아 행장을 꾸미려 하였네 指日戒裝
그리나 운수가 꺾이고 막히게 될 술을 豐嗇泰否
몽매간에 상상이나 했으랴[284] 夢寐何嘗
하늘은 어찌 가엾이 여기지 않아 云何不弔
이런 참혹한 재앙을 만나게 했는가 罹此酷殃
오호라! 예기치 않은 질병에 嗚呼无妄
십여 일간 경황이 없더니 一旬蒼黃
우리 열성조를 모시려고 侍我列聖
갑자기 백운향으로 오르셨네 倏賓雲鄕
주상과 중전께 슬픔을 끼침에 兩殿貽慽

**284** 휘경원(徽慶園)의……했으랴 : 휘경원은 정조의 후궁이며 순조의 생모인 수빈 박씨(綏嬪朴氏, 1770~1822)를 가리킨다. 순조는 1830년(순조30) 5월 8일에 수빈 박씨의 회갑을 맞아 친히 경우궁(景祐宮)에 나아가 작헌례(酌獻禮)를 행하고자 하였는데, 불행히도 효명세자가 5월 6일에 홍서하여 중지하였다.《純祖實錄 31年 5月 8日》《國朝寶鑑 卷80 純祖朝 5 31年》

| | |
|---|---|
| 애통함이 간장에 맺혔으니 | 疚哀纒腸 |
| 누구를 의지하고 누가 계승하랴 | 疇依疇述 |
| 인간 세상 아득해졌네 | 人世茫茫 |
| 만백성이 달려가 부르짖으니 | 萬姓奔號 |
| 어버이를 여읜 것보다 어찌 덜하랴 | 何減如喪 |
| 잠깐이라도 더 사시길 바랐건만 | 曰少須臾 |
| 소원을 이룰 길 없다 하네 | 有願莫償 |
| 성대한 덕이 오래가지 못하고 | 盛德不遠 |
| 어진 명성 드날리지 못하니 | 仁風不颺 |
| 지난날 의지하던 반석이었는데 | 曩藉磐石 |
| 이제는 견고하던 기틀 고단해졌네 | 今孑苞桑 |
| 나라의 안위와 수명의 장단은 | 安危脩短 |
| 과연 누가 주장하는가 | 果孰主張 |
| 외쳐도 들어주지 않으니 | 呼不我聞 |
| 어둑하기만 한 하늘이로다 | 莫莫昊蒼 |
| 엎드려 생각건대 신 등은 | 伏念臣等 |
| 세자궁에서 광채를 의지하였고 | 依光离舍 |
| 왕후의 외가에 발자취를 들였는데 | 廁迹椒房 |
| 병구완을 제대로 하지 못했으니 | 侍疾無狀 |
| 원통하고 애통하기만 합니다 | 煩冤慟創 |
| 따라 죽어야 할 충정 저버렸는데 | 玄駒未蓐 |
| 장례 날짜가 점점 다가옵니다 | 靑烏逼襄 |
| 창자를 쥐어짜고 피눈물 흘리며 | 抽肝血泣 |
| 공경히 향을 사르옵니다 | 祗薦瓣香 |

## 과천현의 사단에 비를 기원하는 글[285]

果川縣社壇祈雨文

| | |
|---|---|
| 아! 과천현의 사단은 | 於維縣社 |
| 우리 백성의 중심이 되어 | 作我民主 |
| 백성들이 평안을 누림은 | 民之受康 |
| 신령이 은택을 널리 베푼 덕분입니다 | 神施斯普 |
| 그러나 신의 부끄러움이란 | 粤若神羞 |
| 백성들이 고통을 받는 것이라 | 則民有苦 |
| 백성들이 지금 호소하는 바를 | 民今喁喁 |
| 어찌 듣고 보지 않으십니까 | 寧莫聞睹 |
| 늦여름부터 가을까지 | 夏季徂秋 |
| 단비를 줄곧 아껴서 | 一靳膏雨 |
| 가뭄 귀신이 악독하게 날뛰어 | 朱魃肆虐 |
| 돌이 녹고 흙이 타들어갑니다 | 爍石焦土 |
| 밭의 기장은 이미 병들었고 | 旣痒稷黍 |
| 논의 벼들도 타들어가니 | 又損秔稌 |
| 관리가 순량하지 않으면 | 吏非循良 |
| 신이 노하심도 당연한 것입니다 | 咢矣神怒 |
| 아! 저 무고한 백성들은 | 欸彼無辜 |

**285** 과천현(果川縣)의……글 : 경기도 과천현 서쪽에 사직단(社稷壇)이 있었는데, 그곳의 토지신에게 기우제를 지내며 올린 제문이다. 지은 시기는 미상이다.

무엇을 믿고 살아가겠습니까 何生以怙
이에 우리의 정성을 바치고 薦我誠忱
우리의 제수를 정갈히 올립니다 潔我牲酤
신이 지닌 복의 권세를 神之有福
곧장 내려주시어 降不旋武
삼 일 동안 세차게 비를 내려 一霈三日
들판을 흠뻑 적셔주소서 原野洽溥

## 청계산 기우문[286]

青溪山祈雨文

울창한 저 청계산은　　鬱彼青溪
이 남충[287] 고을을 감싸　　拱玆南充
그곳에 계신 영험한 신이　　厥有靈神
비를 내리고 바람을 불어주십니다　　以雨以風
기도하면 들어주고　　有禱則應
감동이 있으면 통하였는데　　有感遂通
지금 이렇게 가뭄이 들어　　今玆亢陽
들판과 습지가 모두 메말랐습니다　　原隰攸同
사방의 도랑은 이미 말랐고　　四澮旣涸
모든 곡식은 불에 덴 듯한데　　衆稼如烘
뭉게구름 일어나 잠깐 캄캄해지다가　　油雲乍黑
밝은 해가 쨍쨍 내리쬡니다　　杲旭旋紅
비유하자면 저 큰 화로에　　譬彼洪爐
눈송이 몇 점이 녹는 듯하니　　點雪其融
백성들이 낟알을 어찌 구하겠습니까　　民將曷粒
죽어서 골짜기에 구르지 않겠습니까　　不于壑中

**286** 청계산(青溪山) 기우문 : 청계산에 기우제를 지내며 올린 제문인데 지은 시기는 미상이다. 청계산은 과천현 동쪽 8리 지점에 있는 산으로 청룡산(青龍山)이라고도 한다.

**287** 남충(南充) : 과천을 달리 부르는 말이다. 중국의 과주(果州)에 남충현이 있었던 데서 유래한 듯하다.

| | |
|---|---|
| 저들이 실로 무슨 죄입니까 | 彼實何辜 |
| 생각할수록 마음만 애달파집니다 | 願言心恫 |
| 신께서 가까이 계시니 | 神之邇止 |
| 우리의 말을 잘 들으셨을 것입니다 | 聽我克聰 |
| 우리에게 세찬 빗줄기를 내려주시어 | 畀我沛然 |
| 흠뻑 적셔주소서 | 膏之芃芃 |
| 흉년이 풍년으로 바뀌면 | 回歉爲穰 |
| 장차 누구의 은공이겠습니까 | 將誰之功 |

# 관악산 기우문

冠嶽山祈雨文

큰 강의 남쪽에 大江之南
관악이란 산이 있어 嶽以冠名
백성들이 우러러보고 具民之瞻
서울의 울타리 되었네 神都之屛
구름과 이내가 일었다 사라지고 雲嵐興沒
골짜기와 산굴이 어둑하니 洞岫渺冥
땅이 이미 아름답고 地旣云佳
신령 또한 매우 영험하십니다 神亦孔靈
우리 백성을 보우하심이 佑我邦人
천만년이 되었으니 維千萬齡
백성들이 의지하고 신령이 응하심이 以憑以應
마치 그림자가 몸을 따르듯 하였습니다 若影與形
아! 오늘날 가뭄이 들어 嗟今之旱
들에 푸른빛조차 없는데 野旣無靑
새는 구름을 무엇으로 기우랴 何補漏雲
더욱 간절히 천문만 살피네 冞切瞻星
살아남은 백성이 없다면 民如靡遺
신이 어찌 홀로 평안하시겠습니까 神詎獨寧
덮어주시는 것은 하늘이니 自天其覆
우리의 호소를 들어주소서 自我其聽

| | |
|---|---|
| 뭉게뭉게 구름을 일으켜 | 興之祁祁 |
| 저 사방 들녘을 적셔주소서 | 洽彼四坰 |
| 나의 정성 이미 간절하여 | 我精旣皦 |
| 이 향기로운 제수를 올립니다 | 薦此苾馨 |

## 마마신을 전송하는 글[288]

送痘神文

을축년(1805, 순조5) 2월 15일에 우리 성상께서 이때 마마를 앓았는데, 이틀 만에 발진이 생겨 사흘 만에 불어났고, 또 사흘 뒤에 고름이 맺혔고, 또 사흘 뒤에 딱지가 앉았다.

나라 풍속에서는 마마신을 공경하여, 마마를 앓을 때엔 몹시 조심스럽게 섬겼고, 이미 앓고 난 뒤에는 전송하는 예를 행하였으니, 궁중의 고사(故事)에선 더더욱 이것을 중히 여겼다.

이에 유과와 인절미, 고기구이와 고깃국, 전과 살코기, 청주 백 단지와 갖가지 안주를 올려서, 신이 모두 취하고 배가 불러 무양(巫陽 무녀)에게 의지하니, 이에 흰 띠풀을 엮어 말린 밥과 식량을 싸고 무늬 있는 말과 채색비단으로 그 행차에 제를 올리며 다음과 같이 고합니다.

마마신이 오고 감에 조짐도 없고 형체도 없고, 보이지도 않고 들리지도 않으며 헤아려 생각할 수도 없도다. 그러나 생각건대 내가 신께 복을 받는다면 즐거움이 더 비할 데가 없을 것입니다.

삼가 생각건대, 우리 성상께서 크나큰 왕업을 계승하시어 하늘과 땅의 신령과 사람을 주관하지 않음이 없으니, 상제께서 내려주신 바이

288 마마신을 전송하는 글 : 1805년(순조5) 2월에 순조가 마마에 걸렸다가 회복된 뒤에, 이를 전송하기 위해 지은 글이다. 《순조실록》에는 동년 2월 18일 기사에 임금에게 마마 증세가 있어 도총부에 시약청을 설치하였다는 기사가 처음 등장한다. 참고로 《무명자집 시고(無名子集詩稿)》 제4책에 실린 〈성두가 병서(聖痘歌 幷序)〉란 시도 이때 순조가 마마를 앓은 내력을 읊은 것이다.

고 오르내리는 영령들이 편안히 해주신 바입니다. 모든 신령과 신선이며 부처가 이를 보호해주시고, 팔방의 신민들이 이구동성으로 송축하니, 마마신이 신령하지 않으면 그만이거니와 만약 신령함이 있다면 그 신령함을 발휘함이 또한 마땅할 것입니다. 아! 아름답습니다.

상상께서 처음 마마를 앓은 것이 시작부터 끝까지 십여 일 동안이었는데, 신기(神氣)가 평안하고 고요하여 혼미하거나 어지럽지 않았고, 잠을 자고 일어나는 것과 응대하는 절차가 평상시와 다름이 없었습니다. 성인의 몸이 건도(乾道)를 본받아 강건하여 태평만세의 경사가 마치 부절을 잡은 듯이 확실하였습니다.

저 마마가 처음 발진하였을 때는 빛나는 것이 모래알이 반짝이는 듯했고, 이미 부풀어오르게 되어선 말간 것이 구슬이 빛나는 것과 같았으며, 고름이 생겨 익어갈 때에는 밀랍이 푸른빛을 띤 것과 같았으며, 딱지가 앉아 떨어지려 할 때에는 포도가 붉은빛을 머금은 것과 같았습니다. 이것은 모두 의가(醫家)에서 이른바 '성두(聖痘)'[289]로 길상의 조짐이니, 사람의 힘으로 만들 수 있는 것이 아니라, 신이 과연 영험을 보이신 것이어서 그 공을 잊을 수 없습니다. 지금 신을 배나 수레에 싣고서 인도하여 동으로 서로 남으로 북으로 가고자 합니다. 오직 신이 바라는 바가 물입니까, 땅입니까? 신이여 어디에서 흠향하시렵니까? 신이시여, 신이시여!

우리 성상께서 하늘의 인자함을 본받아 임금의 도를 세우시어, 다섯 가지 복을 거두어 모아 만백성에게 베풀어주셨음은[290] 신께서도 아시는

**289** 성두(聖痘) : 마마가 미미하게 돋아 순조롭게 경과하는 것을 가리키는 말이다.

**290** 하늘의……베풀어주셨음은 : 《서경》 〈홍범(洪範)〉에 "황극은 임금이 극을 세움

바입니다. 신께서는 우리 성상의 자애롭게 길러주고 살려주기를 좋아하는 덕을 체득하여, 우리 백천억 명의 남녀로 하여금 오늘의 남은 경사를 맞이할 수 있게 해주신다면, 신의 은혜가 또 장차 대대로 쇠하지 않을 것입니다. 신이시여, 신이시여! 밝게 들어 어긋남이 없게 해주소서.

이니, 이 오복을 거두어 여러 백성에게 복을 펴서 주면 이 백성들이 너의 극에 대하여 너에게 극을 보존함을 줄 것이다.〔皇極, 皇建其有極, 斂是五福, 用敷錫厥庶民, 惟是錫厥庶民, 于汝極, 錫汝保極.〕"라고 하였다.

## 한천서원이 사액될 때에 고유한 글[291]

寒泉書院賜額時告由文

| | |
|---|---|
| 선생께서 태어나시니 | 先生之作 |
| 유학에 빛이 있게 되었고 | 斯文有光 |
| 선생께서 돌아가시니 | 先生之沒 |
| 백세토록 도가 길이 전해졌습니다 | 百世道長 |
| 아! 선생께서는 | 於惟先生 |
| 품부 받음이 보통을 뛰어넘어 | 厥稟超常 |
| 물에 비친 달 같은 정신에 | 水月之精 |
| 구름 비단 같은 문장을 지녔습니다 | 雲錦之章 |
| 약관에 이름을 떨쳐 | 弱冠蜚英 |
| 현명한 신하로서 밝은 임금을 만나니 | 遭際明良 |

**291** 한천서원(寒泉書院)이……글 : 1802년(순조2) 1월 28일에 경기도 용인(龍仁)의 한천서원(寒泉書院)에 사액(賜額)이 내려질 때 그 내력을 서술하여 도암(陶菴) 이재(李縡, 1680~1746)의 영전에 올린 글이다. 이때의 사액은 경기도 용인의 유생 정규채(鄭奎采) 등의 상소에 따른 것이다. 이재의 본관은 우봉(牛峯), 자는 희경(熙卿), 호는 도암(陶菴)·한천(寒泉)이다. 1702년(숙종28) 문과에 급제, 숙종 대에 내외직을 두루 역임하였고, 경종과 영조 초년에 대제학을 두 차례 역임하였으며, 벼슬이 판서에까지 올랐다. 영조의 탕평책을 부정한 노론 준론(峻論)의 대표적 인물로 1727년(영조3) 정미환국으로 소론 중심의 정국이 되자 문외출송되었으며, 이후 용인의 한천(寒泉)에 거주하면서 많은 학자를 길러냈다. 호락논쟁(湖洛論爭)에서는 외암(巍巖) 이간(李柬)의 학설을 계승해 한원진(韓元震) 등의 심성설(心性說)을 반박하는 낙론의 입장에 섰다. 저서에 《도암집》과 《사례편람(四禮便覽)》 등 많은 저술이 있다. 시호는 문정(文正)이다.

명성과 도가 함께 융성하여　名與道隆
때에 맞게 행하고 물러났습니다　行以時藏
국가의 위난을 붙들어주고　大鼎絲扶
거센 물결을 든든히 막으시니　洪流砥障
밝게 빛나는 고상한 풍모는　皭然高風
나약한 이를 일으키고 과격한 이를 두렵게 하였습니다　立懦瞿狂
동림에서 강학하며　奉身東林
주자의 학술을 계승하니[292]　纘承紫陽
한 번 변한 용기는　一變之勇
봉황이 높이 나는 듯하였습니다[293]　若鳳高翔
염락사수의 학문을　洛濂泗洙
종횡으로 넘나들어　橫縱津梁
마음에 익숙하고 눈이 밝아지니　心慣眼明
탄탄대로를 편안히 걷는 듯하였습니다　坦步康莊
하늘과 사람이 같은 근원에서 나옴을　天人一原
정밀하게 가려 자상하게 말하니　擇精語詳

**292** 동림(東林)에서……계승하니 : 도암 이재가 벼슬에서 물러나 재야에서 강학하며 학문에 골두한 것을 가리킨다. 동림은 명(明)나라 신종(神宗) 연간에 고헌성(顧憲成) 등이 동림서원(東林書院)을 중심으로 학문을 논하며 조정의 정사를 비평한 동림당(東林黨)을 가리키는데, 여기서는 도암 이재가 재야에서 강학하며 정치에도 관여한 것을 가리키는 듯하다.

**293** 한……듯하였습니다 : 도암 이재가 중부(仲父) 이만성(李晩成, 1659~1722)이 신임사화에 얽혀 옥중에서 죽자, 벼슬을 버리고 온 식구를 이끌고 강원도 인제(麟蹄)로 들어가 독서한 것과 1728년(영조4)에 모친이 졸하자 용인의 한천(寒泉) 선영에 장례를 치르고 그곳에 눌러앉아 제생들과 강학한 것을 가리킨다.

봄 우레가 벌레를 깨우듯 春雷發蟄
지남철이 방향을 가리키듯 했습니다 司南指方
우암의 깊은 학문에 尤門潭奧
방에 들어가서 걸상에 올랐으니[294] 入室登床
옥처럼 그 온화함을 다듬고 玉琢其溫
쇠처럼 그 단단함을 단련하였습니다 金淬其剛
참으로 군자이시니 允矣君子
덕음을 잊을 수 없습니다 德音不忘
이 한천서원을 돌아보니 眷玆寒泉
초상화가 당에 걸렸습니다 七分在堂
제수를 갖춰 성대히 예를 올리려 도모하니 俎豆晟禮
모든 이가 좋다고 하였습니다 詢謨其臧
성상의 은혜가 하늘에서 내려와 龍光自天
아름다운 편액이 찬란하게 빛났습니다 璇額煌煌
우리 유생들과 함께 造我靑衿
거듭 성대히 고하노니 申告洋洋
아! 만년토록 동방에 於萬大東
유학의 경사가 되어주소서 斯文之慶

**294** 우암(尤庵)의……올랐으니 : 도암 이재가 우암(尤庵) 송시열(宋時烈), 수암(遂菴) 권상하(權尙夏), 외암(巍巖) 이간(李柬)으로 이어진 낙론(洛論)의 계승자임을 가리킨다.

## 옥호동 토지신에게 올린 제문[295]

祭玉壺洞土地文

| | |
|---|---|
| 백악산 | 白岳之山 |
| 우뚝한 봉우리가 | 巖巖其巓 |
| 구불구불 뻗어 내려 | 旣支旣迤 |
| 수려하고 곱습니다 | 載秀載姸 |
| 오직 이 옥호동은 | 惟玆玉壺 |
| 작은 선경으로 | 是小洞天 |
| 입구는 벌어져 트였고 | 口呀而決 |
| 속은 넓고 둥그렇습니다 | 腹恢而圓 |
| 묵은 느릅나무가 중간에 자라 | 古榆中立 |
| 열 아름 되도록 우거지니 | 十圍翳然 |
| 저 어리석은 백성들이 | 彼氓蚩蚩 |
| 너무 우거져 살아가지 못합니다 | 蕪不隱焉 |
| 무당의 푸닥거리며 소경의 독경소리가 | 叢禱瞽祝 |
| 번잡하기 짝이 없어 경건치 못하므로 | 瀆褻靡虔 |
| 시난날 내가 와서 노닐다가 | 昔我來遊 |
| 탄식하며 이내 발길을 돌렸습니다 | 歎息言旋 |

**295** 옥호동(玉壺洞)……제문 : 풍고가 서울 삼청동의 옥호정사(玉壺精舍)를 경영하고자 하면서 토지신에게 올린 제문이다. 풍고는 1804년(순조4)경에 삼청동에 거주하던 장씨(張氏)로부터 토지를 구입하여 옥호(玉壺)라는 이름을 붙였는데, 아마 이때로부터 1813년(순조13) 사이에 이 글을 지은 것으로 보인다. 《東省校餘集 續呈竹里老叔先生》

| | |
|---|---|
| 지금 내가 집터를 구하면서 | 今我問舍 |
| 돌아보고 활짝 웃으니 | 顧笑翩翩 |
| 초목을 베고 땅을 고르면 | 芟剬鏟夷 |
| 집을 올림에 단단하고 튼튼할 것입니다 | 構固築堅 |
| 기와도 좋고 초가도 좋아 | 或瓦或茅 |
| 서까래 수십 개를 올리면 | 凡數十椽 |
| 집은 비바람 막아주고 | 室庇風雨 |
| 뜨락엔 구름 안개가 깃들 것입니다 | 庭棲雲煙 |
| 나의 처자를 거느리고 | 携我婦子 |
| 저 어진 벗님들 불러서 | 速彼友賢 |
| 여기서 눕고 여기서 우러르고 | 以偃以仰 |
| 여기서 밥을 먹고 여기서 잠들 것입니다 | 以食以眠 |
| 여기서 읊조리고 여기서 활을 쏘고 | 以誦以射 |
| 여기서 노래하고 여기서 거문고 타고 | 以歌以絃 |
| 여기서 때때로 소요하며 | 以時逍遙 |
| 여기서 오래 살기를 도모할 것입니다 | 以期永年 |
| 땅을 어찌 끝내 감추겠습니까 | 地豈終閟 |
| 사람은 절로 인연이 있는 법입니다 | 人自有緣 |
| 생각건대 토지의 신께서는 | 緬惟土地 |
| 덕을 주관하고 권세를 주관하십니다 | 主德司權 |
| 이곳에 거처하면 | 居此之處 |
| 경사와 복이 흘러 넘치리니 | 慶福流宣 |
| 신명과 사람이 서로 의지하면 | 神人相依 |
| 그 이치가 어긋나지 않을 것입니다 | 其理不愆 |

하물며 내가 집터를 살피면서　矧我胥宇
은혜를 받음이 실로 많으니　邀惠實偏
어찌 공경히 보답하지 않겠습니까　詎不祗報
이에 길일을 골랐습니다　穀日是蠲
나의 좋은 술을 따르고　奠我酌醑
나의 제수를 올리오니　薦我豆肩
신령께서 이르시어　神之格思
감응하여 조용히 머무소서　肹蠁連蜷
벌레와 뱀은 달아나 숨고　蟲虺遁藏
초목은 무성하게 자라나며　草樹茂鮮
골짜기 물은 넘치지 않고　谷潦不汰
사방 이웃들 편안하고 보전될 것입니다　四鄰安全
이것은 신의 가호 덕분이니　是賴神賜
감히 그 은혜를 잊으리까　逝敢忘旃
말을 엮어 사람을 보내 고하여　綴辭伻告
저의 성심을 바칩니다　齎誠惓惓

## 우물신에게 올린 제문[296] 석벽 아래에 작은 우물을 팠다

祭井文 鑿拓石壁下小井

| | |
|---|---|
| 진실로 아름다운 이 절벽은 | 允美玆壁 |
| 북한산의 줄기로 | 太華之經 |
| 백악산을 옹위하고 | 白嶽是拱 |
| 궁궐을 에워싸고 있습니다 | 紫垣于屛 |
| 마치 뛰어오르며 머리를 숙인 듯하고 | 若騰卷首 |
| 마치 날아오르며 깃을 펼친 듯하니 | 如飛張翎 |
| 안개와 비가 응축된 곳이고 | 霧雨所蓄 |
| 신령들이 마당으로 삼는 곳입니다 | 神祇攸庭 |
| 안으로 물의 정기를 품고 | 內孕玄精 |
| 단단히 대문을 닫아두니 | 閟其金扃 |
| 조금씩 새어나올 뿐이라 | 浸潤滲漉 |
| 쏟아지지도 않고 시원하지도 않았습니다 | 非瀵非泠 |
| 이곳 백성들이 마시려고 | 居民承飮 |
| 우물 모양으로 팠는데 | 刳象井形 |
| 둘레는 겨우 표주박을 들일 만하고 | 圍堇容匏 |
| 깊이는 병이 잠기지 않았습니다 | 窪未沈瓶 |
| 내가 시내 서쪽에 집을 지으니 | 我營溪西 |

296 우물신에게 올린 제문 : 옥호정사(玉壺精舍)를 경영한 뒤에 절벽 아래에 작은 우물을 파려고 신명에게 올린 제문이다. 지은 시기는 미상이다.

만 그루 소나무가 푸르게 둘렀는데　萬松環青
골짜기가 내 마음에 흡족하여　丘壑愜性
순리대로 살다 편안히 죽으리라[297] 맹세했습니다　永矢順寧
유독 이름난 샘물이　獨惟名泉
거의 흩어져 고이는 것이 적으니　多散少渟
은택이 저처럼 널리 펴지지 못하지만　澤彼未溥
근원이 신령치 못한 때문이 아닙니다　匪源不靈
하루아침에 샘물을 넓히면　一朝廓之
구름이 비치고 별이 잠겨　影雲涵星
높은 곳에선 이 물로 밥을 짓고　就高以食
낮은 곳에선 빨래를 할 수 있습니다　低可澣洴
마음을 씀이 이미 자세하고　運思旣審
백성들의 소망을 또 들었으니　輿誦又聽
장차 두드려 파내고자 하여　將試椎鑿
정일을 길일로 잡았습니다　吉日維丁
정갈한 곡식으로 밥을 짓고　潔粢有饋
맵고 비린 것을 멀리하여　斷遠葷腥
정성을 다하여 붓으로 써서　抽誠載筆
마음을 다해 맑은 제수를 올립니다　心薦淸馨
감히 일을 벌이기 좋아해서　非敢好事

**297** 순리대로……죽으리라 : 원문은 '순녕(順寧)'으로 송(宋)나라 장재(張載)가 지은 〈서명(西銘)〉에 "살아서는 순리대로 섬길 것이고 죽어서는 편안하리라.〔存吾順事, 沒吾寧也.〕"라고 한 것을 가리킨다.

| | |
|---|---|
| 신령을 번독스럽게 하고자 함이 아니니 | 震瀆冥冥 |
| 실로 신령의 은혜 널리 베푸시어 | 實廣神惠 |
| 천년만년 흐르소서 | 流千萬齡 |

## 깃발에 올린 제문[298]

祭旗幟文

| | |
|---|---|
| 교화와 문물이 찬란하게 드러나니 | 聲名文物之煥然 |
| 해짐에 내가 다시 만들어 | 敝予改作 |
| 총명하고 정직하며 전일한 신이여 | 聰明正直而一者 |
| 그대의 위엄과 영험함을 이에 드러냅니다[299] | 顯爾威靈 |
| 일이 이미 끝났음을 고하노니 | 工旣告功 |
| 제사를 올려 복을 받고자 합니다 | 祭則受福 |
| 생각건대 우리 훈국의 깃발에 관한 제도는 | 惟我訓局旗麾之制 |
| 실로 척씨의 병법서[300]의 규정에 따른 것입니다 | 實是戚氏韜鈐之規 |
| 청도기[301]로 군대를 인도하고 | 淸道爲導 |

**298** 깃발에 올린 제문 : 훈련도감(訓鍊都監)의 각종 깃발이 낡아 새로 만들면서 올린 제문이다. 풍고는 1802년(순조2) 10월 11일에 훈련대장에 임명되어 1809년(순조9) 4월까지 재임하였으므로 이 기간에 지은 것으로 보인다.

**299** 총명하고……드러냅니다 : 《춘추좌씨전》 장공(莊公) 32년 조에 "신명은 총명하고 정직하며 전일하기 때문에, 백성들의 소망에 따라서 복과 벌을 내린다.〔神聰明正直而壹者也, 依人而行.〕"라는 말을 인용한 것이다.

**300** 척씨(戚氏)의 병법서 : 명나라 척계광(戚繼光, 1528~1588)이 지은 《기효신서(紀效新書)》를 가리킨다. 임진왜란 이후 우리나라 군사제도에 많은 영향을 미쳤는데, 선조대에 훈련도감(訓練都監)을 설치하고 삼수병(三手兵)을 양성한 것 등이 그 사례이다.

**301** 청도기(淸道旗) : 행군 시에 선두에 두는 깃발로 부대를 인도하는 역할을 한다. 그 제도는 사방 4척이고 깃대의 길이는 8척이며 중앙은 남색, 가장자리는 홍색이다. 깃대 끝에는 꿩의 깃〔雉尾〕을 매달고 깃발 중앙에 '청도(淸道)'라는 글자를 쓴다.

금고기[302]로 호령을 발하며 金鼓發號

표미기[303]로 기한을 정하며 豹尾決期

관·마·온·조·왕을 그린 깃발[304]을 늘어세워 눈을 통솔하고[305]

列關馬溫趙王而威目

고초기[306]로 군대를 주관하고 高招主兵

여덟 각기에 사유로 나누고[307] 八角分維

**302** 금고기(金鼓旗) : 중군(中軍)의 군악대를 앞에서 취타수들의 좌작진퇴(坐作進退)를 지휘하는 깃발이다. 그 제도는 사방 6척이고 깃대의 길이는 12척이며 중앙은 황색이고 가장자리는 홍색이며 중앙에 검은 글씨로 '금고(金鼓)'라는 글자를 쓴다.

**303** 표미기(豹尾旗) : 비단을 잘라 표범의 꼬리 모양으로 만든 깃발로 길이가 7척이며, 깃대의 높이는 9척이다.일정한 자리에 세워두어 영전(令箭)이나 영기(令旗)를 지닌 자만 출입시키고, 기한을 정하여 나아가게 하되 늦게 들어오는 자를 처벌한다.

**304** 관……깃발 : 역대로 신격화된 인물이나 도교의 신장을 그린 깃발을 가리킨다. 관(關)은 삼국시대 촉나라 장수 관우(關羽)로 도교의 호법사신(護法四神)의 하나이다. 마(馬)는 마승(馬勝)으로 호법사신의 하나이다. 온(溫)은 당나라 때 장수 온경(溫瓊)으로 호법사신의 하나이다. 조(趙)는 진(秦)나라 때 인간으로 도교의 신에 오른 조공명(趙公明)으로 호법사신의 하나이다. 왕(王)은 왕선(王善)인데 왕령관(王靈官)이라 높여 부르는 도교의 신이다.

**305** 눈을 통솔하고 : 깃발의 시각적인 효과를 가리킨 말이다. 《오자(吳子)》에 "대저 비고와 금탁은 귀를 통솔하는 기물이고, 정기와 휘치는 눈을 통솔하는 기물이고, 금령과 형벌은 마음을 통솔하는 규율이다. 귀는 소리에 통솔되니 맑지 않아서는 안 되고, 눈은 색에 통솔되니 밝지 않아서는 안 되고, 마음은 형벌에 통솔되니 엄하지 않아서는 안 된다.〔夫鼙鼓金鐸, 所以威耳, 旌旗麾幟, 所以威目, 禁令刑罰, 所以威心. 耳威於聲, 不可不淸, 目威於色, 不可不明, 心威於刑, 不可不嚴.〕"라는 말이 있다. 《吳子 論將》

**306** 고초기(高招旗) : 청색·백색·적색·흑색·황색 다섯 가지 색깔로 동·서·남·북·중앙의 부대를 지휘하고 호령하는 깃발이다. 길이는 1장 2척이며, 깃대는 1장 6척이다.

**307** 여덟……나누고 : 각기(角旗)는 진영의 바깥에 보루를 설치할 때 각 모서리〔角〕

다섯 문기[308]를 바른 방위에 세우며 五門居正

용・범・뱀・거북・주작을 그려 형[309]을 구별합니다

暨龍虎蛇龜雀而辨形

세우기도 하고 눕히기도 하며 或豎或伏

천천히 흔들기도 하고 비비기도 하여 或颭或摩

이로써 삼군의 명령을 제어하고 庸制三軍之命

살리기도 하고 죽이기도 하며 有生有剋

열기도 하고 닫기도 하여 有開有合

이에 구궁진법[310]의 기이함을 장악합니다 爰握九宮之奇

돌아보건대 깃발을 만든 세월이 이미 오래되어 顧製造歷日月既多

깃발의 색깔도 비바람에 바랬습니다 而物色爲風雨所壞

그림이 새까매져 圖象黦昧

믿고 의지하기에 불안할까 염려되고 懼憑依之不安

군대의 위용이 쇠잔해져 軍容彫疲

에 한 쌍씩 세우는 깃발로 색깔은 두 방위에 따라 위아래에 각기 다른 색깔을 칠한다. 사유(四維)는 건(乾)・곤(坤)・간(艮)・손(巽)으로 서북・서남・동북・동남의 간방(間方)을 말한다.

**308** 문기(門旗) : 진영을 세운 후 각 방위의 중간에 문을 내고 그 문 좌우에 세우는 깃발이다. 조선 시대에는 바깥 보루의 각 방위에 문 1개씩 내고, 내곽인 자벽(子壁)의 남쪽에 1개소의 문을 내도록 규정되어 있다. 깃발은 다섯 방위에 따른 색을 쓰는데 언저리는 모두 황색이고 익호(翼虎)를 그렸다.

**309** 형(形) : 깃발로 하는 신호법을 가리킨다. 군대의 신호법에 정(旌)과 기(旗)를 형(形)이라 하고, 금(金)과 고(鼓)를 명(名)이라 한다.

**310** 구궁진법(九宮陣法) : 정전법(井田法)처럼 팔방과 중앙의 아홉 구역으로 만들어 운용하는 진법을 가리킨다.

보고 우러르기에 부족해짐이 한탄스럽습니다 嗟觀瞻之頓減

비록 원문[311]에서 군대를 조련하는 용도일지라도 雖轅門操練之用

본래 선명해야 마땅하거늘 固宜鮮明

하물며 임금의 행차를 호위하는 의장이 矧車駕陪扈之儀

어찌 구차스러운 것을 쓰겠습니까 寧用苟且

이에 옛것을 버리고 새것을 만들 계책을 도모하여

肆軫舍舊圖新之策

능히 이것을 늘어놓고 저것을 세우는[312] 아름다움을 이루고자 합니다

克致設此建彼之休

깃폭으로 쓸 구름과 서리 같은 흰 비단을 幅面之雲錦霜綃

마름질하여 오색의 수를 놓고[313] 裁成五色組繡

자루 끝에 쇠창을 꽂고 구슬을 매달아[314] 桿頭之鐵鋒珠絡

장식하여 충분히 장엄하게 꾸몄습니다 裝得十分莊嚴

가지런하고도 선명하니 井井央央

성벽과 보루의 정채가 깃발로 인해 변하고 壁壘之精彩爲變

**311** 원문(轅門) : 장수가 있는 영문을 말한다.

**312** 이것을……세우는 : 군영의 깃발이 성대하게 늘어선 것을 형용한 말이다. 《시경》 〈출거(出車)〉에 "여기에 조를 늘어세우고, 저기에 모를 세우노라. 저 여와 조가 어찌 펄럭이지 않으리오.〔設此旐矣, 建彼旄矣. 彼旟旐斯, 胡不旆旆.〕"라고 하였는데, 주희(朱熹)의 주에 거북과 뱀을 그린 것을 조(旐)라 하고, 소꼬리를 깃대 머리에 단 것을 모(旄)라 하고, 새매를 그린 것을 여(旟)라고 풀이하였다.

**313** 오색의 수를 놓고 : 수술이 달린 장식용 끈 영두(纓頭)를 깃대에 매단 것을 말한다.

**314** 구슬을 매달아 : 낙마(駱馬)의 붉은 갈기나 붉은 실로 만든 주락(朱絡)을 깃대에 장식한 것을 말한다.

| | |
|---|---|
| 화려하게 번쩍이니 | 赫赫焲焲 |
| 수놓은 새와 짐승의 광채가 저절로 날아오를 듯합니다 | 禽神之光怪自騰 |
| 이에 길한 날을 골라 | 乃涓令吉之辰 |
| 공손히 기도하고 굿하는 예식을 거행합니다 | 祗擧禱賽之禮 |
| 나의 큰 나팔을 불고 | 吹我大角 |
| 나의 큰 북을 치니 | 擊我鼉鼓 |
| 군사들이 몸과 마음을 깨끗이 하고 | 士皆齊明 |
| 돼지를 제수로 올립니다 | 薦以剛鬣 |
| 소뿔 술잔에 술을 따르오니 | 酌以兕觥 |
| 신께서 모두 취하고 배불리 흠향하소서 | 神具醉飽 |
| 군대가 잘 다스려지면 | 戎兵克詰 |
| 태평시대에 왕의 위령을 의지하고 | 仗王靈於太平 |
| 방패와 창을 영원히 쓰지 않아 | 干戈永韜 |
| 온 나라가 신명의 보살핌을 맞을 것입니다 | 迓冥佑於帀域 |

## 마마신을 전송하며 올린 글[315]

送痘神文

| | |
|---|---|
| 날이 길하고 때가 좋으니 | 日吉兮辰良 |
| 너른 뜨락을 쓸고 제기와 술잔을 늘어놓습니다 | 蠲廣庭兮載豆觴 |
| 깨끗하게 나의 정성 갖춰 | 皎皎兮余誠 |
| 신령의 깃발을 돌아보니 중앙에 있습니다 | 眷靈旗兮在中央 |
| 신의 덕을 헤아려보니 기원이 오래되어 | 攬神德兮世遠 |
| 주나라 진나라 때부터 시작되어 매우 드러났습니다 | 昉周秦兮孔彰 |
| 조화와 나란히 하여 찡그리고 웃었고 | 竝造化兮嚬笑 |
| 음양의 두 기운을 타고서 천지를 두루 다녔습니다 | 乘二氣兮周八荒 |
| 마마신이 올 때는 서쪽에서 오니 | 神之來兮自西 |
| 그 길이 멀고도 아득했습니다 | 路修敻兮渺茫 |
| 곤륜산은 하늘을 끊고 솟았고 | 崑崙兮截霄 |
| 모래사막은 돌다리조차 없었습니다 | 流沙兮無梁 |
| 중국을 내달릴 제엔 천지를 뒤덮었고 | 踔赤縣兮曼衍 |
| 동방으로 내려와서 서성였습니다 | 降青邱兮相羊 |
| 아홉 겹 궁궐 문에 오색구름 깊어 | 九關兮五雲邃 |
| 성상의 덕휘 바라보매 밝게 어렸는데 | 覽德輝兮紛煌煌 |
| 모든 신령께 정성 바쳐 가호를 비니 | 款百靈兮呵護 |

**315** 마마신을……글 : 궁궐에 마마신이 들었을 때 지은 것으로 보이는데, 지은 시기는 미상이다.

처마 모퉁이를 돌다 대문의 고리를 지났습니다　遶罘罳兮度倉琅
진실로 들을 수도 없고 볼 수도 없는데　允無聞兮無睹
길한 경사를 보여주어 성대하십니다　效吉慶兮洋洋
동지에 이르러 이제 정초가 되었으니　屬南至兮初元
강건한 하늘의 덕 본받아 날로 강건해지십니다　體乾健兮日康
붉은 모래가 돋아나니 신령한 싹과 같았고　丹砂發兮靈苗
진주처럼 불어나니 상서로운 빛이 돕니다　蚌珠滿兮瑞光
신령의 감응이 빨라 새가 나는 듯하니　捷靈應兮如飛
진실로 성스럽고 신령함이 정해진 방향이 없습니다　洵聖神兮無方
이미 머무르기를 아흐레 동안 하니　既連蜷兮三三
홀연 신의 생각이 고향에 가 있습니다　倏神思兮故鄉
펄럭거리니 용무늬 수레 덮개이고　旖旎兮虯蓋
너울거리는 것은 신선의 의상이니　翩躚兮霓裳
신령한 바람 불어오니 붉고도 뜨거워　敲靈飆兮爀熻
앞길을 인도하니 도성의 모퉁이입니다　導前路兮城隍
신의 조짐 있어도 헤아릴 수 없고　神有眹兮不可思
신의 은혜 내려주니 잊을 수가 없습니다　神有貺兮不可忘
이 나라 사람들이 신의 덕에 흡족하여　此邦人兮飫德
함께 기뻐하며 밀리 전송합니다　胥欣欣兮于將
구름 휘장을 펴기를 초경에 하여　張雲幔兮甲夜
아름다운 음식을 진설하니 계화주가 향기롭습니다　肴羞錯兮桂醑香
띠풀을 엮어서 자루를 만들고　紉菁茅兮爲橐
떡을 싸서 길양식을 삼아 드리고　裹粉餌兮爲粻
이에 경건하고 정갈하게 꿇어 진설하고　盺虔精兮跪敷

또 거듭하기를 승황[316]으로써 합니다 又申之兮乘黃
갖가지 늘어놓은 제수가 풍성하니 紛總總兮肸蠁
이미 취하고 이미 배불러 고양되실 것입니다 旣醉飽兮將翺
장막으로 가리고 횃불을 사름에 掩翳兮燎煇
말이 또렷해지니 무양[317]을 의지하신 듯합니다 語星星兮憑巫陽
기자를 봉한 수천 리 우리나라가 環箕封兮數千
장수하는 나라가 되어 날이 장구해집니다 隮壽域兮日舒長
홍범구주를 이어 복을 거둬 베풀어주니[318] 演範疇兮斂錫
화 땅의 축원[319]에 짝이 되니 요 임금 시대입니다 媲華祝兮陶唐
엄숙하신 신령께서 요망한 기운 내쫓아 肅神祇兮驅祲沴
백성들 요절하지 않고 해마다 풍년 들게 해주시면 民不札兮年穀以穰
이보다 더 즐거움 없음은 신의 노고이니 樂莫樂兮神所勞
만년에 이르도록 송축함이 끝이 없을 것입니다 於萬年兮頌無疆

**316** 승황(乘黃) : 본래 전설상의 신마(神馬)인데, 여기서는 마마신을 태워 전송하는 무늬 있는 말〔文馬〕을 가리킨다.

**317** 무양(巫陽) : 고대 신화에 나오는 무당의 이름으로, 천제(天帝)의 명을 받들어 죽은 사람의 영혼을 불러들인다고 한다. 《楚辭 招魂》

**318** 홍범구주(洪範九疇)를……베풀어주니 : 《서경》 〈홍범(洪範)〉에 "이 다섯 가지 복을 거두어 모아 백성들에게 골고루 나누어준다.〔斂時五福, 用敷錫厥庶民.〕"라는 말을 가리킨다.

**319** 화 땅의 축원 : 원문은 '화축(華祝)'인데, 화봉삼축(華封三祝)의 준말이다. 화(華)라는 땅의 봉인(封人)이 수(壽), 부(富), 다남자(多男子)라고 하는 세 가지로 요(堯) 임금에게 축원했던 고사를 가리킨다. 《莊子 天地》

# 종형 헐암 선생의 묘소에 올린 제문[320]

## 祭從兄歇菴先生墓文

오호라! 세상에서 형제라 종형제라 일컫는 것은 사람이 생겨난 이래로 이미 그러하였습니다. 같은 것으로 말하면 공과 저의 친함은 또한 남보다 다른 것이 없거니와, 같지 않은 것으로 말하면 남들에게 종형제의 친함이 있는 것이 또 누가 공과 저처럼 친하겠습니까. 골육(骨肉)을 나눠 받은 몸이고 혈기(血氣)가 통하는 몸이니, 그 친함이 가까울수록 그 사랑도 더욱 깊어집니다. 이것이 천리의 본래 그러함이고 사람들마다 지닌 당연한 정입니다. 그런데 말하지 않아도 서로 알고, 힘쓰지 않아도 서로 맞으며, 움직이면 그 행실을 의심하지 않고, 거처할 때엔 그 편안해하는 바를 알아서, 모습은 비록 떨어져 있지만 마음은 도장을 찍듯이 부합하는 것으로 말하면, 또 골육과 혈기의 친함으로써 얻을 수 있는 것이 아닙니다. 이것은 공과 제가 사람의 당연한 정을 벗어나서 얻은 것이어서, 천만 사람을 통틀어도 겨우 있는 것이고 또한 천백 년에 한 번 볼 수 있는 것이니, 지나친 말이 아닙니다.

오호라! 공은 저의 스승입니다. 정직하여 사사로움이 없는 것은 공이 지닌 마음이고, 자애롭고 성실하며 명료함은 공이 품부받은 자질이

**320** 종형……제문 : 1819년(순조19)에 풍고의 종형 김명순(金明淳, 1759~1810)의 묘에 올린 제문이다. 김명순의 자는 대숙(大叔), 호는 헐암으로 풍고와는 사촌 간이다. 생부는 통훈대부를 지낸 김이기(金履基)인데, 계부 김이경(金履慶)의 양자가 되었다. 1801년(순조1) 문과에 급제, 승지·참의 등 내직에 오래 근무하였고, 1810년(순조10) 2월에 함경도 관찰사로 부임하였다가 동년 7월 24일에 임지에서 죽었다.

며, 눈썹과 눈이 맑고 수려하고 신체가 견고한 것은 공이 지닌 관상과 모습입니다. 온화하고 엄정함을 모두 갖추어 느슨히도 하고 당기기도 하는 것은 공의 기상이고, 학문으로 스스로 자처하지 않지만 식견이 바른 도를 보호할 만하고 지혜와 능력을 자랑하지 않지만 재주가 창생들을 구제할 만한 것은 공이 지닌 온전한 덕과 큰 쓰임입니다. 무릇 이것은 모두 공이 무리 중에서 특별히 빼어난 이유이고, 불초한 제가 평소 기뻐 감복했던 이유입니다.

공의 태어난 것으로 말하면 하늘이 필시 우연히 낸 것이 아닐 터인데, 죽음에 이르러서는 연세가 겨우 중년을 넘길 정도였으며, 쓰임은 이 세상에 다 베풀지 못하였습니다. 공을 아는 자가 비록 남은 슬픔이 있더라도 알지 못하는 자는 끝내 은택을 받지 못하니, 이것이 불초한 제가 하늘에 대해 유감이 없는 이유이고 마음속에 맺힌 것이 있는 까닭입니다.

오호라! 공께서 저를 지나치게 사랑하시어, 늘 왕을 보좌할 인물로 칭찬해주시고 지기(知己)로 허여해주셨습니다. 제가 스스로를 아는 것이 본래 칭찬하시는 바에 가깝지 않다고 스스로 생각하지만, 제가 공을 아는 것은 또한 지기로 허여하신 바에는 힘쓸 만하다고 생각하였습니다. 스승과 지기는 사람마다 허여할 수 있는 바가 아닌데도 이제 공과 나의 입에서 나왔다면, 그 서로 감응하고 유통하는 경지를 또 어찌 다른 사람이 엿볼 수 있는 것이겠으며, 언어와 필묵으로 형용할 수 있는 바이겠습니까.

그런데 저승과 이승의 길이 갈려 공의 훌륭한 모습이 점점 아득해지고 저를 허여하신 공의 음성이 끊어져 만사가 온통 글러버렸으니, 공은 비록 조화를 타고 참된 세계로 돌아가셨다 하지만 저는 실로 어디를 본받고 누구를 의지한단 말입니까. 남은 자의 애통함이 그저 인간 세상에 저절로 쌓일 뿐입니다.

오호라! 공의 무덤은 바로 공이 스스로 정한 곳입니다. 회상하건대 신의 이치가 또한 이미 고요히 안정하였을 텐데, 불초한 저는 불민하여 십 년 사이에 한 번도 묘소를 찾아뵙지 못했으니, 어찌 공을 저버린 죄가 크고 스스로 책망함이 깊지 않겠습니까. 금년(1819)은 바로 공께서 태어나셨던 기묘년입니다. 제가 공께서 계시던 당에 올라 축수의 잔을 올리지 못하고, 도리어 이제 조촐한 제수를 가지고 공의 묘소에 제를 올리게 되니, 어찌 지난날 꿈속에서조차 상상이나 하던 일이겠습니까. 오호라! 애통합니다.

오호라! 저의 마음은 바로 공께서 아시는 바입니다. 오직 사람이 천명에 따라 사는 것[321]은 끝까지 이루어줌이 귀한데, 제 마음속에 있는 의구심을 어느 곳에 질정해야 하겠습니까. 신명은 정성을 따라 감응하고, 이치는 속이지 못할 점이 있으니, 공께서 만약 앎이 있다면 아마도 저를 굽어 살피시어 저를 도와주시겠지요. 오호라! 슬픕니다.

**321** 천명에……것 : 《맹자》 〈진심 상(盡心上)〉에 "마음을 보존하여 성을 기르는 것은 하늘을 받들어 섬기는 일이요, 일찍 죽고 오래 사는 것에 의혹을 품지 않고서 몸을 닦으며 기다리는 것은 명을 세우는 일이다.〔存其心養其性, 所以事天也, 夭壽不貳, 修身以俟之, 所以立命也.〕"라는 말이 있다.

# 오산 김공 홍운 에 대한 제문[322]

祭烏山金公 弘運 文

유세차 경오년(1810) 7월 계축일이 초하루인 2일 갑인일에 원임 이조 판서, 홍문관 대제학, 예문관 대제학, 지성균관사, 보국숭록대부 영돈녕부사, 규장각 검교·제학 영안부원군(永安府院君) 안동(安東) 김조순(金祖淳)은 삼가 조촐한 제수와 술을 마련하여 오산 장인(烏山丈人)의 영전에 다음과 같이 고합니다.

오호라! 공께서 돌아가신 지 이미 두 해가 되었습니다. 공의 영전에 곡하며 슬퍼하는 자가 무릇 몇 사람입니까? 그 몇 사람이 모두 평소에 공의 알아줌을 받았으며, 또한 충분히 공을 깊이 알았던 자들입니까? 공을 깊이 알지 못하면서 곡을 하는 자는 한갓 곡만 할 뿐이고, 알아줌을 받지 못하고서 슬퍼하는 자는 한갓 슬퍼할 뿐입니다. 보잘것없는 저는 공을 곡하는 것이 비록 남보다 늦었으나, 공을 슬퍼하는 것은 남보다 심함이 있으니, 또한 어찌 까닭이 없이 그런 것이겠습니까.

오호라! 공께서는 효성과 우애와 돈독함과 화목함이 세상의 부자와 형제를 권면할 만하였는데도 세상에서 아는 자가 없고, 재능이 있고 청렴하고 검소하여 세상의 관직에 있는 벼슬아치들을 경계시킬 만했는데도 세상에서 아는 자가 없으며, 곤궁해도 원망하지 않고 가난해도 근심이 없어서 세상의 분수에 편안치 못한 자들을 격려시킬 만했는데

**322** 오산(烏山)……제문 : 1810년(순조10) 7월 2일에 김홍운(金弘運, ?~1808)의 영전에 올린 제문이다. 김홍운의 자세한 행적은 미상이다.

도 세상에서 아는 자가 없습니다. 세상에서 공에 대해 아는 것이라곤 그저 사장(詞章)과 한묵(翰墨) 같은 말단적인 것에 불과합니다. 그러나 우리나라 풍속이 고루하고 편협하여 끝내 생용보불(笙鏞黼黻)[323]의 재주로 하여금 곤궁하게 살며 재능을 펼칠 수 없게 만들었으니, 세상에서 공을 알아주거나 알아주지 않는 것은 비록 공께서 공이 되는데 아무런 손상이 없지만, 공을 아는 자의 처지에서 본다면 어찌 천명에 유감이 없을 수 있겠으며 저의 심사에 슬픔이 없을 수 있겠습니까.

오호라! 저처럼 재주 없는 사람으로서 글자를 조금이나마 분별할 수 있게 된 것은 바로 공이 몽매함을 열어주신 덕분이고, 만나지 못함은 있을지언정 만날 때면 반드시 옛 성현의 도로 권면해주신 것이 지금 삼십여 년이 되었습니다. 공이 저를 사랑해주심은 당대에서 제일이니, 제가 공에게서 하사받은 것 또한 어찌 한량이 있다 하겠습니까.

제가 한 편의 글이나 한 수의 시를 지을 때마다 일찍이 공에게 질정하지 않은 적이 없었는데, 공은 그때마다 술에 취해 낭랑하게 읊조리면서 "이것은 새로운 문체로다. 새로운 시풍이로다."라고 하시며 좋게 여겨 칭찬하는 뜻이 얼굴과 말씀에 넘쳤으니, 참으로 그 문장과 시가 유래한 곳이 있기 때문이었습니다.[324] 아! 공의 수염과 눈썹과 음성이

**323** 생용보불(笙鏞黼黻) : 임금을 잘 보좌할 훌륭한 신하라는 의미이다. 생용은 생황과 큰 종으로 임금의 음악을 말하고, 보불은 임금이 예복에 수놓은 도끼와 아(亞) 모양의 문양을 말한다.

**324** 참으로……때문이었습니다 : 풍고가 젊어서 소품체를 탐독한 것을 가리키는 듯하다. 풍고는 이상황(李相璜), 심상규(沈象奎) 등과 함께 젊어서 패관소품(稗官小品)을 탐독하였는데, 예문관에 근무할 때 소품문을 읽다가 정조에게 발각된 적이 있었다. 그리하여 1792년(정조16) 11월 3일에 서면으로 죄를 추궁당하는 함추(緘推)의 견책을

내 눈에 아른거리고 내 귀에 쟁쟁한데, 지금 공께서 계시던 당(堂)에 오르고 공께서 계시던 휘장에 들어가, 술잔을 올려도 공의 취한 모습을 다시 볼 수 없고, 글을 읽어도 공의 웃음소리를 더는 듣지 못하니, 애통하지 않을 수 있겠습니까. 공에 대해 애통하지 않고 누구에게 하겠습니까.

오호라! 공의 문장은 또한 하늘이 낸 재주이니, 넓고도 풍부하여 홀로 옛 법도를 자임하였으나, 스스로 아끼지 않아 거의 다 흩어져 사라졌습니다. 책 상자에 남은 잔편들이 겨우 수십백 편에 불과하니, 이것으로는 공의 전모를 보기에 충분하지 못합니다. 그러나 살아남은 자들의 책무가 또한 여기에 있으니, 훗날 교정하는 일에 수고를 바쳐 각수에게 맡겨 책을 만든다면, 또한 공으로 하여금 불후(不朽)하게 하여 공께서 사랑해주신 은혜에 보답하였다고 이를 수 있겠습니까? 나는 감히 알지 못하겠습니다. 슬프고 슬픕니다. 오호애재라. 흠향하소서.

받았고, 11월 8일에 그에 대한 함답(緘答)을 올려 정조로부터 문체가 바르다는 칭찬을 받은 일이 있다.《正祖實錄 16年 10月 24日, 11月 3日·8日》

## 며느리 증 정부인 해주 오씨의 묘에 고하는 제문[325]

祭亡子婦贈貞夫人海州吳氏墓文

| | |
|---|---|
| 아! 어진 며느리의 맑고 아름다움이여 | 嗟賢婦之淑懿兮 |
| 아! 아름다움 행하기를 효성으로 하였도다 | 猗秉徽於行源 |
| 이미 좋은 자질을 내려주고서 베풀기는 아꼈으니 | 旣豐賦而嗇施兮 |
| 천제에게 하소연할 길이 없도다 | 訴無從於帝閽 |
| 지아비의 영화를 도움이여 | 相夫子之榮華兮 |
| 완연히 다른 가문에 들어간 듯하였네 | 宛他人之入門 |
| 지난날 너에게 속마음을 터놓을 제 | 昔與汝其告衷兮 |
| 나는 이존의 예를 감히 받을 수 없었네[326] | 余不敢乎貳尊 |
| 오직 아비와 딸처럼 친한 정만은 | 惟父女之親親兮 |
| 오래도록 세상의 자애로운 은혜 내려주리라 했네 | 永厥世之慈恩 |
| 비록 저승과 이승이 오래 막히더라도 | 雖幽顯之久隔 |
| 나의 이 말을 어찌 잊을 수 있으랴 | 俾可忘乎斯言 |
| 이곳에 와서 무덤을 보건대 | 朅來相夫若堂 |
| 나무가 들판에서 재목이 될 만큼 자랐도다 | 樹可材於荒原 |

**325** 며느리……제문 : 김용순(金龍淳)에게 양자로 간 풍고의 맏아들 김유근(金逌根, 1785~1840)의 부인 해주 오씨(海州吳氏, 1783~1809. 8. 19)를 애도한 제문이다. 지은 시기는 미상인데, 내용으로 보아 많은 시일이 지나 지은 듯하다. 해주 오씨의 부친은 교관(敎官)을 지낸 오서상(吳敍常, 1761~1800)이다.

**326** 나는……없었네 : 김유근이 김용순(金龍淳)의 양자로 가서 시아버지가 둘이 된 상황을 가리킨 듯하다.

| | |
|---|---|
| 술 한잔 부어 심정을 고하니 | 酹一觶而伸情 |
| 꽃다운 혼이 위로되기 바라노라 | 尙庶慰夫芳魂 |
| 부디 흠향하기 바라노라 | 尙饗 |

## 《문헌통고》를 변무한 뒤에 종묘에 고한 글[327]

文獻通考卞誣後告廟文

임인년 사건의 거짓 상주가 壬案僞奏
오히려 청나라에 남아 있다가 猶在淸國
우리나라로 흘러온 문헌이 東來文獻
거짓을 근거로 책을 엮었습니다 據誣編刻
여론이 억울해하고 輿情煩冤
성상의 근심이 깊고도 길어 聖憂深長
따로 사신을 보내 분명히 진술하니 專价陳辨
이미 엄정하고도 자세하였습니다 旣嚴且詳
저들이 우리 임금님 정성에 감동하여 彼感宸誠

**327** 문헌통고(文獻通考)를……글 : 1822년(순조22) 2월에 《황청문헌통고(皇淸文獻通考)》에 실린 노론 사대신의 오류를 바로잡아주겠다는 중국 측의 허락을 받고 진주사가 돌아오자, 2월 13일에 종묘와 사대신을 모신 사당에 제사를 지내며 그 연유를 진술한 제문이다. 노론 사대신에 대한 오류는 1821년(순조21) 5월 8일에 중국에서 간행된 《황청문헌통고》란 책에 노론 사대신을 흉역으로 직접 지목한 구절이 발견된 것을 가리키는데, 해당 기록은 "이에 앞서 조선국 의정 김창집·중추 이이명·좌의정 이건명·판중추 조태채 등의 모역 사건이 발각되어 복주되었음을 이균이 글을 보내 알려왔다.〔先是,朝鮮國議政金昌集·中樞李頤命·左議政李健命·判中樞趙泰來等謀逆事發伏誅, 昀疏以聞.〕"라는 구절이다. 이에 8월에 승문원에서 변무 주문(辨誣奏文)을 작성하여 10월에 진주사를 중국에 보내 수정해준다는 허락을 받은 것이다. 그런데 실제 수정된 《황청문헌통고》가 간행되었는지는 미상이고, 《청사고(淸史稿)》에 이에 얽힌 전말이 좀 더 자세히 실려 있다. 《承政院日記 純祖 21年 5月 8日·9日, 10月 11日, 22年 2月 13日》《淸朝文獻通考 卷293 四裔考 朝鮮2》《淸史稿 列傳313 屬國1 朝鮮》

바로잡아주겠다고 허락하니 刊正是許
백 년의 무함이 百年之誣
이 한 번의 변무로 풀어졌습니다 伸此一擧
위로 영조와 정조의 신실에 고하고 上告兩室
아래로 사대신의 사당에 제를 올리니 下侑四祠
변무한 말은 천하에 길이 남고 辭永天下
경사는 공사 간에 넘칩니다 慶溢公私
장차 길일을 택하여 將涓吉期
은혜로운 명을 받들 것이므로 奉承恩命
그 연유를 공손히 고하니 祗告厥由
영광과 슬픔이 교차합니다 榮與愴倂

## 이 영부 시수 께 올린 제문[328]

祭李領府 時秀 文

| | |
|---|---|
| 지난날 우리 선왕께서 말씀하시길 | 昔我寧王 |
| 내가 정승으로 친히 뽑았는데 | 曰予簡掄 |
| 어두운 방에서도 대로에 있는 듯하니 | 闇室如衢 |
| 온화하고 정직한 사람이라 하셨습니다[329] | 易直其人 |
| 공이 사은숙배하고서 | 公拜稽首 |
| 우리 사린[330]의 직책을 공경하여 | 欽我四鄰 |
| 음덕은 삼괴의 뜰[331]에 무거웠고 | 陰重槐庭 |

**328** 이 영부(李領付)께 올린 제문 : 영중추부사를 지낸 이시수(李時秀, 1745~1821. 8. 20)의 영전에 올린 제문이다. 지은 시기는 1821년(순조21)경으로 추정된다. 이시수는 본관이 연안(延安), 자는 치가(稚可), 호는 급건(及健)이다. 1773년(영조49)에 문과에 급제, 내외직을 두루 역임하고 벼슬이 순조 대에 영의정에까지 올랐다. 1804년(순조4)에 정순왕후(貞純王后)가 수렴청정을 다시 하려고 도모하자 이시수가 대의(大義)를 내세워 그 불가함을 극력 말하여 저지하는 데 공을 세웠다. 영중추부사로 죽어 순조의 묘정에 배향되었다. 시호는 충정(忠正)이다.

**329** 지난날……하셨습니다 : 1799년(정조23)에 우의정에 임명된 이시수가 사직하는 상소를 올렸는데, 정조는 비답을 내려 재상에 임명한 것이 이시수가 이직자량(易直子諒)의 마음을 지녀 시대를 구제할 수 있어서였다고 말한 내용이 있다. 《正祖實錄 23年 4月 8日》

**330** 사린(四鄰) : 사보(四輔)와 같은 말로 천자 주위의 네 대신을 가리킨다.

**331** 삼괴(三槐)의 뜰 : 원문은 '괴정(槐庭)'인데, 주(周)나라 때 삼공(三公)이 천자에게 조회할 때 궁정에 심은 세 그루 홰나무를 향해 섰으므로 삼괴는 삼공을 가리키는 말로 쓰인다.

경사는 농민들과 함께했네　　慶與農民
애통해라, 선왕께서 갑자기 임종한 것이　　慟遽憑几
이듬해 경신년(1800)인데　　明歲庚申
선왕을 따름에 의리가 있었으니　　追先有義
감히 제 몸을 사사로이 여겼겠습니까　　敢私其身
행실을 고고하게도 괴이하게도 하지 않고　　不崖不乖
권세에 물들거나 지조가 쇠하지도 않아서　　不緇不磷
온갖 어려움이 모여들어도　　百艱交會
한마음으로 다스려나갔습니다　　一心彌綸
갑자년에 갑작스러운 일이 있자　　維甲倉卒
더욱 순수한 충정을 드러내　　采著忱純
험함과 평탄함을 가리지 않고　　險夷匪茹
강직하게 뜻을 진달하였습니다[332]　　侃侃敷陳
두려워하지 않음이 용맹스럽고　　不慴爲勇
한결같은 충정이 인에 가까우니　　向忠近仁
거의 부끄러움 없도다　　庶幾無愧
사직의 신하라 일컬음이여　　謂社稷臣
이름은 업적으로 높아지고　　名由業崇
덕은 나이에 따라 새로워졌으니　　德以齒新

**332** 갑자년에……진달하였습니다 : 갑자년(1804, 순조4)에 정순왕후(貞純王后)가 다시 수렴청정을 하려고 하자 이시수가 대의(大義)를 내세워 그 불가함을 극력 말하였는데, 그 기풍이 의연하여 옛 대신과 비교할 때 그 수립한 바가 조금도 부끄럽지 않았다고 한다.《純祖實錄 21年 8月 20日》

| | |
|---|---|
| 태산북두만 높았던 것 아니었고 | 山斗非尊 |
| 시초점과 거북점만 신령한 것 아니었습니다 | 蓍龜匪神 |
| 오직 공이 일을 맡았을 때엔 | 惟公在事 |
| 동산에 노는 기린처럼 여유로웠고 | 若囿遊麟 |
| 공께서 중후한 인품을 기른 것은 | 惟公養重 |
| 연못에 신령한 용이 누운 것 같았습니다 | 淵臥神鱗 |
| 평소 고상한 뜻을 품어 | 超超雅尙 |
| 매양 은자의 생활을 그리워하여 | 每懷角巾 |
| 개석정이란 편액을 걸고 | 扁之介石 |
| 저 호숫가에서 한가로이 지냈습니다[333] | 翼彼湖濱 |
| 뛰어난 아우[334]와 우애 있게 지내며 | 友其難弟 |
| 천륜의 즐거움을 누렸으니 | 樂敍天倫 |
| 낚싯대와 시통을 갖추고 | 釣竿詩筒 |
| 달뜬 저녁과 꽃핀 아침을 즐겼습니다 | 月夕花晨 |
| 마음이 화락하여 즐거웠으니 | 豈弟維心 |
| 그 기상은 봄과 같았고 | 其氣如春 |
| 먼저 베풀기에 힘썼으니 | 先施是勉 |
| 멀거나 가깝거나 차이를 두지 않았습니다 | 罔間疏親 |
| 충심으로 일을 도모하고 오래 사귀에도 공경하여 | 謀忠久敬 |

**333** 개석정(介石亭)이란……지냈습니다 : 이시수의 부탁으로 강필효(姜必孝, 1764~1848)가 1815년(순조15)에 지은 〈개석정기(介石亭記)〉를 보면 그 장소를 강상(江上)이라 하였는데, 그 즈음에 한강가에 지은 정자로 보인다. 《海隱先生遺稿 卷16 介石亭記》

**334** 뛰어난 아우 : 정조, 순조 연간에 벼슬하며 대제학을 지내고 판서까지 오른 이만수(李晩秀, 1752~1820)를 가리킨다.

지성스럽고 공손하여 悃愊恂恂
깊고 얕음을 적절히 헤아리니 淺深適量
남들이 절로 그 인품에 취했습니다 人自飮醇
하늘이 재앙을 내려 天降祲沴
집집마다 통곡소리 들리니 戶聞咷呻
홀연히 기미성 타고 죽음이 胡然騎箕
또한 이해에 있게 되었습니다 亦在是辰
한 번 살았다 한 번 죽는 것은 一明一幽
마치 굽혔다 폈다 하는 것과 같지만 如屈有伸
어리석은 나만이 非我愚蒙
공이 참된 세계로 돌아감을 슬퍼한 것이 아닙니다 哀公返眞
다스려지지 않는 일이 있으면 事有不理
누구에게 나아가 자문할 것이며 孰就以詢
나라에 위급함이 있으면 國有緩急
누가 그 어려움 구제하겠습니까 孰濟其屯
누가 큰 집에 대들보가 될 것이며 孰棟廈宇
누가 너른 물에 노가 될 것입니까 孰楫滄津
이런 어려움을 생각함에 念玆殄瘁
어찌 슬프고 괴로운 심정을 금하겠습니까 曷禁悲辛
공손히 영결의 술잔을 올리오니 祇薦訣觴
이는 오랜 전례를 따른 것인데 故事式循
나의 말이 아첨이 아님을 我辭非諛
사라지지 않은 공의 영령께서 아실 것입니다 公靈不湮

## 며느리 숙인 완산 이씨에 대한 제문[335]

祭亡子婦淑人完山李氏文

신사년(1821, 순조21) 10월 14일 신묘일에 며느리 완산 이씨의 영구를 시흥(始興)에서부터 옮겨 6일 뒤 정유일에 이천(利川) 가좌동(嘉佐洞)의 언덕에 장례를 치르게 되었다. 그 시아버지 풍고 거사(楓皐居士)가 새로 독한 병에 걸려 이장하는 일을 주관하지 못하므로, 서운해하며 슬픔을 머금은 채 눈물을 흘리며 제문을 써서 상여끈을 잡고 따라가는 문중의 아우를 시켜 장례를 치르는 아침에 며느리의 영전에 다음과 같이 고하게 한다.

오호라, 어진 며느리여! 지난날 내가 어진 며느리를 장례 지낼 때, 남들과 특별히 달랐던 시아버지와 며느리 사이의 우리의 정에 대해서는 묘지명에 이미 자세히 기록하였다. 비록 죽은 자와 산 자의 길이 다르고 죽은 지 오래되고 가까운 데 따라 슬픔이 다르지만, 남은 효심과 무너진 사랑을 어느 날인들 잊을 수 있겠느냐. 어느덧 이제 15년이 되었구나.

지금 어진 며느리의 영구가 다시 인간 세상으로 나오니, 어진 며느리의 단아한 모습과 맑은 자태가 눈에 어렴풋이 보이는 듯하여, 마치 수레와 복식을 갖추고 종들을 거느리고서 우리 집에서 며느리를 맞이

**335** 며느리……제문 : 1821년(순조21)에 김원근(金元根)의 처 완산 이씨(完山李氏, 1787~1807)를 이장하면서 지은 제문이다. 완산 이씨의 묘는 처음 시흥(始興)에 있었는데, 이때 경기도 이천(利川)의 가좌동(嘉佐洞)으로 이장하였다.

하던 때와 같구나. 어진 며느리가 앎이 있다면 또한 반드시 내가 그곳에 임하여 어루만져주어, 오랫동안 저승과 이승으로 떨어져 있던 심정을 위로해주기를 바랄 것이다.

세상에서 이장할 때, 그 시아버지와 며느리가 된 자의 귀신과 인간의 경계가 모두 필시 이러할 것인데, 시아버지와 며느리의 정이 세상 다른 사람들과 특별히 다른 경우임에랴. 그런데 어진 며느리가 필경 살던 집으로 다시 돌아올 수 없으니, 나의 애통함은 처음 며느리를 장례 지내던 날보다 심한 듯하구나. 그러나 내가 병이 심해 가서 살필 수 없으니, 어진 며느리의 혼령이 장차 어둑한 곳에서 다시 한을 머금을 듯하구나. 여기에서 어진 며느리가 나에 대한 효성이 반드시 옛날과 달라지지 않았건만, 내가 며느리를 사랑함이 마치 오늘에 저버린 듯함이 있음을 알겠구나. 이 애통함과 이 한스러움은 언제나 그칠까. 오직 내가 훗날 지하로 돌아가 서로 보게 되어야 그칠 수 있을 것이니, 어찌하겠느냐. 이보다 더 슬플 수 없구나.

오호라, 어진 며느리여! 시흥의 묘지는 다른 사람에게 잠시 빌린 것이라 본래부터 원대한 계책이 아니었다. 하물며 우리 집안의 묘소는 모두 동쪽에 있으므로 동쪽으로 옮기려는 계획은 단연코 평소에 세워 놓은 것이었다. 지금 다행히 이천에 묘역을 정하였으니, 이천은 여주(驪州)와 땅이 서로 맞닿아 있다. 이 묘역에 올라서 바라보면, 동북쪽으로 둥글게 높이 솟아 있는 것이 바로 추읍산(趨揖山)[336]이니, 이 산 아래가 우리 부모님과 조부모님이 의탁한 곳이다. 그 북쪽으로 십 리

**336** 추읍산(趨揖山) : 경기도 양평군 양평읍 동남쪽 남한강변에 있는 산으로 주읍산(注邑山)이라고도 한다.

떨어진 가까운 곳이 바로 효자리(孝子里)이니, 내가 묻힐 묘로 조성해 놓은 언덕이다. 어진 며느리가 이 무덤에서 우리 부모님과 조부모님의 혼기(魂氣)와 밤낮으로 서로 바라보고 서로 왕래하면서, 내가 마련해 둔 무덤으로 우리 부부가 돌아오기를 기다린다면, 마침내 천만년토록 시아버지와 며느리의 특별했던 정을 다시 이어갈 수 있게 되어 다시는 유감이 없을 것이다. 그것이 외롭게 다른 산기슭 곁에 의탁하여 사방을 돌아보아도 의지할 데가 없던 것과 비교한다면, 너의 혼령이 위로받고 기뻐함이 응당 어떠하겠느냐. 바로 이것이 "편안하고 견고하니 후손을 이롭게 하리라.〔安固以利其嗣人.〕"[337]라는 것이다. 아, 어진 며느리여! 놀라지 말거라. 흠향하기 바라노라.

**337** 편안하고……하리라 : 한유(韓愈)가 지은 〈유자후묘지명(柳子厚墓誌銘)〉에 "여기는 자후가 묻힌 곳, 견고하고 편안하니, 후손에게 이로움을 가져다주리라.〔是惟子厚之室, 旣固旣安, 以利其嗣人.〕"라고 하였다.

## 청양부부인에 대한 제문[338]

祭靑陽府夫人文

유세차 무자년(1828, 순조28) 10월 정묘일이 초하루인 4일 경오일에 죽은 아내 청양부부인의 영구가 황려(黃驪 여주(驪州))의 언덕으로 멀리 떠날 것이기에, 남편 안동(安東) 김조순(金祖淳)이 삼가 조도(祖道)의 제전(祭奠)[339]을 차려 부인의 영전에 영결을 고하노라.

오호라! 옛날의 달관한 사람들은 살아 있는 것을 꿈에 비유하여 죽는 것을 깨어난다고 말하였소. 진실로 이 말대로라면 부인은 이미 깨어났을 것인데 나는 아직 꿈속에 있는 것인가. 꿈꾸는 자는 혼미하고 깬 자는 지각이 있는 법이니, 나는 과연 깨어남이 없는 것이고, 부인은 정신이 어긋나지 않은 것인가.

생각해보면, 부인이 문명(問名)을 거쳐 빙례(聘禮)를 받고, 초례(醮禮)를 거쳐 시집을 왔을 때부터, 수건과 빗을 받들고, 술과 음식을 마련하고, 아들과 딸을 낳고, 혼례를 다 시키고, 빈한하다가 부귀해지고, 붉은 뺨이 흰머리가 될 때까지 앞뒤로 모두 48년인데, 내가 진정 혼미했던 것이오? 또렷하게 울음을 삼키면서도 스스로 말을 할 수 있

**338** 청양부부인(靑陽府夫人)에 대한 제문 : 1828년(순조28) 10월 4일에 풍고의 부인 청송 심씨(靑松沈氏, 1766~1828. 8. 11)의 영구가 발인하기 직전에 올린 제문이다. 청송 심씨는 정랑(正郎)을 지낸 심건지(沈健之)의 딸로 1781년(정조5)에 풍고와 혼인하였다.

**339** 조도(祖道)의 제전(祭奠) : 상여가 떠나기 앞서 전물(奠物)을 차려 행로신(行路神)에게 올리는 제사이다.

으니, 비록 깨어 있다고 말하더라도 마땅할 것이오.

또 생각해보면, 부인이 병에 걸려 점차 심해지고 조화를 따라 죽어 빈을 하고 염을 하고 널에 넣을 때부터, 당(堂)에 인사를 올리고 사당에서 조상께 영결을 고하고, 상여를 타고 산천을 건너고, 무덤에 나아가 광중에 묻힐 때까지 앞뒤로 모두 61일이었는데, 부인은 참으로 정신이 혼미하지 않고 이것을 알고 있었소? 일마다 잠자코 누워 있기만 하고 아무 상관도 하지 않으니, 비록 꿈이라 말한다 해도 또한 마땅할 듯하오.

비록 그렇지만 죽으면 이에 지각이 없어지기 때문에 죽은 자를 슬퍼할 만한 것이고, 살아 있는 자는 이 때문에 슬픈 것이오. 슬픔이 오는 것은 바깥에서 빌려오는 것이 아니라, 진실로 가슴속으로부터 발하는 것이오. 달관한 사람들이 "삶은 꿈이요, 죽음은 깬 것이다."라고 말한 것은, 또한 이 슬픔을 어찌할 도리가 없어서 억지로 슬픔을 달랠 말을 한 것뿐이오. 가령 죽어서도 지각이 있다면 임금과 신하, 아버지와 아들, 형과 아우, 친구 사이의 떳떳한 윤리는 이승과 저승 사이라 하여 정(情)이 멀어지지 않을 것이고, 살고 죽음에 따라 일이 달라지지 않을 것이니, 하물며 부부처럼 지극히 가까운 사이야 말할 나위 있겠소. 죽은 자를 어찌 족히 슬프다 할 것이며, 산 자가 어찌 이 때문에 슬퍼할 필요가 있겠소.

옛사람이 또 말하기를 "다만 죽음이 삶과 비교해 어떨지 모르겠다.〔但未知死何如生.〕"[340]라고 하였소. 부인은 살아 있는 데서 죽는 데에

**340** 다만……모르겠다 : 후한(後漢)의 고사(高士) 상장(向長)이 《주역》의 〈손괘(損卦)〉와 〈익괘(益卦)〉를 읽고서 탄식하며 "내가 이미 부유함이 가난함만 못한 줄 알았고

이르렀고, 나는 아직 죽지 않아 살고 있소. 삶과 죽음이 서로 떨어진 차이를 지금 부인을 통해 알고 싶은데, 그러나 불러도 대답하지 않는 듯하고, 곡을 해도 듣지 못하는 듯하오. 슬프도다. 부인은 아마 깨어나지 않은 듯하오.

오호라! 부인의 슬퍼할 만한 죽음과 내가 이 때문에 슬퍼하는 것이, 그 깊고 얕음과 두껍고 얇음이 같은 것이오? 다른 것이오? 나 역시 일찍이 "삶은 머무는 것이고, 죽음은 돌아가는 것〔生寄死歸.〕"[341]이 바로 이치의 바름이라고 생각했었소. 그러나 부인이 죽은 뒤로부터 아득하여 마음을 간수할 방도가 없고 애통하여 몸을 의지할 곳이 없어서, 멍하니 바보가 된 듯하였고 멍하니 술에 취한 듯하여, 마음에서 일어나고 몸에 절실한 언어, 동작, 음식, 의복 등이 모두 내가 아닌 자가 나에게 시키는 것만 같았소. 나는 그것이 어찌하여 그런지 스스로 알지 못하겠고, 또한 부인이 나를 이렇게 하도록 시킨 것인지도 알지 못하겠소. 너무 어둑하여 엿볼 수 없고 너무 막막하여 헤아릴 수조차 없으니, 슬프도다. 부인은 끝내 지각이 없는 것이오.

오호라! 사람이 누가 배필의 중함이 없으리오. 부인이 나를 하늘로 여겨 순수한 마음과 한결같은 뜻으로 반 걸음 만큼도 게을리하지 않았

귀함이 천함만 못한 줄 알았는데, 다만 죽음이 삶과 비교해 어떤지를 모를 뿐이로다.〔吾已知富不如貧, 貴不如賤, 但未知死何如生耳.〕"라고 하였다. 《後漢書 卷83 逸民列傳 向長》

**341** 삶은……것 : 우(禹) 임금이 제후들과 강을 건널 때, 황룡이 등으로 배를 떠받쳐 위험해지자 모든 이들이 두려워했는데, 우 임금이 하늘을 우러러 탄식하면서 "나는 하늘로부터 명을 받아 백성들을 위해 온 힘을 다하였다. 삶은 부쳐 사는 것이며, 죽음은 돌아가는 것이다.〔吾受命於天, 竭力以勞萬民, 生寄也, 死歸也.〕"라고 하여 황룡의 기를 꺾은 고사가 있다. 《十八史略 卷1》

소. 그 정성은 쇠와 돌도 뚫을 만하고, 마음은 귀신에게도 증명할 만하여, 비록 옛날 열녀들의 아름답고 맑은 덕행이라 할지라도 어찌 이보다 더 훌륭하겠소. 이것이 내가 젊어서부터 노년에 이르기까지 감동하고 기뻐함을 그치지 못한 점이오.

지금 영영 이별하는 즈음에 마음속에 서리고 가슴속에 가득한 이 심정을 또한 말과 글로 한번 쏟아내어, 후세 사람들로 하여금 부인이 어떠한 사람이었는지 알게 해야 마땅할 것이오. 그런데 도리어 재주가 볼품없고 식견이 짧아 광중의 묘지석에 기록한 글이 거칠어 볼 만한 것이 없으니, 부인에게 부끄러운 것이 또한 많았소.

오호라! 나의 기박한 운명이여. 평생을 되짚어보면 슬퍼할 만한 것이 손가락으로 다 셀 수 없는데 기뻐할 만한 일은 몹시 드무오. 부인이 먼저 돌아간 것 또한 하늘이 나에게 괴로움을 끼쳐주고 참혹함을 내려준 것이니, 말한들 무슨 소용이겠소.

남은 인생은 어둡고 좋은 시절은 가버렸소. 죽음이란 사람의 힘이 끼어들 수 있는 것이 아니고, 또한 사람의 도리로 응당 끼어들어선 안 되니, 그저 눈물만 샘처럼 흘릴 뿐이오. 살아 있을지라도, 방으로 들어간들 누가 나와 이야기를 나누며, 문을 나선들 이 세상에 무슨 미련이 있겠소. 근심만 산처럼 쌓일 뿐이오. 아득한 천지 사이에 그저 부인이 지각이 없는 것이 부러울 뿐이오.

슬픔이 깊은 자는 글을 꾸밈이 없고 말이 길어지면 설만함에 가까워지니, 정은 비록 끝이 없으나 말은 여기서 그치려 하오. 나는 과연 꿈을 꾸고 있는 것인가? 부인은 과연 깨어난 것인가? 오호라! 슬프도다. 오호라! 애통하도다.

# 풍고집

## 제10권

## 書서

# 서書

## 이 영부 시수 께 답함[1]

答李領府 時秀

내려주신 편지에 "진하(陳賀)를 해야 할지 말아야 할지에 대한 사안은, 이미 몇 년 전부터 있었던 일이므로 올해는 마땅히 진하를 하고 존호(尊號)를 청하는 거조가 있어야 한다.……"라고 하신 것은 이 설이 나온 곳이 있어서 생(生) 또한 들은 지 이미 오래입니다.

다만 삼가 생각건대, 즉위 20년째에 진하하는 것은 또한 역대로 보지 못한 일일뿐더러, 조선조의 세종, 성종, 중종, 명종, 선조, 인조, 숙종,

**1** 이 영부(李領府)께 답함 : 1820년(순조20)경에 영중추부사 이시수(李時秀, 1745~1821)에게 답한 편지이다. 이시수가 순조의 즉위 20년을 기념하여 진하(陳賀)를 하고 존호(尊號)를 청하는 것이 어떤지 물어오자, 풍고는 진하라는 예법이 열성조께서 법으로 세운 적이 없고 존호를 올린 사례도 극히 드물기 때문에 이번에 진하를 올리는 일과 존호를 청하는 일이 모두 타당하지 않은 듯하다는 의견을 개진하였다. 이시수의 본관은 연안(延安), 자는 치가(稚可), 호는 급건(及健)이다. 아버지는 좌의정 이복원(李福源)이며, 어머니는 안수곤(安壽坤)의 딸이다. 1771년(영조47) 진사시에 합격, 1773년(영조49) 문과에 급제, 병조·이조·호조의 판서를 역임하고, 벼슬이 영의정에까지 올랐다. 1806년(순조6) 이후 영중추부사를 지내다 죽었다. 순조 묘정에 배향되었다. 시호는 충정(忠正)이다.

영조와 같은 열성조께서는 보위를 누린 해가 가장 길었는데도 모두 이런 사례가 없었고, 오직 선대왕 병진년(1796, 정조20)에 있었습니다.[2] 그러나 이것은 그때가 혜경궁(惠慶宮)[3]께서 회갑이 지난 이듬해이고, 자전(慈殿)[4]께서 망륙(望六 51세)이 이미 지났기 때문입니다.

선대왕께서는 항상 해마다 기쁨과 경사를 아름답게 꾸미도록 하교를 내리셨으나, 존호를 청하는 일에 대해서는 단호하게 거절하여 허락하지 않았고, 오직 하례를 올려 자전과 자궁의 장수하시는 경사를 빛내고, 아랫사람들의 답답해하는 심정을 위로하는 것만 허락하였습니다.

이는 대체로 한때의 임시조치이고 실로 만세의 떳떳한 법이 아니며, 또한 성상으로부터 재량으로 결정하신 것이고 조정 신료들이 처음으로 일으킨 예가 아니니, 대번에 이를 끌어와서 마땅히 행해야 할 예법인 양 해서는 안 될 듯합니다.

존호를 진상하는 일에 대해서는 예부터 칭호를 높이는 논의가 그 발단은 모두 임금의 은미한 뜻에서 말미암은 것이며, 그렇지 않으면 모두 아랫사람의 아첨하는 풍조에 있었습니다. 또 그 예가 본래 임금의

**2** 선대왕……있었습니다 : 1795년(정조19) 윤2월 13일에 화성의 봉수당에 나아가 혜경궁을 위해 연회를 베풀었고, 9월 6일에 정조의 즉위 20년, 자전의 망육(望六), 자궁의 주갑(周甲)을 기념하여 존호를 올리고 경과(慶科)를 실시할 것을 논의한 기사가 있다. 《承政院日記 正祖 19年 閏2月 13日, 9月 6日》

**3** 혜경궁(惠慶宮) : 사도세자의 비이며 정조의 모친인 헌경왕후(獻敬王后) 홍씨(洪氏, 1735~1815)이다.

**4** 자전(慈殿) : 영조의 계비 정순왕후(貞純王后, 1745~1805)를 가리킨다. 본관은 경주(慶州)로 아버지는 오흥부원군(鰲興府院君) 김한구(金漢耈)이다. 1735년(영조35)에 영조의 계비로 간택되었고, 1776년 정조가 즉위하자 왕대비가 되었다. 1805년(순조5) 창덕궁 경복전(景福殿)에서 61세로 승하하였다. 슬하에 자녀는 없다.

성덕(盛德)에는 아무런 영향이 없으니, 유속(流俗)에서 나라의 큰 예로 간주하는 것이 진실로 몹시 가소롭습니다.

그러나 가만히 생각건대, 우리 세종 및 우리 선왕의 지극한 덕과 큰 계책이 천추에 빛나 모든 제왕을 능가하는데도 존호를 받지 않았던 것은 또 하나의 성대한 의절이니, 실로 우리 만만세 후대 임금과 후대 신하들이 우러러 흠모하고 따라서 준수해도 마땅한 일입니다.

지금은 위로는 성상의 은미한 뜻을 미루어 헤아림은 없고 아래로는 오직 아첨이 혹여 행해질까 생각하여, 뜬금없이 때로 일어나 서로 하례를 올리고 존호를 청하니, 마침내 이 거조가 과연 어떤 의리인지 알지 못하겠습니다. 맹자(孟子)는 자기 임금을 요(堯) 임금 순(舜) 임금으로 만들지 못하는 것을 신하의 직분을 다하지 않은 것으로 생각하였으니,[5] 지금 우리 세종과 선왕의 성덕으로 우리 성상께 바라지 않는다면 아마도 성인의 가르침에 어그러짐이 있을 듯합니다.

전부터 강구한 것이 이와 같고, 일찍이 다른 사람과도 주고받았는데, 이제 하문하심으로 인해 평소의 소견을 모두 진술하오니, 어찌 생각하실지 모르겠습니다.

**5** 맹자(孟子)는……생각하였으니 : 은(殷)나라 이윤(伊尹)이 탕왕(湯王)의 초빙을 받고서 "내가 논밭의 가운데 처하여 이대로 요순의 도를 즐기는 것이 내 어찌 이 군주로 하여금 요순과 같은 군주를 만드는 것만 하겠으며, 내 어찌 이 백성으로 하여금 요순의 백성이 되게 하는 것만 하겠으며, 내 어찌 내 몸에 직접 이것을 보는 것만 하겠는가.〔與我處畎畝之中, 由是以樂堯舜之道, 吾豈若使是君爲堯舜之君哉? 吾豈若使是民爲堯舜之民哉? 吾豈若於吾身親見之哉?〕"라고 말한 구절이 참고가 된다.《孟子 萬章上》

## 이 영부께 답함[6]

答李領府

심중(沁中)의 일[7]은 어제 비지(批旨)를 삼가 보고서 나도 모르게 흠앙하고 감탄해 마지않았습니다. 말씀하신 뜻은 잘 알았습니다만, 이 일은 진(進)과 지(止) 두 가지 이외에 다시 부진(不進)과 부지(不止)의 중간 지역이 없으니, 그 진지(進止)의 당부(當否)에 대해서는 오직 합하의 의견이 어떠한가에 달려 있을 뿐입니다.

대체로 역적 이진채(李振采)의 흉포한 계획을 실행한 것이 만약에 충분히 실체가 있고 심중(沁中)에서도 함께 알았던 종적이 있다면, 성상께서 비록 굽혀서 온전히 보전해주시고자 하더라도 아래 신하들은 머리가 부서지도록 힘써 간쟁하는 것이 옳습니다. 만약 이진채의 공초(供招)가 터무니없는 날조가 명확하고 심중에서 애초에 함께 알았던 종적이 없다면, 장차 성상의 뜻을 따라서 성대한 덕을 이루어드리는

6 이 영부(李領府)께 답함 : 1812년(순조12)경에 영중추부사 이시수(李時秀, 1745~1821)에게 답한 편지이다. 이시수가 역적 이진채(李振采)의 옥사에 종실의 이름이 들어 이를 어찌 처리할지 물어오자, 옛날의 고사를 인용하여 특별한 범법의 정황이 없으면 관대하게 처리하기를 건의한 것이다.

7 심중(沁中)의 일 : 1812년(순조12)에 이진채(李振采)가 강화도에 유배되어 있는 은언군(恩彦君) 이인(李䄄)의 아들을 추대하여 일으킨 반란을 가리킨다. 홍경래(洪景來)의 반란으로 전국이 어수선해지자, 이진채는 사옹원 봉사로 있던 박종일(朴鍾一)과 함께 사당(私黨)을 만드는 한편 강화도로 건너가 군량조달을 꾀하였다. 3월에 새로 수립된 반란군이 도성(都城)을 공격하여 서울의 지배층을 모두 살해할 것이라는 말로 민심을 선동하다가 체포되어 대역부도죄로 참형되었다.

것이 또한 옛날의 도입니다. 합하께서 이미 그 옥사를 다스리셨으니, 반드시 이에 대해 주장하는 의견이 있을 것입니다. 이는 남에게 묻기를 기다리지 않고도 결단할 수 있을 것입니다. 어떻게 생각하십니까?

만약 "이름이 추대하는 대상에 들었으므로 알고 모르고를 막론하고 모두 죽여야 마땅하다."라고 말씀하신다면 이는 그렇지 않은 점이 있습니다. 인평대군(麟坪大君)이 액운을 만났을 때, 그 지위가 과연 왕실과 얼마나 가까웠습니까. 그런데도 처음부터 끝까지 온전히 보호받았으니,[8] 비록 이것이 다른 왕을 능가하는 효종의 성스러운 덕 때문이었습니다만, 또한 당시의 여러 신하도 이런 도리를 알고 있었기 때문입니다. 영조께서 조정에서 죄수를 신문할 때에 이우규(李禹圭)[9]의 이름이 죄수의 공초(供招)에서 나왔는데, 영조께서 웃어 넘기셨고 조정에서도 굳이 따지려들지 않았으므로 이우규가 다시 탈이 없는 사람이 될 수 있었습니다.

**8** 인평대군(麟坪大君)이……보호받았습니다 : 인평은 인평대군(1622~1658) 이요(李㴭)를 가리킨다. 자는 용함(用涵), 호는 송계(松溪)이다. 인조의 셋째 아들이며 효종의 동생으로, 1628년 7세 때 인평대군에 봉해졌고, 1640년(인조18) 볼모로 심양(瀋陽)에 갔다가 이듬해 돌아왔다. 1656년에 천안 군수로 재직하던 서변(徐忭, 1605~1656)이 상소하여 승지 유도삼(柳道三)이 인평대군에게 신하라고 자칭한 일을 빌미로 인평대군의 처남 오정일(吳挺一)을 필두로 허적(許積)·원두표(元斗杓)·한전(韓戩)·윤세교(尹世喬) 등이 모반을 꾀한다고 고발하였으나, 결국 사실이 아닌 것으로 밝혀졌으며 서변은 심문을 받던 중 장살되었다.

**9** 이우규(李禹圭) : 1736~?. 본관은 전주(全州), 자는 현보(玄甫)이다. 승정대부 이익정(李益炡)의 아들로 통덕랑 이익경(李益炅)의 양자가 되었다. 1756년(영조32)에 진사에 합격, 내직으로 호조 정랑에까지 올랐고, 외직으로 안산 군수(安山郡守), 나주 목사(羅州牧使) 등을 역임하였다.

그렇다면 이름이 추대의 대상에 든 경우에 반드시 모두 죽었던 것은 아니고, 죽은 자들은 다만 모두 다른 논의가 필요치 않은 경우일 뿐입니다. 과연 애초에 알지도 못했는데 함께 알았던 사람과 똑같이 처벌받는다면 형정(刑政)이 이처럼 모호해서는 안 될 듯합니다. 또 만약 "조정의 큰 논의가 이미 시작된 뒤라서 중지할 수 없다."라고 말씀하신다면 이 또한 그렇지 않은 점이 있습니다. 정동계(鄭桐溪 정온(鄭蘊))가 처음에 인성군(仁城君)의 처벌을 주장하는 합사(合辭)에 참여했다가 인조의 비답을 들은 뒤에 곧 처음의 견해가 잘못되었음을 진술하고 인혐(引嫌)하며 물러났습니다.[10] 옛사람이 임금의 덕을 훌륭히 이루어 줌이 이와 같았으니, 이는 또 중간에 그칠 수 있는 의리입니다.

**10** 정동계(鄭桐溪)가……물러났습니다 : 정온(鄭蘊, 1569~1641)의 본관은 초계(草溪), 자는 휘원(輝遠), 호는 동계·고고자(鼓鼓子)이다. 박홍구(朴弘耈)의 옥사에 인성군(仁城君, 1588~1628)이 연루되자, 정온은 대사간으로서 '추대의 설'만 믿고서 왕자를 모두 처치한다면 남은 골육이 없을 것이라고 상언하였다. 《仁祖實錄 2年 12月 2日》 인성군은 이름이 공(珙), 호는 백인(百忍)으로 선조의 7남이다. 1624년(인조2) 11월에 박홍구 등의 역모가 고변되었는데, 폐위된 광해군을 태상왕으로 올리고 인성군을 왕으로 추대하려 했다는 혐의였다. 《仁祖實錄 2年 11月 8日》 당시 수많은 대신이 인성군의 유배를 주청하자, 인조는 인성군이 역모를 주도한 무리에 가담한 흔적이 없어 벌을 줄 수 없다 하여 계속해서 처벌을 미뤘으나, 결국 신하들의 간청을 이기지 못해, 이듬해 2월 23일에 인성군에게 유배령을 내렸다. 인성군은 처음에 강원도 간성(杆城)에 유배되었는데, 거처와 생활에 군색함이 없도록 인조가 보살펴주었다. 그 뒤 10월 18일에 질병을 이유로 인조의 석방명령이 내렸으나, 대간의 반대에 부딪혀 원주(原州)로 이배되었다. 1626년(인조4) 음력 11월 1일에 석방되었으나, 1628년(인조6) 음력 1월 3일에 당시 세마 허유(許逌) 등이 일으킨 역모에 인성군도 참여했다는 고변이 또 들어와 1월 21일에 다시 전라도 진도에 안치되었다가 이곳에서 사사되었다. 1637년(인조15) 음력 3월 23일에 인성군의 관작이 모두 회복되었다.

지금에 온 조정이 혼란스럽고 어수선하여 분수를 넘음이 너무 지나쳐, 음관 및 무반은 물론 초야의 선비들까지도 분분히 글을 올리는 것은 또 정상적인 격식을 벗어난 것이고, 거조(擧措)가 전도됨은 이미 후대에 보이지 못할 정도입니다. 그런데 이것으로도 부족하여 성상의 마음이 이토록 애달파하시고 성상의 비답이 이토록 엄정한데도, 오히려 스스로 돌아보고 의심하여 감히 받들려 하지 않으니, 그렇다면 오늘날 사대부들은 어찌 정동계(鄭桐溪)의 죄인이 되지 않겠습니까. 하물며 대신들은 덕이 높고 명망이 무거운 지위에서 군주를 보필하고 인도하는 책무를 지녔으니, 나라를 다스리는 노성한 논의는 삼사(三司)의 연소배들이 준격(峻激)을 주장하는 것과는 또 전혀 동일하지 않음에 있어서겠습니까.

대체로 종성(宗姓 전주 이씨)의 이름이 추대 대상에 들어간 것은 한 마디로 말하면 국가의 불행이라 할 것입니다. 세간의 흉역(凶逆)은 예부터 한량이 없고 국가의 종인(宗人 종실)은 예부터 숫자가 정해져 있습니다. 만약 그 진위와 허실을 묻지 않고 한결같이 죽이는 것만을 주장한다면, 아마도 이른바 "한정이 있는 것으로 한정이 없는 것을 따른다."[11]라는 격이 될 것입니다. 이와 같다면 주(周)나라 왕실의 본손과 지손이 백세토록 이어진 것은 노래하고 송축하기에 부족할 것이고, 진(秦)나라의 영씨(嬴氏)처럼 고립(孤立)되는 것이 세일가는 귀결처가 될 것이니, 천하에 어찌 이런 이치가 있겠습니까.

11 한정이……따른다 : 《장자(莊子)》〈양생주(養生主)〉에 "우리의 생명은 한계가 있지만, 지식은 무한하다. 끝이 있는 것을 가지고 끝이 없는 것을 추구하게 되면 위태로울 뿐이다.〔吾生也有涯, 而知也無涯. 以有涯隨無涯殆已.〕"라는 말이 참고가 된다.

미천한 저의 뜻은 본래 망령되게 입을 놀리기에 합당치 않지만, 이미 아랫사람에 묻기를 부끄러워하지 않는 성심을 보이셨기에 감히 속마음을 다 펴지 않을 수 없었습니다.

# 이 영부 병모 께 답함[12]

答李領府 秉模

내려주신 편지를 받고, 즉일의 불볕더위에 영공의 체후가 두루 평안하심을 삼가 알았으니 삼가 위안이 되고 위안이 되었습니다.

어제 김한록(金漢祿)에 대한 처분[13]은 거의 수십 년 쌓인 원통과 울분이 약간 풀어질 수 있었습니다만, 이것이 선왕께서 재위하시던 때에 나오지 않은 것이 더욱 한스럽습니다.

대체로 그 일이 생겨나고 진행된 것은 서울과 지방의 사대부들 사이에

**12** 이 영부(李領府)께 답함 : 1806년(순조6) 5월경에 영중추부사 이병모(李秉模, 1742년~1806)에게 보낸 답장이다. 근래 김한록(金漢祿)에 대한 처분으로 노론의 울분이 약간 해소되었으나, 나머지 개과천선하는 무리에 대해서는 너그러운 덕으로 포용해야 할 것이라는 내용이다. 이병모의 본관은 덕수(德水), 자는 이칙(彝則), 호는 정수재(靜修齋)이다. 아버지는 이연(李演)이며, 어머니는 남유상(南有尙)의 딸이다. 1773년(영조49)에 진사시와 문과에 연달아 급제하여 곧바로 6품에 올랐다. 내외 요직을 두루 거쳐 벼슬이 영의정에까지 올랐다. 1800년(순조 즉위년)에 영중추부사가 되었다.

**13** 김한록(金漢祿)에 대한 처분 : 김한록(1722~1790)의 본관은 경주(慶州), 자는 여수(汝綏), 호는 한간(寒澗)이다. 종질녀가 영조의 계비인 정순왕후(貞純王后)가 되자 그 후광을 업고 중앙의 명사들과 교유하고 노론벽파의 당론을 조종하는 등 당쟁에 깊이 관여하였다. 관직은 세자익위사 세마에 그쳤으나, 종질인 김귀주(金龜柱)와 함께 노론 벽파를 선동하여 사도세자의 허물을 들추어내어 죽게 하였고, 이어 벽파가 더욱 득세하자 시파(時派)의 핵심 홍봉한(洪鳳漢)을 탄핵하여 관직에서 물러나게 하였고, 왕세손까지 해치려 하였으나 뜻을 이루지 못하였다. 죽은 뒤에 김한록을 처벌해야 한다는 여론이 비등해져, 1806년 5월 13일에 도승지 김이영(金履永)이 소를 올려 김한록에 대한 처벌을 행하기를 청하였고, 이어 예조 판서 이만수 등이 연명상소와 양사의 합계까지 올라오자 김한록의 관작이 추탈되었고, 그의 아들과 조카까지 유배를 당했다.

서리고 침투하여, 처음에는 재앙을 길러 배양하다가 중간에 속이고 무함하였으며 마지막에는 가탁(假托)하였으니, 속여 기만하는 해로움과 터무니없이 꾸며대는 습속이 반복되고 고질이 되어 죄악이 하늘에까지 뻗치고 나라를 기울게 하였습니다. 애통함을 이루 말할 수 있겠습니까.

표방한 당론이 한번 나뉘게 되자, 대의가 드디어 어두워져 오늘에 이르러선 이루 깨뜨릴 수 없이 굳어졌습니다. 그리하여 간혹 우뚝이 자신의 지조를 수립하여 물들지도 굽히지도 않은 자가 나오면 떼로 일어나 왁자지껄 떠들어서 그를 어지럽힌 뒤에야 그치고, 열 번 찍고 백번 흔들어서 그를 넘어뜨린 후에야 중지합니다. 이런 무리가 비밀스럽게 준비하고 계획함이 가히 교묘하고 치밀하다 하겠습니다만, 끝내 진면목이 드러남을 면치 못했으니, 어찌 이른바 "이치는 가서 돌아오지 않음이 없다.〔理無往而不復.〕"라는 격이 아니겠습니까.

지금 이후로 미혹된 자가 그 잘못을 깨닫고, 거짓된 자가 그 진실을 알아차리며, 딴마음을 품은 자들이 그 심보를 고쳐서, 마음을 같이하여 온힘을 기울여 우리의 옛날의 본색으로 돌아간다면, 어찌 우리 당(黨)만의 행복이겠습니까. 곧 또한 국가가 그 공에 힘입고 생민들이 그 은택을 입어, 침상 밖에 코를 골며 자는 적당들은 창과 갑주를 쓰지 않고도 준조(樽俎)의 앞에서 공손히 들을 것이니,[14] 이것이 어찌 작은

**14** 침상……것이니 : 무력을 쓰지 않고도 연회석에서 적당을 굴복시킬 수 있다는 의미이다. 송나라 태조(太祖)가 강남에 웅거하고 있던 남당(南唐)의 이욱(李煜)을 공격하면서 "강남이 무슨 죄가 있겠는가. 다만 천하가 한 집안인데 침상의 옆에 어찌 다른 사람이 코를 골고 자는 것을 용납하겠는가.〔江南亦何罪, 但天下一家, 臥榻之側, 豈容他人鼾睡.〕"라고 하였다. 또한 준조(樽俎)는 술동이와 고기를 담은 그릇으로 연회 자리를 말하는데, 《전국책(戰國策)》〈제책(齊策)〉에 "준조의 사이에서 성을 함락시키고, 자리

일이겠습니까.

그러나 어리석고 미천한 신이 세도의 혼란을 염려한 지가 오래입니다. 인재가 나옴이 아득하니, 만약 군자가 허물을 고침을 꺼리고 소인은 잘못을 고집함에 익숙해져, 입으로만 수긍하고 마음으론 거부하여 의심하고 주저하여 하루 이틀 지내면서 크게 변하는 풍조를 보지 못한다면, 비록 흉악한 무리를 엄숙히 날마다 도륙하고 사나운 자들을 화급하게 날마다 쫓아내더라도 한갓 헛수고일 뿐이요, 이미 위태로운 나라의 형세와 이미 무너진 조정의 모습에 도움이 됨이 없을 것입니다.

오직 창도하여 밝히고 강구하여 지켜서, 다스림을 펴고 교화를 베풀어 격동시키고 부축해주어, 온 세상 사람들로 하여금 우리의 대도(大道)에 화합하여 태평시대를 함께 향유하게 하는 것은 그 책무가 오히려 합하와 조정의 여러 공에게 달려 있지 않겠습니까.

너무도 염려스러운 나머지 이처럼 자세히 말씀드렸으니, 이는 실로 옛사람이 전쟁에 이기고도 근심하는 낯빛을 띠었던[15] 의리입니다. 삼가 바라건대 고명(高明)께서도 밝게 아실 것입니다. 이만 줄입니다.

위에서 적의 전차를 물리친다.〔拔城於樽俎之間, 折衝席上者也.〕"라는 말이 있다.

**15** 전쟁에……띠었던 : 귀의하는 사람이 많은 것에 만족하지 말고 덕으로 품어주어야 함을 의미한다. 동진(東晉)의 사안(謝安)이 조카 사현(謝玄)을 보내 전진(前秦)의 왕 부견(苻堅)의 대군을 격파하게 하고는, 승전보를 듣고도 태연하게 바둑을 두었다고 한다.《晉書 卷79 謝安列傳》

## 당시 재상에게 보내 성상께서 석채를 친히 행하는 것이 타당한지를 논한 편지[16]

與時相論親行釋菜當否書

얼핏 들으니, 혹자가 성상께서 태묘(太廟)에 친히 향사를 행하지 않았다 하여 수년 내에는 먼저 석채(釋菜)[17]를 행해서는 안 된다는 논의를 주장하였고, 합하께서도 이 설에 동조하였다고 하는데, 그렇습니까? 어리석은 제가 논해보건대 진실로 그것이 옳은지 모르겠습니다.

태묘의 향사를 친히 행하지 못한 것은 어찌 일부러 그런 것이겠습니까. 세실(世室)에 올리는 향사가 지금 열다섯 개 신실이 되었으니, 신을 부르고 축문을 읽고 제수를 올리고 술잔을 올리는 예와, 오르고 내리고 절하고 꿇는 절차가 이미 번다하고 횟수도 잦아 새벽녘이 되어서야 끝이 납니다. 성상께서 슬픔을 막 겪은 날이 아직 어린 나이여서 영위(榮衛)가 굳지 못하고 기혈(氣血)이 충만하지 못하니, 머물렀던 곳을 떠나 재계를 하고 밤이 새도록 분주히 주선하는 것을 참으로 여기

16 당시……편지 : 1803년(순조3)에 태묘에 제향을 올리기 전에 문묘에 먼저 석채를 행해서는 안 된다는 혹자들의 주장에 대해, 당시 재상에게 편지를 보내 그 부당함을 개진한 글이다. 1803년(순조3) 당시 좌의정은 서용보(徐龍輔), 우의정은 김관주(金觀柱), 영의정은 이시수(李時秀)인데 누구에게 올린 것인지는 미상이다. 핵심 내용은 태묘와 문묘는 경중이 다르지만 태묘는 사향(祀享) 이외에도 계절에 따른 전알(展謁)이 있고, 문묘는 제사가 아닌 배알이고 석채 이외에는 존경을 표할 방도가 없으므로 태묘보다 먼저 석채를 올려도 예를 잃지 않는다는 내용이다.

17 석채(釋菜) : 고대에 입학할 때에 선성(先聖)과 선사(先師)에게 올리는 제례로 석전(釋奠)보다 가벼운 예식이다.

에서 갑자기 논의해서는 안 됩니다.

석채로 말하자면 의절이 몹시 간략하고 일을 행하는 것도 몇 시간쯤에 불과하니, 태묘의 제향에 비교하면 쉽고 어렵기가 현격히 차이가 날 뿐만이 아닙니다. 이런데도 행해서는 안 된다고 말하는 것이 어찌할 수 있는 말이겠습니까. 혹자가 만약 "비록 잠깐 사이라도 새벽까지 수고롭게 움직이는 것이 만에 하나까지 신중을 기하는 데에 어긋남이 있다."라고 말한다면 이것은 그래도 핑계 삼을 수 있습니다. 그런데 "문묘는 태묘보다 가벼우니, 석채를 태묘의 제향보다 먼저 해서는 안 된다."라고 하는 것은 이것은 단지 식견이 미치지 못해서일 뿐입니다.

태묘는 참으로 중합니다. 그러나 태묘는 향사(享祀) 이외에도 오히려 계절에 따른 전알(展謁)이 있어서, 찬란한 곤룡포와 면류관 차림으로 본래 이미 엄숙히 받들고 공경히 알현할 수 있습니다. 문묘는 참으로 가볍습니다. 그러나 문묘를 배알하는 예는 석채를 빼고는 다른 방도가 없고, 지금 행하는 것도 제사를 위해서가 아니라 바로 배알을 위해서입니다. 그렇다면 의리에서 어찌 '온당하지 않다'고 할 수 있겠습니까. 또 천자부터 서인에 이르기까지 사람이 태어나 8세가 되면 곧 소학(小學)에 들어가는 것은 삼대 시대부터 이미 그러했습니다. 학교에 들어가는 것은 스승을 높이기 위함입니다. 스승이란 도를 간직한 사람이고, 도는 사람이 말미암아야 할 바입니다. 이 도는 하늘에서 나와 스승에게서 완성되므로 스승의 존귀함은 임금이나 아버지와 일체이지만 이보다 더 큼이 있습니다.

부자(夫子 공자)는 만세의 스승입니다. 부자께서 지금 세상에 계신다면 모든 천하의 위로 왕공대인부터 아래로 여항의 필부에 이르기까지 학교에 들어갈 나이가 지난 자라면 마땅히 문과 담장 아래에 나아가 배알해야 하지 않겠습니까. 부자께서 지금 계시지 않으므로 배알은 반드시 문묘에서 하되 석채로써 예를 삼는 것입니다.

지금 우리 성상의 보령이 이미 학교에 들어갈 나이가 지나 여섯 살이 더 많습니다. 천승의 나라에 임금이 되어 열성조의 사업을 이어서 예악과 교화의 다스림을 내고 억조 백성의 군사(君師)로서의 책무를 감당하신 지도 이제 4년이 되었습니다. 동궁에 계실 때에 이미 이 예를 거행할 겨를이 없으셨는데, 지금 또 그럭저럭 지체하면서 아직 선사(先師)의 묘정(廟庭)을 알지 못하시니, 비록 "전후의 형세가 그렇지 않을 수 없었다."라고 말하더라도 의리에서 어찌 크게 온당치 않은 것이 아니겠습니까.

한 고조(漢高祖)는 전쟁을 하며 나라를 창건하던 날에 먼저 태뢰(太牢)를 갖춰 부자에게 제사를 올렸으므로[18] 선유들이 한나라 4백 년 장구한 기업이 실로 여기에 기반을 두었다고 논평하였습니다. 이로써 보면 석채를 비록 태묘의 제향보다 먼저 하더라도 예를 잃었다고 말할 수 없음이 분명합니다.

지금 사람들이 의리의 구분에서 대체(大體)를 알지 못하고 한갓 사사로운 견해와 작은 믿음만으로 왜곡하여 의론을 만드니, 이것도 우스운 일인데, 영공께서 여기에 대해 다시금 난이(難易)와 선후(先後)의 차이를 깊이 따져보지 않고, 도리어 왜곡된 설에 동요되어 그들을 따라 운운하시니, 보도(輔導)하는 도리에 어그러져 식자들의 웃음을 초래

**18** 한 고조(漢高祖)는……올렸으므로 : 한 고조 12년 11월에 고조가 회남(淮南)을 순행하고서 노(魯)나라를 지날 때에 태뢰(太牢)를 갖춰 공자에게 제사를 올린 일을 가리킨다.《前漢書 卷1 高帝紀1》

하는 일이 있지 않겠습니까.

그리고 또 이야기할 것이 있습니다. 논자들은 필시 밤중까지 예를 행하는 것이 어렵다고 여길 것입니다. 그런데 고례(古禮)의 석전(釋奠)을 관찰해보면 본래 새벽이나 밤에 행하던 예가 아니니, 낮에 석채를 행하고 선비를 시험하는 일은 날을 바꿔 행하여도 불가한 것이 아닙니다. 예의 중함은 성인을 배알함에 있지 선비를 시험 보이는 데 있지 않으니, 비록 이어서 과거를 설행하지 않더라도 문제될 것이 없습니다. 그러나 부자의 사당에 거둥하여 부자의 자리에 절을 올리고, 반수(頖水)에 임하고 횡당(黌堂 성균관)에 거둥하는 일은 결코 이해를 넘겨선 안 됩니다.

삼가 바라건대 영공께서는 성인을 배알하는 것을 급히 하지 않을 수 없음을 생각하시고 왜곡된 설을 분변하지 않을 수 없음을 살피시어, 동료 재상들과 두루 상의하여 조정에 들어가 고하여 속히 청하심이 어떻겠습니까. 이는 바로 치교(治敎)의 본령이고 유학의 핵심이니, 어찌 소홀히 할 수 있겠습니까.

## 김 영상 재찬 께 올린 편지[19]

上金領相 載瓚

얼핏 들으니 기백(箕伯 평안도 관찰사)이 호포(戶布)를 시행하고자 하여 이미 도내에 영을 내렸다고 하는데,[20] 사실입니까? 이 논의는 유래가 오래되었습니다.[21] 문곡(文谷 김수항) 선조께서도 일찍이 여기에 뜻을 두셨고,[22] 저도 평소에 마음속에 염려했던 바입니다.

**19** 김 영상(金領相)께 올린 편지 : 1812년(순조12) 11월 경에 영의정 김재찬(金載瓚)에게 보내 관서 지방에 시행하고 있는 호포(戶布)가 관서 지방의 피폐한 형편을 고려하지 않은 조치라는 의견을 개진한 편지이다. 김재찬(1746~1827)의 본관은 연안(延安), 자는 국보(國寶), 호는 해석(海石)이다. 1774년(영조50)에 문과에 급제, 내외직을 두루 역임하고 1809년(순조9)에 벼슬이 영의정에 올랐다.

**20** 기백(箕伯)이……하는데 : 호포(戶布)는 조선 시대에 호(戶)를 단위로 베를 징수하던 세제이다. 이때 평안도 관찰사는 정만석(鄭晩錫, 1758~1834)이다. 평안도에서 홍경래(洪景來)가 1811년(순조11) 12월부터 이듬해 4월까지 난을 일으켰는데, 정만석은 1811년 12월 23일에 평안도위무사(平安道慰撫使)에 임명되었고, 이듬해 1월 16일에 평안감사에 임명되었다. 1812년(순조12) 11월 8일에 조정에서 관서 지방의 관찰사가 호포를 시행하면서 열읍에 공문을 보낸 것이 병란을 막 겪은 곳에 경솔히 시행하기에 적당치 않음을 지적하면서, 평안도 관찰사에게 공문을 보내 전후 사정을 갖추어 보고하게 하고, 이를 조정에서 신중히 논의하여 국왕의 결재를 받아 시행해야 한다고 건의한 내용이 보인다. 이에 따라 평안도 관찰사 정만석이 12월 14일에 소를 올려 관서 지방의 피폐한 군정을 유지하기 위해 호포를 시행할 수밖에 없었다는 의견을 개진하였다. 《承政院日記 純祖 12年 11月 8日, 12月 14日》

**21** 이……오래되었습니다 : 조선 시대 호포제는 효종, 현종, 숙종 대에 본격적인 개혁 방안이 논의되다가 고종 때 흥선대원군이 호포제를 실시함으로써 일단락되었다.

**22** 문곡(文谷)……두셨고 : 《문곡집(文谷集)》 권14에 김수항(金壽恒)이 1682년(숙

그러나 가만히 생각건대 오늘날 서토(西土)에서는 이것이 급선무가 아닌 듯합니다. 오늘날 서토의 급선무는 백성의 식량을 풍족하게 하고 백성의 마음을 안정시키는 데 있으며, 윗사람이 된 자들은 풍교를 돈독히 하고 절검을 몸소 실천하여 백성들로 하여금 감화를 받아 본업에 편안히 여기도록 할 뿐입니다. 이와 같은 일은 이미 편안히 여기고 이미 다스려진 후에야 비로소 의논할 만합니다.

비록 이로움과 해로움으로 논해보더라도, 가령 1만 호(戶)가 되는 읍에 민간의 제색(諸色)이 납부해야 할 것이 3, 4만이 되거나 5, 6만이 되는데, 거둔 베가 겨우 2만에 그친다면, 그 부족분은 형세상 장차 예전처럼 소민(小民)들에게 부과하게 될 것입니다. 한 읍이 이와 같다면 한 도를 알 수가 있습니다. 그렇다면 소민들이 받는 이로움은 현저하게 드러나지 않는데 대민(大民)의 원망은 반드시 먼저 떼로 일어날 것입니다.

대체로 서토에는 진정으로 여기에 기반을 둔 사대부가 없고, 단지 베를 바치지 않는 자와 베를 바치는 자로 약간의 구별이 있을 뿐입니다. 지금 만약 구분 없이 똑같이 보아 납부하기를 요구한다면 장차 소민들과 구별이 없을 것이니, 이런 무리가 어찌 억울함을 품어 원망하지 않을 수 있겠습니까. 그 때문에 지난 조정에서 이미 영을 발했다가 이내 거둔 것입니다.[23] 옛날에는 기상과 인심이 오늘과 같은 지경에

종8)에 올린 〈형세가 편안키 어려워 해면을 청하는 차자〔以情勢難安乞免箚〕〉에 보면 오래전부터 호포를 시행하고자 하였으나, 이러저러한 사정상 행하지 못했다는 말이 보인다.

**23** 지난……것입니다 : 1798년(정조22) 1월 11일에 응교 이익모(李翊模)의 언급 중에, 몇 년 전에 관서 지방의 호포제를 시행하려다가 이내 중지되었는데, 이 또한 관찰사

이르지 않았고 또 태평스러운 세상이었는데도 그 어렵기가 이와 같았습니다. 하물며 지금은 큰 난리[24]가 겨우 평정되어 상처가 다 아물지 않았고, 의구심으로 안정되지 않아 남은 근심이 아직도 깊으며, 기근이 거듭 이르러 인정이 쉽게 요동하는 때에 있어서겠습니까.

소민들은 실제 혜택을 알지 못하고 대민들은 모두 부끄러움과 괴로움을 품는다면 설사 그 사이에 작은 이익이 있더라도 무슨 보탬이 되겠습니까. 이로움과 해로움이 열 배 차이가 나지 않으면 지혜로운 자는 시행하지 않는데, 하물며 이로움은 두세 배도 되지 않는데 해로움은 일고여덟 배가 됨에 있어서겠습니까. 그렇다면 이 일은 다만 백성을 소요시켜 난리를 부르는 계제가 되기에 족할 뿐이고, 반드시 이것이 백성을 안정시켜 화란을 막는 방도가 되지는 않을 것이니, 살피지 않아선 안 됩니다.

비록 앞선 사례로 관찰하더라도 홍경래(洪景來)는 한미하고 미천한 필부에 지나지 않았는데, 아전・장교와 결탁하여 오히려 하늘까지 삼킬 악을 양성하였습니다. 지금 한 도의 대민들로 하여금 모두 원망에 겨운 마음을 내게 한다면 그 두려워할 만한 근심 걱정이 어찌 약간의 읍에서 아전・장교들과 결탁한 데 비할 뿐이겠습니까. 이것이 더욱 두려움에 마음이 섬뜩해지는 일입니다.

우매한 저의 설이 이와 같지만, 이 일은 끝내 시행해서는 안 된다는

가 근거 없는 의논에 동요되었던 까닭이라는 내용이 보인다.《承政院日記 正祖 22年 1月 11日》

**24** 큰 난리 : 평안도에서 홍경래(洪景來)가 1811년(순조11) 12월부터 이듬해 4월까지 난을 일으킨 것을 말한다.

말이 아닙니다. 다만 지금은 그 때가 아니라는 것이고, 서토는 더욱 심하다는 것입니다. 다행히 하늘이 재앙에서 마음을 돌려 풍년을 자주 내려 백성들의 생업이 조금 회복되고 인심이 안정된다면 그런 뒤에 조정에서 자세히 강론하되, 서울의 존귀한 이들부터 먼저 하고, 합하의 집안부터 먼저 해야 할 것입니다. 그런 뒤에 이를 확대하여 시행한다면 어찌 서토뿐이겠습니까. 곧 팔도를 균등히 할 수 있을 것입니다. 이와 같다면 소민들은 반드시 그 혜택을 받고 대민들도 그 원망이 없어서 공사의 사이에 이로움만 있고 해로움은 없을 것입니다. 합하께서 어떻게 생각하실지 모르겠습니다.

기백은 재주가 강하고 식견이 투철하여 진실로 저처럼 소루한 자가 뒤를 좇아갈 수 있는 바가 아닙니다. 그러나 득실을 천 번 생각하면 또한 지혜로운 자와 어리석은 자가 서로 현격히 차이가 나지 않습니다. 지금 여기서 말씀드린 바가 혹시 영공의 뜻에 대략이나마 맞는다면 조용히 만류하는 도리가 되지 않겠습니까. 비록 말이 부당할지라도 결단코 공이 있는 자를 해치고 일을 저지시키려는 마음에서 나오지 않았음은 영공께서도 양찰하실 수 있을 것입니다.

# 제생에게 답함[25]

答諸生

여러분이 보내주신 편지를 받고서 모든 분이 두루 평안하심을 알았으니, 매우 경하를 드립니다. 남계(南溪) 박 문순공(朴文純公)[26]의 봉사손이 곤궁하고 의탁할 곳이 없어 심지어 사판(祠版)을 봉안할 곳조차 없다고 하니, 매우 애달프고 한탄스러움을 가눌 길 없습니다.

그러나 가만히 생각건대, 여러분의 말씀이 저에게까지 일부러 미친 것은 또한 여러분의 뜻이 무엇을 근거로 한 것인지 모르겠습니다. 만약 친척이라고 생각하셨다면 본래부터 친분이 없습니다. 만약 연원(淵源)이 있다고 생각하셨다면 처음부터 파류(派流)가 아니고, 만약 관위(官位) 때문에 요구하신다면 저는 안으로 대신이나 예관(禮官)이 아니고, 밖으로는 관찰사나 고을 수령이 아닙니다. 만약 현자를 사모하는 정성으로써 요구하신다면 현자를 사모하는 정성은 비록 남에게 뒤지지 않지만, 또한 한 사람이 분발하여 담당할 일이 아닌 듯합니다. 설령 담당할 수 있더라도 체면이 끝내 구차한 데로 귀결될 것이고 사리로 보아 또한 오래 지속하기 어려울 것입니다.

여러 군자께서 만약 깊이 근심하고 간절히 걱정하신다면, 어찌 친척

25 제생(諸生)에게 답함 : 작성한 시기는 미상이다. 곤궁한 박세채(朴世采)의 봉사손을 구제해달라는 제생의 편지에 대해, 자신은 친척도 아니고 파류도 아니며 해당 관직에 있지도 않으므로 거절할 수밖에 없다고 회신하는 내용이다.

26 남계(南溪) 박 문순공(朴文純公) : 박세채(朴世采, 1631~1695)를 가리킨다. 본관은 반남(潘南), 자는 화숙(和叔), 호는 현석(玄石)·남계, 시호는 문순이다.

에게 도모하거나 파류에게 도모하지 않습니까. 혹 고을수령이나 관찰사에게 하소연하거나, 혹 대신이나 예관에게 하소연한다면, 위로는 성상의 귀에 들릴 수 있고 아래로는 또한 여러 사람의 힘을 모아 공을 도모하는 데 잘못되지 않을 듯합니다. 이렇게 하지 않고서 이제 미천한 저에게 일부러 알리시니, 여러분께서 천 번 생각함에 한 번 실수한 것이 아니겠습니까.

## 남 상서 원평 공철 에게 보낸 편지[27]

與南尙書元平 公轍

삼관(三館)의 우두머리로 새로 임명되신 것은 대감의 문아함과 명망으로 보면 또한 늦었다 하겠습니다. 그러나 문원(文苑)이 적임자를 얻은 것을 하례합니다. 그런데 제가 대감과 약관 때부터 남쪽 바닷가와 북쪽 산기슭에 서로 어울려 다녀서 그 당시 팔문장(八文章)이란 칭호까지 있었습니다. 그런데 지금에서야 자취를 이어서 사단(詞壇)의 맹약을 주관하게 되었으니,[28] 황강한(黃江漢 황경원(黃景源))이 일컬은바 "우리 세 사람이 전후로 조정에 올라 모두 문장을 주관하니, 가히 성대하다 하겠다."라는 것이 바로 이런 뜻입니다.

문형(文衡) 중에 전망(前望)으로 공무를 행한 경우로 말하면 상서 이병상(李秉常) 등 네댓 분은 우선 논하지 않더라도 숙종 조에서 전망으로 낙점을 받은 분은 호옹(壺翁 남용익(南龍翼))에서 시작되었고 이내 공무를 행하였으니,[29] 이는 바로 대감 가문의 고사입니다. 그렇다면

**27** 남 상서(南尙書)……편지 : 1809년(순조9) 2월 3일에 홍문관 대제학, 예문관 대제학, 지성균관사에 임명된 남공철(南公轍, 1760~1840)에게 보낸 편지이다. 선조인 남용익(南龍翼)도 전망(前望)으로 대제학에 임명된 사례가 있었으므로 지나치게 인혐하지 말고 속히 출사하기를 권하는 내용이다. 남공철의 본관은 의령(宜寧), 자는 원평(元平), 호는 사영(思穎)·금릉(金陵)이다. 1792년(정조16)에 문과에 급제, 청요직을 두루 역임하고 벼슬이 영의정에 이르렀다. 풍고와 정치적 동지이며, 당대 제일의 문장가로 일컬어졌다.

**28** 그런데……되었으니 : 이에 앞서 풍고가 나이 38세 때인 1802년(순조2) 5월 18일에 홍문관·예문관의 양관 대제학 및 지성균관사에 동시에 임명된 일이 있다.

이것으로 지나치게 인혐하여 오래도록 나가지 않을 필요는 없을 것입니다.

**29** 문형(文衡)……행하였으니 : 전망이란 전에 올린 의망(擬望)에 낙점(落點)하여 내리는 것을 말한다. 이병상(李秉常, 1676~1748)의 본관은 한산(韓山), 자는 여오(汝五), 호는 삼산(三山)이다. 1710년(숙종36)에 문과에 급제, 청요직을 두루 지내고 벼슬이 판서에까지 이르렀다. 1725년(영조1) 6월에 전망으로 대제학에 임명되었다. 호옹(壺翁)은 남용익(南龍翼, 1628~1692)을 가리킨다. 본관은 의령(宜寧), 자는 운경(雲卿), 호는 호곡(壺谷)이다. 1648년(인조26) 문과에 급제, 청요직을 두루 역임하였고 벼슬이 판서에까지 올랐다. 1687년(숙종13)에 전망(前望)으로 대제학에 임명되었다. 《承政院日記 英祖 1年 6月 11日》《肅宗實錄 13年 1月 7日》

## 남원평에게 보낸 편지[30]

與南元平

길한 날 길한 때에 왕세자의 입학례가 이루어지니, 아랫사람의 심정이 환호하고 기뻐합니다. 척의(尺衣)[31]로 예를 주선하고 글의 의미를 질문함이 보통 사람보다 훨씬 뛰어나니, 반교(泮橋)를 둘러싼 많은 선비가 바라보며 고무되어 발을 굴렀다고 합니다. 이는 실로 종묘사직과 백성들의 복인데, 대감께서 문청공(文淸公)[32] 집안의 사람으로 박사(博士)의 예를 행하였으니, 선비들의 희망에 더욱 흡족했을 것입니다. 예주(醴酒)와 수포(脩脯)를 이렇게 나눠주시니, 이는 귀한 물건입니다. 잘 받고서 감사를 표합니다. 이만 줄입니다.

**30** 남원평(南元平)에게 보낸 편지 : 1817년(순조17) 3월 11일에 남공철에게 보낸 편지이다. 이날 왕세자가 문묘(文廟)에서 입학례(入學禮)를 거행했는데, 남공철은 대제학으로서 박사(博士)의 임무를 수행하였다.

**31** 척의(尺衣) : 군왕(君王)의 나이를 의미하는 말인데, 나이 어린 세자를 의미하기도 하고, 또 세자가 입은 그 옷을 의미하기도 한다. 《예기》 〈곡례 하(曲禮下)〉에, "천자의 나이를 물으면 대답하기를, '듣건대 비로소 약간 척(尺)의 옷을 입는다고 합니다'라고 한다.〔問天子之年, 對曰聞之始服衣若干尺矣.〕"라는 구절이 있다.

**32** 문청공(文淸公) : 남유용(南有容, 1698~1773)을 가리킨다. 본관은 의령(宜寧), 자는 덕재(德哉), 호는 뇌연(雷淵)·소화(小華)이다. 대제학을 지낸 남용익의 증손자이다. 1740년(영조16) 문과에 급제, 청요직을 두루 역임해 벼슬이 판서에 올랐다. 1754년(영조30)에 원손보양관(元孫輔養官)이 되어 뒤에 정조가 된 세손을 세 살 때 무릎에 앉혀놓고 글을 가르쳤다. 1757년(영조33)에는 원손사부(元孫師傅)가 되어 호랑이 가죽을 하사받았다.

# 조 상서 윤대 에게 답함[33]

答曺尙書 允大

어제 선영 아래에 당도하니, 귀리(貴里)의 산빛이 시야에 들어왔습니다.[34] 평소 사모하는 마음으로 헤아려보면 어찌 먼저 공경을 표하는 예를 닦고 싶지 않았겠습니까마는, 지난번 올리신 소(疏)[35] 이후

**33** 조 상서에게 답함 : 1813년(순조13) 5월경에 이조 판서를 역임한 조윤대(曺允大, 1748~1813)에게 답한 편지이다. 조윤대가 간관의 탄핵에 변명하며 올린 소에 심단(沈檀)의 행실을 옹호하는 구설이 있음을 지적하고 이에 대한 해명을 요구하는 내용이다. 조윤대의 본관은 창녕(昌寧), 자는 사원(士元), 호는 동포(東浦)이다. 1779년(정조3) 문과에 급제, 청요직을 두루 역임하고 벼슬이 판서에까지 이르렀다. 이조 및 언관의 직에 있으면서 소론의 명장으로 활약하였다.

**34** 선영……들어왔습니다 : 풍고의 선영은 여주 추읍산 아래 향곡(香谷)이다. 조윤대는 《문과방목》에 거주지가 여주로 되어 있고, 그의 증조부 조헌주(曺憲周)가 겸락정(兼樂亭)이란 정자를 여주 북쪽 포동촌(浦東村)에 지은 적이 있으며, 조윤대의 호가 동포(東浦)인 것을 감안하면 그의 근거지가 여주 포동촌이었던 것으로 보인다.

**35** 지난번 올리신 소(疏) : 이조 판서 조윤대가 1812년(순조12) 11월 12일에 올린 상소를 말한다. 조윤대는 이조 판서로서 이진검(李眞儉)의 현손 이탁원(李鐸遠)과 심단(沈檀)의 증손 심영석(沈英錫)을 대각(臺閣)에 발탁해 쓰고자 하였는데, 이 조치가 물의를 일으켜, 11월 6일에 수찬 유성양(柳鼎養)으로부터 부당한 조치라는 탄핵을 받았다. 이에 11월 8일에 조윤대가 소를 올려 심단과 이진검의 자손 중에도 녹용된 사례가 있음을 들어 그 후손들의 녹용을 무조건 막는 것은 지나친 처사이고, 더욱이 이 두 사람의 재기(材器)와 문학(文學)이 출중함을 들어 옹호하였다. 이에 11월 11일에 교리 이석호(李錫祜)가 상소하여 이진검이 경자년(1720, 경종 즉위년)에 올린 흉소(凶疏)와 심단이 임인년(1722, 경종2)에 옥사를 다스리면서 몰래 앙심을 품고 선류에게 해독을 끼친 것은 아직 공의(公議)가 사라지지 않았으므로 그 자손을 녹용하는 일은 부당하며, 또한 그들의 재능과 문학을 옹호하는 것은 잘못을 덮으려는 데 불과하므로 조윤대를

로 내내 미천한 저의 마음에 의심이 없을 수 없었으므로 감히 갑자기 편지를 전할 계책을 내지 못하였습니다. 그런데 뜻밖에 먼저 편지를 보내주시니, 조용히 정양하시는 대감의 체후가 만중하시고, 강산과 전원의 즐거움을 누리심을 알았으니, 경하드리고 경하드립니다.

저 공복인(功服人)은 가문이 불행하여 판서 당숙(判書堂叔)[36]께서 갑자기 세상을 버리시니, 슬프고 허전한 심정을 무슨 말로 형언하겠습니까. 그런데 장례일이 12일이므로 장차 회장(會葬)을 하고 돌아갈 것입니다.

앞서 말한 '저의 마음의 의심'이란 것은 그때 올린 상소의 뜻이 본래 탄핵을 받아 변론하면서 나온 것으로 애초에 신임의리(辛壬義理)[37]에 핍박을 받은 것이 아니니, 의당 저의 집안과 관련이 없을 듯합니다. 다만 이진검(李眞儉)의 소가 나중에 복안(伏案)이 되고, 심단(沈檀)의

견책하고 파직해야 한다고 주장하였다. 이후 수차례 공방이 이어지다가 조윤대는 11월 24일에 그간의 논란이 자신의 부주의에서 나온 것으로 자책하며 영돈녕부사의 사직을 청하여 허락받았다. 《承政院日記 純祖 12年 11月 6日, 8日, 11日, 12日, 24日》

**36** 판서 당숙(判書堂叔) : 김이도(金履度, 1750~1813)를 가리킨다. 본관은 안동(安東), 자는 계근(季謹), 호는 송원(松園)이다. 아버지는 김탄행(金坦行)이며, 어머니는 한백증(韓百增)의 딸인데, 풍고와는 5촌 간이다. 1800년(정조24) 문과에 급제, 내외직을 두루 거쳐 벼슬이 판서에 이르렀다. 1813년(순조13) 3월 12일에 수원 유수(水原留守) 재임 중에 죽었다. 묘는 여주 맹곡(孟谷)에 있다.

**37** 신임의리(辛壬義理) : 신축년(1721, 경종1)과 임인년(1722) 두 해에 걸쳐 노론과 소론 간에 벌어진 옥사에 노론이 내세운 명분을 말한다. 노론은 경종이 병약하고 후사가 없음을 빌미로 연잉군(延礽君)을 세제로 책봉하고 나아가 대리청정까지 추진하였는데, 소론의 김일경(金一鏡) 등이 반격하여 노론 사대신인 김창집(金昌集), 이이명(李頤命), 이건명(李健命), 조태채(趙泰采)를 역모로 무고하여 사대신 이하 노론 일파를 극형에 처하게 하였다.

행적이 역적 김일경(金一鏡)과 같은 데로 귀결된 것은 부녀자와 어린 아이도 모두 아는 바이니, 우매하고 천박한 저의 의혹은 집사와 같은 밝은 식견으로 이것을 모르고 그렇게 말씀하셨다고는 감히 생각하지 못하겠습니다. 또한 신임의리에 압박이 없어서 저의 집안과 관련이 없다고 말씀드리지도 못하겠습니다.

심단의 일에 대해 재차 두 성상의 하교를 인용한 것으로 말하면[38] 더욱 지나친 것이 아닌가 생각합니다. 영조조의 일에 대해서는 미천한 신이 본래 잘 알지 못하지만, 정조께서 신임의 의리를 견지한 것에 대해서라면 집사께서도 늘 듣던 바이니, 미천한 신이 홀로 어찌 한두 가지 평소에 들은 바가 없겠습니까. 그러나 이는 오히려 감히 말할 수 없으므로 우선 접어두고 논하지 않겠습니다. 예부터 국가의 의론에, 군왕이 비록 충신(忠臣)이며 정인(正人)이라 말하더라도 공의(公議)는 난적(亂賊)이며 간사(奸邪)라고 말한 경우도 있고, 군왕이 비록 난적·간사라 말하더라도 공의는 충신·정인이라 말한 경우도 있습니다.

대체로 군왕의 도리는 지극히 커서 이름 붙이기 어려우니, 마치 하늘이 포용하지 않음이 없고 길러주지 않음이 없는 것과 같으므로 그 형세가 그렇게 말하지 않을 수 없습니다. 그런데 공의는 오직 큰 줄거리만 문제 삼을 뿐이고, 사소한 절개에 대해서는 설령 말할 만한 것이 있어도 내버려두고 말하지 않습니다. 지금 집사께서 이에 대처하신 방도가 제

**38** 심단의……말하면 : 이조 판서 조윤대가 11월 12일에 올린 상소에서 심단(沈檀)이 본래 나쁜 사람이 아닌 것을 증명하고자 신축년(1721, 경종1) 말에 영조가 세자로 있으면서 몹시 경황스러운 일을 당했는데, 이때 심단이 울면서 권면하여 영조의 마음을 돌린 일과 정조가 "심단이 충신이며 공신이다."라고 누차 말한 것을 적시한 것을 가리킨다.

가 말한 공의와는 다름이 있으니, 실로 마음에 유감이 없을 수 없습니다.

본래는 만나 뵈었을 때에 질의를 올리고자 한 것인데, 집사께서 곧 고향집으로 돌아가시는 바람에 이런 마음만 오래도록 간직하고 있었습니다. 이제 안부를 물어주시는 편지가 옴으로 인해 대략 속마음을 펴오니 어떻게 대처하실지 모르겠습니다. 만약 대감의 생각에 저의 말을 단연코 근거가 없는 것으로 여겨 개의치 않으신다면, 지금부터 이후로는 다시 지난날의 우호를 닦지 않을 것이니, 송구함을 가눌 길 없습니다.

보내온 심부름꾼이 바삐 재촉하고 겨우 제전(祭奠)을 마친 터라, 몸이 고달프고 사람이 많아 어지럽게 한 가지만 쓰자니 한탄스럽고 한탄스럽습니다. 격식을 갖추지 않습니다.

## 권 참판 비응 에게 답함[39]

答權參判 丕應

편지를 받고서 위안이 되었습니다. 장례에 길일(吉日)을 정하는 일에 관해 지금 자전(子田)[40]의 말을 들으니, 얼마 전에 3월 중에 고르라는 하교가 있었다고 하는데 그렇다면 매우 다행입니다.

**39** 권 참판에게 답함 : 권비응(權丕應, 1754~?)에게 답한 편지인데, 작성한 시기는 1815년(순조15) 12월에서 이듬해 1월 사이로 추정된다. 권비응은 당시 예조 참의에 재직했는데, 참판이라 한 것은 편시에 세목을 덜면서 나중 벼슬로 지칭한 것으로 보인다. 이 답장을 쓰게 된 발단은 혜경궁 홍씨(惠慶宮洪氏, 1735~1815)가 홍서하여 1816년(순조16) 3월로 장례일을 잡았는데, 아직 졸곡을 치르기 전이기 때문에 종묘제향 때에 혜경궁의 아들인 정조의 신위를 모신 제15실에 음악을 쓰는 것이 옳은지에 대한 논란이 생겨 예조에서 대신들의 의견을 두루 묻게 되면서 시작되었다. 이때 풍고는 규장각 검교제학(檢校提學)으로 혜경궁에 대한 지문제술관(誌文製述官)을 맡고 있었는데, 풍고는 종묘제향 때에 영신곡(迎神曲)과 송신곡(送神曲)을 한 번 연주함으로써 신을 맞거나 전송하므로 제15실만 연주하지 않을 수 없는 현실적인 문제를 들어 졸곡 뒤까지 음악의 사용을 정지하든지, 아니면 음악을 쓸 수밖에 없다는 의견을 개진하였다. 순조는 대신들의 의견을 종합하여 졸곡 뒤까지 제향을 정지하도록 명하였다. 《純祖實錄 15年 12月 30日; 16年 1月 2日 · 3日 : 30年 6月 5日》 권비응의 본관은 안동(安東), 자는 계직(季直)이다. 1806년(순조6)에 별시에 급제하여 사간원, 이조 등 내직을 두루 역임하여 벼슬이 참판에 이르렀다. 1815년(순조15) 12월 15일에 예조 참의에 임명되었고, 이듬해 1월 21일에 세자시강원 겸보덕(兼輔德)에 임명되었다. 1825년(순조25) 4월 24일에 이조 참판에 제수되었다.

**40** 자전(子田) : 이용수(李龍秀, 1776~?)의 자(字)이다. 본관은 연안(延安), 호는 홍관(葒館)이다. 1809년(순조9)에 증광시에 합격, 내직으로 오랫동안 승정원에 있으면서 좌우승지를 거쳐 도승지에까지 올랐고, 이조 참판, 규장각 직제학 등을 지냈다. 이 간찰이 작성될 당시는 규장각 검교대교(檢校待教)로 있었다.

보내주신 문건을 공손히 살펴보고 도로 올립니다만, 태묘(太廟 종묘)의 제15실(室)[41]에 음악을 써야 옳은지에 대한 일은 이보다 앞서 또한 여러 공이 의심하고 논란을 벌인 설을 이미 들은 적이 있고, 저 또한 깊이 생각하였습니다만 마음속에 망연함이 없지 않던 문제였습니다. 비로소 여러 공의 의견과 바깥의 분분한 설을 막론하고 모두 깊이 생각하지 않은 것임을 알게 되었습니다.

빈(殯)에 있을 때 음악을 쓰는 것은 진실로 몹시 두렵습니다. 그러나 정리(情理)로 말하자면 졸곡(卒哭)의 뒤가 빈에 있을 때와 얼마나 떨어졌기에 졸곡 뒤에는 편안히 여기고 빈에 있을 때는 편안히 여겨선 안 된단 말입니까. 이 말을 미루어보면 3년 동안 제향을 올리지 않는 이외에는 마음을 편히 지닐 방도가 없으니, 이는 미루어 헤아리고 짐작해서 하는 이야기입니다. 이 논의에 대해서는 간혹 취하거나 버리는 차이는 있을 수 있겠습니다만, 회피(回避)할 수 없다는 한 조목에 이르러선 지금 사람들이 모두 생각이 미치지 못한 것입니다.

대체로 종묘제향 때에 영신곡(迎神曲)과 송신곡(送神曲)을 연주할 때, 처음 제향을 시작하면서 영신곡을 연주하기를 일찍이 각실(各室)에서 연주하지 않았으니, 즉 곡 하나로 15실을 모두 영신한 것입니다. 만약 실마다 각각 영신곡을 연주한다면 오히려 연주하거나 폐하거나 하는 방도가 있을 수 있겠지만, 이것은 나눌 수 없습니다. 그 마음에

**41** 제15실(室) : 정조의 신주를 모신 종묘의 신실(神室)인데, 1802년(순조2) 8월 9일에 부묘(祔廟)하였다. 현재 정조는 제13실에 모셔져 있는데, 이는 1836년(헌종2)에 정전을 19칸으로 증축하면서 바뀌어 현재까지 이어진 것이다. 《純祖實錄 2年 8月 9日》《고영진, 종묘의궤 해제, 한국고전번역원, 2008》

장차 "14실은 모두 연주하고, 유독 제15실에만 연주하지 않는다."라고 말하겠습니까. 아니면 장차 "14실은 이 곡으로 신이 강림하고, 제15실은 홀로 강림하지 않는다."라고 말하겠습니까. 그렇다면 당실(當室 제15실)에 헌가악(軒架樂)을 쓰기를 기다릴 것도 없이 이미 음악을 연주한 것이니, "영신과 송신에는 쓸 수 있고, 신관(晨祼)과 삼헌(三獻)[42]에는 써선 안 된다."라고 한다면 장차 그것이 말이 되겠습니까. 지금 만약 "제1실로부터 이하로 졸곡 때까지 음악을 정지해야 한다."라고 말하는 것은 괜찮을 수 있으나, "유독 제15실에 음악을 쓰기 미안하다."라고 말하는 것은 실로 깊이 생각하지 않은 것입니다. 이를 안다면 음악을 쓰는 것이 의심할 나위가 없음을 알 수 있습니다.

우매한 저의 소견이 이와 같은데, 어찌 생각하실지 모르겠습니다. 대신들의 왕통(王統)을 존중하는 논의 또한 대수롭지 않은 말씀입니다. 이만 줄입니다.

두실(斗室)[43]이 말한 것은 듣지 못했습니다. 만약 15실을 애초에 제향하지 않는다면 영신곡과 송신곡은 저절로 함께 연주하는 데로 귀

42 신관(晨祼)과 삼헌(三獻) : 신관은 종묘 제사의 의식 가운데 하나로 새벽에 신을 맞이하는 의식이다. 신주를 신탑(神榻)에 내어 모신 다음 향을 피워 천상에 계신 혼령을 모시고 울창주를 부어 지하에 계신 체백(體魄)을 모신다. 삼헌은 제사 때에 술잔을 세 차례 올리는 일로, 곧 초헌(初獻), 아헌(亞獻), 종헌(終獻)을 이른다.

43 두실(斗室) : 심상규(沈象奎, 1766~1838)의 호이다. 본관은 청송(靑松), 초명은 상여(象輿), 자는 치교(穉教)·가권(可權)이다. 1789년(정조13) 문과에 급제한 뒤 초계문신으로 발탁되었고, 문형(文衡)의 자리를 네 차례나 맡았다. 벼슬이 우의정에까지 올랐다. 이 당시 심상규는 지중추부사의 직함으로 혜경궁에 대한 애책문 제술관(哀冊文製述官)을 맡고 있었다.

결되지 않을 것입니다. 이와 같다면 또 제사하지 않는다는 논리입니다. 제사하지 않는다면 음악이 없고, 제사한다면 음악이 있을 뿐이니, 다른 방도는 더 이상 없습니다.

## 김생 천휴에게 답함[44]

答金生天休

짧은 사연은 잘 알았지만, 이 일이 갈수록 갈등을 빚어내어 사람으로 하여금 더욱 걱정스럽고 불안케 합니다. 덕을 묘사한 것은 비록 귀하의 문중에서 나왔으나, 찬술한 것은 다만 저의 손에 있었으니, 허실과 진위의 사이에서 저는 좌하(座下)를 위하여 우군이 되기를 기약하지 않겠습니까? 그렇다면 좌하께서 저를 향해 변론을 구한 것이 좌하께서 스스로 변론한 것과 어찌 다르겠습니까. 장주(莊周)가 이르기를 "이미 나와 같은데, 어찌 능히 바로잡겠는가.〔旣同乎我矣, 惡能正之?〕"[45]라고 한 것이 이런 경우입니다.

비록 그렇지만 천하의 만사는 '이치〔理〕' 한 글자를 벗어나지 않습니다. 군자가 말할 만한 것은 이치에 합당한가일 뿐이니, 이치에 합당하지 않은 것은 말할 가치가 없습니다.

대체로 현자를 높이고 조상을 공경하는 것은 보통 사람의 떳떳한 성품입니다. 높은 산처럼 우러르고 큰 길처럼 따라가야 할 것이니,

**44** 김생 천휴(金生天休)에게 답함 : 작성한 시기는 미상이다. 영남에 사는 김천휴(金天休)라는 사람이 선대의 행장(行狀)으로 비방을 받게 되었는데, 그 행장을 정리해준 사람이 바로 풍고이므로 김천휴가 자신의 입장을 옹호해주기를 부탁하는 편지를 보냈다. 이에 풍고가 스스로 이치에 어긋난 행위를 하지 않았으므로 김천휴에게 비방에 당당히 맞서기를 권면하는 답장을 보내게 된 것이다.

**45** 이미……바로잡겠는가 : 《장자(莊子)》 〈제물론(齊物論)〉에 "나와 의견이 같은 자로 판정하게 한다면 이미 나와 의견이 같은데 어찌 바르게 판정할 수 있겠는가.〔使同乎若者正之, 旣與若同矣, 惡能正之?〕"라고 하였다.

무릇 혈기를 지닌 자가 오히려 대현을 기롱하고 모욕해서야 되겠습니까. 터럭 하나라도 닮지 않으면 곧 그 어버이가 아니니, 덕행을 묘사하고 기술하는 자가 오히려 그 조상을 속여서야 되겠습니까.

사람의 마음은 서로 멀지 않아서, 자기가 감히 하지 못하는데 남은 감히 한다고 여기거나, 자기가 차마하지 못하는데 남은 차마 한다고 의심하는 것은 진실로 사람의 마음을 지닌 자라면 반드시 이런 경우는 없습니다. 좌하께서 남에게 가하지 못하는 것을 남들이 곧 좌하께 가한다면, 이것을 일러 횡역(橫逆)이라 합니다. 횡역이란 이치가 아니고, 이치가 아니라면 예가 아니니, 예가 아니라면 군자는 이에 듣지도 말고 움직이지도 말아야 합니다. 좌하께서 남들이 가한 비례(非禮)를 만나서 듣지 말고 움직이지 말아야 함은 생각하지도 않고, 이에 도리어 떠들썩하게 변론하고자 하는 것은 또한 피곤한 일이 아니겠습니까.

대령(大嶺 조령(鳥嶺)) 이남을 예부터 추로지향(鄒魯之鄕)이라 칭송하여 지금에 이르도록 글을 읽고 이치를 밝히는 군자들이 많습니다. 좌하께서는 한번 돌아가서 질의해보기를 저의 말처럼 해보십시오. 그 군자들이 만약 "그대의 말이 옳네."라고 한다면 곧 시비가 결정될 것이고, 행장을 찬술한 자도 또한 안심할 수 있을 것입니다. 그런데 오히려 주절주절 그치지 않는다면 단지 입을 닫고 백세를 기다릴 뿐입니다.

근심과 사고로 정신이 혼란스러워 하고 싶은 말을 다하지 못하오니, 오직 양찰해주시기를 바랍니다. 이만 줄입니다.

## 송원 종숙부께 올림[46]

上松園從叔父

우산(虞山)의 문집[47]에 대해서 마음속으로 이미 그렇게 어려워하시니, 본래 다시 입을 놀려선 안 되지만, 어리석은 저의 마음이 끝내 시원히 풀리지 않아 그만둘 수 없습니다.

대체로 물건은 영원히 감춰지는 법이 없고 또한 정해진 주인도 없습니다. 그것이 영원히 감춰진다면, 변치(變徵 12율의 7번째 음)의 음이 다시는 객관의 자리에서 연주되지 않을 것이고, 정해진 주인이 있다면 기둥을 흘기던 보배가 끝내 북판(北阪)의 궁궐로 돌아가지 못했을 것

**46** 송원(松園) 종숙부께 올림 : 5촌 당숙인 김이도(金履度, 1750~1813)에게 올린 편지인데, 작성한 시기는 미상이다. 김이도의 본관은 안동(安東), 자는 계근(季謹), 호는 송원(松園)이다. 아버지는 김탄행(金坦行)이며, 어머니는 한백증(韓百增)의 딸인데, 풍고와는 5촌 간이다. 1800년(정조24) 문과에 급제, 내외직을 두루 거쳐 벼슬이 판서에 이르렀다.

**47** 우산(虞山)의 문집 : 전겸익(錢謙益, 1582~1664)의 문집을 말한다. 전겸익은 강남(江南) 상숙(常熟) 사람으로 자는 수지(受之), 호는 목재(牧齋)·어초사(漁樵史)·우산종백(虞山宗伯)·몽수(蒙叟)·동간유로(東澗遺老) 등이다. 명나라 만력 38년(1610) 진사시에 급제, 편수(編修)와 첨사(詹事)를 지냈고, 숭정(崇禎) 초에 예부시랑(禮部侍郎)에 올랐지만 일 때문에 파직되어 귀향했다. 문학으로 동남 지역에서 명성이 자자했고, 동림(東林)의 거목이 되었다. 순치 2년(1645) 청나라 군대가 강남을 공략했을 때 항복하여 다음 해 예부 시랑이 되었다. 순치 7년(1650)에 강운루(絳雲樓)의 수많은 장서가 불에 타자 의기소침하게 지냈다고 한다. 저서에 《초학집(初學集)》, 《유학집(有學集)》, 《열조시집(列朝詩集)》 등이 있었는데 건륭제 때 변절을 문제 삼아 〈이신전(貳臣傳)〉에 편입시키고 저작을 불태우는 등 여러 차례 금서(禁書) 조치를 받았다.

입니다.[48] 더구나 이 자잘한 몇 권의 책이야 말해 무엇 하겠습니까.

집사께서 어려워하심이 진실로 괴이할 것이 없으나, 가령 이 책이 우연히 집사의 장서에 들어가지 않고서 물과 불의 재앙을 만나거나 자물쇠를 조심하지 않아서 다른 사람의 손에 들어가서 떠도는 이야깃거리로 변했다면, 집사께서 비록 오늘날 어려워하고자 한들 "털이 어디에 붙으랴.〔毛之焉傅.〕"[49]는 격에 가깝지 않겠습니까.

집사께서 어려워하시는 이유는 진실로 책 속의 인장 때문입니다. 《맹자》를 선록한 책[50]을 책상자 속에 두고 몰래 외고, 도가의 서적을 오래도록 침상 속에 머물러 둔다면 그 누가 알아주겠습니까. 설령 이와 같지 않더라도 선화(善和)의 저택은 오히려 생전에 주인이 바뀌었고, 평천장(平泉莊)의 꽃과 돌은 어찌 죽은 뒤까지 보존되길 보장하겠습니까.[51] 이 또한 인장 주인의 달관에 달려 있을 뿐입니다.

**48** 기둥을……것입니다 : 전국 시대 조(趙)나라 인상여(藺相如)의 화씨벽(和氏璧)이 진나라로 돌아가지 않을 것이라는 말이다. 인상여가 왕의 명을 받아 화씨벽을 가지고 진(秦)나라 15성과 바꾸려 진나라에 가서 구슬을 소왕(昭王)에게 바쳤더니 왕이 받고 성을 줄 뜻이 없으므로, 상여가 속임수를 써 구슬을 도로 받아들고 이내 몇 걸음 물러나 돌기둥을 흘겨보며, "억지로 이 구슬을 빼앗으려면 이 구슬이 신(臣)의 머리와 함께 기둥에 부딪혀 부서질 것입니다."라고 하여 구슬과 함께 온전히 조나라로 돌아왔다. 나중에 진시황이 통일한 후에 진시황 소유가 되었다고 한다. 북판(北阪)은 함양(咸陽)에 있던 지명으로 진시황이 제후국을 정벌한 뒤에 그곳 궁궐을 모방하여 함양의 북판에 세우자 전각과 회랑이 즐비하게 되었다고 한다. 《史記 卷81 藺相如列傳》《魏書 卷114 釋老志》

**49** 털이 어디에 붙으랴 : 가죽이 없으면 털이 붙을 곳이 없는 것처럼 근거가 있어야 성립한다는 의미이다. 《춘추좌씨전》 희공(僖公) 14년 조에 나오는 말이다.

**50** 《맹자》를 선록한 책 : 미상이다.

**51** 선화(善和)의……보장하겠습니까 : 영원히 간직할 수 있는 물건은 없다는 의미이

다. 선화(善和)의 저택이란 당나라 유종원(柳宗元)의 서고를 가리키는데, 당나라 유종원의 집에 황제가 하사한 책 3천 권이 선화리(善和里)의 옛집에 있었다고 한다.《新唐書 卷168 柳宗元列傳》 평천장(平泉莊)은 당나라 명사 이덕유(李德裕, 787~850)가 낙양에서 30리 떨어진 곳에 세운 별장으로 평천(平泉), 또는 평천화석(平泉花石)이라고 부른다. 둘레가 10리에 기이한 풀과 진귀한 소나무와 돌을 모았고, 샘물은 무협(武峽)의 12봉과 동정호(洞庭湖)의 9줄기를 형상하였는데, 이덕유가 일찍이 자손에게 훈계하기를 "평천장을 파는 자는 내 자손이 아니고, 나무 하나 돌 하나라도 남에게 주는 자는 좋은 자제가 아니다."라고 하였다. 그러나 이덕유가 죽고 몇 대 지나지 않아 꽃과 나무가 사방으로 팔려 나가 모습을 간직하지 못했다고 한다.《古今事文類聚 續集 卷9 居處部 平泉莊》

# 어떤 이에게 답함[52] 1

答或人

자세히 분석하신 말씀은, 하늘과 사람이 함께하는 즈음에서 시작하여 사람과 사람이 서로 주선하는 오묘함에까지 이르렀는데, 하나의 '실(實)' 자로 통괄하였습니다. 이는 비록 정자(程子)와 주자(朱子)가 다시 나오더라도 바꿀 수 없을 것이니, 매우 훌륭하고 훌륭합니다.

그러나 제자(弟子)의 의혹이 끝내 더욱 커지지 않을 수 없었습니다. 이른바 "하늘이 그 능하지 못한 바를 증익시키고자 한다는 것〔天之所以增益其所不能.〕"[53]은 또한 말이 궁한 데에 이르다보니 미봉책으로 한 것이어서, 끝내 흡족하게 믿을 수가 없습니다.

**52** 어떤 이에게 답함 : 이 글은 정여창(鄭汝昌, 1450~1504)의 《일두선생속집(一蠹先生續集)》 권1에 실린 〈답혹인(答或人)〉과 내용이 같다. 그런데 《일두선생속집》은 그 후손 정환주(鄭煥周)가 정여창의 시문과 기타 산문을 수집하고, 1919년에 간재(艮齋) 전우(田愚, 1841~1922)의 감수를 거쳐 남계서원(藍溪書院)에서 1920년에 발행한 책이므로 풍고의 글이 그곳에 잘못 들어갔을 가능성이 있다. 더구나 《일두선생속집》에 실린 이 글은 결자(缺字)가 매우 많고, 다음에 나오는 〈답혹인(答或人)〉도 같은 내용을 다뤘음에도 실려 있지 않은 것을 보면 풍고의 글이 잘못 수집되어 그곳에 실린 듯하다.

**53** 하늘이……것 : 《맹자》 〈고자 하(告子下)〉에 "하늘이 어떤 사람에게 큰 임무를 맡기고자 할 때에는, 반드시 먼저 그의 마음과 뜻을 고통스럽게 하고, 그의 힘줄과 뼈를 수고롭게 하고, 그의 육체를 굶주리게 하고, 그의 몸을 궁핍하게 하여, 그가 행하는 일마다 어긋나 이루지 못하게 하니, 이는 그의 마음을 격동시키고 그의 성질을 인내하도록 하여, 그가 능하지 못한 바를 증익시켜주기 위함이다.〔天將降大任於是人也, 必先苦其心志, 勞其筋骨, 餓其體膚, 空乏其身, 行拂亂其所爲, 所以動心忍性, 曾益其所不能.〕"라는 말이 나온다.

부자(夫子 공자)께서 이르기를 "하늘이 내게 덕을 부여해주셨다.〔天生德於予.〕"[54]라고 하였고, 또 "하늘이 사문을 없애려 하지 않으셨다.〔天之未喪斯文.〕"[55]라고 하였으니, 성인께서도 하늘이 자신에게 덕을 부여해주고 사문을 맡겨주신 것을 잘 알고 계셨던 것입니다. 그러므로 독실하게 믿어서 말을 표방함이 이와 같았던 것입니다. 곤궁하고 불우하게 된 경우에 이르러선 "봉황새가 이르지 않으며, 하수에서 그림이 나오지 않는다.〔鳳鳥不至, 河不出圖.〕"[56]라고 하였고, 또 "부귀를 만약 구할 수 없다면 내가 좋아하는 바를 따르겠다.〔富貴如不可求, 從吾所好.〕"[57]라고 하였습니다. 맹자 또한 "내가 노나라 임금을 만나지 못한 것은 하늘의 뜻이다.〔予之不遇魯侯, 天也.〕"[58]라고 하였습니다. 그렇다

**54** 하늘이……부여해주셨다 : 송(宋)의 사마환퇴(司馬桓魋)가 공자를 해치려고 하자, 공자가 이르기를 "하늘이 나에게 덕을 부여해주었으니, 환퇴가 나를 어찌하겠는가.〔天生德於予, 桓魋其如予何.〕"라고 하였다. 《論語 述而》

**55** 하늘이……않으셨다 : 공자가 광(匡) 땅에서 위협을 받자 "하늘이 장차 사문을 없애려 하신다면 후사자가 사문에 참여할 수 없겠지만, 하늘이 사문을 없애려 하지 않으시니 광 사람이 나를 어찌하리요.〔天之將喪斯文也, 後死者不得與於斯文也, 天之未喪斯文也, 匡人其如予何.〕"라고 하였다. 《論語 子罕》

**56** 봉황새가……않는다 : 공자가 도가 행해지지 않음을 탄식하며 "봉황새가 오지 않고 하수에서 그림이 나오지 않으니, 나도 이제 그만인가 보구나.〔鳳鳥不至, 河不出圖, 吾已矣夫.〕"라고 하였다. 《論語 子罕》

**57** 부귀를……따르겠다 : 공자가 의리(義理)를 지킴을 강조하며 "부유함이 만일 구할 수 있는 것이라면, 비록 말채찍을 잡고 수레를 모는 천한 일이라도 내가 하겠다. 그러나 만일 구할 수 있는 것이 아니라면, 내가 좋아하는 것을 따르겠다.〔富而可求也, 雖執鞭之士, 吾亦爲之. 如不可求, 從吾所好.〕"라고 하였다. 《論語 述而》

**58** 내가…… 뜻이다 : 노(魯)나라 평공(平公)의 신하 장창(臧倉)이 맹자에 대해 나쁜 말을 하여 맹자와의 만남을 방해하자, 맹자가 "내가 노나라 임금을 만나지 못하게 된

면 하늘이 성덕(聖德)을 사람에게 내리기를 아까워하지 않는데, 유독 부귀만 아까워했겠습니까. 진실로 이와 같다면 천하엔 오직 부귀만 있고 이른바 성덕이란 것은 없을 것이니, 어찌 하늘의 본뜻이 그러하겠습니까.

순(舜) 임금이 날마다 하늘에 울부짖고 눈물을 흘렸던 것은 부모의 사랑을 얻지 못했기 때문입니다.[59] 고수(瞽瞍)도 하늘이 낸 사람인데 어찌 유독 순을 알지 못하는 것이 이런 극한 지경에까지 이르도록 했겠습니까.[60] 만약 공자와 맹자가 불우했던 것과 순 임금이 하늘에 울부짖었던 것이 모두 하늘이 증익시키기 위한 것이라고 한다면, 그 말은 그럴듯하지만 사실은 그렇지가 않습니다.

복희(伏羲), 신농(神農), 황제(黃帝), 고요(皐陶), 기(夔), 직(稷), 설(契) 같은 분은 모두 성인(聖人)입니다. 그런데 하늘이 그들로 하여금 증익시키도록 하였다는 말을 듣지 못한 것은 무엇 때문입니까? 그리고 성인은 생이지지(生而知之)라서 털끝만큼도 더할 것 없이 만선(萬善)이 갖추어져 있으니, 또 능하지 못한 것이 무엇이기에 반드시

것도 하늘의 뜻이다. 장씨의 아들이 어떻게 나를 노나라 임금과 만나지 못하게 할 수가 있겠는가.〔吾之不遇魯侯天也, 臧氏之子焉能使予不遇哉.〕"라고 하였다. 《孟子 梁惠王下》

**59** 순(舜) 임금이…… 때문입니다 : 맹자의 제자 만장(萬章)이 "순이 밭에 가서 하늘을 부르짖으며 울었으니, 어찌하여 부르짖으며 운 것입니까?〔舜往于田, 號泣于旻天, 何爲其號泣也.〕"라고 묻자, 맹자가 "원망하고 사모하신 것이다.〔怨慕也.〕"라고 답하였다. 《孟子 萬章上》

**60** 고수(瞽瞍)도……했겠습니까 : 고수는 순(舜) 임금의 아버지로 후처에게 미혹되어 순을 죽이고자 하였으나, 순이 효도를 극진히 하여 나중에는 고수마저 감화되었다고 한다. 《孟子 離婁上》

증익해주기를 기다리겠습니까.

이에 '기(氣)는 이(理)를 이기지 못하고, 이는 기를 이기지 못한다.' 라는 설을 두어서, 그 곤궁한 것은 기(氣)에 귀속시키고 성덕(聖德)은 이(理)에 소속시켰습니다. 그러나 천하가 제대로 다스려진 날은 항상 적고 어지러운 날은 항상 많으며, 사람으로서 어진 자는 드물고 불초한 자는 많습니다. 그렇다면 이른바 '양(陽)이 커서 음(陰)을 통괄하고, 이(理)가 선하여 기(氣)를 제어한다.'는 것을 또 어찌 의심하겠습니까.

무릇 제가 고명(高明)께 바라는 바는, 세상에 드문 기운〔間氣〕을 부리고 빼어난 웅변을 발휘하여 고명과 재주를 다투고자 하는 것이 아닙니다. 오직 바라는 것은 고명께서 먼저 깨우친 일관된 논리를 통해 나의 의심을 제거하고 나의 의혹을 깨뜨려주어, 죽기 전에 실처(實處)를 보아서 "하늘을 원망치 않고 사람을 탓하지 않는〔不怨天, 不尤人.〕"[61] 경지에 스스로 서는 것입니다. 부디 다시 가르쳐주시기 바랍니다.

**61** 하늘을……않는 : 공자가 자신을 알아주는 이가 없음을 한탄하며 "나는 하늘을 원망하지도 않고 사람을 탓하지도 않는다. 아래로는 인간의 일을 배우고 위로는 하늘의 이치를 터득하려고 노력할 따름인데, 나를 알아주는 분은 아마도 하늘뿐일 것이다.〔不怨天, 不尤人, 下學而上達. 知我者, 其天乎.〕"라고 하였다. 《論語 憲問》

## 어떤 이에게 답함 2

答或人

이어 보내주신 답장을 통해 고명께서 뜻을 세워 글을 엮은 것을 모두 살펴보았는데, 반드시 담은 물을 흘리지 않고자 노력하였으나, 저의 눈으로 관찰하건대 다만 왼손의 방패와 오른손의 창이 서로 견고함과 예리함을 서로 주장함만 보일 뿐, 하나의 예리한 금침이 맹렬히 저의 정수리 위를 향함을 보지 못하였으니, 청컨대 당돌함을 무릅쓰고 대략 말해보겠습니다.

"불능(不能)한 바를 증익(增益)한다"는 말은 맹자에서 시작되었습니다. 그러나 맹자의 뜻은 아마도 이유가 있어서 한 말이었고, 또한 옛날의 성현이 반드시 모두 이와 같았다고 말한 것으로 여길 수는 없을 듯합니다. 그러나 맹자가 가리킨 사람은 즉 순(舜), 부열(傅說), 교격(膠鬲), 관이오(管夷吾), 손숙오(孫叔敖), 백리해(百里奚)뿐이었고, 요(堯) 임금, 우(禹) 임금, 탕(湯) 임금, 문왕(文王), 무왕(武王), 고(皐), 직(稷), 주공(周公), 공자(孔子), 이윤(伊尹), 백이(伯夷), 유하혜(柳下惠)를 전혀 언급하지 않았던 것은 무엇 때문이었습니까. 그렇다면 맹자의 뜻이 사람으로서 성인과 현인이 된 자는 반드시 모두 이와 같이 했다고 말한 것이 아님을 알 수 있습니다.

맹자의 뜻이 본디 이미 이와 같은데, 형께서 이를 취하여 저처럼 형편없는 자에 비교하신 것이 몹시 어울리지 않기 때문에 "말이 궁하여 미봉책으로 하였다."고 말한 것입니다. 또 진실로 형의 논리대로 한다면, 저와 같은 자 또한 성현의 경지에 나아갈 수 있을 것이니, 그렇다면 제가 몸과 마음에 곤란과 괴로움을 당하는 것은 마땅한 일이지 불행이 아닙니다. 그런데 어찌하여 형께서 앞서 하신 말이 또 이와 상반된단 말입니까.

매양 술이 거나해지고 등불도 사위어 갈 즈음, 저의 말이 간혹 인정의 싸늘함과 따스함, 세상길의 평이하고 가파름에 미치면, 형께선 반드시 "이는 인생에서 몹시 견디기 어려운 곳이다."라고 말씀하였습니다. 진실로 그 불능함을 증익시켜주는 것을 성인과 현인이 되는 계단으로 삼는다면, 전날 형께서는 장차 나를 축하하기에 겨를이 없어야 했고, "몹시 견디기 어려운 곳."이라고 말해서는 안 되었을 것입니다. 만약에 몹시 견디기 어려운 곳이란 말을 남을 대하고 세상에 대처하는 비결로 삼으셨다면, 오늘 증익의 설을 읊어서 말을 바꾸기를 화살이 가는 방향에 따라서 과녁판을 옮겨놓는 것처럼 해서는 안 될 것입니다.

말이란 몸의 무늬이고, 문장이란 말의 정화입니다. 말씀으로는 저와 같으면서 문장으로는 이와 같아서 말과 문장이 서로 어긋난다면 저는 무엇을 따라야 한단 말입니까.

그렇다면 이 두 편지의 가르침은 단지 과거장의 무쇠벼루 사이에서 판에 박힌 글귀나 새겨서 오활한 시험관의 눈에 들기를 원하는 상투적인 문장과 같으니,[62] 도를 아는 자가 마땅히 할 말이 아닌 듯합

**62** 과거장의……같으니 : 깊은 이치를 담고 있지 않은 상투적인 문장이라는 의미이다. 오대(五代) 시대 진(晉)나라 상유한(桑維翰)이 처음 과거에 응시했을 때, 시관(試官)이 그의 성명의 상(桑)과 상(喪)이 음이 같다고 꺼려 내쳐버렸다. 이에 상유한은 개연히 〈일출부상부(日出扶桑賦)〉를 지어서 자기 뜻을 나타내고, 또 무쇠벼루를 만들어 남에게 보이면서, "이 벼루가 뚫어지면 내가 다른 길을 통해서 벼슬을 하겠다."라고 했는데, 끝내 과거에 급제하여 벼슬을 했다는 고사가 있다.

니다. 선생께서는 그만두십시오. 저는 감히 다시 가르침을 청하지 않으렵니다.

# 장수옥 도약에게 주다[63]

與張水屋道渥

조순(祖淳)은 수옥(水屋) 장 자사(張刺史) 선생의 발 아래 재배합니다. 불녕(不佞)이 선생과 이별한 지가 벌써 21년이 되었습니다. 비록 같은 마을 이웃에 사는 사람이라도 헤어진 지가 오래되면 생김새와 목소리가 날마다 잊히기 마련이라, 이따금 갑자기 마주치면 서로 몰라보기도 합니다. 지금 불녕은 선생에 대해 평소 아는 사이가 아니었고 이별한 뒤로 세월이 또 이처럼 많이 흘렀는데도 선생의 수염과 눈썹이 나의 눈에 삼삼하고, 말과 웃음이 나의 귀에 또렷하며, 거처하시던 대문과 집이며 나열된 기물과 도서에 이르기까지 하나하나 또렷이 기억이 나니 무슨 까닭이겠습니까. 진실로 선생께서 해내의 명사이기 때문입니다. 문채와 풍류가 당대에 찬란히 빛나 비록 같은 조정의 현달한 관인이라 하더라도 선생께서 찡그리고 웃는 모습을 보고서 경중을 가늠하는데, 하물며 해좌(海左)의 거칠고 모가 난 사람

**63** 장수옥(張水屋) 도악(道渥)에게 주다 : 1813년(순조13)에 청나라 학자 장도악(張道渥, 1757~1829)에게 보낸 편지이다. 장도악은 풍고가 1792년(정조16)에 동지사 서장관으로 북경에 갔을 때 만나 사귄 청나라 학자이다. 장도악은 산서성 부산(浮山) 출신으로 자는 수옥(水屋)·봉자(封紫), 호는 죽휴(竹畦)이고, 장풍자(張風子)·기려공자(騎驢公子)란 별호가 있다. 광서(廣西)의 하지 지주(河池知州)와 직예(直隸)의 울주 지주(蔚州知州)를 역임하였다. 시·서·화에 두루 능해 삼절이라 일컬어졌다. 풍고가 지은 시에 "장생 같은 삼절은 옛날에도 드물어, 천애에 눈물 다하니 그대를 어이하랴.〔三絶張生古未多, 天涯淚盡奈伊何.〕"라고 읊은 구절이 있어, 풍고가 장도악을 만나고 돌아온 이후로 늘 그리워하였음을 알 수 있다. 《楓皐集 卷5 別副使申翠微》

이 비루해하지 않는 은혜를 과하게 입어, 보잘것없는 재주로 옥수(玉樹)를 붙잡고 고상한 교분이 금란(金蘭)에까지 미쳤으니,[64] 이는 거의 평생의 영광이어서 실로 평범한 인연이 아닙니다. 오래될수록 더욱 잊을 수 없음이 또한 마땅하지 않겠습니까.

옛사람들이 인생의 만남과 헤어짐을 부평초와 물에 비유하였습니다. 불녕이 동쪽으로 돌아온 이후로 간혹 연못가를 거닐 때면 번번이 마음속으로 "내가 수옥과 만났다 헤어진 것이 이 부평초와 같다. 그러나 이 부평초는 한 연못 안에 함께 있어서 비록 헤어지더라도 다시 만나는데, 나와 수옥은 중국과 조선으로 나뉘어 있어, 한 번 헤어진 뒤로 다시 모일 이치가 없으니, 참으로 부평초보다도 못하다."라고 말하곤 하였습니다. 이윽고 또 스스로 말하기를 "바람이 불면 부평초가 움직이고 바람이 잦아들면 부평초도 고요하다. 남자는 사방에 사업을 벌이다 관 뚜껑을 덮고서야 판가름이 나니,[65] 나의 사업이 만약 끝나지 않았다면 다시 금대(金臺)[66] 아래를 유람하다가 수옥과 재회하지 않을

**64** 보잘것없는……미쳤으니 : 시원찮은 사람이 훌륭한 분과 사귀게 되었다는 말이다. 옥수(玉樹)는 옥으로 된 나무라는 뜻으로 상대방을 높이는 말이다. 금란(金蘭)은 금란지교를 가리키는 말로 "두 사람이 마음을 함께하면 그 예리함이 쇠를 자를 만하고, 마음을 함께한 말은 그 향기가 난초와 같다.〔二人同心, 其利斷金, 同心之言, 其臭如蘭.〕"라는 구절에서 유래하였다. 《周易 繫辭傳上》

**65** 남자는……나니 : 두보(杜甫)의 〈군불견간소혜(君不見簡蘇徯)〉 시에 "장부는 관 뚜껑을 덮어야만 일이 비로소 정해지는 법이다.〔丈夫蓋棺事始定.〕"라는 구절이 참고가 된다. 《杜少陵詩集 卷18》

**66** 금대(金臺) : 연경에 있는 누대로 일명 황금대(黃金臺)라고도 하는데, 풍고가 북경에 체류 중에 이곳에서 장도악을 만났는데, 장도악이 좋은 붓이라며 특별한 제품을 소개하자 그 붓을 사서 써본 일이 있다. 《楓皐集 卷16 大水判》

줄 어찌 알겠는가."라고 말하였습니다. 이러한 생각을 하매 섭섭하게 마음에 감회가 일다가 아득히 풀이 죽고 슬펐던 일이 여러 번입니다.

지금 선생께서는 이미 육순을 넘기셨을 것입니다. 불녕 또한 내년이면 오십이라, 쇠약한 모습을 다 갖추었고 몸 또한 자잘한 연고에 매여 다시 국경을 나가는 일을 할 수 없으니, 이번 생엔 결국 한 번의 만남에 그칠 뿐이니, 어찌한단 말입니까. 비록 그렇지만 조선의 인사 중에 불녕보다 재기(才器)가 뛰어난 자가 어찌 이루 헤아릴 수 있겠으며, 선생의 명성을 알고 마음속으로 사모하는 자가 또 어찌 한량이 있겠습니까. 그런데 불녕이 그래도 선생과 장쾌한 만남을 가져 마음이 서로 통하였으니, 이것으로도 스스로 자랑하고 스스로 위안하기에 충분할 것입니다.

기사년(1809, 순조9) 봄에 진사 이문철(李文哲)[67]이 손수 쓰신 편지 1통을 휴대하고 돌아왔습니다. 그리워하는 정이 문자 사이에 넘쳤고, 또 손수 그린 그림 1권, 주련 1쌍, 편액 1장은 심획(心畫)이 완연하여 향내가 사람에게 끼쳤습니다. 반복하여 어루만지자니 황홀하고 놀랍기가 마치 고상한 풍모를 다시 뵙고 자리를 당겨 앉아 대화를 나누는 것만 같았습니다. 아득히 먼 곳의 비루한 제가 칭찬할 만한 점이 무엇이 있기에 선생께서 성대하게 기억해주심이 여기까지 이른단 말입니

**67** 이문철(李文哲, 1765~?) : 본관은 전주(全州), 자는 군선(君善), 호는 국은(菊隱)이다. 경기도 교하(交河) 출신으로 1803년(순조3)에 진사에 합격하였고, 1808년 동지사의 일원으로 북경에 간 일이 있으며, 1811년 신미통신사행(辛未通信使行)에 정사(正使) 김이교(金履喬)의 반당(伴黨)으로 참여하였다. 이문철에 대해서는 《풍고집(楓皐集)》 권2 〈눈이 그치고 달이 뜨기에 국은 이문철과 두보 시의 운자를 취해 짓다〔雪止月出 與菊隱李文哲拈杜〕〉라는 시가 참고가 된다.

까. 소중하게 상자에 보관하고 늘 매만지고 읊조리면서 조모우(朝暮遇)[68]에 비할 뿐입니다. 그 당시 명을 받아 패주(霸州)의 장관으로 나가셨는데, 지금도 여전히 관직에 계시면서 다스림이 신통하고 밝으신지 모르겠습니다.

해마다 사신이 중국으로 가지 않는 것은 아니지만, 믿을 만한 사람을 얻지 못하면 편지를 부탁하기 어려우니, 도중에 없어짐이 한탄스러울 뿐 아니라 또한 불편한 일이 더욱 생겨날까 두려워서 지금까지 답장을 보내지 못했으니, 소홀하고 게으른 때문이 아닙니다.

조순은 볼품이 없고 녹록하여 늙도록 명성이 드러나지 않았으니, 끝내 부여해준 하늘을 저버릴까 두렵고, 선생께서 이별에 즈음하여 권면해주신 말씀에 부끄럽습니다.

종숙부 송원공(松園公)께서 지난해에 기남(畿南)의 분사(分司)에 수령으로 나가셨다가 불행히 금년 3월 12일에 갑자기 세상을 저버리시니,[69] 애통한 슬픔을 편지로 다 말씀드릴 수 없습니다. 가만히 생각건대 선생께서도 숙부와 마음을 나눈 깊은 정을 천지간에 맹세한 터에, 갑자기 이 소식을 듣고서 애통함을 가눌 길 없으시리라 생각이 됩니다.

**68** 조모우(朝暮遇) : 자기를 이해해주는 사람을 만나게 된 기쁨을 비유하는 말이다. 《장자(莊子)》 〈제물론(齊物論)〉의 "만세의 뒤에라도 이 해답을 아는 대성인을 만나게 된다면, 이것도 아침저녁 사이에 만나는 것이라고 할 것이다.〔萬世之後, 而一遇大聖人知其解者, 是朝暮遇之也.〕"라는 말에서 유래하였다.

**69** 종숙부……저버리시니 : 풍고와는 5촌 간인 송원(松園) 김이도(金履度, 1750~1813)가 수원 유수(水原留守)로 재임 중에 1813년(순조13) 3월 12일에 죽은 것을 말한다. 분사(分司)는 조정의 사무 중에 일부를 나눠 지방에 따로 설치한 관아를 말하는데, 여기서는 수원부를 가리킨다.

숙부께선 평소 강건하여 질병이 없었는데, 죽음을 앞둔 며칠 전에 갑자기 불녕에게 편지를 보내 묘지문을 부탁하셨습니다. 임종 당일에는 조아(早衙 이른 아침 조회)에 일을 처리하시고 기거가 평소와 같았으며, 깊은 밤이 되어 손님과 바둑을 두시고서 바둑판을 밀치고 잠자리에 들어 이내 다시 깨어나지 못하셨습니다. 나라에서는 훌륭한 대부를 잃었고, 집안에서는 어진 부형을 잃었으니, 원통하고 비통합니다. 아들 하나가 있고, 손자는 겨우 10여 세이며, 남긴 글이 겨우 몇 권입니다. 묘소는 경기도 여주(驪州) 맹곡(孟谷)의 언덕에 있습니다. 5월에 불녕이 장례를 치르고 돌아왔으니, 만사가 이미 끝났습니다. 이것은 모두 선생께서 알고자 하실 터이므로 자세히 적었습니다.

나머지는 쇠약해지는 노년에 신의 가호로 몸과 기운이 강건하시어 멀리서 바라는 정성에 부응해주십시오. 말은 이에서 그치오나 심정은 실로 한이 없으니, 오직 묵묵히 헤아려주십시오. 이만 줄입니다.

상서 이조원(李祖源)[70]의 필체는 평소 좋아하심을 알기에 찾아드리고자 몹시 애를 썼으나, 상서가 죽은 뒤에 그 집안이 즉시 영락해져 고향으로 돌아갔으므로 물어볼 만한 곳이 없었습니다. 올봄에 우연히 친구의 거처에서 행서 여덟 조각을 얻었기에 이번에 부쳐 올립니다.

**70** 이조원(李祖源, 1735~1806) : 본관은 연안(延安), 자는 현지(玄之), 호는 판교(板橋)이다. 1768년(영조44) 문과에 급제, 내외직을 두루 거쳐 벼슬이 판서에까지 이르렀다. 정조 대에 관찰사로서 수령의 부정을 다수 적발하였다. 순조 대에 노론의 시파로 활약하여 1805년(순조5) 안동 김씨의 세도정치에 맞서다가 방귀전리(放歸田里)당했고, 이듬해 풀려나 죽었다. 죽은 뒤 직첩을 돌려받고 복관되었다. 글씨를 잘 써 당대의 명필로 이름이 높았다.

이는 그의 득의작이 아니고 글씨 또한 적으나 그나마 취할 만한 정화(精華)가 담겨 있습니다.

또 오래된 그림 2폭은 곧 7, 80년 쯤 전에 조선의 선비 정선(鄭敾)[71]이 그린 것입니다. 이분의 그림은 조선에서 명성을 독차지했는데, 이 그림은 그가 망팔(望八) 이후에 먹을 희롱한 것이고, 관지의 글씨 또한 스스로 쓴 것입니다. 겸재(謙齋)는 그의 호입니다. 그림에서 일컬은 바 백천교(百川橋)와 비로봉(毗盧峯)은 바로 조선의 금강산(金剛山) 속의 승경입니다. 금강산은 동해를 곧장 내려다보는데, 대략 1만 2천 봉우리에 비로봉이 가장 높습니다. 시내와 폭포에 절경이 매우 많은데, 백천교는 그중 하나입니다. 옛사람이 이른바 "고려에 태어나, 한 번 금강산 보았으면.〔願生高麗, 一見金剛.〕"이라 한 것이 바로 이 산입니다. 이 그림이 비록 전면을 그린 것은 아니나 또한 계림(桂林)의 가지 하나[72]는 될 만합니다. 이번에 부쳐 올리는 것은 실로 아양(峨洋)[73]의 의미에서 나온 것이니, 굽어 양찰해주십시오. 한스러운 것은

**71** 정선(鄭敾) : 1676~1759. 조선 후기의 화가로 본관은 광산(光山), 자는 원백(元伯), 호는 겸재(謙齋)·겸초(兼艸)·난곡(蘭谷)이다.

**72** 계림(桂林)의 가지 하나 : 훌륭한 여러 가지 중 하나라의 의미이다. 진(晉)나라 극선(郤詵)이 현량대책으로 급제하여 관원이 되었는데, 자기 자신을 평가해보라는 무제(武帝)의 말에, "신이 현량의 대책으로 천하에 제일이 되었으니, 비유컨대 계수나무 숲속의 한 가지요, 곤륜산의 옥 조각과 같다 하겠습니다.〔臣擧賢良對策, 爲天下第一, 猶桂林之一枝, 崑山之片玉.〕"라고 대답하였다. 《晉書 卷52 郤詵列傳》

**73** 아양(峩洋) : 뜻이 통하는 지기(知己)를 가리키는 말이다. 춘추 시대에 거문고를 잘 타던 백아(伯牙)가 높은 산에 오를 뜻을 두고 거문고를 타면, 그의 친구 종자기(鍾子期)가 "높고 높은 것이 태산과 같구나.〔峩峩泰山〕"라고 하였고, 백아가 흐르는 강물에다 뜻을 두고 거문고를 타면, 종자기가 "넘실대는 것이 강하와 같구나.〔洋洋江河.〕"라고

이 화폭을 얻은 날이 최근이어서 장배(粧褙)를 해서 보내지 못한 점입니다.

알아챈 고사에서 유래하였다.《列子 湯問》

# 이 세마 우신 에게 답함[74]

答李洗馬 友信

보내주신 편지를 보고서 기거가 두루 평안하심을 알아 위안이 되었습니다.

여러 그림은 즉시 돌려드려야 함을 모르지는 않으나, 최근에 소란스러운 일로 얼마 전에야 비로소 이를 인하여 평소 생각하던 바를 질의하고자 대략 몇 줄의 초를 잡았으나, 태반이 제멋대로 지껄인 것이라 얼마 뒤에 다시 생각하니 또한 스스로 다소 참망(僭妄)하다 여겨져 곧 다시 원고를 삭제했습니다. 여러 그림은 대체로 반복하여 참고해 보면 별로 의심스럽고 모호한 곳이 없으니, 이는 도리어 고금인(古今人)들의 다른 그림이 난해하여 의심스러움이 있는 것보다 낫지 않겠습

**74** 이 세마(李洗馬)에게 답함 : 1806년(순조6)경에 이우신(李友信, 1762~1822)에게 보낸 답장이다. 이우신은 1805년(순조5) 12월 8일에 최초로 가감역(假監役)에 임명되었다. 세마는 세자익위사(世子翊衛司)에 속하는 정9품 벼슬인데, 이 편지의 제목을 달면서 나중에 역임한 벼슬로 지칭한 듯하다. 이우신의 본관은 덕수(德水), 자는 익지(益之), 호는 문원(文原)·죽촌(竹村)·수산(睡山)이다. 서울 출신으로 김양행(金亮行)의 문하에서 학문을 연구하였다. 《근사록》과 주자서(朱子書)를 중점적으로 연구하여 성리와 인물성에 대하여 분석하고, 불경을 연구하여 체(體)만 있고 용(用)이 없어 중생의 일상생활에 도움이 되지 못함을 스스로 판단하여 배척하였다. 역리(易理)를 연구하여 절서형성의 원리인 기삼백도수(朞三百度數)를 풀이하여 오류를 시정하였고, 순자(荀子)의 성악설에 대하여 이유를 열거, 배척하였다. 1818년(순조18) 가주서로 기용되어 학문의 능력을 인정받아 경연관과 서연관에 등용되었다. 이듬해 시강원의 자의(諮議)를 지냈다. 학문이 깊고 지식이 해박하여 많은 사람의 존경을 받았다. 저서로 《수산유고》가 있다.

니까.

일명(一命 하위직에 임명)에 헛되이 매인 지가 오래인데, 아마 몹시 모욕을 당하신 것처럼 여기실 듯한데 어떻습니까.

지난번 편지 중에 "인의(仁義)의 설로써 진언하는 이가 있다는 말을 듣지 못하였다."라는 말씀은 진실로 절실한 말입니다. 인의가 막힌 지가 오래이니, 지난번 편지에서 권면하신 말씀으로 말하면 또한 여우 한 마리의 겨드랑이 털[75]이라 할 만합니다. 하물며 지금 도성의 먼지 속을 분주한 자들이 또 어찌 성(性)을 논하고 이(理)를 이야기하며 도를 밝혀 곧바로 행하는 사람들로 바뀌겠습니까.

저는 본래 타고난 자질이 노둔해서 어진 이로 하여금 마음을 기울이도록 하기에 부족합니다. 그러나 만약 우리 형의 학문과 덕업이 날로 고명광대(高明光大)한 경지에 나아가 도산(陶山 퇴계)과 석담(石潭 율곡)의 위로 돌파해 나가시고, 그리하여 불녕이 날마다 형의 격려와 도움을 받는다면 또한 쇠미한 세상의 두터운 행운일 것입니다. 어찌 생각하실지 모르겠습니다. 나머지는 격식을 갖추지 않습니다.

**75** 여우……털 : 원문은 '일호지액(一狐之腋)'으로 몹시 귀한 것을 비유한 말이다. 진(秦)나라의 상앙(商鞅)이 자신의 정치가 백리해(百里奚)와 비교해 어떠냐고 묻자, 조량(趙良)이 "양 천 마리의 가죽보다는 여우 한 마리의 겨드랑이 털이 훨씬 낫고, 천 명의 신하가 아첨을 떠는 것보다는 한 사람의 선비가 올곧은 소리를 들려주는 것이 낫다.〔千羊之皮, 不如一狐之腋, 千人之諾諾, 不如一士之諤諤.〕"라고 대답하여 상앙의 포악한 정치를 비꼰 일이 있다.《史記 卷68 商君列傳》

## 이 자의에게 답함[76]

答李諮議

보내주신 편지를 받고서 늦더위에 존체(尊體)가 도를 음미하며 더욱 좋으시다니, 위안이 되고 그리운 심정이 간절합니다.

제(弟)는 가문이 불행하여 갑자기 북백 종형(北伯從兄)의 초상[77]이 나니, 마음이 무너지고 창자가 끊어지는 슬픔을 어찌 형언하겠습니까. 객관(客館)에서 고복(皐復)[78]하니 사방에 의지할 사람이 아무도 없어 두 고아가 별을 이고서 천 리 길을 허둥지둥 달려가니, 이러한 정경은 실로 세상에 드물다 하겠습니다. 그의 평소의 덕기(德器)와 재행(才行)으로 마땅히 세상에 펼칠 것이 있을 듯하였는데 끝내 여기에서 그쳤고, 죽은 뒤의 광경이 또한 이와 같으니, 하늘의 이치를 믿기 어려움이 사람으로 하여금 유감이 없을 수 없게 만듭니다.

**76** 이 자의(李諮議)에게 답함 : 1810년(순조10) 8월경에 이우신(李友信)이 김명순(金明淳)의 죽음을 애도하며 보내온 위문장에 답한 편지이다. 자의는 세자시강원의 정7품 벼슬인데, 이 편지의 제목을 달면서 나중에 역임한 벼슬로 지칭한 것이다. 이우신이 자의에 임명된 것은 1819년(순조19) 2월 19일이다.

**77** 북백 종형(北伯從兄)의 초상 : 함경도 관찰사로 근무하다 죽은 김명순(金明淳, 1759~1810)을 가리킨다. 김명순의 본관은 안동(安東), 자는 대숙(大叔)이다. 생부는 통훈대부를 지낸 김이기(金履基)인데, 계부 김이경(金履慶)의 양자가 되었다. 풍고와 4촌 간이다. 1801년(순조1) 문과에 급제, 승지·참의 등 내직에 오래 근무하였고, 1810년(순조10) 2월에 함경도 관찰사로 부임하였다가 동년 7월 24일에 임지에서 죽었다.

**78** 고복(皐復) : 사람이 죽은 뒤 지붕 위에 올라가 죽은 이의 이름을 불러 영혼을 되돌리는 의식을 가리킨다.

저는 개인적으로 어려서부터 장성하기까지, 장성해서 노년에 이르기까지 이끌어주고 따르는 것이 이미 평범한 동당(同堂)에 비할 바가 아니었고, 서로 독실히 사랑하고 서로 깊이 알아줌이 거의 힘쓰지 않고도 지극하고 말이 없이도 알았습니다. 서로 무겁게 의지하고 서로 즐거이 어울림은 거의 동당(同堂)이 있은 이래 많이 볼 수 없는 경우였는데, 한 번 이별한 지 몇 달 만에 문득 고인이 되시니, 아득한 우주에 이 한이 어찌 끝이 있겠습니까. 정은 공회(孔懷)로 그칠 뿐만이 아니고, 애통함은 실로 상여(喪予)에 비할 만하니,[79] 어찌하면 좋습니까. 위문장을 받들어 읽으매 목이 멜 뿐입니다.

마침 몸이 아파서 정신이 몽롱하고 기운이 쇠약해져 하고 싶은 말을 다 하지 못하니, 오직 살펴주시기 바랍니다. 이만 격식을 갖추지 못합니다.

**79** 정은……만하니 : 형제간처럼 심정이 가깝고, 세상이 끝난 것처럼 슬프다는 의미이다. 공회(孔懷)는 매우 걱정된다는 뜻으로 《시경》 〈상체(常棣)〉에 "죽음의 두려움을, 형제간에 심히 걱정하며, 언덕과 습지에 쌓인 시신을, 형제가 찾아 나서느니라.〔死喪之威, 兄弟孔懷. 原隰裒矣, 兄弟求矣.〕"라고 한 데서 유래하였다. 상여(喪予)는 나를 망하게 한다는 뜻으로 《논어》 〈선진(先進)〉에 공자의 제자 안연(顔淵)이 죽자 공자가 "아, 하늘이 나를 망하게 하는구나! 하늘이 나를 망하게 하는구나!〔噫, 天喪予, 天喪予.〕"라고 탄식한 데서 유래하였다.

# 정 참판 선지 원용 에게 답함[80]

答鄭參判善之 元容

조각배로 서쪽으로 내려오니, 지난날 가깝던 그대 모습이 날마다 더욱 아득해집니다. 서울 집에 돌아와 앉으니 쓸데없고 속된 일들이 눈앞에 가득하고, 혹심한 더위와 독한 모기까지 더하여 그 괴로움을 견딜 수 없으니, 마음의 갈피를 잡는데 터럭만큼도 위안거리가 없었습니다. 그런데 감영의 하례(下隷)가 어제 이르러 성대한 답장이 갑자기 이르니, 단단한 봉함을 열어보매 정이 급한 나머지 땀이 줄줄 흘렀습니다. 이내 큰 두루마리를 펼쳐 바람 부는 처마 아래서 시원스레 읽으니, 문득 한더위가 저절로 물러가고 모발이 시원해짐도 깨닫지 못했습니다. 비록 이른바 "북극의 문에 날아오르고, 층층 얼음을 밟는다.〔狃寒門蹋層氷.〕"[81]라는 것이 어찌 이보다 더하겠습니까.

**80** 정 참판(鄭參判) 선지(善之)에게 답함 : 1828년(순조28)에 강원도 관찰사로 있는 정원용(鄭元容, 1783~1873)에게 답한 편지이다. 정원용의 본관은 동래(東萊), 자는 선지(善之), 호는 경산(經山)이다. 1802년(순조2) 문과에 급제, 내외직을 두루 거쳐 벼슬이 영의정에까지 올랐다. 1827년(순조27) 3월 10일에 강원도 관찰사에 임명되어, 1828년(순조28) 7월까지 재임하였다.

**81** 북극의……밟는다 : 한문(寒門)이란 추운 북극의 문을 가리킨다. 당나라 한유(韓愈)와 맹교(孟郊)가 번갈아 지은 〈납량연구(納涼聯句)〉에 "서늘하기가 한문에 날아오르는 듯하고, 희기는 옥구슬이 모인 듯하네.〔凄如狃寒門, 皓若攢玉璞.〕"라는 구절이 있다. 층빙(層氷)은 겹겹이 포개진 얼음이다. 당나라 대숙륜(戴叔倫)의 〈변새곡(邊城曲)〉에 "들머리 사냥하는 불이 밤에도 연달았고, 말발굽은 층층이 포개진 얼음을 밟네.〔原頭獵火夜相向, 馬蹄蹴蹋層上冰.〕"라는 구절이 있다.

시를 짓는 자는 운자가 비록 사납더라도 본래 흉중의 안배가 있지만, 화운하는 자의 경우에는 늘 창졸지간이 대부분이다보니 변죽만 울리며 군색하기 쉽습니다. 이는 옛날부터 정해진 논의입니다. 유독 그대는 재주가 많아 세속의 바깥으로 높이 벗어나, 남음은 있어도 곤궁함은 없으니, 무엇 때문입니까. 아마도 하늘이 우리나라의 문풍을 진작시켜 태평시대의 생용(笙鏞)으로 삼게 하기 위한 것인 듯하니, 노부(老夫)는 죽어도 장차 유감이 없을 것입니다.

소식을 전하신 뒤로 순찰하시는 제반 범절이 어떠합니까. 봉래각(蓬萊閣)[82]에는 모기나 파리의 괴로움은 없습니까. 몹시 그립습니다.

**82** 봉래각(蓬萊閣) : 강원 감영의 뒤편에 있던 작은 누각 이름이다.

# 정선지에게 답함[83]

答鄭善之

출발에 임해 보내신 편지 한 통을 지금도 때때로 펼쳐 완상합니다. 그러나 앉아서 그대가 계신 산천, 성곽, 풍토, 인물을 상상하자니, 마치 꿈속의 광경을 찾는 것처럼 아득하고 막막하여 어떤 광경인지 몰라, 풀이 죽어 마음만 상할 뿐이었습니다. 그런데 문득 이런 세모에 반가운 편지가 이르니, 그 놀라움과 황홀함을 이루 형언할 길이 없습니다. 하물며 부임하신 이후로 정무 보시는 대감의 체후가 신의 가호로 평안하심을 알게 되었음에야 말할 나위 있겠습니까.

부임하는 수레가 북쪽으로 간 뒤로 잊지 못해 염려하지 않은 날이 없던 것은 바로 병든 몸을 억지로 일으켜 길을 떠나셨기 때문이고, 평소 영위(榮衛 기혈)가 허약하신 때문입니다. 그런데 지금 보내온 편지를 보니, 웅대한 생각과 호탕한 기개가 문자의 밖에까지 넘쳐, 거의 소장공(蘇長公)이 "이번 유람이 으뜸일세.〔玆遊奇絶.〕"라고 한 말[84]과 서로 견줄 만하니, 제가 다시 무엇을 걱정하겠습니까. 제가 오히려

**83** 정선지(鄭善之)에게 답함 : 1829년(순조29) 연말에 회령 부사(會寧府使)로 있는 정원용(鄭元容, 1783~1873)에게 보낸 답장이다. 정원용은 1829년(순조29) 8월 13일에 회령 도호부사(會寧都護府使)에 임명되어 이듬해 10월 10일까지 근무하였다.

**84** 소장공(蘇長公)이……말 : 소장공은 소식(蘇軾)의 별칭이다. 소식의 〈유월 이십일 밤에 바다를 건너며〔六月二十日夜渡海〕〉라는 시의 마지막 구절에 "남쪽 변경에서 죽을 뻔해도 나는 한이 없으니, 기이하고 절묘한 이번 유람이 평생의 으뜸일세.〔九死南荒吾不恨, 玆遊奇絶冠平生.〕"라고 말한 구절이 있다.

그대의 흉금이 광달소산(曠達疏散)함을 헤아리지 못했으니, 다만 경하드릴 뿐만 아니라 참으로 우리 군대의 위세를 떨칠 만합니다.[85] 웃습니다.

척기(戚記)는 가을부터 겨울에 이르도록 비록 심한 병은 없으나 쓰리고 괴로운 회포와 저무는 만년의 감회가 갈수록 쇠약함을 더하니, 어찌하면 좋습니까. 계재(溪齋)의 겨울밤에 새벽이 되도록 잠들지 못하고 사전(思傳)[86]을 집어 송독하였으니, 이는 시간을 보내며 버텨나가는 법에 불과했지만, 개중에 또한 의심거리와 깨달음이 첩첩이 일어남이 없지 않았으니, 지난날 젊어서 독서하던 때와 비교하면 도리어 몹시 달랐습니다. 다만 한스러운 것은 총명이 이미 고갈되고 근력이 이미 부족해져 고인들처럼 기를 떨쳐 계독(計讀 계획을 세워 읽음)하지 못하니 이에 이르러 한 번 밥을 뿜으며 웃을 만합니다.

두 연(聯)은 모두 훌륭하여 읊조릴 만합니다. 제가 한 글자를 건의하고자 하니 허락하실지 모르겠습니다. '접화이(接華夷)'의 '접(接)' 자는 '계(界)' 자만 못한 듯한데, 어떻습니까?[87] 어찌 한 수를 올려 그대의

**85** 우리……만합니다 : 원문은 '장오군(張吾軍)'인데 우리 군대의 성세(聲勢)를 떨칠 만하다는 말이다. 《춘추좌씨전》 환공(桓公) 6년 조에 "우리 초나라가 삼군의 위세를 떨치며 무장을 갖추어 그들을 무력으로 대하기 때문에, 그들이 두려워한 나머지 서로 협력해서 우리를 대항하려고 하는 것이니, 이런 까닭에 그들을 이간시키기가 어렵다.〔我張吾三軍, 而被吾甲兵以武臨之, 彼則懼而協以謀我, 故難間也.〕"라는 투백비(鬪伯比)의 말에서 유래하였다.

**86** 사전(思傳) : 공자의 손자인 자사(子思)가 지은 책이라는 뜻으로 《중용(中庸)》을 말한다.

**87** 접화이(接華夷)의……어떻습니까 : 《경산집(經山集)》 권2에 〈추운 밤 베갯머리에서〔寒夜枕上〕〉이란 시에 '계화이(界華夷)'란 글자가 있는데, 아마 풍고의 건의를 받아들여 수정한 듯하다.

요청에 답하고 싶지 않겠습니까마는, 심부름꾼이 서서 재촉하고 또 붓과 벼루를 멀리한 지 오래이므로 창졸간에 시를 엮을 수 없으니, 조금 여가가 생기기를 기다려 마땅히 직접 뵙는 것을 대신하여 부쳐 올리고자 합니다.

눈이 침침하고 마음이 바빠서 다른 일을 언급할 수 없으니, 오직 마음으로 이해해주시기 바랍니다. 이만 답장을 줄입니다.

# 정선지에게 드림[88]

## 與鄭善之

다른 나라를 만약 외딴 변방에 비교한다면 외딴 변방이 비록 더 가까운 듯하지만, 변방의 수령이 되는 것을 사신이 된 것에 비교한다면 사신의 명을 받은 것이 더 수고로울 듯합니다. 그러나 떠나는 자는 돌아온다는 정해진 기약이 있고, 변방을 지키는 자는 마음대로 돌아올 법례가 없으니, 오늘 초거(軺車)를 타고 연경에 가는 것이 지난해에 북쪽 땅에서 부절을 띠었던 것[89]에 비하면, 그 이별하는 심정의 괴로움이 절로 오래갈 것인지 빨리 사라질 것인지 차이가 있습니다. 하물며 봉상(蓬桑)[90]의 처음 뜻이 송시전대(誦詩專對)[91]하는 데 이르러서 영예가 또한 지극함에 있어서겠습니까. 저는 경산(經山)의 행차

**88** 정선지(鄭善之)에게 드림 : 1831년(순조31) 10월에 동지사(冬至使)의 정사가 되어 청나라 연경으로 떠난 정원용(鄭元容, 1783~1873)에게 열흘 뒤에 근체시를 지어 동봉하여 보낸 편지이다.

**89** 북쪽……것 : 정원용이 1829년 8월부터 1830년 10월까지 회령 도호부사로 재임한 것을 가리킨다.

**90** 봉상(蓬桑) : 상호봉시(桑弧蓬矢)를 가리키는 말로, 천지 사방을 경륜할 큰 뜻을 말한다. 옛날에 사내아이가 태어나면 뽕나무로 활을 만들어 문 왼쪽에 걸고, 쑥대로 화살을 만들어서 사방에 쏘는 시늉을 하여 장차 이처럼 웅비(雄飛)할 것을 기대했던 풍습이 있었다. 《禮記 內則》

**91** 송시전대(誦詩專對) : 시에 통달하여 사신의 임무를 잘 완수한다는 말이다. 《논어》 〈자로(子路)〉에 "시 삼백 편을 외우면서도 정사를 맡겼을 때 잘하지 못하고, 사방에 사신을 가서 독단으로 응대하지 못한다면 비록 많이 외웠다 한들 어디에 쓰겠는가〔誦詩三百, 授之以政, 不達, 使於四方, 不能專對, 雖多亦奚以爲.〕"라고 하였다.

에 대해 기뻐할 만한 점을 많이 보았고 그것이 걱정할 것인지 알지 못하겠습니다.

경산은 달사(達士)입니다. 저의 말에 대해 깊이 음미하고 묵묵히 이해할 것입니다. 이어지는 벌판과 습지, 싸늘한 얼음과 서리는 마음에 거리끼거나 정신을 피로케 하기에 부족할 것이고, 식사를 더하고 단잠을 자면서 드디어 행역의 노고를 잊을 것입니다. 요동과 연나라 수천리 사이에 풍토, 산천, 인물, 습속은 물론 제도(帝都)의 번화하고 장려함, 역대 영웅들의 왕패흥망의 자취를 눈으로 더듬고 생각으로 엮지 않음이 없어, 주머니와 상자에 든 많은 글이 수레 축을 부러뜨리고 돌아오는 소를 땀 흘리게 하여, 앉아서 전송하는 자로 하여금 그 원유(遠遊)의 장대함과 크게 진보한 능력을 보게 한다면 어찌 장쾌하지 않겠습니까. 또 어찌 이별을 슬퍼하는 주절주절 나약한 말을 하겠습니까.

경산이 사신의 명을 받들고부터 날마다 저에게 이별에 증정하는 문자를 요구하였는데, 게으름과 질병으로 즉시 응하지 못하였습니다. 이별을 임해서 또 술과 식사를 갖춰 저를 대접하시며 그 요청이 더욱 간절하였습니다. 지금 행차가 마자수(馬訾水 압록강)에 다다랐을 것이므로 마침내 그 간절한 정을 저버리지 못해 삼가 근체시 1수를 지어 부치오니, 경산께서 한번 웃으실 것입니다.

이별한 지 벌써 열흘이 지났는데, 침식은 평안하시고 일행도 모두 안온하십니까? 이만 줄입니다.

# 아이들에게 주다

與兒輩

어제 향동(香洞)[92]에서 답한 편지는 아마 아침나절에 보았을 것이다. 며칠 밤 사이에 네 어미의 복통 및 제반 범절은 어떠하며, 맏이의 조섭은 더욱 좋아졌느냐? 둘째는 아마 응접하는 데 괴로울 것인데 몹시 고단한 일은 없는지 염려된다. 김화(金化)로 출발하는 것[93]이 과연 오늘일 텐데, 내행(內行)은 어떻게 치송하려느냐. 본디 그것이 산으로 피해 근본을 바로세우는 길[94]임을 알기에 이와 같이하지 않을 수 없었다.

나는 어제 낮에 선영 아래로부터 길을 바꿔 서너 곳의 산지(山地)를 보았는데, 우(禹)와 백(白) 두 지관과 서승(西僧)의 견해는 간혹 어긋나는 곳이 있으나, 내 마음에 맞는 곳이 없지 않았다. 그런데 저녁에 이포(梨浦)를 건너 달빛 아래 돌아오니, 서울 안에 이런 상쾌한 세계는 없었다. 서승을 새벽에 대흥(大興)으로 보냈으므로 오늘은 잠시 휴식하고자 한다. 저녁이나 내일 아침에 다시 다른 곳을 보고 서승이 돌아오길 기다릴 것인데, 요컨대 이번 걸음에 길지를 얻지 못하면 그만두지 않을 것이다.

**92** 향동(香洞) : 풍고의 선영이 있는 경기도 여주 추읍산 아래 향곡(香谷)을 가리키는 듯하다.

**93** 김화(金化)로 출발하는 것 : 풍고의 셋째 아들 김좌근(金左根)이 1826년 6월에 강원도 김화 현감(金化縣監)이 되었는데, 이를 가리키는 듯하다.

**94** 산으로……길 : 원문은 '포산단본(逋山端本)'인데, 정확한 맥락은 미상이다.

모전(牟田)[95]의 큰 묘지는 끝내 몹시 온당치 못하여 몇 차례나 속으로 몰래 탄식한 줄 모르겠다. 반드시 다시 한 차례 이곳에 가서 또 보아두었다가 돌아가 알려드릴 것이다.

어제 편지는 개탄스럽고 근심에 겨운 나머지 끝까지 말을 해버렸으니, 아마도 너희들이 보고 놀라고 부끄러워하였을 것이고, 이어 내가 너무 야박하다고 의심했을 것이다. 그러나 옛날 선친께서 늘 불초(不肖)를 걱정하여 가르치고 책망함이 몹시 심할 때는 반드시 "내가 마땅히 조괄(趙括)의 어미가 인연을 끊은 것[96]을 본받을 것이다."라고 말씀을 하셨다. 이 말씀을 당시에 들었을 때엔 나도 모르게 가슴이 메고 눈물이 흥건히 흘렀는데, 지금에 이르러 생각해보면 불초가 다행스럽게 큰 죄악을 면할 수 있었던 것은 실로 이 엄하고 두려운 가르침을 간폐(肝肺)에 새겼던 덕분이다.

너희들은 부귀하게 생장하였고, 나는 이미 선친과 같은 엄정함이 없는데다, 너희가 어울리는 사람들이 영합하기만 하고 어김이 없어 뼈에 사무치고 피부에 닿는 말을 듣지 못하였을 것이니, 뜻이 하고자 하는 바는 거의 이루지 못함이 없었을 것이다. 이러고도 어찌 거들먹거리고 사치하는 병폐가 없을 수 있겠느냐.

너희들은 평소에 반드시 스스로 몸을 낮추고 허물을 적게 한다고

**95** 모전(牟田) : 경기도 이천시 백사면에 있는 모전리(牟田里)를 가리키는 듯한데, 종중의 어떤 묘지가 있었던 듯하다.

**96** 조괄(趙括)의……것 : 조괄은 전국 시대 조(趙)나라 때의 장수이다. 조나라 임금이 조괄을 장수로 임명하자, 조괄의 어미가 조나라 왕에게 불가하다고 건의하면서 후일 조괄이 패전하더라도 자신은 연좌시키지 말아줄 것을 요청하여 허락을 받았는데, 뒤에 그 말대로 조괄이 패전하였다. 《資治通鑑 卷5 周紀5》

생각하겠지만, 다른 사람은 고사하고 너희 아비의 정에 빠진 어두운 눈으로 본다 하더라도 늘 가슴속에 근심이 가득하다. 그런데 이번의 일처리로 보건대 도리를 알지 못할 뿐만 아니라 또한 아무런 생각이 없는 듯하니, 내 어찌 한마디 말도 없이 그만둘 수 있겠느냐.

양의 바탕에 범의 가죽을 쓴 자는 풀을 보면 좋아하고 승냥이를 보면 무서워하는 법이니,[97] 애초에 의(義)와 이(利)를 구분하는 공부가 없이 단지 음성과 웃는 모습만으로 삼가고 중정(中正)한 태도로 삼고자 하는 자는 곧 또한 양의 바탕에 범의 가죽을 쓴 부류이다.

또 덕은 한 가지 선행으로 세울 수 있는 것이 아니고, 명성은 한 가지 칭찬으로 얻을 수 있는 것이 아니며, 호연지기(浩然之氣)란 의(義)가 엄습해와서 쉽게 취하는 것이 아니다.[98] 대본(大本)이 확립되지 않았는데 스스로 유속(流俗)과 달리하고자 하는 자는 망령된 사람이고, 스스로 유속을 편안히 여겨 위로 큰일을 생각하지 않는 자는 진정 하우(下愚)이다. 아비된 내가 너희들에 대하여 장차 하우로 대접하여 내버린 것과 다름없이 돌아보지 않아야 하겠느냐? 아니면 장차 유속에서 벗어나서 대본을 세우기를 생각하기를 바라야 하겠느냐?

선친께서 내가 어린아이 적에 당신의 무릎 위에 앉힐 때로부터 입신하여 조정에 선 뒤에 이르기까지 부지런히 깨우쳐 일러주신 것은 "사람

**97** 양의……법이니 : 겉으로 꾸미면서 큰소리를 치지만, 실제로는 힘이 없어서 두려워한다는 말이다. 한(漢)나라 양웅(揚雄)의 《법언(法言)》〈오자(吾子)〉에 "양의 바탕에 범의 가죽을 쓰고 있어서, 풀을 보면 좋아하고 승냥이를 보면 벌벌 떤다.〔羊質而虎皮, 見草而說, 見豺已戰.〕"라는 말이 나온다.

**98** 호연지기(浩然之氣)란……아니다 : 맹자가 공손추(公孫丑)에게 호연지기를 설명하면서 적극적으로 의(義)를 축적해야 생겨남을 강조한 말이다. 《孟子 公孫丑上》

에게 수치스럽고 부끄러워할 것은 의식(衣食)과 벼슬이 남보다 못함에 있지 않고, 덕행과 문장이 남보다 못함에 있다. 그러나 문장도 말단 중의 말단이다."라는 말씀과 같은 것이었다. 불초한 나는 죽을힘을 다해 실천하고 온 힘을 다 기울여 행하지 못했으나, 이 가르침에 종사하였기 때문에 비록 지금 창피하고 방탕하기가 이 지경에 이르렀지만 그래도 오히려 고관대작이 사람을 만들기에 부족하고, 사람이 된 즐거움이 도리어 화려한 영리(榮利)의 밖에 있음을 대략이나마 아는 것이다. 내 마음이 이와 같음을 비록 너희들이라도 묵묵히 알 수 있을 듯한데, 그런데도 지금 과환(科宦)으로 나를 기쁘게 할 방도로 삼고자 하니, 또한 남쪽으로 가고자 하면서 북쪽으로 끌채를 끄는 격이 아니겠느냐.

죽고 사는 것은 사람의 큰 일이다. 비록 벌레와 같은 것들도 모두 죽음을 싫어하고 삶을 좋아하는 마음을 지니고 있으니, 내 어찌 홀로 그렇지 않겠느냐. 그런데 십수 년 이래로 매번 빨리 죽기를 바라서 말을 하는 이외에도 시로 읊기까지 한 적이 많았으니, 이는 이 세상을 괴로워하기가 심했기 때문이다. 그 아비가 죽어도 보고 싶지 않은 세상을 그 자식이 다시 무엇을 즐거워할지 진실로 알 수가 없다.

만약 죽고 싶다고 하는 나의 말이 진정이 아닌데서 나왔다고 여긴다면, 이는 제 아비를 말로만 하고 마음은 그렇지 않은 구덩이에 두는 것이다. 만약 그 말이 진정에서 나온 것이라고 여긴다면 비록 제 아비의 터럭같이 많은 근심을 풀어주지는 못할지라도, 또한 어찌 차마 자신으로부터 제 아비의 근심을 보태서 더욱 빨리 죽고 싶도록 만들 수야 있겠느냐. 이는 진실로 이성(彝性)을 지닌 자에겐 반드시 없는 일인데 오히려 마음에 달게 여기는 것은, 다름이 아니라 바로 식견이 어둡고 소견이 얕으며 뜻이 좁고 기운이 조급하기 때문이다. 이와 같은 사람이

나가서 임금을 섬기면 그 어버이를 기쁘게 할 수 있겠느냐? 몹시 잘못된 생각이다.

그러나 지난 일이라 말해 무슨 소용이 있겠느냐마는, 또 이렇게 거듭거듭 지난 편지에서 미진했던 말을 아울러 언급하는 것은 너희들의 천품이 오히려 하우(下愚)의 대열에 있지 않기 때문이다. 그러므로 지금으로부터 통렬히 반성하고 분발하여 바깥에서 이르는 것에 달려가지 말고 내면의 수양에 뜻을 오로지 기울여 의리(義理)의 가운데에 침잠하여 거의 경의(黥劓)의 흔적을 지우기를 바라는 것이다.[99] 만약 이 말이 노망이 아니라 여긴다면, 응당 내가 너희들에게 박정(薄情)하지 않은 줄을 알 것이다.

**99** 경의(黥劓)의……것이다 : 지난 시절의 허물을 바로잡는다는 말이다. 경은 얼굴을 자자(刺字)하는 형벌이고, 의는 코를 베는 형벌이다. 상고 시대 허유(許由)가 의이자(意而子)에게 이르기를 "요(堯)가 이미 인의(仁義)로써 너의 얼굴을 자자했고, 시비(是非)로써 너의 코를 베어버렸다."라고 하자, 의이자가 대답하기를 "……저 조물주가 나의 자자 받은 흔적을 고쳐주고 나의 베어진 코를 소생시켜주어 나로 하여금 완전한 형상을 갖추고 선생을 따르게 하지 않을 줄을 어떻게 알겠습니까."라고 한 데서 온 말이다. 《莊子 大宗師》

# 유근에게 답함[100]

答逌根

선천(宣川)을 지나고부터 다시 편지를 받지 못하였는데, 이미 의주(義州)에 들어갔으리라 생각된다. 걱정스럽고 울적하기가 매우 심했는데, 어제 저녁에 네가 29일에 부친 편지를 보고서, 일행이 탈 없이 당도했고 신상이 줄곧 안온함을 알게 되어 몹시 기쁘고 후련하였다.

의주의 산천과 풍물은 모두 감상할 만하다. 의주는 발해의 대씨(大氏)가 망한 뒤에 의리상 거란(契丹)에 항복하지 않고 고려에 귀부하였으니,[101] 풍정(馮亭)이 조나라에 귀부한 것[102]과 같다. 그런데 이때로부터 7, 8백 년 동안 온마음으로 내조(內朝)하여 태평시대든 어지러운

**100** 유근(逌根)에게 답함 : 1831년(순조31) 3월에 원접사(遠接使)가 되어 의주(義州)에 도착한 김유근(金逌根, 1785~1840)에게 보낸 답장이다. 김유근은 본래 풍고의 첫째 아들이었으나, 김용순(金龍淳)의 양자가 되었다. 김유근은 1831년 3월 10일에 원접사에 임명되었는데, 이는 효명세자(1809. 8. 9~1830. 5. 6)의 죽음을 위문하러 오는 중국 사신을 접대하기 위해서이다. 김유근은 3월 15일에 어전에 나아가 임금으로부터 착실히 사신의 임무를 거행하고, 칙사를 친히 만난 후 올라오라는 하교를 들었다. 《承政院日記 純祖 31年 3月 10日, 15日》

**101** 의주는……귀부하였으니 : 발해는 대조영(大祚榮)이 한반도 북부와 만주・연해주에 세웠던 고대국가로 698년부터 926년까지 존속하였다. 대인선(大諲譔)을 마지막으로 새로 부흥한 거란에 멸망하였는데, 그 유민들이 오랫동안 항쟁을 벌이다가 서서히 중국화되었고 일부가 고려로 망명하였다.

**102** 풍정(馮亭)이……것 : 진(秦)나라 백기(白起)의 공격에 한(韓)나라 야왕(野王)이 항복을 하자, 상당(上黨)을 지키고 있던 풍정(馮亭)이 그 땅을 조(趙)나라에 바치고 연합 전선을 형성하여 함께 진나라에 항거했던 고사가 있다. 《史記 卷43 趙世家》

시대든 마음을 변치 않았으니, 어찌 산천이 깊고 빼어나며 아득하고 광활하기 때문에 그 인심 또한 호걸스럽고 충의로워 다른 잡다한 속마음이 없어서 그런 것이 아니겠느냐.

신미년(1811) 홍경래(洪景來)의 변란 때를 보면, 유독 능히 스스로를 보전하고 의를 부르짖을 수 있음을 알 수 있는데, 조정에서는 등한시하여 잊어버렸으니 늘 개탄스러워하던 바였다.

칙사(勅使)가 14일에 출발한다고 한 소식은 이미 기정사실인데, 진창과 바다를 건너기 어려우니, 실로 열흘 사이에 당도할지 보장할 수 없다. 강을 건너온 역관들이 16, 7일쯤 걸릴 것이라고 한 이야기가 참으로 무리가 아닌 듯하다. 다만 일은 미리 알 수 없는 법이라, 혹 다행히 보름 선에 강을 건넌다면 닐이 길 것이다. 날마다 백 리씩 가는 것으로 숫자를 나눈다면 열흘이면 서울에 당도할 것이다. 비록 소상(小祥)[103] 뒤까지 미뤄지는데 이르지 않아도 오히려 넉넉히 할 수 있을 것이다. 이는 오직 임기응변에 달려 있는 것이니, 묘당에선 일찍이 상의하면서 한마디도 언급하지 않았다.

연향의 음식을 뜰에 늘어놓는 등의 일은 올라갈 때 하지 않는 것이 참으로 설이 있다. 만약 초6일[104] 이후라면 비록 올라갈 때라도 해서(海西) 이내에서 서울에 이르기까지 없어선 안 될 듯한데, 하물며 내려갈 때에야 말해 무엇 하겠느냐. 해야 할 것이 의심이 없으니, 반드시 즉시 편지를 써서 묘당과 의논하되, 품의를 올려 지휘를 받겠다고 말을 엮는

**103** 소상(小祥) : 효명세자의 소상날인 4월 6일을 가리킨다. 효명세자는 1830년(순조 30) 5월 6일에 홍서하였는데, 기년상에 해당하므로 11개월째인 4월 6일이 소상이 된다.

**104** 초6일 : 효명세자의 소상날인 4월 6일을 가리킨다.

것이 좋겠다. 이만 줄인다.

나는 줄곧 잘 있으니, 몹시 다행이다. 초6일은 자산(慈山)의 서모(庶母) 회갑이므로 근일 중에 전동(典洞)에 가서 머물고 날을 넘기고서 돌아오고자 한다. 사람 중에 자녀가 없는 자는 참으로 슬퍼할 만하다.

# 족제 참판 양순 에게 답함[105]

答族弟參判 陽淳

조경진(趙璟鎭)의 심사가 호의(好意)에서 나오지 않았음은 무릇 심안(心眼)이 있는 자라면 누가 모르겠습니까. 그러나 그의 말이 이치에 마땅하지 않다고 한다면, 그것이 날조하여 무함한 것이라고 비난할 수 있겠지만, 그러나 그가 청한 바 또한 가벼운 경고에 불과하고,

**105** 족제 참판에게 답함 : 1827년(순조27) 5월경에 사헌부 대사헌으로 있는 김양순(金陽淳, 1776~1840)에게 보낸 답장으로 사헌부 집의 조경진(趙璟鎭, 1773~?)에 대한 처분을 관대히 해달라는 취지이다. 실제 김양순이 참판에 임명된 것은 동년 8월 16일이지만 편지의 제목을 달면서 나중의 벼슬을 끌어다 쓴 것으로 보인다. 1827년(순조27) 4월에 풍고의 아들 김유근(金逌根)이 평안 감사로 부임하러 가는 중에 서흥(瑞興)에 이르렀을 때, 덕천군(德川郡)의 퇴직 아전 장씨(張氏)가 수차례 김유근과의 면담을 청하다 거절되자 주점에 머물던 김유근의 서제부(庶弟婦)와 첩 및 수종하던 사람들을 죽이는 사건이 발생하였다. 이에 4월 27일에 김유근이 감사를 사직하는 상소를 올려 허락을 받았다. 1827년(순조27) 4월 30일에 사헌부 집의 조경진이 서연에서 평안 감사 김유근이 부임 도중에 변을 당한 것이 천첩(賤妾)을 데리고 갔기 때문에 발생한 것이라고 주장하면서 중신인 김유근이 삼가고 조심하지 못한 죄를 물어 파직을 해야 한다고 상주하였다. 그런데 그 자리에서 대리청정 중인 효명세자가 조경진의 상주가 이치에 맞지 않고 남의 불행을 요행으로 여기는 심보가 교활하다고 하여 찬배의 명을 내렸고, 이어 국문하겠다는 명을 내려 이튿날에 흑산도(黑山島)로 위리안치시켰다. 조경진은 1830년(순조30) 7월 23일에 유배에서 풀려났다. 김양순의 본관은 안동(安東), 자는 원회(元會), 호는 건옹(健翁)이다. 1808년(순조8)에 문과에 급제, 청요직을 두루 역임하고 벼슬이 이조 판서에 올랐다. 1825년(순조25) 7월에 이조 참판에 임명되었고, 1827년(순조27) 5월 8일에 사헌부 대사헌에 임명되었다. 조경진은 본관이 풍양(豐壤), 자는 상지(尙之)로 1803년(순조3)에 생원, 1810년(순조10)에 문과에 급제하였다. 승정원과 홍문관 등 내직에서 오래 근무하였다.

우리 아이가 또 일찍이 떠밀려 함정에 빠지지도 않았으니, "돌을 던졌다〔下石.〕"[106]라고 말하는 것 또한 옳지 않습니다. 하물며 남의 지시를 받았다는 것은 원래 잡을 형적이 없으니, 또한 어떻게 억지로 확정해서 단안(斷案 사안을 판결함)을 삼겠습니까.

그렇다면 당일에 찬배하란 거조는 본래 경솔함에 저촉되고, 중간에 국문하라는 명은 또 너무 지나친 잘못이 있으며, 마지막에 대조(大朝 순조)의 처분은 비록 중지되었다 하더라도 국문으로 형을 내려 섬에 안치시키고 가시울타리를 두르는 데 이르렀으니, 이것은 사형을 감한 처분입니다. 그의 죄가 어찌 이 정도에 이르겠습니까. 더욱이 삼사(三司)가 다투어 간언하고 대신이 번갈아 주청하며 양사(兩司)가 함께 계문한 것으로 말하면, 가면 갈수록 일이 타당함을 알 수 없으니, 이 어찌 태평시대의 아름다운 일이겠습니까. 참언을 미워하는 총명함과 간사함을 꺾는 명철함은 본디 음성과 낯빛을 크게 하는 데 있지 않고, 또한 법률과 형벌을 준엄히 하는 데 있지 않습니다. 그런데 한 사람도 성인의 조정을 위해 이것이 옳지 않음을 분명히 말하는 사람이 없으니, 몹시 한탄스럽습니다.

이는 다만 일이 저의 집안에 관계되고 말이 인정을 벗어났기 때문에 그를 처리한 것이 저토록 준엄했던 것이고, 또한 그 사람됨을 야박하게 보았기 때문에 아무도 그를 구원하고자 하지 않았기 때문입니다. 그러나 저의 처지에서 보면 형정(刑政)이 공평함을 잃은 것은 작은 근심이 아니고, 나로 말미암아 남이 죽는 것은 작은 부끄러움이 아닙니다.

**106** 돌을 던졌다〔下石〕: 함정에 빠진 사람에게 돌을 떨어뜨린다는 뜻으로, 위급한 틈을 타서 해침을 비유한 말이다.

나아가서 바로잡고 고치는 정성을 바치지 못하고, 물러나선 혐의와 의심의 처지를 면치 못하니, 가령 제가 사람의 마음을 지니지 못했다면 그만이지만 이미 스스로를 사람 축에 끼이고자 한다면 어찌 깊이 염려하고 몹시 부끄러워하지 않아서 평소처럼 태연히 지낼 수 있겠습니까. 하물며 말하는 자들의 말이 공사(公事)의 득실을 지적한 것이 아니라 바로 남의 집안일을 논한 것이니, 아들의 잘못은 바로 아비의 죄이므로 더욱 어찌 그만둘 수 있겠습니까. 이것이 시골로 돌아와서 당세의 공평한 논의를 기다리는 까닭입니다.

그러나 시골로 돌아오기 전부터 일찍이 깊이 주벌해서는 안 된다고 누차 여러 공께 말을 올렸는데도 필경에 들어주지 않으시니, 진정 이른바 "일곱 성인이 모두 길을 잃었다.〔七聖皆迷.〕"[107]는 격입니다. 지금부터 이후로는 자신을 간수하는 것을 의리로 삼고 말하지 않는 것을 방도로 삼으려 합니다.

지금 들으니 대감께서 상대(霜臺 사헌부)의 우두머리가 되었다는데, 대감께서는 평소 나의 마음을 아는 분입니다. 또 어찌 묵묵히 입을 닫고 있으시겠습니까. 지나간 일은 그만이라 언급하지 않더라도 오직 사헌부에서 진달하거나 중지하는 일은 대감의 처분에 달려 있으니, 대감께서 만약 나를 가엾이 여기고 사랑하는 마음이 있다면 바라건대 미원(薇垣 사간원)이 여러 공과 상의하여 속히 정지해주시는 것이 저의

**107** 일곱……잃었다 : 《장자(莊子)》 〈서무귀(徐无鬼)〉에 보이는 내용으로, 황제(黃帝)가 방명(方明)·창우(昌寓)·장약(張若)·습붕(謵朋)·곤혼(昆閽)·골계(滑稽) 여섯 명을 대동하고서 구자산(具茨山)으로 대외(大隗)를 만나러 갔다가 모두 길을 잃고서 목동에게 길을 물었다고 한다.

바람입니다. 그렇지 않으면 이리저리 시간만 보내며 정지시킬 날이 없을 것이고, 곧 제가 석남(石南)[108]에 돌아가는 것도 도모할 날이 없을 것이니, 바라건대 가엾게 여겨주십시오.

이 어찌 제 한 몸을 위한 말이겠습니까. 나라의 체모와 일의 체면이 결단코 전도되고 구차해서는 안 되기 때문입니다. 털끝만큼이라도 수식함이 있다면 신명도 필시 돕지 않을 것이니, 깊이 생각해주십시오.

**108** 석남(石南) : 서울의 본가에 딸린 정자로 추정된다.

## 광산에게 답함[109]

答匡山

병으로 침상에 누워 있으며 격조한 회포가 갈수록 쌓였는데, 어제 손수 쓰신 편지를 받으니, 글자 획마다 단정하기가 병들지 않았을 때와 다름이 없어 심계(心界)의 정밀함이 참으로 기쁘고 기뻤습니다.

편지에 "북창(北窓) 정공(鄭公 정렴(鄭磏))이 산에 들어가 정좌한 지 3일 만에 산 밖의 일을 보았다."라고 하셨는데, 이는 따로 영각(靈覺)을 갖추어 선기(禪機)를 깨우치거나 성태(聖胎)를 응결시킨 자가 할 수 있는 바이니, 우리 유학에서 이른바 '주정(主靜)'[110]의 공부는 아닌 듯합니다. 대체로 심(心)은 화(火)에 속하므로 그 신(神)이 늘 밝으나 그 기운은 쉽게 움직입니다. 밝기 때문에 능히 사물을 비추어 미혹되지 않으니, 마치 등불이 바람이 불지 않으면 비치지 않는 곳이 없어 안정될수록 더욱 밝은 것과 같습니다. 움직이기 때문에 그 밝음이 도리어 간혹 스스로 어두워지기도 하니, 마치 등불이 바람을 맞으면 전심하여

**109** 광산(匡山)에게 답함 : 1821년(순조21)에 광산(匡山) 원유영(元有永)에게 답한 편지이다. 원유영의 본관은 원주(原州), 자는 의민(義民), 호는 광산이다. 자세한 이력은 알 수 없고, 1798년(정조22) 2월 22일에 삼일제(三日製)에서 삼하(三下)를 맞은 기록이 있고, 경상도 함창 현감(咸昌縣監)을 역임한 기록이 있을 뿐이다. 풍고가 만년에 어울린 사람으로 추정된다.

**110** 주정(主靜) : 망상을 제거하고 마음을 고요히 하여 외물의 유혹을 받지 않게 하는 것을 말한다. 송나라 주돈이(周敦頤)에서 시작되었는데, 그가 지은 《태극도설(太極圖說)》에 "성인이 중·정·인·의로써 정하되 고요함을 주장하셨다.〔聖人定之以中正仁義而主靜.〕"라고 하였다.

비추지 못하고 심하면 꺼지는 데 이르는 것과 같습니다.

전심하여 비추지 못하는 것은 움직이되 완전히 어두움에 이른 것은 아니니, 비유하자면 중인(中人)의 부류입니다. 저절로 꺼지는 데 이르는 것은 움직임이 극에 달하여 그 자질을 모두 잃은 것이니, 광자(狂者)와 하우(下愚)[111]의 부류입니다. 고요한 때가 많고 움직일 때가 적은 것은 현자(賢者)의 부류이고, 늘 고요하여 움직이지 않는 것은 성인의 마음으로 하늘과 상통하는 것입니다.

그렇다면 맹자의 구방심(求放心)[112]과 정자(程子)[113]의 주정(主靜)은 이 등불을 바람이 없는 곳에 두어서 그 등불이 고요히 안정되어 늘 비추게 하고자 하는 데 불과합니다. 등불의 밝음이 아니면 간혹 비추는 데 흠결이 생겨서 바깥에서 오는 밝음을 의지해야 하는 경우가 있으니, 이는 바로 이른바 "옛날에 부족한 것이 아니었는데, 오늘에 어찌 남음이 있겠는가.〔昔非不足, 今豈有餘?〕"[114]라는 경우입니다. 심

**111** 광자(狂者)와 하우(下愚) : 광자는 뜻이 높은 반면 행동이 따르지 못하는 자인데, 공자가 "중도를 행하는 사람과 함께할 수 없다면, 반드시 광자나 견자와 함께하겠다.〔不得中行而與之 必也狂狷乎.〕"라고 말한 일이 있다.《論語 子路》 하우는 가장 어리석은 사람으로 공자가 "오직 상지와 하우는 변화시킬 수 없다.〔唯上智與下愚不移.〕"라고 하였다.《論語 陽貨》

**112** 맹자의 구방심(求放心) : 구방심은 달아난 마음을 다시 거둔다는 뜻인데, 맹자는 "학문의 도는 다른 것이 아니라, 달아난 마음을 구하는 것뿐이다.〔學問之道無他, 求放心而已矣.〕라고 하였다.《孟子 告子上》

**113** 정자(程子) : 주정(主靜)을 말한 것은 주돈이(周敦頤)이므로 주자(周子)의 오기로 추정된다.

**114** 옛날에……있겠는가 :《소학집해(小學集解)》〈제사(題辭)〉에 "이치를 궁구하고 몸을 닦는 것은 학문의 큰 것이다. 밝은 명이 환하여 내외가 있지 않으니 덕이 높고

체(心體)의 큰 요점은 이와 같을 뿐입니다.

가령 산에 들어가서 그 밝음을 얻고 산을 나와서 그 밝음을 잃는다면 온 천하의 배우는 자가 반드시 모두 승려나 도사의 법문(法門)으로 변한 뒤에라야 비로소 처음을 회복하는 공부라고 말할 수 있을 것입니다. 그렇다면 이른바 '구걸하며 다닌 여래〔循乞之如來〕'[115]나 '세상을 초월한 종리〔度世之鍾離〕[116]'라 할지라도 성시(城市)에 있을 때에는 장차 목동이나 장사치와 함께 어울려 왁자지껄할 것이니, 이것이 어찌 이치에 맞는 일이겠습니까.

앞을 아는 것은 성인만 한 이가 없으므로 자사(子思)가 말하기를 "지성의 도리는 미리 알 수 있다.〔至誠之道, 可以前知.〕"라고 하였습니다. 그렇다면 천하의 지극한 성명(誠明)으로 우리 부자와 같은 이가 누가 있겠습니까. 광(匡)에서 포위되고,[117] 진(陳)나라와 채(蔡)나라에서 곤액을 당하며,[118] 미복(微服)으로 송나라를 지나고 환퇴(桓魋)에

업이 넓어야 이에 그 처음의 본성을 회복한다. 옛날에 부족한 것이 아니었는데, 오늘에 어찌 남음이 있겠는가.〔窮理修身, 斯學之大, 明命赫然, 罔有內外, 德崇業廣, 乃復其初, 昔非不足, 今豈有餘?〕"라고 하였다.

**115** 구걸하며 다닌 여래 : 부처가 출가하여 고된 수행을 하고 걸식하면서 설법한 것을 가리키는데, 이것이 후대에 탁발, 걸식, 걸행으로 불리는 수행방법이 되었다.

**116** 세상을 초월한 종리(鍾離) : 종리는 당나라 때의 신선인 종리권(鍾離權)의 약칭인데, 그는 일찍이 공동산(崆峒山)에 들어가 수도하여 선인이 되었다고 한다.

**117** 광(匡)에서 포위되고 : 노(魯)나라 양호(陽虎)란 자가 일찍이 광(匡)에서 횡포를 부렸는데, 마침 그곳을 지나던 공자가 양호와 닮았으므로 광 땅 사람들이 공자를 포위한 일이 있다.《論語 子罕》

**118** 진(陳)나라와……당하며 : 공자가 채(蔡)나라에서 3년 동안 거주하다가 초(楚)나라의 초빙을 받아 가던 중 진나라와 채나라 대부가 보낸 사람들에게 포위되어 7일

게 나무가 베이기도 하였지만,[119] 부자께서 과연 모르고서 범하였겠습니까, 알면서도 일부러 범했겠습니까? 알면서도 일부러 범하였다면 지혜롭지 않은 것이고, 알지 못하고 범하였다면 미리 알지 못하는 것이니, 귀신과 그 길흉을 함께한다〔與鬼神合其吉凶〕[120]는 점이 어디에 있겠습니까. 그렇다면 자사가 이른바 '앞서 안다'는 것이 어찌 방에 들어오는 자를 보고서 그가 어디서 왔는지 알고, 말을 듣지 않고도 그 마음이 있는 곳을 안다는 것을 말한 것이겠습니까.

성인의 성명(誠明)은 그 정신을 응축하고 그 지혜를 운행하니, 앞마을의 밥이 큰지 그릇이 작은지를 문을 나서지 않고 참으로 알 수 있는 방법이 있지만, 그러나 성인은 본디 달갑게 여기지 않으니, 달갑게 여기지 않은 것은 무엇 때문이겠습니까? 그것이 실제에 도움됨이 없어서입니다. 그렇다면 산에 들어가서 산 밖의 일을 보는 것이 어찌 족히 우리 유학의 심학(心學)의 묘체(妙諦)가 되겠습니까. 이것이 강절(康節 소옹(邵雍))의 신통(神通)이 정자(程子 정이(程頤))의 진실(眞實)에 미

동안 굶주리며 고초를 겪었던 일을 말한다. 《史記 卷47 孔子世家》

**119** 미복(微服)으로……하였지만 : 공자가 노(魯)나라와 위(衛)나라에 머물기를 싫어하여 송(宋)나라를 지나려 할 때 사마(司馬) 환퇴(桓魋)가 죽이려 하자 미복(微服) 차림으로 지나간 일이 있다. 또한 공자가 송나라에서 제자들과 함께 큰 나무 밑에서 예(禮)를 익힐 적에 송나라의 사마 환퇴가 공자를 죽이려고 그 나무를 뽑아버린 일도 있다. 《史記 卷47 孔子世家》《論語 述而》《孟子 萬章上》

**120** 귀신과……함께한다 : 《주역》〈건괘(乾卦)〉에 "대인이란 천지와 그 덕이 합치되며, 일월과 그 밝음이 합치되며, 사시와 그 질서가 합치되며, 귀신과 그 길흉이 합치되어, 하늘보다 먼저 하여도 하늘을 어기지 않고 하늘보다 뒤에 하여도 천시(天時)를 받든다.〔夫大人者, 與天地合其德, 與日月合其明, 與四時合其序, 與鬼神合其吉凶. 先天而天弗違, 後天而奉天時.〕"라고 한 것을 말한다.

치지 못하는 까닭입니다.

마음을 다스리는〔治心〕 설에 이르러선 고인들이 모두 일찍이 말했습니다. 그러나 이는 대체로 정(情)이 발하는 곳을 가리킨 것이지 심체(心體)를 곧장 들어 말한 것이 아닙니다. 터럭 끝만큼도 더하지 않아도 모든 선이 자족하니 어찌 다스리길 기다리겠습니까. 한 몸을 주재하여 백체(百體)가 명령을 따르는데, 다스리고자 하는 자가 누구이며, 그 다스림을 받는 자가 또 누구이겠습니까. 이는 반드시 두 마음을 갖춘 뒤에야 될 것이니, 마음이 어찌 둘이 있겠습니까. 이로써 '마음을 다스린다'고 말하는 것은 곧 정이 발한 곳을 가리켜 말한 것이지 본체를 가리켜서 말한 것이 아님을 알 수 있으니, 이는 맹자가 말한 측은지심(惻隱之心)과 같습니다. 측은이 이찌 마음이겠습니까. 이를 인다면 이른바 다스린다〔治〕는 것이 마음을 다스림을 말한 것이 아님을 알 것입니다.

'지수(止水 맑은 물)'라는 비유는 그것이 어느 책에서 시작되었는지 모르겠으나, 이는 곧 "깊고 고요하다〔淵渟.〕"는 뜻이니, 그 덕을 형용한데 불과할 뿐입니다. 이른바 '징청(澄淸)'이란 것으로 말하면 안으로는 그 사벽(邪僻)의 생각을 제어하는 데 불과할 뿐이고, 밖으로는 시선을 존엄하게 하고 의관을 정제하는 것뿐입니다. 이것이 바로 제정(齊整 정돈)하고 엄숙히 하는 것이니, 시선을 존엄하게 하고 의관을 정제하며 사벽을 제어하는 외에 따로 제정하고 엄숙하게 하는 공부가 있는 것이 아닙니다. 심학의 요체는 이와 같은 데 불과합니다. 그런데 저는 심성(心性)의 설에 대해 본디 일찍이 남에게 사숙한 적이 없어서 다만 억견(臆見)이 이와 같은 것이니, 어떻게 여기실지 모르겠습니다.

깨우쳐주신 '우수봉지(盂水捧持 물동이를 받듦)'의 비유에 저도 모르게 밥을 뿜었습니다. 걸음을 더욱 조심한다는 것이 걸음이 과연 진실로 조심스러운 것입니까. 진실로 조심스럽다면 어찌 더욱 출렁거리겠습니까. 진실로 조심하지 않기 때문에 출렁거리는 것뿐입니다. 《예기》에 말하지 않았습니까. "공경스럽고 신중하게 가득 찬 그릇을 받들 듯이 한다.〔洞洞然屬屬然, 如奉盈.〕"[121]라는 말이 무슨 뜻이겠습니까. 빨리 달려도 출렁거리지 않은 자는 바로 기운이 전일하기 때문이지, 마음 때문이 아닙니다. 맹자가 "넘어지고 달리는 것이 기이나, 기가 전일하면 마음을 움직인다.〔蹶者趨者, 是氣也, 而壹則動心.〕"[122]라고 하지 않았습니까. 이른바 "마음은 살아 있는 것이다.〔心是活物.〕"라는 말은 참으로 본래 무한한 묘리가 있어 천지와 유통하는데, 이제 하나의 주(走)자로 모든 것을 포괄하고자 하시니, 또한 잘못이 아니겠습니까.

얼마 전에 산릉(山陵)의 역소(役所)에 있을 때, 신 사용(申司勇) 희(熙)가 남양진(南陽進), 김경인(金景寅)과 분금(分金)에 대해 논하는 것을 보았는데,[123] 신희가 성을 내며 두 사람에게 말하기를 "그대들은

**121** 공경스럽고……한다 : 《예기》 〈제의(祭義)〉에 "효자는 옥을 잡은 듯이 하며, 물건이 가득한 그릇을 받들 듯이 하여, 성실하고 전일하여, 감당하지 못하는 듯이 하며, 장차 잃을 듯이 한다.〔孝子如執玉, 如奉盈, 洞洞屬屬然, 如弗勝, 如將失之.〕"라고 하였다.

**122** 넘어지고……움직인다 : 《맹자》 〈공손추 상〉에 "넘어지고 달리는 것은 기이나 도리어 마음을 동요시킨다.〔今夫蹶者趨者, 是氣也, 而反動其心.〕"에서 인용한 것이다.

**123** 산릉(山陵)의……보았는데 : 분금(分金)이란 나침반으로 각도를 재어 방위를 분별하는 것으로, 특히 하관(下棺)할 때 나침반을 사용하여 좌향(坐向)을 정하는 것을 가리킨다. 《분금론(分金論)》이라는 풍수지리서도 있다. 신희(申熙)는 1821년 4월 21일 종9품 사용(司勇)에 임명되어 근무하다 9월 20일에 공릉 참봉(恭陵參奉)에 임명되었다. 8월에 정조를 모신 건릉(健陵)을 천장할 당시 남양진(南陽進)과 김경인(金景寅)은 경자(庚子)로 분금해야 하고 안대(案對)를 위주로 해야 함을 주장하고, 신희는 병자(丙子)로 분금해야 하고 원룡주맥(原龍主脈)을 위주로 해야 한다고 주장하였는데, 대부분

분금하는 법은 고사하고, 분금을 놀리는 것조차 되지 않는구나.〔君輩分金之法姑舍, 竝與翫分金而未嘗也.〕"라고 하니 온 좌중이 크게 웃었습니다. 지금 존형의 편지는 처음부터 끝까지 모두 마음을 말했으나, 그러나 저의 우매한 눈으로 보건대 그것이 신 사용의 말과 가깝지 않을까 적이 두렵습니다. 이만 줄입니다.

의 의견이 신희의 주장에 동조하였다고 한다.《承政院日記 純祖 21年 8月 12日》

## 박 상서 종훈 에게 답함[124]

答朴尙書 宗薰

보여주신 김공(金公)의 비문(碑文)은 문자가 본디 몹시 아름답습니다만, 말씀드릴 만한 우매한 견해가 없지 않아서 다음과 같이 개진합니다.

"질환이 깊어졌을 때〔方疾之亟也〕"부터 "곁의 사람이 감히 청하지 못했다〔傍人不敢請〕"까지 이 단락은 바로 김공이 큰 계책을 몰래 도운 것을 서술한 곳입니다. 그러나 너무 소략하고 너무 모호하다고 생각합니다. 대체로 명릉(明陵 숙종) 말년부터 안에서는 이미 왕통을 형으로부터 아우에게 전한다는 확정된 계책이 있었으므로 경은(慶恩 김주신) 또한 임금의 뜻을 받들었고, 함원(咸原)[125]과 달성(達城)[126] 두 집안도

124 박 상서(朴尙書)에게 답함 : 박종훈(朴宗薰)이 지은 경은부원군(慶恩府院君) 김주신(金柱臣, 1661~1721)의 비문(碑文)을 보고 수정할 사항을 알리는 답장인데, 지은 시기는 미상이다. 김주신의 본관은 경주(慶州), 자는 하경(廈卿), 호는 수곡(壽谷)·세심재(洗心齋)이다. 1720년(숙종16)에 그의 딸이 숙종의 계비(繼妃) 즉 인원왕후(仁元王后)가 되자 돈녕부 도정, 돈녕부 영사(領事)를 거쳐 경은부원군에 봉해졌다. 당대의 문사 최석정(崔錫鼎)·김창협(金昌協)·서종태(徐宗泰) 등과 교유하였다. 시호는 효간(孝簡)이다.

125 함원(咸原) : 함원부원군(咸原府院君) 어유귀(魚有龜, 1675~1740)를 가리킨다. 본관은 함종(咸從), 자는 성칙(聖則), 호는 긍재(兢齋), 시호는 익헌(翼獻)이다. 1699년(숙종25) 사마시에 합격, 청요직을 두루 지냈다. 1718년(숙종44) 병조 참지로 있을 때 딸이 훗날 경종이 되는 세자빈에 책봉되었으며, 1720년(경종 즉위년) 함원부원군에 봉해졌다. 신임사화 때 노론을 극력 변호하였고 유생들이 건의한 윤선거(尹宣擧)·윤증(尹拯) 부자의 복직에 반대하였으며, 그 뒤 김일경(金一鏡)의 무고로 양주

한 집안처럼 기뻐하며 사이가 좋았습니다.

경자년(1720)의 대상(大喪)[127] 이후로 인심이 변하지 않을 수 없어 어씨(魚氏)가 다른 주장을 하다가 곧 서씨(徐氏)와 원수가 되니, 공이 드디어 홀로 의리의 주인이 되어 마음이 근심 걱정으로 가득하였습니다. 그때 소재(疎齋) 상공이 윤지술(尹志述)의 비방과 배척을 받아 광나루〔廣津〕로 물러나 거처하였습니다.[128] 공은 너무 멀리 떨어져 있어서 일을 의논하기에 불편하다고 여겨 도성에서 가까운 곳으로 옮기기를 요청하니, 소재 상공이 드디어 신촌(新村)으로 옮겨 살며 몰래 서로 왕복하였습니다. 돌아가신 고조부[129]께서도 또 공과 가까운 인척이므

(楊州)에 낙향하였다. 영조 때 여러 벼슬에 임명되었으나 모두 사퇴하였다.

**126** 달성(達城) : 달성부원군(達城府院君) 서종제(徐宗悌, 1656~1719)를 가리킨다. 본관은 대구(大邱), 자는 효숙(孝叔)이다. 1704년(숙종30) 그의 딸이 뒷날 영조가 되는 연잉군(延仍君)과 혼인하여 음직으로 사릉 참봉(思陵參奉)에 임명되었다. 이후 여러 벼슬을 거쳐 신천 군수(信川郡守)를 역임하였다. 연잉군이 왕세제가 되면서 의정부좌찬성에 추증되었고, 1724년(영조 즉위년) 의정부 우의정, 달성부원군에 추봉되었다.

**127** 경자년(1720)의 대상(大喪) : 1720년(숙종46) 6월 8일에 숙종이 승하한 것을 가리킨다.

**128** 소재(疎齋)……거처하였습니다. : 소재는 이이명(李頤命, 1658~1722)의 호이다. 본관은 전주(全州), 자는 지인(智仁)·양숙(養叔)이다. 1720년(경종 즉위년) 9월 7일 성균관 장의(掌議) 윤지술이 상소하여 이이명이 지은 숙종지문(肅宗誌文)에 신사년(1701, 숙종27)과 병신년(1716, 숙종42)의 일이 누락된 것을 지적하여 다시 짓기를 청하자 이이명이 인피하여 도성을 나간 것을 가리킨다.

**129** 고조부 : 풍고의 고조 김창집(金昌集, 1648~1722)을 가리킨다. 본관은 안동(安東), 자는 여성(汝成), 호는 몽와(夢窩)이다. 숙종이 죽은 뒤 왕위에 오른 경종(景宗)이 병약하고 후사가 없으므로, 노론파의 대신들과 의논하여 연잉군을 왕세제로 책봉할 것을 상소하여 실행하게 하였다. 1721년(경종1) 다시 왕세제로 하여금 대리청정하게 하였으나 경종의 친정(親政)을 명분으로 내세우는 소론파의 조태억(趙泰億)·이광좌

로 정의(情誼)가 통해 서로 깊이 의지했는데, 이듬해 가을 공이 갑자기 세상을 떠나니, 안팎이 단절되어 조정의 뜻을 자전(慈殿)[130]께 진달할 수가 없어서 시사(時事)가 크게 무너졌습니다.

대체로 공은 노론과 취향이 비록 달랐으나, 그때는 색목의 구분이 후세처럼 심한 데 이르지 않았고, 자신의 탁월한 견식이 또 이해화복에 따라 바뀌지 않았으므로 대중들의 시끄러운 소리에 동요되지 않고 차라리 죽을지언정 다른 마음은 품지 않았으니, 일을 깊이 염려하고 기미를 엄중히 조심하는 것이 저절로 남보다 크게 나은 점이 있었습니다. 이것이 그 집안사람조차 어떤 일이 있었는지 알지 못하는 까닭입니다.

그러나 이쪽 및 궁중에서는 백여 년 이래 오히려 환하여 민멸되지 않는 자취가 있습니다. 그렇다면 이는 막 질환이 깊어진 이후의 일이 아닙니다. 또 하물며 인원성후(仁元聖后 인원왕후)의 성대한 덕이 비록 고금을 초월하지만 만약 공이 평소에 정성을 다하여 보좌하는 힘이 아니었다면 그 영묘(英廟)를 시종 보호한 공로 또한 어떻게 저처럼 크고 위대할 수 있었겠습니까. 이런저런 이유로 비록 품은 바를 다 말하지 못할지라도, 공이 몸소 큰 계책을 담당하여 내외를 묵묵히 도운 뜻은 결단코 그 사이에 언급하지 않을 수가 없습니다.

(李光佐) 등에 의하여 대리청정이 취소되자 관직에서 물러났다. 이어 신임사화(辛壬士禍)가 일어나자 거제도로 유배되었다가 다음 해 사사(賜死)되었다.

**130** 자전(慈殿) : 김주신의 딸로 숙종의 계비(繼妃)가 된 인원왕후(仁元王后, 1687~1757)를 가리킨다. 1701년(숙종27) 인현왕후(仁顯王后) 민씨가 죽자 간택되어 궁중에 들어가 다음 해에 왕비로 책봉되었다. 소생은 없고 죽은 뒤에 정의장목(定懿章穆)이란 휘호가 올려졌다. 숙종, 인현왕후와 함께 경기도 고양시 서오릉의 명릉(明陵)에 묻혔다.

“은하수가 환히 빛나니, 세차는 신(辛)이었다.〔雲漢煥燁, 維歲在辛.〕”[131]라는 글에서 ‘애친(愛親)’ 두 글자를 ‘우국(憂國)’의 아래에 매달았는데, 우국이란 말은 참으로 너무 범범한데다 더구나 그 아래 다시 자기의 뜻을 언급하지 않고 곧장 ‘운한(雲漢)’이라 운운한 말을 덧붙임에 있어서겠습니까. 군왕의 말은 진실로 사계절처럼 신의가 있는 것이니, 어떤 사람이 감히 도울 것이며, 누가 감히 믿지 않겠습니까? 다만 문장을 짓는 법이 참으로 이른바 “박화숙이 말하였다.〔朴和叔云.〕”[132]라고 하는 것과 똑같은 뜻으로 귀결될까 두렵습니다. 이 한 단락을 위아래로 잇는 즈음에 의당 붓을 잡은 자가 찬미하는 뜻을 둔 연후에 ‘운한(雲漢)’으로써 이어야 바야흐로 발휘하여 드러내는 방도가 될 듯합니다.

**131** 은하수가……신(辛)이었다 : 김주신이 죽은 것이 신축년(1721, 경종1)임을 가리킨다.

**132** 박화숙(朴和叔)이 말하였다 : 찬술한 자의 논평을 싣지 않고 다른 글에서 인용한 것을 가져다 마무리하는 것을 가리킨다. 박화숙(朴和叔)은 박세채(朴世采)를 가리킨다. 용례는 송시열과 윤증이 절연하게 된 전말을 아뢰고 스승인 윤증을 옹호한 최석문 등의 상소문에 보인다.《肅宗實錄 42年 3月 3日》

## 이 상서 지연 에게 드리다[133]

與李尙書 止淵

전해온 소식을 지금 들으니, 옥당(玉堂 홍문관)의 은배(銀杯)를 훔쳐낸 자를 붙잡아서 본청에서 죽이고자 한다고 하는데 사실입니까? 혹자는 자수한 자라고 말하는데 이 또한 사실입니까?

저의 소견을 말해보겠습니다. 고묘(高廟)에서 옥가락지를 훔친 도적도 고인이 "그 자신만 처벌해야 한다."라고 말했을 뿐이니,[134] 그렇다면 은배가 비록 소중한 바가 있다고 하더라도 고묘의 옥가락지에 비하면 약간 가볍고, 하물며 또 자수하고도 죽음에서 면하지 못한다면 어찌 법의 뜻에 크게 어그러지지 않겠습니까. 비록 저자처럼 하찮은 목숨일지라도 만 번 신중히 하지 않을 수 없거늘, 하물며 그자의 소행이 한때

**133** 이 상서(李尙書)에게 드리다 : 1829년(순조29)경에 형조 판서 이지연(李止淵, 1777~1841)에게 보내, 홍문관의 은배(銀杯)를 훔친 죄인의 처벌을 가볍게 해달라고 요청하는 편지이다. 이지연의 본관은 전주(全州), 자는 경진(景進), 호는 희곡(希谷)이다. 세종의 다섯째 아들 광평대군(廣平大君) 이여(李璵)의 후손이다. 1806년(순조6)에 문과에 급제, 내외직을 두루 역임하여 벼슬이 우의정에까지 올랐다. 1827년 10월에 공조 판서, 1829년(순조29) 8월에 형조 판서, 1832년(순조32) 1월에 예조 판서, 7월에 이조 판서에 임명되었다.

**134** 고묘(高廟)에서……뿐이니 : 고묘는 한고조(漢高祖)의 능인 장릉(長陵)을 가리킨다. 한문제(漢文帝) 때 고묘의 옥환(玉環)을 훔친 자가 있어 정위(廷尉) 장석지(張釋之)에게 법률을 찾아 처벌하게 한 결과 장석지가 기시(棄市)에 해당한다고 아뢰었다. 문제가 삼족을 멸해야 하지 않겠냐고 불만을 표하자, 장석지는 옥환을 훔친 자를 가장 높은 형벌로 삼족을 멸한다면 고묘를 도굴한 자가 있으면 처벌할 방도가 없다고 하면서 문제를 설득한 일이 있다.《史記 卷102 張釋之列傳》

견물생심(見物生心)에 불과하고 평소 도둑질을 업으로 삼은 자가 아니니, 더욱 정상을 참작하여 법을 논해야지, 죽이는 것을 위주로 해서는 안 됩니다. 저의 생각으로는 죄를 논한 후에 추조(秋曹 형조)에 이송하여 법률을 살펴 거행하는 것이 마땅할 듯한데 어떻게 생각하십니까?

이 일은 저와는 실제 관련이 없지만, 사람의 목숨에 관계된 것이라 중대한데다 또 대감의 형정(刑政)에 관계된 바이니, 잠자코 있을 수가 없어서 이렇게 소견을 적어 올립니다. 사람을 죽이기를 칼로 하나 몽둥이로 하나 맹자는 그것이 다름없다고 말했으니,[135] 인인군자(仁人君子)들이 마땅히 두려워해야 할 곳입니다.

**135** 사람을……말했으니 : 《맹자》 〈양혜왕 상(梁惠王上)〉에 나오는 구절로, 사람을 죽이는 데에 몽둥이, 칼, 정치 어떤 것을 쓰더라도 차이가 없다는 의미이다.

# 심 임천 태등 노숭 에게 답하다[136]

答沈林川泰登 魯崇

형의 나이가 이미 육십이 되었고 저는 형보다 겨우 삼 년이 적으니, 이 어찌 멀리 이별할 때이겠습니까. 옛날에 서로 만남이 너무 늦었음을 한탄했는데, 지금 다시 서로 쉽게 이별하게 되었으니, 이 어찌 평소의 마음이겠습니까.

지난가을을 지난 이후로 모든 사념이 온통 재가 되었고,[137] 오직 마음이 맞는 이와 정을 나누며 담소하고 해학을 하는 것만이 잠시의 기쁨을 얻는 것이었고 또한 약간의 삶의 의욕을 붙일 만한 것이었습니다. 마침내 이렇게 서로 헤어지며 격조한 탄식이 생기게 되었으니, 이 또한 하늘이 사람으로 하여금 이미 식어버린 것을 더욱 냉랭하게 만드는 것입니다. 하늘에 물을 수가 없다면 오직 공손히 들을 뿐이지만, 또한 어찌 가슴속에 울적함이 맺히지 않을 수 있겠습니까.

**136** 심 임천(沈林川) 태등(泰登)에게 답하다 : 1822년(순조22) 8월 20일에 임천 군수(林川郡守)로 부임하는 심노숭(沈魯崇, 1762~1837)에게 준 답장이다. 심노숭의 본관은 청송(靑松), 자는 태등(泰登), 호는 효전(孝田)·몽산거사(夢山居士)이다. 부친은 노론 시파(時派)의 선봉 심낙수(沈樂洙)이다. 1801년(순조1)에 벽파가 정권을 장악하여 부친의 관직이 추삭될 때에 심노숭도 경남 기장현(機張縣)으로 유배되었다. 1806년 해배되어 형조 정랑·논산 현감(論山縣監)·광주 판관(廣州判官) 등을 역임하였다. 저서에 《효전산고(孝田散稿)》, 《적선세가(積善世家)》 등이 있다.

**137** 지난……되었고 : 풍고의 절친한 벗 김려(金鑢, 1766~1821)가 죽은 것을 말한다. 김려의 본관은 연안(延安), 자는 사정(士精), 호는 담정(藫庭)이다. 1821년(순조21) 9월 16일에 함양 군수(咸陽郡守)로 재임하다 졸하였다.

알지 못하는 자는 반드시 "사념이 이미 식었는데 어찌하여 오히려 붕우의 정이 있다고 말하는가?"라고 할 것입니다. 저의 생각으로는 천하에서 지극히 크고 지극히 무거우며, 지극히 즐겁고 지극히 유쾌한 것이 붕우(朋友)만 한 것이 없습니다. 저잣거리의 사귐은 본래 논할 것이 없더라도, 진실로 인정이 있다면 비록 거죽과 털과 뼈와 치아가 흩날려 차가운 바람이 되더라도 그 마음을 기울이던 곳에는 반드시 한 기운이 서로 감응함이 있을 것입니다. 아, 효전이여! 그렇지 않습니까.

형이 만약 여기까지 읽고서 슬프게 마음이 동하고 근심스레 심정이 서글퍼지지 않는다면 저는 진실로 망령된 사람입니다. 형이 만약 마음이 동하고 심정이 슬퍼진다면 천하후세에 저와 형과 같은 자들이 또한 탄식하며 크게 한숨을 쉬지 않는 자가 없을 것입니다. 우리 두 사람의 사귐을 상상해보면 저잣거리의 경박한 행동이 아니어서, 천하후세의 겉으론 어울리면서 마음이 딴판인 자들로 하여금 거의 그것이 부끄러워할 일임을 약간이나마 깨닫게 할 수 있을 것입니다. 그렇다면 가령 제가 비록 형과 다시 만나지 못하고 죽더라도 다시 무슨 유감이 있겠습니까.

도중에서 보내신 편지와 시와 이백 개의 먹감을 받고, 등불 아래서 명원(明遠)[138]과 함께 읽고 함께 맛보고서 곧 이렇게 답장을 쓰고 화운시도 적어 올립니다. 이만 줄입니다.

**138** 명원(明遠) : 김조(金照, 1754~1825)의 자(字)이다. 본관은 해풍(海豊), 호는 석한(石閒)·석치(石癡)·약원거사(葯園居士)·동리(東里) 등이다. 1784년(정조8) 12월에 사은사(謝恩使) 박명원(朴明源, 1725~1790)의 수행원으로 연행에 참여했으며, 돌아온 뒤 연행록인 《관해록(觀海錄)》을 남겼다. 풍고와 수창한 시가 많아 교유가 깊었음을 짐작할 수 있으며, 자하(紫霞) 신위(申緯), 담정(藫庭) 김려(金鑢) 등과의 교유가 확인된다.

별폭(別幅)에서 말씀하신 뜻은 잘 알았습니다. 의견을 구하는 성대한 일은 옛날에 간혹 있었지만 지금은 없어졌는데, 어찌 형께서 지금 시대를 살면서 옛일을 좋아하신단 말입니까. 하물며 능한 분이 능하지 못한 자에게 물으시니, 성인이 성인이 된 까닭입니다. 이 법을 미루어 나간다면 옛일을 좋아하는 것이 바로 옛일로 나아갈 수 있을 것입니다. 몹시 훌륭하고 훌륭합니다. 고루한 제가 어찌 우리 형을 제 말의 아래서 돌아봄이 있게 할 수 있겠습니까. 우선 시험 삼아 깨달은 바를 말씀드리고자 합니다.

우리 유학의 핵심은 단지 심지(心地)를 향하여 공부를 해나가는 것뿐입니다. 그러므로 "생각하지 않으면 어찌 얻겠는가.〔不思胡獲.〕"[139] 라고 하였고, 또 "내 일찍이 종일토록 먹지 않고 밤 내내 잠들지 않고서 생각하였다.〔吾嘗終日不食, 終夜不寢以思.〕"[140]라고 하였습니다. 이로 말미암아 말하자면 심(心)은 생각이 없어서는 안 됩니다. 그러나 또 말하기를 "반드시 종사함이 있되 기필하지 말아야 한다.〔必有事焉, 而勿正.〕"라고 하였고, 또 "조장하지 말라.〔勿助長.〕"라고 하였으며,[141] 또 "대인이란 적자의 마음을 잃지 않은 자이다.〔大人者不失赤子之心.〕"[142]

**139** 생각하지……얻겠는가 : 《서경》 〈태갑 하(太甲下)〉에 "생각하지 않으면 어떻게 얻겠으며, 행하지 않으면 어떻게 이루겠는가.〔弗慮胡獲, 弗爲胡成.〕"라는 말이 있다.

**140** 내……생각하였다 : 《논어》 〈위령공(衛靈公)〉에서 공자가 "내가 일찍이 종일토록 밥을 먹지 않고 밤새도록 잠을 자지 않으며 생각했는데, 유익함이 없었으니 배우는 것보다 못하였다.〔吾嘗終日不食, 終夜不寢, 以思, 無益, 不如學也.〕"라고 하였다.

**141** 반드시……하였으며 : 《맹자》 〈공손추 상(公孫丑上)〉에 "반드시 호연지기를 기르는 것을 일삼되, 미리 기필하지 말고 마음에 잊지도 말고 조장하지도 말아야 한다.〔必有事焉, 而勿正, 心勿忘, 勿助長也.〕"라고 하였다.

라고 하였습니다.

지금 얻는 바가 어떤 일인지, 생각했던 것은 어떤 일인지, 어떻게 반드시 종사함이 있으되 기필하지 않을 것인지, 어떻게 조장하지 않을 것인지, 어떻게 적자의 마음을 잃지 않을지를 생각하여, 그 본성을 해치는 것[143]을 제거하고 그 본체를 기른다면, 정신이 응축되고 기운이 완전해져 심광체반(心廣體胖 마음이 너그럽고 살이 오름)하게 되어 평탄하게 근심하는 바가 없게 될 것입니다.

말씀하신 바를 가만히 음미해보니, 나의 마음이 아니라 외물에서 구하고, 도리어 만물을 향하여 마음을 구하였습니다. 안을 버리고 바깥에서 구한다면 내가 또한 내가 아니고, 외물을 가지고 마음으로 인식한다면 내가 아닌 것이 내가 될 것이니, 비록 천하의 즐거운 일을 지극히 다한다 하더라도 그 즐거움이 반드시 도리어 근심이 되어 풀어낼 수가 없을 것입니다. 시험 삼아 집사께서 평소 일찍이 저와 담론했던 바로 말해보겠습니다.

그 세상을 근심하고 세속을 애달파하는 마음은 성현 이래로 한 갈래가 유전되어온 취지가 아님이 없습니다. 그러나 성현은 그 마음이 이미

**142** 대인이란……자이다 : 《맹자》 〈이루 하(離婁下)〉에 나온다.

**143** 본성을 해치는 것 : 원문은 '해마자(害馬者)'인데, 본성을 해치는 것을 제거하는 것이 정치의 요체라는 비유적인 말이다. 《장자》 〈서무귀(徐无鬼)〉에 황제(黃帝)가 양성(襄城)의 들판에서 말을 기르는 동자를 만나 대화를 나누다가 정치에 대해서 묻자, 그 동자가 "천하를 다스리는 것도 말을 기르는 것과 다를 것이 뭐가 있겠습니까. 역시 말을 해치는 것만 없애면 될 것입니다.〔夫爲天下者, 亦奚以異乎牧馬者哉. 亦去其害馬者而已矣.〕"라고 대답하니, 황제가 두 번 절하고 머리를 조아리며 천사(天師)라고 칭송하며 물러갔다고 한다.

온통 바르기 때문에 사람의 마음을 바룰 생각을 하고, 그 도가 이미 온통 밝기 때문에 사람의 도를 밝히기를 생각하니, 자기에게 풍족하여 바깥에서 구함이 없은 연후에 능히 후세를 근심하고 능히 만물을 아울러 구제할 수 있습니다.

지금 집사의 학문과 공부가 성현에 전혀 미치지 못하는데, 성현이 스스로 다스린 급선무를 생각하지 않고, 갑자기 성현이 덕을 이룬 뒤에 넓혀 나간 것을 본받는다면 그것이 되겠습니까. 이 때문에 학문이 실제를 힘쓰고 거짓을 제거하는 까닭입니다. 실제를 힘쓰고 거짓을 제거하는 것은 또한 집사께서 평소 부지런히 쉬지 않았던 일입니다. 그 마음속에 스스로 확립된 주재(主宰)가 없기 때문에 그 내면이 다스려지지 않고, 그 내면이 다스려지지 않기 때문에 즐거워할 만한 일이 생겨나지 않으며, 즐거워할 만한 일이 생겨나지 않기 때문에 생각이 분분해지는 것입니다. 이 분분해지는 생각이 앞서 말한 성현의 생각과 천만번 같지 않아서 적자의 마음이 날마다 상실되는 것입니다.

이 병폐를 바로잡고자 한다면 다른 기이한 방법이 없고, 단지 내 마음으로 하여금 늘 바깥일에 관심을 줄이고 늘 한가한 생각을 막아서, 허령불매(虛靈不昧)한 내 마음으로 하여금 외물을 따라 옮겨가지 않고 외물에 가려지지 않도록 하면, 청명(淸明)이 저절로 생기고, 청명이 생기면 거짓이 저절로 제거되고 실제가 저절로 보존됩니다. 실제가 보존되면 근본이 서고 근본이 서면 즐거움이 생기니, 즐거움이 한번 생기면 외물이 나의 마음을 어지럽히지 못하여 늘 태평하게 됩니다.

불교에서 마음을 밝혀 본성을 보는 것〔明心見性〕이 비록 우리 유학의 마음을 보존하여 본성을 극진히 하는 것〔存心盡性〕과 같지는 않지만, 그 스스로 다스리는 법은 실로 우리 유가와 차이가 없으니, 이것이 이른바 "고자도 나보다 먼저 부동심했다.〔告子先我不動心.〕"[144]라는 것입니다.

지금 집사께서 말씀하신 바는 모두 동심(動心)이고, 거짓이며 실제가 아닙니다. 시험 삼아 저의 말에 따라 마음을 맑게 지니고 자세히 생각해보시면 응당 밝게 터득하는 곳이 있을 듯합니다. 어떻게 생각하십니까? 껄껄 웃습니다.

**144** 고자도……부동심했다 : 고자는 이름이 불해(不害)로 전국 시대에 활동했던 사상가이다. 맹자는 〈호연지기장(浩然之氣章)〉에서 고자가 호연지기(浩然之氣)를 길러 얻은 진정한 부동심(不動心)은 아니지만, 용기를 통해 스스로를 잘 통제하여 부동심의 경지에 올랐다고 말한 일이 있다. 《孟子 公孫丑上》

## 심태등에게 답함[145]

答沈泰登

향역(享役)으로 엄숙한 곳에 있으심을 알았으니, 형의 노고가 자못 염려됩니다. 저의 조섭하는 형편은 좀처럼 시원하게 낫지 않습니다.

담정(蕈庭)의 상[146]은 사람으로 하여금 기가 꺾이게 합니다. 자애롭고 진실하고 밝은 자태와 드넓고 공교롭고 아름다운 문장을 당대에 구하여도 많이 보기 어렵거니와, 그런데 유독 괴이한 것은 품부 받은 명운이 기박하고 처량하여 젊어서부터 노년에 이르기까지 온갖 수심과 괴로움만 있고 한 번도 쾌활한 적이 없었던 것입니다. 중간에 아홉 번 죽어도 갚지 못한 일[147]은 비록 강직하고 방정한 마음으로 이리저리 떠돌고 엎어지는 중에 다행히 한 가닥 목숨을 부지한 것만으로도 몹시 요행이라 하겠습니다. 그런데 만년에 고을 수령이 되어서도 또 제대로 누리지 못했으니, 하늘이 선한 자에게 복을 내려준다는 것이 과연 어디에 있습니까. 하물며 저는 파피리 불고 죽마 타던 옛 우정이 흰머리가

**145** 심태등(沈泰登)에게 답함 : 1821년(순조21) 말경에 심노숭(沈魯崇, 1762~1837)에게 답장을 하면서 얼마 전에 죽은 죽마고우 김려(金鑢, 1766~1821)를 슬퍼하는 내용이다.

**146** 담정(蕈庭)의 상 : 담정은 김려의 호이다. 김려의 본관은 연안(延安), 자는 사정(士精)이다. 1821년(순조21) 9월 16일에 함양 군수(咸陽郡守)로 재임하다 졸하였다.

**147** 아홉……일 : 김려(金鑢)가 그의 아우 김선(金鐥, 1772~1833)과 함께 1801년(순조1) 신유박해 때 효수된 강이천(姜彝天)과 안면이 있다 하여 유배된 것을 말한다. 이때 김려는 진해현(鎭海縣)에 유배되었고, 김선은 초산(楚山)에 유배되었는데, 1806년(순조6)에 아들의 상소로 10년간의 유배생활이 끝났다.

되도록 바뀌지 않았기에 남은 생을 서로 의지하며 오히려 산중에서 이웃이 됨을 다행으로 여겼는데, 문득 부음을 듣고서 억장이 무너지고 눈에 눈물이 고여 원망하고 슬퍼하면서 여러 날이 되도록 안정할 수 없으니, 어쩌면 좋습니까. 모든 것이 그만이고 그만입니다. 이만 줄입니다.

## 죽리 족숙께 답함[148]

答竹里族叔

제가 석한(石閒)[149]을 곡하고부터 마음에 비통함이 서려 실로 스스로 이기지 못합니다. 대체로 오십 년의 지음이 도리어 함께 시를 읊고 술을 마시지 못하던 중에 하루아침에 죽어서 도끼가 거두어지고 거문고 연주가 그치고 말았습니다.[150] 어쩌면 좋습니까.

**148** 죽리(竹里) 족숙께 답함 : 1825년에 죽리 김이교(金履喬, 1764~1832)에게 보낸 답장으로 친한 친구 석한(石閒) 김조(金照)의 죽음을 애도한 내용이다. 김이교의 본관은 안동(安東), 자는 공세(公世), 호는 죽리이다. 아버지는 관찰사 김방행(金方行)이며, 어머니는 심황(沈鐄)의 딸이다. 1789년(정조13) 문과에 급제, 내외직을 두루 역임하고 벼슬이 우의정에까지 올랐다.

**149** 석한(石閒) : 김조(金照, 1754~1825)의 호이다. 본관은 해풍(海豊), 자는 명원(明遠), 호는 석한·석치(石癡)·약원거사(葯園居士)·동리(東里) 등이다. 풍고와 수창한 시가 많아 교유가 깊었음을 짐작할 수 있으며, 자하(紫霞) 신위(申緯), 담정(藫庭) 김려(金鑢) 등과의 교유가 확인된다.

**150** 도끼가……말았습니다 : 원문은 '근철현폐(斤輟絃廢)'인데, 마음이 통하는 친구가 죽은 것을 비유한 말이다. 옛날 초(楚)나라의 장석(匠石)이 도끼를 잘 써서 친구인 영(郢) 땅 사람의 코끝에 묻힌 흙을 흔적도 없이 깎아냈는데, 그 사람이 죽자 장석이 다시는 재능을 발휘하지 않았다고 한다.《莊子 徐无鬼》 현이 폐기되었다는 말은 자기의 음악을 알아주던 종자기(鍾子期)가 죽자 다시는 연주를 하지 않은 백아절현(伯牙絶絃) 고사를 가리킨다.

# 죽리 족숙께 올림[151]

上竹里族叔

서어(西漁)[152]에 대한 만사는 두세 차례 읽어보매 장구(長句 7언)가 더욱 빼어납니다. 오언(五言)은 종내 운이 뻣뻣한 탓으로 처음부터 끝까지 험한 일만 겪고서 다시는 태평시절을 보지 못한 격이니, 비유하면 항우(項羽)가 죽자 고제(高帝) 또한 늙었다는 탄식을 하는 것과 같습니다. 장구는 그렇지 않아서 족숙의 흉중에 말하고 싶은 바를 다 말했으니, 장구가 훨씬 뛰어납니다. 망령된 소견이 이와 같으니, 훌륭하신 견해에 합치될는지 모르겠습니다. 이만 갖추지 않습니다.

**151** 죽리(竹里) 족숙께 올림 : 1825년(순조25)에 김이교(金履喬)에게 올린 편지로, 김이교가 권상신(權常愼)을 애도하며 지은 만사에 대한 소감을 알리는 내용이다.

**152** 서어(西漁) : 권상신(權常愼, 1759~1824)의 호이다. 본관은 안동(安東), 자는 경호(絅好), 다른 호는 일홍당(日紅堂)이다. 1801년(순조1) 문과에 장원하였다. 정치적으로 김조순(金祖淳)을 옹호했으며, 1820년(순조20)에는 병조 판서·광수 유수를 지내면서 남공철을 수반으로 하는 정부의 중요한 소임을 담당했다. 1822년(순조22) 조인영(趙寅永)의 세도정치가 시작되자 순원왕후(純元王后)의 혼사를 방해했다는 이유로 김귀주(金龜柱)·심환지(沈煥之)·권유(權裕)를 격렬히 비판하다가 함경도 영변으로 유배되었다. 이듬해 귀양이 풀리자 정계에서 물러나 한가한 어부로서 지내다가 다시 관직에 나아가 1824년(순조24) 동지사(冬至使)의 정사(正使)로서 연경에 가는 도중 병으로 죽었다.

# 어떤 이에게 주다

與或人

이태호(李太湖) 어른에 대한 만시(挽詩)는 근래 공무로 바빠서 다시 볼 여가가 없었다가, 어제 비로소 옥호정사(玉壺精舍)로 가지고 와서 등불 아래서 몇 차례 소리 내어 읽어보니, 편편(篇篇)마다 종규 도사(鍾馗道士)가 엄지손가락으로 눈알을 파내는 그림과 같았습니다.[153] 작은 시가 이와 같으니, 다른 체는 이루어 알만 합니다. 토끼를 잡으나 코끼리를 잡으나 똑같이 전력을 기울이시니, 다른 사람이 능히 따라갈 바가 아니라서 몹시 부럽습니다. 다만 문을 밀치고 들어가는 자가 힘이 너무 세면 이따금 넘어지기도 합니다. 이 시가 본래 속됨을 제거하려고 힘쓰다가 도리어 속됨을 범한 곳이 있게 되었으니, 이것이 바로 힘이 너무 지나쳐 넘어진 격입니다. 비록 단락마다 설명하지 않더라도 스스로의 타고난 영특함으로 이 말을 듣자마자 묵묵히 이해하실 것입니다. 그러나 썩은 부분이 약간 있고 흠이 몇 점 있더라도, 어찌 예장(豫章) 나무가 재목이 되고 남전(藍田)의 옥이 보배가 되는 데 해가 되겠습니까.

**153** 편편(篇篇)마다……같았습니다 : 묘사한 만시가 생동감이 넘친다는 의미이다. 종규 도사(鍾馗道士)는 중국의 민간에서 악귀를 쫓기 위해 그림으로 그려 붙이던 무섭게 생긴 형상이다. 전설에 따르면, 종규는 당(唐)나라 고조(高祖) 때 문무를 겸비하고 강직했던 인물로, 과거에 합격하지 못하자 분격하여 전각 기둥에 머리를 부딪쳐 죽었는데, 훗날 현종(玄宗)이 병에 걸렸을 때 꿈에 나타나 귀신을 때려잡아 현종의 병을 낫게 해주었으므로 현종이 오도자(吳道子)를 시켜 그 광경을 그리게 하였다고 한다.《古今事文類聚 前集 卷6 夢鍾馗》

## 조 상서 윤경 만영 에게 드리다[154]

與趙尙書胤卿 萬永

얼마 전에 왕림해주시어 초가집에 생색을 내주셨는데, 잠깐 사이에 대감의 체후는 어떠하십니까?

이번에 올리는 책자는 바로 지난번 찾으신 성주덕(成周悳) 군이 편찬한 《재상록(災祥錄)》입니다.[155] 간혹 소루한 곳도 있으나, 만약 이런

154 조 상서(趙尙書) 윤경(胤卿)에게 드리다 : 1825년(순조25) 이후에 조만영(趙萬永, 1776~1846)에게 보낸 편지로 성주덕(成周悳)이 편찬한 《재상록(災祥錄)》을 바치면서 적극 활용하기를 권하는 내용이다. 조만영의 본관은 풍양(豐壤), 자는 윤경(胤卿), 호는 석애(石厓)이다. 영의정을 지낸 조인영(趙寅永)의 형이다. 1813년(순조13) 문과에 급제하였고, 1819년(순조19) 그의 딸이 효명세자(孝明世子)의 빈으로 책봉되어 요직에 두루 등용되었다. 1827년(순조27) 안동 김씨의 세도를 견제할 목적으로, 순조가 건강상 이유를 들어 세자에게 대리청정을 명하자 그는 이조 판서로서 어영대장을 겸해 실력자로 부상, 풍양 조씨 세도의 기초를 마련하였다. 1830년(순조30) 왕세자가 죽은 뒤로도 중요직을 역임하면서 어린 세손의 보호에 힘썼고, 헌종이 어린 나이로 즉위하자 그 외조로서 군대의 요직을 맡아 왕실을 보호하는 한편, 자기 일파를 육성하였다. 1845년(헌종11) 궤장(几杖)을 하사받고 영돈녕부사가 되었다. 시호는 충경(忠敬)이다.

155 성주덕(成周悳, 1759~?)……재상록(災祥錄)입니다 : 성주덕의 본관은 창녕(昌寧), 자는 현지(顯之)로 조선 후기 천문에 정통한 관원이다. 1783년(정조7)에 음양과에 등과, 관상감관(觀象監官)을 거쳐 지중추부사에 이르기까지 천문분야의 중요한 직책을 맡았다. 1795년(정조19)에 당시의 관상감관인 서호수(徐浩修)와 함께 《국조역상고(國朝曆象考)》를 편찬하였고, 1818년(순조18)에는 단독으로 《서운관지(書雲觀志)》를 편찬하였다. 《재상록》은 재해와 길상을 기록한 책으로 추정되나, 자세한 내용은 미상이다.

편찬에 뜻이 있는 자가 이것으로 길을 여는 지침으로 삼는다면 거의 그릇되지 않을 것입니다. 어떻습니까.

열람하신 뒤에 만약 서운감(書雲監)을 시켜 몇 본을 베껴두게 하시고, 만약 이 사람을 이을 만한 사람이 있다면 그로 하여금 보완하고 정리하게 하신다면 더욱 좋을 것입니다. 어떻게 생각하십니까. 이만 줄입니다.

## 조윤경에게 답함[156]

答趙胤卿

저물녘에 편지를 받고 위안이 되었습니다. 천관(天官 이조)에 새로 제수되신 것이 도리어 새해 초에 있으니, 조정을 위해 기뻐하며 경하드립니다.

생각건대 대감의 두렵고 위축되는 심정이 어찌 그렇지 않겠습니까마는, 출처(出處) 이 한 대목은 참판으로 있을 때에 능히 사양하던 말로 제일의 의리로 삼아선 안 될 듯합니다. 대체로 참판은 실제로 관계된 바가 없지만, 장석(長席 판서)으로 말하면 세도(世道)와 치운(治運)의 성쇠가 관계되어 있으므로, 몸이 존귀해질수록 임무도 더욱 막중해지니, 어찌 몸을 웅크려 멀리 피하는 것만을 일삼을 수 있겠습니까.

작질(爵秩)로 말하자면 이미 팔좌(八座 판서)에 계시고, 나이로 말하자면 이미 오십을 넘기셨으니, 무슨 부족함이 있어서 이 관직을 수행하지 못한단 말입니까. 벼슬이 이르지 않았다면 그만이지만, 이미 이르렀다면 쉽고 험하고 마르고 습한 곳을 가려선 안 됩니다.

우매한 저의 소견은 이와 같은데, 어찌 생각하실지 모르겠습니다. 나머지는 격식을 갖추지 않습니다.

**156** 조윤경(趙胤卿)에게 답함 : 1826년(순조26) 1월 2일에 이조 판서에 임명된 조만영(趙萬永, 1776~1846)에게 답한 편지로, 사직할 생각만 하지 말고 적극적으로 출사하여 공무를 행하기를 당부하는 내용이다.

# 조 승지 진순 에게 답함[157]

答趙承旨 鎭順

편지에서 "산사(山舍)에서 머물라"고 하신 말씀은 깊이 사랑하고 두루 염려하심을 볼 수 있으니, 지금 세상에서 그 누가 저를 이처럼 생각해주겠습니까. 몹시 감사하고 감사합니다.

저의 평소 뜻이 매양 임학(林壑)을 생각하면서도 요즈음의 종적이 남과는 같지 않아, 도성 밖으로는 한 걸음도 스스로 나가지 못하고 그저 옛사람이 늙은 병사를 마주하여 술을 마셨던 뜻[158]으로 연봉(蓮峯)[159] 아래에 몇 칸 집을 엮었을 뿐, 실상은 어쩔 수 없는 데서 나온

**157** 조 승지(趙承旨)에게 답함 : 1809년(순조9)경에 동부승지 조진순(趙鎭順, 1756~1809)에게 답한 편지로, 산중에 거처하여 몸을 단속하는 것이 좋겠다는 조진순의 충고에 대해 그것만이 능사가 아니라는 반대 의견을 개진한 내용이다. 조진순의 본관은 양주(楊州), 자는 이후(而厚)이다. 1783년(정조7)에 생원시에 합격, 1805년(순조5)에 문과에 급제하였다. 정조 연간에 내직을 주로 역임하였고, 순조 연간에 부응교를 거쳐 1809년(순조9) 4월에 동부승지에 올랐다. 외직으로 의령 현감, 순창 군수를 지냈고, 1809년 5월 16일에 춘천 부사(春川府使)에 임명되어 9월 20일에 임지에서 죽었다.

**158** 옛사람이……뜻 : 아무하고나 어울리면 그만이라는 의미이다. 진(晉)나라 환온(桓溫)이 사혁(謝奕)을 사마(司馬)로 임명했는데, 사혁이 술만 취하면 조정의 예법도 무시하곤 하였다. 하루는 사혁이 술병을 들고 환온에게 함께 마시자고 달려들자 환온이 다른 곳으로 도망하여 피하니, 사혁이 환온의 부하 장교 한 사람을 붙잡고는 "노병 하나를 잃고서 노병 하나를 얻었으니, 또 이상히 여길 것이 뭐가 있겠는가.〔失一老兵, 得一老兵, 亦何所怪.〕"라고 하면서 그를 상대로 술을 마셨다는 고사가 있다. 《晉書 卷79 謝奕列傳》

**159** 연봉(蓮峯) : 백련봉(白蓮峯)을 가리키는데, 옥호정사가 있는 백악산 동쪽의 산

것이라 실로 슬퍼할 만합니다.

저는 비록 오활하고 소루하나 또한 지금 사람입니다. 온갖 근심이 몸에 얽혀 언제나 잊지 않고 근심하여 어찌 참으로 말씀하신 바에 도달하고자 생각하지 않겠습니까마는, 그러나 또한 다른 이유도 있습니다. 옛날 장 정위(張廷尉)가 말하기를 "어떤 곳에 탐나는 것이 있으면 비록 남산으로 막더라도 오히려 그 틈이 생긴다."라고 하였으니,[160] 이 말을 비유로 취할 만합니다.

저는 본디 감히 알지 못하겠습니다. 저와 같은 몸이 진정 이 세상의 성쇠와 국세의 안위와 관련이 있다면 신명께서 도와서 온갖 재앙이 저절로 소멸되고, 북방과 남방이 장차 한마음으로 변하며, 이무기와 뱀처럼 사특한 자들이 갓난아이처럼 순하게 변할 것입니다. 만약 그렇게 하지 못하면 깊고 넓은 관사도 또한 구리담장과 무쇠절벽이 되지는 못할 것이고, 배 안의 사람이 반드시 모두 적국 사람이 아니랄 수도 없으니,[161] 어찌 산사에 머물기를 기다려서야 이 몸이 비로소 외로워지

을 가리키는 말이다.

**160** 장 정위(張廷尉)가……하였으니 : 장정위는 한나라 때 정위를 역임한 명신 장석지(張釋之)를 가리킨다. 문제(文帝)가 패릉(霸陵)에 이르러서 비통하고 서글픈 생각이 들어 부산(北山)의 돌을 가지고 곽(槨)을 만들고 모시 솜을 잘라서 그 사이에 채워 넣으며, 또다시 옻칠을 하면 아무도 파내지 못하리라고 하자, 이에 장석지가 위와 같이 대답하였다고 한다. 《史記 卷102 張釋之列傳》

**161** 배……없으니 : 전국 시대 위(魏)나라 무후(武侯)가 배를 타고 서하(西河)의 중류(中流)를 내려가다가 오기(吳起)를 돌아보고는 산천이 험고한 것이야말로 위나라의 보배라고 자랑하자, 오기가 "사람의 덕에 달려 있지, 산천의 험고함에 있는 것이 아닙니다. 만약 통치자가 덕을 닦지 않으면 이 배 안에 있는 사람들 모두가 적국의 사람이 될 것입니다.〔在德不在險 若君不修德 舟中之人盡爲敵國也.〕"라고 대답한 고사가 전한

겠습니까.

비록 그렇지만 제가 논한 바는 이치의 떳떳함이고, 형이 논한 바는 일의 변화입니다. 떳떳함은 알고 변화는 알지 못하며, 이것은 알고 저것은 알지 못하며, 태평함에 거처하고 어려움을 잊으며, 가까운 것을 믿고서 먼 곳을 소홀히 하는 것은 군자가 취하지 않는 바입니다.

깨우쳐주신 바는 참으로 지나친 염려입니다. 그러나 지나친 염려라 하여 어찌 감히 보이지 않고 들리지 않는 중에 더욱 경계하고 두려워하지 않아서 벗이 간곡히 충고하는 마음을 저버리겠습니까. 껄껄 웃습니다.

다.《史記 卷65 孫子吳起列傳》

# 천민에게 답함[162]

答天民

요즈음 연달아 띠를 매고 공역(公役)에 나가느라 집 안에 있는 일이 드물어 시를 짓지 않았고, 또한 오래 문안드리지 못했습니다. 어제 석남(石南)에 이르러 겸종에게 부탁하여 약료(藥料)를 부쳐드리면서, 바빠서 편지를 쓰지 못했는데, 지금 그대의 편지를 받으니, 시원히 위로되기가 마치 자리를 마주한 듯합니다. 다만 앓으시는 질병이 아직도 차도가 없다니 근심을 어찌 이기겠습니까. 다시 생각해보면 이 질환은 속하를 죽일 수 있는 것이 아니어서, 설령 고치지 않더라도 장차 절름발이에서 그칠 뿐이니, 너무 번뇌하지 마십시오. 생각을 줄이고 기운을 누그러뜨려 그것이 저절로 낫기를 기다리심이 어떠합니까. 만사가 온통 무너지는 원인은 '인내하지 못한〔不耐〕' 두 글자에 있을 뿐입니다.

보내주신 시를 반복해 읊조리매 저의 뜻이 고동침을 금할 수 없어서둘러 차운하여 답장을 올리니, 참으로 이른바 '조리가 없는〔無倫脊〕' 말입니다. 한번 웃고서 항아리나 덮으시기 바랍니다. 십여 일 동안 전혀 시를 짓지 않았으므로 부치고 싶어도 써둔 것이 없으니 어찌하겠습니까. 이만 줄입니다.

**162** 천민(天民)에게 답함 : 이의철(李懿喆, 1779~?)에게 답한 편지인데, 시기는 미상이다. 이의철의 본관은 원주(原州), 자는 호민(好民)·천민, 호는 용성(蓉城)이다. 1804년(순조4)에 진사시에 합격하였다. 풍고와 자주 시를 주고받았고 수시로 문학에 대해 담론을 나누었으며, 풍고의 아들 황산(黃山) 김유근(金逌根)과도 깊은 교유를 나눴다.

## 백교에게 답함[163]

答伯敎

근세에 수령이 된 사람들의 편지를 늘 읽어보면, 오직 잔박(殘薄)하다는 말만 할 뿐 다시 산천, 풍속, 천석, 연하의 승경은 더 이상 언급하지 않습니다.

지금 보내주신 편지를 읽으니, 고뇌에 겨운 말씀은 한마디도 없이 골짜기의 경치와 벼슬살이의 홍취를 묘사하였는데, 그 기상이 편안하고 한가로워 청수한 모습이 저에게까지 전해오니, 참으로 우리들과 더불어 한번 기개를 토해볼 만합니다. 몹시 유쾌하고 유쾌합니다.

**163** 백교(伯敎)에게 답함 : 유본학(柳本學, 1770～1842?)에게 답한 편지인데, 시기는 미상이다. 유본학의 본관은 문화(文化), 자는 백교, 호는 문암(問菴)이다. 상의원 주부, 검서관, 서빙고 별제 등을 지냈고, 외직으로 1814년(순조14) 12월 25일에 음죽 현감(陰竹縣監), 1826년(순조26) 1월 11일에 연천 현감(漣川縣監), 1835년(헌종1) 5월 3일에 이인 찰방(利仁察訪)에 임명되었다. 영재(泠齋) 유득공(柳得恭)의 맏아들로 아우 유본예(柳本藝)와 함께 당시 예원(藝苑)에 이름이 높았다. 저서로는《문암문고(問菴文藁)》가 있다.

## 백교에게 주다
與伯教

떠날 때 어찌하여 나간다고 알리지 않았습니까. 듣고서 망연자실하였습니다. 마침 졸렬한 시구가 있습니다.

| | |
|---|---|
| 그대가 삼 일을 굶고도 | 聞君三日餓 |
| 아직 글 읽을 뜻 있다고 들었네 | 猶有讀書思 |
| 지금 선비 중엔 다시 없으리니 | 今士應無再 |
| 전대 사람들도 빼어남을 칭찬하였네 | 前人尙絶奇 |
| 읊조리는 음성 매미소리와 함께 멀어지고 | 吟聲蟬共遠 |
| 신선의 비결에는 좀이 늘 늦게 쓰네 | 仙訣蠹常遲 |
| 어찌 어진 조상에게 나아가서 | 何不就仁祖 |
| 흉금을 논하여 식량을 도모하지 않는가 | 論襟謀食爲 |

시율에 끼일 수 있을지 모르겠습니다. 쌀과 좁쌀 각 1포씩 찾아 보냅니다. 이만 줄입니다.

풍고집

제11권

비명 碑銘

묘갈 墓碣

# 비명碑銘

## 고려 태사 장절 신공 신도비명[1]

高麗太師壯節申公神道碑銘

춘천부(春川府) 치소의 북쪽에 '소양(昭陽)'이란 강이 있고, 강의 북쪽 6, 7리에 '비방(悲方)'이란 골짜기가 있으니, 바로 고려(高麗) 태조를 대신해 죽은 공신(功臣) 태사(太師) 신공(申公)의 시신이 안치된 곳이다.

세 무덤이 둥그렇게 솟아 있는데, 세상에 전하기로는 태사가 전쟁 중에 머리를 잃자, 왕이 금으로 태사의 얼굴을 만들어 몸에 붙여서 장사를 지내고, 남들이 몰래 무덤을 열까 두려워 봉분 세 개를 만들어서 어느 무덤인지 모르게 하였다고 한다. 혹자는 태사가 본래 부인이 있어서 합장한 것으로 의심하기도 한다. 연대가 멀고 문헌을 고찰할 수 없으므로 대체로 제향과 성묘를 행할 때엔 가운데 무덤에서 거행하

1 고려……신도비명 : 고려 태조 왕건(王建)을 도와 궁예와 전투를 벌이던 중에 왕건을 대신해 죽은 신숭겸(申崇謙, ?~927)에 대한 신도비명이다. 1804년(순조4)에 신숭겸의 후손 신대현(申大顯)의 요청으로 지은 것으로 이듬해 10월에 서매수(徐邁修)가 전액(篆額)을 쓰고 신위(申緯)가 비문을 써서 세웠는데, 현재 춘천의 장절공묘역에 남아 있다.

니, 그 무겁게 여김을 볼 수 있을 뿐, 실상은 왼쪽인지 오른쪽인지 헤아릴 길이 없다.

삼가 살펴보건대, 공은 휘가 숭겸(崇謙)으로 처음 휘는 능산(能山)이다. 그 선대는 백제 욕내군(欲乃郡)에서 나왔는데, 역사서에서는 광해주(光海州) 사람이라 칭한다. 욕내군은 곧 지금 곡성현(谷城縣)이고 광해주는 바로 춘천(春川)이니, 아마도 곡성에서 춘천으로 옮긴 듯하다.

신라의 정치가 쇠잔해지자, 견훤(甄萱)이 완산(完山)에 웅거하여 후백제(後百濟)라 칭하고, 궁예(弓裔)는 철원(鐵原)에 도읍하고 국호를 태봉(泰封)이라 하였다. 공은 처음에 궁예를 모시며 기병장(騎兵將)이 되었는데, 얼마 뒤에 궁예가 난폭하고 무도하여 날마다 사람을 도륙하기를 일삼자, 그의 처 강씨(康氏)는 이를 간언하다가 죽음을 당하고 그의 두 아들까지 죽임을 당하니, 백성들이 벌벌 떨며 그 해독을 견뎌내지 못하였다. 이때 고려 태조(太祖) 신성왕(神聖王)이 송악(崧嶽)에서 일어나, 너그럽고 어질며 넓은 도량으로 난세를 바로잡고 백성을 안정시킬 뜻을 품었는데, 수차례 큰 공을 세워 시중(侍中)이 되고 백선장군(百船將軍)이 되자,[2] 위엄과 덕망이 날로 높아져 인심이 흡족히 여겨 쏠리게 되었다. 공은 천명(天命)이 있는 곳을 알고서, 이에 홍유(洪儒), 배현경(裵玄慶), 복지겸(卜智謙)과 함께 신성왕을 추대하고자 은밀히 도모하니, 이 세 사람도 모두 기장(騎將)이었다.

밤에 신성왕의 집에 찾아가 고하기를[3] "삼한(三韓)이 분열된 뒤부터

**2** 시중(侍中)이……되자 : 왕건(王建)은 896년에 수군장군 파진찬 시중(水軍將軍波珍餐侍中)이 되었고, 914년 3월에 백선장군(百船將軍)이 되었다. 《益齋亂稿 卷9上 世家 有元贈敦信明義……》《東史綱目 第5下 甲戌》

지금 왕(궁예)이 팔을 들고 한 번 호령하여 초야의 도적을 쓸어 없애고 요좌(遼左)의 우리나라를 삼분하여 그 태반을 다 소유하였습니다. 그런데 마무리를 잘하지 못하여 음란과 포악을 자행하여 처자식을 도륙하고 신료들을 주살하니, 백성들이 도탄에 빠져 원수처럼 그를 미워합니다. 걸왕(桀王)과 주왕(紂王)의 악행도 이보다 더 심하겠습니까. 어두운 임금을 폐하고 밝은 임금을 세우는 것이 천하의 대의(大義)이니, 청컨대 공께서는 은(殷)나라와 주(周)나라의 일[4]을 행하소서."라고 하였다. 신성왕이 정색을 하고 굳게 거절하자, 공 등이 말하기를 "하늘이 주는 것을 받지 않으면, 도리어 그 재앙을 받는 법입니다. 어찌 하늘의 뜻을 어겨 독부(獨夫 민심을 잃은 군주)의 손에 죽을 수 있겠습니까."라고 하였다. 신혜왕후(神惠王后) 유씨(柳氏)[5]가 장막 뒤에서 가만히 듣고 있다가 밖으로 나와 신성왕에게 말하기를 "의로운 군사를 일으켜 포악한 임금을 바꾸는 것은 예부터 그랬습니다. 지금 여러 장수의 말을 들으니 신첩의 마음에도 격발이 되는데, 하물며 대장부이겠습니까."라고 하고서 손수 철갑옷을 가져다 입혀주었다.

공이 여러 장수와 더불어 신성왕을 옹위하고 밖으로 나와서 동이 틀 무렵 곡식 더미 위에 앉힌 다음, 늘어서서 절을 하고 만세를 외쳤다. 그리고 기마병으로 하여금 달리면서 외치기를 "왕공께서 의로운 군사

**3** 밤에……고하기를 : 고려 태조가 등극하기 하루 전인 918년 6월 을묘일이다.《高麗史節要 卷1 太祖神聖大王》

**4** 은(殷)나라와 주(周)나라의 일 : 은나라의 탕왕(湯王)이 걸(傑)을 추방하고, 주나라의 무왕(武王)이 주(紂)를 정벌한 역성혁명을 가리킨다.

**5** 신혜왕후(神惠王后) 유씨(柳氏) : 고려 태조의 첫 번째 부인이다. 본관은 정주(貞州)이고, 아버지는 삼중대광(三重大匡) 유천궁(柳天弓)이다.

를 일으키셨다."라고 하니, 귀부한 백성이 즉시 수만 명이 되었다.

궁예가 놀라 암곡(巖谷) 사이로 달아났다가 부양현(斧壤縣)[6]의 백성에게 살해되니, 실로 후량(後梁) 정명(貞明) 4년(918) 여름 6월이었다.

신성왕이 포정전(布政殿)에서 즉위하고,[7] 곧이어 추대한 공을 책록하여 공과 홍유·배현경·복지겸을 모두 1등으로 책록하고, 조서를 내려 표창하고, 금과 은으로 만든 기물, 비단, 수놓은 비단이불을 하사하였다. 이로부터 매번 정벌이 있을 때마다 모두 공을 의지하였다.

공은 몸이 장대하고 기지(機智)가 있었으며 활을 잘 쏘았다. 일찍이 신성왕을 따라 황해도 평산(平山)을 유람할 때, 기러기 세 마리가 날아 지나가자 신성왕이 여러 장수를 돌아보면서 누가 쏠 수 있는지 물었다. 공이 즉시 절하고 말하기를 "신이 쏘겠습니다. 몇 번째 기러기를 맞히리까?"라고 하자, 신성왕이 웃으면서 "세 번째 기러기 왼쪽 날개이다."라고 하였다. 공이 활시위를 놓자 기러기가 떨어졌는데, 과연 그 말과 같았다. 신성왕이 탄복해 마지않고서 드디어 세 마리 기러기가 지나가던 땅을 경계로 획정하여 공에게 하사하였다. 이어 평산을 공의 관향으로 삼아주니, 자손들이 지금까지 대대로 지켜오고 있으며 그 전답을 '궁위전(弓位田)'이라 불렀다.

신성왕 10년(927) 가을 9월에, 견훤이 신라를 침범하자 신라 경애왕(景哀王)이 사신을 보내 위급함을 알렸다. 신성왕이 말하기를 "신라는

6 부양현(斧壤縣) : 강원도 평강현(平康縣)의 고구려 때 이름으로 부양현(釜壤縣)이라고도 한다.

7 신성왕이 포정전(布政殿)에서 즉위하고 : 왕건이 철원에 있는 궁예의 궁궐 포정전에서 즉위하니, 918년 6월 병진일이다. 《高麗史節要 卷1 太祖神聖大王》

우방국이므로 구원하지 않을 수 없다."라고 하고서 시중 공훤(公萱) 등에게 군사 1만 명을 이끌고 달려가게 하였다. 그러나 미처 도착하기 전에 견훤이 갑자기 계림(鷄林 경주)에 들어가서 드디어 경애왕을 시해하고 김부(金傅)를 임금으로 세우고서 군사들을 풀어 대대적으로 노략질을 벌였다. 신성왕이 이 소식을 듣고 크게 노하여 사신을 보내 조문하고 제사를 올리게 하고서, 친히 정예 기병 5천을 거느리고 공과 김락(金樂)을 대장으로 삼아 공산(公山)의 동수(桐藪)[8]에서 견훤을 맞아 크게 전투를 벌였으나 형세가 불리하게 되었다. 견훤의 군대가 신성왕을 매우 급하게 포위하자, 공은 용모가 신성왕과 흡사하였는데 형세가 곤궁하여 벗어날 수 없음을 헤아리고, 자신이 왕의 행세를 하겠다고 청하였다. 이에 신성왕을 우거진 수풀에 숨기고, 드디어 신성왕의 수레를 타고 김락과 함께 힘을 다해 싸우다가 죽었다. 견훤의 군사가 공을 신성왕으로 여겨 그 머리를 잘라 창에 꿰어 돌아가자 포위가 비로소 풀렸다.

신성왕이 죽음을 모면하고서 다시 싸우던 곳으로 돌아와 공의 시신을 찾았으나 분간할 수가 없었다. 공의 왼쪽 발에 북두칠성처럼 일곱 개 점이 있었으므로 이를 증거로 시신을 찾아냈다. 이에 공인(工人)을 시켜 머리와 얼굴을 새겨 만들어 제자리에 얹고서 몹시 애통하게 곡을 하였다. 예를 갖추어 장사를 지내주고 제전(祭田) 9천 보(步)를 하사하고 수총(守塚) 30호를 두었으며, 그의 아우 신능길(申能吉)과 아들 신

8 공산(公山)의 동수(桐藪) : 동수는 대구부(大邱府) 북쪽 해안현(解顔縣)에 있던 지명이다. 《退溪先生文集攷證 卷7 第四十二卷序記 安東府三功臣廟增修記》 현재 경상북도 대구의 팔공산을 가리키는데, 팔공산의 별칭에 동수산(桐藪山)이란 이름도 있다.

보장(申甫藏)을 모두 원윤(元尹)[9]으로 삼았다. 얼마 뒤에 또 동수에 지묘사(智妙寺)를 창건하여 명복을 빌게 하였다. 중서문하성(中書門下省)에서 상주하자, 공을 벽상 호기위 태사 개국공 삼중대광 의경익대 광위이보 지절저정공신(壁上虎騎衛太師開國公三重大匡毅景翊戴匡衛怡輔砥節底定功臣)으로 윤허하고 시호를 장절(壯節)이라 정하여 어필로 크게 써서 중서문하성에 내렸다. 사제(賜祭)의 교서에는 '광익효절헌양(匡翊效節獻襄)'을 더하고,[10] 나중에 신성왕의 묘정에 배향하여 고려시대 끝까지 이어왔다.

조선에 이르러 우리 문종대왕(文宗大王)께서 공이 임금을 위하여 대신 순절한 절의가 우리나라 백세의 강상(綱常 기강과 윤리)을 열어주었으니, 시대가 달라짐에 따라 민멸되어선 안 된다 하여, 마전군(麻田郡)의 숭의전(崇義殿)[11]에 모시고 제향을 올리도록 명하였고, 유사에게 명하여 공의 자손을 녹용(錄用)하되, 비록 지손과 서자라도 군적(軍籍)에 넣거나 잡역을 부과하지 못하도록 하였다. 이로부터 역대의 임

**9** 원윤(元尹) : 고려 때 왕실의 종친이나 공훈을 세운 자에게 주던 벼슬로 2품의 등급에 해당한다.

**10** 더하고 : 저본에는 '가(可)'로 되어 있으나, 《상촌고(象村稿)》 권27에 실린 〈고려 태사 장절공 신공 충렬비(高麗太師壯節申公忠烈碑)〉의 기록에 '가(加)'로 되어 있어 이를 따라 번역하였다.

**11** 마전군(麻田郡)의 숭의전(崇義殿) : 조선 시대에 건립되어 고려 태조와 7왕을 제사 지내던 사당으로 현재 경기도 연천군 미산면 마전리에 있다. 1397년(태조6)에 조선 태조의 명으로 사당을 세워 고려 태조를 모셨다가 1399년(정종1)에 혜종, 정종, 광종, 경종, 선종, 목종, 현종의 7왕의 위패를 더 봉안하였다. 1451년(문종1)에 숭의전이라 이름을 짓고, 고려조의 충신 16인을 배향하였다. 조선 시대에 여러 차례 중수되다가 6·25로 전각이 소실되었고, 그 뒤 1973년부터 후손의 노력으로 차차 복구되었다.

금들이 이어 준행하였는데, 우리 선왕 정종(正宗) 장효대왕(莊孝大王)께서 20년 병진년(1796)에 이르러, 황해도 평산의 태백산성(太白山城)에 공과 배현경·복지겸 및 유 태사(庾太師) 검필(黔弼)을 주조한 상(像)이 있어 고을 사람들이 보호하며 제사를 지낸다는 소식을 듣고서, 선왕께서 탄식하며 감회를 일으켜 "삼한을 통합한 공을 도와 이룬 자는 장절공 등 여러 태사이다."라고 하였다. 선왕이 이에 친히 글을 지어 공의 후손으로서 이전에 대장(大將)을 지낸 신대현(申大顯)에게 명하여, 제수로 말술과 생돼지고기를 가지고 사당 아래에 나아가서 북과 징을 치고 나팔을 불며 제향을 돕게 하였다. 예조에서는 편액을 논의하여 "기공(紀功)"이라고 올리자, 선왕께서 "사태사사(四太師祠)"로 고쳐 명명하였다.[12]

아! 공의 충정과 공렬은 천고의 역사를 헤아려보아도 오직 기신(紀信)[13]만이 비슷할 뿐이고, 그밖에 누가 있는지 나는 알지 못한다. 그러나 공은 기신보다 두 가지 훌륭한 점이 있다. 기신은 한(漢)나라의 평범한 장수였는데, 공은 국가의 왕업을 개창한 큰 공을 세웠으니,

**12** 선왕께서……명명하였다 : 1796년(정조20) 8월 4일에 정조의 명으로 평산 태백산성에 있는 신숭겸, 유검필, 복지겸의 사당에 '삼태사사(三太師祠)'라고 사액하고, 이어 치제하도록 명하였다. 그런데 이듬해 8월 1일에 예조 판서 이시수(李時秀)가 상주하여 배현경이 제향에서 빠진 것이 부당함을 아뢰자, 정조가 '태사사(太師祠)'로만 쓰고 배현경도 함께 제향하도록 명하였다. 《正祖實錄》 여기서 '사태사사'라고 한 것은 풍고가 일부러 쓴 듯하다.

**13** 기신(紀信) : 한(漢)나라 초기의 장군이다. 한나라 유방(劉邦)이 초(楚)나라 항우(項羽)에게 형양(滎陽)에서 포위당했을 때, 기신이 유방처럼 꾸미고서 항우에게 항복하여 초나라 군대의 이목을 끌었고, 그사이 유방은 몇 사람과 함께 조용히 탈출하였다. 항우가 뒤늦게 사태를 깨닫고 기신을 불태워 죽였다. 《漢書 卷1 高帝本紀上》

이는 살아 있을 때 훌륭한 점이다. 남궁(南宮)의 연회에서 한고조(漢高祖)가 세 영웅의 능력만 칭찬하고[14] 기신에 대해서는 언급하지 않았는데, 공은 신성왕이 애통해하며 슬퍼함이 저와 같았고, 천년 뒤에도 우리 두 임금께서 감동을 일으켜 융숭하게 보답함이 또 이와 같았으니, 이는 죽은 뒤에 훌륭한 점이다. 하물며 그 높은 명성과 훌륭한 사적이 태평시대 모든 선비가 우러러 추앙하는 바가 되어, 저 고향 마을로부터 공적을 세우고 위용을 떨친 곳에 이르기까지 모두 조두(俎豆)를 갖춰 받들고 학문을 익히며 칭송하여, 세대가 오래될수록 은택이 더욱 새로워지니, 이는 또 한때의 강개함으로 명성을 이룬 사람들이 따라갈 수 있는 바가 아니다. 아, 위대하도다! 참으로 드러난 것이 아니겠는가. 공이 쌓은 덕과 끼쳐준 경사가 후손에게 전해 내려와, 평산 신씨(平山申氏)가 우리나라에 두루 퍼져 이름 있고 빼어난 분들이 줄을 이어 배출되었다. 족보 백여 권이 세상에 전하므로 여기서 더 언급하지 않는다.

또 살펴보건대, 공이 죽은 뒤에 정령(精靈)이 매우 기이하여 《해동명신행적(海東名臣行蹟)》에는 "고려 태조가 팔관회(八關會)를 베풀 때에, 공과 김락을 추념하여 풀을 엮어 형상을 만들어서 반열 위에 늘어세우고 술과 밥을 하사하자, 술이 문득 절로 마르고 풀로 만든 형상이 일어나 춤을 추었다. 나중에 예종(睿宗)이 서도(西都 평양)를 순행하고

14 남궁(南宮)의……칭찬하고 : 한 고조(漢高祖)가 천하를 통일한 뒤에 낙양(洛陽)의 남궁(南宮)에서 주연을 베풀다가 장량(張良), 소하(蕭何), 한신(韓信)의 능력을 칭찬하고 "이 세 사람은 모두가 인걸이다. 내가 이들을 쓸 수 있었으니, 이것이 내가 천하를 차지할 수 있었던 이유이다.〔此三者皆人傑也. 吾能用之, 此吾所以取天下也.〕" 라고 말한 일이 있다. 《史記 卷8 高祖本紀》

팔관회를 베풀 때에 두 가상(假像)이 홀을 꽂고 붉은 관복을 입고서 말을 타고 뛰어 달리는 일이 있었다. 예종이 괴이하게 여겨 묻자 좌우에서 그 연유를 아뢰었다. 예종이 그 때문에 감개하여 김락의 손자와 공의 현손 신경(申勁)에게 벼슬을 내려주었다."라고 기록되어 있다. 또《여지승람(輿地勝覽)》에는 "공이 죽어서 곡성(谷城)의 성황신이 되었다."라고 하였고, 그의 자손들 또한 "묘를 지키는 자가 간혹 조심하지 않으면 그때마다 재앙이 생겼다."라고 하였다. 세상의 군자들이 이에 대해 간혹 의심이 없을 수 없으나, 나는 그렇지 않다고 생각한다. 옛날에 장자(莊子)가 말하기를 "부열(傅說)이 죽어서 열성(列星)이 되었다."[15]라고 하였다. 자후(子厚 유종원(柳宗元))는 귀양 가서 죽었는데, 그의 신령이 고을에 내려와 나지(羅池)의 사당에서 제향을 받았다. 이의(李儀)란 자가 술에 취하여 신을 모독하다가 갑자기 죽으니, 퇴지(退之 한유(韓愈))가 이를 비문에 적었다.[16] 그밖에 오자서(伍子胥)나 관장무(關壯繆 관우(關羽))의 뚜렷이 드러난 신이한 일들처럼[17] 전기(傳記) 가

**15** 부열(傅說)이……되었다 :《장자(莊子)》〈대종사(大宗師)〉에 나오는 말이다. 부열은 은(殷)나라 고종(高宗) 때의 재상으로 은나라를 중흥시킨 공을 세웠다. 별 중에 기성(箕星)과 미성(尾星) 사이에 있는 별을 부열성(傅說星)이라 한다.

**16** 자후(子厚)는……적었다 : 자후는 유종원의 자(字)인데, 유주 자사(柳州刺使)로 좌천되어 부임한 뒤에 그곳에서 죽어 나지(羅池)의 귀신이 되었다고 한다. 나중에 그곳 사당에 큰 제사를 지낼 때에 이의(李儀)라는 사람이 들렀다가 술에 취해 당상(堂上)에서 귀신을 모독하다가 병이 나서 부축을 받고 사당문을 나서자마자 즉사하였다고 한다.《昌黎集 卷31 柳州羅池廟碑》

**17** 오자서(伍子胥)나……일들처럼 : 오자서는 춘추 시대 초(楚)나라 사람으로 오(吳)나라에 망명하여 오왕(吳王)을 위해 월(越)나라를 급히 치라고 극간하다가 태재 비(太宰嚭)의 참소로 죽음을 당하여 강에 버려졌다. 그 뒤로 오자서의 영혼이 전당강

운데 섞여 나오는 것들을 모두 무시할 수는 없다.

대체로 사람이 태어나서 빼어난 위엄과 대단한 기백이 있는 자가 비명(非命)에 죽게 되면, 그 정신이 실의에 차서 억울해하여 육체를 따라서 소멸하지 않고 종종 황홀하게 변화하여 산 사람을 놀라게 하기도 하니, 이 또한 사리에 없을 수 없는 바이다. 비록 그렇지만 공과 같은 분은 본래 천지를 뒤덮고 우주를 꿰뚫을 만한 민멸되지 않을 공적이 있으니, 또 어찌 구구하게 이런 것을 논할 것이 있겠는가.

묘소에는 본래 비석이 없었는데, 올해 갑자년(1804)에 신대현이 비로소 그의 문중 사람들과 계획을 세우고서 나에게 비명(碑銘)을 청하니, 내가 외손이기 때문이었다.[18] 아! 공이 돌아가신 지 이제 천년이 되어가니, 이것은 혹시 기다림이 있어서 그런 것인가? 사양하려 해도 허락을 받지 못하였고, 또한 한사코 사양할 수도 없었다. 다음과 같이 명(銘)을 짓는다.

| | |
|---|---|
| 신씨 가문이 이어져 오니 | 申係緜緜 |
| 곡성에서 선조가 나왔도다 | 谷云出先 |

(錢塘江)의 물귀신이 되어 거세게 파도를 일으키는가 하면, 가끔 흰 수레와 말을 타고 물결 위에 나타나곤 하였으므로, 사람들이 두려워하여 그의 사당을 세우고 제사를 지냈다는 전설이 전한다.《太平廣記 卷291 伍子胥條 引 錢塘志》관장무(關壯繆)는 촉나라 관우(關羽)를 가리키는데, 장무(壯繆)는 송나라 고종(高宗)이 추증한 봉호이다. 기록에 따르면 송나라 진종(眞宗) 상부(祥符) 연간에 해주(解州)의 염지(鹽池)가 마르는 재변이 생겼는데, 이것이 치우신(蚩尤神)의 소행임을 알고 관우(關羽)의 혼령을 불러 물리쳤다고 하는데, 이를 가리키는 듯하다.《天中記 卷46》

**18** 내가 외손이기 때문이었다 : 풍고의 모친이 평산 신씨(平山申氏)이다.

역사서에는 광해주라 하였으니 史著光海
아마도 나중에 옮긴 것이리라 或後式遷
평산을 관향으로 하여 지금에 이르니 籍平於今
하사받은 땅도 가지고 있네 厥有賚田
거룩하신 태사는 烈烈太師
하늘이 고려를 위해 내신 분이로다 天爲有麗
활과 화살로 위용을 드러내고 弧矢維威
나라의 방패와 성이 될 자질 지니셨네 干城維姿
궁예가 학정으로 스스로 천명을 끊자 弓淫自絶
공격을 철원에서 시작하였네 造攻于鐵
태사께서 기미(機微)에 밝으시어 太師炳機
갑자기 번개가 치듯 하였네 欻發電掣
신성왕을 추대하여 翊戴神聖
학정을 구제하러 나아가셨네 而往割正
왼쪽엔 홍유, 오른쪽엔 복지겸이었고 左洪右卜
배현경도 뜻을 합하였네 同德玄慶
닭을 잡고 오리를 쳐서[19] 操鷄搏鴨
왕업의 터전을 도와 열었네 贊基肇命
신라는 국운이 다해 쓰러지고 羅顚以革

**19** 닭을……쳐서 : 원문은 '조계박압(操鷄搏鴨)'인데, 당(唐)나라 상인 왕창근(王昌瑾)이 궁예(弓裔)에게 바친 옛 거울에 "먼저 닭을 잡고 뒤에 오리를 친다.〔先操鷄後搏鴨.〕"라는 예언이 적혀 있었는데, 고려 태조 왕건(王建)이 먼저 계림의 신라를 정복하고 뒤에 압록강을 취하게 됨을 의미한 것이라고 한다.《三國史記 卷50 弓裔列傳》《高麗史 太祖世家》

견훤은 참람하게 반역을 하니 甄僭肆逆
종거(鐘簴)가 옮겨지고 鍾簴動移
홀과 면류관도 바뀌었도다[20] 圭冕改易
임금이 태사에게 말씀하기를 王謂太師
우방국이 액운을 당하였도다 與邦其厄
내가 나아가 싸울 것이니 予其卽戎
그대의 출정이 중도에 맞아 길할 것이다[21] 汝吉師中
날랜 기병 오천으로 輕騎五千
저 팔공산에서 싸웠는데 鏖彼八公
때가 이롭지 못하여 時乎不利
힘은 부족하고 지략은 곤궁했네 力屈智窮
봉축보(逢丑父)가 제나라 임금을 닮았듯[22] 逢類齊君
기신이 초나라 항우를 속이듯 紀誑重瞳
머리를 잃어도 개의치 않는 것이 용맹이고[23] 喪元爲勇

20 종거(鍾簴)가……바뀌었도다 : 종거는 종묘에 설치한 종 틀인데, 이것이 옮겨졌다는 것은 나라가 멸망한 것을 의미한다. 홀과 면류관이 바뀌었다는 것은 견훤(甄萱)이 신라를 공격해 경애왕(景哀王)을 죽이고 그 족제인 김부(金傅)를 왕으로 세운 것을 말한다.

21 그대의……것이다 : 원문은 '여길사중(汝吉師中)'인데, 《주역》〈사괘(師卦) 구이효(九二爻)〉에 "군진에서 중도를 행함에 길하고 허물이 없는지라, 임금이 세 차례나 총애하는 명을 내리도다.〔在師, 中吉, 無咎, 王三錫命.〕"라고 한 데서 온 말이다.

22 봉축보(逢丑父)가……닮았듯 : 봉축보는 춘추 시대 제(齊)나라 사람으로 경공(頃公)의 수레에 오른쪽에 타는 용사였다. 경공이 진(晉)의 안(鞍) 땅에서 싸우다가 불리해지자 봉축보가 경공과 수레를 바꾸어 타고 달아나다 사마(司馬) 한궐(韓厥)에게 잡힌 일이 있다.《春秋左氏傳 成公 2年》

몸을 내던지는 것을 충성이라 하네　捐軀曰忠
태조께서 태사를 측은히 여겨　王隱太師
죽은 뒤에 큰 공적을 더욱 기렸네　死愈元功
선진의 잘린 머리처럼 생동하였고　肖軫如生
범려를 주조한 상처럼 정교하였네[24]　鑄蠡惟工
새긴 머리를 몸에 합하여　合其遺體
예를 갖추어 장사를 지냈네　窀穸以禮
세 봉분이 우뚝 일어나니　三封屹起
비방동의 언덕이로다　悲方之坻
태사께서 살아서 신하로 있을 때엔　太師爲臣
씩씩한 무용이 빼어났고　桓桓絶倫
태사께서 돌아가신 뒤엔　太師云亡
그 신령이 늠름하였도다　凜凜其神
오자서가 전당강 조수로 달려오고　吳胥驅潮
한수정후가 고을을 돌봐주었듯이[25]　漢壽司巡

**23** 머리를……용맹이고 : 춘추 시대 제(齊)나라 경공(景公)의 원유(苑囿)를 관리하는 우인(虞人)이 본분을 굳게 지키자, 공자가 이를 찬탄하며 "지사는 곤궁하게 살다가 죽어서 골짜기에 버려질 것을 잊지 않고, 용사는 싸우다가 그 머리를 잃을 것을 잊지 않는다.〔志士不忘在溝壑, 勇士不忘喪其元.〕"라고 한 데서 나온 말이다. 《孟子 滕文公下》

**24** 선진(先軫)의……정교하였네 : 왕건이 신숭겸의 사라진 머리를 정교하게 주조하여 붙인 것을 가리킨다. 선진은 춘추 시대 진(晉)나라 대부의 이름이다. 《춘추좌씨전》 희공(僖公) 33년에 "선진이 갑주(甲胄)를 벗고 적(狄)의 군대에 뛰어들어가 죽자, 적인(狄人)이 그의 머리를 돌려주었는데 얼굴이 마치 살아 있는 사람과 같았다."라고 하였다. 범려(范蠡)는 월왕(越王) 구천(句踐)의 신하인데, 구천이 은퇴한 범려의 형상을 주조하여 좌우에 놓고 조석으로 정사를 논하였다고 한다. 《吳越春秋 卷6 句踐伐吳外傳》

황홀하고 눈부시게 恍惚赫翕
생민들을 보우하시도다 顯護生民
태사께서 끼친 경사가 불어나 太師衍慶
십 대를 내려와 조선에서도 창성하였네 十世其昌
그 수가 많고도 많아 振振不億
팔방에 흩어져 가득하도다 彌散八方
서민이 되고 청빈한 선비도 되며 爲庶爲淸
더러는 조정의 벼슬아치도 되었네[26] 或賓于王
기린 같고 봉황 같으니 其麟其鳳
태평시대의 광채로다 昭代之光
빛을 드러내고 덕업을 서술하여 摛光述德
큰 글자로 깊이 새기도다 大書深刻
까마득한 이 외손은 遙遙外昆
서적을 관리하는 직책이로다[27] 金匱之職

25 오자서(伍子胥)가……돌봐주었듯이 : 한수정후(漢壽亭侯)는 관우(關羽)의 봉호이다. 이에 관해서는 앞의 주석 '오자서(伍子胥)나……일들처럼' 참조.

26 서민이……되었네 : 신숭겸의 후손이 서민에서 벼슬아치까지 두루 퍼졌다는 의미이다. 두보(杜甫)의 〈단청인(丹靑引)〉에 "장군은 위 무제의 자손인데, 지금은 서민이 되어 청빈한 가문이 되었네. 영웅이 할거하던 시대 이미 지났으나, 문채와 풍류는 지금까지 남았네.〔將軍魏武之子孫, 於今爲庶爲淸門. 英雄割據雖已矣, 文彩風流今尙存.〕"라 하여 조조(曹操)의 후손으로 그림을 잘 그렸던 조패(曹霸)를 읊은 일이 있다. 원문의 '빈우왕(賓于王)'은 《주역》 〈관괘(觀卦) 육사(六四)〉에 "나라의 빛남을 봄이니, 왕에게 손님이 됨이 이롭다.〔觀國之光 利用賓于王〕"라고 한 데서 유래하였는데, 상국에 사신을 가거나 조정의 벼슬아치가 됨을 가리킨다.

27 서적을 관리하는 직책이로다 : 이 신도비명을 지은 1804년(순조4)경에 풍고는 규

높은 명성을 상상하니　想像風聲
천년의 일을 오늘 다시 보는 듯하도다　千載如卽
태사께서 불후하시리니　太師不朽
나의 영광도 끝이 없으리로다　我榮無極

장각 제학(奎章閣提學)으로 있었다.

# 봉천사비[28]

## 鳳川祠碑

남해현(南海縣)은 섬 가운데에 있는데, 현의 동쪽에 죽산리(竹山里)가 있고 그 아래에 봉천(鳳川)이 있다. 봉천가에 봉천사(鳳川祠)라는 사당이 있으니, 바로 고(故) 좌의정 충문공(忠文公) 소재(疎齋) 이 선생(李先生)의 유상(遺像)을 경건히 모신 곳이다. 섬의 인사들이 무엇 때문에 공을 사당에 모셨는가?

공은 백강 선생(白江先生)의 손자이다. 선조의 훌륭한 공덕을 품고 전해 내려온 교훈을 이어받아, 도의(道義)와 문장(文章)으로 당대의 추중을 받았으니 우뚝한 군자였다. 23세(1680, 숙종6)에 문과에 급제하였고, 29세(1686, 숙종12)에 중시(重試)에 합격하였다. 30세(1687, 숙종13)에 통정대부의 자급에 올랐고, 39세(1696, 숙종22)에 가선대부가 되었으며, 44세(1701, 숙종27)에 정경(正卿 판서)에 올라 49세(1706, 숙종32)에 의정부에 들어갔다.

**28** 봉천사비(鳳川祠碑) : 1828년(순조28) 5월에 건저사대신(建儲四大臣)의 한 사람인 이이명(李頤命, 1658~1722)의 초상화가 안치된 경상도 남해현 봉천사에 비석을 세우면서 사당의 창건 내력을 기록한 글이다. 이이명의 본관은 전주(全州). 자는 지인(智仁) 또는 양숙(養叔), 호는 소재(疎齋)이다. 좌의정으로 있을 때 1721년(경종1)에 연잉군(延礽君)의 대리청정을 추진하다 실패하여, 김창집(金昌集) 등과 함께 관작을 삭탈당하고 남해에 유배되어 있다가 목호룡(睦虎龍)의 고변으로 이듬해 4월 서울로 압송되어 사사(賜死)되었다. 시신은 먼저 공주(公州)의 죽곡(竹谷)에 안장되었다가, 1725년(영조1) 관작이 복구되었고, 한강가의 사충사(四忠祠)에 위패가 안치되었다. 2년 뒤에 충청남도 부여의 임천면(林川面) 옥곡(玉谷)으로 이장되었다.

경종 신축년(1721, 경종1)에 영의정 김 충헌공(金忠獻公 김창집(金昌集)), 충익(忠翼) 조공(趙公 조태채(趙泰采)), 종부제(從父弟) 충민(忠愍) 이공(李公 이건명(李健命))과 함께 경종 앞에서 영종(英宗 영조)을 세제(世弟)로 책봉하였는데, 얼마 뒤에 남해현(南海縣)에 위리안치되었다. 이듬해 압송되어 한강 나루에 이르러 사약을 받고 세상을 떠났다. 3년 뒤(1725, 영조1)에 관작을 회복하고 시호를 내렸으며, 노량(露梁)에 사당을 세우고 사충사(四忠祠)로 사액하였다. 세상에서 일컫는 '건저사대신(建儲四大臣)'에 공이 그중 한 분이다.

공은 뜻을 세우는 것을 정도(正道)를 호위하고 사도(邪道)를 제거하는 것으로 자임하고, 임금을 섬기는 것을 지려(知慮)를 다하고 충정을 다 쏟는 것으로 절의를 삼았으니, 군자들은 공을 믿어 가까이 교제하였고 소인들은 공을 꺼려 미움을 품었다. 그러므로 비록 밝은 임금의 알아줌을 받아 재상에 올랐으나, 정유년(1717, 숙종43) 이후로는 근심으로 마음을 졸이지 않은 날이 없었다.[29]

기사년(1689, 숙종15)에 사화(士禍)가 일어나자 경상도 영해부(寧海府)에 유배를 당하였다.[30] 5년 뒤(1692, 숙종18)에 남해현으로 이배되자, 이에 작은 집 하나를 짓고서 가 장사(賈長沙)의 〈복조부(鵩鳥

**29** 정유년……없었다 : 이이명이 좌의정으로 있던 1717년(숙종43) 7월에 숙종의 소명을 받아 독대(獨對)한 이후를 가리킨다. 독대한 내용은 기록이 없다.

**30** 기사년에……당하였다 : 1689년(숙종15)에 남인이 희빈 장씨(禧嬪張氏) 소생을 원자로 책봉하는 일을 계기로 서인을 몰아내고 재집권한 기사환국(己巳換局)이 발생하였다. 이로써 이이명은 영해부(寧海府)에 안치(安置)되었다가 이어 1692년(숙종18) 6월 5일에 남해현에 이배되었고, 1694년(숙종20)에 석방되어 돌아왔다. 5년 뒤라 한 것은 오기인 듯하다.

賦)〉에 나오는 말을 취하여 '지감재(止坎齋)'라는 편액을 걸었다.[31] 나중에 건저(建儲)의 재앙이 일어나 다시 남해현으로 귀양을 오게 되자, 옛날에 엮은 그 집을 수리하고서 이름을 습감재(習坎齋)[32]로 고쳤는데, 얼마 안 있어 재앙을 당하였다. 공이 앞뒤로 이 섬에 유배된 4, 5년 동안에 충신(忠信)과 효제(孝悌)의 도리로 그곳 사람들을 가르쳤으므로 섬의 인사들이 공이 살아 계실 때엔 스승처럼 복종하며 섬겼고, 공이 돌아가시자 어버이처럼 슬퍼하고 사모하였다. 백 년 동안에 공의 은택이 오래될수록 더욱 사라지지 않았고, 그곳 사람들의 사랑이 멀어질수록 더욱 잊지 못하였으니, 이것이 사당을 세워 제향을 올리는 의식이 생긴 이유이다.

정조 경신년(1776, 정조 즉위년)에 섬의 인사들이 진양(晉陽 진주)의 유자들과 힘을 합쳐 사당을 처음 건립하니, 습감재의 터에서 몇 리 밖에 안 되는 가까운 거리이다. 이윽고 또 행장을 꾸려 서울로 달려가 노량(露梁)의 사당에 있는 초상을 모사해서 돌아와 봉안하고서, 이에 비문의 글을 나에게 부탁하니, 섬의 인사들은 참으로 군자의 무리라 하겠다.

생각건대 하늘이 사람을 낼 때는 정직한 이치를 부여하는데, 이익에 밝은 자는 그 본성을 해쳐서 소인이 되고, 도를 위해 제 몸을 죽이는

**31** 가 장사(賈長沙)의……걸었다 : 가 장사는 장사왕(長沙王)의 태부(太傅)로 좌천된 한(漢)나라 가의(賈誼)를 가리킨다. 그가 장사에서 지은 〈복조부(鵩鳥賦)〉에 "흐름을 타면 가고, 구덩이를 만나면 그친다.〔乘流則逝, 得坎則止.〕"라는 구절이 있는데, 전하여 환경의 순역(順逆)에 따라 진퇴(進退)와 행지(行止)가 정해진다는 의미이다.

**32** 습감재(習坎齋) : 거듭 험하게 되었다는 의미이다. 《주역》 〈감괘(坎卦) 단(彖)〉에 "습감이란 거듭 험함이다.〔習坎, 重險也.〕"라고 하였다.

자는 군자의 마음이어서 하늘에 부끄럽지 않다. 신임(辛壬) 연간에 나라가 위태로울 때에 경종이 질병이 있어 세제를 의탁할 곳이 없으니, 종묘사직의 위태로움은 철류(綴旒)[33]와 같았다. 저 흉악한 역적 무리가 애초에 어찌 사람의 마음이 없었겠는가. 그러나 그 형세를 틈타 악독함을 부리다 끝내 충량한 신하를 도륙하고 윤리강상을 범하는 데 이른 것은 다름이 아니라 한때의 이로움을 달게 여겼을 뿐이다.

아! 공은 세 대신과 함께 몸이 죽어도 두려워할 줄을 모르고, 집안이 무너짐에도 돌아볼 줄을 모른 채, 오직 나라를 보존하고 세제를 호위함만 알고 그 밖의 것은 알지 못했으니, 아마도 이른바 "사직을 편안히 함을 기쁨으로 삼은 자.〔安社稷爲悅者.〕"[34]라 하겠다. 그러나 옛날에 사직을 편안히 했던 자들은 이따금 몸이 편안하고 집이 풍족하며 훗날의 재앙도 없었으니, 반드시 오형(五刑)을 모두 받고 칠족(七族)이 멸족되는 환난이 있은 연후에 능히 이룰 수 있었던 것은 아니다. 저 오형을 모두 받고 칠족이 멸족된 것이 어찌 공이 기뻐한 일이겠는가. 지키고자 하는 바가 싫어하는 것보다 심하므로 몸과 집안은 망할지라도 마음이 하늘에 부끄러워선 안 되었기 때문이다.

지난날 가령 흉당의 계략이 이루어졌다면 세제의 자리는 반드시 보존되지 않았을 것이고, 세제의 자리가 보존되지 않았다면 여러 사람의 원통함이 반드시 풀리지 않았을 것이다. 공이 또한 그렇게 될 줄을

33 철류(綴旒) : 깃술이 바람 따라 흔들리며 왔다 갔다 한다는 뜻으로 임금이 권위를 잃고 신하에게 끌려다니는 것을 말한다.

34 사직을……자 : 맹자가 "사직을 편안히 하는 신하가 있으니, 사직을 편안히 하는 것을 기쁨으로 삼는 자이다.〔有安社稷臣者, 以安社稷爲悅者也.〕"라고 하였다. 《孟子 盡心上》

분명히 알아서 두려워하는 바가 없었던 것은 의(義)와 이(利)의 구분이 마음속에 명확했던 까닭이다. 그런데 세제께서 왕위에 올라 흉당이 마침내 패망하여 여러 사람의 원통함이 모두 풀리고 나라의 정의가 크게 정해졌으니, 이 어찌 공이 세 공과 함께 능히 기필할 수 있었던 것이겠는가. 참으로 국가의 신령하고 장구한 복이 하늘과 함께 다함이 없었기 때문이니, 하늘이 선인에게 복을 내리고 악인에게 재앙을 내린다는 것을 참으로 속일 수 없다. 맹자가 이르기를 "나는 반드시 곰의 발바닥을 취하겠다.〔吾必取熊掌矣.〕"[35]라고 하였으니 이것은 의(義)를 말한 것이고, 공자가 이르기를 "몸을 죽여서 인을 이룸이 있다.〔有殺身以成仁.〕"[36]라고 하였으니, 이것은 인(仁)을 말한 것이다. 군자가 의를 취하고 인을 이뤘으니, 또 무슨 유감이 있겠는가.

옛날 구래공(寇萊公)이 소인의 배척을 받아 뇌주(雷州)에서 죽자,[37]

**35** 나는……취하겠다 : 《맹자》〈고자 상(告子上)〉에 "물고기도 먹고 싶고 곰 발바닥도 먹고 싶지만, 두 가지를 모두 먹을 수 없다면 물고기를 버리고 곰 발바닥을 취할 것이다. 삶도 내가 바라는 바이고 의로움도 내가 바라는 바이지만, 두 가지를 다 얻을 수 없다면 삶을 버리고 의를 취할 것이다.〔魚我所欲也, 熊掌亦我所欲也, 二者不可得兼, 舍魚而取熊掌者也. 生亦我所欲也, 義亦我所欲也, 二者不可得兼, 舍生而取義者也.〕"라고 하였다.

**36** 몸을……있다 : 《논어》〈위령공(衛靈公)〉에 "뜻을 지닌 선비와 어진 사람은 살기를 구하여 인을 해침이 없고, 제 몸을 죽여서 인을 이룸이 있다.〔志士仁人, 無求生以害仁, 有殺身以成仁.〕"라고 하였다.

**37** 구래공(寇萊公)이……죽자 : 구래공은 송나라 태종과 진종을 모신 재상 구준(寇準, 962~1023)을 가리킨다. 구준은 진종이 병에 걸렸을 때 권력을 장악한 정위(丁謂)에게 밀려나 광동성 뇌주(雷州)의 사호참군(司戶參軍)으로 좌천되어 배소에서 죽었다. 《古今事文類聚 前集 卷31 仕進部 崖州相逢》

뇌주 사람들이 지금까지 제사를 올린다. 이 섬 사람들이 공을 제사하는 것이 또한 당연하니, 공이 당한 일이 또 구래공과 닮은 점이 있음에랴.

처음 네 공이 유배를 갔을 때, 경종은 이때 병으로 정신이 혼미하였다. 하루는 경종이 경연에 임하여 갑자기 좌우에게 "흰 수염의 정승이 경연에 나오는 것을 늘 보았는데, 지금 어디에 있는가?"[38]라고 물었다. 이는 공이 여러 정승 중에 수염이 가장 희었기 때문이다. 이때 흉도들이 모두 고개를 움츠리고 감히 대답하지 못했으니, 이는 송나라 진종(眞宗)이 "내 눈에 오래도록 구준이 보이지 않는구나.〔吾目中久不見寇準.〕"[39]라고 한 말과 몹시 비슷하다. 저 흉도들이 비록 사력을 다해 경종의 질병을 숨겼으나 또한 무슨 소용이 있었던가? 천년의 역사가 뒤에 있으니, 제 주세를 헤아리지 못함을 보여주었을 뿐이다. 아!

**38** 흰……있는가 : 《경종수정실록》 2년 4월 18일 기사에 보인다.

**39** 내……않는구나 : 《송사(宋史)》 권281 〈구준열전(寇準列傳)〉에 보인다.

# 인현서원 묘정비[40]

仁賢書院廟庭碑

도는 하늘에서 근원하지만 행하는 것은 사람에게 달려 있으므로 "사람이 능히 도를 넓힌다.〔人能弘道.〕"라고 하는 것이다. 사람이 도를 넓힐 수 있지만 총명예지가 무리 중에 빼어난 자가 아니면 가르침을 펴기에 충분하지 않으므로 "만물의 으뜸으로 나오니 만국이 모두 편안하게 되었다.〔首出庶物, 萬國咸寧.〕"[41]라고 하는 것이다. 이것이 복희(伏羲), 신농(神農), 황제(黃帝), 요(堯), 순(舜), 우(禹), 탕(湯)이 천하의 임금이 되고 만세의 사표가 된 까닭이다.

우리 조선은 바다 왼쪽에 치우쳐 있어서 인물의 개벽과 나라의 건국이 언제 유래한 것인지 알지 못한다. 전해오는 말에 "단군(檀君)이 요(堯) 임금과 동시대에 즉위하여 옥백(玉帛)을 갖추어 아들을 보내 우(禹) 임금에게 조회했다."[42]라고 하니, 대체로 동쪽으로 전해온 교화를

**40** 인현서원(仁賢書院) 묘정비 : 평양에 있는 기자(箕子)의 영정을 모신 인현서원에 묘정비를 건립하면서 서원이 세워진 내력과 기자가 우리나라에 미친 영향을 서술한 글이다. 지은 시기는 순조 연간으로 추정된다. 인현서원은 1576년(선조9)에 감사 김계휘(金繼輝)와 지방 유림들에 의해 세워져 1608년에 사액(賜額)되었고, 1871년(고종8) 대원군의 서원철폐령에 따라 훼철되었다.

**41** 만물의……되었다 : 《주역》 〈건괘(乾卦) 단(彖)〉에 나오는 말로 제왕의 덕을 표현한 말이다.

**42** 단군(檀君)이……조회했다 : 《춘추좌씨전》 애공(哀公) 7년에 "우 임금이 도산에서 제후와 회합할 때 옥백을 잡고 온 나라가 만국이었다.〔禹合諸侯於塗山, 執玉帛者萬國.〕"라고 한 데서 부연된 설인데, 아들을 보냈다는 기록은 《삼한고기(三韓古記)》를

사모하여 그 공경하는 예를 다하기를 월상(越裳)이 흰 꿩을 바친 것[43]과 같이 했을 뿐이다. 그 다스림이란 것이 복희, 신농, 황제, 요, 순, 우, 탕 같은 성인이 하늘의 신명한 도리를 본받아 인륜의 기강을 수립한 것과 같지 않았으므로 전해온 역사가 천년이 넘었음에도 그 백성들은 사슴과 멧돼지처럼 내달릴 뿐이었고, 목석처럼 완악하였을 뿐이었다. 그런데도 저들이 지금 '소중화(小中華)'라고 일컫는 것은 은(殷)나라 부사(父師 기자(箕子))로부터 시작되었다. 부사가 일어나지 않았다면 거의 지금까지도 이적(夷狄)으로 남았을 것이다.

부사의 학문은 홍범구주(洪範九疇)[44]이다. 구주(九疇)는 〈낙서(洛書)〉이다. 우(禹) 임금이 그것을 얻어 천명을 받았는데, 부사가 부연하여 무왕(武王)에게 전하였으니, 복희(伏羲)기 팔괘를 긋자 문왕이 이를 부연하여 주공(周公)에게 전수한 것과 같다. 부사는 은(殷)나라 국운이 장차 무너지려 함을 애통해하여 미자(微子)에게 '남의 나라 신하가 되지 않겠다.'[45]고 맹세하였다. 그러나 거짓으로 미친체 하며 죄수

따르는 것이라고 한다. 《燃藜室記述 別集 卷19 歷代典故 檀君朝鮮》

**43** 월상(越裳)이……것 : 월상은 안남, 즉 베트남을 가리킨다. 《후한서》 권86 〈남만전(南蠻傳)〉에 "교지 남쪽에 월상국이 있다. 주공이 섭정한 지 6년 만에 예악이 제작되고 천하가 화평해지자, 월상국이 통역관 세 명을 데리고 중역(重譯)을 통해 와서 흰 꿩을 바쳤다.〔交趾之南, 有越裳國. 周公居攝六年, 制禮作樂, 天下和平, 越裳以三象重譯而獻白雉.〕"라고 하였다.

**44** 홍범구주(洪範九疇) : 우(禹) 임금이 요(堯)·순(舜) 이래로 전해온 사상을 정리하여 집대성한 정치도덕의 기본원칙으로, 뒤에 기자(箕子)가 부연하여 주무왕(周武王)에게 주었다고 한다. 구주(九疇)는 첫째 오행(五行), 둘째 오사(五事), 셋째 팔정(八政), 넷째 오기(五紀), 다섯째 황극(皇極), 여섯째 삼덕(三德), 일곱째 계의(稽疑), 여덟째 서징(庶徵), 아홉째 오복(五福)과 육극(六極)이다.

가 되면서도 차마 갑자기 죽지 못한 것은 만에 하나라도 하늘이 이미 내린 재앙을 거두기를 바라서이다. 교동(狡童)이 스스로 그 천명을 끊어 천하가 한마음으로 주(周)나라를 받들게 됨에 이르자, 주무왕(周武王)이 자신을 방문한 기회에 이륜(彝倫)의 차서를 고해주었다.[46] 그러나 백마(白馬)를 타고 동쪽으로 와서 스스로 이적(夷狄)의 땅으로 달아나 예전에 미자 계(微子啓)에게 맹세했던 말을 실천하였다. 주(周)나라 사람이 봉해준 땅에 이로 인해 빈(賓)이 된 것[47]은 부사가 주나라의 은혜를 구한 것이 아니었으므로 공자가 《주역(周易)》에서 부연하면서 "나라 안이 어려웠으나 능히 그 뜻을 바르게 하였다.〔內難而能正其志.〕"[48]라고 말하였고, 인(仁)에 대해 논하면서 "은나라에 세

**45** 남의……않겠다 : 은(殷)나라가 망해도 주(周)나라에 항복하여 신하가 되지 않겠다는 말이다. 이 내용은 《서경》 〈미자(微子)〉에 "상나라가 망하더라도 나는 남의 신복이 되지 않겠다.〔商其淪喪, 我罔爲臣僕.〕"라는 말이 보인다.

**46** 교동(狡童)이……고해주었다 : 교동은 교활한 아이라는 의미로 은나라의 마지막 임금 주(紂)를 가리킨다. 예전에 기자(箕子)가 백마를 타고 주(周)나라로 조회하러 가는 길에 은나라의 궁궐터를 지나면서 벼와 기장이 우거진 모습을 보고 고국의 멸망을 슬퍼하면서 〈맥수가(麥秀歌)〉를 지어 "보리가 자라 무성하고, 벼와 기장은 윤기가 나네. 교활한 저 아이는, 나를 좋아하지 않는구나.〔麥秀漸漸兮, 禾黍油油兮. 彼狡童兮, 不與我好兮.〕"라고 하였다고 한다. 무왕이 은(殷)나라를 정복하고서 13년에 기자를 찾아가 은나라가 망한 이유를 차마 묻지 못하고 그저 천도(天道)에 대해서만 묻자, 기자가 홍범구주를 설명해주었다고 한다. 《史記 卷38 宋微子世家》《史記 卷4 周本紀》《書經 周書 洪範》

**47** 주(周)나라……것 : 은나라가 망한 뒤에 기자가 거짓 미치광이 행세를 할 때, 주(周)나라 무왕(武王)이 방문하자 홍범(洪範)을 올리고 무왕에 의해 조선에 봉해졌다는 설을 가리킨다. 《史記 卷38 宋微子世家》

**48** 나라……하였다 : 《주역》 〈명이괘(明夷卦) 단전(彖傳)〉에 "어려울 때 정도를 지

사람의 어진 이가 있었다.〔殷有三仁焉.〕"[49]라고 하였다. 대체로 바르게 한 것은 도의 큰 근본이고, 어짊이란 하늘의 으뜸가는 덕이다. 그 뜻이 바르고 어질었으니, 성인이 아니라면 어찌 여기에 들 수 있겠는가.

부사는 우리나라 사람을 비루하게 보지 않고 팔조(八條)로 가르침을 삼아, 인의(仁義)로 적셔주고, 예양(禮讓)으로 인도하고, 궁실(宮室)을 지어 거처하게 하고, 관모와 의복으로 꾸미게 하고, 그릇으로 마시고 먹게 하였다. 그런 뒤에 땅을 정(井) 자로 나눠 전답을 구획하여 사슴과 멧돼지 같은 자들을 다스려 사람으로 만들고 완악한 자들을 바로잡아 선인(善人)으로 만들었다. 그리하여 천년 동안 이적(夷狄)이었던 지역을 중화의 문화를 써서 이적의 삶을 변화시켜 중화의 찬란함과 동일하게 만들었다. 그러므로 중국 사람들이 이를 '소중화'라고 말한 것이니, 그 풍속은 중화인데 그 땅이 작다는 것을 말한 것이지, 그 풍속이 중화보다 하찮다고 말한 것이 아니다.

일찍이 이에 대해 논해보았다. 하늘은 비록 사람을 내었으나 또한 사람을 가르칠 수는 없다. 그러므로 이적을 중국에 비교하면 그 인류로서는 비록 동일하더라도 그 풍습이 서로 많이 차이가 나는 것은 다른 이유가 아니라, 이적은 끝내 하늘이 만든 대로 내버려두었을 뿐이고, 중국은 처음부터 성인의 가르침이 있었기 때문이다. 지난날 가령 중국

킴이 이로우니 밝음을 감추었기 때문이다. 나라 안이 어려웠으나 능히 그 뜻을 바르게 하였으니, 기자가 이것을 실천하였다.〔利艱貞, 晦其明也, 內難而能正其志, 箕子以之.〕"라고 하였다.

**49** 은나라에……있었다 : 《논어》 〈미자(微子)〉에 "미자는 떠나가고, 기자는 종이 되었고, 비간은 간하다가 죽었는데, 공자가 '은나라에 세 사람의 어진 이가가 있었다.'라고 하였다.〔微子去之, 箕子爲之奴, 比干諫而死. 孔子曰殷有三仁焉.〕"라는 말이 나온다.

에 복희, 신농, 황제, 요, 순, 우, 탕이 없었다면 중국 또한 이적이었을 것이고, 조선으로서 부사를 얻었기 때문에 이적 역시 중국인 것이다. 부사가 스승이 되어서는 하늘을 이어 표준을 세운 도리를 썼고, 부사가 임금이 되어서는 복희, 신농, 황제, 요, 순, 우, 탕의 법도를 썼다.

아! 성인이 사람에 대해 그 공덕과 은택은 마치 하늘보다 도리어 많은 듯하니, 비유하면 사람이 하늘에서 생명을 받아 태어나지만 부모가 더 가까운 것과 같다. 부사는 우리나라 사람들에게 만세의 부모라 할 것이다. 비록 그렇지만 부사를 태어나게 한 것은 하늘이고, 부사로 하여금 동쪽으로 오게 한 것 또한 하늘이니, 하늘이 우리나라 사람을 돌봐준 것이 아니겠는가. 그렇지 않다면 팔조(八條)의 가르침과 구주(九疇)의 학문이 장차 남쪽으로 북쪽으로 서쪽으로 갔을 것이니, 어느 땅인들 가르칠 수 없었겠는가.

평양부(平壤府)는 바로 부사가 옛날에 도읍한 곳이다. 그러므로 숭인전(崇仁殿)을 두어 임금의 도로 제사를 올리고, 인현서원(仁賢書院)을 두어 스승의 도로 제사를 올리는 것이다. 서원의 창설이 2백여 년이 되었으나 지금까지 비석이 없으니, 평양부 인사들이 폐백을 갖춰 나에게 글을 청하기에 감히 목욕재계하고 쓴다.

# 청성묘 중수비[50]

## 淸聖廟重修碑

우리 조선은 바다 왼쪽에 처해 있어 구역이 치우치고 땅이 작다. 이 때문에 우리의 견문이 조선의 강역을 벗어나지 못하고 우리의 문헌이 천하에서 증거가 되지 못한다.

그러나 그곳에 사는 사람은 유순하고 선(善)을 좋아하며 중국을 사모하였기 때문에 단군(檀君)이 요(堯) 임금과 동시대에 임금이 되었고, 도산(塗山)의 회맹에 부루(扶婁)가 옥백(玉帛)을 잡고서 우(禹) 임금에게 조회하였고,[51] 은(殷)나라 태사(太師 기자(箕子))가 백마를 타고 동으로 와서 왕검성(王儉城)의 터에 교화를 베풀었던 것이다. 이에 인문(人文)이 열리고 예의(禮義)가 수립되어 위아래로 수천 년 동안에 도를 배우는 자들은 주공(周公)과 공자(孔子)의 도로 자임하였고, 다스림을 논하는 자들은 삼대(三代)의 정치로 표준을 삼아, 무성하고 찬란하게 이어져 우리 조선에 이르러 거의 부족한 점이 없게 되었다.

**50** 청성묘(淸聖廟) 중수비 : 1828년(순조28)에 황해도 해주의 수양산에 있는 청성묘를 다시 정비하고 비석을 세우면서, 은(殷)나라 백이(伯夷)와 숙제(叔齊)의 사적을 서술하고 그들이 숨었던 산이 해주의 수양산일 수 있음을 논증한 글이다. 청성(淸聖)이라는 이름은 맹자가 "백이는 성인 중에서 맑은 사람이다.〔伯夷聖之淸者也.〕"라고 한 데에서 유래한 말이다. 《孟子 萬章下》

**51** 단군(檀君)이……조회하였고 : 《춘추좌씨전》 애공(哀公) 7년에 "우 임금이 도산에서 제후와 회합할 때 옥백을 잡고 온 나라가 만국이었다.〔禹合諸侯於塗山, 執玉帛者萬國.〕"라고 한 데서 부연된 설인데, 부루(扶婁)를 보냈다는 기록은 《삼한고기(三韓古記)》를 따른 것이라고 한다. 《燃藜室記述 別集 卷19 歷代典故 檀君朝鮮》

그 예악을 제작한 성대함과 인물・규모의 거대함으로 논하면 비록 감히 중국에 나란히 짝이 될 수는 없지만, 문치(文治)를 숭상하고, 이단(異端)을 배척하고, 학교(學校)를 건립하고, 사묘(祠廟)를 창건하여 성현을 존숭하고 풍교(風敎)를 수립한 것으로 말하면 비록 중국의 성대함과 거대함으로도 이보다 더할 수 없을 것이다.

대체로 이적과 중화의 구별은 인문이 열렸는지 아닌지, 예의가 수립되었는지 아닌지에 달려 있을 뿐이다. 이 나라에 거처하는 자가 어찌 구역과 땅이 치우치고 작다고 하여 중국의 아름다움으로 스스로에게 기약하지 않고 이적의 누추함을 스스로 편안히 여겨서야 되겠는가.

황해도(黃海道) 해주(海州)의 땅에 수양(首陽)이라는 산이 있는데, 이 산의 이름이 어디서 유래하였는지 알 수 없다. 산 아래에 청풍(淸風)이라는 골짜기가 있는데, 골짜기의 이름이 어디서 유래하였는지 알 수 없다. 사마천(司馬遷)이 《사기(史記)》에서 "백이(伯夷)와 숙제(叔齊)는 의리를 지켜 주(周)나라 곡식을 먹지 않고 수양산에 숨어서 〈채미가(采薇歌)〉를 짓고 죽었다."라고 하였고,[52] 공부자(孔夫子 공자)는 "백이와 숙제가 수양산 아래에서 굶주렸으나 백성들이 지금까지 칭송한다."라고 하였으니,[53] 아! 두 사람이 죽은 일이 실제 조선의 이 산에서 있었던 것인가?

비록 그렇지만, 이 산은 이적의 땅이고, 두 사람은 중국 사람이니, 두 사람의 죽음이 무슨 연유로 이 산에 있게 되었는가? 천하의 지명은

**52** 사마천(司馬遷)이……하였고 : 《사기(史記)》 권61 〈백이열전(伯夷列傳)〉에 나오는데, 내용상 약간의 출입이 있다.

**53** 공부자(孔夫子)는……하였으니 : 《논어》 〈계씨(季氏)〉에 보인다.

본디 서로 비슷한 것이 많으니, 이 산의 명칭이 마침 중국의 산과 서로 비슷한 것뿐이고, 두 사람의 죽음이 과연 이적의 땅에 있지 않았던 것인가?

산은 본래 그럴 수 있다. 그러나 골짜기 이름은 그 의미를 생각하면 두 사람의 실제 사실이 있지 않고는 그 이름에 부합하기에 부족하다. 산의 이름은 본디 마침 서로 비슷할 수 있지만 골짜기 이름이 그 실제가 없다면 어떻게 이름을 붙였겠는가. 맹자가 이르기를 "백이는 성인 중에 청렴한 분이다.〔伯夷, 聖之淸者.〕"라고 하였고, 또 "백이의 풍도를 들으면 완악한 자는 청렴해지고 나약한 자는 뜻을 세우게 된다.〔聞伯夷之風者, 頑夫廉, 懦夫有立志.〕"라고 하였다. 가령 두 사람이 숨어 살고 굶어 죽은 것이 이 골짜기에서 있었다면 백성들이 지금까지 칭송하여 '청풍(淸風)'이라 일컫는 것이 또한 마땅하지 않겠는가. 또 중국의 수양산에도 이른바 '청풍동'이란 곳이 있는지 모르겠다.

우리 원효왕(元孝王 숙종) 신사년(1701)에 해주의 인사들이 이 청풍동에서 두 사람에게 제사를 올리고자 논의하였다. 관찰사가 이를 조정에 알리자 임금이 특별히 허락하고서 친필로 사당의 이름을 청성묘(淸聖廟)라고 써서 사액하였으니,[54] 이것이 우리 조정에서 두 사람에게 제사를 올리게 된 시초이다. 이 골짜기의 이름이 전해온 지가 무려 수천 년이 다 되어가는데, 두 사람의 제사가 삼한(三韓)과 고구려, 고려를 거쳐 이때에 이르러 처음 거행되었으니, 혹시 땅이 드러나고

**54** 우리……사액하였으니 : 해주 유생(儒生) 최침(崔沈) 등이 상소를 올려, 1701년(숙종27) 4월 2일에 숙종이 윤허하면서 친필로 청성묘(淸聖廟)라고 써서 내린 일이 있다. 《肅宗實錄》

어두워지는 것과 예가 폐기되고 흥기되는 것이 본래 그 때가 있어서 그런 것인가?

금상 28년 무자년(1828, 순조28)에 관찰사 심공 능악(沈公能岳)[55]이 해주의 인사들과 함께 그 사당을 중수하고서, 그 글을 나에게 부탁하였다. 사당이 지어진 것이 지금 180여 년이 되었고, 중수한 것이 또 여러 차례이므로 앞 시대 사람들의 기술이 이미 구비되어 있으니 다시 무슨 말을 하겠는가. 비록 그렇지만 내가 일찍이 두 사람이 숨은 산이 바로 조선의 수양산이지 중국의 수양산이 아니라고 의심한 적이 있었으니, 무엇 때문인가.

고찰하건대, 《사기(史記)》의 주석[56]에 이르기를 "수양산은 다섯 곳이 있다.〔首陽有五.〕"라고 하였는데, 만약 조선의 수양산까지 함께 넣는다면 장차 다섯 곳이 여섯 곳으로 될 것이니, 어찌 이리 같은 이름이 많은가? 숨는다는 것은 그 땅을 피하고 그 자취를 없애는 것을 일컫는다. 중국의 다섯 산에 두 사람이 모두 숨을 수 있는데, 조선의 한 산에 두 사람이 숨을 수 없겠는가? 이것이 첫 번째 의심이다.

또 이르기를 "모두 다섯 곳이니, 각기 근거가 있다.〔凡五所, 各有按據.〕"라고 하는데, 저 두 사람은 한 사례일 뿐이니, 이들이 숨었다가 죽은 것은 마땅히 한 장소만 있을 뿐이다. 다섯 곳이란 것이 어떻게

**55** 심공 능악(沈公能岳) : 심능악(沈能岳, 1766~?)의 본관은 청송(靑松), 자는 유한(維翰)이다. 1814년(순조14) 문과에 급제, 벼슬이 이조 판서에 이르렀다. 1826년(순조26) 12월부터 1828년(순조28) 12월까지 황해도 관찰사를 역임하였다.

**56** 사기(史記)의 주석 : 당(唐)나라 사마정(司馬貞)이 지은 《사기색은(史記索隱)》을 가리킨다. 아래에 인용한 구절은 《사기》 권61 〈백이열전(伯夷列傳)〉에 달린 주석인데, 풍고가 약간 윤색하였다.

모두 근거가 있을 수 있겠는가? 이것이 두 번째 의심이다.

또 이르기를 "맹자가 이르기를 '두 사람이 주 임금을 피하여 북해의 바닷가에서 거처하였다.〔孟子云二子避紂, 居北海之濱.〕'라고 하였고, 장주(莊周) 또한 이르기를 '두 사람은 서쪽으로 기산의 남쪽에 이르러 주 무왕이 은나라를 정벌하는 것을 보고서 이를 피하여 떠나 수양산에 이르러 드디어 굶어서 죽었다.〔莊周亦云二子西至岐陽, 見周武王伐殷, 避之以行, 至首陽之山, 遂餓而死.〕'라고 하였다."라고 주장하였다. 만약 맹자의 말대로라면 조선의 바다 또한 북해이다. 대체로 중국의 지세는 이른바 '북명(北溟)'이나 '천지(天池)'라는 것과 서로 접하지 않았고, 갈발(碣渤)[57]의 바다는 동쪽 끝이면서 북쪽으로 의심할 수 있으므로 제(齊)나라와 노(魯)나라의 동쪽, 유주(幽州)와 연주(燕州)의 남쪽, 요동의 서쪽으로부터 동쪽으로 말갈(靺鞨)의 지경에 이르기까지를 모두 북해라고 일컬으니, 소무(蘇武)가 가축을 치며 살았던 곳[58]과 같은 조선의 북쪽 경계이다. 후한(後漢)의 군치(郡治)는 제나라와 노나라의 동쪽 연안이다. 조선은 연나라와 요동과 말갈의 사이에 있으니, 이것이 북해가 되는 명확한 증거이다. 이것이 세 번째 의심이다.

장주의 말대로라면 두 사람이 이미 은나라를 정벌하는 것을 피하여

**57** 갈발(碣渤) : 발해(渤海)와 갈석(碣石)을 합칭하여 요동 지역을 가리키는 말로 쓰인다.

**58** 소무(蘇武)가……곳 : 소무는 한무제(漢武帝) 때의 신하로 흉노(匈奴)에 사신으로 갔다가 억류되었는데, 흉노가 그를 북해 가장자리 아무도 없는 곳에 두고서 숫염소를 기르게 하며 "이 염소가 젖이 나면 돌려보내주겠다."라고 하였다. 나중에 소무는 한 소제(漢昭帝)가 흉노와 화친을 맺음으로써 19년 만에 한나라로 돌아왔다.《漢書 卷54 蘇武列傳》

떠났으니, 이치상 멀리 가서 피하는 것이 마땅한 것이다. 그런데 도리어 기(岐)·풍(豐)[59]과 가까운 곳에서 방황하였다면 반드시 이런 이치는 없다. 이것이 네 번째 의심이다.

옛날에 정치가 혼란하고 도가 사라지면 성현들이 자취를 숨겨 세상과 서로 연락하지 않은 경우가 많았다. 이 때문에 소사(少師)였던 양(陽)과 경쇠를 치던 양(襄)이 모두 바다로 들어간 것이니,[60] 바다는 동해이다. 공부자가 뗏목을 타고 구이(九夷)에 거처하고자 생각하였으니,[61] 구이란 동이(東夷)이다. 성인(공자)이 동쪽 풍속이 유순하고 선하여 군자가 거처할 만한 곳임을 알았으므로 반드시 동쪽을 귀의처로 삼았던 것이다. 오직 노담(老聃)만은 서쪽으로 유사(流沙)에 이르러서[62] 그 단서가 우리 유가와 드디어 달라지게 되었다. 이로써 살펴본

**59** 기(岐)·풍(豐) : 주문왕(周文王)이 도읍한 기(岐)와 주무왕(周武王)이 도읍한 풍(豐)을 가리킨다.

**60** 소사(少師)였던……것이니 : 소사는 악관(樂官)의 보좌관이고, 경쇠는 돌이나 쇠로 된 타악기이며, 양(陽)과 양(襄)은 각각 이름이다. 노(魯)나라가 쇠미해져 예악이 무너지자, 예관(禮官)과 악관(樂官)들이 뿔뿔이 흩어져서 다른 곳으로 떠나갔는데, 그중에 "소사인 양과 격경하던 양은 바닷속 섬으로 들어갔다.〔少師陽擊磬襄入於海.〕"라는 구절이 있다.《論語 微子》

**61** 공부자가……생각하였으니 :《논어》〈공야장(公冶長)〉에 공자가 천하가 어지러움을 탄식하며 "도가 행해지지 않으니 뗏목을 타고 바다에 나가리라.〔道不行, 乘桴浮于海.〕"라고 하였다. 또《논어》〈자한(子罕)〉에 "공자가 구이에서 살고자 하니, 혹자가 '그곳은 누추하니, 어떻게 하시렵니까?'라고 물으니, 공자가 대답하기를 '군자가 거처한다면 무슨 누추함이 있겠는가.'라고 하였다.〔子欲居九夷. 或曰陋如之何? 子曰君子居之, 何陋之有?〕"라는 구절이 있다.

**62** 노담(老聃)만은……이르러서 : 유사(流沙)는 서역의 사막지역을 이르는데, 노자는 서쪽으로 유사에 들어가 440세의 장수를 누렸다고 한다.《玉芝堂談薈 卷4》

다면 기자(箕子)가 왕검성(王儉城)에 거처한 것이 반드시 땅을 가려서 온 것이 아니랄 수도 없으니, 두 사람이 세상을 피한 곳이 기자의 나라와 땅이 접한 것이 어찌 있을 수 없는 일이겠는가. 더구나 해주의 산에는 이상하리만큼 고사리가 많음에랴. 이것이 다섯 번째 의심이다.

예부터 중국에서 '수양'이라 일컬은 것이 만약 명확한 지적이 있었다면 의심은 참으로 생겨날 곳조차 없었을 것이다. 그런데 예부터 중국에서 수양이라 일컬은 것이 의심을 전하는 것을 면치 못하였으니, 의심이 어찌 생기지 않을 수 있겠는가. 아! 나는 알겠다. 중국에서 의심을 전하게 된 것은 다른 이유가 아니라, 두 사람이 숨은 곳이 직방(職方 중국의 판도)의 바깥에 있었으므로, 중국 사람이 그 땅이 어느 곳에 있는지 알지 못하고 다만 그 산의 이름이 수양산이란 것만 들었고, 또한 해외에 수양산이 있음을 믿지 않고서 다만 중국에 수양산이 많음만 보았기 때문이다. 그러므로 끝내 그 땅을 명확히 지적하지 못하고 분분히 설만 난무하여 웃음거리가 된 것이다.

그런데 예부터 조선 사람들은 견문이 넓지 못하고 문헌이 구비되지 못하여, 비록 그 산을 가리키고 그 골짜기에 이름을 붙일 수 있었음에도, 또한 감히 두 사람이 반드시 여기에 은거했다고 단정하지 못하였으니, 이것을 《사기》에 주석을 단 자의 자신감과 비교해본다면 또한 슬프지 않겠는가.

나는 일찍이 이런 의심을 서(序)로 지어 공사(貢使)에게 주어 연경의 학사와 대부들에게 질의하도록 한 일이 있었다. 학사와 대부들이 이를 보고서 다만 "참으로 건송자(健訟者)[63]로다. 조선이 이미 은나라

**63** 건송자(健訟者) : 논쟁을 좋아하는 사람이라는 의미이다. 《주역》 〈송괘(訟卦) 단

태사(太師)를 떠받들고 갔는데, 다시 두 사람을 뺏어가고자 하는가?" 라고 말했을 뿐, 끝내 그렇지 않음을 밝히지는 못하였다. 생각건대 이치에 합당하니, 그것을 흔들 수 없었기 때문인가?

그 뒤에 또 당(唐)나라 이발(李渤)이 수양산에 대해 말한 것을 보았는데,[64] 또한 조선에 있는 산으로 정론을 삼았다. 이발은 박식하고 세상에 이름난 선비이니, 그의 말은 반드시 증거가 있어서 그랬을 것이다. 내가 어찌 스스로 믿지 않을 수 있겠는가. 드디어 대략 여기에 기재하여 해주의 사람들에게 고한다.

비록 그렇지만 두 사람은 만세의 스승이다. 섬길 만한 임금이 아니면 섬기지 않았고 부릴 만한 백성이 아니면 부리지 않았으며,[65] 옛날의 악행을 생각지 않았으며 인을 구하여 인을 이루었으니,[66] 이 나라의

(象)〉에 "위는 강하고 아래는 험하여, 험하고 굳센 것이 송이다.〔上剛下險, 險而健訟.〕" 라고 한 데서 나온 말이다.

**64** 당(唐)나라……보았는데 : 출전이 자세하지 않은데, 이건창(李建昌)의 〈청성묘(清聖廟)〉라는 시에 "이발의 습유기에 '조선의 해주 수양산은 백이 · 숙제가 고사리를 캐던 곳인데, 또 기자가 왕래한 자취도 있다'라고 되어 있다.〔李渤拾遺記, 朝鮮海州首陽山, 夷齊采薇處, 又有箕子往來之迹.〕"라는 주석이 붙어 있다. 《明美堂集 卷6 碧城紀行 清聖廟》

**65** 섬길……않았으며 : 《맹자》 〈만장 하(萬章下)〉에 "백이는 눈으로는 나쁜 빛을 보지 아니하고, 귀로는 나쁜 소리를 듣지 아니하며, 섬길 만한 군주가 아니면 섬기지 아니하며, 부릴 만한 백성이 아니면 부리지 아니하여, 세상이 다스려지면 나아가고 혼란하면 물러났다.〔伯夷目不視惡色, 耳不聽惡聲. 非其君不事, 非其民不使. 治則進, 亂則退.〕라고 한 데서 나온 말이다.

**66** 옛날의……이루었으니 : 《논어》 〈공야장(公冶長)〉에 "백이와 숙제는 남이 예전에 저지른 잘못을 생각하지 않았으므로 원망하는 사람이 드물었다.〔伯夷叔齊, 不念舊惡, 怨是用希.〕"라고 하였다. 또 《논어》 〈술이(述而)〉에 "자공(子貢)이 들어가 '백이와 숙

사람들로 하여금 두 사람이 반드시 스승으로 삼을 만함을 알게 하여 경모하기를 게을리하지 않고 모범으로 삼기를 그만두지 않게 하였었으니, 장차 모두 성인의 무리가 될 것이다. 그렇다면 산이 비록 진짜가 아닐지라도 두 사람을 제사함은 본래 빛남이 있는 것이다. 이와 반대로 제사를 올린다는 이름만 차지하고 제사를 올리는 실제가 없다면, 윤리를 부지하고 예의를 중히 하는 것에 무슨 상관이 있겠는가. 산이 비록 진짜인들 또한 무슨 보탬이 되겠는가. 다시 이 점을 밝혀둔다.

제는 어떠한 사람입니까?'라고 묻자, 공자가 '옛날의 현인이시다.'라고 하였다. 자공이 '후회하였습니까?'라고 묻자, 공자가 '인을 구하여 인을 얻었으니, 또 어찌 후회하였겠느냐.'라고 대답하였다.〔子貢入曰伯夷叔齊何人也? 曰古之賢人也. 曰怨乎? 曰求仁而得仁, 又何怨?〕"라는 구절이 있다.

# 오 충렬공 대낭총 비명[67]

## (吳忠烈公)帶囊塚碑銘

옛날에 노중련(魯仲連)이 진(秦)나라를 천자로 섬기기를 부끄러워하여 바다로 들어가 죽으려 하니, 진나라 군대가 그 때문에 물러났다.[68] 노중련은 《춘추(春秋)》의 의리에 밝은 자가 아닌데도 한마디의 말로 신원연(新垣衍)의 주장을 꺾고 강한 진나라의 기세를 빼앗았으니, 천하와 만세의 사람들이 그를 고사(高士)로 인정하여 사모하고 숭상한다. 이것이 이른바 "부끄러움을 아는 것은 용기에 가깝다〔知恥近乎勇.〕"[69]라는 것이 아니겠는가. 용기란 것도 그러한데 하물며 군자가

**67** 오 충렬공(吳忠烈公) 대낭총(帶囊塚) 비명 : 1824년(순조24)에 오달제(吳達濟, 1609~1637)의 손자 오경원(吳慶元)의 요청으로 오달제가 쓰던 누런 비단주머니와 의대(衣帶)를 묻은 무덤에 대해 지은 묘비명이다. 오달제는 본관이 해주(海州), 자는 계휘(季輝)이다. 1636년(인조14) 부교리로 있으면서 후금(後金)과의 화의(和議)를 배척하였고, 겨울에 병자호란이 일어나자 남한산성에 들어가 청나라와의 화의를 극력 반대하였다. 인조가 남한산성에서 청나라 군대에 항복한 다음 척화파인 윤집(尹集), 홍익한(洪翼漢)과 함께 심양으로 압송되어 살해되었다.

**68** 노중련(魯仲連)이……물러났다 : 노중련은 전국 시대 제(齊)나라의 고사(高士)인데, 그가 조(趙)나라에 가 있을 때 진(秦)나라 군대가 조나라의 수도 한단(邯鄲)을 포위하였다. 이때 위(魏)나라가 신원연(新垣衍)을 조나라에 사신을 보내 진나라 임금을 천자로 섬기면 포위를 풀 것이라고 설득하였다. 이에 노중련이 신원연을 만나 "진나라가 방자하게 천자라고 참칭한다면 나는 동해에 빠져 죽겠다."라고 하자 진나라 장군이 이 말을 듣고 군사를 50리 뒤로 물렸다고 한다. 《史記 卷83 魯仲連列傳》

**69** 부끄러움을……가깝다 : 《중용장구》 제20장에 "학문을 좋아함은 지에 가깝고, 힘써 행함은 인에 가깝고, 부끄러움을 아는 것은 용에 가깝다.〔好學近乎知, 力行近乎仁,

인(仁)을 이룬 것임에랴. 이것이 문 신국(文信國)[70]이 천하와 만세에 홀로 우뚝이 선 까닭이다. 지금 노중련의 용기에 문 신국의 인을 합한다면 또 무슨 말로 일컬어야 할 것인가.

아! 우리 조선이 정축년(1637, 인조15)에 남한산성에서 항복한 치욕을 어찌 차마 말할 수 있겠는가. 하늘이 낸 험지를 의지해 버틴 40여 일 동안에, 장수가 된 자는 힘을 다해 성에 올라서는 적진을 향해 감히 화살 하나도 쏘지 못하고, 재상이 된 자는 목을 움츠리고 소매에 손을 넣고서 적을 물리칠 계책 하나도 내지 못한 채, 벌벌 떨며 앉아서 죽기를 기다렸으니, 나라에 사람이 없었다고 이를 만하다. 그러나 오직 이 척화(斥和)를 주장한 여러 군자만이 피와 눈물을 뿌리면서, 군신상하가 외로운 성과 함께 옥쇄(玉碎)하여 고황제(高皇帝 명 태조(明太祖))가 나라를 열어주고 현황제(顯皇帝 명 신종(明神宗))가 나라를 다시 세워준 은혜에 보답하자고 간곡히 청했으니, 그 얼마나 장렬한가!

지난날 그 말이 채택되어 군신상하가 한번 죽기를 결심하고 성을 등지고 싸웠다면, 성안의 군사와 백성을 합하면 3만에서 5만 명 이하로 내려가지 않았고, 당시에 오랑캐 또한 피로한 상태였으니, 죽기를 각오한 수만 명의 군사로 1개월 남짓 동안 이미 피로해진 오랑캐를 공격했더라면 그 승패를 알 수 없었을 것이다. 설령 이기지 못하고 망했더라도 그 높은 명성과 매서운 기개는 천하를 흔들고 만세를 흥기할 만했을

知恥近乎勇.〕"라고 하였다.

**70** 문 신국(文信國) : 송나라 말엽의 정치가이며 우국지사인 문천상(文天祥, 1236~1283)을 가리킨다. 덕우(德祐) 초에 원(元)나라가 침입해 오자 군사를 일으켜 왕을 보호하여 신국공(信國公)에 봉해졌고, 그 후 원나라 장군 장홍범(張弘範)에게 패하여 3년 동안 북경의 감옥에 갇혔으나 끝내 굴복하지 않고 죽었다.

것이다. 원통함을 참고서 구차히 보전하여 부끄러움을 남긴 것과 비교하면 그 차이가 과연 얼마이겠는가.

힘이 다하고 지혜가 곤궁하였으나 차마 사직을 망하게 둘 수 없는 것은 보통 사람이 지닌 한때의 사사로운 애통함이고, 천하에 망하지 않는 나라가 없으나 의리로는 오랑캐에게 굴복할 수 없는 것은 군자가 전하는 만대의 큰 법이다. 필부(匹夫)의 몸으로 만대의 큰 법을 세운 것은 대체로 천백 년과 천만 명에 겨우 한두 사례에 불과하다. 그런데 어찌하여 같은 시기에 외로운 성안에서 척화신으로 자수하여 죽는 것을 집으로 돌아가는 것처럼 여긴 자가 열한 명에 이르도록 많았단 말인가. 이런데도 '나라에 사람이 없었다.'라고 말할 수 있겠는가.

그런데도 화친을 주장하여 나라를 판 무리가 겉으로는 강대한 오랑캐를 핑계 대고 안으로는 우리 임금을 위협하여 충의로운 사람들을 모두 결박하고 견양(牽羊)의 예[71]를 앞장서 행했던 것은 무엇 때문인가? 얼음과 숯은 성질이 같아질 수 없고, 향기로운 풀과 누린 풀은 같은 그릇에 담을 수 없으니, 군자와 소인은 형세상 양립할 수 없기 때문이다.

저 항복이란 동일한 것이다. 비록 오랑캐가 삼학사의 이름을 거명하며 내놓기를 요구했다 할지라도 또한 우리의 항복을 압박한 데 불과한 것이었으니, 항복했다면 그만이었고 항복하지 않았다면 그 또한 그만

**71** 견양(牽羊)의 예 : 항복하여 귀순하는 것을 가리킨다. 《춘추좌씨전》 선공(宣公) 12년에 정(鄭)나라가 초(楚)나라에 포위되어 버티다 항복하였는데, 궐문으로 들어오는 초나라 임금을 "정나라 군주가 웃옷을 벗고 양을 끌고서 영접하였다.〔鄭伯肉袒, 牽羊以逆.〕"라고 서술하였다.

이었다. 당시 척화신으로 자수한 자 또한 많았는데,[72] 마침내 반드시 삼학사로 항복 논의의 마지막을 끝막음을 한 것은 어찌 화친을 주장하는 자들의 뜻이 아니었겠는가. 아! 참으로 잔인하도다. 그러므로 윤집(尹集)과 오달제(吳達濟) 두 학사가 서로 말하기를 "저들이 우리를 빌미로 한 시대의 명사를 모두 죽이고자 한다."라고 하였다. 두 학사가 이미 인(仁)을 구하여 인을 얻었으니, 이에 이르러 어찌 다시 남을 원망하고 속였겠는가. 그러나 필시 그들의 창자 속을 환히 들여다보듯 함이 있었을 것이다. 아! 슬프다.

내가 일찍이 청나라 사람이 지은 《개국방략(開國方略)》이란 책을 보았는데, 삼학사가 절개를 지키다 죽은 것에 대해 쓰기를 "의론을 주창하여 명나라에 충성하였고, 맹약을 깨뜨려 전란을 초래하였다.〔倡議袒明, 敗盟搆兵.〕"[73]라는 구절이 있었다. 이윽고 또 《문헌통고(文獻通考)》란 책을 보니, 조선에 대해 논하면서 "명나라 말년에 처음부터

**72** 당시……많았는데 : 병자호란 때 남한산성이 포위되어 고립되자, 강화론(講和論)이 득세하여 마침내 항복하기로 결정하였는데, 청 태종은 척화파 2, 3명을 잡아 인도할 것을 요구하였다. 이에 조정에서 1637년(인조15) 1월 22일에 척화인에게 자수하도록 명을 내렸는데, 그날로 이조 참판 정온(鄭蘊)이 자신을 묶어 적진에 보내라고 먼저 차자를 올렸고, 이튿날부터 전 교리 윤집과 전 수찬 오달제, 부호군 윤황(尹煌) 등이 같은 내용으로 상소하였으며, 예조 판서 김상헌(金尙憲)은 관을 벗고 궐문 밖에 짚을 깔고 엎드려 적진에 나아가 죽게 해달라고 청하였다고 한다. 《仁祖實錄 15年 1月 22日, 23日》

**73** 의론을……초래하였다 : 《황청개국방략》 권24 〈태조문황제(太宗文皇帝)〉 조목의 "숭덕 2년(1637) 3월 갑진일(5일)에 조선국 신하 홍익한 등이 사형에 처해지다〔崇德二年三月甲辰, 朝鮮國臣洪翼漢等伏誅〕"라는 기사에 "이때에 이르러 홍익한, 윤집, 오달제를 저자에서 참수하여, 의론을 주창하여 명나라에 충성하고 맹약을 깨뜨려 전란을 초래한 죄를 바로잡았다.〔至是斬洪翼漢、尹集、吳達濟於市, 以正其倡議袒明敗盟搆兵之罪.〕"라고 적혀 있다.

끝까지 명나라를 배반하지 않았으니, 오히려 예의를 중시한 나라라 할 만하다.〔明之末年, 未嘗終始叛明, 猶爲重禮義之邦也.〕"[74]라고 적혀 있었다. 아! 의론이란 존양(尊攘 명나라를 높이고 청나라를 물리침)을 말하고, 충성이란 보호하고 도운 것을 말한다. 그 사람은 이미 죽였으나, 오히려 그 충의로운 실상은 인멸하지 않았고, 그 나라는 이미 항복시켰으나, 오히려 그 부득이했던 사정을 밝혀놓았으니, 오랑캐 또한 사람 마음이 있는 것인가?

그렇다면 저 군주를 위협하고 현자를 해친 무리가 비록 오랑캐와 우리나라 사이에 공로를 구하고자 했지만, 더욱 오랑캐들에게조차 욕을 먹는 신세가 되었음에도 스스로 깨닫지 못하였으니, 또한 애처롭지 않은가. 전(傳)에 이르기를 "화락하신 군자는 신명께서 보우하는 바로다.〔豈弟君子, 神所勞矣.〕"[75]라고 하였다. 하늘이 장차 만세의 큰 법을 세 군자에게 맡기고자 하였기 때문에, 소인들의 마음을 가만히 인도하여 세 군자에게 재앙을 내려 이루게 한 것이다. 하늘의 마음이 아마 그렇지 않았겠는가.

아! 노중련은 배신(陪臣 제후국의 신하)이었으니, 그 마음이 존왕(尊王 천자를 높임)에서 벗어나지 않았다. 이 때문에 자취가 비록 고상하더라

**74** 명나라……만하다 : 《청조문헌통고(淸朝文獻通考)》 권294 〈사예고 2(四裔考二)〉 "조선 2(朝鮮二)"에 실려 있다. 원문에는 "또 저들에게도 취할 만한 점이 있으니, 명나라 말년에 저들은 처음부터 끝까지 명나라를 배반한 적이 없으니, 오히려 예의를 중시한 나라라 할 만하다.〔且彼更有可取者, 明之末年, 彼始終未嘗叛之, 猶爲重禮義之邦也.〕" 라고 되어 있다.

**75** 화락하신……바로다 : 《시경》 〈한록(旱麓)〉에서 주(周)나라 문왕(文王)의 덕을 칭송하며 한 말이다.

도 변론은 실로 유세가에 가까웠던 것이다. 문 신국은 송나라 신하였으니, 그 의리가 오랑캐에게 죽는 것이 마땅하였다. 충정이 비록 컸지만 사람들이 또한 따라 미칠 수 있는 것이었다. 오직 배신(陪臣)으로서 천자를 위해 죽고, 이적으로서 공자의 《춘추》의 큰 뜻을 얻은 자로는 천하와 만세에 아마 우리 동방의 삼학사뿐일 것이다.

금상 갑신년(1824, 순조24)에 오 충렬공(吳忠烈公 오달제)의 손자 오경원(吳慶元)[76]이 나에게 다음과 같이 말하였다.

"처음에 선조들께서 화를 당했을 때에 홍익한(洪翼漢)과 윤집(尹集) 두 공은 모두 의관(衣冠)을 장사 지냈는데, 유독 저의 선조만은 패용하시던 누런 비단주머니와 남기신 의대(衣帶)가 있어 수행하던 종이 가지고 돌아왔습니다. 공의 계배(繼配)이신 남 부인(南夫人)[77]께서 '이것만으로 혼을 불러 장례를 지내는 것은 예가 아니다.'라고 하시고, 늘 그 띠와 주머니를 지니고서 밤낮으로 잠시도 놓지 않았습니다. 부인이 돌아가시자 용인현(龍仁縣) 모현촌(慕賢村) 자좌(子坐)의 언덕에 장례를 지냈는데, 전배(前配)이신 신 부인(申夫人)[78]과 쌍분을 만들고 남기신 띠와 주머니를 쌍분 사이에 묻었으니, 선조께서는 결국 묘소가

**76** 오경원(吳慶元) : 1764~?. 본관은 해주(海州), 자는 선여(善餘), 호는 수양일민(首陽逸民)이다. 1783년(정조7) 진사시에 합격, 영희전 참봉(永禧殿參奉), 연일 현감(延日縣監), 해주 판관(海州判官), 금산 군수(錦山郡守) 등을 역임하였다. 역사에 밝아 우리나라가 명나라와 교섭한 사실을 엮은 《소화외사(小華外史)》를 저술하였다.

**77** 남 부인(南夫人) : 의령 남씨(宜寧南氏, 1616. 7. 17~1671. 5. 4)로 평강 현감(平康縣監)을 지낸 남식(南烒)의 딸이다. 《忠烈公遺稿 附錄 貞夫人南氏行錄》

**78** 신 부인(申夫人) : 고령 신씨(高靈申氏, 1607~1634)로 승정원 도승지를 지낸 신득연(申得淵)의 딸이다. 《忠烈公遺稿 附錄 貞夫人高靈申氏行錄》

없게 된 것입니다. 저는 세대가 멀어질수록 차츰 인멸될까 두려워 비석을 세워 표시를 하고자 합니다. 공께서는 문정공(文正公 김상헌(金尙憲))의 후손이시니, 비문을 구하자면 공을 놔두고 누구에게 구하겠습니까. 또 선조께서 비록 의를 실천하다 돌아가셨더라도 실제로는 화친을 주장한 자들이 마음에 달게 여겼던 바입니다. 그런데도 세상에 부끄러움이 없는 자들은 간혹 '화친을 주장하는 자들이 일찍이 우리 선조를 원수처럼 보지 않았다.'라고 말하기도 하니, 공께서 밝히지 않아선 안 됩니다."

나는 다음과 같이 말하였다.

"그렇다. 사람이 죽을 때에 체백(體魄)은 아래로 꺼지므로 무덤을 만들게 된 것이고, 혼기(魂氣)는 위로 오르므로 향을 사르는 연기에 혼령이 감응하는 것이다. 공의 죽음으로 말하면 체백이 꺼진 것이 비록 어디인지 알지 못하지만, 영혼(英魂)과 정기(正氣)는 반드시 누린내 나는 땅을 편히 여기지 않아 정신을 말로 삼고 꽁무니를 수레바퀴로 삼아,[79] 띠와 주머니를 따라서 우리나라로 돌아오지 않았다고 어찌 장담하겠는가. 그렇다면 띠와 주머니로 만든 무덤이 비록 공의 체백이 묻힌 것은 아닐지라도 밝으신 영령이 의지하신 바이니, 자손들이 향 연기로써 신령을 감동시킴이 오로지 여기에 있지 않겠는가. 어찌 비석을 세우지 않을 수 있겠는가."

이에 공께서 인(仁)을 이루신 큰 절개를 삼가 기술하여 손을 씻고 머리를 감고서 쓴다. 또 공의 평생의 사적을 모아서 시를 지어 붙인다.

**79** 정신을……삼아 : 원문은 '풍마고륜(風馬尻輪)'인데, 사람이 죽어 정신이 말로 변하고 엉덩이가 수레바퀴로 변하듯이 무한히 변화함을 형상한 말이다. 《장자》 〈대종사(大宗師)〉에 보인다.

시는 다음과 같다.

해주의 오씨는 대대로 벼슬한 집안으로　首陽之吳族簪紳
훌륭한 자손들 이어져 번성하였네　華胄遙遙繼振振
경사와 선행이 쌓이고 쌓여 하늘을 감동시켰으니　慶積善累厥感帝
하늘이 우리 공을 내려보내 혼미한 나루의 뗏목이 되게 하셨네　帝降我公筏迷津
태어난 해는 만력 기유년 6월이고　萬曆己酉夏之季
그날은 초8일이었고 시각은 진시였네　其日初八其時辰
휘는 달제이고 자는 계휘이니　達濟其諱季輝字
백부는 추탄[80]이시고 만운[81]이 부친이셨네　伯父楸灘晚雲親
모친 최 부인[82]은 세마의 따님으로　母崔夫人洗馬女
부인의 범절에 어긋남 없어 가르침을 회임 때부터 시작했네　女儀無愆敎自娠
공은 타고난 아름다운 자질에 성품과 습관이 함께 이루어져　蘭薰醴源性竝習
어려서부터 효도하고 우애함이 넉넉하였네　孝友從幼富不貧

80 추탄(楸灘) : 오윤겸(吳允謙, 1559~1636)의 호이다. 자는 여익(汝益)으로 1582년(선조15) 사마시에 합격하였고 1597년 별시 문과에 급제하였다. 부교리, 승지, 강원도 관찰사, 광주 목사(廣州牧使)를 지냈다. 인조반정 이후에 판서를 거쳐 삼정승을 지냈다.

81 만운(晩雲) : 부친 오윤해(吳允諧, 1562~?)의 호이다. 자는 여화(汝和)로 문사(文辭)에 뛰어났다. 광해군 때 수찬, 여주 목사 등을 역임하다 병자호란이 일어나자 이를 부끄럽게 여겨 벼슬하지 않고 학문에만 전념하였다.

82 최 부인(崔夫人) : 수원 최씨(水原崔氏)로 최형록(崔亨祿)의 딸이다.

14세에 오랑캐를 토벌하자는 상소를 올리려 하였으니 十四擬進討虜疏
요동과 심양이 온통 함락된 건 신유년이었네[83] 遼瀋皆沒歲在辛
을축년(1625)에 기러기 바치고 신 부인을 맞았고 乙丑委禽娶于申
두 해 뒤에 사마시를 거쳐 성균관에 올라갔네[84] 再翌司馬登成均
창계[85]와 회곡[86]은 모두 함께 급제한 분들이라 滄溪晦谷皆同榜
지금 추억하자니 또한 성대하였도다 至今追思亦彬彬
스물한 살에 부친을 여의어 시묘살이 하였고 廿一苴杖考憂宅
스물다섯 살 계유년(1633)에 신 부인의 상에 애통했네 廿五癸酉腹悲呻
갑술년(1634) 봄에 문과 별시에서 장원을 하니 戌春射策魁別試
그때의 글을 세상에서 다투어 외며 보배로 삼았네 其文爭誦傳世珍

**83** 14세에……신유년이었네 : 청 태조 누르하치가 1616년에 대금(大金)이란 나라를 개창하고 명나라를 공격을 시작하여 1621년(광해군13)에 요동을 공격하여 함락시킨 것을 가리킨다. 14세는 1622년(광해군14)이다.

**84** 두……올라갔네 : 오달제는 1627년(인조5)에 사마시에 합격하였다.

**85** 창계(滄溪) : 삼학사의 한 사람인 윤집(尹集, 1606~1637)의 호로 추정된다. 윤집의 자는 성백(成伯)이고 호는 임계(林溪)・고산(高山)이다. 같은 해에 생원시 합격자에 이름이 올라 있다.《天啓七年八月初四日丁卯式年司馬榜目》

**86** 회곡(晦谷) : 조한영(曺漢英, 1608~1670)의 호이다. 본관은 창녕(昌寧), 자는 수이(守而), 호는 회곡(晦谷)이다. 1627년(인조5) 생원시에 합격, 1637년(인조15) 정시문과에 장원으로 급제하였다. 1640년(인조18) 군대를 파견하고 원손을 볼모로 보내라는 청나라의 요구를 반대하며 만언소(萬言疏)를 올렸다가 이에 1641년(인조19) 김상헌 등 척화파와 함께 청나라 심양으로 잡혀가 고문을 받고 투옥되었으나 굽히지 않다가 이듬해 풀려났다. 벼슬이 참판에 이르렀다. 시호는 문충(文忠)이다.

처음 성균관 전적에 제수되어 가을에 모친을 찾아뵈었고

初拜典籍秋榮覲

다시 남씨 부인을 얻으니 이듬해 봄이었네[87] 續絃南楣迨明春

예조와 병조 정랑을 거쳐 시강원에 들어가니 歷郎禮兵入雷肆

사간원과 사헌부에서 자주 자리 옮겼네[88] 薇垣柏府遷官頻

병자년에 부수찬 거쳐 수찬에 오르니 丙子由副陞修撰

여덟 조목으로 간절히 정치 현안을 진술했네[89] 八條懇懇時政陳

이해 여름 5월에 오랑캐와 화친을 배척하니 是年夏五斥虜和

늠름함이 호생이 진회와 왕륜을 성토한 것과 같았네[90]

凜如胡生誅檜倫

혁혁한 명성이 조정과 재야를 진동시키니 聲名赫赫動朝野

이로부터 간사한 사람의 미움을 받음을 어찌하랴 自此無奈忤憸人

겨울 12월 갑신일(14일)에 冬十二月日甲申

**87** 다시……봄이었네 : 오달제는 27세 되던 1635년(인조13) 3월 6일에 의령 남씨(宜寧南氏, 1616. 7. 17~1671. 5. 4)를 계배로 맞았다. 《忠烈公遺稿 附錄 貞夫人南氏行錄》

**88** 예조와……옮겼네 : 오달제는 1635년(인조13)에서 1636년 사이에 시강원 사서, 사간원 정언, 사헌부 지평, 홍문관 부수찬, 수찬 등을 두루 역임하였다. 《忠烈公遺稿 附錄 遺事》

**89** 병자년에……진술했네 : 오달제가 수찬이 된 것은 1636년(인조14) 2월 29일인데, 여덟 조목은 당시에 올린 〈시폐팔조(時弊八條)〉를 가리킨다. 《忠烈公遺稿 疏》

**90** 호생(胡生)이……같네 : 호생은 송나라 호전(胡銓, 1102~1180)을 가리킨다. 자는 방형(邦衡), 호는 담암(澹庵)으로 고종(高宗) 때 추밀원 편수관으로서 간신 진회(秦檜)와 왕륜(王倫) 등의 목을 베어야 한다고 상소를 올렸다. 이에 진회의 노여움을 사서 길양군(吉陽軍)에서 귀양살이를 하다가 진회가 죽고 효종(孝宗)이 즉위하자 다시 등용되었다. 《宋史 卷374 胡銓列傳》

만주의 말이 동국에서 우니 비린 먼지 자욱했네　牧馬東嘶漲腥塵
공이 이때 걸어서 남한산성에 올라　公時徒步上南漢
형제[91]가 서로 이끌며 도성을 떠난 임금을 호종하였네
兄弟相携扈去邠
이에 충정공과 함께 짧은 차자를 올리니[92]　却聯忠貞拜短箚
웅대한 말과 곧은 기개가 함께 번쩍였네　雄辭直氣兩嶙峋
간사한 사람을 베어 대중을 경계하라 청하였으나　請斬憸人警大衆
임금의 뜻은 와신상담하기를 굳게 지켰네[93]　聖志堅守膽與薪
독전어사는 그저 이름일 뿐이었으니　督戰御史徒名耳
의리로는 오직 스스로를 지켜 몸을 깨끗이 할 수밖에 없었네[94]
義惟自靖爲潔身
간사한 사람들이 오랑캐를 믿고 임금을 흔들며　憸人挾寇訌君父
급히 척화신을 찾아내야 한다 떠들었네　謂言急索斥和臣

**91** 형제(兄弟) : 오달제와 그의 형 오달승(吳達升, 1591～1638)을 가리킨다. 오달승의 자는 사현(士玄)으로 당시 승지로 임금을 호종하였다.

**92** 충정공(忠貞公)과……올리니 : 충정공은 삼학사의 한 사람인 윤집(尹集, 1606～1637)을 가리킨다. 1637년(인조15) 1월 22일에 청나라의 압력에 밀려 조정에서 화친을 배척한 자에게 자수하도록 하였는데, 이튿날 전 교리 윤집과 전 수찬 오달제가 상소하여 오랑캐에게 가서 죽을 것을 청하였다.

**93** 임금의……지켰네 : 당시 인조가 주화론(主和論)에 경도되어 청나라와 화친을 했다가 훗날을 도모하고자 했다는 의미이다.

**94** 독전어사(督戰御史)는……없었네 : 독전어사는 전투를 감독하는 어사라는 뜻인데, 임금이 화친을 고집하여 전투를 벌이려 하지 않아 움직일 수 없었다는 의미이다. 오달제 또한 1636년(인조14) 12월 24일에 독전어사의 직함을 띠고서 다른 군직(軍職)도 겸하였다. 《仁祖實錄》

오직 열한 분의 현자께서 다투어 사지에 나아가니 惟十一賢爭就死
같은 마음에 같은 말로 머뭇거리지 않았네 同心同辭不逡巡
성상께서 눈물 떨구며 차마 결단하지 못하였고 聖主垂淚不忍決
조정의 의론 분분하여 날짜만 지체했네 廷議紛紜日因循
공이 다시 강개한 말로 충정공에게 말씀하기를 公復慷慨語忠貞
나와 그대의 목숨만이 오랑캐의 요구를 채워줄 수 있다 했네 子與吾可塞强隣
충정공이 흔쾌히 함께 소를 상주하여 忠貞欣然共草奏
날카로운 오랑캐의 검에도 찌푸리지 않겠다 했네 虜劍雖利臣不嚬
간사한 자들이 위협하는 흉계가 더욱 심해졌고 群奸迫脅計愈急
사납고 교만한 군사들이 궁궐을 향해 공격했네 悍校驕兵鬧楓宸
만인이 울며 서문의 길로 전송하니 萬人哭送西門道
울부짖는 통곡소리 하늘까지 닿았네 哭聲嗚嗚干蒼旻
푸른 하늘은 무지하여 환한 대낮이 괴롭기만 한데 蒼旻懵懵白日苦
봄바람에 죄수 되어 북쪽 수레를 따라가네 春風南冠隨北輪
길가에서 세 통의 편지를 형님께 보내니 路上三裁寄兄札
어미와 처를 위로한 그 시구절만 처량했네[95] 慰母與妻詩凄新
오랑캐들 혀를 내두르며 충순함을 칭송하여 胡兒嘖舌誇忠純
음식을 바쳐 손님을 대하듯 공경하였네 獻以肴羞敬如賓
심양의 문은 거무스름하여 범의 소굴 열렸는데 瀋關深黑呀虎窟

95 길가에서……처량했네 : 오달제가 1637년(인조15) 1월에 심양으로 압송되어 떠날 때에 모친과 형과 아내에게 준 시를 가리킨다. 《忠烈公遺稿 詩 憶母親韻用進退體・寄伯氏・寄內》

승냥이들 고기를 다투며 입술에 피가 홍건하네　　猰㺄競肉血染唇

공께서 소리를 높여 오랑캐를 꾸짖으니　　公抗其辭罵羯狗

오랑캐들 감히 공을 죽일 수 있었지만 감히 성내지 못하였네
　　虜敢殺公不敢嗔

4월 무자일(19일)이 무슨 날이었나　　首夏戊子是何日

공께서 강직한 기개 지니고 참된 세계로 돌아갔네　公乘浩氣奄歸眞

북방은 잠시도 머물 수 없으니　　北方不可以止些

낮에는 개와 양만 보이고 밤엔 귀신불이 횡행하네　晝見犬羊夜鬼燐

나비로 변하여 그대의 꿈에 의탁하면　　化爲蝴蝶托君夢

평소 정신이 교감하여 진한 술 마신 듯 감화되리　平生神契如飮醇

예부터 사람이 나서 누군들 죽지 않았으랴　　古來人生孰無死

맹자는 의를 취하고 공자는 인을 이룬다 했네[96]　　孟云取義孔成仁

하늘의 법과 사람의 윤리가 영원히 실추되지 않아　天常人紀永不墜

백성들이 금수가 됨을 면함이 공의 신명 덕분일세　民免禽豚繄公神

공의 신명이 하늘에 계시어 일월과 같으니　　公神在天如日月

그 광채가 먼저 우리 동방 끝까지 덮어주네　　光華先被左海垠

열성조께서 애통함 품고 하늘의 가호가 없음을 긍휼히 여겨
　　列聖銜痛憫不弔

96 맹자(孟子)는……했네 : 구차한 삶보다 의(義)와 인(仁)을 지킴이 중요함을 말한 것이다. 맹자가 "삶도 내가 바라는 바이고 의로움도 내가 바라는 바이지만, 두 가지를 다 얻을 수 없다면 삶을 버리고 의를 취할 것이다.〔生亦我所欲也, 義亦我所欲也, 二者不可得兼, 舍生而取義者也.〕"라고 한 것과 공자가 "뜻을 지닌 선비와 어진 사람은 살기를 구하여 인을 해침이 없고, 제 몸을 죽여서 인을 이룸이 있다.〔志士仁人, 無求生以害仁, 有殺身以成仁.〕"라고 한 것을 말한다. 《孟子 告子上》《論語 衛靈公》

절의를 표창하여 은혜로운 윤음을 드리웠네 褒奬節義垂恩綸
영의정에 추증하고 충렬이란 시호를 내리고 贈之上相謚忠烈
사당에 제사하고 후손을 녹용하여 백성들 권면했네[97] 侑祠錄後勵臣民
용인의 언덕에 쌍분이 나란히 솟으니 龍阡雙墳屹相竝
두 부인이 앞서거니 뒤서거니 무덤에 묻히셨네 兩配後先卽玄窀
공이 남기신 띠와 주머니를 두 무덤 사이에 묻으니 遺衣帶囊其間瘞
지나는 행인들 가리키며 눈물이 수건을 적시네 行人指點涕沾巾
아! 어진 후손의 심모원려가 다함이 없어 嗟爾賢嗣思不匱
흰머리로 글을 구하여 비석을 세우고자 하네 白首乞文謀貞珉
내가 붉은 붓을 잡고서 자주 팔뚝 괴니 余搦彤毫屢扼肘
이백 년 전의 사적이 어제의 일처럼 느껴지네 二百年事如隔晨
아! 하늘이 무너지고 다시 땅이 꺼진들 嗚呼天壞復地塌
공의 이름과 공의 영령이 사라지랴 公名公靈乃可湮

**97** 영의정에……권면했네 : 1668년(현종9) 7월 27일에 조정에서 삼학사의 사당을 세우고 후손을 녹용하자는 논의가 있어 임금의 허락을 받았고, 1685년(숙종11) 남구만(南九萬)의 요청으로 오달제는 이조 판서에 추증되었으며, 1686년(숙종12) 6월 13일에 남구만이 삼학사에게 시호를 내려주기를 청하여 그해 12월 홍익한에게는 충정(忠正), 윤집에게는 충정(忠貞), 오달제에게는 충렬(忠烈)이란 시호가 내려졌다. 《顯宗實錄》《肅宗實錄》《忠烈公遺稿 附錄 遺事》

# 묘갈墓碣

## 동지중추부사 이공 묘갈명[98]

同知中樞府事(李公)墓碣銘

옥국재(玉局齋) 이 선생(李先生)은 삼산 상서(三山尙書)[99]의 조카이고 단릉 처사(丹陵處士)[100]의 아우로 삼십 년을 음직으로 전전하다가

**98** 동지중추부사 이공(李公) 묘갈명 : 이운영(李運永, 1722~1794)에 대한 묘갈명이다. 이운영의 아들 이희연(李羲淵, 1755~1820)의 부탁으로 지은 것으로 작성 시기는 순조 초년으로 추정된다. 이운영의 본관은 한산(韓山), 자는 건지(健之), 호는 옥국재(玉局齋)이다. 아버지는 단양 군수를 지낸 이기중(李箕重)이고, 판서 이태중(李台重)의 조카이며, 단릉처사(丹陵處士) 이윤영(李胤永)의 아우이다. 1759년(영조35) 진사시에 합격, 면천 군수(沔川郡守), 금산 군수(錦山郡守) 등 외직을 주로 역임하였다. 정조가 세손으로 있을 때 극진하게 시종한 공로를 인정받아 1789년(정조13)에 돈녕부도정(敦寧府都正)이 되었고, 계속 승진해 동지중추부사에까지 이르렀다. 문장에 능하고 글씨도 잘 썼다. 저서로 《옥국재유고》 10권이 있다.

**99** 삼산 상서(三山尙書) : 이태중(李台重, 1694~1756)을 가리킨다. 본관은 한산(韓山), 자는 자삼(子三), 호는 삼산이다. 1730년(영조6)에 문과에 급제, 벼슬이 판서에 이르렀다. 노론 청류의 입장에서 소론에 맞서 벼슬길에 부침이 많았다. 청백리에 녹선되었고, 시호는 문경(文敬)이다. 저서로 《삼산집》이 있다.

**100** 단릉 처사(丹陵處士) : 이윤영(李胤永, 1714~1759)을 가리킨다. 본관은 한산(韓山), 자는 윤지(胤之), 호는 단릉·담화재(澹華齋)이다. 젊어서부터 과거 시험을

특별한 공적을 드러내지 못하고 세상을 떠났다. 그러나 그가 세상에 있을 때엔 존귀한 임금과 고귀한 공경대부들부터 모두 "사인야(斯人也)"라고 하였고, 선비와 처사들 중 연로한 이들은 모두 "모보(某甫)"라고 하였으며, 젊은 사람들은 모두 "모장(某丈)"이라 하였고, 무지한 부녀자들과 미천한 하인들 또한 모두 "모공(某公)"이라고 불렀다.[101] 그를 중히 여기는 자는 공이 찡그리거나 웃는 것으로 월조평(月朝評)[102]을 삼을 듯이 하였고, 공을 사랑하는 자는 제 친척을 사랑하듯 하면서도 스스로 알지 못했으니, 이 어찌 다만 삼산 상서와 단릉 처사의 광영이 그 자제를 덮어준 것이겠는가. 오직 공의 소박하고 예스러우며 활달하고 담박한 자태와 충후하고 겸양하는 마음과 두루 사랑하고 어진 이를 가까이한 범절이 우뚝이 옛 군자가 남긴 풍모와 운치를 지녀서, 공의 앞에 나아간 자는 마음이 취하고, 공의 명성을

단념하고 산수를 즐기다가 부친이 단양 군수로 부임한 것을 계기로 단양의 사인암(舍人巖)에 정자를 짓고 은거하여 구담(龜潭)에 정자를 지은 이인상(李麟祥)과 절친하게 지냈다. 노론의 청류를 지향하여 윤리와 지조를 중시하였다. 예서와 전서에 뛰어나 이인상의 그림에 화제를 많이 썼고, 산수화도 잘 그렸다. 저서에 《단릉유고》가 있다.

**101** 그가……불렀다 : 각기 신분에 따라 죽음을 달리 애도하였다는 의미이다. '사인야(斯人也)'는 존귀한 이가 인재를 안타까워하는 의미로 《논어》〈옹야(雍也)〉에 공자가 제자 염백우(冉伯牛)의 병을 위문하며 "이런 사람이 이런 병에 걸리다니!〔斯人也而有斯疾也!〕"라고 탄식한 데서 온 말이다. '모보(某甫)'는 대등한 사이에 높여 부르는 말이고, '모장(某丈)'은 젊은이가 노성한 이를 높여 부르는 말이고, '모공(某公)'은 일반 사람이 존귀한 이를 높여 부르는 말이다.

**102** 월조평(月朝評) : 인물을 품평하는 것을 말하는데, 월단평(月旦評)과 같은 말이다. 후한(後漢)의 허소(許劭)가 그 종형(從兄) 허정(許靖)과 함께 향당(鄕黨)의 인물을 대상으로 매월 초하루마다 품평을 한 데서 유래하였다. 《後漢書 卷68 許劭列傳》

들은 자는 감동을 품었기 때문이니, 얕고 깊음은 비록 달랐으나 명성과 평판에는 차이가 없었다.

공이 세상을 떠났을 때에는 공을 아는 자이건 모르는 자이건 또 같은 소리로 애석해하지 않은 자가 없었고 서로 위로하며 슬퍼하지 않은 자가 없었다. 지금에 이르러 무덤가의 나무가 이미 아름드리로 자랐는데도 사람들이 사모하는 것이 오래될수록 더욱 잊지 못하고 있다.

공은 휘가 운영(運永), 자가 건지(健之)인데, 한산(韓山) 사람으로 목은 선생(牧隱先生)의 14세손이다. 공은 경종(景宗) 임인년(1722, 경종2)에 태어났다. 어려서 병에 걸려 거의 죽음에 이르렀는데, 모부인(母夫人)이 약그릇을 들고서 권하였으나 혼미하여 알지 못했고, 숟가락으로 약을 떨구어도 입으로 들어가지 않았다. 이에 모부인이 약그릇을 내려놓고 울자, 공이 홀연 눈을 뜨고 바라보며 말하기를 "어찌 이토록 슬퍼하십니까?"라고 하였다. 이에 모부인이 "네가 약을 마시지 않기에 우는 것이다."라고 하였다. 공이 모부인에게 "만약 이 약을 마시면 어머니의 마음에 위안이 되시겠습니까?"라고 하고서 손을 뻗어 그 눈물을 닦아주고, 억지로 몸을 일으켜 단번에 들이마시고 다시 누워 달게 잠을 잤다. 얼마 뒤에 소생하게 되자, 사람들이 모두 기이하게 여겼다.

영종(英宗) 기묘년(1759, 영조35, 38세)에 진사시에 합격하였고, 이듬해 세자익위사 세마(世子翊衛司洗馬 정9품)에 제수되었다. 이때 형이 막 세상을 떠나 부모가 몹시 애통해하자, 공이 차마 부모 곁을 떠나지 못하여 사직하고 나아가지 않았다.

신사년(1761, 영조37, 40세)과 임오년(1762, 영조38)에 거듭 부모의 상을 당하니, 애통해함이 심하여 거의 지탱하지 못할 지경이었다. 상기를 마치자 세자익위사 부솔(世子翊衛司副率 정7품)에 제수되었으니, 정종(正宗 정조)이 세손으로 있을 때였다. 얼마 뒤에 임기가 차서 자리가 바뀔 때가 되어서 소대(召對)하는 차에 배움을 좋아해야 한다는 취지로 정성스러운 수백 마디의 권계를 세손께 진달하였다. 절실하고 정직하게 피하지 않고 한 말이 많으니, 세손이 용모를 고치고서 대답하였다. 이윽고 몇 년 뒤에 다시 계방(桂坊 세자시강원)에 들어가자, 세손이 기뻐하며 말하기를 "떠날 때 학문을 권면한 말을 내가 늘 기억하고 있었다."라고 하였다. 세손이 왕위에 오른 뒤에, 공을 보게 되면 여전히 계방(桂坊)의 옛 신료라고 일컬었다. 공의 아들 이희연(李羲淵)[103]이 처음 벼슬에 나아가자, 성상이 공의 안부를 물으며 "돌아가거든 내가 잊지 않고 있다는 뜻을 전하라."라고 하였으니, 성상의 돌아보심이 대체로 이와 같았다.

정해년(1767, 영조43, 46세)에 전설사 별제(典設司別提 종6품)를 거쳐 한성부 주부(漢城府主簿 종6품)로 옮겼다. 형조(刑曹)에 들어가 좌랑, 정랑을 역임하고 외직으로 금성 현령(金城縣令)으로 나갔다. 금성현은 금강산에 접해 있다. 공은 수청초부(水青樵夫)[104] 및 보월산(寶月山)의 승려와 함께 산에 들어가 내외 금강산의 명승을 두루 감상하며

**103** 이희연(李羲淵) : 1755~1820. 본관은 한산(韓山), 자는 사정(士靖)이다. 1783년(정조7) 생원시에 합격하였다. 1792년(정조16) 혜릉 참봉에 임명되었고, 이어 직장·주부·첨정 등을 거쳐 1808년(순조8) 옥천 군수(沃川郡守)를 지낸 뒤 광주 목사(光州牧使)를 역임하였다. 검소한 생활로 일생을 보냈으며 관직에 있을 때 청렴하기로 이름이 높았다.

**104** 수청초부(水青樵夫) : 이름은 정일(鄭逸)로 방외인이다. 당시 김종수(金鍾秀), 이유수(李惟秀), 윤급(尹伋), 남유용(南有容), 김상묵(金尙默) 등 노론 청류 13학사와 자주 어울렸다고 한다. 《夢梧集 夢梧金公年譜 卷1》《金陵集 卷12 李尙書東園雅集圖記》

시를 수창하기를 그치지 않으니, 깎아지른 절벽 사이에 필적이 많이 남아 있다. 지금도 단풍이 막 붉어지면 절의 승려가 매번 첩지(牒紙)를 갖춰 금성현에 알리니, 공이 재임할 때부터 시작되었다고 한다.

신묘년(1771, 영조47, 50세)에 면천 군수(沔川郡守)로 승진하였는데, 친혐(親嫌)을 이유로 해직되어 돌아와[105] 다시 세자익위사 익위(翊衛 정5품)를 거쳐 황간 현감(黃澗縣監)이 되었다가, 얼마 안 있어 형장(刑杖)이 법식에 어긋났다는 죄목으로 그곳에 유배되었다.[106]

대체로 공은 법을 시행하면서 청간(淸簡 깨끗하고 간약함)을 위주로 하였으나, 반드시 풍교를 돈독히 하고, 남다른 행실을 보인 이를 찾아가고, 백성의 고충을 살피는 것을 급선무로 하였다. 문효세자(文孝世子)가 태어나자 사면되어 사복시 주부(司僕寺主簿 종6품)에 제수되었다.[107] 윤대(輪對)에 들어가자 정조가 공에게 마음에 품은 생각을 거듭

**105** 친혐(親嫌)을……돌아와 : 송재경(宋載經, 1718~1793)이 1772년(영조48) 여름에 충청도 관찰사로 부임하였는데, 이운영이 송재경과 사돈 관계였기 때문에 이운영이 면천 군수에서 해임되었다. 송재경의 본관은 은진(恩津), 자는 자중(子中), 호는 기기와(棄棄窩)이다. 송재경은 오랫동안 내직에서 근무하다가 이해 5월 15일에 충청도 관찰사에 임명되었고, 9월 7일에 파직되었다. 《承政院日記 英祖 47年 5月 15日, 9月 7日》《玉局齋遺稿 附 紀年錄》

**106** 황간 현감(黃澗縣監)이……유배되었다 : 이운영은 1776년(영조52) 1월 7일에 황간 현감이 되었다. 정조 때에 홍충 어사(洪忠御史) 이정운(李鼎運)이 장계를 올려 이운영이 황간 현감으로 있으면서 군전(軍錢)을 거듭 거두고 형장(刑杖)의 재질과 격식을 어겼음을 지적하여, 1781년(정조5) 2월 29일에 이운영을 그 지역에 정배(定配)하라는 명이 내렸다.

**107** 문효세자(文孝世子)가……제수되었다 : 문효세자(1782. 10. 13~1786. 6. 6)는 정조와 맏아들로 의빈 성씨(宜嬪成氏)에게서 태어났으나 5세에 요절하였다. 문효세자가 태어난 뒤 12월에 원자(元子)에 정해지자, 이를 기념한 사면령이 내려 이운영은

물었는데, 세 차례나 없다고 대답하였다. 이에 정조가 "비록 사복시의 일이 아니더라도 어찌 말할 것이 없겠느냐?"라고 하자, 공이 비로소 황간 현감으로 재임할 때에 보았던 표창할 만한 효자와 열부의 사실을 진달하였다. 승지가 격식을 벗어났다고 하며 추고(推考)를 청하자, 임금이 급히 제지하고 즉시 정려문을 세우고 복호(復戶)를 주도록 명하였다.[108] 세자의 책봉례가 이루어지자, 공조 좌랑을 거쳐 특별히 세자익위사 사어(司禦 종5품)로 옮기니,[109] 이는 장헌세자(莊獻世子)로부터 이때까지 세 분의 세자를 모신 것이었다.

을사년(1785, 정조9, 64세)에 금산 군수(錦山郡守)로 나갔다. 농사가 흉년이 들었는데 관찰사가 진휼을 허락하지 않자 이에 녹봉을 떼어 사사로이 구휼하니, 백성들이 유망(流亡)을 면하였다. 금산군 동쪽에 조 선생(趙先生 조헌(趙憲))이 순절한 옛터가 있고 칠백의사(七百義士)의 무덤이 그 곁에 있으니,[110] 공이 초혼(招魂)하는 글을 지어 혼령을

황간의 유배지에서 서울로 돌아왔다. 이운영이 사복시 주부에 임명된 것은 1784년(정조8) 3월 15일이다.

**108** 윤대(輪對)에……명하였다 : 이운영이 윤대에 들어간 것은 1784년(정조8) 윤3월 11일에 창덕궁 연화당(讌華堂)에서 있었던 일이다. 이때 이운영은 정조의 허락을 받아 황간 현감으로 있을 때 보았던 열녀의 사적을 자세히 진달하였다. 복호(復戶)는 조선시대에 충신 · 효자 · 군인 등 특정인에게 부역이나 조세를 면제해주던 일을 말한다. 《承政院日記》

**109** 공조……옮기니 : 이운영은 1784년(정조8) 5월 25일에 공조 좌랑에 임명되었고, 동년 8월 6일에 세자익위사 사어에 임명되었다. 《承政院日記》

**110** 조 선생(趙先生)이……있으니 : 조헌(趙憲, 1544~1592)은 1592년에 임진왜란이 일어나자 옥천에서 문인 이우(李瑀) · 김경백(金敬伯) · 전승업(全承業) 등과 의병 1,600여 명을 모아, 8월 1일 영규(靈圭)의 승군(僧軍)과 함께 청주성을 수복하였다.

위로하였다. 고제봉(高霽峯)의 비각을 다시 세우고,[111] 길야은(吉冶隱)의 서손을 향안(鄕案)에 써 넣으니,[112] 공이 행한 정사가 구차하지 않았음을 알 수 있다. 그러나 솔직함을 스스로 믿고서 상사를 대하며 예모를 꾸미지 않으니, 이로 인해 고과에서 중고(中考)의 평가를 받았다. 임금이 그 연유를 묻고서 웃으며 공에게 말하기를 "지금부터 세상의 법도 섞어 쓰도록 하라."라고 하였다.[113]

기유년(1789, 정조13, 68세)에 현륭원(顯隆園)으로 옮길 때,[114] 공은 옛날의 궁료라 하여 통정대부(通政大夫)의 품계에 올라 돈녕부 도정(敦寧府都正)이 되었고, 얼마 안 있어 오위장(五衛將)과 첨지중추부사(僉知中樞府事)에 제수되었다.[115]

그러나 충청도 순찰사 윤국형(尹國馨)의 방해로 의병이 강제 해산당하자, 불과 700명의 남은 병력을 이끌고 금산으로 행군하여 전라도로 진격하려던 고바야가와(小早川)의 왜군과 8월 18일 전투를 벌인 끝에 중과부적으로 모두 전사하였다. 이때 전사자를 모아 묻은 무덤이 충청남도 금산군 금성면 의총리에 있는 칠백의총(七百義塚)이다.

**111** 고제봉(高霽峯)의……세우고 : 고제봉의 비각은 1592년 7월 10일에 금산 전투에서 아들 고인후(高因厚)와 함께 순절한 제봉 고경명(高敬命)을 기린 비각이다. 이 비각을 다시 건립한 것은 1789년(정조13) 3월이다. 《玉局齋遺稿 附 紀年錄》

**112** 길야은(吉冶隱)의……넣으니 : 충청도 금산에 1757년(영조33)에 창건된 야은 길재(吉再)를 모신 청풍사(淸風祠)가 있기 때문에 서손을 녹용한 것으로 보인다.

**113** 고과에서……하였다 : 이운영은 1786년(정조10) 6월의 전최(殿最)에서 중고(中考)를 받아 "조금도 세속을 따르지 않으니, 송사를 심리함에 신중해야 한다.〔固不循俗, 宜愼聽訟.〕"라는 평가를 받았다. 본문에 인용한 정조의 말은 이때 다른 수령들과 함께 입시했을 때 있었던 일이다. 《玉局齋遺稿 附 紀年錄》

**114** 현륭원(顯隆園)으로 옮길 때 : 경기도 양주 배봉산 기슭에 있던 정조의 생부 사도세자(思悼世子)의 능을 1789년(정조13)에 경기도 화성으로 이장한 후 현륭원으로 개칭한 것을 가리킨다.

갑인년(1794, 정조18, 73세)에 가선대부(嘉善大夫 종2품)에 오르고 동지중추부사(同知中樞府事)가 되었다. 곧이어 부총관(副摠管) 후보에 추천되었는데, 제수되기 전 정월 10일에 졸하니, 향년 73세였다. 용인(龍仁) 서천(鋤川)의 경향(庚向) 언덕에 장례를 지냈다.

초배(初配)는 풍천 임씨(豐川任氏)이니, 부사(府使) 임행원(任行元)의 딸이고, 계배(繼配)는 진양 강씨(晉陽姜氏)이니, 참봉(參奉) 강규환(姜奎煥)의 딸인데, 모두 부덕(婦德)을 갖추었다. 아들은 둘이니, 희연(羲淵)은 임씨 부인 소생이고 희현(羲玄)은 강씨 부인 소생으로 모두 목사(牧使)를 지냈다. 측실에서 낳은 아들은 희풍(羲風)이다.

공은 얼굴이 검고 키가 작았으며 시골의 마른 노인처럼 순박한 모습이었다. 집에 들어와선 썩은 산사나무나 묵은 등나무 위에 누웠고, 나가서는 작은 수레를 탔는데, 깃털로 장식하고 노복 하나가 밀면서 가니, 보는 자들이 몹시 괴이하게 여겼으나 개의치 않았다. 집안이 가난하여 밥 짓는 연기가 자주 끊어졌는데, 방 안을 깨끗이 치우고 단정히 앉아 손에 책 한 권을 들고 태연히 읊조리며 지내니, 미간에 은은히 세상을 초월하려는 뜻이 있었다. 인륜을 독실히 좋아하였고 풍류와 운치가 우뚝이 빼어나니, 평소에 한 집에 거처하는 십여 명에 달하는 사촌과 낮과 밤으로 함께 마시고 먹고 담소하여 화락한 즐거움이 넘쳤다. 남과 어울림에 마음을 다 쏟았고 고상한 해학이 간간이 섞이니, 어진 자건 어리석은 자건 각각 마음에 기뻐하였다. 그러나

**115** 통정대부(通政大夫)의……제수되었다 : 1789년(정조13) 8월에 통정대부 돈녕부도정에 올랐고, 이듬해 8월에 오위장에 임명되었으며, 1793년(정조17) 10월에 첨지중추부사에 임명되었다.《玉局齋遺稿 附 紀年錄》

옳지 않은 점을 보면 곧 안색을 바꾸고서 바로잡도록 지적하여 조금도 그냥 넘어간 적이 없었다.

금산 군수로 있을 때, 어떤 재상이 노비와 전답을 하사받고서, 공의 조카 아무개를 통해 청하기를 "금산의 골짜기에 장부에 누락된 땅이 많으니, 저를 위해 도모해주시오."라고 하였다. 이에 공이 편지를 써서 답하기를 "공께서 평소 노력을 기울인 것이 오직 청백(淸白) 한 가지입니다. 오늘 한때의 은전을 받았다 하여 '재득(在得)의 경계'[116]를 범한다면, 만년의 덕성에 누가 되지 않겠습니까?"라고 하였다. 윤 문익공(尹文翼公)[117]이 그 소식을 듣고 탄복하며 "사람을 사랑하기를 덕으로 했다고 일컬을 만하다."[118]라고 하였다.

바둑을 몹시 좋아하여 간혹 밤을 새우면서도 피곤해하지 않았고, 늙어서도 마찬가지였다. 선군자(先君子 김이중(金履中))께서 성천(成川)

**116** 재득(在得)의 경계 : 노년의 탐욕을 경계해야 함을 가리킨다. 공자가 말하기를 "군자에게 세 가지 경계해야 할 것이 있으니, 젊을 때엔 혈기가 정해지지 않았으므로 경계함이 여색에 있고, 장성해서는 혈기가 한창 강하므로 경계함이 싸움에 있고, 늙어서는 혈기가 쇠하므로 경계함이 얻는 데 있다.〔君子有三戒, 少之時, 血氣未定, 戒之在色; 及其壯也, 血氣方剛, 戒之在鬪; 及其老也, 血氣旣衰, 戒之在得.〕"라고 하였다. 《論語 季氏》

**117** 윤 문익공(尹文翼公) : 윤시동(尹蓍東, 1729~1797)을 가리킨다. 본관은 해평(海平), 자는 백상(伯常), 호는 방한(方閒)이다. 1754년(영조30)에 문과에 급제, 내외직을 두루 거쳐 벼슬이 우의정에까지 올랐다. 노론 벽파의 당론을 주장하여 벼슬길에 부침이 많았다. 국가의 고사(故事)를 잘 알았고 군국(軍國)의 기무(機務)에 정통하였다. 편저로 《향례합편(鄕禮合編)》이 있다. 시호는 문익(文翼)이다.

**118** 사람을……만하다 : 증자(曾子)가 "군자는 사람을 사랑하기를 덕으로써 하고, 소인은 사람을 사랑하기를 당장 편한 것으로만 한다.〔君子之愛人也以德, 小人之愛人也以姑息.〕"라고 한 말이 있다. 《禮記 檀弓上》

의 옥을 얻어 보내주자, 공이 다듬어 바둑판을 만들어 좌석에 두고서 이어 옥국재(玉局齋)라 자호하였다고 한다.[119]

희연씨(羲淵氏)가 행장 및 상재(常齋) 이공(李公)이 지은 묘지(墓誌)[120]를 가지고 와서 나에게 비갈문을 써주기를 부탁하였다. 나는 통가자(通家子)이다.[121] 태어나서 머리털이 막 마를 때부터 이미 공의 이끌어줌을 받아 몹시 우매한 지경을 벗어날 수 있었는데, 또 일찍 벼슬길에 나아가 늘 궁궐에 있다 보니 끝까지 모셔서 공에 대해서 진면목을 다 보지는 못하였을지라도 오히려 그중에 만의 하나라도 비슷하게 묘사할 수는 있다. 그러나 여러 부형과 사우들 사이에서 얻은 것으로 말하면 또한 나처럼 상세히 알고 깊이 좋아하여 종신토록 추앙하는 자는 있지 않을 것이다. 만약 천하 후세 사람들로 하여금 공이 어떠한 사람인지 알게 하고자 한다면, 옛날에 이른바 "절개를 지키면서도 세속과 단절하지 않고, 잘 화합하면서도 휩쓸리지 않는다.〔貞不絶俗, 和而不流.〕"[122]라는 말이 아마도 가까울 것이다. 가문의 내력과 자손에 대해

**119** 선군자(先君子)께서……한나 : 성천의 옥이란 예전에 풍고의 부친 김이중(金履中)이 평양 서윤으로 있을 때 얻어 보내준 옥돌인데, 실제 바둑판으로 만든 것은 이운영이 68세 때인 1789년(정조13) 5월에서 8월 사이의 일이다.《玉局齋遺稿 附 紀年錄》

**120** 상재(常齋)……묘지(墓誌) :《옥국재유고(玉局齋遺稿)》에 실린 이민보(李敏輔, 1720~1799)가 지은 묘지명(墓誌銘)을 가리킨다. 이민보의 본관은 연안(延安), 자는 백눌(伯訥), 호는 상재·상와(常窩)·풍서(豊墅)이다. 1747년(영조23) 진사시에 합격한 후 음보로 진출하여 벼슬이 판서에까지 올랐다. 시호는 효정(孝貞)이다. 저서로《풍서집》이 있다.

**121** 나는 통가자(通家子)이다 : 통가자는 혼사로 맺어진 집안의 자제를 말하는데, 풍고의 조부 김달행(金達行)의 부인이 한산 이씨(韓山李氏) 이집(李潗)의 딸이다.

**122** 절개를……않는다 : '정부절속(貞不絶俗)'은《후한서》권68 〈곽태열전(郭泰列傳)〉

서는 묘지와 행장에 자세하므로 모두 생략하고, 공의 남보다 뛰어났던 고상한 행실만 기록하였다. 명을 지어 붙이니, 명은 다음과 같다.

| | |
|---|---|
| 소나무와 잣나무의 곧고 높음이여 | 松栢之貞高兮 |
| 성품이 그와 통하도다 | 性與之通 |
| 티끌세상의 영화로움이여 | 塵世芬華兮 |
| 눈에 그것을 담지 않았도다 | 眼與之空 |
| 해학을 잘함이여 | 善戲謔兮 |
| 사람들이 그 웃음 싫어하지 않았으니 | 人不厭其笑 |
| 대체로 법도의 속에서 노닐었기 때문이었네 | 蓋從容於法度之中 |
| 살아서 그 은택 베풀지 못함이여 | 生不施其澤兮 |
| 죽어서 후세로 하여금 그 풍모를 기뻐하게 하네 | 死令後世悅其風 |

에 후한(後漢)의 명사 범방(范滂)이 곽태(郭泰)를 평가하여 "세상을 피해 숨어도 어버이의 뜻을 어기지 않았고, 절개를 곧게 지키면서도 세속을 끊지 않았다.〔隱不違親, 貞不絶俗.〕"라고 평가한 데서 유래하였다. '화이불류(和而不流)'는 《중용장구》 제10장에 "군자는 사람들과 화합하면서도 이에 휩쓸리지 않으니, 강하다, 꿋꿋함이여!〔君子和而不流, 强哉矯!〕"라고 한 데서 유래하였다.

# 부교리를 지내고 부제학에 추증된 신공에 대한 묘갈명[123]

副校理贈副提學申公墓碣銘

서암(恕庵) 신공(申公)이 세상을 떠난 지 팔십여 년이 되어가는데 무덤에 희생을 맬 비석조차 아직 없으니, 사손(嗣孫)이 그 행장을 엮어서 들고 와 나에게 묘갈명을 청하기를 "지난날 공의 집안의 농암(農巖 김창협(金昌協))과 삼연(三淵 김창흡(金昌翕)) 두 선생께서 도학(道學)과 문장(文章)의 전형(典型)이 한 시대의 모범이 되었는데, 일찍이 우리 선조를 후진 중에서 걸출하다고 칭찬하였습니다. 두 집안의 특별한 우의가 있은 지 오래이니, 공이 아니면 누가 우리 선조의 묘갈명을 짓겠습니까. 하물며 공께서 태사(太史)의 직책[124]에 계시니 말할 나위 있겠습니까."라고 하였다. 나는 글이 시원치 않다는 말로 사양하였으나 허락을 받지 못하였다.

삼가 고찰하건대, 공은 휘가 정하(靖夏)이고, 자는 정보(正甫)이다. 평산 신씨(平山申氏)이니, 고려 태사(高麗太師) 장절공(壯節公) 신숭겸(申崇謙)에게서 나왔다. 여러 대를 지나 우리 조선에 이르러 휘 개(槪)가 나와 좌의정이 되어 세종(世宗)을 섬겨 이름과 덕망이 드러났

**123** 부교리(副校理)를……묘갈명 : 1802년(순조2)경에 지은 신정하(申靖夏, 1680~1716)에 대한 묘갈명이다. 신정하의 본관은 평산(平山), 자는 정보(正甫), 호는 서암(恕菴)이다. 할아버지는 신여정(申汝挺)이고, 아버지는 영의정 신완(申琓)이며, 신유(申瑜)에게 입양되었다. 김창협(金昌協)의 문인이다.

**124** 태사(太史)의 직책 : 풍고가 1802년(순조2) 5월 18일에 삼관 대제학에 임명되었으나, 수차례 사직소를 올려 동년 6월 14일에 체직된 일이 있다.

다. 휘 상(鏛)은 판서를 지냈으니, 기묘사류(己卯士類)[125]이다. 그 손자가 립(砬)이니, 무관으로 현달하여 위엄과 명성이 북쪽 변방에 진동하였다. 임진왜란 때 왜구를 막다가 충주(忠州)의 달천(㺚川)에서 순국하였다.

이분이 휘 경진(景禛)을 낳으니, 인조(仁祖)의 의거(義擧)를 도와 정사공신(靖社功臣) 1등에 책록되었다. 관직은 영의정을 지냈고 평성부원군(平城府院君)에 봉해지니 공에게 고조가 된다. 증조 휘 준(埈) 또한 공신(3등)에 함께 책록되어 판서를 지냈고 평흥군(平興君)에 봉해졌다. 조는 휘 여식(汝栻)이니, 목사를 지냈고 판서에 추증되었다. 고는 휘 유(瑜)니, 사복시 정(贈司僕寺正)에 추증되었다. 비(妣) 공인(恭人)[126] 이씨(李氏)는 이태욱(李泰郁)의 딸이다. 본생고(本生考)는 영의정을 지냈고 평천군(平川君)에 봉해진 신완(申琓)이니, 양부 신유(申瑜)의 형이다. 비(妣) 정경부인 임천 조씨(林川趙氏)는 감사(監司) 조원기(趙遠期)의 딸이다. 처음 목사(牧使 신여식(申汝拭))의 형인 현감 휘 여정(汝梃)이 의정(議政 신완)을 취하여 아들로 삼았는데, 통덕(通德 신유)이 일찍 죽어 후사가 없자 의정(議政)이 공에게 종족으로 돌아가도록 명하였으므로 목사(牧使 신여식)와 현감(縣監 신여정)은 공에게 조(祖)와 본생조(本生祖)가 된다.

공은 태어나면서부터 준수하고 빼어났으며 부귀한 자제의 티가 전

**125** 기묘사류(己卯士類) : 1519년(중종14)에 남곤(南袞), 심정(沈貞) 등 훈구파에 의해 조광조(趙光祖), 김정(金淨), 김식(金湜) 등 신진사류가 화를 당한 사건이 기묘사화(己卯士禍)인데, 이때 화를 당한 신진사류를 기묘사류라 일컫는다.

**126** 공인(恭人) : 문・무관의 아내에게 내리는 정5품 또는 종5품의 품계이다.

혀 나지 않았다. 젊어서 경전과 역사서에 통달하였으나, 과거 공부[127]에 종사하기를 달가워하지 않고 고문(古文)을 배우는 데 힘을 쏟았다. 매번 공의 글이 나올 때마다 여러 노선생이 번갈아 감탄하며 칭찬하니, 동시대의 여러 동년배와 사우들의 명성이 모두 공의 아래에 있었다.

숙종 을유년(1705, 숙종31, 25세)에 증광시에 급제하였다.

병술년(1706, 숙종32)에 천거되어 예문관 검열 겸 춘추관 기주관이 되었다.

정해년(1707, 숙종33)에 의정공(議政公 생부 신완)의 상을 당하였다.

이듬해에 정승 최석정(崔錫鼎)이 역적 민암(閔黯)의 첩자(妾子)들이 연좌율을 받게 된 것을 풀어주고자, 의정공이 신사년(1701, 숙종27)에 헌의하며 한 말을 인용하면서 자신의 뜻을 견강부회하여 조정에 청하였다.[128] 그러자 여러 당인(黨人)이 그 설이 나옴을 기회로 다투어 떠들썩하게 증거로 삼았다.

**127** 과거 공부 : 원문은 '박사가언(博士家言)'인데, 남북조 시대 양(梁)나라 사마경(司馬褧)의 부친이 삼례(三禮)에 밝아 벼슬이 제(齊)나라의 국자 박사(國子博士)에 이르렀고 그 아들 사마경이 가업을 이어받아 관로에 나아가서 국가의 중요한 예제(禮制)를 주관했던 데서 유래하였다. 《梁書 卷40 司馬褧列傳》

**128** 최석정(崔錫鼎)이……청하였다 : 1701년(숙종27) 11월에 장희재(張希載)의 옥사가 발생한 것을 계기로 숙종이 대신들에게 명하여 지난 1694년(숙종20)에 사사(賜死)를 당한 죄인 민암(閔黯)의 가속을 지금에 이르러 역률로 연좌할 수 있는지 의견을 개진하도록 하였다. 이에 당시 좌의정 이세백(李世白)과 우의정 신완(申琓)은 지난 역사를 돌아보아도 역률에서 자녀를 연좌하지 않은 사례가 많았으므로 민암의 가속을 연좌하지 않는 것이 좋겠다는 의견을 개진한 적이 있었다. 최석정은 1707년(숙종33) 12월 20일에 탑전에서 이세백과 신완의 말을 인용하면서 민암의 가속을 연좌해서는 안 된다고 진달하였는데, 이 논란은 이듬해까지 이어졌다. 《肅宗實錄 27年 11月 25日 ; 33年 12月 20日 ; 34年 2月 30日, 3月 3日》

공은 선조의 뜻이 명백히 밝아지지 않음을 애통해하여 이에 형 평운군(平雲君) 신성하(申聖夏)와 함께 연명으로 소를 올려 변석하였다. 임금이 우악(優渥)한 교지를 내려 위로하였다.[129]

의정공의 상을 마치고 규장각 대교 겸 세자시강원 설서에 올랐다.[130] 매번 강석(講席)에 입시하여 문장에 따라 의미를 부연함이 명백하고도 절실하였고, 〈춘방고사(春坊故事)〉를 지어 전학(典學 늘 학문에 종사함)의 요체를 논하여 진달하였다.[131] 또 세자가 《주역》을 강독하는 것이 너무 엽등한 것이므로 다시 사서(四書)를 강독하는 것이 마땅하다고 진언하니, 세자가 그 말을 따랐다.[132] 겨울에 성균관 전적(典籍)에 올랐고, 병조 좌랑과 세자시강원 사서(司書)를 역임하였다.

신묘년(1711, 숙종37, 31세)에 사간원 정언에 제수되었다.[133] 소를 올려 청나라 차사(差使)를 접반(接伴)한 신하가 자문(咨文)을 받으면

**129** 공은……위로하였다 : 1708년(숙종34) 3월 14일에 신성하(申聖夏)와 신정하 등이 상소하여 부친 신완(申琓)이 당시 말한 내용은 단지 연좌 죄인에 대해 교형(絞刑)을 뒤늦게 시행한 사례가 없음을 말한 것이지, 연좌 죄인의 석방을 주장한 것은 아니었음을 극구 변론하였다. 이에 숙종은 신완이 말한 본뜻을 이미 잘 알았고, 대신의 상주가 임금을 속인 것임을 잘 알고 있다는 취지로 비답을 내렸다. 《肅宗實錄》《恕菴集 卷5 陳辨先大夫辛巳獻議被誣疏》

**130** 세자시강원 설서에 올랐다 : 1709년(숙종35) 7월 14일에 겸설서, 1710년(숙종36) 4월 29일에 설서에 임명되었다.

**131** 춘방고사(春坊故事)를……진달하였다 : 《서암집(恕菴集)》 권5 말미에 부록으로 실려 있다.

**132** 또 세자가……따랐다 : 〈서연에서 다시 사서를 강독하기를 청한 소〔請於書筵重講四書疏〕〉를 가리키는데, 당시 시강원의 직책이 파직되어 올리지 못했는데, 후임자가 상소의 초본을 진달하고서 세자에게 《논어》를 먼저 강독했다고 한다. 《恕菴集 卷5》

**133** 사간원 정언에 제수되었다 : 1711년(숙종37) 6월 10일이다.

서 나라를 욕되게 한 죄를 극언하였고, 이어 《춘추》의 대의를 성대히 논하면서 효종의 주밀했던 계책까지 언급하였으며, 말단에서는 성상께서 신료들을 책망하기만 하지 말고 반드시 분발하여 선왕의 사업을 이어 자강(自强)의 계책을 도모해야 한다고 말하였다.[134]

얼마 안 있어 이 공인(李恭人)의 상을 당하였다. 상을 마치고 홍문관 부교리에 제수되었다.

공은 본래 정승 이경석(李景奭)의 외손인데, 이경석의 손자 이하성(李廈成)이 소를 올려 송 문정공(宋文正公 송시열)을 비난할 때에 공의 이름이 상소의 아래에 나열되어 있었으나, 공은 실로 알지 못한 일이었다.[135] 관록(館錄)에 공의 이름이 오르게 되자, 여러 공이 모두 이 일을 흠으로 여겼고, 도당(都堂)의 회권(會圈)에 이르러선 공의(公議)가 다시 이를 애석해하였다.[136] 처음 선발에 들었을 때 공은 그다지 변명하려 하지 않았고, 또한 종신토록 홍문관의 관직에는 나아가지 않았다.

갑오년(1714, 숙종40, 34세)에 헌납으로 옮겨 중학 교수를 겸하였

**134** 소를……말하였다 : 미상.

**135** 이경석의……일이었다 : 이경석의 손자 이하성이 1703년(숙종29) 5월 21일 조부를 위해 변명하면서 송시열을 침해하는 내용을 상소한 것을 가리킨다. 이 상소로 인해 분란이 일어나 이조 판서 김창집(金昌集), 부제학 정호(鄭澔) 등이 이를 변론하는 소를 올렸고, 사헌부에서 이하성의 사판 삭제를 청하여 윤허를 받았다. 《肅宗實錄 29年 5月 21日, 25日; 6月 12日; 7月 12日》

**136** 관록(館錄)에……애석해하였다 : 관록이란 홍문관의 교리·수찬을 임명하기 위해 홍문관의 7품 이하 관원들을 적은 기록이다. 이 명단에서 부제학·응교·교리 등이 합당한 대상자 이름에 권점을 찍어놓는데, 이것을 관록, 본관록(本館錄) 또는 홍문록(弘文錄)이라 하고, 다시 의정·참찬·대제학과 이조의 판서·참판·참의 등이 검토하여 권점 찍은 것을 도당록(都堂錄), 또는 정부홍문록(政府弘文錄)이라 한다.

다. 이해 가을에 호서(湖西)에 검전(檢田 토지를 점검함)을 하면서 이를 계기로 선비들에게 시험을 보이니, 당시에 그 공명함을 칭송하였다.

을미년(1715, 숙종41, 35세) 외직으로 북평사(北評事)가 되었는데,[137] 군대의 방비를 단속하여 변방의 방어를 엄히 하였고, 학정(學政)을 일으켜 교화를 밝혔다.

병신년(1716, 숙종42, 36세) 봄에 헌납이 되어 조정으로 돌아왔다. 당시 《가례원류(家禮源流)》에 대한 송사[138]가 일어났는데, 숙종이 윤증(尹拯)을 두둔하는 데 몹시 힘을 기울여 정공 호(鄭公澔)와 조공 상건(趙公尙健)에게 죄를 묻고, 문순공(文純公) 권공 상하(權公尙夏)가 지은 발문을 가져다 불태웠다. 이때 역적 이진유(李眞儒)란 자가 윤증의 무리였는데 기미를 엿보아 상소를 올리고, 또 입대(入對)하여 격렬하게 선류(善類)들을 비방하니, 숙종이 그의 설에 미혹되어 처분이 갈수록 거꾸로 되어갔다. 공이 개연히 근심하고 격분하여 수천백 자의 소를 올려 그 시비(是非)와 사정(邪正)의 구분을 통렬히 변석하여 성상을 깨닫게 하여 세도를 구하기를 바랐으니, 말이 몹시 절실하고 곧았다. 숙종이 받아들이지 않고 이어 온당치 않다는 뜻을 유시하자, 윤증의 당파가 때를 틈타 또 요란스레 죄를 청하여, 공이 마침내 소명

**137** 북평사(北評事)가 되었는데 : 신정하는 1715년(숙종41) 6월 25일에 북도 병마평사(北道兵馬評事)가 되었다.

**138** 가례원류(家禮源流)에 대한 송사 : 부제학을 지낸 유계(兪棨)가 찬집한 《가례원류》를 그의 손자 유상기(兪相基)가 용담 군수(龍潭郡守)로 있으면서 간행하는 과정에서 이 책의 편찬에 관여한 윤선거(尹宣擧)와 그 아들 윤증(尹拯)이 부분적인 소유권이 있음을 주장하여 벌어진 분쟁을 말한다. 당시 유상기가 속한 노론과 윤증이 속한 소론이 대립하는 중이었으므로 당파의 명운을 건 분쟁으로 비화하였다.

을 어겼다는 이유로 파직되었다.[139]

공은 본래부터 마르고 허약한 분이었는데, 봄부터 병이 위중해져 이해 4월에 세상을 떠나니, 신유년(1681, 숙종7)에 태어나서 수명을 누린 것이 36세였다. 공이 세상을 떠난 날에 공경대부와 선비 중에 공을 아는 사람이건 모르는 사람이건 모두가 "이 사람이 이런 지경에 이르다니?"라고 하였다.

영조 35년(1759)에 공을 홍문관 부제학에 추증하니, 손자 신대현(申大顯)이 귀하게 되었기 때문이다. 처음에 광주(廣州) 대석리(大石里)의 의정공(議政公 생부 신완) 묘소 앞에 장사를 지냈다가 그 뒤에 쌍령(雙嶺)의 손향(巽向)의 언덕으로 이장하니, 실로 목사공(牧使公 조부 신여식)과 같은 묘역이다.

배(配)는 창원 유씨(昌原兪氏)이니, 판서 유득일(兪得一)의 딸로 공과 같은 해에 태어나 공보다 18년 늦게 세상을 떠났다. 부인의 바른 도리로 문호를 부지하여 어질다는 칭송이 매우 많았다.

아들은 둘이니, 호(晧)와 상(晌)이고, 측실 소생은 암(闇)이다. 딸은 넷이니, 우윤(右尹) 이시중(李時中), 좌랑(佐郎) 김한좌(金漢佐), 생원(生員) 김묵(金默), 참의(參議) 이득배(李得培)에게 각각 출가하였다.

**139** 공이……파직되었다 : 《가례원류》의 간행을 둘러싸고 노론과 소론의 갈등으로 인해 유상기(兪相基)가 유배되자 신정하가 상소를 올려 윤봉오(尹鳳五)·유상기를 옹호하고, 권상하(權尙夏) 등을 무함한 이진유(李眞儒)의 처벌을 청한 것을 말하는데, 이에 대해 숙종은 엄한 비답으로 꾸짖었다. 이후 신정하가 《가례원류》에 대해 상소를 일삼는다는 것을 이유로 사헌부의 탄핵을 받고, 이진유의 반박상소가 올라오자 파직되었다. 《肅宗實錄 42年 2月 25日, 3月 18日·25日》

호(晧)는 후사가 없어 종형인 군수(郡守) 서(曙)의 아들 현감 대권(大權)을 후사로 삼았다. 딸은 이현길(李顯吉)에게 출가하였다. 상(晌) 또한 후사가 없어 족형(族兄)의 아들 대현(大顯)을 아들로 삼으니, 무과(武科) 출신으로 지금 참판(參判)이다. 딸은 신석관(辛錫觀)에게 출가하였다. 암(闇)은 아들이 둘이니, 대협(大協)과 대업(大業)이다. 딸은 셋이니, 이제덕(李濟德), 구종형(具宗炯), 김처평(金處平)에게 각각 출가하였다.

이시중(李時中)의 아들은 이의직(李義直)이니, 참판(參判)이다. 딸은 진사 신재주(申在周)에게 출가하였다. 김한좌(金漢佐)의 아들은 김복주(金復柱), 현감 김진주(金晉柱), 현감 김사주(金師柱)이다. 딸은 현감 윤영렬(尹永烈)에게 출가하였다. 김묵(金默)의 아들은 김재순(金載順)이니, 참판을 지냈다. 이득배(李得培)의 아들은 이단회(李端會)인데 출계(出系)하였고, 계자(系子)는 군수를 지낸 이익회(李翊會)이다. 딸은 교리(校理) 심능익(沈能翼), 시직(侍直) 김재련(金載璉)에게 각각 출가하였다.

대권(大權)은 아들 집(緝)을 두었고, 두 딸은 홍병직(洪秉直), 이희원(李羲元)에게 출가하였다. 대현(大顯)의 계자(繼子)는 경(絅)이니, 무과출신으로 전 감찰(前監察)이다. 두 딸은 진사 김이호(金履祜), 전 병사(前兵使) 이광익(李光益)에게 출가하였다. 대협(大協)은 아들 관(綰)을 두었다. 딸은 이진명(李鎭明)에게 출가하였다.

집(緝)은 아들 명홍(命泓)을 두었다. 딸은 김성연(金盛淵)에게 출가하였다. 나머지는 모두 어리다.

내가 어렸을 때 장로들이 서로 칭송하여 말하는 것을 들었다. 공은 성품이 깨끗하고 반듯하여 은둔한 선비나 깊이 숨은 여인을 가까이할

수 없는 것과 같았고, 모습이 밝고도 맑아 차가운 얼음이나 아름다운 옥돌이 티끌의 기운과 섞이지 않는 것과 같았다. 평소 즐겼던 것은 오직 산수와 문장뿐이어서, 무릇 세상의 화려함, 명리, 득실의 갈림길에 대해서는 보기를 담담히 하였다. 광주(廣州)에 석호정(石湖亭)이란 정자를 두었는데, 매번 휴가 때면 그때마다 곧 돌아가서 머무르며 여유롭게 지내니, 그 표표한 자태가 세상을 잊고 홀로 선 듯하였다. 공이 어울린 분은 또 모두 당대의 고상하고 수양된 선비들이었는데, 우리 농암(農巖) 문간공(文簡公)을 섬기기에 더욱 삼가서 종신토록 경모하는 생각을 지녔다. 대체로 공의 청빈함과 개결함이 홀로 빼어난 것은 하늘에서 타고난 바였고, 보고 감동하여 절차탁마한 것 또한 유래한 바가 있었으므로 그 풍류와 운치가 애연히 벼슬아치와 학사들 사이에 영향을 미쳐 지금에 이르기까지 오래될수록 더욱 사라지지 않은 것이다. 공의 시문은 굳세고 아름답고 단아하고 새로워 일가의 격식을 이루기에 충분하였으니, 또한 근세에 이루기 어려운 것이다. 문집 약간 권이 세상에 전해지는데, '서암(恕庵)'은 그의 자호이다.[140] 명을 짓는다.

평성군은 무용이 빼어나니 平城桓桓
한번 떨쳐 일어나 용맹을 드날렸네[141] 虎變鷹揚

140 문집……자호이다 : 신정하의 문집 《서암집》은 16권 8책의 활자본으로 1738년(영조14)에 사손(嗣孫) 신대권(申大權)이 간행하였다. 시가 매우 많아 650여 제(題)가 실려 있다.

141 평성군은……드날렸네 : 평성군(平城君)은 신경진(申景禛, 1575~1643)을 가리킨다. 본관은 평산(平山), 자는 군수(君受)이다. 신립(申砬)의 아들로 무과에 진출하여 변방에서 주로 근무하였다. 1623년(광해군12)에 평산 부사 이귀(李貴)의 중군(中

구름을 헤치고 해를 목욕시키니[142] 披雲浴日
종정에 새기고 깃발에 용과 일월 그렸도다[143] 鍾鼎旂常
이에 평천군에 이르러 爰及平川
선조를 이어 영광을 더하였으니[144] 纘武衍光
공이 그 영기를 육성하여 公毓其英
태평시대의 순량한 신하가 되었네 瑞世之良
가문은 고귀하고 화려하였으니 朱門畫戟
벽오동에 깃든 난새와 같았네 梧碧鸞翙
공이 찬 패옥소리 쟁쟁하였고 珊珊瓊珮

軍)이 되어 제일 먼저 반정을 모의하여 인조반정 뒤에 일등공신에 녹훈되고 평성군에 봉해졌다. 정묘호란 때 강화도로 왕을 호종(扈從)하여 이듬해 부원군(府院君)에 봉해졌고, 병자호란 때는 수하의 군사로 임금의 피난을 도왔다. 영의정에까지 올라 인조의 묘정에 배향되었다.

**142** 구름을……목욕시키니 : 위급한 상황을 타개하여 위대한 공적을 세우는 것을 뜻한다. 희화(羲和)가 감연(甘淵)에서 해를 목욕시켜 가뭄을 막았다는 전설에서 유래한 말이다. 《列子 湯問》

**143** 종정(鍾鼎)에……그렸도다 : 종정은 국가의 악기와 예기를 대표하는 기물로 큰 공을 세우면 여기에 사실을 새겨서 후세에 전하였으므로 공신의 녹권(錄券)을 비유하는 말로 쓰인다. 기(旂)는 교룡(交龍)을 그린 깃발이고, 상(常)은 일월(日月)을 그린 깃발인데, 옛날 국가에 공훈이 있는 신하의 이름을 여기에 써서 그 공적을 기렸다.

**144** 이에……더하였으니 : 평천군(平川君)은 신완(申琓, 1646~1707)을 가리킨다. 본관은 평산(平山), 자는 공헌(公獻), 호는 경암(絅庵)이다. 아버지는 목사 신여식(申汝拭)이고, 어머니는 공조판서 이기조(李基祚)의 딸이다. 1680년(숙종6) 경신대출척이 일어나자 서인으로서 남인 권대운(權大運)·민희(閔熙) 등을 공격하였고, 1700년(숙종26)에 우의정이 되어 희빈 장씨(禧嬪張氏)의 처벌완화를 주청하였고 시무(時務) 8조를 올렸다. 1703년(숙종29) 영의정에 오르고 평천군(平川君)에 봉해졌다.

공이 입은 의복은 찬란하였네 燁燁霓裳
아래로 세상을 다니며 下與塵寰
세상의 고질병을 고쳤는데 醫彼膏肓
상제께서 보배로운 신하를 돌아보아 帝眷寶臣
갑자기 무양[145]을 보내 부르셨네 遽招巫陽
물에 비친 달과 거울 속의 꽃이런가 水月鏡花
사람은 떠나고 명성만 장구한데 人去聲長
석호라는 정자와 石湖之亭
쌍령의 언덕만 남았네 雙嶺之岡
살아선 이 정자에서 거처하고 生乎其寄
죽어선 이 언덕에 묻히니 歿也其藏
많은 재능을 받고도 크게 쓰이지 못하여 旣豐而嗇
오직 시만으로 드러났도다 維詩以昌

**145** 무양(巫陽) : 고대 신화에 나오는 무당의 이름으로, 천제(天帝)의 명을 받들어 죽은 사람의 혼령을 불러들인다고 한다. 《楚辭 招魂》

## 선조 장령공 묘갈 음기[146]

先祖掌令公墓碣陰記

우리 장령(掌令) 선조의 묘갈(墓碣)은 바로 태학사 허백당(虛白堂) 성공 현(成公俔)이 짓고, 성균 진사 홍공 언국(洪公彦國)이 글씨를 써서 정덕(正德) 16년 신사년(1521)에 세웠으니, 바로 우리 중종 대왕 16년의 일이다. 금상 20년 경진년(1820)과는 3백 년의 세월이 흘러 비갈(碑碣)과 귀부(龜趺)가 오래됨에 따라 이지러진 곳이 있었는데, 올봄에 큰 바람에 꺾이고 말았다. 후손 김이재(金履載)[147]가 이때 본도(本道 경상도)의 관찰사로 있었기에 이에 대구(大邱)에서 돌을 캐서 장차 다시 세우려고 하였다. 그런데 옛 비석에 새겨진 글자가 이지러져 모사할 수 없었으므로 후손 중에 귀하고 현달한 자를 시켜 글씨를 쓰게 하자고 논의하였다. 이때 마침 후손 김병관(金炳觀)이 퇴

**146** 선조……음기(陰記) : 1819년(순조19) 전후에 지은 글로, 안동에 있는 선조 김영수(金永銖, 1446~1502)의 묘갈이 부서져 다시 세우게 된 내력을 서술한 음기이다. 묘는 경상북도 안동시 풍산읍 소산리 역골에 있다. 김영수의 본관은 안동(安東), 자는 적옹(積翁)이다. 아버지는 한성부 판관을 지낸 김계권(金係權)이고, 어머니는 안동 권씨(安東權氏) 제평공(齊平公) 권맹손(權孟孫)의 딸이다. 어려서부터 무예에 능숙하여 음보로 의금부도사에 제수되었다. 내직으로 선공감 첨정(繕工監僉正)·사헌부 장령(司憲府掌令)·통례원 봉례(通禮院奉禮) 등을 지냈고, 외직으로 상주 판관(尙州判官), 영덕 현령(盈德縣令), 영천 군수(榮川郡守) 등을 지냈다. 성품이 민첩하고 사무에 숙달되어 옥사를 잘 다스렸다고 한다.

**147** 김이재(金履載) : 1818년(순조18) 11월 3일에 경상도 관찰사에 임명되어 1820년(순조20) 10월 2일까지 재임하였다.

계(退溪) 이 선생(李先生)이 행서로 쓴 이 비갈명 및 선조비(先祖妣) 숙인(淑人) 김씨(金氏)의 행장과 승지공(承旨公 김태(金兌))의 비갈명(碑碣銘)을 합한 두루마리 하나를 소장하고 있었다. 이것은 김병관의 선조 대에 퇴계 선생의 문인이었던 사람이 있어서 선생께 글씨를 청하여 집안에 전해온 것이었다.

관찰사가 그 두루마리를 가져다 서울의 여러 종인(宗人)에게 보내고 후손의 글씨와 선생의 글씨 중에 어느 것을 쓰는 것이 나은지 두루 자문하였다. 불초한 내가 말하기를 "선생의 글씨가 본디 좋습니다. 후손이 비록 귀하고 현달해도 선생 같은 대현(大賢)이 또 누가 있겠습니까. 선생의 글씨로 새기기를 청합니다."라고 하자 종인들이 모두 좋다고 하였다. 그리하여 공인(工人)으로 하여금 공손히 모사하여 새기도록 하였다.

오호라! 지난날 종인(宗人)이 선생께 글씨를 청하고, 선생이 그를 위해 글씨를 쓴 것이 어찌 반드시 오늘이 있을 줄 먼저 알았서였겠는가. 그러나 오늘날 본다면 참으로 오늘의 일을 기다림이 있는 듯하니, 본래 우연이 아니면서 그렇게 된 것이다. 하물며 수백 년 동안에 전란을 여러 차례 겪으면서도 이 두루마리가 여전히 탈이 없었던 것은 또한 선생의 덕화(德化)가 문인에게 끼침이 깊어 한 글자나 작은 종이조차도 사람들이 모두 목숨처럼 보존한 것임을 여기서 알 수 있다. 지금 선생의 글씨로 거듭 비갈을 세우게 되니, 어찌 우리 선조의 성대한 덕을 더욱 빛나게 하지 않겠는가.

선생께서 두루마리에 비갈명을 쓴 뒤에 또 "비갈의 글 중에 '서북일도(西北一道)'의 '일(一)'은 아마 '일(馹)'이 되어야 할 듯하니, '일(馹)'과 '일(一)'은 음이 같아서 잘못하여 '일(一)'로 된 것이다. 그렇지 않으면 역로(驛路)의 폐단에 대해 주로 말하면서 서북방의 일도(一道)라고 범범하게 일컫지 않았을 것이다."라고 기록하였다. 선생의 이 변석은 또 명확하고 마땅하여 의심할 것이 없으므로 지금 글씨를 새기면서 '일도(一道)'의 '일(一)'을 삼가 '일(馹)'로 바꾸어 선생의 말씀을 따랐다고 한다.

# 동지돈녕부사 이공 묘갈명[148]

同敦寧李公墓碣銘

옛날 우리 영종대왕(英宗大王 영조)께서 오래 재위하시며 인재를 양성하고 오랫동안 도를 행하여 교화가 이루어지니, 모든 도모하는 것과 시행하는 것에 복을 받지 않음이 없었다. 이때에 문무(文武)를 갖춘 걸출한 선비들이 앞뒤로 배출되어, 생황과 종을 울리고 방패와 성이 되어서 이것으로 함께 태평성대로 오를 수 있었다.

그러나 치세를 만드는 근본은 그 근본이 견고해야 나라가 평안하기 때문에 그 조상의 공훈으로 음보로 진출하여 백성을 가까이하고 고을을 다스리는 신하들 또한 모두 덕 있는 사람을 우대하고 인후한 사람을 믿는 것〔惇德允元〕[149]을 우선하고, 스스로 임금의 인정을 받는 것으로 마음을 삼아, 명성이 탁월하여 서경(西京)의 선량한 태수[150]가 될 수

**148** 동지돈녕부사 이공(李公) 묘갈명 : 1823년(순조21)경에 지은 이명중(李明中, 1712~1789)에 대한 묘갈명이다. 이명중의 본관은 전주(全州), 자는 상경(尙褧)이다. 1779년(정조3)에 동지돈녕부사(정2품)에 임명되었다. 이명중에 관한 자료는 《태호집(太湖集)》 권6에 실린 〈가선대부……완산이공행장(嘉善大夫……完山李公行狀)〉이 참고가 된다.

**149** 덕……것 : 《서경》 〈순전(舜典)〉에 순 임금이 12목(牧)에게 자문하여 말하기를 "먹을 것은 때를 놓치지 않는 데 달려 있으니, 먼 곳은 회유하고 가까운 곳은 위무하며, 덕 있는 사람을 우대하고 인후한 사람을 믿으며, 간악한 사람을 막으면, 오랑캐도 모여와 복종할 것이다.〔食哉惟時, 柔遠能邇, 惇德允元, 而難任人, 蠻夷率服.〕"라는 글이 있다.

**150** 서경(西京)의 선량한 태수 : 서경은 서한(西漢)을 가리키는데, 선제(宣帝)가 지방수령의 역할을 강조하여 "서민이 제 고향에서 편안히 지내며 탄식과 근심이 없게

있는 자들이 줄지어 나왔다. 그런데 선행에 뛰어나서 복을 두터이 받은 것으로 말하면, 고(故) 동돈녕 이공(李公)이 더욱 우뚝이 드러난 사람이었다.

공은 휘가 명중(明中)이고, 자는 상경(尙褧)이니, 우리 장헌왕(莊憲王 세종)의 별자(別子) 광평대군(廣平大君)의 후손이다.

고조 휘 형(逈)은 장령(掌令)을 지냈고 찬성(贊成)에 추증되었다. 증조 휘 중휘(重輝)는 음직으로 군수(郡守)를 지냈고 영의정에 추증되었다. 조 휘 유(濡)는 영의정을 지냈고 시호가 혜정(惠定)이다. 고 휘 현응(顯應)은 음직으로 현감(縣監)을 지냈고 이조 판서에 추증되었는데, 어질고 베풀기를 좋아하여 논평하는 자들이 그 후손이 반드시 번성할 것이라고 하였다.

비(妣)는 정부인(貞夫人) 풍산 홍씨(豐山洪氏)이니, 찬성(贊成)에 추증된 홍중기(洪重箕)의 딸이고, 영안위(永安尉) 홍주원(洪柱元)의 증손이다. 이분이 아들 셋을 낳으니, 공은 그중에 둘째이다.

공은 숙종 임진년(1712, 숙종38)에 태어났다. 어려서 재주가 뛰어나고 기개가 있어 혜정공(惠定公 조부)에게 매우 기대와 사랑을 받았다. 16세에 청사(淸沙) 김상국(金相國)[151]의 딸을 부인으로 맞으니, 온순하

하려면, 정치와 송사가 공평하게 다스려져야 한다. 나와 함께 이런 일을 할 사람은 바로 어진 이천석뿐이다.〔庶民所以安其田里, 而亡歎息愁恨之心者, 政平訟理也. 與我共此者, 其唯良二千石乎.〕"라고 말하였다.《漢書 卷89 循吏傳》

**151** 청사(淸沙) 김상국(金相國) : 김재로(金在魯, 1682~1759)를 가리킨다. 본관은 청풍(淸風), 자는 중례(仲禮), 호는 청사・허주재(虛舟齋)이다. 춘당대 문과에 급제하였고, 벼슬이 영의정에까지 이르렀다. 노론의 영수로서 신임사화에 죽은 노론 사대신의 복관을 관철했고, 영조의 탕평책을 지지하여 많은 치적을 남겼다. 검소한 성품으로

고 여사(女士)의 기풍이 있었다. 상국이 딸을 몹시 사랑하여 그 배필을 정하기가 어려웠는데, 공을 만나보고 나서는 곧바로 시집을 보냈다. 얼마 지나지 않아 상국을 따라 시골집에서 글을 읽고 있었는데, 범이 마당에까지 들어오는 일이 있었다. 공이 범을 내쫓으며 대문에서 그 꼬리를 잡고서 사람들에게 잡으라고 소리치니, 상국이 크게 놀라 급히 제지하였다.

영종 임자년(1732, 영조8, 21세)에 부친상을 당하였다.

신유년(1741, 영조17, 30세)에 진사시에 합격하였다.

갑자년(1744, 영조20, 33세)에 헌릉 참봉(獻陵參奉)에 제수되었다. 이때 간관(諫官) 중에 상소를 올려 김상국을 탄핵하는 자가 있었는데, 그 말이 공에게까지 미치자 드디어 벼슬에 나가지 않았다.[152]

정묘년(1747, 영조23, 36세)에 감조관(監造官)으로 수고한 공로로 육품(六品)에 올랐고,[153] 제용감 주부(濟用監主簿)와 호조 좌랑(戶曹佐郞)을 역임하였다.

이듬해에 호조 정랑(正郞)에 승진하였고, 진전 중수 도감(眞殿重修

박식하고 예학에도 깊어 상하의 신망이 높았다. 봉조하(奉朝賀)로 죽어 영조의 묘정에 배향되었다. 시호는 충정(忠靖)이다.

**152** 간관(諫官)……않았다. 1744년(영조20) 10월 14일에 전 정언 이언세(李彦世)가 삼정승을 고발하는 상소문을 올렸는데, 김재로에 대해서는 영의정으로서 노론을 편파적으로 육성하고 친인척에게 사사로이 벼슬을 주며 재물에 탐욕을 부렸다는 것을 주로 거론하였다. 《英祖實錄》

**153** 감조관(監造官)으로……올랐고 : 1747년(영조23) 2월에 숙종의 계비 인원왕후(仁元王后)의 회갑이 되므로 존호를 올리기 위해 존숭도감(尊崇都監)이 설치되었는데, 이명중은 감조관으로 수고하여 그 포상으로 2월 21일에 6품에 승급되었다. 《承政院日記 英祖 23年 1月 24日, 2月 21日》

都監) 낭청(郎廳)에 차임되었다가 강서 현령(江西縣令)으로 나갔다. 강서현에는 예전에 이사곡(里社穀)이란 것이 있어서 조용(租庸)을 내지 못하는 빈호(貧戶)를 보조했는데, 세월이 오래 흐르자 폐기되었다. 공이 개연히 앞장서서 녹봉을 떼어 회복하니, 강서현의 백성들이 지금까지 덕을 보고 있다.

계유년(1753, 영조29, 42세)에 금성 현령(金城縣令)에 제수되었으나 부임하지 않았다. 다시 호조 정랑이 되어 진전(眞殿)의 수리를 감독하니,[154] 영조가 그 재능을 가상히 여겨 "참으로 호조 판서감이로다."라고 감탄하였다. 하루는 영조가 면전에서 술을 하사하며 하교하기를 "임금이 내리는 것이니, 다 비우지 않으면 안 된다."라고 하니, 공은 평소 주량이 없었으나 황공하여 다 마셨다. 영조가 웃으며 "정랑이 크게 취하겠구나."라고 하며 또 음식을 하사하니, 공은 머뭇거리며 즉시 먹지 않았다. 영조가 까닭을 물으니, 공이 대답하기를 "신에게 어미가 있으니, 가져다드리고 싶습니다."라고 하자, 영조가 음식을 싸서 돌아가도록 명하고, 이어 곧바로 주목(州牧)의 관리로 승진시키라는 명을 내렸다. 이윽고 황주(黃州)에 결원이 생겼는데, 영조가 장전(長銓 이조 판서)이 공과 친혐(親嫌)이 있어[155] 법규에 따라 의망(擬望)하지 못함을

**154** 호조 정랑이……감독하니 : 이명중이 1754년(영조30) 1월에 있었던 창덕궁 선원전(璿源殿)의 수리 때에 호조 정랑으로 일한 것을 가리킨다. 《承政院日記 英祖 30年 1月 5日·8日·15日》

**155** 장전(長銓)이……있어 : 이 당시 이조 판서로서 이명중과 친족의 혐의가 있는 사람은 1756년(영조32) 5월 7일에 이조 판서에 임명되어 2개월간 근무한 이성중(李成中)으로 추정된다. 이성중의 본관은 전주(全州), 자는 사득(士得), 호는 질암(質庵)으로 광평대군의 후손이다.

알고서 장전을 부르지 말고 아전(亞銓 이조 참판)으로 하여금 개정(開政 인사행정 회의)하게 명하고는 드디어 제수하니, 이는 세상에 드문 은전이었다. 황주는 전부(田賦)가 문란하여 백성들이 감내할 수 없었는데, 공이 즉시 다시 양전(量田)을 시행하여 고르게 하였다.

기묘년(1759, 영조35, 48세)에 진주 목사(晉州牧使)에 제수되었다. 진주는 본래 번성한 고을이라 문관을 수령으로 보내는 것이 관례였으나, 대부분 관청의 사무에 서툴러 고을이 그에 따라 피폐해졌다. 이때에 이르러 조정이 그 제도를 바꿔 음직관리 중에 명성과 치적이 있는 자를 등용하면서 가장 먼저 공에게 맡긴 것이다. 공이 모친이 늙고 길이 멀다는 이유로 여러 차례 사양하자, 영조는 편한 고을만 찾는다고 의심하여 진주에 정배하라고 명하였다. 얼마 지나지 않아 방면되어 돌아와 공조 좌랑에 제수되었다. 파주 목사(坡州牧使)[156]로 나갔는데, 당시 가뭄으로 근심이 많았다. 영조가 경기고을의 비가 내린 상황을 열람하다가 파주에 이르자 영조가 기뻐하면서 "이 보고가 매우 좋도다. 들판의 빛이 내 눈 속에 떠오르는구나."라고 하였다.

갑신년(1764, 영조40, 53세)에 다시 호조 정랑을 거쳐 원주 통판(原州通判)이 되었다.

정해년(1767, 영조43, 56세)에 선혜청(宣惠廳) 낭관이 되었다가 얼마 안 있이 대부인(大夫人 모친)의 상을 당했다. 상기를 마치자, 사복시 판관(司僕寺判官)에 제수되었고, 얼마 안 있어 다시 호조에 들어갔다.[157]

**156** 파주 목사(坡州牧使) : 이명중은 1761년(영조37) 3월 27일에 파주 목사에 임명되었다.

**157** 상기를……들어갔다 : 이명중은 1769년(영조45) 6월 25일에 사복시 판관에 임명

경인년(1770, 영조46, 59세)에 예천 군수(醴川郡守)가 되었다. 시노비(寺奴婢)는 영남 지방의 큰 폐단이었는데, 예천과 그 이웃 몇 고을이 그 폐해가 더욱 심했다.[158] 매양 추쇄관(推刷官)이 이르면 도망하거나 죽거나 늙은 자들을 장부에서 빼달라는 청을 들어주지 않았고, 시집을 가지 않은 여자는 나무젓가락 사이에 젖을 끼우고 눌러 짜서 젖이 나오는지 유무를 살폈다.[159] 이 때문에 시안(寺案)에 예속된 자들은 다른 백성들이 배척하고 끼워주지 않아 남녀들이 이따금 늙어 죽을 때까지 시집과 장가를 알지 못한 자도 있었으니, 원망과 해독이 이루 셀 수 없었다.

공이 얼굴을 찌푸리며 말하기를 "이는 천지의 화기(和氣)를 해칠 만하다."라고 하였다. 이때 마침 심리사(審理使)가 영남을 들르니, 공이 찾아뵙고 말하기를 "대부께서 조정에 돌아가시면 주상께서 반드시 영남 백성의 질고를 물으실 것이니, 시노비 문제를 급선무로 아뢰어

되었고, 동년 9월 7일에 호조 정랑에 임명되었다.《承政院日記》

**158** 시노비(寺奴婢)는……심했다 : 시노비는 중앙 관청에 소속된 노비를 말하는데, 내수사(內需司) 및 각 궁(宮)에 소속된 내노비(內奴婢)와 합쳐 공노비라고 한다. 추쇄관(推刷官)은 부역이나 병역을 기피한 자나 상전에게 의무를 다하지 않고 도망한 노비를 찾아내기 위해 파견된 관리를 말한다. 이때 시노비의 문제가 발생한 것은 종친이나 공신에게 하사한 사패 노비(賜牌奴婢)가 경상 좌도에 많이 있었기 때문에 시노비 정원이 크게 줄었으나, 호조에서 적절히 헤아려 감하는 조치를 하지 않고 한결같이 정원수를 채우려고 하였으므로 가혹하게 추쇄하거나 문서를 조작하여 부역을 가중한 경우가 있었다고 한다.《英祖實錄 47年 9月 17日》

**159** 시집을……살폈다 : 시집을 가지 않은 시비(寺婢)일 경우 그것이 사실인지 확인하고, 또한 젖이 나온다면 수유를 한 증거이므로 그 아이를 찾아 시노비로 충당하려는 것이다.

주십시오. 이는 해결하기 어렵지 않은 문제이니, 만약 그 정원수를 모두 없애고 추쇄관을 파견하지 말며, 양정방군(良丁防軍)을 별도로 설치하여 포(布)를 받아서 대신 충당한다면,[160] 공적으로나 백성들로 보나 모두 편리할 듯합니다."라고 하였는데, 말이 간절하여 그치지 않았다. 심리사가 그 정성에 감동하여 조정에 돌아가 공의 말대로 상주하니, 드디어 그 법대로 시행하라는 명이 내렸다.[161] 이해에 예천군에 보리 하나에 이삭이 두 개가 달리는 신이함이 있었다.

계사년(1773, 영조49, 62세)에 이천 부사(利川府使)가 되었다. 농사가 큰 흉년이 들어 온 마음을 기울여 진휼하여 구제하니, 떠도는 백성들이 시장으로 모이듯 돌아왔다. 영조가 암행어사를 나누어 파견하여 여러 고을의 진휼 현황을 감찰하게 하였는데, 여주(驪州)에 유망(流亡)한 자가 많으므로 그 수령에게 죄를 묻고, 특별히 공에게는 새서(璽書)와 표리(表裏)를 하사하여 포상하였다.

갑오년(1774, 영조50, 63세)에 평양 서윤(平壤庶尹)으로 옮겼다가 곧 파직되었다.

을미년(1775, 영조51, 64세)에 나주 목사(羅州牧使)가 되었다. 고을

**160** 양정방군(良丁防軍)을……충당한다면 : 양정방군은 양정으로 군포를 대납하는 사람을 말하는데, 예천에 할당된 시노비의 정원을 삭제하는 대신에 양정에게서 군포를 받아 삭제된 시노비가를 충당한다는 의미이다.

**161** 심리사가……내렸다 : 당시 파견된 심리 어사(審理御史)는 임정원(林鼎遠)인데, 영조에게 시노비의 폐해를 보고하자, 영조는 영남 좌도의 시노비 중에 사고로 처리해야 할 자는 모두 조사하여 감하도록 명하고, 사패 노비로 인해 시노비에 결손이 생기면 관찰사가 그에 따라 고칠 것을 명하였다. 정조 때에도 공노비를 혁파하고자 하였으나 이루어지지 못하다가 순조 1년(1801)에 공노비 혁파가 이루어졌다.《英祖實錄 47年 9月 17日》《純祖實錄 1年 1月 28日》

의 성을 대대적으로 수리하고 금성관(錦城館)을 중건하였으나 백성들이 공사의 괴로움을 알지 못했다. 영조가 명하여 통정대부(通政大夫)의 품계를 더해주고 곧이어 첨지중추부사(僉知中樞府事)에 제수하였는데, 대신이 수령이 너무 자주 바뀐다 하여 유임하기를 청하였다. 선왕(정조) 초년에 특별히 봉산 군수(鳳山郡守)로 옮겼다가 다른 일에 연루되어 군수의 직첩을 박탈당하였다.[162]

이듬해에 정조가 공이 고을을 잘 다스린 것을 생각하여 특별히 서용하라 명하니, 얼마 뒤에 안악 군수(安岳郡守)에 제수되었다.[163] 안악은 풍속이 사나워 부리기 어려웠다. 이에 이 문성(李文成 이이(李珥))의 향약[164]을 가지고 고을 자제들을 모아 가르쳐 시행하니, 온 고을이 권면되었다.

무술년(1778, 정조2, 67세)에 의정부의 천거로 광주 부윤(廣州府尹)

**162** 선왕……박탈당하였다 : 1776년(정조 즉위년)에 정조가 즉위한 뒤에 홍인한(洪麟漢)·윤양후(尹養厚)·정후겸(鄭厚謙)에 대한 국청(鞫廳)이 열려 이들을 모두 유배하였다가 사사하였는데, 이들이 지난해 정조가 세손으로 대리청정할 때에 극력 반대하던 세력이었기 때문이다. 이 와중에 이명중은 1776년 7월 11일에 봉산 군수(鳳山郡守)에 임명되었는데, 이명중이 윤양후에게 선물을 보내고, 거제도에 위리안치된 윤양후에게 도사(都事)가 체포하러 내려간다는 정보를 누설하였다는 혐의로 12월 3일에 체포의 명이 내려 구금되었다.《正祖實錄 7月 11日, 12月 3日·14日》

**163** 안악 군수(安岳郡守)에 제수되었다 : 이명중은 1777년(정조1) 9월 14일에 안악 군수에 임명되었다.

**164** 이 문성(李文成)의 향약 : 율곡(栗谷) 이이(李珥, 1536~1584)가 만든 두 가지 향약이 있는데 여기서는 해주향약(海州鄕約)을 가리킨다. 1571년(선조4)에 청주 목사(淸州牧使)로 부임하였을 때 중국의 향약을 참고해 우리나라 실정에 맞게 변형해 만든 것이 서원향약(西原鄕約)이고, 1577년(선조10)에 해주(海州)의 석담(石潭)에 은거하던 중에 서원향약을 증보하여 만든 것이 석담향약(石潭鄕約) 즉 해주향약이다.

이 되었다. 광주부의 성이 오래전부터 무너져 온전한 곳이 없으니, 이에 수어사(守禦使)와 도모하여 몇 개월 만에 모두 수선하였다. 수어사가 포상을 청하고자 하니 공이 고사하였으나 받아들여지지 않아, 자급이 높아져 가선대부(嘉善大夫)가 되었다.[165] 홍충도(洪忠道) 관찰사로 옮기게 되자, 공은 음직으로 벼슬을 시작하여 관찰사에 이른 것은 옛날에도 항상 있었던 일이 아니라 하여 힘껏 사양하여 받지 않으니, 당시 사람들이 어려운 일이라고 여겼다. 부총관(副摠管)이 되어[166] 영릉(寧陵 효종의 능)으로 가는 어가를 호종하였는데, 정조가 광주부에 이르러 장차 부세를 견감시켜 굶주림을 구제할 방안을 논의하면서 공을 돌아보며 말하기를 "어떻게 시행하면 좋겠는가?"라고 하니, 공이 대답하기를 "전부(田賦)를 견감시키면 토지를 가진 자만 혜택을 받고 전답이 없는 자는 혜택에 들지 못하니, 적모(糴耗)[167]를 감하는 것만 못합니다. 그렇게 되면 가난한 자와 부유한 자가 고르게 은택을 받을 수 있습니다."라고 하니, 정조가 그 말을 따랐다. 곧이어 동지돈녕부사와 동지의금부사가 되었다.[168]

**165** 수어사가……되었다 : 1779년(정조3) 6월 18일에 남한산성 보축(補築) 공사가 완공되어 광주 부윤 이명중에게는 가자(加資)하고 수어사 서명응(徐命膺)에게는 특별히 호피를 하사하였다. 《正祖實錄》

**166** 부총관(副摠管)이 되어 : 이명중은 1779년(정조3) 7월 24일에 부총관에 임명되었다.

**167** 적모(糴耗) : 환모(還耗)와 같은 말로 환곡을 수납할 때 원래 곡식 외에 손실분을 채우기 위해 한 섬에 한 말씩 더 받던 모곡(耗穀)을 이른다.

**168** 곧이어……되었다 : 이명중은 1779년(정조3) 7월 29일에 동지돈녕부사에, 11월 23일에 동지의금부사에 임명되었다.

경자년(1780, 정조4, 69세)에 공의 맏아들 참판공(參判公 이의익(李義翊))이 대간(臺諫)의 계사(啓辭)에 의해 문외출송(門外黜送)되니,[169] 공 또한 귀록산(歸鹿山) 속으로 물러나 거처하였다.

임인년(1782, 정조6, 71세)에 특별히 총관(摠管)에 제수되었는데, 황공하고 두려워하며 감히 받지 못하였다. 이해 여름에 공의 아우 판서공이 또 옥사에 걸려 바다섬에 위리안치되자[170] 이로부터 8, 9년 동안 풍파를 겪으며 집안이 더욱 쇠락해졌는데, 공은 더욱 조심하고 단속하며 분수를 지켰다. 대간의 계사가 정지되고 섬에 유배한 죄안이 씻겨짐에 이르자,[171] 공은 또 살려준 임금의 은혜에 감격하여 말을 하면 반드시 눈물을 흘렸다.

기유년(1789, 정조13) 8월 17일에 서울의 옛집에서 졸하니, 향년이 78세였다. 부고가 알려지자 의례에 따른 부의와 제사를 하사받았다.

**169** 맏아들……문외출송(門外黜送)되니 : 이의익(李義翊)이 이조 참판으로 있을 때에 사헌부에서 탄핵하여 이의익이 홍국영의 혈당(血黨) 및 사우(死友)로서 홍국영이 몰락했음에도 조정의 소식을 홍국영에게 전하며 협력한 죄목으로 탄핵하여 귀양 보내기를 청하였는데, 정조는 이의익을 사판에서 삭거하고 문외로 출송(黜送)하는 법을 시행하라고 명하였다. 《正祖實錄 4年 3月 7日》

**170** 이해……위리안치되자 : 아우는 이최중(李最中, 1715~1784)을 가리킨다. 본관은 전주(全州), 자는 인부(仁夫), 호는 위암(韋菴)이다. 1751년(영조27)에 문과에 급제, 내외직을 두루 거쳐 벼슬이 판서에 올랐다. 1782년(정조6) 이유백(李有白)의 대역부도죄 사건에 친척으로 연좌되어 추자도에 귀양 가서 그곳에서 죽었다. 순조 때 신원되었다. 시호는 문정(文貞)이다.

**171** 사헌부의……이르자 : 정조가 이유백(李有白)의 대역부도죄를 토벌한 데 대한 하례를 받은 뒤에 중앙과 지방에 사면령을 반포한 것을 가리키는 듯하다. 《正祖實錄 7年 1月 15日》

10월에 양주(楊州) 노원(蘆原) 해동촌(海東村)의 북쪽 언덕에 장사를 지냈다.

처음에 김 부인(金夫人)은 공보다 1살이 적었는데 정미년(1787, 정조11)에 이르러 부인이 75세가 되어 회혼례를 행하였다. 그해 겨울에 부인이 세상을 떠나니, 공이 손수 터를 골라 장례를 지내고 그 오른쪽을 비워두었다. 공이 늘 무덤가에 임하여 여러 아들에게 말하기를 "이곳은 내 집이니, 훗날 다른 곳으로 바꾸지 말라."라고 하였다. 이때에 이르러 여러 아들이 공의 치명(治命)에 따라 합장을 하여 부인은 사향(巳向)으로 하고 공은 병향(丙向)으로 하니, 이곳이 바로 이른바 귀록산이다.

아들은 넷이니 의익(義翊)은 문과에 급제하여 참판을 지냈고, 의헌(義獻)은 문과에 급제하여 통정대부에 올랐고, 의교(義敎)는 음직으로 통정대부에 올랐고, 의열(義悅)은 전에 부사(府使)를 지냈다. 딸은 둘이니, 음직으로 참의(參議)를 지낸 홍원섭(洪元燮)과 지금 영의정으로 있는 한용귀(韓用龜)에게 출가하였다. 측실에서 아들 둘을 두니, 의근(義根)은 무과에 급제하여 절충(折衝)을 지냈고, 다른 하나는 의문(義聞)이다.

의익(義翊)은 아들이 둘이니, 참봉(參奉)인 수연(壽淵), 길연(吉淵)이다. 두 딸은 봉사(奉事) 서직수(徐稷修)와 군수(郡守) 조진구(趙鎭球)에게 각각 출가하였다. 의헌(義獻)은 아들 셋을 두니, 진사(進士) 문연(文淵), 무과에 급제하고 지금 부총관(副摠管)으로 있는 복연(復淵), 능연(能淵)이다. 딸은 조익(趙瀷), 박송수(朴松壽), 김근(金鉝), 장후근(張厚根)에게 각각 출가하였다. 의교(義敎)의 아들은 전 현감 규연(奎淵), 서자 벽연(璧淵)이다. 두 딸은 윤택선(尹宅善)과 전 군수심의경(沈宜慶)에게 각각 출가하였다. 의열(義悅)은 아들 넷을 두니, 문과에 급제해 지금 참판으로 있는 지연(止淵), 지금 군수로 있는 회연(晦淵), 문과에 급제하여 지금 참의(參議)로 있는 기연(紀淵), 내연(來淵)이다. 두 딸은 진사 윤심구(尹審求)와 전 문학(前文學) 서영순(徐英淳)에게 각각 출가하였다. 홍원섭(洪元燮)은 아들 넷을 두니, 홍현규(洪顯圭), 목사(牧使) 홍집규(集圭), 문과에 급제하여 교리(校理)를 지낸 홍승규(勝圭), 전 부솔(前副率) 홍치규(洪穉圭)이다. 딸은 심의보(沈宜輔)에게 출가하였다. 한용귀(韓用龜)는 아들로 판관(判官) 한경리(韓景履)를 두었다. 두 딸은 지금 목사로 있는 조원영(趙原永), 지금 문학(文學)으로 있는 김노(金鐪)에게 출가하였다. 의근(義根)은 아들로 지금 무과에 급제한 학연(鶴淵)을 두었다. 의문(義聞)은 아들 희연(喜淵)을 두었다

수연(壽淵)은 인고(寅皐)를 계자(系子)로 맞았다. 딸은 황종옥(黃鍾玉), 윤경우(尹慶友), 김응연(金膺淵)에게 각각 출가하였다. 길연(吉淵)은 아들 인선(寅先)을 두었다. 서직수(徐稷修)는 아들 둘을 두니, 진사 서유경(徐有璟), 서유상(徐有瑞)이다. 조진구(趙鎭球)의 딸은 지금 규장각 대교로 있는 이헌위(李憲瑋)에게 출가하였다. 문연(文淵)은 아들 인두(寅斗)를 두었다. 복연(復淵)의 아들은 인달(寅達)이니, 무과에 급제해 선전관을 지냈다. 딸은 윤만식(尹晩植)에게 출가하였다. 인달(寅達)은 아들 원하(元夏)를 두었다. 조익(趙瀷)은 아들 둘을 두니, 좌랑(佐郎) 조원식(趙元植), 조윤식(趙允植)이다. 박송수(朴松壽)는 아들 셋을 두니, 박제요(朴齊堯), 박제순(朴齊舜), 박제문(朴齊文)이다. 규연(奎淵)은 아들 인검(寅儉)을 두었다. 윤택선(尹宅善)은 아들 윤면구(尹冕求)를 두었다. 벽연(璧淵)은 아들 인록(寅祿)을

두었다. 지연(止淵)은 아들 둘을 두니, 출계(出系)한 인고(寅皐), 인설(寅卨)이다. 회연(晦淵)은 아들 인우(寅禹)를 두었다. 딸은 김재성(金在性)에게 출가하였다. 기연(紀淵)은 아들 둘을 두니, 생원 인기(寅夔), 인직(寅稷)이다. 홍현규(洪顯圭)는 아들 둘을 두니, 전 교관(前敎官) 홍종원(洪鍾遠)과 진사 홍종호(洪鍾浩)이다. 홍집규(洪集圭)는 아들 넷을 두니, 진사 홍종영(洪鍾英), 홍종무(洪鍾茂), 홍종화(洪鍾華), 진사 홍종훈(洪鍾薰)이다. 홍승규(洪勝圭)는 아들 홍종응(洪鍾應)을 두었다. 홍치규(洪穉圭)는 아들 홍종형(洪鍾馨)을 두었다.

그 나머지는 어려서 기록하지 않는다. 내외의 손자와 증손자가 총 8, 90인이니, 복록의 성대함이 근세에 드문 바이다.

공은 타고난 성품이 너그럽고 후덕하였고 도량이 드높고 맑았으며, 마음엔 경계를 설정하지 않았고 행실은 꾸미기를 좋아하지 않았다. 남을 대하고 사물을 접할 때엔 까다롭게 따짐이 없었고, 말과 기색이 온화하여 남의 과실을 지적한 적이 없었다. 아우와 자질들이 모두 경재(卿宰)의 반열에 서서 집안이 번성하고 빈객이 몰려들었으나, 공은 도리어 남보다 나은 것이 없는 것처럼 공손하였다. 평소에 지나가는 개미를 밟지 않았고 기르던 닭을 먹지 않았으며, 관직에 있을 때에 사람을 매질하면서 피를 볼 때까지 때리지 않았다. 백성과 이야기를 나눌 때는 마치 영아를 가르치듯 하였고, 송사에 패한 자에게는 그가 스스로 반성하기를 기대하였고, 식견이 우매한 자는 뉘우치도록 다잍렀으며, 친척 간에 소송을 하는 자에게는 함께 술을 마시면서 양쪽을 화해시켰다. 이에 백성들이 모두 감복하였고, 선량하지 않은 아전들마저도 "차마 우리 원님을 속일 수 없다."라고 하였다. 공이 떠난 후엔 비석을 세워 그리워하였다.

공은 집안에서 행실을 돈독히 하여 대부인을 섬기면서 형 우윤공(右尹公 이시중(李時中)) 및 아우 판서공(判書公 이최중(李最中))과 함께 좌우에서 온화한 낯빛을 하고 대부인의 마음을 기쁘게 해드리고자 힘썼다. 황주(黃州)와 원주(原州) 두 고을의 수령으로 있을 때에 대부인을 위해 축수연을 열어 고을의 남녀 기로(耆老)를 모아 내외의 공당(公堂)에서 연회를 베풀었다. 그리고 공의 부부가 친히 술과 장을 살펴서 각각 공경의 예를 극진히 하니, 두 고을에서 훌륭한 미담으로 전해온다.

대부인은 판서공을 몹시 사랑하여 매양 공의 임소에서 판서공을 그리워해 마지않으니, 공이 반드시 대부인의 뜻을 먼저 헤아려 자주 녹봉을 덜어서 대부인께 드려 판서공의 재산을 마련하도록 하였다. 일찍이 판서공이 집을 짓는 것을 보고서는 즉시 아끼던 준마를 떼어주었다. 대부인이 세상을 떠나자 형제가 날마다 모여 더욱 화목하게 지냈다.

판서공이 섬에 유배되었을 때 공과 작별하면서 "제가 떠나면 돌아올 리가 없는데, 오직 아들 하나를 잊지 못하겠습니다."라고 하였다. 공이 말하기를 "내가 있으니 근심치 말라."라고 하였다. 이로부터 음식 하나가 있어도 아우의 아들에게 반드시 나누었고, 아우의 아들이 질병이 생기면 몸소 눈물을 흘리며 약사발을 잡아 처음부터 끝까지 해이해진 적이 없었다.

체천(遞遷)된 신주를 모신 종인(宗人)이 가난하여 제사 지낼 집을 마련하지 못하자, 급히 정자의 재목을 철거하여 별묘(別廟)를 세워 제사를 받들게 하였다. 친척과 친구 중에 상례나 혼례를 제때에 치르지 못한 경우에는 대신하여 마련해주었고, 외롭고 궁하여 의탁하지 못한 경우에는 자기 집에서 입히고 먹여주었다. 비록 여러 차례 고을 수령이 되었으나 녹봉을 손가는 대로 다 소진하였고, 만년에 벼슬 없이 거처하게 되어서는 집안사람이 자주 양식이 비었으나 공은 태연하였다.

조순(祖淳)은 이런 말을 들었다. 공이 평소 동료들에게 매우 중시를 받았고, 원릉(元陵 영조)도 공의 재주를 밝게 알아 매양 선비를 시험 보일 때마다 영조가 공이 시험에 응시했는지 묻곤 하였다. 판서공이 일찍이 독권관(讀券官 시관)이 되었는데, 영조가 하교하기를 "경의 형은 노성한 유생이라 시권을 제출함이 반드시 빠를 것이니, 몇 번째 이전의 시권에 대해서는 경은 독권에 참여치 말라."라고 하니, 시종하는 신하들이 서로 돌아보며 낯빛이 바뀌지 않는 자가 없었다고 한다. 그러나 공이 올린 시권이 앞뒤로 모두 세 차례 선발되었으나, 모두 작은 잘못으로 빼버렸다고 한다. 아! 어찌 이른바 '운명이 있다'는 것이 아니겠는가.

지난날 가령 공이 명군의 시대에 쓰임을 받아 그 온축한 바를 펼쳤다면 그 명성이 어찌 어진 수령으로만 그쳤겠는가. 비록 그렇지만 공이 늙어서까지 질병이 없었으니 그 수명대로 산 것이고, 가득 차도 겸손하고 막혔다 형통해지니 강녕의 조짐이고, 효성스럽고 우애스럽고 돈독하고 화목하니 덕을 좋아한 것이고, 살아선 하늘의 뜻을 따르고 죽어선 편히 돌아가니 진실로 마침을 잘한 것이다. 구오복(九五福)[172]에 성인은 귀함을 말하지 않았고, 부유함으로 말하면 공께서 좋아하지 않은 것이다. 나머지 네 가지를 공이 모두 소유하였으니, 또한 훌륭하지 않은가. 그런데 선행을 쌓고도 생전에 누리지 못하고 하늘의 보답이 후손에게 있게 되었다. 그리하여 산초 열매가 주렁주렁하듯 자손이

**172** 구오복(九五福) : 《서경》 〈홍범(洪範)〉에 "아홉 번째는 오복이니〔九五福〕, 수(壽)와 부(富)와 강녕(康寧)과 유호덕(攸好德)과 고종명(考終命)이 그것이다."라고 하였다.

번성하고 띠풀 뿌리가 얽히듯 자손이 영화로워 집안의 성대함이 끝이 없으니, 이것을 세상에서 평생 부귀를 지극히 누렸으나 몸이 죽은 뒤에 복록이 아득해진 자에 비교하면 또 어떠한가. 명은 다음과 같다.

교목의 그늘이여 喬木之蔭
백성들을 덮어주도다 以庇其民
다 누리지 못한 복을 不盡之福
그 후손에게 남겨주었도다 以遺其後人
귀록산 언덕이 고요하고 수려하니 (鹿)阡之靜秀兮
하늘이 터를 내주어 어진 이를 보우하시도다 天與宅而佑仁

## 현감 윤공 묘갈명[173]

縣監尹公墓碣銘

문성(文成) 이 선생(李先生 이이(李珥))에게 고제자가 있으니, 창랑(滄浪) 최공(崔公) 휘 준(濬)이다.[174] 최공의 딸의 딸이 외가에서 양육되었는데,[175] 아름다운 덕과 착한 행실이 있었다. 오음 상공(梧陰相公 윤두수(尹斗壽))의 집안에 시집을 간 뒤에 아들을 낳았는데, 단정하고 선량하고 바르고 정직하여 세상에서 칭송을 받았다. 나는 일찍이 《소학(小學)》 첫머리에 어찌하여 부인을 먼저 언급하였는지 의심한 적이 있었다. 지금 윤공의 행장을 읽어보고서 비로소 자제의 현명함은 반드시 유래한 바가 있음이 분명함을 알게 되었다.

공은 휘가 세우(世遇)이고, 자는 경회(慶會)이다. 해평 윤씨(海平尹氏)는 신라와 고려시대부터 유명한 사람이 많았는데, 우리 조선에 들어와 오음공(梧陰公) 및 그 아우 월정공(月汀公 윤근수(尹根壽))이 더욱

173 현감 윤공(尹公) 묘갈명 : 순조 연간에 지은 윤세우(尹世遇, 1641~1699)에 대한 묘갈명이다. 윤세우의 본관은 해평(海平), 자는 경회(慶會)이니, 1669년(현종10)에 진사시에 합격, 의금부 도사, 연산 현감(連山縣監)을 지냈다.

174 문성(文成)……준(濬)이다 : 문성 이 선생(李先生)은 율곡(栗谷) 이이(李珥)를 가리킨다. 최준(崔濬)은 본관이 해주(海州), 자는 언형(彦泂)이다. 최전(崔澱, 1567~1588)의 아우로 관직은 찰방(察訪)을 지냈고 율곡의 언행을 기록한 〈창랑우언(滄浪寓言)〉을 지었다고 한다. 《栗谷全書 卷34 附錄 門人錄》

175 최공의……양육되었는데 : 최준(崔濬)과 덕수 이씨(德水李氏) 사이에서 낳은 딸이 홍흥지(洪興祉)에게 출가하였고, 홍흥지의 딸 남양 홍씨가 윤제(尹堤)에게 시집을 와서 윤세우를 낳았다.

드러나고 훌륭하였다.

오음(梧陰)은 휘가 두수(斗壽)이고 시호는 문정(文靖)으로 공은 그 현손이다. 증조는 휘 휘(暉)이니, 호가 장주(長洲)로 공조 판서를 지내고 영의정에 추증되었으며 시호는 장익(章翼)이다. 조는 휘 건지(建之)이니, 감찰(監察)을 지냈다. 부친은 휘가 제(堤)이다. 비(妣) 홍씨(洪氏)는 부사(府使) 홍흥지(洪興祉)의 딸이니, 바로 최공(崔公)의 외손이다.

공은 어려서 총명하고 준수하였으며 문장이 빼어나고 탁월하여, 14세(1654, 효종5)에 초시에 합격하였다. 또 반시(泮試)[176] 에서 여러 차례 장원을 하여 명성이 떠들썩하니, 당시의 문학하는 선비들 중에 공과 교유하기를 즐거워하지 않는 이가 없었다. 그러나 타고난 성품이 간소하고 고상한데다 기국과 도량이 온화하고 순수하여, 이리저리 몰려다니기를 좋아하지 않고 경전과 역사서로 스스로 즐겼으며, 《논어》에 더욱 침잠하였다. 그러므로 그 벼슬에 나아가거나 물러나 숨은 것이 대부분 절도에 맞았던 것은 이 때문이었다.

늦은 나이에 사마시(司馬試)에 합격하여[177] 영희전 참봉(永禧殿參奉)에 제수되었다. 다시 선원전(璿源殿)으로 옮겼는데, 질병으로 사직하였다가 곧 산릉 감조관(山陵監造官)이 되어 일한 공로로 육품으로 승급하여 의금부 도사(義禁府都事)가 되었다.[178] 그때 광남군(光南君)

**176** 반시(泮試) : 성균관의 거재유생(居齋儒生)에게 보이는 제술시험으로 반과(泮科)라고도 한다.

**177** 늦은……합격하여 : 윤세우가 29세 때인 1669년(현종10)에 진사시에 합격한 것을 가리킨다.

김공(金公)이 옥중에서 죽자,[179] 윤휴(尹鑴)와 허견(許堅)의 무리가 장차 몰래 흉포한 일을 모의하려 하였는데, 공이 방편으로 두루 방비하여 그들이 감히 날뛰지 못하게 하고서 얼마 뒤에 곧 벼슬을 버리고 떠났다.

갑술경화(甲戌更化)[180] 때에 처음 연산 현감(連山縣監)에 제수되었는데,[181] 농사가 연거푸 흉년이 들자 공이 마음을 다 기울여 백성을 어루만지고 창고를 열어 구제하니, 떠도는 자들이 다시 모여들어 길에 굶어 죽은 시체가 없었다. 공이 세상을 떠나게 되자 백성들이 슬피 노래하며 그리워하지 않는 자가 없었다.

공이 기묘년(1699, 숙종25) 모월에 세상을 떠나니, 수명이 59세였는데, 모친 홍 부인(洪夫人)이 아직 건재하였다. 오호라! 슬프도다. 모년 모월 모일에 오음리(梧陰里)의 선영 아래 유좌(酉坐)의 언덕에 장사

**178** 산릉……되었다 : 윤세우가 산릉도감 감조관이 된 것은 1688년(숙종14) 9월 23일이고, 의금부 도사가 된 것은 1689년(숙종15) 3월 6일이다. 《承政院日記》

**179** 광남군(光南君)……죽자 : 광남군은 김익훈(金益勳, 1619~1689)의 봉호이다. 본관은 광산(光山), 자는 무숙(懋叔)으로 사계(沙溪) 김장생(金長生)의 손자이고 참판 김반(金槃)의 아들이다. 1680년(숙종6) 경신대출척(庚申大黜陟)에 적극 참여하여 김석주(金錫胄)와 함께 남인들을 몰아내는 데 주도적인 역할을 하고, 그 공으로 보사공신(保社功臣) 2등에 녹훈되고 광남군에 봉해졌다. 1682(숙종8)년 김석주와 함께 남인을 몰아내고자 했으나 서인 내부의 소장파인 한태동(韓泰東)과 조지겸(趙持謙) 등이 이를 반대해 실패하였고, 1689년(숙종15) 어영대장 재직 중 기사환국(己巳換局)으로 남인이 다시 정권을 잡자 공신 칭호를 빼앗기고 강계에 유배되었으며, 무고한 사람들을 많이 죽였다는 죄명으로 고문을 받고 투옥되었다가 죽었다.

**180** 갑술경화(甲戌更化) : 1694년(숙종20) 폐비 민씨(閔氏)의 복위 운동을 반대하던 남인이 화를 입어 실권하고 소론과 노론이 재집권하게 된 사건으로 갑술환국(甲戌換局) 또는 갑술옥사(甲戌獄事)라고도 한다.

**181** 연산 현감(連山縣監)에 제수되었는데 : 1694년(숙종20) 8월 6일이다.

지냈다. 부인 전주 이씨(全州李氏)를 왼쪽에 합장하니, 해녕군(海寧君) 이급(李伋)의 딸이다.

공은 집안에서 행실이 순수하기 그지없어 홍 부인을 섬기면서 뜻을 어기거나 얼굴을 찌푸린 적이 없었다. 홍 부인이 병이 들어 위중했을 때엔 부축하고 위로를 드리며 밤에도 띠를 풀지 않기를 60일을 하루같이 하였다. 의원이 일찍이 아무 약을 써야 한다고 하였는데, 가난하여 마련하지 못하자, 즉시 하나 있는 계집종을 팔아서 약을 갖추어 올렸다. 손위 누이의 아들 김씨(金氏) 형제가 일찌감치 부친을 여의고 집이 가난하자, 이에 거두어 기르고 가르치니, 과거에 합격하여 참판에까지 오른 자도 있었다.

아! 만약 공이 조정에 높이 등용되었다면, 재주는 임금의 계책을 보좌할 수 있었고, 지략은 조정에서 크게 펼칠 수 있었으며, 행실은 풍속을 권면할 수 있었다. 그런데 이를 지니고서 임금의 지우를 얻지 못하고 줄곧 울울하게 침체되어, 관직이 고을 하나를 맡는 데 그치고 수명은 하수(下壽 60세)에도 미치지 못했으니, 하늘이 선인(善人)에게 보답하는 것이 어찌 이처럼 인색하였던가.

공은 아들 셋과 딸 하나를 두었는데, 지금 그 자손들이 번창하니, 이것은 또한 공에게 있지 않았던 것이 장차 공의 자손들에게 있으려는 것인가. 그 자손 중에 현달한 자로 손자 득징(得徵)은 문과에 급제하고 승지(承旨)를 지냈고, 득리(得履)는 군수를 지냈다.

증손 학동(學東)은 문과에 급제하고 대사간을 지냈다.

현손 정렬(正烈)은 문과에 급제하고 교리(校理)를 지냈고, 장렬(長烈)은 문과에 급제하고 전 참판(前參判)을 지냈으며, 형렬(亨烈)은 문과에 급제하고 전 지평(前持平)을 지냈다.

5대손 치정(致鼎)은 문과에 급제하고 전 교리(前校理)를 지냈고, 치영(致永)은 문과에 급제하고 전 정언(前正言)을 지냈으며, 치유(致猷)는 지금 군수로 있다. 나머지는 다 기록하지 않는다.

참판공(參判公 현손 윤장렬)이 귀하게 되어 비로소 규례에 따라 공을 사복시 정(司僕寺正)에 추증하였다. 얼마 뒤에 또 비석을 세우고자 도모하여 군수군(郡守君 5대손 윤치유)을 보내 나에게 글을 청하니, 군수군은 어렸을 때 나의 붕우이다. 명은 다음과 같다.

| | |
|---|---|
| 선인이 복을 받는 응험은 | 福善之應 |
| 북채로 질장구를 치듯 분명하네 | 著如桴缶 |
| 질장구는 있는데 치지 않으면 | 有缶不桴 |
| 누구에게 허물이 있는 것인가 | 孰執厥咎 |
| 비록 살아서는 검소하였으나 | 雖躬其儉 |
| 후손들이 크게 드러났네 | 而膴於後 |

# 정언 김공 묘갈명[182]

正言金公墓碣銘

경종 신축년(1721, 경종1)에 흉악한 무리가 나라의 정권을 훔쳐 사친(私親)을 추존하는 논의를 선창하자,[183] 태학생 윤공 지술(尹公志述)이 상소하여 불가함을 말하였다가 형을 받아 죽으니,[184] 중외가 놀라

**182** 정언 김공(金公) 묘갈명 : 순조 연간에 지은 김낙증(金樂曾, 1693~1744)에 대한 묘갈명이다. 김낙증의 본관은 경주(慶州), 자는 유도(有道)이다. 1713년(숙종39) 생원시에 합격하였고, 1736년(영조12) 문과에 급제하였다. 사간원 정언과 사헌부 지평을 역임하였다. 효성과 청렴으로 이름이 높았다.

**183** 경종……선창하자 : 1721년(경종1)의 사화가 지난 후 목호룡(睦虎龍)과 김일경(金一鏡) 등 소론들은 신사년(1701, 숙종27)과 병신년(1716, 숙종42)의 처분이 잘못되었음을 주장하였는데, 신사년의 처분이란 민비를 저주하여 죽게 한 장희빈과 장희재를 처벌한 무고(巫蠱)의 옥(獄)을 말하고, 병신년의 처분이란 《가례원류(家禮源流)》를 간행하는 일로 노론과 소론 간의 시비가 불거지자, 숙종이 윤선거의 묘갈명과 신유년의 편지를 들이게 하여 직접 열람하고는 병신년 노론 측 주장이 옳다고 하며 윤증을 옹호한 소론 측 인사들을 대거 파직한 것을 가리킨다. 이에 소론들은 소론이 정계에서 실각하게 된 숙종의 두 처분이 잘못된 처사라며 수정하고자 도모하여, 병신년의 처분은 숙종의 본의가 아니라고 하였고, 신사년 역옥(逆獄)은 비록 번복하지는 못하더라도 장희빈이 경종의 생모이므로 따로 숭봉해야 한다고 주장하였다.

**184** 태학생……죽으니 : 윤지술(尹志述, 1697~1721)은 본관이 칠원(漆原), 자는 노팽(老彭), 호는 북정(北汀)이다. 1720년(경종 즉위년) 성균관 장의(成均館掌議)로서 상소하여 이이명(李頤命)이 편찬한 숙종의 지문(誌文)이 신사년(1701)과 병신년(1716)에 있었던 처분을 누락시킨 것을 지적하면서 권당하였다. 이듬해 신임사화에 김일경(金一鏡) 등 소론의 탄핵으로 사형되었는데, 1725년(영조1) 노론이 집권하자 신원되었고, 1802년(순조2)에 사현사(四賢祠)에 제향되었다. 1841년(헌종7) 이조 판서에 추증되었으며, 시호는 정민(正愍)이다.

고 두려워하였다. 고(故) 보궐(補闕) 김공(金公)이 이때 성균관에 머물다가 개연히 동지들을 이끌고 글을 올려 극론하였는데, 비답을 받지 못하였으나 듣는 자들이 장하게 여겼다. 오호라! 이때를 당하여 사람들은 모두 말을 올려도 반드시 기대할 것이 없음을 알게 되었다. 공이 젊은 나이에 일개 포의로 떨쳐 일어나 궁궐 문앞에 호소하여, 이미 실패한 자취를 밟고 헤아릴 수 없는 위험을 범하였으니, 어찌 자잘하게 따지고 계산하는 자들이 능히 행할 수 있는 일이었겠는가. 아마도 옛날에 이른바 '삶을 가벼이 여기고 의를 중하게 여긴' 자일 것이다.

공은 휘가 낙증(樂曾)이고, 자는 유도(有道)이니 경주(慶州) 사람이다. 증조 재현(載顯)은 승정원 도승지를 지냈다. 조부 윤호(胤豪)는 신녕 현감(新寧縣監)을 지냈다. 부친 려(礪)는 충청도 관찰사를 지냈다. 비(妣)는 나주 임씨(羅州林氏)이니, 의금부 도사를 지낸 임세공(林世恭)의 딸이다.

공은 총명하기가 남보다 빼어나 9세에 능히 시를 읊어 사람들을 놀라게 하였다. 14세(1706, 숙종32)에 전성군(全城君) 이혼(李混)[185]의 사위가 되었는데, 전성군은 왕실의 후손이었다. 이미 혼례를 마치고서 공이 신방에 진열된 치장이 몹시 성대한 것을 보고, 마음에 기쁘지 않아 물러서서 앞으로 나아가려 하지 않았다. 전성군이 그 까닭을 물어서 알고 급히 치운 뒤에야 들어가니, 그 청빈한 지조가 어릴 때부터 이미 그러하였다.

**185** 전성군(全城君) 이혼(李混) : 선조의 제13자 인흥군(仁興君) 이영(李瑛)의 손자이며, 낭원군(朗原君) 이간(李偘)의 아들이다.

숙종 계사년(1713, 숙종39, 21세)에 사마시에 합격하였다.

정유년(1717, 숙종43, 25세)에 여러 유생과 소를 올려 곽만적(郭萬績)의 간사함을 논변하였는데,[186] 당시 관찰공(觀察公 부친 김려) 또한 언관으로 곽만적과 홍만우(洪萬遇)를 함께 논척하여 죄를 주게 하였다.[187] 흉당이 뜻을 얻게 되자 관찰공은 이 일에 연좌되어 영암(靈巖)에 유배를 가게 되었다.[188] 공의 부자가 곧다는 명성이 나서 사류들이 모두 높여 존중하였다.

무신년(1728, 영조4, 36세)에 부친 관찰공의 상을 당했다.

계축년(1733, 영조9, 41세)에 영릉 참봉(寧陵參奉)에 제수되었고, 옮겨서 명릉 봉사(明陵奉事), 전생서 직장(典牲署直長)이 되었다.

병진년(1736, 영조12, 44세) 여름에 문과에 급제하였다. 겨울에 세자시강원 설서(世子侍講院說書)에 제수되었다.

**186** 정유년에……논변하였는데 : 숙종은 1717년(숙종43) 노론의 영수이자 좌의정이었던 이이명(李頤命)과 독대를 한 뒤, 병약한 세자의 뒤를 연잉군(延礽君)으로 이을 것을 정하고 연잉군으로 하여금 세자 대리청정을 명하였다. 이때 사간원 헌납 곽만적은 1717년(숙종43) 9월 2일에 연속 상소하여 당시 독대의 정황에 모호한 점이 많으므로 이에 대한 명확한 설명을 청하였다. 이에 동년 9월 22일에 태학생 김낙증 등이 상서(上書)하여 곽만적의 상소가 매우 모호하여 분란을 조장한다고 지적하는 한편 권상하(權尙夏)등의 유현(儒賢)을 초빙할 것을 건의하였다. 《肅宗實錄》

**187** 당시……하였다 : 1717년(숙종43) 12월 13일에 사간원 정언 김려(金礪, 1675~1728)가 상소하여 홍만우(洪萬遇)를 삭출시킨 것으로는 처벌이 충분치 못하므로 귀양을 보내기를 청한 것을 가리킨다. 《肅宗實錄》

**188** 흉당이……되었다 : 1723년(경종3)에 김려는 사간원 정언으로 있으면서 직언을 올리다가 3월 22일 사헌부 장령 박징빈(朴徵賓)의 탄핵을 받아 영암군으로 유배되었다. 《景宗實錄》

정사년(1737, 영조13, 45세)에 사간원 정언으로 승진하였다가 사헌부 지평으로 옮겼다. 얼마 뒤에 상소를 올려 모친을 봉양하기를 청하여 은진 현감(恩津縣監)이 되었다.

기미년(1739, 영조15, 47세)에 또 정언(正言)에 제수되었는데 소환(召還)에 성상의 뜻을 어겨 강서 현령(江西縣令)으로 적보(謫補)되었다.[189] 얼마 안 있어 미워하는 사람의 계략에 걸려 충청도 고을의 일로 뒤늦게 금고(禁錮)에 처해졌다.[190]

임술년(1742, 영조18, 50세)에 모친과 조모의 상을 당하였다.

상을 이제 막 마쳤을 때, 공의 아우가 이질을 앓아 공이 밤낮으로 가서 살펴서 비바람에도 폐하지 않으니, 이 때문에 습종(濕瘇)을 얻어 마침내 갑자년(1744, 영조20, 52세) 10월에 자리에서 일어나지 못했다. 용인(龍仁) 광교산(光敎山)에 있는 선영의 부임(負壬)의 언덕에 장사 지내니, 태어난 계유년(1693)으로부터 누린 수명이 52세였다.

공의 초취(初娶)는 바로 전성군의 딸이다. 재취(再娶)는 한산 이씨(韓山李氏)이니, 교관(敎官) 이수징(李秀徵)의 딸이다. 모두 자식을 두지 못했다. 삼취(三娶)는 풍산 임씨(豐川任氏)이니, 통덕랑(通德郎)

**189** 정언(正言)에……적보(謫補)되었다 : 김낙증은 은진 현감으로 재직하다가 1739년(영조15) 4월 15일에 사간원 정언에 다시 임명되었는데, 자잘한 이유로 소명에 응하지 않자 영조가 명을 내려 5월 13일에 정언을 삭직시키고 그날로 평안도 강서 현령으로 좌천시켰다. 더욱이 김낙증이 강서현 임지에 기한이 지나서 도착하자 그곳에 정배하였다. 《英祖實錄 15年 5月 25日》《承政院日記 英祖 15年 5月 13日 · 25日》

**190** 충청도……처해졌다 : 김낙증이 금고에 처해진 것은 은진 현감 재직 중에 부패한 군미(軍米)를 임의로 방출하여 돈으로 바꾼 죄로 10년 금고에 처해진 것을 말한다. 그런데 이후 실제 군량미가 축난 것이 없으므로 처분이 중하다는 대신들의 의견이 지속적으로 제기되었다. 《承政院日記 英祖 17年 1月 25日, 18年 5月 14日, 8月 20日》

임사운(任思運)의 딸이다. 딸 둘을 두니, 주부(主簿) 홍주영(洪疇泳)과 사인(士人) 이지손(李祉遜)에게 출가하였다. 사취(四娶)는 덕수 장씨(德水張氏)이니, 통덕랑 장환(張桓)의 딸이다. 아들 하나를 두니 성찬(星燦)이고, 딸 하나는 사인 박창양(朴昌陽)에게 출가하였다. 내외 증손과 현손이 50여 명이다.

공은 효성스럽고 우애가 있으며 청렴하였으니, 천성에서 얻은 것이었다. 조모 이 부인(李夫人)이 연세가 구순에 가깝고, 모친 임 부인(林夫人)이 평소 독한 질병을 앓았는데, 공은 당시 이미 노쇠한 나이였으나 좌우에서 모시면서 잠시도 곁을 떠나지 않았다. 다반(茶飯)은 반드시 몸소 차렸고, 약물은 반드시 직접 맛을 보았으며, 간혹 조모와 모친의 건강이 편치 못하면 근심이 낯빛에 드러나고 두 눈에 눈물이 그렁그렁하였다. 이 부인이 일찍이 말하기를 "내가 삼종의 도리[191]가 이미 끊어졌지만, 슬프고 괴로운 심정이 들지 않는 것은 오직 너의 효심 때문이다."라고 하였다.

부친 관찰공이 충청도 관찰사로 있을 때, 공이 책 상자를 가지고 따라가 조석으로 부친을 살펴드리고 난 여가에 단정히 앉아 글을 읽으며 감영 안의 일에 대해서는 물은 적이 없었다. 돌아올 때가 되어서는 상자 속에 두 자루 몽당붓만 있고 다른 물건은 지니고 오지 않았다. 아우에게 말하기를 "우리 대인의 청렴한 덕에 누를 끼칠 수 없었다."라고 하였다.

공이 고을 수령으로 있을 때에 부모를 봉양하고 제사를 올리는 데에

**191** 삼종(三從)의 도리 : 여자가 어려서는 아버지를 따르고, 출가해서는 남편을 따르고, 남편이 죽은 뒤에는 아들을 따르는 삼종지도(三從之道)를 말한다.

는 풍부하고 정갈하기에 온 힘을 기울였으나, 스스로를 봉양하는 데는 몹시 박하여 처자들에게 의식(衣食)을 겨우 지탱할 정도만 지급하였다. 돌아올 때는 행낭이 씻은 듯이 비어 열흘이 지나기도 전에 집안이 벌써 곤궁해졌다. 강서 현령에서 돌아오자, 아전이 녹봉으로 남은 천여 꿰미의 돈을 뒤늦게 바쳤는데, 공이 물리치며 말하기를 "돌아가 신임 사또께 여쭈어 사용하라."라고 하니, 아전이 대문을 나서며 혀를 내두르며 떠났다.

처음 공이 윤지술(尹志述)을 이어 장차 상소를 올리고자 하여 관찰공께 청하여 말하기를 "집안이 대대로 절개를 숭상하였습니다. 지금 이륜(彝倫)이 무너지려 하니, 제가 어찌 차마 삶을 탐내어 병들어가는 것에 무관심해서야 되겠습니까."라고 하니, 관찰공이 기뻐하며 허락하였다. 공이 명분과 의리를 부축하고 북돋워 불 속에 들더라도 피하지 않았던 것은 집안의 법도였기 때문이다. 관찰공이 이미 여러 차례 곤액을 겪어 떨쳐 일어나지 못하여 관직이 그 덕에 어울리지 못하였는데, 공이 또 기량을 품고서 험난하고 불우하게 살다가 중년에 그치고 말아서, 두 세대가 모두 재능을 펼치지 못했으니, 애석하도다!

성찬씨(星燦氏)가 행장을 가지고 나에게 묘갈명을 부탁한 것이 벌써 십 년이 되어가는 데도 그렁저렁 겨를이 없었다. 지금에야 글이 완성되었는데, 성찬씨의 무덤에 풀이 세 번 묵었다. 슬프도다. 그가 보지 못함이여! 명은 다음과 같다.

| | |
|---|---|
| 어버이를 섬김에 정성을 다하였고 | 事親誠 |
| 관직에 임해서는 청렴하였네 | 莅官淸 |
| 일찍 태학에서 공부하여 | 早遊黌 |

곧다는 명성 드날렸네 振直聲
늦게서야 이름을 드날리니 晩蜚英
아름다운 명성 떠들썩했네 蔚華名
중년에 몸이 죽으니 中身傾
때가 형통하지 못하도다 時不亨
하늘의 보답으로 넉넉히 베푸니 報施贏
공의 후손들 번성하도다 繁後生
무덤에 묘갈을 새기는데 刻諸塋
빨리 글을 써주지 못하였네 筆不頃

# 고 절부 묘갈[192]

(高節婦)墓碣

절부(節婦)는 성이 박씨(朴氏)이니, 남편의 성은 고씨(高氏)로 양민 집안의 자식이었다. 남정현(南旌峴)에서 살았는데, 남편이 죽은 지 백 일째에 절부가 칼로 스스로 목을 찔러 죽으니, 나이 28세였다. 절부가 죽던 날 온 동네가 놀라 떠들썩하였고 대문 안에 들어와 구경하는 자가 가득하였는데, 어떤 이는 깜짝 놀라고 어떤 이는 울음을 삼키고 어떤 이는 크게 탄식하면서 "열녀로다!"라고 하였다.

절부의 남편 고씨의 고모의 아들 안시철(安時喆)은 나의 사인(舍人 마름)인데, 그가 나에게 해준 이야기는 다음과 같다.

"남편 고씨가 병이 위중할 때, 어떤 이가 산 사람의 피를 마시면 나을 수 있다고 하자, 절부는 즉시 자기 팔을 베어 한 사발 남짓 피를 받아 남편에게 먹였으나, 효험이 없어 결국 남편이 죽었습니다. 자녀가 없었고 남편의 집안도 단출하여 후사로 들일 만한 자제가 없으니, 절부가 조용히 남편의 시신을 거두어 염습을 하여 조부의 무덤 곁에 장사를 지냈습니다. 얼마 뒤에 집안 살림을 모두 팔아 돈 5천 전을 저에게 맡겼는데, 제가 그 까닭을 물었더니, 절부는 '우연히 생긴 것일 뿐입니다.'라고 대답하였습니다. 남편 집안의 분묘가 대부분 다른 산에 흩어져 있었는데, 절부가 이에 몰래 묘를 지키는 자에게 돈을 꺼내 주고

**192** 고 절부(高節婦) 묘갈 : 고씨(高氏) 집안에 시집을 가서 뛰어난 행실을 보인 열녀 박씨(朴氏)에 대한 묘갈이다. 지은 시기는 순조 연간이다.

모두 옮겨서 한 산에다 모으고, 같이 묻히지 못한 분은 합장을 해드렸습니다. 이장을 마친 뒤에야 비로소 저에게 말하기를 '자식도 없고 또 친족도 없으니, 누가 다시 제사를 맡겠습니까. 차라리 옮겨와 골육들이 서로 모여 있게 하는 것이 낫습니다.'라고 하였습니다. 남편이 죽은 지 백 일이 되던 날, 남편의 무덤에 가서 통곡하고 돌아오더니, 그날 밤 드디어 자결하였습니다. 지금에서야 제게 돈을 맡겼던 뜻을 알게 되었습니다."

나는 그 이야기를 듣고 나도 모르게 "아! 정말 열녀로다."라는 말이 나왔다. 내가 다시 안시철에게 절부가 평소 특별한 행실이 있었는지 물었더니, 안시철이 "평소에는 남보다 나은 점이 없었습니다."라고 하였다. 내가 말하기를 "그렇다! 옛날 충신과 의사(義士)들이 대부분 이와 같았다. 말을 달콤하게 하는 자가 반드시 실천하는 것은 아니고, 범상치 않은 덕을 지닌 자는 간혹 작은 일에서 실수를 하기도 하니, 절부가 어찌 이와 다르겠는가. 비록 그렇지만 절부의 죽음은 사람들이 모두 따라갈 수 있으나, 조용하게 일을 처리한 것은 글을 읽은 군자라도 오히려 그에 미치지 못함을 병통으로 여기리라. 오호라! 정녕 절부로다."라고 하였다.

나는 또 생각하였다. 절부가 비록 이처럼 훌륭하여도 여항의 어진 행실이 조정에 알려지는 것은 어려운 일이고, 비록 조정에 알려지더라도 집도 없고 친족도 없으니, 정려(旌閭)를 베풀 곳마저 없을 것이다. 슬프도다!

이에 촛불을 잡고서 그 사적을 써서 안시철로 하여금 절부 무덤 앞에 묘갈을 세우면서 그 비면에 '고절부지묘(高節婦之墓)'라고 쓰게 했다.

## 동지중추부사 김공 묘갈명[193]

同知中樞府事金公墓碣銘

나의 벗 이여앙(李汝昂)[194]이 나에게 찾아와 말하기를 "태학생 중에 해주(海州) 김 동추(金同樞)의 손자가 있는데, 이름은 김상유(金相裕)로 그 사람됨이 빼어나 기억할 만하오. 당내(堂內)의 형제와 사촌들이 부지런히 과거공부를 하여 향시(鄕試)에서 이름을 날린 자가 또 여러 명인데, 이들은 본주의 출중한 자들로 나와 교유한 지가 여러 해가 되었소. 그 조부의 묘갈을 세우고자 도모하면서 반드시 공에게서 명(銘)을 얻고자 하고 다른 사람의 것은 원치 않소. 그러나 조부의 행적이 쓸쓸한데다 평소 공의 대문을 찾아갈 방도를 몰라 근심하고 있소. 내가 돌아가면 배알하도록 시키겠으니, 공께서는 부디 거절하지 마시오."라고 하였다.

내가 웃으면서 "옛사람이 장례를 치르면서 한퇴지(韓退之 한유(韓愈))의 명(銘)을 얻지 못하면 장례를 치르지 않은 것과 같다고 보았습니다. 김생이 어찌 나를 한퇴지에 비교한단 말인가."라고 하였다. 며칠 뒤에 김생이 이여앙의 편지를 들고 먼저 예를 갖추고 손에 행장을 들고 다가왔는데, 한 번 만나보니 참으로 이여앙이 나를 속이지 않은 것이었다.

**193** 동지중추부사 김공(金公) 묘갈명 : 김유조(金有祚, 1727~1804)에 대한 묘갈명이다. 김유조의 본관은 김해(金海), 초명은 옥성(玉聲), 자는 군성(君聲)이다. 지은 시기는 순조 연간이다.

**194** 이여앙(李汝昂) : 이유석(李儒錫, 1760~?)을 가리킨다. 본관은 함평(咸平), 자는 여앙(汝昂)이다. 승지를 지낸 이일운(李日運)의 아들이다.

행장을 고찰하니, 동추는 휘가 유조(有祚)이고 자가 군성(君聲)으로 초명은 옥성(玉聲)이다. 김해 김씨(金海金氏)는 수로왕(首露王)에서 나왔는데, 고려 말에 충간공(忠簡公) 보(普)가 엄정함과 곧음으로 신돈(辛旽)의 뜻을 거슬렀다. 이 때문에 쫓겨났다가 신돈이 주벌되자 이에 벼슬하여 공로를 세워 금녕부원군(金寧府院君)에 봉해졌다. 10대조 영정(永貞)은 조선에 벼슬하여 대사간에까지 올랐고 안경(安敬)이란 시호를 받았다. 증조 상희(尙熙)는 장악원 정(掌樂院正)에 추증되었다. 조부 여벽(麗壁)은 좌승지에 추증되었다. 부친 찬송(贊誦)은 호조참판에 추증되었으니, 강한(江漢) 황공(黃公 황경원(黃景源))이 명을 지었다. 비(妣)는 진주 강씨(晉州姜氏)이니, 강귀선(姜貴善)의 딸이다.

동추는 어려서부터 영민하여 글을 읽으면서 한 번 본 것은 잊지 않았다. 장성한 뒤에 가난하여 부모를 섬길 수 없게 되자, 토질의 마땅함을 살펴서 힘을 다하여 농사를 지었다. 가산이 풍족해지자 입에 맞는 달고 연한 음식과 몸에 맞는 가볍고 따스한 의복으로 부모를 봉양하였으나, 자신을 위해서는 가난할 때처럼 하였다. 어버이가 돌아가시자 개연히 탄식하기를 "지난날 내가 가산을 경영한 것은 어버이를 봉양하기 위해서였으니, 재물을 이제 어디에 쓰겠는가."라고 하였다.

이에 선행을 베풀기를 즐거워하여 관곽(棺槨)과 수의(襚衣)를 마련하여 제때에 장례 지내지 못하는 자를 위해 대비하였고, 힘이 없어 딸을 시집보내거나 며느리를 맞지 못하면 그들을 위해 혼수를 마련해 주었다. 농사가 크게 흉년이 들면 사사로이 진휼미를 마련하여 사람들을 구제하니, 친척 중에 날마다 쌀과 땔나무를 대준 자는 그 집이 이루 헤아릴 수 없었다. 먼 고을에 관전(官錢)을 떼어먹어 곤장을 맞고 유배를 가게 된 자가 있었는데, 아비는 늙고 자식은 어리니 그 정경을 모른 체할 수 없었다. 공은 그들의 하소연을 불쌍히 여겨서 땅문서를 가져다 내주면서 "이것을 팔면 갚을 수 있을 것이오."라고 하며 그 성명을 묻지 않았으니, 그 의로움이 대체로 이러하였다.

동추는 사람됨이 허심탄회하고 진실하여, 남의 선행을 말하기를 기뻐하였고 선하지 못한 면은 덮어주었다. 동추가 어버이 상을 당했을 때, 슬픔이 지나쳐 거의 목숨을 해칠 정도가 되었는데, 마을 사람들이 그 효성을 고을에 칭송하니, 고을에서는 그의 호역(戶役)을 견감시켜 주었다. 얼마 뒤에 또 위로 주달하기를 청하니, 동추가 그 소식을 듣고 울면서 "자식이 산 사람을 봉양하고 죽은 이를 슬퍼하는 것은 당연한 일이다. 어찌 이것으로 성상의 귀를 더럽힐 수 있겠는가."라고 하였다. 이에 삼 일 동안 음식을 끊으니, 사람들이 더욱 어려운 일로 여겼다.

갑자년(1804, 순조4) 1월에 질병 없이 세상을 떠나니, 태어난 정미년(1727)으로부터 누린 수명이 78세였다. 정해진 달수에 맞춰 서암(鋤巖) 부건(負乾)의 언덕에 장사 지냈다. 정부인(貞夫人) 제주 고씨(濟州高氏)를 합장하니, 사인(士人) 고명우(高命嵎)의 딸이다.

초취(初娶)는 안동 최씨(安東崔氏)이니, 자식을 두지 못하였다. 고씨(高氏)에게서 5남 1녀를 두니, 아들은 시건(時騫), 성균 생원 광흡(光潝), 시택(時宅), 시용(時容), 성균 생원 시의(時宜)이다. 딸은 조성범(趙聖範)에게 출가하였다.

시건(時騫)은 4남 5녀를 두니, 장남은 바로 상유(相裕)이고 다음이 상팽(相祊), 상우(相祐), 상기(相祺)이다. 딸은 구압(具庘), 유석진(柳錫晉), 김종기(金宗基), 민일혁(閔日爀), 이만원(李萬源)에게 각각 출가하였다. 광흡(光潝)은 5남 1녀를 두니, 장남은 성균 생원 상정(相鼎)이고, 다음은 상현(相鉉)인데 출계(出繼)하였고, 다음이 상항(相

恒), 상리(相履), 상승(相昇)이다. 딸은 조환(趙桓)에게 출가하였다. 시택(時宅)은 1남 2녀를 두니, 아들은 상진(相震)이고, 딸은 이민배(李敏培)에게 출가하였고, 다음은 어리다. 시용(時容)은 1남을 두니 상묵(相默)이다. 시의(時宜)는 2남 2녀를 두니, 아들은 상목(相穆), 상직(相稷)이고, 딸은 유명집(兪命鏶)에게 출가하였고, 다음은 어리다. 내외의 여러 손자가 모두 80여 명이다. 명은 다음과 같다.

| | |
|---|---|
| 효제역전[195]과는 | 孝悌力田之科 |
| 한나라가 풍속을 순후하게 한 방도이지만 | 漢氏所以俗厚風淳 |
| 그런데 몸으로 재물을 일으키는 것을 | 而以身發財 |
| 군자는 불인하다 일컬었네[196] | 君子謂之不仁 |
| 반드시 검소하되 지킴이 있고 | 必也儉而有守 |
| 의롭되 베풀기를 좋아해야 | 義而好施 |
| 그런 연후에 어질다 할 수 있으니 | 然後爲賢 |
| 아! 이 사람이로다 | 吁嗟乎若人 |

**195** 효제역전(孝悌力田) : 한 혜제(漢惠帝) 때 설치한 인재등용의 명목으로, 부모에게 효성스럽고 어른에게 공손한〔孝悌〕 사람과 열심히 농사를 짓는〔力田〕 사람을 선발하여 직책을 주던 제도이다.

**196** 그런데……일컬었네 : 오로지 재물을 늘리는 것만 추구하는 것을 경계한 의미이다. 《대학》 전(傳) 10장에 "어진 자는 재물로 몸을 일으키고, 불인한 자는 몸으로 재물을 일으킨다.〔仁者以財發身, 不仁者以身發財.〕"라고 하였는데, 주희(朱熹)는 주석에서 "어진 자는 재물을 흩어서 백성을 얻고, 불인한 자는 몸을 망치면서 재물을 증식한다.〔仁者散財以得民, 不仁者亡身以殖貨.〕"라고 풀이하였다.

# 성균 생원 문공 묘갈명[197]

成均生員文公墓碣銘

성질(成質)은 휘이고, 사빈(士彬)은 자(字)이며, 뇌촌(磊村)은 호이다. 문씨(文氏)는 남평(南平)에서 나왔으니, 강성군(江城君) 익점(益漸)이 11세조이다. 휘 삼(參)이 3년 동안 시묘살이 하였는데, 꽃과 나무에 꽃이 피지 않으니, 고을 사람들이 그 집을 '백초당(白草堂)'이라 이름하였고, 지극한 행실로 천거되어 침랑(寢郎)이 되니 증조이다. 휘 산웅(山雄)은 조부이다. 휘 희직(希稷)은 부친이다. 영광 정씨(靈光丁氏)는 좌찬성에 추증된 정몽응(丁夢鷹)의 딸이니, 어머니이다.

공은 태어난 지 만 1년 만에 모친을 여의었다. 13세에 또 부친을 여의었는데, 능히 예에 맞게 상을 치렀다. 부친상의 담제(禫祭)를 지낸 뒤에 또 자최(齊衰 모친상)의 상기를 뒤미처 시내이 처음 상을 당한 것처럼 시묘살이를 하여 사모하는 심정을 펴니, 향리에서 모두 "효자이다."라고 말하고, 고을에 천거하였다.

사마시에 합격하였으나 광해군(光海君)의 어두운 시절을 만나 문을

**197** 성균……묘갈명 : 문성질(文成質, 1581~1639)에 대한 묘갈명이다. 지은 시기는 미상이다. 문성질의 인적 사항은 본문에 따르면 본관은 남평(南平), 자는 사빈(士彬), 호는 뇌촌(磊村)으로 되어 있으나, 1606년(선조39) 《사마방목(司馬榜目)》에 따르면 본관은 능성(綾城), 거주지는 장흥(長興), 자는 여빈(汝彬), 출생년은 기묘년(1579, 선조12)로 되어 있다. 《萬曆三十四年丙午九月初十日增廣司馬榜目》 문성질에 대해서는 《존재집(存齋集)》 권23 〈뇌촌 문공 행장(磊村文公行狀)〉이 참고가 된다.

닫고 글을 읽으며 다시 진출할 뜻을 두지 않았다. 이괄(李适)의 난에 인조가 공주(公州)에 거둥하였는데, 공이 변란을 듣고서 동지들을 규합하여 군사를 이끌고 곡식을 모아 장차 임금을 돕고자 하였는데, 역적들이 곧 평정되어 실행하지 못하였다.

병자년(1636, 인조14, 56세)에 오랑캐의 난이 일어나자, 공은 이미 늙고 병이 들었으나, 말이 국가의 일에 미치면 오히려 팔을 휘두르고 눈물을 흘리며 다시 의병을 일으키고자 도모하였다. 임금이 항복하였다는 소식이 이르자, 소리 내어 길게 통곡하고 삼 일 동안 음식을 먹지 않았다. 시를 짓기를 "하늘을 떠받칠 송서는 없으나, 바다에 들어갈 제나라 노중련은 있네.〔擎天無宋瑞, 蹈海有齊連.〕"[198]라고 하였으니, 분개한 심정을 기록한 것이다.

공이 태어난 해는 만력(萬曆) 신사년(1581)이고, 세상을 떠난 해는 숭정(崇禎) 기묘년(1639)이며, 장례를 지낸 곳은 부평(富坪)의 곤좌(坤坐)이다.

공이 일찍이 바다를 건널 때, 풍랑을 만나 돛대가 부러지자 배 안의 사람들이 모두 울며 곡을 하였다. 공이 홀로 정신과 얼굴이 태연자약하

**198** 하늘을……있네 : 송서(宋瑞)는 송나라 문천상(文天祥)의 자(字)이다. 남송(南宋) 말기의 충신으로 원(元)나라 군대가 침입하여 수도가 함락되자 단종(端宗)을 받들고 근왕병을 일으켜 대항하다가 사로잡혀 연경의 옥에 삼 년 동안 구금되어 있었으나 끝내 굴복하지 않고 절의를 지키다가 처형되었다. 노중련(魯仲連)은 전국 시대 제(齊)나라의 고사(高士)인데, 그가 조(趙)나라에 가 있을 때 진(秦)나라 군대가 조나라의 수도 한단(邯鄲)을 포위했다. 이때 위(魏)나라가 장군 신원연(新垣衍)을 보내 진나라 임금을 천자로 섬기면 포위를 풀 것이라고 하자 노중련은 "진나라가 방자하게 천자를 참칭(僭稱)한다면 나는 동해에 빠져 죽겠다."라고 하니, 진나라 장군이 이 말을 듣고 군사를 후퇴시켰다고 한다.《史記 卷83 魯仲連列傳》

여 하늘을 우러러 절하며 축원하자, 축원이 끝나기도 전에 바람이 그쳐 해안에 정박하게 되었으니, 평소의 지조를 알 수 있다.

배(配)는 장연 변씨(長淵邊氏)이니, 변취중(邊就中)의 딸이다. 아들 상백(尙白)은 통정대부이고, 아들 준백(遵白)은 시로 이름이 있었으나 일찍 죽었다. 5대손 주신(周藎)은 장흥(長興)의 명망가이니, 그 아들 순(錞)을 시켜 행장을 가지고 천 리 길을 달려 나에게 묘갈명을 구하였다. 드디어 붓을 들고 기록하니, 사양해도 허락을 받지 못했기 때문이다. 명은 다음과 같다.

| | |
|---|---|
| 인에 근본을 둔 것이 효이고 | 本仁曰孝 |
| 의로움을 떨치는 것이 충이니 | 奮義爲忠 |
| 백성들이 능한 이가 드문 것은 | 民之鮮能 |
| 다만 미루어 넓히지 못한 때문이네 | 職失擴充 |
| 저 군자여 | 彼君子兮 |
| 타고난 성품대로 행했으니 | 思若其衷 |
| 그 모습은 야위었으나 | 欒兮其容 |
| 그 풍모는 여유로웠도다 | 綽然其風 |
| 잠겨 있어도 빛이 나니 | 潛亦有光 |
| 그 도가 곤궁하지 않도다 | 其道匪窮 |
| 내가 이제 소리치노니 | 我式號之 |
| 남쪽 선비들은 들으라 | 南士維聽 |

# 김군 여명 묘갈[199]

金君汝鳴墓碣

지난날 신임(辛壬)[200] 이전에, 고조(高祖) 충헌공(忠獻公 김창집(金昌集))께서는 조정에서 낯빛을 바르게 하고 나라의 정무를 맡아 임금의 마음을 바로잡고, 백성에게 은택을 베풀고, 바른 학문을 호위하고, 삿된 설을 내쳐서 어진 이를 등용시키고 불초한 자를 내치는 것을 임무로 삼았다. 그 시절은 세교(世敎)가 아름답고 밝았으며 집안의 운세가 창성하고 편안하여, 도성 사람들로부터 먼 시골에 은거해 있거나 미천한 부류에 이르기까지 그 당시 우리 집안에 출입하던 자가 이루 헤아릴 수 없이 많았다. 그러나 공경히 예모를 갖춰 서로 의지한 분들은 모두 명교(名敎)를 중시하고 의리(義理)를 담론하는 군자들이었다. 비록 그 아래 미천한 신분으로 분주히 오가며 필요한 것을 공급하거나 좌우에서 노력을 바침으로써 길러주는 은혜를 입은 자들

**199** 김군 여명(金君汝鳴) 묘갈 : 풍고의 고조 김창집(金昌集)을 모시다 죽은 김여명(金汝鳴, 1663~1721)에 대한 묘갈이다. 지은 시기는 순조 연간이다.

**200** 신임(辛壬) : 신축년(1721, 경종1)과 임인년(1722)에 걸쳐 일어난 신임사화(辛壬士禍)를 가리킨다. 경종이 즉위하여 후사가 없고 질병이 잦자, 노론의 주도하에 연잉군(延礽君)을 세제(世弟)로 책봉하고 세제의 대리청정을 강행하려던 중에 소론 김일경(金一鏡) 등이 노론의 행위를 경종에 대한 불충으로 몰아 탄핵하였다. 이에 경종이 김창집(金昌集), 이이명(李頤命), 이건명(李健命), 조태채(趙泰采)를 비롯한 수많은 인사를 축출하고 소론을 등용하였는데, 이듬해 3월에 목호룡(睦虎龍)이 경종이 세자로 있을 때 노론이 시해를 도모했다고 고변하여, 유배 중인 노론 사대신을 사사(賜死)하고 대다수 노론을 제거하였다.

까지도 모두 노성하고 충후하고 근실한 소인들이었으니, 김군 여명(金君汝鳴)은 바로 그런 사람의 하나이다.

군은 자가 경욱(景郁)이니, 안동(安東) 사람이다. 우리 집과 마찬가지로 태사(太師 김선평(金宣平))에게서 나온 후손으로 대대로 아전이 되었으며, 김군 또한 안동부에서 사무를 담당하였다. 충헌공의 아우 삼연 선생(三淵先生 김창흡(金昌翕))이 영남을 유람하고 태백산으로부터 금강산으로 들어가려던 때에 그의 집에 묵게 되었다. 삼연 선생이 그의 사람됨을 사랑하여 떠날 때에 시를 지어주었고, 서울에 돌아와서 충헌공에게 추천하였다. 충헌공이 김군의 아전의 일을 면해주고 데려다가 집에 두고서 어루만져 사랑함이 날로 깊어가니, 김군 또한 공경을 다해 공을 섬기며 새벽부터 밤중까지 곁을 떠나지 않은 지가 거의 20년이 되었다.

건저안(建儲案)[201]이 일어나자 충헌공은 거제(巨濟)에 유배되었는데, 김군이 개연히 시종하겠다고 청하니, 더욱 충심과 노력을 볼 수 있었다. 충헌공이 연로한데다 재앙이 목전에 닥치려 하자, 하루는 군에게 말하기를 "어찌하면 우리 자손의 얼굴을 한번 볼 수 있겠는가. 군이 수고를 아끼지 말고 달려가 아이들을 만나고 돌아온다면 나의 근심이 조금이나마 풀릴 것이네."라고 하였다. 김군이 명을 듣자마자 즉시 출발하여 서울에 이르니, 선조이신 증왕고(曾王考 김제겸(金濟謙))께서 크게 놀라며 "군이 여기에 온 것은 무슨 까닭인가?"라고 물었다. 김군이

**201** 건저안(建儲案) : 1721년(경종1)에 경종이 후사가 없으므로 노론의 김창집, 이이명, 이건명·조태채 등이 연잉군을 세제로 책봉하여 대리청정하게 할 것을 건의하였다가 소론의 반격으로 사대신이 유배되고 많은 노론이 축출된 사건을 가리킨다.

지은이 **김조순(金祖淳)**

1765(영조41)~1832(순조32). 본관은 안동(安東), 초명은 낙순(洛淳), 자는 사원(士源), 호는 풍고(楓皐), 시호는 충문(忠文)이다. 영의정 김창집(金昌集)의 4대손으로, 부친은 부사를 지낸 김이중(金履中)이다. 21세 때인 1785년(정조9)에 문과에 급제하여 정조로부터 조순(祖淳)이라는 이름을 하사받았으며, 1786년 초계문신(抄啓文臣)에 뽑혔다. 1792년(정조16)에 담정(藫庭) 김려(金鑢)와 함께 《우초신지(虞初新志)》를 모방하여 《우초속지(虞初續志)》를 만들었다. 이해 10월에 동지겸사은사의 서장관으로 연행하였으며, 패관소설의 탐독으로 문체가 바르지 못하다는 정조의 견책을 받고 연행 도중 자송문(自訟文)을 지어 올렸다. 1800년(정조24) 6월 정조가 승하한 뒤 정조의 시책문(諡冊文)을 지어 올렸다. 병조·예조·이조의 판서를 거친 뒤 1802년(순조2)에 문형이 되었으며, 이해 9월에 딸이 순조의 비(妃)가 되자 영안부원군(永安府院君)에 봉해졌다. 1804년(순조4) 무렵 삼청동(三淸洞)에 별장인 옥호정(玉壺亭)을 조성하였으며, 이곳을 중심으로 많은 문인들과 시회를 펼쳤다. 이후 훈련대장과 금위대장을 역임하였고, 1826년(순조26)에 다시 문형이 되었다. 1832년(순조32) 4월 3일 세상을 떠나 여주(驪州) 효자리(孝子里)에 묻혔으며, 1841년(헌종7)에 이천(利川) 가좌동(加佐洞)으로 이장되었다. 정조의 묘정에 배향되었으며, 양주의 석실서원(石室書院)과 여주의 현암서원(玄巖書院)에 제향되었다. 저서로 《풍고집》이 있다.

옮긴이 **김채식(金菜植)**

1967년 충북 진천에서 태어났다. 성균관대학교 한문교육과를 졸업하고, 한림대학교 부설 태동고전연구소에서 한문을 수학했다. 성균관대학교 한문학과에서 문학석사와 문학박사 학위를 받았다. 현재 성균관대학교 대동문화연구원 거점번역연구소에 재직 중이다. 박사학위논문은 〈이규경의 오주연문장전산고 연구〉이고, 번역서로 《무명자집 5·6·13·14》, 《환재집 1·2》이 있으며, 공역서로 《김광국의 석농화원》, 《석견루시초》, 《풍고집 2》 등이 있다.

**권역별거점연구소협동번역사업 연구진**

연구책임자 이영호(성균관대학교 HK 교수)
공동연구원 이희목(성균관대학교 한문학과 교수)
진재교(성균관대학교 한문교육과 교수)
안대회(성균관대학교 한문학과 교수)
책임연구원 김채식
이상아
이성민
이승현
서한석
연구원 임영걸

교열 임정기(전 한국고전번역원 자문위원)
윤문 최원경(성균관대 한문학과 강사)

# 풍고집 4

김조순 지음 | 김채식 옮김
2020년 12월 31일 초판 1쇄 발행
편집 · 발행 성균관대학교 출판부 | 등록 1975. 5. 21. 제1975-9호
주소 (03063) 서울시 종로구 성균관로 25-2
전화 760-1253~4 | 팩스 762-7452 | 홈페이지 press.skku.edu
조판 김은하 | 인쇄 및 제본 영신사


값 25,000원
ISBN 979-11-5550-443-7 94810
979-11-5550-365-2 (세트)